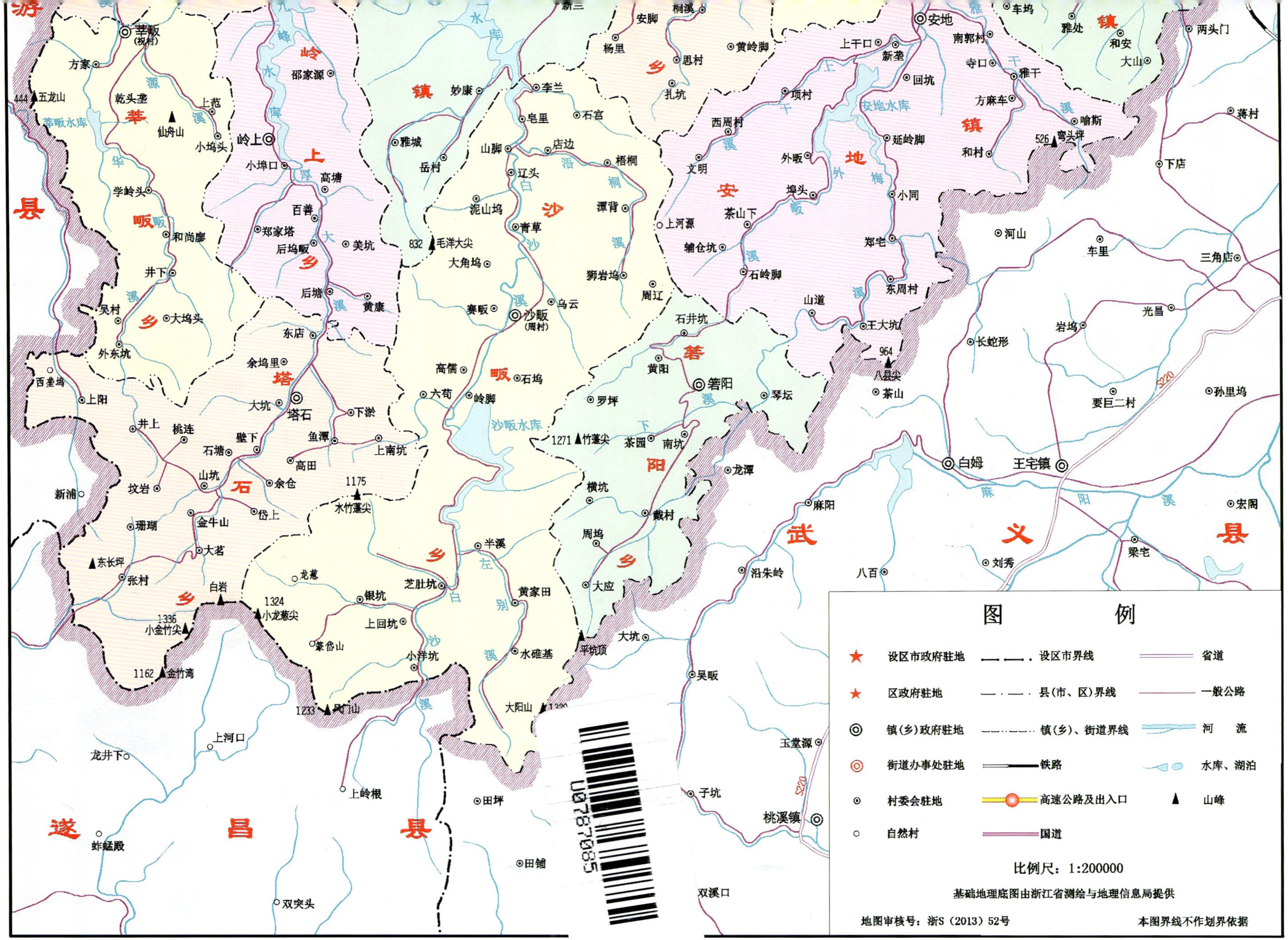

武义县
遂昌县
图例
设区市政府驻地
区政府驻地
镇(乡)政府驻地
街道办事处驻地
村委会驻地
自然村
设区市界线
县(市、区)界线
镇(乡)、街道界线
铁路
高速公路及出入口
国道
省道
一般公路
河流
水库、湖泊
山峰
比例尺：1:200000
基础地理底图由浙江省测绘与地理信息局提供
地图审核号：浙S（2013）52号
本图界线不作划界依据
安地镇
岭上乡
莘畈乡
塔石乡
沙畈乡
箬阳乡
安地
岭上
莘畈
塔石
沙畈
箬阳
白姆
王宅镇
桃溪镇
安地水库
沙畈水库
莘畈水库
S220

婺城年鉴

(2015)

金华市婺城区地方志编纂委员会　　编

方志出版社
Publishing House of Local Records

图书在版编目(CIP)数据

婺城年鉴. 2015 / 金华市婺城区地方志编纂委员会编. -- 北京 : 方志出版社, 2017.3
ISBN 978-7-5144-2373-0

Ⅰ. ①婺… Ⅱ. ①金… Ⅲ. ①区(城市)—金华市—2015—年鉴 Ⅳ. ①Z525.53

中国版本图书馆CIP数据核字(2017)第047262号

婺城年鉴(2015)

编　　者: 金华市婺城区地方志编纂委员会
责任编辑: 王　俊
出 版 人: 冀祥德
出 版 者: 方志出版社
地址　北京市朝阳区潘家园东里9号(国家方志馆4层)
邮编　100021
网址　http://www.fzph.org
发　　行: 方志出版社发行中心
电话　(010)67110500
经　　销: 各地新华书店
印　　刷: 金华日报商务彩印有限公司
开　　本: 889×1194　　1/16
印　　张: 28
字　　数: 782千字
版　　次: 2017年3月第1版　2017年3月第1次印刷
印　　数: 001-850册
ISBN 978-7-5144-2373-0　　定价:200.00元

金华市婺城区地方志编纂委员会

《婺城年鉴(2015)》编辑室

编辑说明

1.《婺城年鉴(2015)》是由中共金华市婺城区委员会和婺城区人民政府主办,婺城区志编纂委员会编纂的地方综合年鉴,是全面、系统记述2014年婺城区的自然、政治、经济、文化、社会等方面情况的年度资料性文献。年鉴的编辑以马克思列宁主义、毛泽东思想、邓小平理论、"三个代表"重要思想、科学发展观为指导,深入贯彻习近平系列重要讲话精神。

2.本年鉴采用分类编辑法。分为类目、分目、条目3个层次,以条目为主要载体,个别内容设有子目。索引采用条目检索,以笔画为序,同笔画中,以英文字母排序。

3.本年鉴记述年限为2014年1月1日至2014年12月31日。收录范围为婺城区(含委托婺城区管理)的机关部门、园区、乡镇、街道和企事业单位。

4.本年鉴中的"省""市""区"指"浙江省""金华市""婺城区"。书中单位名称、专业术语首次出现时用全称,此后一般用简称。

5.本年鉴采用的文稿由区机关各部门、各乡镇(街道)和企事业单位提供,并经单位领导审阅。撰稿人姓名加括号列在类目、分目或条目后面。

6.本年鉴中的数据均经有关部门核实,综合性数据以区统计局提供的统计年鉴为准。

7.组织机构及负责人名录由区四套班子及组织部提供。

8.本年鉴的编辑出版,金华市地名委员会办公室提供了金华城区图;区统计局提供了大量表格数据;照片除署名外,由各单位提供及《今日婺城》新闻部提供(宋佳琪、傅伟炎、姜景芳、陈婷、张苑、月映红、陈倩、胡敏霞、周江徽等人拍摄)。

2014年2月24日，省委书记夏宝龙到婺城区仙源湖度假区考察

2014年2月26日，浙江省委副书记、省长李强在全省“五(中)水共治”现场会婺城区长湖观摩点考察

2014年2月26日，浙江省委副书记王辉忠(左二)在全省“五水共治”现场会婺城区长湖观摩点视察

2014年9月25日，全国妇联主席沈跃跃(右三)到河盘桥社区参观新居民妇女之家

2014年11月5日，公安部一局政委殷治田（左二）到婺城分局调研

2014年4月25日，省委常委、公安厅厅长刘力伟（左二）考察“五水共治”长湖整治现场

2014年8月13日，省食药监局局长朱志泉（右四）一行到婺城调研

2014年9月18日，省工商局党委书记、局长裘东耀（左七）到莘畈乡开展结对帮扶工作

2014年3月24日，省供销社主任马柏伟（左二）考察白龙桥供销社

2014年4月4日，省公安厅党委副书记、常务副厅长洪巨平（右一）到婺城公安分局调研打击侵财犯罪工作

2014年10月2日，越南代表团、全球道路安全合作伙伴、世界卫生组织驻华代表处一行以及有关专家学者60余人到金华，就中国道路安全项目实施情况开展考察交流

2014年1月19日，市委书记徐加爱（左一）慰问婺城区执勤民警和巡防队员

2014年8月28日，市长暨军民（右三）走访竹马乡汪山头村农村生活垃圾分类减量化工作

2014年7月8日，市委副书记陶诚华（右二）到洋埠镇调研指导垃圾分类工作

2014年9月29日，市委常委、常务副市长金中梁(中)检查环北公园灯会安保工作

2014年5月30日，区委书记陈晓(中)考察东市街、鲍杨小学

2014年8月6日，区长王健(中)到区市场监管局调研指导工作

2014年4月23日，区人大组织“五水共治”考察

2014年9月18日，区政协举办庆祝建国65周年暨人民政协成立65周年委员书画展

2014年3月3日，区纪委召开党的群众路线教育实践活动动员会

2014年2月10日，婺城区八届人大三次会议开幕

2014年2月10日，婺城区政协三届三次会议开幕

2014年2月9日，婺城区政协委员“三进三联三促”活动启动

2014年11月26日，第14届工科会电子信息科技对接活动在金华召开

2014年12月29日，区老年体协召开2014年度总结会　　朱睦钧　摄

2014年11月27日，民革婺城总支召开换届大会

2014年7月8日，婺城区召开科技特派员工作会议

2014年12月16日，九三学社开展第二十六届国际科学与和平周活动

2013年9月24日，市交警一大队民警向电动自行车驾驶人发放宣传车贴　　**吕奇　摄**

2014年12月3日，区检察院在“12·4”法制宣传日为市民提供法律咨询

2014年3月13日，婺城法院汤溪法庭干警深入婺城最远的塔石乡开展送法活动。

2014年11月28日，“金华市8890便民服务”进社区活动。　　**倪霞　摄**

区质量技术监督局的志愿者为居民普及如何鉴别黑心棉的质量知识

2014年7月12日，金华籍作家丁晓禾签售《广阔天地》

金华电子商务创业园

“机器换人”助推福立砖瓦厂转型升级

浙江八达运动服饰有限公司生产车间

金华市星球机械铸钢有限公司

浙江巨龙管业股份有限公司

浙江尖锋集团有限公司

浙江金圆水泥有限公司

莱恩农业装备有限公司

2014年3月8日，全区来料加工在琅琊镇琅新村举行技能比武

然兰蔬菜专业合作社钢架大棚

琅琊镇新朱村黑木耳种植基地连栋大棚

白龙桥宏业牧业自动喂料系统

机械采茶

雅畈镇汪家村

竹马乡下张家村

2014年8月28日，竹马乡邵湖头村太阳能垃圾房投入使用

琅琊镇浩仁村

蒋堂镇下伊村

2014年12月10日，杭长客专正式开通，金华高铁站同时投入营运　　　　朱睦钧 摄

2014年5月22日，八咏桥投入使用　　　　朱睦钧 摄

2014年12月26日，汤（溪）莘（畈）公路改建工程开工建设典礼

2014年8月8日，西二环跨沪昆铁路立交桥开始桥梁板铺设

“二七新村”旧貌

2014年9月13日下午，婺城区二七区块改造工程指挥部对迎宾巷区块内地处五一路和回溪街交叉路口的3处房屋实施拆除。

新狮街道对违法建筑进行拆除

乾西乡长湖治理前

乾西乡长湖治理中

乾西乡长湖治理后

治理后的桐溪

新建的白沙溪古方段防洪护岸工程

尚格—又见康桥

蓝湾国际

金奥花园

常青新城

新悦润居

阳光香榭

星河湾

玉龙华府

婺城区文化中心

婺城中学

婺城小学

婺城区人民医院

婺城区人才劳动中心

婺城区残疾人服务中

2014年10月20日，2014·金华山国际黄大仙故里游暨旅游文化周开幕

2014年11月3日，金华双龙旅游发展总公司举办古婺金华一日游体验活动

2014年3月28日至30日，婺城旅游协会在浙江旅交会上向市民介绍竹酒产品

金华公交K20路车为准妈妈们准备了10块孕妇牌，让准妈妈乘公交有座位

婺江夜景

美丽的白沙溪

婺州城市广场二期完成建设

2014年3月23日，浙中乐园开园

2014年9月，2014年“中国梦想，美丽金华”大型灯会开幕

朱睦钧 摄

2014年2月25日，浙江卫视《海港新意联播》记者到长湖拍摄“五水共治”道情节目

2014年7月1日，中央及省级媒体到婺城采访“五水共治

2014年12月7日下午，香港女星翁虹（左一）、小强热线主持人小强（右一）为金华市民家装送优惠

2014年12月1日，青春小学黄晟同学（左一）与央视主持人董艺（右一）一起主持《快乐戏园》节目　　　柳巧嫦　摄

2014年3月16日“山花烂漫·美丽婺城”—茶花节、油菜花节、桂花节系列活动启动

2014年6月10日，“群众在我心中”专题文艺汇演暨欢乐金华百姓文化节才艺大赛在站前小学举行

2014年6月27日，城中街道明月楼代表队参加金华市第三届职工排舞大赛

2014年7月2日，婺城区举办少儿声乐大赛

2014.5.19市第九届邻居节在三江街道万达社区举行

缪小芬 摄

2014 年 7 月 25 日，“推进五水共治、共建美好家园”文艺巡演暨婺城农民大讲堂进文化礼堂活动开幕

2014 年 8 月 19 日，省第二届全民体育节婺城区健身排舞大赛开幕

2014 年 9 月 4 日—5 日，婺城之音合唱团参加省群众合唱大赛复赛

2014 年 9 月 29 日，婺城区举办第三届乡镇街道婺剧演唱演奏大赛

2014 年 10 月 19 日，婺城区第二届平安婺城文艺演出开幕

2014 年 11 月 2 日，CBDF 金华国际标准舞全国公开赛在金华市体育馆举行

2014 年 12 月 26 日，婺城区举办“雏英杯”第十三届中小学生艺术展演

2014 年 9 月 10 日，婺城区庆祝第三十个教师节暨首届最美教师表彰大会

爱心铸就足球梦——箬阳小学足球队

2014年5月16日，区审计局干部到明月楼社区开展“点亮微心愿 共圆微梦想”活动

2014年10月11日，细菌战受害老人在上海接受免费治疗后出院回金

2014年7月12日，采云间茶叶公司在宾虹公园举办茶文化公益交流会

番薯粉条　　　　**楼婷 摄**　　　　金华年糕

金华馒头

冻米糖

制　茶

佛　手

目 录

中国共产党金华市婺城区纪律检查委员会

金华市婺城区人民代表大会常务委员会

金华市婺城区人民政府

中国人民政治协商会议
金华市婺城区委员会

民主党派　工商联

群团组织

园　区

法 治

武　装

工　业

统计　物价　粮食

经济　贸易

教育　文化　体育

科学 技术

民 政

财政 税务

劳动人事和社会保障

城乡建设

旅　游

交通　运输

农林　水利

卫　生

人口和计划生育

审　计

食品药品监管

安全生产监督管理

国土资源

城乡规划

环境保护

工商行政管理

质量技术监督

城市管理

供电　移动　电信

金融　保险

街道 乡镇

附 录

Content

特 辑

不断深化“三个提升年”活动 努力在新常态下推动婺城实现新发展

区委书记王健在区委六届八次全体(扩大)会议暨区政府八届六次全体会议上的报告

(2015年2月2日)

一、2014年工作回顾

去年以来，我们坚持以开展党的群众路线教育实践活动为主线，认真学习贯彻习近平总书记系列重要讲话精神，全面落实中央、省市各项决策部署，深入实施“三个提升年”活动，全区经济社会平稳发展。全年实现地区生产总值232.1亿元，增长7%；固定资产投资89.3亿元，增长15%；社会消费品零售总额266.6亿元，增长10.1%；出口8.4亿美元，增长15.6%；区级财政总收入7.7亿元，增长9.3%；城镇居民、农民人均收入为38318元、16366元，分别增长9%、10.8%。

(一)扎实开展党的群众路线教育实践活动。按照中央和省、市委统一部署，全区各级党组织以“正风提效抓执行、干事创业惠民生”为总载体，以“五个坚持”为基本要求，高标准高质量推进教育实践活动，达到了预期目标。坚持率先垂范，区委常委会认真践行“六个带头”承诺，既将教育实践活动紧紧抓在手中，又将压力和责任传导至各级党组织。坚持教育先行，突出理想信念教育，深入开展“三思四问”“三严三实”“四个扪心自问”“坚定理想信念、敢于担当克难”和“守规矩”等学习教育活动，大力学习弘扬焦裕禄、陈双田精神，组织开展“发现身边典型、学习闪光言行”系列活动，切实做到以学促知、以学促进、以学促改。坚持固本强基，着力打通联系服务群众“最后一千米”，深入开展区级领导“九个一”联系活动，广大党员开展“联系不漏户、户户见干部”“微系列”服务等活动，扎实推进“十项整治”和“八项行动”。坚持开门整风，召开高质量民主生活会，恢复和发扬批评和自我批评优良传统，查摆问题深挖根源，谈心交心敞开心扉，相互批评触及痛处，达到了红脸、出汗、加油、鼓劲的作用。坚持从严从实，采取“三步整改法”，建立“立改清单”，出台11项全区性规章制度，“四风”问题治理取得显著成效，得到了省委赴市、赴区督导组的充分肯定。

(二)转型升级步伐加快。坚持把全面深化改革与稳定经济增长、调优产业结构、加快转型升级结合起来，全力打好转型升级“组合拳”。以主要流域和农村污水治理、畜牧业养殖整治等为重点，纵深推进“五水共治”。功能区水质保持在Ⅱ类标准以上，垃圾河基本消灭，黑臭河得到有效治理，各考核交接断面水质总体优秀。关停拆除畜禽养殖场2234家，处置家畜13.9万头。基本完成138个村农村污水治理。长湖治理成为全省治水样板。以专项行动为载体、以卫片执法和“六先拆”“八必拆”为抓手，强势推进“三改一拆”。全年拆除违法建筑107.7万平方米，改造旧厂区、旧住宅区、城中村93.8万平方米。依法拆除远大物流及停车场、罗店镇里宅村别墅群、高速公路及国道沿线非法广告牌等一大批群众反响强烈的违法建筑，得到了社会各界的好评。以提升发展质效为方向，全面推进深化改革、扩大有效投资、创新驱动、“四换三名”“四破”整治等重点工作。深化行政审批制度改革，行政许可和非行政许可减少102项、审批环节减少340个，“四张清单一张网”初步建成，区级权力清单和责任清单全面公开。整合组建区市场监管局，完成纪检监察派驻(出)体制改革。农村“三权”制度改革扎实推进，农村居家养老模式全面推广，教育、文化、卫生体制改革不断深化。强力开展攻坚克难行动，尖峰山高尚生活休闲区坟墓搬迁、杭长客专房屋征迁扫尾、两管征迁政策处理、杭金衢高速公路拓宽改造工程征迁等一批难题全面攻克。重点项目顺利建设，全年省、市和省“411”重点项目均完成投资计划，实际到位内资16亿元，利用外资1043万美元。收回土地300.03公顷，盘活81.55公顷，消化批而未供土地34.35公顷，处置低小散企业13家。完成“个转企”135家、“小上规”13家。规上企业实现产值153.7亿元，实现利润7.4亿元，增长3.6%，七大特色产业六个实现盈利。浙中信息产业园入园企业达到180家，交易额30亿元，合丰、云安阁、电信云计算金华分中心等项目开工建设。农业“两区”建设扎实推进，新建设粮食生产功能区16个、现代农业精品园4个，蒋堂奶牛、琅琊红豆杉和油茶被列为省级园区精品园。来料加工经纪人达629名，发放加工费3.7亿元。乡村农家乐旅游持续升温，全年接待游客总人数、旅游总收入分别增长12%、19%。

(三)区域发展再上台阶。坚持规划引领、突出项目建设，始终把重点区块建设作为婺城发展的主平台来推进。老城区以“精品城市”建设为方向，切实加强“数字城管”工作力度，城市品位进一步提升。强势推进二七区块改造，房屋征收签约等工作扎实推进。路网格局不断优化，杭长高铁、金兰中线城际公交正式开通，二环路跨沪昆公铁立交桥半幅建成通车，宾虹西路拓宽改造工程基本完工，330国道改建、衢江航运、汤莘公路、东市街北延等建设工程顺利推进。婺城新城区产城联动发展取得实效，项目建设加快推进，城市功能不断完善。新建续建工业项目37个、商业服务业项目12个、公建项目9个、基础配套设施项目25个，楼盘13个，结顶商品房20万平方米。浙中乐园、伟达·雷迪森广场酒店投入运营，婺州城市广场二期、尚格酒店、新宇宏腾生活广场、巨龙腾达湾、城北邻里中心基本完工，金华银行婺城支行、公安应急指挥中心等项目主体建设过半，区第二人民医院迁建一期工程、荣光国际学校、婺州外国语学校开工建设。双龙风景区《黄大仙景区控制性详细规划》通过住建部审批，罗店千年风情小镇完成规划设计。景区基础配套不断完善，景区管理和经营秩序进一步规范，旅游品牌影响力得到提升。成功举办2014·金华山国际黄大仙故里游暨旅游文化周”“双龙之春”“双龙之夏”等主题活动和智者寺祈福盛典。仙源湖省级旅游度假区40.6平方千米扩建可研报告通过省级审查论证，安地老镇区控制性详规编制加快推进。仙草苑养生文化园、动物园嘉年华建成营业，桂语山庄主体工程结顶，金华市水上运动中心、喜曼安地度假酒店等项目扎实推进。

(四)社会事业全面进步。坚持以人为本、民生优先，不断提升人民群众生活品质和幸福感。美丽乡村建设深入推进，琅琊镇成功创建“国家级生态乡镇”，建成精品村6个、秀美村10个、洁美村81个，全面推开农村生活垃圾分类减量化工作。山塘水库除险加固、金华江堤防加固、白沙溪中小河流域治理、农村饮用水改造、乌引节水配套等工程基本完成年度任务。山区扶贫工作扎实推进，顺利完成乾西移民新村三期安置工作，蒋堂移民新村首期安置房开工建设。教育事业扎实推进，43所学校硬件改造全面完成，省级标准化学校创建稳步推进，成功创建全国义务教育均衡区。社会就业、保障和救助体系进一步健全，建成农村居家养老服务照料中心124家、农村社区服务中心42个，被省委省政府命名为省级双拥模范区。切实发挥意识形态工作在思想引领、舆论推动、精神激励方面的重要作用，“婺城发布”平台建设取得实效，“草根奖”评选等活动深入人心，网络舆论监管不断加强。文体事业更加繁荣，建成农村文化礼堂30家，成功举办第五届“激情婺城”文化艺术系列活动，竞技体育和群众健身活动广泛开展。“单独二孩”落地实施，完成第三次经济普查和基本侨情调查。全面深化“法治婺城”“平安婺城”建设，实现平安婺城九连冠。妇女儿童、外事侨务、档案、残疾人、地方志、红十字会、老龄、关心下一代、慈善等社会各项事业都取得了新成绩。

（五）党的建设不断加强。坚决落实从严治党各项部署，始终围绕中心工作谋划、部署、考核党建工作。继续推进“狮子型”干部和“老黄牛型”干部队伍建设，立足重点一线培养考察干部，抽调全区机关部门、乡镇街道、社区等800多名老中青干部参与二七区块房屋征收工作，集中选派307名善治水、善拆违、善征迁的科局级领导干部参与“五水共治”“三改一拆”“四破”整治等攻坚克难工作，一批优秀干部被优先提拔和转任重要岗位。继续深化基层党组织“五星争创”活动，阶段性完成21个软弱涣散村基层党组织整顿工作，浙江电视台《党建好声音》栏目进行了专题报道。不断提升农村主职干部“双强双带”能力，组织村（社区）主职干部进行集中轮训，开展村级组织换届“回头看”活动，对工作不力干部启动辞职程序，督促履职尽责。按照村情实际，推行一村一策，大力加强村级组织活动场所建设，统筹抓好“红色阵地”。认真抓好“两新”党建工作，积极开展村企联建治水工程，建立28对“村企联建治水项目”。继续加强人才工作，入选国家、省“千人计划”各1名，“双龙计划”人才项目3个。认真落实党风廉政建设党委主体责任和纪委监督责任，严明党的政治纪律和组织纪律，加强领导干部经济责任审计，加大正风肃纪和案件查办力度，处分违反工作纪律人员121名，移送司法机关12人。

一年来，我们婺城的发展任务重、时间紧、要求高、节奏快，大家的压力也很大，干得非常辛苦。在此，我代表区委、区政府表示衷心的感谢！同时，我们也要清醒地看到，当前婺城经济社会发展还面临着一些困难与问题，如：经济下行压力大，少数企业经营困难；公共服务、综合环境与群众期盼还有距离，影响社会和谐稳定的深层次矛盾问题亟待化解；干部队伍的精气神、法治观念、改革创新意识有待进一步提升；“四风”问题时有发生，反腐倡廉建设还需警钟长鸣、不断深化，等等。对此，我们必须高度重视，采取有力措施，认真加以解决。

二、2015年工作思路和主要任务

2015年是全面深化改革的关键之年，是全面推进依法治国的开局之年，也是全面完成“十二五”规划的收官之年。新的一年，全区经济社会发展的总体要求是：全面贯彻落实党的十八大、十八届三中、四中全会和习近平总书记系列重要讲话精神，按照中央和省委经济工作会议、省委和市委全会的决策部署，牢牢把握稳中求进工作总基调，坚持以“八八战略”为总纲，以全面深化改革为统领，以依法治区为根本保障，以提高经济发展质量和效益为中心，更加注重招商引资，不断深化“经济转型提升年”“有效投入提升年”和“城乡建设提升年”活动，努力在新常态下推动婺城实现新发展。

全区经济社会发展的主要预期目标为：

区属地区生产总值增长8%，其中区属增长7.5%；地方财政收入增长8.5%；固定资产投资增长15%；社会消费品零售总额增长9%；自营出口增长9 %；城镇居民人均可支配收入增长9%，农民人均纯收入增长10%；人口自然增长率控制在6‰以内；化学需氧量和二氧化硫、氨氮、氮氧化物等污染物排放量，万元生产总值能耗下降、城镇登记失业率等约束性指标均完成市定目标。

1.积极培育新增长点，深入推进产业转型升级。以三次产业协调发展、稳定增长为重点，深入挖掘增长潜力，推动结构不断优化，产业持续升级。

量质并举增强工业实力。实施工业平台1+3拓展工程，做大做强婺城新城区工业发展主平台，加快郑岗山工业区块规划编制步伐，推动宾虹大道产业带向西延伸。积极谋划乾西特色环保小镇建设。推进建成区块闲置、低效用地腾笼换鸟、二次开发，完善雅畈原砖瓦厂、蒋堂界首、乾西栅川三个工业功能区块基础设施配套建设。实施支柱产业培育计划，打造汽摩配等主导产业集群，抓好9个亿元工业项目建设。深入实施“四换三名”，大力推进“两化”融合，扎实抓好“个转企、小升规、规改股、股上市”工作，积极引导企业创新，培育机器换人示范企业4家，机器换人项目26项，力争市级以上科技立项45项，市级以上高新技术企业5家，组织申报科技型中小企业8家，新增研发中心3家，培育“三名”示范企业10家。

提质增效发展现代农业。坚守“稳粮增收”底线，更多依靠产业提升、科技进步、经营方式转变促进农业增效、农民增收。夯实“两区一中心”建设基础，新建粮食生产功能区15个，基本建成4个农业精品园。深化农业改革，完善农村土地承包经营权登记制度，全面完成村经济合作社股份制改革，努力增加农民财产收益。大力引导农民广泛参与农业专业合作社建设，积极培育具有现代市场意识的新型农民，推进农业由生产主导型向生产消费综合型转化。健全农产品质量安全检验检测体系，建成区级农产品质量检测站，新增无公害农产品5个、绿色食品2个，推动农业产业通过无害化建设实现“末端增值”。

突出壮大现代服务业。抢抓“高铁经济”机遇，更加注重商务、休闲、旅游、健康、时尚等产业的服务配套和提升，促进人气、商气向老城新区集聚。着力打造网络经济发展新优势。以婺星产业基地建设为龙头，积极对接浙江师范大学网络经济创业园，夯实西北二环网络经济产业基础，打造罗店“云谷”。完善公共基础设施配套，加快推进云计算金华分中心、合丰、云安阁等项目建设，继续开发利用存量物业10万平方。大力实施“电商换市”，引导传统企业、电商企业线上线下融合互动，加快电子商务产业集群发展，努力形成网络经济“整体有推进、重点有突破、联动有提升”发展新格局。着力发展美丽经济新业态。完善乡域旅游规划，以“两带三线”为重点，整合散落风景点、文保点、精品园、古村落等资源，完善配套功能，促进多产业融合，努力打造“点上出彩、线上靓丽”的美丽经济风景线。

2.更加注重招商引资，深入推进项目建设落地。深入开展“扩大有效投资月”活动，从战略的高度把握和推进扩大有效投资，突出工作重点，强化难题破解，真正为婺城发展凝聚更强的动力。

以精准招商提升引资实效。要把招商引资作为头等大事、首要任务、第一责任，时时放在心中，牢牢抓在手上。围绕平台发展所需，着力抓好婺城新城区“四破”攻坚收回地块、各工业功能区项目招商工作，使“破”与“立”“退”与“进”的衔接更有序、更密切、更高效。着力抓好白沙溪风景旅游区等重点项目推介，推动重点区块加快发展。认真做好二七区块改造招商引资服务，推动老城区焕发新活力。以主导产业培育、产业集群构建为目标，围绕浙江省七大万亿级产业、金华市五大百亿产业目录，紧盯500强企业和浙婺商回归项目，精准出击抓招商。实施“园区招商、产业招商、服务招商、以商引商和感情招商”五措联动，强化领导联系，凝聚各方力量，做好长期跟踪联络，力争重大项目招商取得新突破。着力优化招商引资服务，大力破解企业家关心的政治、经济、生活待遇等问题，切实营造重商、尊商、优商氛围。

以重点建设扩大有效投资。以“固定资产投资百亿工程”“二七区块旧城改造百亿工程”为重点，实打实抓好项目投入，切实依靠有效投资拉动有效增长。认真实施“八项行动”，精心抓好“投资平台、投资项目、投资主体”等的谋划培育，重点推进莱恩农装年产1万台智能型大马力现代农业装备等411项目、万里扬乘用车变速器等重点项目以及五水共治、技改科研等转型升级项目建设。切实发挥政府性投资“四两拨千斤”的牵引作用，鼓励和吸引社会资本参与重大基础设施等的建设及营运。积极推进投融资机制改革，探索发展混合所有制形式，开展婺星产业基地联建试点。建立完善企业负面清单，用“非禁即入”鼓励企业参与竞争、扩大投资。深化“五证一照”联办和“全城通办”注册登记模式改革，鼓励大众创业、万众创新。

以攻坚克难提高建设效率。深化“项目建设竞赛”活动，健全重大项目领导联系制度，完善项目建设全程跟踪服务机制，提高项目落地效率。树立扶优扶强导向，重点支持省、市重点项目及“411”项目建设，深化要素资源市场化配置改革，促进要素资源向强优企业倾斜。以“简政放权”为核心，深化行政审批制度改革，建成完善“四张清单一张网”，积极落实企业投资审批改革四项新政，推进"一口式"受理服务，提高企业投资便利化。及时开展项目建设难题组团攻坚，大力破解审批、用工、用能、融资等方面难题，增强企业发展保障能力。

3.持续开展环境整治，深入推进生态建设提质。抓环境就是抓发展。要将生态保护作为永久工程，继续保持环境整治力度，同步推进治水治气治城治乡，以更强的环境承载力推动发展。

全面推进"五水共治"。紧紧围绕"水更清、景更美"目标，深入推进"温室甲鱼专项整治、农村生活污水治理、农村生活垃圾分类处理、畜禽养殖规范提升、截污纳管工程、河道保洁、河道景观改造、环境执法专项整治"八项行动，基本消灭劣Ⅴ类，全区流域水质明显提高。扎实推进保五库、治五河工作，建设长湖、白沙溪、桐溪景观工程，实现水清、岸绿、景美。积极推进金兰中线二期、金华江北岸污水干管、江北背街小巷雨污分流改造、通园溪和回溪雨污管网接入市政主管网、人民西路延伸污水干管等重点工程建设，完成截污纳管18千米。加快推进金华江治理一期虹路堤、马海畈堤加固工程和金华江、武义江堤防水毁工程修复。完成饮用水源保护区规划，强化库区污染源治理，确保饮水绝对安全。

强势推进"三改一拆"。以争创"无违建区"为抓手，严厉打击顶风违建、抢占圈地行为，大力实施"一户多宅"整治，完成16个乡镇(街道)400个行政村无违建创建任务。全面推进农村宅基地确权登记发证工作。继续推进2个试点城中村改造，新实施勤俭一期、上浮桥下沿自然村、东郊二期、环城村4个城中村改造，新建安置房25万平方米。启动尖峰新村等老旧小区改造。强化土地卫片执法检查，对新增违法行为做到早发现、早制止、早查处，从源头防范违法用地、违法建筑发生。坚持拆改结合、拆转结合、拆用结合，进一步抓好拆后利用。

深入推进城乡环境综合整治。统筹"三改一拆""四边三化""五水共治"等重点，强化整治成果在干部提拔和问责的运用，确保城乡环境综合整治取得较大成效。坚持质量优先、量质并举，以水源保护区和美丽乡村建设区域为重点，实施125个行政村生活污水治理。全面推进农村生活垃圾分类减量化处理。坚持节能减排、强化执法，以扬尘治理、"禁燃区"创建、重点行业整治、环境违法行为打击为重点，全面推进大气污染治理。

4.着力提升区域能级，深入推进城乡统筹发展。以提升区域综合承载能力为核心，继续推进园区基础设施、城市管理、美丽乡村等重点建设，加快城乡一体化融合发展。

坚定不移推进二七区块改造。围绕"2015年2月14日前基本完成签约、2015年6月基本拆除房屋"等时间节点，坚守法治、政策、公平三条底线，举全区之力加快推进。着眼长远、综合施策，全力以赴攻坚房屋征收签约工作，持续做好签约后跟踪服务工作，认真细致做好补偿安置和房屋腾空拆除工作。加快推进巨龙区块安置房建设，做好凤翔区块安置房建设前期，竭力打造精品工程。把维护稳定工作贯穿二七区块改造全过程，加强不稳定因素排查化解，保障改造工作顺利推进。

持之以恒打造"精品城市"。全面落实城市管理"三项制度"，切实加强数字城管建设，深入开展市容环境秩序整治和"精品社区创建竞赛"，不断提升老城区精细化管理水平。婺城新城区要以项目建设为重点，加快实施"东接南联西拓"工程，积极推进工业发展、公建配套建设、商服项目建设和总部经济区块建设，全力打造核心商圈。双龙风景区要以旅游形象提升为重点，有机整合资源，推进重点工程建设和旅游环境综合整治，争创国家5A级景区。仙源湖度假区要以扩容建设为新契机，修订完善总规，谋划发展新举措，全面提升度假区知名度。继续推进特色集镇建设，积极打造罗店风情小镇、安地生态旅游小镇、乾西特色环保小镇，抓住机遇扩容升级蒋堂镇，力争将白龙桥镇列入小城市培育试点镇。

继续深化"美丽乡村"建设。坚持规划引领，加强资源整合，提升桂花飘香风景线、建设茶花争妍风景线、启动花香婺城风景线，建设5个精品村、10个秀美村，启动安地美丽乡镇建设，确保美丽乡村风景线建设出成效出精品。扎实推进3个美丽宜居示范村、1个中心村、3个散落历史建筑保护点建设，完成雅畈历史文化村落保护利用一期、二期工程建设。推进农家乐旅游业转型发展，促进生态农业、农特产品加工业与农家乐休闲旅游业联动发展。有序推进异地搬迁，开工建设乾西移民新村四期工程。加强山区产业化扶贫，加大项目建设力度，鼓励社会投资，激发山区发展活力。

5.始终坚持为民导向，深入推进民生事业普惠。不断增进民生福祉。进一步完善城乡公共就业服务体系，搭建就业交流平台，促进和保障就业。继续抓好城乡居民养老保险、医疗保险、职工医疗互助等工作，不断提高保障水平。完善专项救助，健全社会救灾救助体系，充分发挥区慈善总会、红十字会、残联等社会团队力量，确保困难群众及时受助。深入开展农村劳动力素质提升工程，做好低收入农户结对帮扶工作，增加低收入农户收入。加快居家养老服务中心和社区服务中心建设，力争实现“两个全覆盖”。加强8890便民服务平台、正风问效、今日聚焦等平台交办事项的办理工作，及时回应群众关切。

全面发展社会事业。积极推进教育现代化区创建，进一步优化教育资源配置，深入实施标准化学校建设工程，推进省级幼儿园创建，支持民办学校发展，不断做强“学在婺城”品牌。落实文化扶持政策，发展文化产业。继续推进文化礼堂建设，认真抓好“激情婺城”系列活动，不断丰富群众精神文化生活。加大体育设施建设力度，提升竞技体育水平，推进全民健身。推进卫生强区建设，健全基层卫生服务体系，加强医疗队伍建设，优化医疗资源配置，让百姓看得起病，看得好病。

保持社会和谐稳定。全面深化“法治婺城”建设，以“平安婺城”创建活动为抓手，以综治维稳基层基础建设为重点，坚持源头治理、系统治理、动态治理和依法治理相结合，争创省级“平安区”十连冠。强化各级党委主体责任，大力弘扬社会主义核心价值观，坚持唱响主旋律、提振精气神、激发正能量，牢牢把握意识形态工作主动权、主导权、领导权。加强反恐维稳、治安防控体系建设，依法打击各类违法犯罪活动。提高用法治方式解决信访问题能力，加大信访积案化解力度。认真抓好食品药品、安全生产、消防、交通、公共安全等工作，确保人民群众生命财产安全。继续抓好党管武装以及民族、宗教、工青妇、工商联、侨务、对台等各项工作。

三、全面落实新时期从严治党要求

全面落实“党要管党、从严治党”各项要求，不断巩固和拓展教育实践活动成果，深入开展“从严管理落实年”活动，进一步营造心齐气顺劲足实干的创业氛围。

1.从严加强思想教育，不断坚定理想信念。始终把思想政治建设摆在首位，牢牢抓住理想信念这个根本，深入学习贯彻党的十八大和十八届三中、四中全会以及习近平总书记系列重要讲话精神，进一步坚定信仰，保持定力，坚守共产党人精神追求。继续开展“守规矩”专题学习活动，加强警示教育，让广大党员干部既严守明文列入纪律的规矩，还要坚持和遵循党在长期实践中形成的优良传统和工作惯例。不断巩固和深化群众路线教育实践活动成果，广泛开展批评与自我批评，严格按照党内政治生活准则和党内各项规定办事，认真落实“三会一课”、民主生活会、民主评议党员、党性定期分析和党员领导干部双重组织生活会制度，认真开展谈心谈话和积极健康的思想斗争，增进班子团结，提升整体合力。广大党员干部要自觉对照身边先进典型，不断查摆自身思想差距，积极主动对标看齐，切实提升思想境界。

2.从严抓好基层党建，全面夯实基层基础。坚决落实从严管理要求，形成大抓基层的工作合力。强化规矩意识，严格执行“五个必须、五个决不允许”要求，让纪律严起来，让规矩硬起来。加大工作问责力度，对暗访、巡查发现以及《今日聚焦》、《正风问效》等栏目曝光的问题，实行挂号督办、销号管理，整改不及时、不到位的，按规定严肃处理。全面实施“党群连心桥”工程，在机关党组织开展“结对帮扶，助推两富”活动，在乡镇(街道)党组织开展“全科干部，全心服务”活动，在社区党组织开展“红色义工，爱心圆梦”活动，在农村党组织开展“联邻帮户，守望相助”活动，在“两新”组织党组织开展“党群同心，相约同行”活动，真正构建“民需有人问、民计有人听、民事有人管、民困有人帮、民忧有人解”的民情服务机制。继续推进党建示范点建设，进一步解决村(社区)活动场所问题，筑牢“红色阵地”。深入抓好基层党组织“五星争创”，开展新一轮软弱涣散基层党组织整顿，探索推进“社区大党委”工作，使每个基层党组织都成为坚强的战斗堡垒。强化基层党员骨干队伍建设，深化完善党员“五星管理”制度，积极探索低星级党员教育整转、不合格党员处置工作有效路径。全力推进人财物向基层倾斜，不断提升基层党组织创造力、凝聚力、战斗力。

3.从严监管干部队伍，全力打造干事团队。干事创业，关键在人，干部就是决定性因素。认真落实省委建设“好班长、好班子、好梯队”目标要求，深化“一线实践锻炼法”，立足二七区块改造、“三改一拆”“四破攻坚”“五水共治”等重点工作一线锤炼干部，着眼婺城事业发展需要，突出抓好年轻干部和后备干部队伍建设，大力培养一批结构合理、经验丰富、能力突出的“狮子型”和“老黄牛型”干事创业团队。坚持“重实才、重实干、重实绩”的选人用人导向，强化一线干部巡察制度落实，立体考察识别干部，对德才兼备、实绩突出的干部大胆提拔重用，对工作不力、状态不佳的干部及时调整处理，畅通干部“能进能出、能上能下”渠道。开展“三严三实”专题教育，深化干部“庸懒散”专项整治，建立从严管理干部的常态机制，营造长管长严的良好氛围。

4.从严改进工作作风，切实提升落实能力。作风建设关系事业成败。从严治党，必须从严改进作风。深入贯彻落实中央“八项规定”、省委“28条办法”“六个严禁”和市委“25条意见”精神，按照“每月有大检查，每周有小检查”的要求，继续开展明察暗访，深入推进“正风肃纪抓执行、攻坚克难促发展”活动，推动作风建设常态化、长效化，努力把作风改进成效转化为执行力的提升。切实加大问责力度，改牵头主抓为问责推动，对市、区部署的重点工作进展较慢、开展不力的单位及其主要领导、分管领导进行警示约谈。纪检机关要进一步聚焦中心工作，加强对工作落实执行情况的监督检查，坚决查处执行中的各种弊病，确保中央和省委、市委、区委政令畅通。

5.从严推进廉政建设，始终保持高压态势。要以高度政治自觉认真落实好“两项责任”，压力层层传递，责任时时明确，守好党风廉政建设“责任田”。强化上级纪委对下级纪委的领导，完善党的纪律检查工作双重领导体制，落实乡镇纪委回归主业，不断深化乡镇党风廉政建设考核机制，切实体现党风廉政建设和反腐败工作的刚性。不断完善审计监督制度，推进领导干部经济责任、公共资金、国有资产和资源审计全覆盖。进一步明确反腐败协调小组职能，完善查办案件组织协调机制，加强同司法、审计等单位的协调配合。坚持“一案双查”，对发生严重违纪违法问题的单位，既要追究主体责任、监督责任，又严肃追究领导责任。深入开展“三整治两规范一创建”整改行动，集中整

治群众反映强烈的针对村级党员干部的共性问题、重点问题。坚持不懈地加强反腐倡廉宣传和舆论引导，集聚向上向善向廉正能量，营造良好从政环境和政治生态。

同志们，使命因艰巨而光荣，事业因奋斗而精彩！婺城发展需要我们一代又一代婺城人的不懈努力，让我们以更加昂扬的斗志、更加务实的作风、更加创新的举措，坚定信心、抢抓机遇，迎难而上、狠抓落实，一步一个脚印推动婺城加快发展。

政府工作报告

2015年2月28日在金华市婺城区第八届
人民代表大会第四次会议上

金华市婺城区人民政府代区长 申屠福华

一、2014年工作回顾

一年来，在市委市政府和区委的正确领导下，在区人大、区政协的有力监督支持下，全区上下认真贯彻落实市委市政府和区委的决策部署，切实执行区八届人大三次会议决议，深入实施“三个提升年”活动，统筹做好稳增长、促转型、惠民生各项工作，较好地完成了各项目标任务。成功创建全国义务教育发展基本均衡区，被授予全国水利先进集体、省平安区银鼎、省双拥模范区、省“河姆渡杯”粮食生产先进银奖等荣誉称号。

一年来，我们主要做了八方面工作：

（一）经济保持平稳增长。全区实现区属地区生产总值232.1亿元，增长7%；财政总收入32.6亿元，其中区级财政收入7.7亿元，增长9.3%；固定资产投资89.3亿元，增长15%；社会消费品零售总额266.6亿元，增长10.1%。

工业经济平稳运行。应对宏观形势、体制调整、行业整治等挑战，全力保运行、稳增长。完成工业总产值301.7亿元，规上企业实现产值153.7亿元。汽摩配等七大支柱产业保持稳定，实现规上产值103.1亿元，占规上工业总产值的67.1%。完成限额以上工业投资20.2亿元。扎实推进“四换三名”“两化融合”工作，新增市级“机器换人”示范企业4家、试点企业31家，万里扬被列入省级首批“三名”培育试点企业。“四破”专项整治取得成效，收回土地30.07公顷，盘活98.8公顷，消化批而未供96.4，处置低小散企业162家。培育壮大企业主体，新增亿元企业4家。完成个转企145家、小上规14家。企业效益稳步回升，实现规上工业企业利润7.4亿元，增长3.6%。节能降耗成效明显，电镀、造纸、印染、化工等行业整治基本完成。品牌建设加快推进，创省市名牌10只、著名商标7只。

现代农业持续增长。两区建设扎实推进。新建粮食生产功能区16个733.33公顷。实现粮食播种面积13466.67公顷，总产量7.5万吨。蒋堂奶牛精品园通过省级验收，琅琊红豆杉、油茶精品园列入省级现代林业精品园创建点，新建现代农业精品园4个。农业主体不断壮大。新增全国示范性农民专业合作社3家，省级林业龙头企业2家、市级4家。新增省级示范性家庭农场4家、市级10家。出台生态畜牧业发展专项规划，启动限宜养区畜禽养殖场整治提升，建成农牧对接示范点3个。农产品质量安全有效保障，累计通过认证无公害产地41个、农产品56个、绿色食品10个、有机产品5个。

现代服务业加快发展。实现第三产业增加值149.5亿元，增长7.8%，第三产业占生产总值比重提高到64.4%。信息产业蓬勃发展，扩建网商一条街、海信分园、玉泉分园等电子商务专业园区，完成存量物业利用11.2万平方米，入园企业增至180余家，交易额达28亿元。合丰服务外包产业园、云安阁互联舆情监测平台、中国电信云计算金华分中心、浙师大网络经济创业园等项目开工建设。大力推进“电商换市”工程，建成县级电子商务服务中心1个、村级服务点150个，开展电商培训4000余人次。农村市场流通等市场体系建设有序推进，创建省级放心农贸市场2家，建成再生资源回收利用分拣中心2个、回收网点74个。旅游业快速发展，接待境内外游客人数、旅游总收入分别增长12.2%和19%。

园区开发建设步伐加快。婺城新城区产城联

动发展取得突破。浙中乐园、伟达雷迪森酒店投入运营，婺州城市广场二期、新宇宏腾生活广场、尚格酒店基本完工，公安应急指挥中心结顶，金华银行婺城支行即将结顶，区第二人民医院迁建、婺城小学北扩、荣光国际学校开工建设。新建、续建商品房项目13个，建成商住房20万平方米。在建工业项目37个，其中开工10个、竣工投产10个；实现工业总产值191.9亿元、财政收入6.7亿元，完成工业投入19.5亿元。双龙风景区旅游品质不断提升。黄大仙景区控制性详规通过国家住建部审批，罗店千年风情小镇完成规划设计，智者寺二期主体、尖峰山休闲公园提档改造二期基本完工。景区配套不断完善，建成大型停车场和公交免费换乘点。加强营销推介，景区知名度进一步提升。开展"五乱三黑"综合整治，旅游环境不断优化。仙源湖度假区建设有序推进。完成度假区40.57平方千米扩建可研报告并通过市级审批，开展安地老镇区67.5公顷控制性详规编制。水电路桥等配套进一步完善，仙草苑养生文化园、动物园嘉年华投入营业，桂花山庄主体结顶，水上运动中心建设加快，成功引进南山双子湖旅游度假综合体项目。新建、续建房地产项目6个，建成商住房20万平方米。

（二）*改革创新活力增强*。改革持续深化。推进行政审批制度改革，清理权力事项996项，减少审批事项102项、审批环节340个。实施服务窗口整合改革，推行"全城通办"注册登记模式。开展"四张清单一张网"机制建设，区级权力清单和责任清单全面公布。推进财政管理改革，完成全口径预算编制，全面实施国库集中支付和公务卡支付改革。完成食品安全监管体制改革。启动农村确权赋权改革，实现农村土地承包经营权登记制度全覆盖，三分之一以上行政村完成村经济合作社股份制改革。开展流通业综合改革，10个项目列入市第一批国家级现代服务业综合试点。第二土特产企业改制、东方红国有林场改革和公车改革有序推进。完成第三次经济普查。招商引资取得新成果。引进内资项目39个，到位资金16亿元；外资项目4个，实到外资1043万美元；浙（婺）商回归项目21个，到位资金8亿元。对外贸易不断扩大。实现外贸进出口总额8.7亿美元，增长13.7%，其中出口贸易额8.4亿美元，增长15.6%，进口贸易额3879万美元。创新主体培育成效明显，获批各级科技立项61项，其中国家级6项；新增省科技型中小企业13家、省级农业科技企业2家、省创新型示范企业1家、市级以上高新技术企业8家、高新技术研发中心7家。完成新产品产值68.2亿元，增长8.4%。创新能力不断提高，专利申请2131件，其中发明专利授权149件，列全市第一。人才工作取得新成效，培养引进国家、省"千人计划"人才各1名，入选"双龙计划"人才项目3个。

（三）*城乡建设协调发展*。突出规划引领，基本完成4个镇的控规编制，完成4个中心村的规划编制和30个村的规划调整。强化基础设施建设。完成杭长高铁征迁扫尾工作，高铁正式开通。西二环跨沪昆公铁立交东半幅建成通车。东市街北延、丰亭东路、竹马货场等项目政策处理完成。330国道迁改、杭金衢高速拓宽、汤莘公路及衢江航运工程有序推进，宾虹西路拓宽改造工程基本完工。完成农村公路大中修50千米、联网公路16千米。开通金兰城际公交、K615，优化309、K619公交线路，公交分担率达62%，交通出行环境明显好转。完成220KV"双龙-乾西"等输电线路工程。南网金华燃机支线全线贯通。"三改一拆"深入推进。拆除违法建筑107.7万平方米，改造旧住宅37.1万平方米、旧厂区16.7万平方米、城中村40万平方米。二七新村改造强力推进，签约率达97.6%。城市管理继续深化。加强拥堵治理，金兰中线和工贸街整治成效明显；修补背街小巷1.7万平方米，地下管道清淤95千米；兰溪门市场周边等占道经营得到有效整治。集镇建设稳步推进。铺设集镇污水管道16.1千米，雅畈历史街区古街修复工程启动，安地镇垃圾中转站完成改造提升。启动5个城中村改造，开工建设安置房32万平方米，金品小区基础工程竣工，通园小区改造完成。美丽乡村建设扎实推进。桂花飘香风景线建设基本完成，建成市级精品村3个、市级秀美村10个、洁美村81个、散落历史建筑保护点3个，琅琊镇被评为市级美丽乡镇。

（四）*生态环境明显改善*。全面打响"五水共治"攻坚战，投入资金5.9亿元，实施治水项目23个，列入省市考核的交接断面水质总体优秀。大力治污水。开展垃圾河治理大会战,清理河道1000余千米;实施长湖综合治理,水质和周边环境明显改观;完成截污纳管64.6千米,蒋堂镇污水处理厂投入运行;推进温室甲鱼等养殖业污染整治,关停拆除禁养区畜禽养殖场2236家66.2万平方米;取缔非法采砂场62家;省市县乡四级河道保洁实现全覆盖,莘畈水库和11座小(一)型水库实现洁水养鱼。全力保供水。沙金兰饮用水源水质保持II类;完成农村饮用水改造提升10个村。致力防洪水、排涝水。完成水库除险加固2座,整治山塘6座、河沟40千米;基本完成白沙溪中小河流治理工程琅琊段、白龙桥古方段。努力抓节水。新增节水灌溉面积6000亩;工业节水技术改造有序推进。城乡环境明显改善。开展市容环境整治,清理垃圾1.2万吨,恢复绿化3万平方米;基本完成农村生活污水治理139个村,农村垃圾集中清运覆盖率达100%;以竹马、箬阳试点为基础,368个村启动垃圾分类减量化处理,32个村实现户、村二级分类。狠抓气尘合治。开展市区环境空气质量提升百日攻坚专项行动,四中监测站点PM2.5浓度平均下降11.4%。抓好森林资源管护。完成造林更新647.2公顷,开展义务植树130万株;创建省级森林城镇1个、森林村庄3个、市级绿化示范村12个;琅琊镇被评为国家级生态镇。

(五)民生工作扎实推进。居民收入较快增长。城镇、农村居民人均可支配收入为38318元和16366元,分别增长9?%和10.8?%。优化就业创业服务,成功举办首届青年创业大赛,新增就业岗位4500个,实现再就业2252人,城镇登记失业率为2.7%,完成农村劳动力素质培训3100人。启动全民参保登记工作,城乡居民基本医疗保险参保人数达21.4万,购买大额医疗补充保险人数达2.1万。城乡居民养老保险稳步推进。社会救助体系进一步完善,发放各类救助款2519万元。社会福利事业蓬勃发展,新建居家养老服务照料中心120家,五保对象集中供养率达98%。区慈善总会成立。政策性农村住房保险参保率达99.4%。多措并举推进山区扶贫,争取各类补助资金4120万元。继续实施小额扶贫贷款,发放小额贷款1464万元,新建资金互助社2个。移民安置加快推进。完成乾西移民新村三期安置241户637人,启动蒋堂移民安置小区建设,实施水库移民村及库区规划安置村扶持项目100个。

(六)社会事业全面进步。教育事业扎实推进。罗店小学改建、婺州外国语学校建设启动,5所薄弱学校改造和43所学校硬件改造全面完成,省级标准化学校创建稳步推进。建立教师流动制度,城乡师资进一步均衡。学前教育、义务教育、职业教育齐头并进,教育质量全面提升。文体事业不断发展。建设农村文化礼堂32家,举办各类巡回演出、大型文艺比赛、文化走亲等84场,送戏下乡140场,送书下乡2万余册。竞技体育成绩喜人,婺籍运动员在省第15届运动会上获得金牌、总分均列全市第一。群众体育广泛开展,创建省体育强乡镇2个,省城市体育先进社区1个,新增小康体育村65个。卫生事业有序推进。卫生信息化建设实现全覆盖,公共卫生服务水平不断提高。开展城乡居民免费健康体检11万余人次,建立规范化电子健康档案35.9万份,建档率超90%。人口与计生工作走在全市前列,人民武装、文物保护、民族宗教、外事、侨务、对台以及工青妇、老龄、红十字等各项工作都取得新的成绩。

(七)社会保持和谐稳定。紧扣平安婺城建设,全面落实平安综治维稳各项措施。创新社会治理,开展社会治理信息采集“平安通”试点,平安基础进一步夯实。加强基层法治建设,建立完善基层司法机构,推动执法力量下沉。扎实开展矛盾纠纷预防化解,有效处置各类重大突发性事件。开展信访积案化解专项行动,有效处理一批复杂疑难信访事项。严厉打击各种违法犯罪行为,市场经济秩序、社会秩序、生活环境得到显著改善。加强欠薪应急处置制度化建设,优化法律援助,一批涉稳事件得到妥善化解。开展食品安全基层责任网络建设试点和食品药品、医疗器械专项整治,农产品快检室、阳光厨房、品牌超市进校园等建设有序推进,建成生鲜农产品放心柜4个。落实安全生产党政同责责任制,加强重点行业、重点领域安全生产监管,安全形势总体稳定。

(八)政府自身建设得到加强。深入开展党的群众路线教育实践活动,严格执行中央“八项规定”和省委“28条办法”“六项禁令”,强化正风肃纪,一批四风问题得到解决。开展重大项目“百日服务”

和克难攻坚行动，省、市、区重点项目完成率分别为129.5%、168.5%和91%。开展“千名干部进千企、千方百计解难题”活动，加大帮扶解困力度，企业难题办结率100%；建立企业转贷应急周转金制度，为企业解决转贷资金6875万元。完善向区人大报告、向区政协通报重大事项的常态化机制，办复人大代表建议294件、政协提案299件，满意率分别为96.5%和100%。加强行政复议规范化建设和行政调解工作，政府信息公开进一步深化。规范政府投资项目管理，核减财政资金9753万元。规范公共资源交易管理，节约资金1.1亿元。加强政府投资工程竣工结算审计，核减财政支出7161万元。严控三公经费支出，同比下降33.6%。认真办好区长信箱市民来信及8890便民服务平台交办事项，行政效能进一步提升。

各位代表，过去一年，婺城经济社会发展取得的成绩来之不易，凝聚着全区人民的智慧和汗水。这是市委、市政府和区委正确领导的结果，是区人大、区政协有效监督和大力支持的结果，是全区人民齐心协力、共同奋斗的结果。在此，我代表区人民政府，向在各个领域和不同岗位上辛勤劳动、无私奉献的全区人民，向给予政府工作大力支持的人大代表和政协委员，向各民主党派和人民团体、驻金部队和武警官兵以及社会各界人士致以崇高的敬意和衷心的感谢！

同时，我们也清醒地看到，我区经济社会发展中还存在一些问题和矛盾，政府工作也存在不足。具体表现在：经济增长的基础不够牢固，一些中小企业生产经营困难；新引进重大产业项目不多，新兴产业对经济增长的支撑力不强；财政收入增长乏力，政府债务风险不容忽视；环境保护任务艰巨，水和空气的质量有待改善；有些部门和工作人员履职效率和服务质量有待提升。对此我们将高度重视，在今后的工作中努力加以解决。

二、2015年目标任务和重点工作

今年是全面深化改革的重要一年，是十二五规划的收官之年，也是承上启下研究制订十三五规划的关键之年。做好今年工作，既有许多有利条件，也有不少实际困难。我们必须准确把握新常态，主动适应新常态，统一思想，凝心聚力，以更加昂扬的斗志、更加饱满的热情、更加坚韧的毅力，振奋精神，迎难而上，努力开创婺城发展的新局面。

今年政府工作的总体要求是：全面贯彻落实党的十八大和十八届三中、四中全会精神，认真落实市委、市政府和区委的决策部署，继续坚持稳中求进的总基调，以“三个提升”为抓手，以提高发展质量和效益为中心，着力加快转型升级、着力深化改革创新、着力加强生态建设、着力统筹城乡协调发展、着力保障改善民生，确保完成十二五规划目标任务，全力推动“两富”“两美”现代化婺城建设取得更大实效。

综合考虑各种因素，2015年我区经济社会发展的主要预期指标建议为：地区生产总值增长8%；地方财政收入增长8.5%；固定资产投资增长15%；社会消费品零售总额增长9%；自营出口增长9%；农村、城镇居民人均可支配收入分别增长10%和9%；人口自然增长率控制在6‰以内；城镇登记失业率控制在4%以内；完成市政府下达的各项节能减排任务。

根据总体要求和预期目标，今年我们将重点抓好以下六个方面工作：

（一）着力加快转型升级，推动经济提质增效

推动工业经济稳量提质。正确把握宏观经济走势，注重增强发展后劲，切实扭转经济下行态势。力争完成限额以上投资23.2亿元，规上工业产值166亿元。深入实施“四换三名”工程，加快产业转型升级。引导新兴产业优化发展，促进高端装备制造、新材料、新能源、生物医药等产业量质齐升。加快汽摩配、五金工量具等传统支柱产业提档升级，发挥存量规模优势，推进集群式发展。利用信息技术发展新型业态，推进企业信息化建设，促进“两化”深度融合。加强中小企业培育。整合提升乡镇工业功能区，重点推进蒋堂界首、乾西栅川等区块开发建设，增强产业承载力。抓好品牌和标准化工作，新增省市名牌7只、著名商标6只，产品达到国际先进标准验证12家以上，争创市级质量强区示范区。

提升农业现代化水平。提高粮食产能，实现粮食播种面积12866.67公顷。加快推进农业两区建设，新建粮食生产功能区15个800公顷，创建旱粮示范基地省级1个、市级10个。继续开展琅琊现代农业综合区建设，基本建成白龙桥种猪、竹马杜鹃花、琅琊油茶、琅琊红豆杉等4个精品园。高度重视农产品质量安全，新增无公害农产品?5个、绿色食品2个。开展生态循环农业示范创建，建设示范区1个、示范主体10个。加强农业资源环境保护，推广实施测土配方施14000公顷、农作物统防统治3333.33公顷、农药减量控害10666.67公顷，推动农业生态可持续发展。

加快发展现代服务业。加大新兴服务业态培植力度，培育壮大文化创意、商务中介、信息服务、健康服务等新兴产业。深入推进“电商换市”工程，建设社区电子商务智能投递配送点200个，开展电商知识普及培训4000人次，再利用存量物业10万平方米发展电子商务。推进竹马货场及配套设施建设。继续做好农贸市场改造提升。加强旅游景区品质塑造，推动旅游线路和景观资源优化整合，做强做优农家乐等休闲旅游，发展美丽经济。

（二）着力深化改革创新，增添发展活力和动力

继续深化改革。深入推进“四张清单一张网”改革，以政府自身改革撬动经济社会各领域改革。完成十三五规划编制。深化机构改革，整合卫生、人口计生管理机构，整合基层综合执法力量，积极构建扁平化治理体系。继续推进行政审批制度改革，全面实行企业“零地”投资项目政府不再审批、企业独立选址项目高效审批制度；建立健全以市场准入标准为基础，以施工监管、竣工验收、开工许可为主要内容的事中事后监管制度；完善审批系统建设，实现市区行政审批服务一体化。开展投融资体制改革，推广政府与社会资本合作模式，探索利用民资建设大项目的体制机制。抓好“四破”专项整治，坚持“破、立、配”同步并进，努力突破要素制约。继续推进现代服务业综合改革试点，大力发展现代物流业。完成第二土特产企业改制、东方红国有林场改革和公车改革。继续实施农村确权赋权改革，完成农村经济合作社股份制改革，实现农村宅基地确权登记发证工作全覆盖。

努力扩大开放。注重招大引强，加强与国企、央企、世界(国内)500强等大企业及婺商的对接联系，增强对大项目的盯引力度。扩大招商领域，创新招商方式，按照科技含量、投资强度、产出效益和生态影响等标准，实施精准招商。力争引进内资16亿元，浙(婺)商回归8亿元，外资1千万美元。加快转变外贸发展方式，用好出口退税、信用保险等政策，推动企业巩固和拓展国际市场，力争全年自营出口总额突破9.2亿美元。

大力推动科技创新。发挥科技创新支撑引领作用，强化企业自主创新主体地位，引导创新资源向企业集聚，鼓励企业增加研发投入、建立高水平研发机构。加强技术改造、科技创新和示范应用，重点实施市级以上技改项目20个、市级以上科技项目45项，达成科技合作项目5项以上，认定市级以上高新技术企业5家、市级技术创新项目10项、科技型中小企业8家。深化产学研合作，推动校企合作和协同创新。加强知识产权应用和保护，实施各项人才计划，重点引进国家“千人计划”、省“千人计划”人才和高水平创新创业团队。

（三）着力改善生态环境，建设宜居幸福家园

深入推进“五水共治”。全面落实河长制，实施治水八项行动，全流域消灭劣Ⅴ类水质，金华江婺城段水质基本达到Ⅲ类，全区48座小(二)型以上水库实现洁水渔业；实施长湖、白沙溪、桐溪等河道景观改造，实现水清、岸绿、景美；加快实施金华江北岸及桐溪等污水干管、江北背街小巷雨污分流、通园溪和回溪雨污管网、人民西路延伸截污纳管；继续推进白沙溪中小河流治理，完成白龙桥集镇段、新昌桥至大圩段项目建设。加强饮用水源保护，做好水功能区和水环境功能区修编，完成饮用水源保护区规划编制，全面排查饮用水源地安全隐患，确保饮用水安全。做好金华江治理一期虹路堤加固工程和金华江、武义江堤防水毁工程修复，完成水库除险加固2座、山塘整治9座，启动第六批中央财政小型农田水利建设项目。

切实推进大气污染整治。按照“一年打基础、三年求质变”总要求，全力开展大气治理九大专项行动。狠抓节能减排，优化能源结构，推进婺城新城区集中供热工程建设。开展烟花爆竹禁限燃行动，重点抓好二环内禁燃区创建。加快淘汰黄标车。严格执行能耗、环保等行业准入标准，严把新上项目环境准入关，严肃查处、严厉打击偷排偷放

等环境违法行为，依法淘汰落后产能。全面推进化工、医药、印刷等重点行业VOCs污染整治。开展扬尘综合治理，提高城乡保洁和建筑施工防尘水平。

（四）着力建设产业平台，拓展经济发展空间

做强婺城新城区。启动宾虹西路产业带规划编制和郭蓉休闲区控规编制，完成临江分区、栅川分区控规调整，将浙中物流园区2000亩用地纳入城市建设总体规划。完善公建配套设施，区第二人民医院迁建一期主体结顶，公安应急指挥中心、荣光国际学校建成投用。加快打造新城区核心商圈，婺州城市广场二期、新宇宏腾生活广场投入运营，金华银行婺城支行、凯得商务大厦、怡景商务大厦、巨龙腾达湾、瑞唐国际中心完成建设。加快总部经济区块建设，开展总部招商，推动形成集聚效应。新建续建工业项目31个，竣工投产9个；商品房项目8个，建成商品房15万平方米。

做美双龙风景区。以争创国家5A级旅游景区为抓手，有机整合尖峰山、智者寺、双龙洞、黄大仙等景区景点，推动串点、连线、成圈、拓面，提升双龙旅游品质。加快浙中凉都等项目建设，智者寺二期建成启用。推进换乘中心和旅游接待服务中心建设。实施景区核心村改造，丰富景区旅游内涵。办好国际黄大仙文化节、双龙之春、双龙之夏等旅游文化活动，打响特色旅游品牌。继续抓好景区环境综合整治，提升景区形象。

做大仙源湖度假区。加快扩容开发步伐，完善度假区总规，完成扩建可研报告省政府报批。完善基础设施配套，建成110KV梅溪至仙源湖双回路等工程。推进重点项目实施，加快喜曼安地度假酒店、香溪玫瑰园、桂语山居项目建设，桂花山庄、水上运动中心一期建成营业。发展南山休闲旅游，完善郑宅垅、项村垅精品游线配套设施，开发建设安地风情小镇及雅干垅美丽乡村游新游线。推进安地老镇区改造，启动后山公园和环仙源湖观景平台建设。

做优浙中信息产业园。启动市区网络经济集聚区规划编制概念设计，全力推进婺星产业基地开发建设，搭好集聚发展平台。加快合丰服务外包产业园、云安阁互联舆情监测平台、中国电信云计算金华分中心、浙师大网络经济创业园建设，打造“罗店云谷”，引领新兴信息产业发展。突出以智引商、以商引商，力争引进规模优质网络企业3家，实现年交易额36亿元。

（五）着力统筹协调发展，加快推动城乡一体化

不断完善基础设施。及时调整市区重点项目涉及规划，加大村镇规划编制力度，继续做好雅畈、琅琊、蒋堂、安地4镇和竹马片区控规编制及中心村、一般村的规划编制，优化空间、功能和产业布局。启动乾西环保特色小镇建设。以中心镇为中心，落实各项扶持政策，完善城镇基础设施，提升集镇功能。继续推进西二环跨沪昆公铁立交、杭金衢高速拓宽改造、330国道改建、汤莘公路、45省道改建、衢江航运开发等重点项目建设，配合做好金罗路、金竹路、电大街、东市街北延、环城西路等城市道路改造提升。BRT快速公交“一横”建成开通。实施220KV燃机电厂-罗店乾西线、汤溪-蒋堂线和110KV二七区块五一变等电网工程。

继续提升城市品质。围绕精品城市建设，完善城市网格化管理体系，深化数字城管，实施城市精细管理。加强社区建设，开展精品社区创建竞赛，打造社区精品服务。以“无违建区”创建为抓手，继续推进“三改一拆”，实施西郊一期、五星田里村、勤俭一期、环城村、上浮桥下沿、东郊二期等城中村改造项目，新建安置房25万平方米；启动北苑小区、尖峰新村老旧小区改造；加快推进二七区块拆迁改造，完善城市整体配套功能。以城中村和城郊接合部为重点，全面开展市容环境秩序整治，规范管理占道经营、车辆停放、户外广告等，提升城居环境质量。

扎实推进美丽乡村建设。开展美丽乡村建设评比活动，以农村生活垃圾分类减量化处理和生活污水治理为抓手，加大治污治乱力度，全面提升卫生保洁水平。提升桂花飘香风景线，建设茶花争妍风景线，启动花香婺城风景线，建成美丽乡镇1个、精品村5个、秀美村10个。继续做好3个美丽宜居示范村、1个中心村、3个散落历史建筑保护点建设，完成雅畈历史文化村落保护利用一期、二期工程。加快西南山区发展。抓好省级农家乐精品区域和特色乡镇、特色点培育，发展山区美丽产业。带动社会投资，加大山区经济发展项目建设力度，推进

产业扶贫。加强基础设施建设,加快山区道路连线,改善山区发展基础条件。

(六)着力发展民生事业,推进公共服务均等化

完善社会保障体系。统筹城乡公共就业服务,促进就业鼓励创业。落实城乡居民养老保险新政策,大力推行阳光医保监管工程,推进全民参保登记工作。继续做好政策性农业保险和农房保险。健全社会救灾救助体系,确保困难群众及时受助。继续完善城乡低保制度,实行低保动态化管理。完成区社会福利中心项目建设。新建社区服务中心50个,实现城乡社区服务全覆盖。

繁荣发展社会事业。推进教育现代化。加大薄弱学校改造力度,确保完成省级标准化学校创建任务。深化教师队伍建设,继续推进名师名校长工程和教师轮岗交流制度。均衡发展义务教育,实施学前教育第二轮"三年行动"计划,加快职业教育转型升级,提升教育信息化水平,推进教育现代化区创建。增强文化软实力。改善基层文化基础设施,加快构建现代公共文化服务体系。落实文化扶持政策,发展文化产业。做强"山花烂漫、美丽婺城"品牌,继续开展文化下乡、文化走亲活动,丰富群众文化生活。推进全民健身,创建省级体育强乡镇1个、省级体育先进社区2个;提升竞技体育水平,承办省级赛事1项、区级赛事8项。完善健康服务体系。加快推进卫生强区建设,创建卫生强乡镇5个,提高社区卫生服务规范化水平,推行分级诊疗制度。健全基层卫生服务体系,加强医疗队伍建设,优化医疗资源配置。加强计生工作。

创新和加强社会治理。以省级平安区创建为统领,深化法治婺城建设,提高社会治理信息化水平。实施社会稳定风险评估,排除化解不稳定因素,及时处置突发公共事件,推进基层平安创建扩面提质增效。以人民群众安全需求为导向,精准打击违法犯罪行为,提升群众安全感。加强区域性、行业性调解组织建设,创新社会组织参与社会治理模式,提升社会自治能力和水平。深入推进无欠薪婺城创建,实行欠薪应急群防群治工作制度,完善和谐劳动关系预防机制,推动"双爱"活动向纵深发展。构建规范健康有序的市场环境,保护消费者权益。加强溯源管理,构筑牢固的食品药品安全防控体系。加强安全生产责任体系、隐患排查治理体系、安全预防控制体系建设,着力提升安全保障能力。

三、全面推进依法行政,加快法治政府建设

适应法治政府建设新常态,将政府各项工作全面纳入法治化轨道,强化法治思维,深入推进依法行政,加快建设职能科学、权责法定、执法严明、公开公正、廉洁高效、守法诚信的法治政府。

坚持依法行政。坚守"法无授权不可为,法定职责必须为"原则,严格按照法定权限和法定程序行使权力、履行职责。健全依法决策机制,严格执行重大行政决策公众参与、专家论证、风险评估、合法性审查、集体讨论决定的程序。全面推行政府法律顾问制度,保证法律顾问在制订重大行政决策、推进依法行政中发挥积极作用。坚持严格规范公正文明执法,深入推进执法规范化建设。强化权责一致的法治意识,勇于负责,敢于担当,坚持到位为、坚决为、攻坚破难为,坚决纠正不作为、乱作为,坚决克服懒政、怠政,坚决惩处失职、渎职。

强化监督制约。完善权力运行的制约和内外监督体系,自觉接受人大及其常委会的法律监督和人民政协的民主监督,主动接受司法监督,加强政府内部层级监督、专门监督和审计监督,更加重视群众和舆论监督。认真实施人大议案,高质量办理代表建议和委员提案。重大决策出台前向人大报告、与政协协商,健全人大代表、政协委员列席区政府常务会议制度。

加强政务公开。坚持"以公开为常态、不公开为例外"原则,全面加强政务公开,推进决策公开、执行公开、管理公开、服务公开、结果公开。加强政府门户网站建设,进一步推进行政权力运行、财政预决算、公共资源配置、公共服务监管、重大项目建设批准和实施、社会公益事业建设等重点领域信息公开,打造集阳光政务、行政审批、便民服务于一体的政务服务网。依法稳妥做好政府信息依申请公开,推进行政权力运行公开透明,确保执法行为不偏离法治轨道。

推进勤政廉政。巩固和深化党的群众路线教育实践活动成果,开展"三严三实"专题教育活动。进一步转变工作作风,发扬钉钉子精神,用快节奏、

高效率抓好决策部署的贯彻落实，抓好民生实事的办理。进一步落实领导干部下基层各项制度，扎实做好服务群众、服务企业、服务基层的各项工作。以“从严管理落实年”为抓手，严格落实党风廉政建设责任制，认真执行中央“八项规定”等廉政制度，完善预决算管理制度，严格控制公务消费，努力实现干部清正、政府清廉、政治清明。健全廉政风险防控机制，严肃查处各类违纪违法案件，营造风清气正的政务环境。

各位代表！做好今年工作，任务艰巨、责任重大、使命光荣。让我们在市委、市政府和区委的坚强领导下，紧紧团结和依靠全区人民，振奋精神，开拓创新，锐意进取，为把婺城的明天建设得更加美好而努力奋斗！

《政府工作报告》及相关名词解释

“个转企”：个体工商户转为企业。

“小上规”：规模以下企业转型升级为规模以上企业。

“下升上”：限额以下商贸企业升级为限额以上企业。

“三进三联三促”：进农村、联农户、促增收,进社区、联居民、促和谐,进企业、联职工、促发展。

“两新”组织：新经济组织和新社会组织的简称。

“两富”：物质富裕，精神富有。

“创先争优”活动：创建先进基层党组织，争做优秀共产党员活动。

“五星争创”星级评定：分为班子建设、党员队伍建设、工作机制建设、工作业绩、群众评价等5项指标，根据得分高低确定“金星”“银星”“铜星”和“无星”四个档次。机关事业单位共产党员“五星争创”星级评定，设学习星、敬业星、效能星、服务星、廉洁星等5星。

“千人计划”：浙江省实施海外高层人才引进的“千人计划”

“三改一拆”三年行动：是指浙江省政府在2013年至2015年开展的旧住宅区、旧厂区、城中村改造和拆除违法建筑（简称“三改一拆”）。

“四破”攻坚：破僵尸企业、破围墙圈地、破低效用地、破既得利益。

“五水共治”：治污水、防洪水、排涝水、保供水、抓节水。

农业“两区”建设：粮食生产功能区和现代农业园区建设。

“一河一策”：针对不同的河道实施不同的治理措施。

“校安工程”：中小学校舍安全工程。

“体育创强”：创建省体育强区工作。

“三严三实”：习近平总书记在关于推进作风建设的讲话中，提到的“既严以修身、严以用权、严以律己，又谋事要实、创业要实、做人要实”的重要论述。

“四张清单一张网”：权力清单、责任清单、财政专项资金管理清单、企业投资负面清单和政务服务网。

“双千”：千名干部进企业，千方百计解难题。

“四换三名”：腾笼换鸟、机器换人、空间换地、电商换市和培育名企、名品、名家。

“两化”融合：信息化和工业化的深度融合，两者在技术、产品、管理等层面相互交融，催生工业电子、工业软件、工业信息服务等新兴产业。

“两链”风险：资金链与担保链风险。

省“411”重大项目：通过实施扩大有效投资“411”重大项目建设行动计划，加快推进“四大万亿”工程，即万亿产业转型升级工程、万亿基础设施完善工程、万亿统筹城乡建设工程、万亿公共服务提升工程，建设1000个以上省重大项目，带动全社会固定资产投资超过10万亿元，为建设“两富”现代化浙江提供坚实保障。

“五证合一”：营业执照、组织机构代码证、税务登记证、社会保险登记证和统计登记证“五证合一”登记。

“两路两侧”：公路、铁路两侧。

“四边三化”：公路边、铁路边、河边、山边等区域开展洁化、绿化、美化行动。

基层社会治理“一张网”：通过线下采集社会治理信息，线上分流处置事件问题，实现线上线下工作联动、资源共享，达到“纵向到底、横向到边”、管理服务全覆盖的基层社会治理目的。

信访“一无三降”:无因信访而引发的群体性事件和恶性上访事件;信访总量下降、越级集体访量下降、进京非正常上访量下降。

重大决策合法性审查机制:政府部门作出的涉及本地区经济社会发展全局、社会涉及面广、专业性强、与人民群众利益密切相关的行政决策事项,必须经本级法制工作机构进行合法性审查。

一般公共预算:对以税收为主体的财政收入,安排用于保障和改善民生、推动经济社会发展、维护国家安全、维持国家机构正常运转等方面的收支预算。

“三期叠加”:增长速度换档期、结构调整阵痛期和前期刺激政策消化期。

创新券:由科技部门依托浙江省科技创新云服务平台“创新券服务系统”(www.zjsti.gov.cn)发放,用于鼓励市区企业和创业者购买在该平台上注册的创新载体所提供的创新服务的一种电子券。

“两乱”整治:乱堆乱放、乱搭乱建问题整治。

“8890”虚拟养老院:利用“8890”便民服务平台,将有服务需求的老人个人基本信息、健康状况和服务需求编入平台数据库。当老年人有需要时,平台会按照老人要求,为老人提供服务。

微政务:由政府部门推出的以“微博+微信”为主要平台的电子政务2.0模式下的公共管理方式。

政府购买服务工作:通过发挥市场机制作用,把政府直接向社会公众提供的一部分公共服务事项及政府履职中所需的辅助性服务,按照一定的方式和程序,交由具备条件的社会力量承担,并由政府根据服务数量和质量向其支付费用。

《准则》:《中国共产党廉洁自律准则》

《条例》:《中国共产党纪律处分条例》

专　辑

2014年婺城区重点建设项目

2014年婺城区省重点建设项目

表1　　单位：万元

序号	项目名称	建设内容、规模	总投资
三	婺城区（6项）		298823
1	金华市婺城区金华江治理一期工程	加固二十年一遇防洪标准堤防长度11.16公里及排水涵管改建	21803
2	330国道金东岭下朱至兰溪沈村段改建工程（婺城段）	全长22.28公里，一级公路	77051
3	浙江万里扬变速器股份有限公司年产50万台乘用车变速器投资项目	新建厂房85000平方米，购置高效设备884台套，白龙桥定点屠宰场征用、搬迁。实现年产50万台乘用车变速器生产能力	62200
4	金华市婺城区第二人民医院迁建工程	按二级甲等医院规模要求建设，项目用地面积70亩，其中一期用地40亩，总建筑面积39364.5平方米	15977
5	浙中信息产业园建设项目	市区1.5万平方米“新华创新基地”、城北综合区30亩“北辰电商基地”、新城区485亩“婺星产业基地”，其中科技创新大厦建筑面积14128平方米	70000
6	金华市水上运动中心项目	总建筑面积为53076平方米（不含地下室10000平方米），将建成包含接待、室内水上娱乐、室外水上娱乐、温泉、快捷酒店、配套商业等多功能为一体的水上运动综合场馆	51792

2014年婺城区市重点建设项目

表2　　单位：万元

序号	项目名称	建设内容、规模	总投资
四	婺城区（19项）		1176072
1	金华市婺城区金华江治理一期工程	加固二十年一遇防洪标准堤防11.99公里及排水涵管改建	21803

续表2

序号	项目名称	建设内容、规模	总投资
2	婺城区中小河流治理工程	白沙溪白龙桥古方段堤防加固5公里、琅琊集镇段堤防加固2.88公里,高田滕和后金段堤防加固4公里,白龙桥集镇段堤防加固2.5公里、新昌桥至大圩段3公里;桐溪段治理15公里	19994
3	浙江万象花卉有限公司莘畈现代农业生态园	建设集种植、销售、休闲观光为一体的生态观光园,包括智能化连栋温室、游客接待中心、农产品供销中心、手工艺作坊、种养殖园、生态停车场、商务酒店、专家公寓、VIP联盟田园景观展示等	10050
4	330国道金东岭下朱至兰溪沈村段改建工程(婺城段)	婺城区段21.93公里,采用一级公路标准建设,设计速度100公里/小时,双向六车道,路基宽度33.5米	77051
5	金华市西二环跨沪昆铁路立交道路接线工程	本项目全长1629.7米。其中跨沪昆铁路的立交桥长度为909.1米,采用公路I级荷载标准和BZZ—100轴载标准设计;接线道路长度为720.6米,路幅宽80米,沥青砼路面。	21000
6	婺城新城区基础设施建设工程	规划面积89平方公里,工业功能区规划总面积22.7平方公里,建设完成园区内道路路网、水电等基础设施	250000
7	婺城区仙源湖旅游度假区基础设施建设	规划面积9.8平方公里,一期开发建设2平方公里	160000
8	市区二七新村拆迁改造安置房建设	建设安置用房180000平方米	100000
9	婺城区蒋堂移民安置房建设	用地210亩,建设安置房170000平方米	42500
10	金华市婺城区第二人民医院迁建工程	按二级甲等医院规模要求建设,项目用地面积70亩,其中一期用地40亩,总建筑面积39364.5平方米	15977
11	互联舆情监测平台项目	用地20.66亩,建设网站安全云监测运营平台,为各企业上下游产业链提供全面的安全电子商务解决方案。提供7×24小时实时网站安全云监测服务	27723
12	合丰服务外包产业园项目	用地20.13亩,总建设面积35000平方米,包括呼叫中心16500平方米、研发中心6600平方米、培训中心8800平方米、其他办公辅助用房3100平方米等	20000
13	金华市水上运动中心	总用地133亩,建设水上运功综合场馆等	51792
14	金华恒瑞房地产开发有限公司婺州城市广场	总建筑面积500000平方米,建设大型超市、休闲娱乐、餐饮、家居装饰广场以及高档办公、商务会所和高档住宅小区等	100000
15	浙江万里扬变速器股份有限公司乘用车变速器项目	购置土地220亩,新建厂房85000平方米,购置高效设备884台套;白龙桥定点屠宰场征用、搬迁	62200
16	浙江康灵电器有限公司汽车单向器项目	用地130亩,购置RQ3-75-9井式退火炉、液压机、数控车床、磨床等设备	47923
17	金华市旺达工贸有限公司汽车发动机及变速箱壳体项目	用地120亩,建筑面积96000平方米,购置压铸机、机器人系统保温炉、立式加工中心、钻攻中心、气密检测机等设备	38681

续表2

序号	项目名称	建设内容、规模	总投资
18	金华市浩翔汽配有限公司汽车刹车盘项目	项目用地47.3亩，总建筑面积31549平方米。形成年产300万套汽车刹车盘的生产能力	13378
19	莱恩农业装备有限公司智能型大马力现代农业装备制造项目	总用地325亩，厂房建设，研发制造智能型插秧机，半喂入、全喂入收割机，大马力发动机等	96000

2014年婺城区重点建设项目

表3

单位：万元

序号	项目名称	建设规模及主要内容	项目单位	建设性质	总投资
	总计(54项)				2387871
合计	实施类(49项)				2206871
	园区(23项)				1522109
	新城区(16项)				899594
1	婺城新城区基础设施建设工程	规划面积89平方公里，工业功能区规划总面积22.7平方公里，完成园区内道路路网、水电等基础设施	新城区工业建设与开发管理委员会	续建	250000
2	浙江万里扬变速器股份有限公司年产50万台乘用车变速器投资项目	用地220亩，新建厂房85000平方米，购置高效设备884台套，白龙桥定点屠宰厂征用、搬迁	浙江万里扬变速器股份有限公司	续建	62200
3	浙江康灵电器有限公司年产1000万套汽车单向器项目	用地130亩，购置RQ3-75-9井式退火炉、液压机、数控车床、磨床等设备	浙江康灵电器有限公司	续建	47923
4	金华市旺达工贸有限公司年产100万辆汽车发动机及变速箱壳体项目	用地120亩，建筑面积96000平方米，购置压铸机、机器人系统保温炉、立式加工中心、钻攻中心、气密检测机等设备	金华市旺达工贸有限公司	续建	38681
5	婺州城市广场	规划总建筑面积50万平方米，建设大型超市、休闲娱乐、餐饮、家居装饰广场以及高档办公、商务会所和高档住宅小区等	金华恒瑞房地产开发有限公司	续建	100000
6	新宇.宏腾生活广场	项目用地35亩，总建筑面积50000平方米，规划有超市、酒店、宴会厅、购物商城、西餐厅、儿童MALL等	金华新宇置业有限公司	续建	50412
7	城北社区服务(邻里)中心	项目占地7362.31平方米，总建筑面积2.2万平方米，建设以社区管理、餐饮、休闲娱乐等为一体的商业综合性建筑	金华市城北综合区开发有限公司	新建	8000

续表3

序号	项目名称	建设规模及主要内容	项目单位	建设性质	总投资
8	金华海润置业有限公司瑞唐国际项目(二期)	项目总用地17.32亩,拟建设商业、创业型办公区及花园式办公区,总建筑面积为44060平方米。其中,地下面积(不计容积率)9460平方米	金华海润置业有限公司	续建	22000
9	尚格假日大酒店	建设一座总面积3万平方米的准四星级宾馆、2.4万平方米的高级住宅区	浙江尚格置业有限公司	续建	52100
10	蓝湾.上林院	总建设面积15.6万平方米	浙江正方置业有限公司	续建	110000
11	莱恩农业装备有限公司年产1万台智能型大马力现代农业装备项目	总建筑面积6万平方米	莱恩农业装备有限公司	新建	96000
12	浙江师范大学婺州外国语学校新校建设项目	用地126亩,建设教学楼、实验楼、办公综合楼、图书馆、体育馆、宿舍楼、多功能厅、运动场等能满足72个教学班级约3000名师生教育教学及生活所需的项目设施	浙江师范大学婺州外国语学校	新建	15000
13	金华市浩翔汽配有限公司年产300万套汽车刹车盘项目	项目用地47.3亩,总建筑面积31549平方米	金华市浩翔汽配有限公司	续建	13378
14	金华市禾为工贸有限公司年产700万套汽车、摩托车、园林机械、五金工具项目	项目用地23.5亩,总建筑面积20291平方米,购置国内先进水平的园林机械、汽油机动力等生产线设备	金华市禾为工贸有限公司	续建	8600
15	时通电气	主要生产电动汽车充电设备和12KV——40.5KV气体绝缘设备,项目用地约93.725亩	浙江时通电气制造有限公司	续建	12800
16	金华市永乐工艺品有限公司年产4100万套洁具和30万平方米橱浴柜项目	项目用地面积43亩	金华市永乐工艺品有限公司	续建	12500
双龙(1项)					**250000**
17	双龙风景旅游区开发建设	规划面积79.7平方公里,景点新建、复建,路网、电网、给排水管网等基础设施建设,以及生态环境建设等	双龙风景旅游区管委会	续建	250000
仙源湖(4项)					**324792**
18	金华市水上运动中心	总用地133亩,建设水上运动综合场馆等	仙源湖建设投资有限公司	续建	51792
19	婺城区仙源湖旅游度假区基础设施建设	规划面积9.8平方公里,一期开发建设2平方公里	仙源湖建设投资有限公司	续建	160000

续表3

序号	项目名称	建设规模及主要内容	项目单位	建设性质	总投资
20	仙源湖旅游配套设施(户外拓展一期)	项目用地33531平方米,总建筑面积7600平方米	金华市南山生态旅游投资有限公司	新建	13000
21	香溪玫瑰园	项目用地360亩,总建筑面积41万平方米	浙江开源置业有限公司	续建	100000
	浙中信息产业园(2项)				**47723**
22	互联舆情监测平台项目	项目用地20.66亩,将建设网站安全云监测运营平台,为各企业上下游产业链提供全面的安全电子商务解决方案。提供7*24小时实时网站安全云监测服务	浙江云安阁科技有限公司	续建	27723
23	合丰服务外包产业园项目	项目用地20.13亩,建筑面积35000平方米,其中,呼叫中心16500平方米,研发中心6600平方米,培训中心8800平方米,其他办公辅助用房3100平方米	合丰信息科技(金华)有限公司	续建	20000
	二七新村指挥部(1项)				**100000**
1	二七新村拆迁改造安置房建设	建设安置用房18万平方米	二七新村指挥部	新建	100000
	部门(18)				**484669**
	农办(5项)				**136536**
1	水源涵养区群众异地搬迁项目	水源涵养区群众异地搬迁3627人	区农办	新建	33000
2	美丽乡村	全区各行政村实施以“绿化、文化、洁化、美化”等主要内容的美丽乡村建设	区农办	续建	24036
3	乾西移民小康示范村四期安置房工程	项目用地43亩,建设安置房40000平方米	区农办	新建	6000
4	蒋堂移民安置房建设	项目用地210亩,建设安置房17万平方米	区农办	新建	25500
5	婺城区农村生活污水处理项目	全区399个行政村(居)开展农村生活污水治理扩面提升	区农办	新建	48000
	交通局(3项)				**215199**
1	330国道金东岭下朱至兰溪沈村段改建工程(婺城段)	婺城区段21.93千米,采用一级公路标准建设,设计速度100千米/小时,双向六车道,路基宽度33.5米	区交通运输局	新建	77051
2	金华市西二环跨沪昆铁路立交道路接线工程	项目全长1629.7米。其中跨沪昆铁路的立交桥长度为909.1米,采用公路I级荷载标准和BZZ—100轴载标准设计;接线道路长度为720.6米,路幅宽80米,沥青砼路面	区交通运输局	续建	21000

续表3

序号	项目名称	建设规模及主要内容	项目单位	建设性质	总投资
3	衢江(金华段)航运开发项目婺城区段工程	游埠枢纽1座(由泄洪闸、电站、船闸组成)、界河上游5.8千米的航道疏浚、洋港服务区1处、洋埠锚地1处及5.8千米航道相对应的助航与安全管理等配套实施等	区交通运输局	新建	117148
	水务局(3项)				75797
1	浙中水乡、城市水库建设	金华江石柱头梯级电站建设,开展上下游河道治理,形成长5公里,面积200万平方米,库容600万立方米的城市水库以及白龙桥镇龙蟠村、竹马乡下张家村、蒋堂镇黄碧珑村等5个试点村建设	区水务局	新建	34000
2	金华市婺城区金华江治理一期工程	加固二十年一遇防洪标准堤防,长度11.16公里,排水涵管改建	金华市江河水利发展有限公司	续建	21803
3	婺城区中小河流治理工程	白沙溪白龙桥古方段堤防加固5.0千米、琅琊集镇段堤防加固2.88千米,高田滕和后金段堤防加固4.0千米,白龙桥集镇段堤防加固2.5千米、新昌桥至大圩段2.86千米;桐溪治理15千米	区水务局	续建	19994
	农林局(4项)				23952
1	婺城区粮食生产功能区建设项目	建成粮食生产功能区15个,面积11197亩。主要建设内容:完善农田基础设施建设,提升地力水平。开展技术培训,建设高产示范方,推广新一代高产优质水稻良种,实施优质高产水稻良种集成配套生产技术	白龙桥镇等12个乡镇	新建	1894
2	婺城区病死动物无害化处理厂建设项目	病死动物无害化处理加工生产车间3600平方米,冷库200平方米,附属用房400平方米;购置病死动物无害化自动处理系统1套,封闭运输车4辆、叉车2辆等	区农林局	新建	2800
3	婺城区禁限养区"关停拆除"补助项目	集中关停、退养、拆除养殖场560家,消减畜禽7万头,其中奶牛(牛)2000头,猪68000头,关停、腾空、拆除20万平方米	各有关乡镇	新建	9208
4	万象花卉莘畈现代农业生态园项目	建设集种植、销售、休闲观光为一体的生态观光园,包括智能化连栋温室、游客接待中心、农产品供销中心、手工艺作坊、种养殖园、生态停车场、商务酒店、专家公寓、VIP联盟田园景观展示等	浙江万象花卉有限公司	续建	10050

续表3

序号	项目名称	建设规模及主要内容	项目单位	建设性质	总投资
	卫生局(1项)				15977
1	金华市婺城区第二人民医院迁建工程	按二级甲等医院规模要求建设,项目用地面积70亩,其中一期用地40亩,总建筑面积39364.5平方米	婺城区第二人民医院	新建	15977
	公安分局(1项)				12008
1	重污染高耗能行业整治(水环境整治项目)	2013年底前完成印染行业整治提升并通过验收。2014年9月完成造纸行业整治验收。2014年底前印染、造纸、化工三大行业通过区域整体整治验收	区环保分局	续建	5200
	乡镇(7)				100093
	罗店镇(1项)				70000
1	云计算金华分中心项目	建设云计算平台,相当于6万台服务器的处理能力	中国电信股份有限公司浙江分公司	新建	70000
	蒋堂镇(2项)				7593
1	蒋堂镇工业功能区界首区块(一期)基础设施建设项目	平整土地50万平方米,铺设道路、给水管线、雨水管线、污水管线、电缆及建造10KV开闭所1座	蒋堂镇政府	续建	2793
2	蒋堂镇污水处理厂配套项目	包括污水处理厂在线监测、测量表、设备更新维护、运行	蒋堂镇政府	续建	4800
	雅畈镇(1项)				9500
1	年产60万台汽车缸体项目	项目用地40.5亩,新建厂房、综合楼,面积16650平方米	金华市宏广工贸有限公司	新建	9500
	莘畈乡(3项)				13000
1	莘畈乡村旅游功能区基础设施建设	旅游度假村、水上乐园、红色旅游、休闲养生等4个功能区的基础设施建设	莘畈乡政府	续建	2000
2	浙江农教生态休闲养生项目	重点培育农教速生竹柳,建设生态休闲养生基地	浙江农教苗木有限公司	续建	10000
3	莘畈文化创意基地基础设施建设	文化创意基地配套基础设施建设	莘畈乡政府	续建	1000
	预备类(5项)				181000
1	双龙风景名胜区游客服务中心和换乘中心建设	规划用地面积135亩,建设内容:游客服务中心、换乘中心、停车场、配套设施等,总建筑面积28000平方米	双龙风景旅游区管委会	新建	15000
2	琅琊至沙畈公路拓宽改造工程	二级公路,全长20公里	区交通运输局	新建	16000

续表3

序号	项目名称	建设规模及主要内容	项目单位	建设性质	总投资
3	S313(45省道)婺城至兰溪段改建工程(婺城段)	本项目婺城区段长约9公里,同步建设婺城连接线长约3.7公里,该项目主线及连接线均按一级公路技术标准设计,设计速度80公里/小时,路基宽32米	区交通运输局	新建	103000
4	金华市婺城区白沙溪河道治理	金兰水库泄洪渠至金华江白沙溪汇入口河道总长15.9公里景观提升工程,沙畈水库管理处至金兰水库15.3公里河道治理	区水务局	新建	27000
5	供销农超蒋堂镇小城镇综合体	计划占地35亩,建筑占地面积1.5万平方米,总建筑面积3万平方米,容积率2.5,建设成密度64.2%的规模性商业市场中心	金华供销农超连锁有限公司	新建	20000

2014年婺城区十大惠民实事

1.生态建设方面。年底前消灭垃圾河,改善臭河、黑河水质;开展白沙溪等10条支流“一河一策”整治,整治最差河流桐溪和长湖,11座小(一)型水库实施洁水渔业;开展畜禽养殖场污染治理,完成规模化畜禽养殖场排泄物治理60家、关停133家、整改210家;启动3个乡镇农村公益性生态公墓建设;完成平原绿化3500亩,山地造林2000亩,创建市级以上绿化示范村12个、省级森林城镇1个。

2.社会保障方面。建设农村居家养老服务照料中心70家;政策性农村住房保险参保率达98%以上;建成农村服务中心42个。

3.就业方面。完成农村劳动力素质提升培训3000人,城镇新增就业人数4000人,失业人员再就业2000人,城镇登记失业率≤4%。

4.教育方面。省等级幼儿园总数达130所,90%以上的适龄儿童在等级幼儿园入园等。

5.医疗卫生方面。统筹区域及政策范围内住院补偿率达75%以上,城乡居民医保参保率达95%以上,开展城乡居民健康体检7万人次,完成婺城区人民医院主体工程30%等。

6.文化方面。举办第五届“激情婺城”文化艺术节系列活动20场、文化走亲6场、送戏下乡125场;建成农村文化礼堂30个、市级文化示范村1个;完成“春泥计划”农村全覆盖等。

7.新农村建设方面。建设1条美丽乡村精品线路,建成5个精品村、10个秀美村、15%的行政村建成洁美村;完成农房改造建设2000户;完成10个村的农村饮用水改造提升等。

8.扶贫方面。完成乾西移民新村三期安置,蒋堂移民新村首期主体工程开工建设;实施水库移民村及库区规划安置村扶持项目100个等。

9.基础设施方面。完成330国道婺城区段改建路基工程30%;启动建设汤溪至莘畈公路(婺城区段);西二环跨沪昆铁路立交桥建成通车;建设农村联网公路14千米、农村公路大中修50千米等。

10.公共安全方面。深化社会管理创新,创建社会服务管理中心5家、示范社会服务管理室(站)30家、社会管理百家示范单位20家;实现农村社会治安重点区域治安监控探头全覆盖。

大 事 记

一月

1月2日上午，区领导陈晓、傅显明参加区法院升国旗暨新法官宣誓仪式。

1月3日，区长王健主持召开区政府第二十二次常务会议，会议听取了《政府工作报告》起草情况的汇报、关于婺城区2013年国民经济和社会发展计划执行情况及2014年国民经济和社会发展计划(草案)、2014年国民经济和社会发展主要指标建议的报告、关于婺城区2014年度重点项目和政府性投资项目投资计划的汇报、关于婺城区莘畈水库饮用水源环境保护管理办法编制情况汇报、关于婺城区乡镇流域“河长”责任制实施方案编制情况的汇报还研究了其他事项。常务副区长朱利群，副区长卢颐丰、王金生、方锦瑞、孔月明、查志强、王建良，区人武部政委叶青松出席会议。

1月4日，由金华作家王槐荣、李英、章伟文编剧，张建成执导的红色影片《妈妈们的青春往事》在央视电影频道播出。

1月7日下午，召开区委常委会，听取区委六届六次全体(扩大)会议暨区政府八届四次全体会议方案及全会报告起草情况的汇报等事项。

1月9日上午，召开落实党风廉政建设责任制检查考核汇报反馈会，市委副书记、代市长暨军民代表市检查组反馈了婺城区落实党风廉政建设责任制和加强作风建设情况，区委书记陈晓汇报工作并作表态发言，区四套班子领导出席反馈会。

同日上午，区委副书记、区长王健陪同市委副书记、代市长暨军民检查党风廉政建设责任制考核工作。

下午，区委书记陈晓陪同市委书记徐加爱，检查市第二日用杂品总公司烟花仓库和白沙溪周边环境卫生情况。

1月10日上午，召开区委六届六次全体(扩大)会议暨区政府八届四次全体会议，区委书记陈晓作《坚定不移深化改革，加快推进转型升级，全面加快“物质富裕精神富有”现代化婺城建设》工作报告，区委副书记、区长王健主持会议，四套班子领导参加会议。

1月14日，市委宣传部部长何杏仁带领市考核组到区考核2013年年度工作，区领导陈晓、王健、傅显明、吕会民、蒋献忠陪同考核。

同日上午，区委书记陈晓陪同市委副书记、代市长暨军民到乾西乡黄桥头村、竹马乡竹马馆村调研。

1月20日，代市长暨军民到区检查春节前安全生产和城乡环境综合整治工作，区委书记陈晓、副区长王建良陪同检查。

同日下午，区委书记陈晓陪同市委副书记、代市长暨军民到乾西乡、竹马乡检查安全生产和城乡环境综合整治。

1月21日上午，开展“军民共建·长湖及周边区块整治”大行动，区领导陈晓、王健、朱利群、蒋献忠，驻金某部官兵，区相关部门主要负责人参加活动。

1月22日上午，召开全区领导干部会议、区领导班子2013年度总结和领导干部述职述德(述廉)会议、乡镇(街道)党(工)委书记抓党建工作述职会议，区四套班子领导参加会议。

1月23日下午，召开区委常委会议，研究2014年区“两会”有关工作等事项。

1月24日下午，省侨办副主任王通林一行到婺城区调研侨务工作，听取婺城区侨务工作情况汇报。市外侨办党组副书记、副主任张远平陪同，区委常委、常务副区长朱利群，区政协副主席、统战部部长曹斌参加调研。

1月26日，区长王健主持召开区政府第二十三次常务会议，听取关于2013年度区强优、重点骨干工业企业等筛选情况的汇报，研究了其他事项。常务副区长朱利群，副区长卢颐丰、王金生、方锦瑞、查志强、王健良出席会议。

1月27日下午，召开区委常委民主生活会，专题学习中央和省委党的群众路线教育实践活动第一批总结暨第二批部署会议精神，研究区贯彻落实意见。

1月28日下午，市委副书记、代市长暨军民到婺城区长湖现场调研“五水共治”工作，确定长湖治理目标、思路，并就长湖被确定为全省“五水共治”现场会垃圾河治理观摩点部署相关工作，副市长张伟亚，区领导陈晓、王健、朱利群等陪同调研。

二月

2月7日上午，市委书记徐加爱带领相关部门负责人到区调研长湖治理工作，市委副书记、代市长暨军民，市委副书记陶诚华、副市长张伟亚、市政协副主席朱恒钱，区领导陈晓、王健、朱利群陪同。

同日上午，区四套班子领导参加植树活动。

2月8日，召开全区干部大会暨“五水共治、三改一拆”动员大会，区领导陈晓、王健、张菲菲、施素珍、傅显明、朱利群等参加会议。

2月10日，婺城区政协三届三次会议在区会议中心隆重开幕。

2月11日，婺城区八届人大三次会议在区会议中心隆重开幕。

2月12日，婺城区政协三届三次会议在区会议中心胜利闭幕。

2月13日，婺城区八届人大三次会议在区会议中心胜利闭幕。

2月14日上午，召开区委常委会暨区委党的群众路线教育实践活动领导小组第一次会议，会议传达了中央和省委、市委第二批党的群众路线教育实践活动工作会议精神，研究部署党的群众路线教育实践活动近期主要工作。

2月21日上午，召开区委常委(扩大)会议，省委派驻婺城区党的群众路线教育实践活动督导组全体成员出席会议，区四套班子领导参加会议。

2月22日，市长暨军民到区调研长湖区域水环境综合整治工作，区领导陈晓、王健、朱利群陪同调研。

同日，区召开部署下一步“三改一拆”工作会议，副区长邵永华参加会议。

2月24日，省委书记、省人大常委会主任夏宝龙到婺城区调研“五水共治”工作，省领导赵一德、王建满及省直有关部门主要负责人参加调研，市领导徐加爱、暨军民、陶诚华，区领导陈晓、王健、傅显明等陪同调研。

2月25日，浙江卫视《浙江新闻联播》记者专程来到长湖乾西治污点，拍摄整治场面、对话区委书记陈晓，对“婺城治污，决战长湖”进行专题报道。

同日下午，召开区委常委(扩大)会议，认真学习、全面贯彻省委书记夏宝龙在婺城调研“五水共治”工作期间的重要讲话精神，区四套班子领导参加会议。

2月26日，全省“五水共治”现场会在金华召开，李强、王辉忠、程渭山、熊建平、王建满、黄旭明、陈加元等省领导考察了区长湖治理现场。区领导陈晓、王健、傅显明、朱利群等参加会议并陪同考察。

同日下午，省委宣传部常务副部长胡坚率省委调研组，到区调研文化礼堂建设工作。浙江日报总编辑李丹，市委常委、宣传部长何杏仁，区领导陈晓、蒋献忠陪同调研。

2月27日，区长王健主持召开婺城区政府第二十四次常务会议，听取关于婺城区畜牧业污染整治专项工作方案制订情况的汇报、关于全面推进婺城区城乡社区居家养老服务照料中心建设工作的汇报，研究了其他事项。常务副区长朱利群，副区长王金生、方锦瑞、查志强出席会议。

三月

3月4日下午，区政府党组开展党的群众路线教育实践活动动员大会，区委副书记、区长王健作重要讲话，区政府领导班子全体成员参加会议。

3月5日下午，区委副书记、区长王健陪同市委副书记、市长暨军民，到长湖区块调研“四破”专项整治工作。

3月6日下午，由省委教育工委副书记、省教育厅副厅长、省平安办副主任鲍学军带队的省平安建设考核组，到区检查考核平安建设和综治工作，区领导陈晓、王健、傅显明、吕会民、朱利群等参加汇报会。

3月7日上午，召开六届区纪委四次全体（扩大）会议暨组织、宣传、统战工作会议。会后，召开全区工业和网络经济发展暨扩大有效投资大会，区四套班子领导参加会议。

同日，市长暨军民到区调研网络经济发展情况，副市长邵国强、副区长王建良陪同调研。

同日，区妇联举办庆“三八”表彰大会暨女性才艺大比拼大赛，区领导张菲菲、施素珍、傅显明、蒋献忠、王国平、王金生等出席。

3月10日。区长王健带领农办、财政局、农林局、建设局、水务局、国土分局、规划分局、环保分局等相关部门负责人到白沙溪开展“五水共治”专题调研。区领导蒋献忠、王金生陪同调研。

3月11日上午，区委书记陈晓陪同市委副书记、市长暨军民督查市区城建重点项目。

同日下午，区委书记陈晓陪同磐安县党政代表团到婺城考察学习长湖整治工作经验。

同日，省督导组到区检查动物疫病防控工作，副区长王金生陪同检查。

3月13日上午，区领导陈晓、王健、申瑞龙陪同市委副书记、市长暨军民调研婺城区旅游工作。

3月15日上午，“山花烂漫·美丽婺城”系列活动暨茶花节开幕。市政协副主席刘净非宣布活动正式启动，市政府副秘书长朱飞，市住房和城乡建设局局长潜高星，市农业局局长吴立钢，市林业局局长吴国平，市旅游局局长朱红，市农办副主任杨尚弟，市广播电视总台党组副书记、副台长叶顺清出席活动。区委书记陈晓致欢迎辞，区委副书记、区长王健主持仪式，区领导张菲菲、施素珍、傅显明等出席启动仪式。

3月18日上午，召开区委常委会议，研究关于工商、质监体制调整和食品药品监管体制改革实施方案等事项。

同日，副市长林丹军到区调研推进农村文化建设工作，副区长方锦瑞陪同调研。

3月21日，副市长邵国强到区调研厚大溪河道环境整治情况，副区长王金生陪同调研。

3月24日下午，省委派驻金华市督导组组长虞荣仁、副组长徐苏宾一行，到婺城督导党的群众路线教育实践活动。市政协主席郑金平，市委常委、组织部长温暖，区领导陈晓、王健、张菲菲、施素珍、傅显明、吕贤等陪同。

3月25日，省林业工作督导组到区指导绿化造林、森林消防、食用林产品质量安全监管和国有林场改革等林业重点工作，区领导陈晓、王金生陪同。

3月26日，召开2014年市、区政府投资项目征迁和第四期克难攻坚项目推进会，区领导王健、朱利群、王金生、方锦瑞、王建良参加会议。

3月27日，衢江游埠枢纽工程土地征迁正式启动，区政府与市经济技术开发区管委会、兰溪市政府签订有关土地征迁协议，区相关领导参加签约仪式。

3月31日，全省创建“平安浙江”会议在杭召开，婺城区连续第九年被命名为省级“平安区”，受到省委、省政府的表彰，捧回沉甸甸的平安银鼎（注：平安鼎三年一发）。区委书记、区委建设“平安婺城”领导小组组长陈晓在省主会场参加授鼎仪式。

四月

4月1~3日，区领导陈晓、王健、傅显明主持召开正县级老领导座谈会，乡镇（街道）党（工）委书记座谈会，区直属有关单位主要负责人座谈会及民主党派、工商联负责人、无党派代表人士座谈会，听取各界对区委常委会班子及成员“四风”方面的意见建议。

4月2日下午，召开全区审计工作会议，贯彻落实全国、全省和全市审计工作会议精神，总结婺城区2013年审计工作成效，围绕“反腐、改革、发展”主题，研究部署2014年审计工作任务。区委副书记、区长王健作重要讲话，区委常委、纪委书记何海彬参加会议。

同日，召开全区民政工作会议，区长王健参加会议。

4月4日上午，“山花烂漫、激情婺城”塔石专场文艺表演、“欢乐金华”百姓文化节才艺大赛在塔石乡小学举行。

同日，省公安厅党委副书记、常务副厅长洪巨平在省厅刑侦总队总队长蒋庆明的陪同下，到婺城公安分局调研打击侵财犯罪工作。市公安局党委委员、副局长俞流江，党委委员、副局长潘之江，党委委员、办公室主任刘梦寒，婺城区委常委、公安分局局长吕会民、政委毛秋洌及市局、分局相关部门负责人陪同调研。

4月11日上午，举行区委理论学习中心组(扩大)会议，区四套班子领导参加会议。会后，召开区委常委会议，研究关于落实基层干部待遇，规范和提高乡镇(街道)干部待遇暂行办法等事项。

同日，召开创建省级示范文明城区调研情况反馈会，区领导陈晓、王健、蒋献忠等参加会议。

同日，副市长张伟亚到区调研长湖治理工作，区领导朱利群、查志强、陈旭日陪同调研。

4月15日至18日，市委常委、公安局局长毛善恩到区开展“走亲连心”驻点调研，区委常委、公安分局局长吕会民陪同。

4月17日，省工商局牵头在婺城召开金华市、婺城区新一轮扶贫结对帮扶组团第一次会议，省工商局副局长吴国升出席会议，区领导王健、傅显明参加会议。

同日，中共金华市婺城区党群系统机关第五次党员代表大会举行，选举产生了新一届委员会委员与纪律检查委员会委员。

4月20日，浙江万里扬变速器股份有限公司WLY5T41(1041)/5T46(1046)自卸车变速器、WLY5T55L高端客车变速器、WLY6H75M/6T75M中重型汽车变速器、经济型柔性拨叉加工工艺等四项科技成果，顺利通过了浙江省科学技术厅的审查，被评为了省级科学技术成果。

4月21日上午，区委书记陈晓陪同省纪委常委丁世明到区下访约访。

同日，区长王健主持召开区政府第二十五次常务会议，听取关于2014年主要经济指标目标及任务分解情况的汇报、关于《2014年工业竞赛活动办法》制订情况的汇报、关于《2014年园区建设工作考核办法》制订情况的汇报和其他事项。

常务副区长朱利群，副区长王金生、方锦瑞、查志强出席会议。

4月22日，市督查组到区督查重点项目推进情况，常务副区长朱利群陪同督查。

4月25日上午，召开区委理论中心组学习会，学习贯彻习近平总书记系列重要讲话精神和新修订《领导干部选拔任用条例》。区四套班子领导参加会议。

4月29日下午，召开区委常委(扩大)会议，研究分析一季度经济形势等事项，区四套班子领导参加会议。

五月

5月1日，浙中乐园正式投入使用，开园首日吸引了2万名游客前来“试水”。

5月3日，“荣高陶瓷杯”舞蹈资格选拔赛在金举行，有“舞神”之称的中国著名舞蹈艺术家杨丽萍从云南专程来金助阵，并为金华少年舞迷亲授技艺。

5月6日，由国家督学、浙江外国语学院院长鲁林岳为组长的省级现场评估专家组一行到区开展义务教育发展基本均衡区现场评估，副市长林丹军，区领导陈晓、王健、王国平、方锦瑞陪同评估。

5月7日，市委常委、东阳市委书记徐建华一行到区学习考察及开展结对帮扶工作，区领导陈晓、王健、张菲菲、傅显明、施素珍参加活动。

同日，婺城区城乡居民基本医疗保险新政策出台，其中，缴费标准一，个人缴费从300元提高到500元；缴费标准二，个人缴费从100元提高到300元。同时，财政补助也有大幅提升，而且普通门诊报销比例、大额补充医疗保险购买条件等，都有相应变化。

5月8日，召开区委常委会，听取关于开展“发现身边典型、学习闪光言行”活动先进典型评选工作情况等事项。

同日，来自英国、新加坡、汤加、瑞士、毛里求斯等26个国家的45位驻华使节走进金华古子城，参观了解古婺文化，在剪纸博物馆与婺州窑博物馆感受了婺城文化的魅力。

5月9日上午，区委书记陈晓陪同市委书记徐加爱检查白沙溪白龙桥段治理工作。结束后，区委书记陈晓召集相关部门负责人部署落实整改工作。

5月9日～10日，区委副书记、区长王健随市长暨军民赴杭州考察“两化”融合工作。

5月12日，市长暨军民到区调研铁路货场搬迁、尖峰山区块坟墓搬迁工作，区长王健陪同调研。

同日下午，区领导陈晓、王健陪同市委书记徐加爱调研二七新村改造工作。

同日下午，市委常委、常务副市长金中梁，副市长祝伦根到区召开重点项目建设协调会，区领导王健、朱利群等参加。

同日，副市长张伟亚到区检查防汛工作，副区长王金生陪同检查。

5月13日，市长暨军民到区调研商品市场建设工作，区长王健陪同调研。

5月14日，省重点项目、连接浙中的能源“大动脉”——金华燃机支线婺城区段全线贯通。

5月15日，副市长张伟亚到区调研长湖截污纳管工作，区领导王健、朱利群陪同调研。

5月16日上午，召开区委常委(扩大)会议，学习中纪委有关文件，传达省委第二批教育实践活动推进会暨省委督导组组长会议精神和市委“坚定理想信念，敢于担当克难”主题教育实践活动部署会暨乡镇(街道)党(工)委书记工作交流会议精神，部署区教育实践活动有关工作。围绕省委书记夏宝龙提出的四个“扪心自问”和学习弘扬“陈双田精神”，开展“坚定理想信念，用于担当克难”主题教育活动进行讨论。

5月20日，区长王健主持召开区政府第二十六次常务会议，听取关于进一步加快西南山区发展的实施意见制订情况的汇报、关于婺城区农牧结合示范基地(试点)建设项目实施方案拟定情况的汇报、关于2014年度区级财政预算分解方案编制情况的汇报、关于婺城区网上政务分厅建设方案拟定情况的汇报和其他事项。常务副区长朱利群，副区长王金生、方锦瑞、查志强、王建良出席会议。

5月22日，召开政府性投资项目推进会，常务副区长朱利群参加会议。

同日，投资3.3亿元、占地25万平方米的燕尾洲公园正式建成开放。

5月26日，市长暨军民到区调研重点防洪工程及防汛备汛工作，市领导金中梁、张伟亚、吴国成参加调研，副区长王金生陪同调研。

5月27日，婺城区市场监督管理局正式授牌成立，区领导朱利群、吕贤、方锦瑞出席授牌仪式。

5月28日晚，举行婺城区第五届精神文明建设“草根奖”颁奖典礼，30位“草根民星”受到表彰。区领导陈晓、王健、傅显明、蒋献忠等参加。

六月

6月4日下午，区委书记陈晓主持召开区委常委会议，专题研究徐加爱书记对330国道婺城段两侧环境卫生问题的重要指示精神，部署落实整改措施。

同日下午，市委常委、公安局局长毛善恩、副市长张伟亚到城西街道调研长湖流域截污纳管工作，区领导吕会民、朱利群等陪同。

6月4日～5日，区领导陈晓、王健陪同省委副秘书长、信访局长周维亮到岭上乡调研。

6月6日下午，召开区委常委会，学习贯彻落实习近平总书记在参加兰考县委常委班子专题民主生活会时的重要讲话精神，观看央视5月9日《焦点访谈》关于习近平总书记在河南省兰考县指导县委常委会班子专题民主生活会的录影，并研究部署全区下一阶段党的群众路线教育实践活动。

6月8日～11日，区组团赴“浙洽会”招商，签约外资项目1个，总投资4000万美元；签约内资项目2个，总投资9亿元。签约项目涉及汽摩配和文化旅游产业。区领导王健、朱利群、王建良参加签约仪式。

6月10日，召开全区领导干部大会。

6月11日，婺城一季度“精品社区创建竞赛”结果出炉，西市街社区、八咏楼社区获一类社区一等奖，祝丰亭社区、桃园社区获二类社区一等奖。

6月13日上午，召开创建省级文明城区动员大会，区委书记陈晓作重要讲话，区委副书记、区长王健作动员报告，区委副书记傅显明主持会议。区领导吕会民、何海彬、朱利群等参加会议。

6月16日，浙江金融资产交易中心总经理丁建林一行到区考察长湖水环境治理和二七新村区块改造工作，区领导陈晓、王健、朱利群参加陪同考察活动。

6月17日，省人大常委会副主任王永昌到区调研长湖治理情况，市人大常委会副主任蔡健，区领导陈晓、王健、朱利群参加调研。

同日下午，召开省委督导组通报反馈会，区四套班子领导参加会议。省委督导组全体成员出席会议。

6月19日，河北省迁安市委组织部副部长马心刚一行到婺城区学习考察人才工作，区委组织部相关负责人就考察团关心的人才政策、人才队伍、人才平台、人才服务等情况进行了详细介绍。

6月24日，市长暨军民带领市政府相关部门负责人到区调研重点城建项目进展情况，副市长祝伦根，区领导陈晓、王健、朱利群、方锦瑞参加调研。

6月26日晚上，由市委宣传部、市文化局共同主办、区文体局、区文化馆承办的首届“欢乐金华”百姓文化节第二季———“百姓才艺大赛”总决赛在白龙桥镇叶店村举行，市委常委、宣传部部长何杏仁，区委书记陈晓，区委常委、宣传部长蒋献忠参加活动。

6月27日，市长暨军民到双龙风景区检查抗洪救灾工作，副市长祝伦根，区领导王健、申瑞龙、王金生陪同检查。

6月30日上午，纪念建党93周年暨“党员进社区、点亮微心愿”集中认领活动在城中街道双龙社区举行。市委常委、组织部长温暖，区委书记陈晓，区委常委、组织部长吕贤参加活动。

七月

7月1日上午，由省委宣传部组织的“走基层·建设美丽浙江”主题采访活动走进婺城区，区领导陈晓、朱利群、蒋献忠等陪同中央、省级媒体记者团前往长湖流域及乾西乡湖头村开展现场采访。

7月2日晚，应央视体育频道《豪门盛宴》节目组的邀请，箬阳乡中心小学学生陈伟健、李国豪，教练滕昌盛和校长陈晖四人走进了《豪门盛宴》直播间，讲述了大山深处草根足球的故事。

7月6日上午，省国土资源厅副厅长张金根带领省厅地质环境处、省地质环境监测院等部门的专家，到婺城区检查指导梅汛期地质灾害防治工作。市国土资源局局长楼东江，婺城区委常委、双龙风景区管委会主任申瑞龙陪同检查。

7月7日，区长王健主持召开区政府第二十七次常务会议，听取关于白沙溪等河道长效保洁方案的汇报、关于婺城区“四破”专项整治实施方案制订情况的汇报和其他事项。常务副区长朱利群，副区长李小庆、王金生等出席会议。

7月8日下午，区委书记陈晓主持召开区委常委会议，研究《金华市婺城区惩治和预防腐败体系2013～2017年实施方案》等事项。

同日下午，市委常委、常务副市长金中梁带领市相关部门负责人，到区调研重点项目建设情况，区领导贾献成、朱利群等陪同。

7月10日~11日，由市文明办相关负责人带队，婺城区、经济技术开发区相关部门人员一同前往嘉兴市实地考察，学习省级示范文明城区创建经验。

7月10日下午，省建设厅副厅长赵克到区调研城乡建设工作，区领导王健、贾献成、李小庆等陪同。

7月11日，省体育局副局长许小月带领省普查小组到区开展全国第六次体育场普查，副区长方锦瑞陪同。

7月12日上午，金华籍作家丁晓禾在市区江南购书中心签售长篇小说《广阔天地》。长篇小说《广阔天地》以丁晓禾自身的知青经历为原本，描写了一群知青在“潭头村”和贫下中农们在一起的所作所为，所见所思。

7月15日，召开婺城区半年工作汇报会暨抓“四破、促投入、稳增长”工作会议，区领导陈晓、王健、张菲菲、施素珍、傅显明、申瑞龙、贾献成、朱利群、蒋献忠出席会议。

7月17日～18日，区委书记陈晓主持召开区委常委班子专题民主生活会，市委常委、公安局局长毛善恩全程参加指导专题民主生活会，省委赴婺城区督导组组长黄文泽对会议作点评。省委赴金华市督导组成员蒋祖华，省委赴婺城督导组有关人员，市纪委、市委组织部有关人员参加会议。

7月22日，由市质量技术监督局主持，区农林局、沙畈红豆杉协会编制的《南方红豆杉苗木培育技术规程》，通过省、市林业部门专家的评审，红豆杉苗木培育有了统一规范的样本。

7月25日下午，区委书记陈晓主持召开区委常委会议，听取区委六届七次全体（扩大）会议暨区政府八届五次全体会议方案、全会报告及《中共金华市婺城区委关于建设美丽婺城创造美好生活的决定（讨论稿）》起草情况的汇报。

7月27日，由全球职业舞蹈权威组织世界舞蹈总会（WDC）主办的“2014时代杯国际体育运动公开赛暨2015国家职业标准舞代表权选拔赛”在中国台湾圆满落下帷幕，金华10岁男孩吕川和9岁女孩杨茜如经过6轮比赛，击败了日本、澳大利亚、意大利等多国国标舞精英，成功晋级“少儿12组”前6及“16岁组”前12名。

7月29日上午，召开区委六届七次全体（扩大）会议暨区政府八届五次全体会议，会议审议通过《中共金华市婺城区委关于建设美丽婺城创造美好生活的决定》。区委书记陈晓作《践行群众路线，敢于担当克难，为建设美丽婺城创造美好生活而努力奋斗》的报告，区委副书记、区长王健主持会议，区领导施素珍、傅显明、申瑞龙、朱利群等参加会议。

7月31日，省委、省政府、省军区在杭州召开纪念建军87周年暨“双拥”模范城(县、区)命名表彰大会上，会上，婺城区首次被命名为全省“双拥”模范城（区）。

八月

8月1日，国内最大的配饰类综合门户网站——金华市中饰网络科技有限公司落户浙中信息产业园，并举行中饰网新版面、新域名全新上线揭幕仪式。

8月4日，区长王健主持召开区政府第二十八次常务会议，听取关于《金华市婺城区2014年招商引资工作考核办法》制订情况的汇报、关于2014年政府投资项目计划调整情况的汇报和其他事项。常务副区长朱利群，副区长李小庆、方锦瑞、查志强等出席会议。

8月5日上午，区委书记陈晓主持召开区委全面深化改革领导小组第一次会议，区领导王健、傅显明等参加会议。

8月12日，省人大饮用水水源保护跟踪检查组一行到区检查饮用水水源保护工作，市领导钱世茂、胡国强，区领导许光明、朱立工参加检查。

8月13日，市政协副主席王建平一行到区调研生态循环农业发展情况，副区长朱立工、区政协副主席邢水成参加调研。

8月15日下午，区委书记陈晓主持召开区委常委会议，研究2014年度乡镇（街道）和机关（部门）岗位目标责任制考核办法等事项。

同日，省食药监局局长朱志泉一行到区市场监督管理局调研指导工作，副市长胡国强、常务副区长朱利群陪同调研。

8月19日，区长王健主持召开区政府第二十九次常务会议，听取《关于服务业统计考核办法》制订情况的汇报、关于《仙源湖旅游度假区扩建可行性研究报告》制订情况的汇报、关于婺城区农业生活污水治理招标工作情况的汇报，研究了婺城区二七区块旧城改造房屋征收补偿政策等其他事项。副区长李小庆、方锦瑞、查志强、王建良、朱立工出席会议。

同日晚，由婺城区委宣传部、婺城区文化体育局主办，婺城区文化馆、婺城区青少年体育运动学校承办的浙江省第二届全民体育节婺城区首届健身排舞大赛在婺城区文化馆演播厅举行，来自婺城区各个乡镇（街道）11支排舞队同台竞技。

8月21日-26日，区委书记陈晓参加由市委书记徐加爱带队的金华市党政代表团赴新疆、青海考察对口支援工作。

8月25日，区长王健主持召开区政府第三十次常务会议，听取婺城区二七新村区块改造工程指挥部关于二七区块改造安置房委托代建和设计单位确定有关事项商定情况的汇报。常务副区长朱利群，副区长李小庆、方锦瑞、查志强等出席会议。

同日下午，西部发展控股集团董事长陈远东、北京大学建筑与景观设计学院院长俞孔坚到区考察尖峰山高尚生活区块和双龙景区。市委副书记、市长暨军民，副市长邵国强、祝伦根陪同考察并座谈，区委副书记、区长王健参加座谈会。

日前，由婺城区政府承担组织实施的科技富民强区后续项目“奶牛产业提质增效工程”被国家科技部正式立项，获国家、省财政补助资金235万元。

8月27日，省审计厅副厅长陈棉权一行到区调研审计工作，区领导陈晓、王健陪同调研。

8月28日下午，区领导陈晓、王健、贾献成陪同市委副书记、市长暨军民调研“二七区块”改造工作。

8月29日上午，召开区委常委(扩大)会议，专题研究“二七区块”改造工作。

九月

9月1日，召开“二七区块”改造征询意愿工作动员大会暨业务培训会，区领导陈晓、王健、张菲菲、施素珍、傅显明等参加会议。

9月2日下午，市委常委、纪委书记夏建成到区调研，区领导陈晓、何海彬等陪同。

9月3日，召开婺城区创建浙江省示范文明城区工作推进会，区领导傅显明、蒋献忠、唐学兵等参加会议。

9月10日上午，区委书记陈晓陪同市委书记徐加爱到柳湖小学慰问教师。

同日，婺城区庆祝第三十个教师节暨首届最美教师表彰大会在站前小学举行，区委书记陈晓出席会议并作重要讲话。

同日，游埠、姚家枢纽电站及泄洪闸工程正式开工，衢江(金华段)航运复兴工程正式进入实质性施工。

9月11日下午，区委书记陈晓陪同市委书记徐加爱调研金华山开发建设情况，结束后，区委书记陈晓到二七区块检查工作。

同日下午，市委副书记、市长暨军民调研通园小区改造工作，区委副书记、区长王健陪同。

9月15日上午，召开区委常委(扩大)会议，专题听取研究“二七区块”旧城改造工程有关工作情况。

同日上午，区委书记陈晓主持召开区委常委会议，传达贯彻中央及省委关于群众路线教育实践活动整改落实系列讲话精神等事项。

9月17日，召开食品监管体制调整后第一次食安委全体(扩大)会议，区领导朱利群、邱开祥、邢水成参加会议。

同日下午，省委常委、常务副省长袁家军到金华调研经济运行及有效投资工作，区委副书记、区长王健陪同。

9月18日，因侵华日军细菌战中感染炭疽菌导致烂脚的9位婺城烂脚老人，在婺城区新闻传媒中心、金华电视台新闻综合频道等媒体记者及王选和秋滨街道王五元村志愿者王根华的护送下，踏上前往上海浦南医院接受免费治疗的行程。

9月19日，副市长林丹军一行到区调研基础教育工作，副区长方锦瑞参加活动。

9月22日，区长王健主持召开区政府第三十一次常务会议，听取了关于婺城区乡镇“三资”代理服务中心人员配置方案的汇报、关于婺城区病死动物无害化处理厂建设方案的汇报、关于进一步强化乡镇街道国土资源管理主体责任的意见制订情况的汇报和其他事项。副区长李小庆、方锦瑞、查志强、朱立工、唐学兵出席会议。

同日，省政法委综治办主任张卫星带领省第九督查组到区督查“五水共治”和“三改一拆”工作，区领导王健、傅显明、李小庆、查志强参加汇报会。

9月23日上午，召开全区领导干部会议，区四套班子领导参加会议。

同日下午，由婺城区人力资源和社会保障局、共青团婺城区委、婺城区网络经济发展局、金华新闻网联合主办的以“出彩青春·创业婺城”为主题的婺城区首届青年创业大赛正式启动。

同日，由《今日武义》报总编钟仙标带队的学习交流考察团一行，到婺城区新闻传媒中心交流学习。

9月24日上午，召开区文明委工作会议，研究部署精神文明建设相关工作，进一步推进区省级示范文明城区创建工作。区委书记陈晓作重要讲话。区委副书记、区长王健主持会议，区领导傅显明、蒋献忠等参加会议。

同日，由婺城区文化体育新闻出版局主办，婺城区老年人体育协会协办的浙江省第二届全民体育节暨婺城区庆祝第二个老人节展示活动在人民广场举行。区领导张菲菲、方锦瑞、王国平出席开幕式。

9月27日晚，台湾美食节、邓丽君歌友演唱会等活动在万达广场启幕，

9月28日，市长暨军民到区调研二七区块改造房屋征收工作，副市长祝伦根，区领导陈晓、王健、贾献成等参加调研。

同日，浙江师范大学党委书记陈德喜一行到区考察婺州外国语学校，区领导陈晓、王健、张菲菲、方锦瑞陪同调研。

同日，婺城区举行第六届中国仙源湖桂花节开幕暨安地镇郑二村文化礼堂启用仪式。区委常委、宣传部部长蒋献忠参加活动。

9月29日上午，市委书记徐加爱到长山乡石门村居家养老服务照料中心看望慰问老人，市领导温暖、林一心、刘净非，区委书记陈晓陪同。

同日，召开“二七区块”旧城改造行政企事业单位房屋征收工作动员大会，副市长祝伦根，区领导王健、傅显明参加会议。

同日，由婺城区委宣传部、区文化体育新闻出版局、区婺剧促进会、区新闻传媒中心主办，区文化馆承办的婺城区第三届乡镇（街道）婺剧“演唱、演奏”大赛在婺城区文化中心拉开帷幕。琅琊镇、罗店镇、城西街道等婺城区14个乡镇（街道）近30支队伍参加大赛。

9月30上午，在沙畈乡银坑革命烈士陵园隆重举行烈士纪念日公祭活动，区领导陈晓、王健、张菲菲、施素珍、徐劲松等参加首个烈士纪念日公祭活动。

十月

10月7日下午，西部控股集团董事局主席陈远东，国家千人计划专家、北京大学建筑与景观设计学院院长俞孔坚一行先后到白龙桥镇东俞村、白沙溪临江段考察，市委书记徐加爱，副市长邵国强，区领导陈晓、王健、蒋献忠等参加活动。

10月8日上午，召开白沙溪、桐溪景观概念方案评审会，北京大学建筑与景观设计学院院长俞孔坚，西部控股集团董事局主席陈远东，区领导王健、蒋献忠等参加会议。

10月14日上午，召开全区党的群众路线教育实践活动总结大会，区委书记陈晓作重要讲话，省委赴婺城区督导组组长黄文泽出席会议并讲话，区委副书记、区长王健主持会议，省委赴婺城区督导组全体成员，区四套班子党员领导参加会议。

同日下午，杭州市人大常委会副主任郑荣胜率省十二届人大代表杭州中心组90余人，到区走访视察长湖“五水共治”现场。市委副书记、市长暨军民，市人大常委会主任黄锦朝，副主任林一心、钱世茂，区领导王健、张菲菲、李小庆等陪同视察。

10月15日上午，由市人大常委会原主任阎寿根带队的市委督导组，到区督导农村生活污水治理情况，区委书记陈晓陪同。

同日上午，市委副书记、政法委书记陶诚华到区调研农村生活污水治理、垃圾分类减量处理和信访维稳等工作，区委副书记、政法委书记傅显明陪同。

同日下午，副省长黄旭明到区调研农业机械化工作，省政府副秘书长陈龙、省农业厅厅长史济锡，市委副书记、市长暨军民，区领导陈晓、蒋献忠等陪同调研。

同日开始，乾西乡举办为期5天的“婺城区第三届民俗文化艺术节”。

10月17日上午，市机关选派参与“二七区块”房屋征收工作人员动员会在“二七区块”改造工程指挥部召开，市委组织部副部长褚惠斌作动员讲话，区委副书记、区长王健主持会议并作重要讲话，区领导贾献成、吕贤参加会议。

同日，召开农村生活垃圾分类减量化处理工作动员会，区领导王健、傅显明、朱立工参加会议。

10月18日，中国互联网20年创业创投峰会在

金华举行，市委书记徐加爱，市委副书记、市长暨军民，副市长傅利常等，区委副书记、区长王健参加活动。

10月20日上午，区委书记陈晓到双龙风景区，参加“2014·金华山国际黄大仙故里游暨旅游文化周”活动。

10月24日上午，全国人大常委、省人大常委会副主任、九三学社浙江省委主委姒健敏带领九三学社浙江省委员会成员调研婺城山区扶贫工作，市政协副主席张跃进，区领导陈晓、张菲菲等参加调研。

10月25日，区长王健主持召开区政府第三十二次常务会议，听取婺城区二七新村区块改造工程指挥部关于二七区块旧城改造房屋征收决定有关情况的汇报。常务副区长朱利群，副区长方锦瑞、王建良、朱立工出席会议。

10月27日下午，召开区委常委(扩大)会议，传达贯彻十八届四中全会精神，研究部署二七区块旧城改造房屋征收工作，全区副处级以上领导参加会议。结束后，召开区委常委会，研究全区安全生产工作等有关事项。

同日，婺城区“二七区块”改造工程指挥部公布《婺城区“二七区块”旧城改造房屋征收补偿方案》。

10月28日，全国园艺作物标准园(茶叶)生产技术培训现场活动在浙江采云间茶业有限公司举行，来自江苏、浙江、安徽、福建、江西、山东、河南等16个省的近百名园艺界人士来采云间观摩取经。

10月29日上午，省教育厅副厅长韩平到区调研教育工作，区委副书记、区长王健陪同调研。

同日下午，省委副秘书长、省委省政府信访局长周维亮到婺城调研九峰水库移民工作，区委副书记、区长王健陪同。

同日下午，省财政厅副厅长罗石林到婺婺城调研“二七区块”旧城改造工作，区领导王健、贾献成等陪同调研。

10月31日，市长暨军民到区调研“五水共治”工作。副市长张伟亚，区领导王健、陈旭日陪同调研。

10月31日下午，由浙江石宫农业开发有限公司投资，浙江电艺影视有限公司摄制，宣传“五水共治”的影片《迫在眉睫》正式开机。

十一月

11月3日，省文明办副主任徐晓一行到区考核测评创建省级示范文明城区工作，区领导王健、傅显明、何海彬、蒋献忠等参加考核验收汇报会。

11月5日，区长王健主持召开区政府第三十三次常务会议，听取关于加强安全生产促进安全发展的实施意见制订情况的汇报、《关于工业经济平稳增长的若干意见》制订情况的汇报、关于畜禽养殖场污染治理整改提升实施方案制订情况的汇报，研究了《婺城区生态畜牧业发展专项规划(2014—2020)》等事项。常务副区长朱利群，副区长李小庆、方锦瑞、查志强、王建良、唐学兵出席会议。

11月6日下午，省政府顾问王建满召开部分市、县(市、区)“三改一拆”“五水共治”座谈会，区领导王健、李小庆参加座谈会。

11月7日，区举办首届青年创业大赛，常务副区长朱利群、区人大常委会副主任邱开祥出席活动。

11月8日下午，区领导王健、贾献成、蒋献忠出席“群飞杯”二七好新闻竞赛启动仪式暨婺城区第二届十佳记者表彰会。

11月10日，副市长祝伦根带领相关部门负责人到二七指挥部调研座谈，区委常委、常务副总指挥贾献成陪同参加。

同日下午，区领导王健、傅显明、蒋献忠等一行，赴浦江学习“五水共治”、“三改一拆”先进经验。

11月11日上午，省委督查组到婺城督查教育实践活动整改落实情况，专题听取婺城区四套班子和班子“一把手”整改落实工作情况汇报。省委赴婺城区督查组组长黄文泽，副组长王晓东及督查组相关成员出席会议，区领导王健、张菲菲、施素珍、吕贤参加汇报会。

11月12日上午，由省委赴金华督查组组长、杭州市政协原主席虞荣仁，杭州市人大常委会副主任徐苏宾带队的省委赴金华督查组一行到婺城，深入乾西、竹马等地农村及“二七区块”改造、长湖治理等重点项目一线，对区重点工作的开展情况和教育实践活动整改落实工作进行实地督导。省委赴婺城督查组组长黄文泽，市委常委、组织部部长温暖，区领导王健、贾献成、吕贤参加活动。

11月17日上午，召开全区领导干部会议，通报省委、市委关于婺城区委主要领导调整的决定：陈晓同志任市委秘书长，不再担任婺城区委书记职务。王健同志任婺城区委书记。市委书记徐加爱，市委常委、组织部部长温暖，区四套班子领导参加会议。

11月18日下午，区委书记、区长王健主持召开区委常委会，听取庆祝人民政协成立65周年暨全区政协工作会议方案和《关于进一步加强人民政协民主监督工作的实施意见（送审稿）》的汇报等相关事项。

11月20日下午，区委书记、区长王健陪同兰溪市委副书记、市长朱瑞俊一行对接污水处理工作，区领导蒋献忠、李小庆参加。

11月21日，区召开庆祝人民政协成立65周年暨全区政协工作会议，区领导王健、张菲菲、施素珍、傅显明、申瑞龙、丰炳春等出席会议。

11月24日，区长王健主持召开区政府第三十四次常务会议，听取《关于浙中信息产业园婺星基地开发建设有关情况》的汇报、《关于婺城区开展村经济合作社股份制改革的实施意见》《婺城区完善农村土地承包经营权确权登记工作实施意见》《加快推进农村宅基地确权登记发证工作实施方案》的汇报、《关于婺城区温室甲鱼养殖业污染整治工作方案》制订情况的汇报，研究了其他事项。常务副区长朱利群，副区长李小庆、方锦瑞、查志强等出席会议。

11月25日，省政协原主席周国富、省政协副主席陈艳华带领环保研究专家团到区调研垃圾分类工作，市领导陶诚华、张伟亚、朱恒钱，区领导王健、施素珍、傅显明等陪同调研。

11月26日，金华市第十四届工科会圆满落幕，婺城区组织50余家企业参加各类科技活动，收集了26项企业技术难题，促成科技合作7项，合同金额480万元。

11月28日下午，西二环跨沪昆铁路立交桥东半幅路段正式开始试运行。

同日，爱国主义教育基地暨孟祥斌塑像落成仪式在金华市第一中等职业学校举行。

十二月

12月1日，副市长张伟亚一行到区考核2014年“五水共治”工作，区领导王健、傅显明、朱利群、李小庆等参加考核。

同日，金华市青春小学五（4）班黄晟同学上中央电视台戏曲频道《快乐戏园》。

12月2日上午，副市长祝伦根带领相关部门负责人，到二七指挥部下访约访二七区块部分信访代表，区领导王健、傅显明、贾献成等陪同。

同日下午，召开农村确权赋权改革工作动员会议暨森林消防工作会议，区委书记、区长王健作重要讲话，区委副书记傅显明主持会议，区领导张菲菲、施素珍、李小庆等参加会议。

12月3日，由副市长张伟亚带队的市“五水共治”工作年度考核组到区召开反馈会。区领导傅显明、何海彬、朱利群、蒋献忠等参加会议。

12月6日上午，区委书记、区长王健在二七指挥部主持召开区委常委（扩大）会议，传达省委十三届六次全会和全省人大工作会议精神，区四套班子领导参加会议。

12月7日，省水利厅副厅长冯强一行到区调研“五水共治”工作情况，副区长朱立工陪同调研。

12月8日，省“放心市场”考核验收组一行到区考核验收“放心市场”创建工作，常务副区长朱利群陪同考核。

同日下午，区委书记、区长王健陪同市长暨军民检查杭长高铁运行准备情况。

12月9日上午，区委书记、区长王健陪同国家督学、河南省教育厅巡视员张健带队的教育部教育督导评估团，督导评估区“义务教育均衡发展”工作。

同日下午，区委书记、区长王健主持召开区委常委会议，听取全区农村生活垃圾分类减量化处理工作等议题的汇报。

12月10日，常务副区长朱利群带领区财政、水利、交通、农林等部门负责人到衢江婺城区段航运开发游埠枢纽工程和汤溪莘畈段工程建设现场督办建设工程项目进展情况。

同日，杭长高铁正式开通营运。

12月12日，召开全区乡镇(街道)党(工)委书记抓基层党建工作述职会，省委赴区督查组组长黄文泽、副组长王晓东，区领导王健、张菲菲、施素珍、傅显明、申瑞龙等出席会议。

同日，由台州市农办副主任陈刚敏带队的省农村生活污水治理工作检查组到区检查农村生活污水治理工作，区领导傅显明、朱立工陪同检查。

12月17日上午，区委书记、区长王健陪同省五水共治考核组实地检查。

同日，省环保厅厅长徐震一行到区检查考核“五水共治”工作，市领导陶诚华、张伟亚，区领导王健、傅显明、陈旭日陪同检查。

同日下午，区委书记、区长王健主持召开区委常委会议，学习贯彻落实市委书记徐加爱对婺城有关乡镇暗访的讲话精神，研究部署下步整改工作。

12月18日，召开各民主党派、工商联负责人和无党派人士代表座谈会。区领导王健、施素珍、傅显明、朱利群等参加会议。

12月22日，区长王健主持召开区政府第三十五次常务会议，听取关于婺城区中小学幼儿园专职保安配置方案的汇报、关于婺城区财政资金定期存放招投标管理暂行办法制订情况的汇报、关于设立婺城区农业科技成果转化、科技特派员专项资金的汇报，研究了其他事项。常务副区长朱利群，副区长方锦瑞、查志强、王建良、朱立工、唐学兵、李唯出席会议。

12月23日，区举办首届“托起太阳的梦”幼儿教师才艺大赛，区领导蒋献忠、李唯出席大赛。

12月24日～26日，市“无违建县(市、区)”创建工作小组到区考核验收“无违建”创建工作，区领导王健、李小庆参加活动。

12月25日，省“美丽宜居”示范村第五督查考核组到区白龙桥镇叶店村督查美丽宜居示范村试点项目实施情况，副区长朱立工陪同督查。

12月26日，汤莘公路改建工程开工仪式在汤莘公路起点下伊村举行，副市长傅利常，区领导朱利群、许光明、楼存根参加开工仪式。

同日，召开金兰中线城际公交开通工作会议，常务副区长朱利群参加会议。

12月30日上午，召开2015年全区工作务虚会，区委书记、区长王健作重要讲话，区委副书记傅显明主持会议，区四套班子领导参加会议。

12月31日上午，区委书记、区长王健陪同市长暨军民调研云计算中心项目。

同日，区召开“二七区块”房屋征收签约动员大会，副市长祝伦根，区领导王健、张菲菲、施素珍、傅显明等参加会议。

(朱艳萍)

概　况

地　理

【位置面积】 婺城区地处浙江省中部，金华市中西部。东连金东区，南接武义县，西南与丽水市遂昌县接壤，西与衢州市龙游县毗邻，北与兰溪市交界。介于北纬28°44′～29°15′、东经119°18′～119°46′之间。东西长45千米，南北宽55千米。距省会杭州市135千米（径距）。土地面积1391.24平方千米，约占浙江省总面积的1.36%。婺城区是金华市辖区，金华市人民政府驻地，浙中城市群中心城市的核心区块。区人民政府驻宾虹西路2666号。

【地形地貌】 婺城区地处金衢盆地中段，地势西南与东北高，中部低。婺城区地跨浙西大复向斜与浙南变质地体两个Ⅱ级构造单元。由于两个构造单元地质历史演化截然不同，因而地层、岩性也不尽相同，大致以江山—绍兴深断裂为界，以北为江南地层区，以南为华南地层区。

江南地层区 属于扬子准地台的一部分，也称浙西台皱带，在地质历史时期经过一系列凹陷与隆起而形成目前的格局。一般地说，江南地层区，在整个古生界，地壳下沉，接受沉积，有页岩、灰岩、砂岩等浅海相沉积建造，主要分布于金华山。进入中生界后，该区地壳褶皱上升，仅在局部凹陷带有陆相沉积建造，主要分布于金华山及金衢盆地北缘。中生代侏罗系后期，地壳运动加剧，形成大片火山岩覆盖和大量侵入岩。白垩系及其后期，地壳岩石经历了强烈剥蚀，在盆地北缘与南缘有红色砂岩沉积。新生界，又经燕山运动、喜马拉雅运动的影响，形成多峡谷小盆地，地面起伏较大的现代河谷地貌以及喀斯特地貌发育的特色。

华南地层区 属于华南地槽褶皱带一部分，也称浙东华夏褶皱带，在元古界有古老变质岩系和灰岩零星分布，主要出露于塔石乡一带。在中生界，该区属于稳定上升地区，整个地表都被火山岩系所覆盖。侏罗系后期，地壳运动进一步加剧，有大量的岩浆活动，形成大片火山岩系覆盖和大量侵入岩，后经强烈剥蚀。这些火山碎屑岩和熔岩，主要分布于金华南山和盆地盆底南侧斜坡地带。新生界期，华南地层区在喜马拉雅运动影响下，局部地区有玄武岩喷发和覆盖，从而导致该区多浅小盆地的现代河谷地貌和火山造岩地貌的特色。

以金华江为中轴，向两侧呈阶梯式分布。地形根据绝对和相对高度、坡度可分为山脉、丘陵、平原三种不同类型。

山脉 高低起伏，坡度较缓，绝对高度在500米以下，相对高度一般在200米以下的为丘陵。绝对高度500～1000米的为低山。绝对高度1000～3500米的为中山。3500米以上为高山。其中丘陵面积约364.46平方千米，占全区总面积26.20%，低山面积162.89平方千米，占全区总面积11.71%，中山面积33.98平方千米，占全区总面积2.44%。

金华山 金华山又称长山，俗称北山。主要绵延于区境东北部罗店、竹马两乡镇的东北和北部。

金华山北连龙门山脉，由于墩头盆地的陷落和向东侵蚀，浦江盆地的不断向西侵蚀，遂形成龙门山脉两头隔离、中间相连的格局。

金华山南坡，自兰溪市至金东区，伸展着一条长25千米、宽约1千米的石灰岩带，有大小溶洞50

多个，有效面积大于10000平方米。这些溶洞洞景绮丽多姿，区境内可供旅游的有双龙、冰壶、朝真、桃源、仙瀑、二仙、讲堂等多个溶洞，其中双龙、冰壶、朝真三洞为国家级重点风景名胜区。

金华山西起兰溪市城区兰江东岸，东走经王大尖、白露尖、扁担岗，至兰溪市与婺城区界上的西坑岗。自此沿婺城区、兰溪市界东走6.5千米，经九龙山（海拔1245.2米），至金华城北东4度，距城15千米（方位、距离均以通济桥北堍为基点。下同），海拔1312米的大盘山。复东北走11.5千米，经武平山（亦名玉壶山）、双尖（城北东15度，距城16千米，高1017米）、螺蛳尖出区境入金东区与兰溪市界上，续东走至兰溪、义乌、浦江三市县界上，北与龙门山北支相连，续东走沿浦江、义乌边界，至义乌市大陈江西岸，隔江与会稽山相望。以上为金华山干脉。

南 山 区境内西南及南部诸山的统称，绵亘于塔石、沙畈、箬阳、莘畈、岭上、安地诸乡镇，呈西南—东北走向。由于新构造运动上升强烈，在流水侵蚀下，西南诸山，谷深坡陡，多千米以上山峰（50余座）。是白沙溪、厚大溪诸溪与瓯江水系的松阳溪、宣平溪的分水岭。向东北延伸，山势渐趋平缓，多呈块状丘陵。

南山属仙霞岭余脉，经遂昌县华表坑，至棋盘石北入区界，分支沿婺城区、遂昌县界西北延伸为鹅卵石大岗，至金鸡头隔梨树源与塔石乡东长坪（1165米）相望。干脉沿婺城区、遂昌县界东北走3千米，过金竹湾，至区境内最高峰小金竹尖（1336米），复北走1千米，有龙坑尖（1328米），折东转东南走4千米，经白岩（1250米）至小龙葱尖（1324米）。复前走4.5千米，经风门山（1233米），出区界至遂昌县狮子岩。折东北至婺城区、武义县界上的龙潭背。自此沿婺城区、武义县界东北走，经大阳山（1320米）、大坞尖（1180米）、茶园头（1203米）和横岗岭（1048米），于林坑尖（1151米）入武义县。经龙门亭，至婺城区与武义县界上的八县尖（964.2米）、鲤鱼尖、宣家岭和高塘顶，隔武义江与武义县焦岩相望。

丘陵 海拔70~500米，坡度15~25度的丘陵地364.46平方千米，占全区总面积的26.20%。主要分布于以下乡镇：

一、西起婺城区与龙游县界上，东至白沙溪左岸，南自莘畈乡、琅琊镇一线，北至浙赣铁路南北，包括汤溪镇中南部、琅琊镇北部、蒋堂镇大部、白龙桥镇西北部。地势呈南北走向，丘岗与溪谷相间。土壤以网纹红土发育而成的黄筋泥为主，面积约180平方千米，为全区最大的丘岗区。

二、西以白沙溪，北起山嘴头，东至雅畈镇西大路的三角地带，包括琅琊镇东北部、长山乡中北部、安地镇北部、雅畈镇中北部和苏孟乡及秋滨街道的中南部。多呈馒头状浑圆低丘地貌。大黄山一带为冰碛阶地，土壤以红紫色砂页岩发育而成的紫色土为主，面积约150平方千米。

三、自城北街道的洪源、杨梅山向西北，沿金兰北线，至竹马乡姜僑一线东北，包括城北街道北部、新狮街道和罗店镇南部、竹马乡东北部。多为自北而南的低岗与溪谷相间地形，其中杨梅山和洪源一带为冰碛阶地，冲沟由山顶向四周网状延伸。土壤以红沙土为主，面积约40平方千米。

平 原 海拔70米以下，横向坡度一般小于10米，主要由江河冲积而成。面积约315平方千米，占全区面积22.64%。主要分布于以下三片：

一、三江冲积平原。东起东关大桥以下义乌江两岸，南自武义江左岸的雅畈镇，西至环城西路。包括城东、城中、江南、三江诸街道全部，城西、西关两街道东部，城北街道南部，雅畈、苏孟两乡镇的东北部。地势略有起伏，海拔多在45米左右，面积约90平方千米。

二、城西冲积平原。环城西路以西的金华江两岸。包括右岸的城西街道西部，乾西乡全部，竹马乡西南部。境内有乾溪、盘溪自东北向西南蜿蜒曲折流贯其间，并有西湖、下湖、长湖等金华江故道残迹湖。地势低平，海拔多在40米以下。左岸东起环城西路，西至西溪，北止于婺城区与兰溪市界。包括白龙桥镇全部，长山乡北部。地势低平，其中白龙桥镇雅苏，海拔31米，为全区最低点。漪溪、桐溪、白沙溪、西溪自南而北流贯其间，沿溪有大小不同的溪谷平原与平畈。面积约120平方千米。

三、衢江冲积平原。西起婺城区与龙游县界上，东北止于婺城区与兰溪市界上，东南大致沿浙赣线和黄路溪。包括洋埠、罗埠两镇全部，汤溪和

蒋堂镇北部。有莘畈溪、厚大溪、黄路溪自南而北流贯其间。海拔多在40米左右。面积约105平方千米。（朱睦钧）

水　情

2014年，全年降水量1699.8毫米，与多年平均降水量(1621毫米)相比偏多4.9%，与2013年年降水量(1313.3毫米)相比偏多29.4%。汛期平均降雨量1303.1毫米，比2013年同期840.1毫米偏多55.1%。降雨量主要集中再5月、6月、8月。其中，汛前(1月1日～4月14日)平均降水量335.4毫米，主汛期(5～9月)平均降雨量1230.1毫米，6月17日入梅，7月7日出梅，梅雨期20天。梅雨期平均降水量445.9毫米，比2013年梅雨期平均降雨量多148.4%。从时间分布看，全区先后经历2次系统性强降雨过程，分别出现在6月19日～25日、6月26日～30日。受持续强降雨影响，全区江河水位普涨，金华江金华站多次超警戒水位，金华江发生两次大洪水过程，"6·23"洪水：金华站于6月22日16时10分达到警戒水位34.67米，第一次峰现时间22日23时30分，洪峰水位35.51米，超警戒水位0.84米，第二次峰现时间23日18时40分，洪峰水位36.53米，超警戒水位1.86米，6月23日19时～20时金华站实测洪峰水位36.53米，相应流量4400立方米/秒，出现洪峰流量接近十年一遇标准的大洪水；"8·20"洪水：金华站于20日6时25分达到警戒水位34.67米，峰现时间为20日18时，洪峰水位36.49米，超警戒水位1.82米，洪峰流量4500立方米/秒。受强降雨影响，梅雨期间水库蓄水总量大幅增加，金兰、九峰、沙畈先后泄洪，2014年汛期全区5座中型水库蓄水总量略有减少，入汛初蓄水总量为2.44亿立方米，汛期末蓄水总量为2.02亿立方米，蓄水量减少了0.32亿立方米。2014年，金华市婺城区市受台风影响较小，仅受10号台风"曼德姆"和16号台风"凤凰"外围影响。

（王　静）

水　文

2014年，婺城区结合省统一部署的山洪灾害县级非工程措施建设项目和中小河流水文项目建设，加强水雨情监测预警工作。全区自建5个简易雨量站、3个简易水位站、14个雨量自动遥测站、2个水位雨量自动遥测站、2个视频监控，更新6水雨情监测站。全区自建35处遥测站点，加上在全区范围内的市级水文监测站，计57处水雨情监测站点，平均22.9平方千米就有一个站点，达到山洪灾害防治县级非工程措施建设标准。在监测信息采集及预报分析决策基础上，通过确定山洪灾害预警指标、预警程序和方式（自动监测、群测群防），将预警信息及时、准确地传送到山洪灾害可能威胁区域，使接收预警区域人员根据山洪灾害防御预案，及时采取防范措施，最大限度减少人员伤亡。由于没有水文站和气象台，婺城区与金华市水文站签订了金华江、武义江的汛期报汛协议和洪水预报。同时，与市气象服务中心签订气象服务协议，及时提供气象和灾害性天气预报。通过水雨情遥测站监测和水文、气象信息传递，区防汛抗旱指挥部及时掌握全区水雨情，为防汛抗旱抢险工作提供决策依据。

婺城区境内的降水主要是锋面雨、台风雨、地形雨、对流雨，年平均降水量1150厘米～1909厘米之间，地区差异与年际、年内变化较大，尤其是各月间分配极不均匀。3～6月，冬季风南退，夏季风北进的交替季节，冷空气频繁交汇在长江中下游，形成多雨期，雨量占全年的50%以上。5～6月份的梅雨季节，由于锋面雨经常停留，造成大面积降水，常出现暴雨洪水。7-8月是全年的干旱期，除台风影响和局部雷阵雨外，天气以晴热为主，常出现旱情。9～11月冬夏季风交替时出现一段秋雨期，但比春雨雨期短、雨量少、时有秋旱发生。12月至次年2月，则为少雨季节。

2014年，相继遭受梅雨、持续阴雨天气和台风的影响，雨量充沛。1月～12月全区平均降水量1638.5厘米，比去年同期1156.5厘米偏多41.7%；汛期(4.15-10.15)平均降水量1303.1厘米，比去年同期840.1厘米偏多55.1%；降水相对集中在6月和8月，江河水位普涨，金华江金华站多次超警戒水位，中型水库水位均超汛限水位，并多次开闸泄洪。

（王　静）

建置沿革

金华市婺城区地域为《禹贡》扬州之地。春秋时属越国，其中原汤溪县地域属姑蔑国。战国楚威王七年（前333）灭越为楚地。秦王政二十五年（前222）置会稽郡乌伤、太（大）末县，其地分属两县。新莽建国元年（9）改乌伤为乌孝。东汉建武元年（25）复名乌伤，隶扬州。初平三年（192）分乌伤县西南地置长山县，为长山县县治，以境内长山而得名（长山或称常山，即金华山）。三国吴宝鼎元年（266）分会稽郡西南部置东阳郡，以地处縠水（今衢江）之东、长山之阳得名。郡治设长山县。南朝宋孝建元年（454）属东扬州。永光元年（465）仍属扬州。此后，东扬州五废五置，郡属相随。梁绍泰二年（556）就东阳郡置缙州。陈天嘉三年（562）省缙州复东阳郡，后改金华郡。隋开皇九年（589）改东扬州为吴州，废金华郡；改长山县为吴宁县；废太末县分入吴宁、信安二县。十二年（592）吴宁县改称东阳县。十三年（593）废郡改置婺州，盖因“其地于天文为婺女之分野”而得名，为州治之所。十八年（598）东阳县更名金华县。大业元年（605）改吴州为越州。三年（607）废婺州复置东阳郡。唐武德四年（621）复称婺州。同年，以太末故地复置太末县，分金华县为金华、长山二县。八年（625）废长山县复入金华县，废太末县入信安县。垂拱四年（688）改金华县为金山县。神龙元年（705）复名金华县。天宝元年（742）改婺州为东阳郡。乾元元年（758）复称婺州。五代后晋天福四年（939）改称婺州武胜军。宋淳化元年（990）改称婺州保宁军。元至元十三年（1276）置婺州路，为路治。十四年（1277）于大云乡（金华城区）置录事司。至正十八年（1358）朱元璋攻取婺州，改婺州路为宁越府。二十年（1360）改称金华府。明成化七年（1471）析金华、兰溪、龙游、遂昌四县边境之地置汤溪县，以附近有汤塘得名，属金华府。清沿明制，金华、汤溪二县仍属金华府。民国元年（1912）2月，废府，实行省、县两级制。3年（1914）5月，置金华道。16年（1927）4月，废道，直隶于省。21年（1932）6月，改设浙江省县政督察专员办事处第八区，9月改为浙江省行政督察专员办事处第六区。24年（1935）8月，改设兰溪区（公署兰溪）。25年（1936）2月，改为第四行政督察区，公署兰溪。36年（1947）10月，改为第五区。26年4月，移驻金华。32年（1943）5月，专署驻宣平县（今武义县）。36年（1947）10月，属第五区，专署驻衢县。37年（1948）4月，调整为第三行政督察区，驻金华。8月改为第八区。

1949年5月7日金华解放，8日汤溪解放，10日成立金华市军事管制委员会和汤溪县军事管制委员会，17日成立汤溪县人民政府，18日成立金华县人民政府，两县均隶属浙江省第八行政区。同年10月10日浙江省第八行政区改名金华专区，公署驻金华县。10月20日，析金华县城区建立金华市（县级）。1950年5月15日撤销金华市，并入金华县。同年9月27日，金华专区改称金华区。1951年7月20日复设金华市。辖3个镇公所，36个居委会。1953年5月21日金华市改为省辖市，仍由金华专员公署领导。1955年2月，金华区复称金华专区。1958年2月21日，撤销中共金华市委，归金华县委领导，保留市人委，市仍为一级行政机关。同年9月5日，撤销汤溪县并入金华县。1960年3月12日湖镇人民公社从衢县划归金华县。1962年12月22日，国务院批准撤销金华市，并入金华县。1968年4月，改金华专区为金华地区。1979年9月10日，国务院决定恢复金华市，未实施。1981年1月14日，国务院批准撤销金华县并入金华市，下辖3个街道，69个公社。1983年9月13日湖镇区划归龙游县管辖。

1985年5月15日，国务院批准撤销金华地区，金华市升为地级市，原县级金华市地域分设婺城区和郊区。7月26日，中共金华市委宣布将金华市城区和近郊13个乡划给婺城区。12月23日，撤销郊区复置金华县。

1994年4月6日，中共金华市委、市政府作出婺城区机关部分部门与市机关合署办公的决定，除区人大和公安局、检察院、法院、人武部外，其余机构均纳入市、区合署办公体制。

2000年12月20日，国务院批准撤销金华县，设立金华市金东区，将原金华县雅畈等14个乡镇划归婺城区，原婺城区的仙桥、多湖、东孝3个乡镇划归金东区管辖。婺城区与市机关合署办公体制也随之结束，重新按照区一级党政机构的规范工作。

2013年10月，根据市委、市政府《关于完善金华经济技术开发区和金西经济开发区管理体制的意见》，两个开发区成建制整合，管理机构实行"一块牌子、统一对外，一套班子、统筹管理"。同时，保留金华高新技术产业园区和金西经济开发区牌子。原由金华经济技术开发区、金西经济开发区托管的乡镇(街道)由整合后的金华经济技术开发区托管，包括三江街道、江南街道、西关街道、秋滨街道、苏孟乡、汤溪镇、罗埠镇、洋埠镇，面积253.86平方千米。

(袁子官)

行政区划

婺城区辖9个街道、9个乡、9个镇，96个居民委员会(社区居委会)，578个村民委员会。区域内有国家级金华市经济技术开发区、省级婺城新城区、浙江金西经济开发区(10月划归市经济技术开发区管理)、双龙风景区、仙源湖旅游度假区。其中金华市经济技术开发区辖1个乡，4个街道，48个居民委员会，38个村民委员会。全区土地总面积1391.24平方千米。

(朱睦钧)

2014年末金华市婺城区行政区划及土地总面积

行政区划及土地总面积

表4

乡镇名称	村民委员会(个)	居民委员会(个)	土地总面积(平方千米)
全区合计	**571**	**96**	**1391.24**
城东街道	—	5	2.99
城中街道	—	3	6.21
城西街道	—	5	1.66
城北街道	—	8	4.4
新狮街道	6	13	23.76
罗店镇	38	—	66.58
雅畈镇	37	—	74.33
安地镇	37	—	136.47
琅琊镇	30	—	93.07
蒋堂镇	35	—	54.29
竹马乡	16	—	19.58
长山乡	21	—	60.35
箬阳乡	14	—	60.38
沙畈乡	30	—	184.94
塔石乡	39	—	99.63
岭上乡	2	—	60.66
莘畈乡	11	—	73.04
婺城新城区小计	**60**	**13**	**117.26**
白龙桥镇	49	7	92.91
乾西乡	11	6	24.35
金西开发区小计	**157**	**1**	**168.8**
汤溪镇	72	1	106.36
罗埠镇	61		44.33
洋埠镇	24		18.11
市开发区小计	**38**	**48**	**82.85**
江南街道	—	7	3.03

续表4

乡镇名称	村民委员会（个）	居民委员会（个）	土地总面积（平方千米）
三江街道	—	17	7.65
西关街道	—	7	4.57
秋滨街道	4	17	29.62
苏孟乡	34	—	37.98

（区统计局提供）

人　口

全区总人口240077户、629954人(区属38.14万人)。其中:男性316303人,占总人口的50.21%;女性313651人,占总人口的49.79%。总人口中非农业人口291733人(区属15.41万人),占总人口的46.31%。城镇常住人口16万余人,登记流动人口12万人。金华市开发区58543户、1521934人。婺城新城区330108户、83091人。金西开发区35637户、96342人。

2014年,全区出生3704人(含补报111人),其中计划内出生3485人,计划生育率为94.09%;人口自然增长率5.22‰;户籍人口婴儿出生性别比106.2;免费孕前优生检测率在95%以上;社会抚养费征收率为75.16%;

2014年,区属60周岁及以上老年人78867人,同比增加3.93%,占全区总人口的12.52%。百岁以上老人10人,年龄最大的107岁。（朱睦钧）

资　源

【水资源】 婺城区江河属钱塘水系,有钱塘江一级支流衢江,二级支流金华江及其上游义乌江和支流武义江。流入以上四江的溪河,10千米以上18条。诸溪下游和四江沿岸,水网交织,水利称便,唯受地形和气候影响,溪河之水暴涨暴落,山丘易旱,水土流失比较严重,河床淤积,沙洲迭见。

金华江　义乌江与武义江于燕尾洲汇合后称金华江,亦称婺江、婺港。通济桥以上亦称双溪。唐严维诗"明月双溪水,清风八咏楼",宋李清照《武陵春》"闻说双溪春尚好,也拟泛轻舟"均指此。

双溪西流,穿通济桥,过金虹桥、双龙大桥、河盘大桥,越橡皮坝至婺江大桥,转向西北流,经筱溪、石柱头,至雅苏北出境入兰溪市,至马公滩与衢江汇合后称兰江。

双溪西南别出为龙渎,穿过城南大桥,沿五百滩南缘西流,至河盘桥复入金华江。

金华江自燕尾洲至雅苏出区境,长15千米。河床宽140～300米,水深1.7～4米,比降0.43‰。沿岸地势低平,水网交织,是全区水稻主要产区。有10千米以上溪流6条汇入:

玉泉溪　发源于苏孟乡西南部石人坑,北流经朱店过清江塘入湖海塘,出湖海塘至金华职业技术学院院区和茶花公园园区的金大塘和馒塘,复北流过湖海塘电站,沿磐安街北流于西关汇入金华江。全长14.5千米。

漪溪　发源于长山乡猴岭,北流经上溪、石门,过白龙桥镇黄碧塘,于邵家埠头西北汇入金华江。长16千米。

桐溪　发源于长山、安地、沙畈三乡镇界上的太平尖,曲折北流,经桐溪、长山、邵村,过白龙桥镇龙蟠、怡村、塌水桥,于下潘家入金华江。长22千米。

乾溪　发源于罗店镇西湖,南流过鹿田水库,至前庄头,经后园、溪塍至乾西乡黄桥头,转西流经竹马乡谢村,转西南流,于坛里郑南入金华江。长20千米。

白沙溪　曾名白龙溪,发源于武义、遂昌两县界上的狮子岩。南流过门阵入沙畈乡小洋坑,续北流经芝肚坑至柿树岭入沙畈水库(中型),出沙畈水库,北流经岭脚、周村、山脚,于皂里入金兰水库,出水库经琅琊徐、高田塍,北流经新昌桥、白龙桥、临江,于后杜叉东入金华江。全长65千米,区境内长55千米。汇入白沙溪的支流有2条:银坑溪发源于沙畈乡与遂昌县界上的小龙葱尖,北转东流,经银坑,于黄坛井西入白沙溪,长10千米;左别溪发源于沙畈乡大坞头南与遂昌县界上,北转西流,经水碓基、黄家田,于半溪西入白沙溪。长14千米。

盘溪 发源于罗店镇九龙山，西南流过洞前，至西旺入双龙水库，出水库经罗店，至罗大门西南入竹马乡竹马馆，转西流入乾西乡，经栅川入兰溪市，于烟溪西入金华江。全长17.5千米，区境内约15千米。

义乌江 为金华江之上游，亦称东港、义乌港，古称乌伤溪。源出磐安县龙鸟尖，经东阳、义乌、金东三区市，过东关大桥入区境，沿清风公园西流，过宏济桥，复西流于八咏公园、婺州公园与燕尾洲之间，至通济桥东与武义江汇合。义乌江自东关大桥入境，至通济桥长2.22千米，河床宽约350米，水深1～6米，比降0.3‰，两岸公园和民居相间。区境内汇入义乌江溪流有通元溪。

通元溪 发源于罗店镇盘前，南流经弹子下，过里宅入新狮街道山下吴水库(小型)，出水库至山下曹，折东流至唐村南复南流，经沙溪、车头、道院塘，入城东街道，穿越浙赣铁路、人民东路，于清风龙头东汇入义乌江。长约17千米。

武义江 为金华江最大之支流，亦称永康江、永康溪、武义港。源出武义千丈岩，经缙云、永康复入武义县，于金东区焦岩东2千米处入区境，曲折西流，至寿溪转东北流，过国湖电站转北流，至竹园东转西流，接纳梅溪后沿苏孟乡北流，过豪乐、洪坞、李渔、金婺诸大桥，至燕尾洲与义乌江汇合。

武义江自焦岩入境至燕尾洲，长25千米，河床宽100～300米，水深2～3米，国湖以下比降0.65‰，金东区横店以下河道几分几合，沿岸平原渐见，梅溪口以下平原连片，进入三江平原。汇入10千米以上溪流(不计右岸金东区汇入溪流)有：

寿溪 发源于雅畈镇与武义县壶山街道界上的鲤鱼尖，北流经大山、罗芳埠，于寿溪北入武义江。长28.5千米。

梓溪 发源于雅畈镇东坞南与安地镇界上，北流经下新屋、宜山，于雅畈北入武义江。长14.5千米。

梅溪 发源于箬阳、沙畈两乡与武义界上的平顶坑，东北流经瀛头至武义县龙潭，复东北流入箬阳乡，经琴坛至安地镇山道、黄泥岗转北流，经郑宅于小同北入安地水库(中型)。出水库经安地至苏孟，沿苏孟和雅畈两乡镇边界流至金桑园东南入武义江。长54千米。比降安地水库以上10‰，以下3.3‰。汇入梅溪的支流有3条：外畈溪发源于箬阳乡上罗坪，至安地镇外畈汇入安地水库，长约14千米；上干溪发源于安地镇与沙畈乡界上的横路山，东北流经文明、项村、上干口，于安地西南入梅溪。长12千米；雅干溪发源于安地镇与武义县界上的彭公尖东南麓，北流经和村、雅干、郭村，至下傅西北汇入梅溪。长15千米。

衢江 又称信安江，古称穀水。源出安徽省休宁县青芝埭尖。经开化、常山、衢州、龙游等县市，于洋埠西入境。沿洋埠、罗埠两镇和兰溪市游埠镇边界流，至罗埠镇后张北出区界入兰溪市，区界上长11千米，宽250～450米，水深3～6米，比降0.3‰，为婺城区与兰溪市之界河。沿江和汇入衢江的莘畈、厚大两溪下游有广阔的冲积平原，是全区主要水稻、棉花、甘蔗和淡水鱼产地。

莘畈溪 又名西源，亦称兰源。源出塔石乡青莲山，向北穿流于高山峡谷之中，经井上至莘畈乡井下，过学岭头注入莘畈水库(中型)，出水库经姓李，至祝村北入汤溪镇，复北流，经曹界、寺平，至中祝北穿越浙赣铁路入洋埠镇，北转东流于罗埠镇黄稍与厚大溪汇合。

莘畈溪原在洋埠镇下徐，穿万年桥后分两支，一支名鹅头颈，北流1千米入衢江，今已堵塞。莘畈溪长43千米，上游水流湍急，出莘畈水库至洋埠镇盛村比降3.3‰，盛村至黄稍比降1.5‰。汇入莘畈溪的牛桥溪发源于汤溪镇里金坞东南，经戴家、牛桥，至萧家北入洋埠，于盛村北汇入莘畈溪。长12千米。

厚大溪 一名南源，又名塔石溪，源出塔石乡与遂昌县界上的白岩。曲折北流，经里大茗、山坑、塔石，于东店北入岭上乡。复北流，经岭上、黄岩孔、蒋畈，至汤溪镇陶寺，过厚大、蒋村、派溪李北入洋埠镇，于罗埠镇黄稍与莘畈溪汇合后转北流，至董家北注入衢江。全长57千米。自源头至厚大，水流湍急，两岸石岩嵯峨，比降10‰，厚大以下比降3.3‰。

婺城区的地下水和水文情况均由金华市水文站监测，根据金华市水文及水文地质条件，婺城区地下水类型属于一般山丘区，河床切割较深，河床基流量已汇集了地下水排泄量的绝大部分。因此山丘河川基流即作为地下水资源量。2014年，婺城区地下水资源量2.715亿立方米，比常年值2.4139亿立方米偏多12.5%。

【矿产资源】婺城区主要金属矿产有锡、多金属、辉钼矿、铅锌矿和金等。非金属矿产有石灰岩、建筑石料、建筑沙砾、沸石、珍珠岩、萤石、砖瓦用页岩和花岗岩。

金属矿

锡 分布于南部的安地镇和村的仁坑垄、沙畈乡黄炫、箬阳乡岭后，有4个矿点，均属锡石—石英脉型高温热液矿床。20世纪60年代中期、80年代早期地质部门做过踏勘调查，规模偏小。

多金属 有安地镇和村、金岭庵，沙畈乡黄石玄、芝肚坑和塔石乡苏坑等5个矿(化)点。矿床成因属高中温热液及矽卡岩型，矿体呈脉状或透镜状，充填于花岗岩体节理中，个别产于岩体外接触带，规模小，品位低，无工业价值。

辉钼矿 位于沙畈乡银坑村，产于花岗斑岩中，呈细脉状充填于裂隙内，钼矿平均含钼0.04%，品位低，未开采过。

铅锌矿 分布于沙畈乡银坑、塔石乡高田、南坑等地，有4处矿产地，矿床成因属高中温热液型，银坑为小型矿床，其余均为矿点或矿化点。银坑铅锌矿为一小型富铅锌矿，伴生铜钼及银可综合利用，矿脉之主要地段已为前人采空。

金 仅有汤溪镇曹界一处，系地质部门于20世纪80年代初发现，规模小，品位低，无工业价值。

非金属矿

石灰岩 金华山南坡自兰溪市洞源至区境九龙长9千米，预测储量2亿吨。九龙、玲珑岩等处探明储量近5000万吨。

建筑石材 分布广，开采点多，重点分布在雅畈镇。采石层位主要为上侏罗纪西山头组熔结凝灰岩，石材质量以雅畈镇南干、铜山一带为最佳，常用于路基、房基或铁路道砟制作碎石等工程建筑。

建筑沙砾 分布甚广，主要分布在洋埠、琅琊、安地、汤溪、白龙桥镇等地的衢江、金华江、武义江、厚大溪、梅溪和白沙溪之低河漫滩或河床浅滩上，经大量开采之后，日益枯竭。

沸石、珍珠岩 分布在岭上乡黄岩孔一带，矿区范围达30平方千米，含丝光沸石和斜发沸石，矿化有5个层位，以第二层较佳(西山头组顶部)。矿层厚度10~50米，一般20~30米，吸钾量5.95~15.5毫克/克，吸铵量54%~186.2%毫克当量/100毫克，折合丝光沸石48%。沸石常伴珍珠岩，但膨胀系数较低。目前沸石与珍珠岩矿在小规模开发利用。

萤石 主要分布在安地镇喻斯、凤凰山，琅琊镇大岩和汤溪镇厚大一带。汤溪镇里金坞萤石矿(即金华县砩矿、双峰砩矿)，探明储量103万吨，深部控制长700米，均厚度4.37米，平均品位60.38%。70年代开始，陆续开采至2004年2月发生塌陷事故后，即予封井，结束采掘。琅琊镇大岩、安地镇凤凰山、于山垅、竹坞、荣坑、麻车、白峰、岩石背、枇杷弯、横栏下等10处小型矿山，除大岩砩矿、凤凰山砩矿超过10万吨外，其余矿点储量一般在3万~5万吨之间，安地镇所有萤石矿点于2006年结束采掘。雅畈下店、团盘岭，安地郑宅发现有萤石矿点。经多年开采，萤石资源已所剩无几。砖瓦用页岩 分布在白龙桥、蒋堂、汤溪镇一带，储量丰富。

花岗岩 分布于南部沙畈乡、塔石乡一带，沙畈乡芝肚坑花岗岩矿于20世纪80年代做过勘查，当地曾作小规模开采。

【土地资源】婺城区山地丘陵地质构造复杂，地层岩性多样，岩石种类繁多。主要成土母质有白垩纪方岩组的暗紫砂页岩、紫红砂页岩、砾岩、砂岩、石灰岩、第四纪的红色黏土、侏罗纪的凝灰岩、流纹岩及燕山运动晚期的花岗岩、花岗斑岩等。山地土壤分成红壤、黄壤、石灰岩土、紫色土4个土类、9个亚类、18个土属、43个土种。4大土壤中红壤占63%，黄壤占20%，紫色土占15%，石灰岩土占2%。红黄壤具有粘、酸、瘦等主要肥力特征，旱季保水性差，不适于作物高产，主要适于种植茶、竹、果等经济特产及玉米、甘薯等旱粮作物。

全区土地面积1391.24平方千米，耕地面积29948.19公顷，园地7120.07公顷，林地74365.72公顷，草地561.37公顷，城镇村及工矿用地14688.80公顷，交通运输用地3459.07公顷，水域及水利设施用地7349.84公顷，其他土地1630.86公顷。

其中，全区国家所有土地17848.03公顷，集体所有土地121275.89公顷,与年初面积相比,国家所有土地增加97.92公顷,集体所有土地减少97.92公顷。

【生物资源】 婺城区生物资源丰富,气候温暖,适宜各种动植物生存。

植物资源 婺城区境属亚热带常绿阔叶林植被地带,按海拔可划分四类:海拔400米以下以马尾松和常绿阔叶林为主,主要由松、杉、茶、果等人工栽培树种和次生灌丛组成;海拔400~800米,以常绿阔叶林和杉木林、竹林为主,主要树种有:松、杉、青岗、木荷、白砾、苦槠、石砾、枫香、浙江楠、大叶榆、牛筋树等;海拔800~1000米,以常绿落叶混交林和落叶阔叶林为主,主要树种有:黄山松、柳杉、白砾、茅栗、化香、冬青、石楠、三尖杉、红花油茶等;海拔1000米以上以灌丛、草丛为主。

全区植被类型分阔叶林、针叶林、灌丛、草丛4个植被型组;常绿阔叶林、竹林、暖性针叶林、温性针叶林、常绿混交林、落叶混交林、落叶阔叶林、灌木林、草丛9个植被型和18个群系。植物种类有161科1500多种,其中森林树种83科439种,毛竹8属34种2变种2变型,草本植物约70科300余种,农作物品种资源800余种。

婺城区植物资源丰富,不计常年栽培的粮、棉、油、茶、果和野生的藻、菌、蕨、苔藓、地衣等种类在内的主要植物有148科761种,其中裸子植物门9科44种;被子植物门139科833种,其中双子叶植物纲113科761种,单子叶植物纲26科166种。有常见野生蔬菜39科68种。列为国家和省级重点保护的,有南方红豆杉、银杏、金钱松、竹柏、福建柏、鹅掌楸、香果树、浙江楠、半枫落、榉树树敌、花榈木、半枫荷、天竺桂、杜仲、凹叶厚朴、青檀、珙桐、短穗竹等近20种。东方红林场被列为浙江省“油桐育种程序系列研究”项目试验基地。

动物资源 区境内动物资源计92科340种。其中无脊椎动物5科35种;脊椎动物中鱼类11科42种,两栖类6科18种,爬行类8科27种,鸟类40科137种,兽类22科81种。列为国家一级野生保护动物有云豹、豹、黑麂、白颈长尾雉(鸟类)等4种。国家二级野生保护动物有猕猴、穿山甲、豺、水獭、、小灵猫、原猫、鬣羚(以上兽类),鸳鸯、鸢、赤腹鹰、雀鹰、松雀鹰、红隼、领鸺鹠、斑头鸺鹠、草鸮、短耳鸮、白鹇(以上鸟类),虎纹蛙(两栖类)等20种。列为国家三类保护动物的,有虎纹蛙、鸢、苍鹰、赤腹鹰、松雀鹰、普通、毛脚、勺鸡、灰鹤、草鸮(猴面鹰)、周鸟鸮(猫头鹰)、黑熊、大灵猫、狸猫等。省级重点保护动物有狐、狼、貉、豹猫、鼬、獾、食蟹蟹、豪猪、毛冠鹿(以上兽类),凤头　　、中白鹭、白鹭、夜鹭、四声杜鹃、大杜鹃、小杜鹃、姬啄木鸟、黑枕绿啄木鸟、斑啄木鸟、星头啄木鸟、三宝鸟、虎纹伯劳、牛头伯劳、红尾伯劳、棕背伯劳、红嘴蓝鹊、喜鹊、松鹊、黑枕黄鹂(以上鸟类),眼镜蛇、五步蛇、滑鼠蛇、黑眉锦蛇、平胸龟(以上爬行类)等33种。省级一般保护动物区境内普遍分布,其中兽类有32种:刺猬、花面狸、黄鼬、黄腹鼬、狗獾、猪獾、华南兔、野猪、小鹿及翼手目所有种(23种)。鸟类:国家及省重点保护以外的所有鸟类均作为一般保护动物。爬行类有14种:王锦蛇、乌梢蛇、劲棱蛇、紫灰锦蛇、灰鼠蛇、水赤链游蛇、赤链蛇、玉斑锦蛇、银环蛇、蝮蛇、烙铁头、乌龟、黄睺水龟、缘闭壳龟。两栖类有2种:棘胸蛙和大蟾蜍。

列为国家二类保护动物的有大鲵(娃娃鱼)、鸳鸯、白鹇、猕猴、穿山甲、棕熊、水獭、金猫、毛冠鹿(乌獐)。畜牧业历史悠久,主要畜禽种类有猪、牛、羊、兔、鸡、鸭、鹅及蜂等。金华两头乌为地方优质品种。主要经济鱼类有青鱼、草鱼、鲢鱼、鳙鱼、鲤鱼、鲫鱼、鲴鱼、鳜鱼、鳇鱼、长春鳊、三角鲂、团头鲂、泥鳅、黄鳝和鲶鱼等30多种上。

【旅游资源】 全区拥有国家AAAA级旅游景区1个,AAA级旅游景区1个,AA级旅游景区1个,国家级重点风景名胜区1个,省级旅游度假区1个,市级风景名胜区1个,省特色旅游村7个,省旅游特色经营点1个。区属旅行社6家,星级宾馆4家。

全区有全国重点文物保护单位4个:太平天国侍王府、天宁寺、法隆寺经幢和铁店窑遗址群;省级重点文物保护单位18个:八咏楼、汤溪城隍庙、金华府城隍庙、鹿田书院、七家厅、陈村桥、滕氏宗祠、汉灶窑址、白沙堰、石楠塘徐氏宗祠、寺平村乡土建筑、永康考寓、金华通济桥、宏济桥码头、方梅生故居、北山摩崖题记、邵飘萍旧居、台湾义勇队旧址;县(市)级文物保护单位48处,市级文物保护点112

处,登录点719处。（朱睦钧）

组织机构及负责人名单

中国共产党金华市婺城区委员会

书　记　陈　晓(～2014.11)
　　　　王　健(2014.11～)
副书记　王　健(～2014.11)
　　　　傅显明
常　委　申瑞龙　贾献成　何海彬
　　　　朱利群(女)
　　　　吕会民(～2014.11)
　　　　丰炳春(2014.11～)
　　　　蒋献忠　徐劲松　杜建明
　　　　吕　贤　李小庆(2014.07～)
　　　　唐学兵(2014.07～)
　　　　张旭辉(～2014.10)
　　　　邵永华(～2014.05)
委　员(按姓氏笔画排序)
　　　　王金生(～2014.07)
　　　　方永富(～2014.10)
　　　　卢颐丰(～2014.04)
　　　　朱立工　严小俊(女)　吴见孙
　　　　吴志军　吴国建　沈兆春
　　　　张永伟　张菲菲(女)　陈旭日
　　　　陈凯进　罗政海
　　　　金发根(～2014.04)　郑松有
　　　　钟春宏(畲)　施素珍(女)
　　　　倪玉奎　徐洪彬　曹　斌
　　　　盛奇兵　舒理成　傅水林
　　　　傅得樟　鲍昌顺(～2014.01)
候补委员　姜雍禄　杜金龙
　　　　汤云飞(女)

区委工作部门

办公室
主　任　盛奇兵

组织部
部　长　吕　贤

宣传部
部　长　蒋献忠

文明办
主　任　徐建陆

统战部
部　长　曹　斌

侨　办
主　任　汪爱春(女)

民宗局
局　长　胡　云

政法委
书　记　傅显明

政法委办
主　任　何　玮

综治委办
主　任　朱菊香(女)

维稳办
主　任　徐志成

老干局
局　长　郑慧光

关工委
主　任　黄海根

保密局
局　长　洪一政

区委、区政府信访局
局　长　金跃园

农业和农村工作办公室
主　任　倪玉奎

台湾工作办公室
主　任　戴红茹(女)

区直属机关工作委员会
书　记　钟春宏

区委两新工委
书　记　姜德进

《今日婺城》报
总　编　李　英

党史研究室
主　任　柯建洲

中国共产党金华市婺城区纪律检查委员会

书　记　何海彬
副书记　范跃成
常　委　楼国伟　洪国胜
　　　　俞玉园(女)　宋永党
委　员　王伟文　王会星　方顺彩
　　　　石柏校　李　刚　李　唯
　　　　金跃园　徐建陆　黄东泳
　　　　曹云霞　章旭升　蒋巧青

监察局
局　长　杜建明(～2014.03)
　　　　范跃成(2014.03～)

金华市婺城区人民代表大会常务委员会

主　任　张菲菲(女)
副主任　许光明　朱志龙(～2014.05)
　　　　诸晓东　王国平(女)　邱开祥
　　　　王喜军　盛奇兵
委　员(按姓氏笔画排序)
　　　　王少华　王世梅(女)
　　　　方永林(～2014.11)　吕炳祥
　　　　杨建中(～2014.11)　李庆跃
　　　　李跃松(～2014.07)　周卫中
　　　　郑以声　胡小英(女)　胡金泽
　　　　钟春宏　夏美丝(女)　唐　瑾
　　　　葛炳灶　傅学群　潘　刚
　　　　潘启桂

办公室
主　任　王少华

法工委
主　任　吕炳祥

财经工委
主　任　唐　瑾

农经工委
主　任　郑以声

教科文卫民侨工委
主　任　傅学群(～2014.09)
　　　　俞文伟(2014.09～)

城建环保工委
主　任　杨建中(～2014.09)
　　　　吴建林(2014.09～)

代表工委
主　任　方永林(～2014.09)
　　　　傅学群(2014.09～)

婺城区人民法院
院　长　张永伟

婺城区人民检察院
检察长　徐洪彬

婺城区人民武装部
政　委　叶青松
部　长　徐劲松

金华市婺城区人民政府

区　长　王　健
副区长　朱利群(女)
李小庆(2014.07～)
邵永华(～2014.05)
卢颐丰(～2014.04)
王金生(～2014.07)
方锦瑞
孔月明(挂职 ～2014.09)
查志强　王建良
朱立工(2014.07～)
唐学兵(挂职2014.07～)
李　唯(2014.11～)
达　珍(女 挂职 ～2014.04)

区政府工作部门

办公室
主　任　吴志军

区法制办
主　任　黄　坚

区外事办
主　任　缪明余

区应急办
主　任　黄晓华(～2014.03)
陈蔚飞(2014.03～)

区流管办
主　任　郑元强(2014.09～)

区机关事务管理局(办)
局长(主任)　周文虎

区城管办
主　任　袁俊平

区招商局(经济合作办)
局　长　王会星

区行政服务中心
主　任　姜雍禄

区发展和改革局
局　长　郑松有

区统计局
局　长　季跃生(～2014.09)
陶　迅(2014.09～)

区物价局
局　长　刘根泉

区项目前期办
主　任　郭文群

区经济商务局
局　长　施群毅

区信息产业办
主　任　胡霞亮

区教育局
局　长　李　唯(女)
区文体局
局　长　郭梓军

区卫生局

局　长　　钱学华

区科技局
局　长　　杨春华（～2014.03）
　　　　　方剑平（2014.03～）

区民政局
局　长　　李志友（～2014.06）
　　　　　邵福龙（2014.06～）

区财政局
局　长　　傅得樟

区司法局
局　长　　章锦新

区人劳社保局
局　长　　章旭升

区编办
主　任　　雷可扬

区城建局
局　长　　吴建林（～2014.09）
　　　　　何　宪（2014.09～）

区交通局
局　长　　陈凯进

区农林局
局　长　　陈维良

区水务局
局　长　　吴国建

区人口和计生局
局　长　　盛桂华

区审计局
局　长　　傅水林

区安全生产监督管理局
局　长　　俞文伟（～2014.09）
　　　　　石柏校（2014.09～ ）

区市场监督管理局
局　长　　张　健（2014.06～ ）

区食品药品监督管理局
局　长　　邵福龙（～2014.06）
　　　　　张　健（2014.06～ ）

区供销社
主　任　　徐乘胜

婺城公安分局
局　长　　吕会民（～2014.11）
　　　　　丰炳春（2014.11～）
政　委　　毛秋洌

区风景旅游管理局
局　长　洪樟明

垂直管理部门

市国土资源局婺城分局
局　长　　李晓峰

市规划局婺城分局
局　长　　周德康

市环境保护局婺城分局
局　长　　马小忠

市工商行政管理局婺城分局
局　长　　张　健
市质量技术监督局婺城分局
局　长　　贾仁秋

市国家税务局婺城分局
局　长　　胡红平

市地方税务局江北分局
局　长　　程晓明

市地方税务局江南分局
局　长　　杨雨虹(女)

市地方税务局汤溪分局
局　长　　施黔江

市城市管理行政执法局婺城分局
局　长　　蒋震中

市住房公积金管理中心婺城管理部
主　任　　张希玲(女)

中国人民政治协商会议金华市婺城区委员会

主　席　　施素珍(女)
副主席　　邢水成　曹　斌
　　　　　周春然　吴月华(女)
　　　　　张琳鑫　楼存根
秘书长　　王金宝
常　委(按姓氏笔画排序)
　　　　　丁美国　丁晓伟　万秀兰(女)
　　　　　丰献平　王文明　王和源
　　　　　王春燕(女)　孔爱华(女)
　　　　　叶　倩(女)　刘　央(女)
　　　　　严亮奇　严振江　苏兵红
　　　　　吴　晓　应堂亮　张　晟
　　　　　张太木　陈　波　陈趋源
　　　　　范锋鑫　周国忠　郑池爱(女)
　　　　　郑荣光　郑艳球(女)
　　　　　宗红艳(女)　唐金花(女)
　　　　　盛基伟　徐建忠　缪雪荣
　　　　　郭晓雁(女～2014.07)
　　　　　蔡祖华　戴美英(女)

办公室
主　任　　丁美国

专工委办
主　任　　苏兵红

提案委员会
主　任　　郭晓雁(女～2014.07)

经济与科技委员会
主　任　　盛基伟

社会法治与港澳台侨委员会
主　任　　杜建明(～2014.01)
　　　　　严亮奇(2014.01～)

教育文化卫生体育与文史资料委员会
主　任　　沈根新

城乡建设管理与生态环境保护委员会
主　任　　倪玉奎

民主党派和工商联

中国国民党革命委员会金华市委员会婺城区总支
主　委　　胡达之(～2014.11)
　　　　　缪雪荣(2014.11～)

中国民主同盟金华市委员会婺城区总支
主　委　　郑艳球(女)

中国民主建国会金华市委员会婺城区总支
主　委　　雷永金

中国民主促进会金华市委员会婺城区总支
主　委　　张琳鑫
中国农工民主党金华市委员会婺城区总支
主　委　　郑池爱(女)

九三学社金华市婺城区基层委员会
主　委　　应堂亮

金华市婺城区工商联

主　席　　盛基伟

群众团体

区总工会

主　席　　周春然

团区委

书　记　　胡小英(女)

区妇联

主　席　　汤云飞(女)

区文联

主　席　　陈锦章(~2014.12)
　　　　　　沈根新(2014.12 ~)

区残联

理事长　　王世梅(女 ~2014.03)
　　　　　　洪健康(2014.03 ~)

区科协

主　席　　洪健康(~2014.03)

区红十字会

会　长　　徐　康

园　区

婺城新城区管委会

主　任　　蒋献忠

浙江金西经济开发区党工委、管委会

书　记　　陈　晓(~2014.10)

主　任　　张旭辉(~2014.10)

金华双龙风景旅游区管委会

书　记　　陈　晓(~2014.11)

主　任　　徐祝成

金华仙源湖旅游度假区党工委、管委会

书　记　　贾献成

主　任　　贾献成

浙中信息产业园管委会

主　任　　王建良

乡镇　街道

罗店镇

书　记　　陈旭日

镇　长　　王志勇(~2014.10)
　　　　　　江卫锋(2014.10 ~)

乾西乡

书　记　　戴忠余

乡　长　　赵建新

竹马乡

书　记　　陈小华

乡　长　　吴祝芳

雅畈镇

书　记　　陈柏清

镇　长　　程增发

安地镇

书　记　　方剑平(~2014.03)
　　　　　　刘寿松(2014.05 ~)

镇　长　　刘寿松(~2014.06)
　　　　　　聂跃兵(2014.06 ~)

白龙桥镇

书　记　　吴见孙(~2014.12)
　　　　　　范锋鑫(2014.12 ~)

镇　长　　包纯正

琅琊镇

书　记　　严小俊(女 ~2014.01)
　　　　　　倪永洪(2014.05 ~)

镇　长　倪永洪(～2014.06)
　　　　瘳天桂(2014.06～)

蒋堂镇
书　记　何　宪(～2014.08)
　　　　唐剑刚(2014.08～)
镇　长　唐剑刚(兼)

汤溪镇
书　记　罗政海
镇　长　赵锡生

罗埠镇
书　记　陈伟明
镇　长　邵天加

洋埠镇
书　记　沃建滨
镇　长　陈威虎(～2014.02)
　　　　范亚平(2014.02～)

长山乡
书　记　方向正
乡　长　陈　强

沙畈乡
书　记　郭凌燕(女)
乡　长　江少华

塔石乡
书　记　沈剑峰
乡　长　方建东

岭上乡
书　记　倪红卫(～2014.03)
　　　　陈　英(女2014.05～)
乡　长　陈　英(女 兼)

莘畈乡
书　记　朱立工(～2014.08)
　　　　王志勇(2014.08～)
乡　长　陈丽萍(女)

箬阳乡
书　记　金卫忠
乡　长　陶顺法(～2014.03)
　　　　钱红伟(2014.07～)

城东街道
书　记　程继军
主　任　徐　彪

城西街道
书　记　沈兆春
主　任　金建成

城中街道
书　记　赵建洪
主　任　张时达

城北街道
书　记　舒理成
主　任　陈蔚飞(～2014.03)
　　　　黄晓华(2014.03～)

新狮街道
书　记　朱建明(～2014.03)
　　　　倪红卫(2014.03～)
主　任　陶　迅(～2014.08)
　　　　姜建军(2014.08～)

江南街道
书　记　钱存革(2014.04～06)
　　　　唐　军(2014.07～)
主　任　唐　军(～2014.11)
　　　　朱　明(2014.11～)

三江街道
书　记　蔡于群(女)
主　任　金重东(～2014.02)

李永文（～2014.02～）

西关街道

书　记　肖利民（～2014.02）
　　　　沃建滨（2014.02～ ）

主　任　陈万春（～2014.10）
　　　　李万柳（2014.10～ ）

秋滨街道

书　记　黄彩虹（女）

主　任　马福彬（～2014.02）
　　　　何文龙（2014.02～ ）

苏孟乡

书　记　包上京（～2014.02）
　　　　朱华锋（2014.02～ ）

乡　长　朱华锋（～2014.02）
　　　　葛光庆（2014.02～ ）

金融　保险

中国银行金华市婺城支行

行　长　陈　果

中国工商银行金华市婺城支行

行　长　楼雪君（女）

中国农业银行金华市婺城支行

行　长　夏昌宾（～2014.11）
　　　　斯晶虹（2014.11～ ）

中国建设银行金华市婺城支行

行　长　陈志国

金华银行婺城支行

行　长　许炳林（～2014.04）
　　　　金宏纲（2014.04～ ）

浙江金华成泰农村合作银行婺城支行

行　长　张卫军

中国人保金华市婺城支公司

经　理　方　凯

中国人寿金华分公司团体业务部

经　理　陈永建（～2014.08）
　　　　沈锦东（2014.08～）

万通小额贷款有限公司

总经理　朱智群（～2014.09）
　　　　朱小昌（2014.09～）

丰银小额贷款有限公司

总经理　傅秀娟（女）

供电　电信　移动通信

婺城供电局客服中心

主　任　陈吉奂

中国电信金华分公司婺城分局

局　长　张　斌

中国移动婺城分公司

总经理　贾丽娟（女）

中国共产党金华市婺城区委员会

综　述

2014年以来，中共金华市婺城区委坚持以开展党的群众路线教育实践活动为主线，学习贯彻习近平总书记系列重要讲话精神，全面落实中央、省市各项决策部署，实施“三个提升年”活动，全区经济社会平稳发展。全年实现地区生产总值232.1亿元，同比增长7%；固定资产投资89.3亿元，同比增长15%；社会消费品零售总额266.6亿元，同比增长10.1%；出口8.4亿美元，同比增长15.6%；区级财政总收入7.7亿元，同比增长9.3%；城镇居民、农民人均收入分别为38318元、16366元，同比分别增长9%、10.8%。

【党的群众路线教育实践活动】 按照中央和省、市委统一部署，全区各级党组织以“正风提效抓执行、干事创业惠民生”为载体，以“五个坚持”为基本要求，高标准高质量推进教育实践活动，达到了预期目标。坚持率先垂范，区委常委会认真践行“六个带头”承诺，既将教育实践活动紧紧抓在手中，又将压力和责任传导至各级党组织。坚持教育先行，突出理想信念教育，开展“三思四问”“三严三实”“四个扪心自问”“坚定理想信念、敢于担当克难”和“守规矩”等学习教育活动，学习弘扬焦裕禄、陈双田精神，开展“发现身边典型、学习闪光言行”系列活动，做到以学促知、以学促进、以学促改。坚持固本强基，打通联系服务群众“最后一千米”，开展区级领导“九个一”联系活动，广大党员开展“联系不漏户、户户见干部”“微系列”服务等活动，推进“十项整治”和“八项行动”。坚持开门整风，召开高质量民主生活会，恢复和发扬批评和自我批评优良传统，查摆问题深挖根源，谈心交心敞开心扉，相互批评触及痛处，达到红脸、出汗、加油、鼓劲的作用。坚持从严从实，采取“三步整改法”，建立“立改清单”，出台11项全区性规章制度，“四风”问题治理取得显著成效，得到省委赴市、区督导组的肯定。

【转型升级】 坚持把全面深化改革与稳定经济增长、调优产业结构、加快转型升级结合起来，打好转型升级“组合拳”。以主要流域和农村污水治理、畜牧业养殖整治等为重点，推进“五水共治”工作。沙金兰水源涵养功能区水质保持在Ⅱ类标准以上，垃圾河基本消灭，黑臭河得到有效治理，各考核交接断面水质总体优秀。关停、拆除畜禽养殖场2234家，处置家畜13.9万头。基本完成138个村农村污水治理。乾西乡长湖治理成为全省治水样板。以专项行动为载体，以卫片执法和“六先拆”、“八必拆”为抓手，强势推进“三改一拆”。全年拆除违法建筑107.7万平方米，改造旧厂区、旧住宅区、城中村93.8万平方米。依法拆除远大物流及停车场、罗店镇里宅村别墅群、高速公路及国道沿线非法广告牌等一大批群众反响强烈的违法建筑，得到社会各界的好评。以提升发展质效为方向，全面推进深化改革、扩大有效投资、创新驱动、“四换三名”“四破”整治等重点工作。深化行政审批制度改革，行政许可和非行政许可减少102项、审批环节减少340个，“四张清单一张网”初步建成，区级权力清单和责任清单全面公开。整合组建区市场监管局，完成纪检监察派驻(出)体制改革。农村“三权”制度改革扎实推进，农村居家养老模式全面推广，教育、文化、卫生体制改革不断深化。强力开展攻坚克难行动，尖峰山高尚生活休闲区坟墓搬迁、杭长客专房屋征迁扫尾、“两管”征迁政策处理、杭金衢高速公路拓宽改造工程征迁等一批难题全面攻克。重点项目顺利建设，全年省、市和省“411”重点项目均完成投资计划，实际到位内资16亿元，利用外资1043万美元。收回土地30.03公顷，盘活81.55公顷，消化批而未供土地34.35公顷，处置低小散企业13家。完成“个转企”135家、“小上规”13家。规模以上企业产值153.7亿元，实现利润7.4亿元，同比增长3.6%，七大特色产业有六个实现盈利。浙中信息产业园入园企业达180家，交易额30亿元，合丰、云安阁、电信云计算金华分中心等项目开工建设。农业“两区”建设扎实推进，新建设粮食生产功能区16个、现代农业精品园4个，蒋堂奶牛、琅琊红豆杉和油茶被列为省级园区精品园。全区来料加工经纪人629名，发放加工费3.7亿元。乡村农家乐旅游持续升温，全年接待游客总人数、旅游总收入分别增长12%、19%。

【区域发展】坚持规划引领、突出项目建设，始终把重点区块建设作为婺城发展的主平台来推进。老城区以“精品城市”建设为方向，加强“数字城管”工作力度，城市品位进一步提升。推进二七区块改造，房屋征收签约等工作扎实推进。路网格局不断优化，杭长高铁、金兰中线城际公交正式开通，二环路跨沪昆公铁立交桥半幅建成通车，宾虹西路拓宽改造工程基本完工，330国道改建、衢江航运、汤莘公路、东市街北延等建设工程顺利推进。婺城新城区产城联动发展取得实效，项目建设加快推进，城市功能不断完善。新建续建工业项目37个、商业服务业项目12个、公建项目9个、基础配套设施项目25个，开发楼盘13个，结顶商品房20万平方米。浙中乐园、伟达·雷迪森广场酒店投入运营；婺州城市广场二期、尚格酒店、新宇宏腾生活广场、巨龙腾达湾、城北邻里中心基本完工；金华银行婺城支行、公安应急指挥中心等项目主体建设过半；区第二人民医院迁建一期工程、荣光国际学校、婺州外国语学校开工建设。双龙风景区《黄大仙景区控制性详细规划》通过住建部审批，罗店千年风情小镇完成规划设计。景区基础配套不断完善，景区管理和经营秩序进一步规范，旅游品牌影响力得到提升。成功举办“2014·金华山国际黄大仙故里游暨旅游文化周”“双龙之春”“双龙之夏”等主题活动和智者寺祈福盛典。仙源湖省级旅游度假区40.6平方千米扩建可研报告通过省级审查论证，安地老镇区控制性详规编制加快推进。仙草苑养生文化园、动物园嘉年华建成营业，桂语山庄主体工程结顶，金华市水上运动中心、喜曼安地度假酒店等项目扎实推进。

【民生事业】坚持以人为本、民生优先，不断提升人民群众生活品质和幸福感。美丽乡村建设深入推进，琅琊镇成功创建“国家级生态乡镇”，建成精品村6个、秀美村10个、洁美村81个，全面推开农村生活垃圾分类减量化工作。山塘水库除险加固、金华江堤防加固、白沙溪中小河流域治理、农村饮用水改造、“乌引”节水配套等工程基本完成年度任务。山区扶贫工作扎实推进，顺利完成乾西移民新村三期安置工作，蒋堂移民新村首期安置房开工建设。全面完成43所学校硬件改造，省级标准化学校创建稳步推进，成功创建全国义务教育均衡区。社会就业、保障和救助体系进一步健全，建成农村居家养老服务照料中心124家、农村社区服务中心42个，被省委、省政府命名为省级双拥模范区。发挥意识形态工作在思想引领、舆论推动、精神激励方面的重要作用，“婺城发布”平台建设取得实效，“草根奖”评选等活动深入人心，网络舆论监管不断加强。文体事业更加繁荣，建成农村文化礼堂30家，成功举办第五届“激情婺城”文化艺术系列活动，竞技体育和群众健身活动广泛开展。“单独二孩”政策落地实施。完成第三次经济普查和基本侨情调查。全面深化“法治婺城”“平安婺城”建设，实现平安婺城九连冠。妇女儿童、外事侨务、档案、残疾人、地方志、红十字会、老龄、关心下一代、慈善等社会各项事业都取得了新成绩。

【党建工作】落实从严治党各项部署，围绕中心工作谋划、部署、考核党建工作。继续推进“狮子型”干部和“老黄牛型”干部队伍建设，立足重点一线培养考察干部，抽调全区机关部门、乡镇街道、社区等800多名老中青干部参与二七区块房屋征收工作，集中选派307名善治水、善拆违、善征迁的科局级领导干部参与“五水共治”“三改一拆”“四破”整治等攻坚克难工作，一批优秀干部被优先提拔和转任重要岗位。继续深化基层党组织“五星争创”活动，完成21个软弱涣散村基层党组织整顿工作，并在浙江电视台《党建好声音》栏目进行了专题报道。不断提升农村主职干部“双强双带”能力，组织村(社区)主职干部进行集中轮训，开展村级组织换届“回头看”活动，对工作不力干部启动辞职程序，督促履职尽责。按照村情实际，推行一村一策，加强村级组织活动场所建设，统筹抓好“红色阵地”。抓好“两新”党建工作，开展村企联建治水工程，建立28对“村企联建治水项目”。继续加强人才工作，入选国家、省“千人计划”各1名，“双龙计划”人才项目3个。落实党风廉政建设党委主体责任和纪委监督责任，严明党的政治纪律和组织纪律，加强领导干部经济责任审计，加大正风肃纪和案件查办力度，处分违反工作纪律人员121名，移送司法机关12人。

【区委常委会议】 全年召开区委常委会23次(含扩大会议)。每次讨论若干议题，其中传达、学习中央、省委、市委有关会议或文件精神19次(1次即1个议题，下同)，研究讨论区委常委会工作、区委全会工作3次，区人大、政府、政协工作4次，群众路线教育实践活动专题6次，党建工作3次，纪检监察工作4次，组织人事工作13次，政法工作2次，宣传、统战工作2次，社会建设与管理工作4次，平安建设、信访维稳工作3次，财政工作3次，科技、教育、文化、卫生工作5次，管理体制机制调整优化工作3次，评选先进工作4次，重点项目推进4次，二七新村区块旧城改造工作专题4次，其他专题工作5次。其主要内容有：讨论通过《关于落实基层干部关爱政策，改善乡镇(街道)干部待遇暂行办法》、《金华市婺城区建立健全惩治和预防腐败体系2013-2017年实施方案》《中共金华市婺城区委关于建设美丽婺城创造美好生活的决定(讨论稿)》《中共金华市婺城区委常委班子党的群众路线教育实践活动整改方案》《关于婺城区城中村改造实施细则(试行)送审稿》《关于深入实施“党群连心桥”工程，加强基层服务型党组织建设的意见》等文件；研究区人大、政协“两会”有关工作报告；部署学习弘扬焦裕禄精神，践行“三严三实”要求有关工作；部署群众路线教育实践活动有关工作；研究关于工商、质监体制调整和食品药品监管体制改革实施方案；研究讨论婺城经济社会发展重大事项；讨论决定各项工作考核办法和各类先进评比；讨论决定人事任免；研究有关案件等。

【文字综合工作】 着眼于区委决策需要，围绕全区经济社会发展中的重大问题、群众关注的热点难点问题，不断提高对领导意图的解析能力、对上情下情的把握能力和对文字运用的驾驭能力，高质量、高效率完成领导讲话、会议材料等文稿的起草和审定任务，为区委领导决策提供有价值的意见和建议，提升“以文辅政”水平。先后统筹起草领导讲话、工作报告等文稿120多万字，起草各类文件、通知、会议纪要等综合性材料200多份，并撰写领导署名文章10余篇，使区委的工作思路、措施、要求得到及时有效的体现。

(朱德勤)

区委办工作

【概述】 区委办公室贯彻落实科学发展观，围绕中心工作，履行“参与政务、管理事务、搞好服务、协调联系”的职能，坚持“务实、高效、勤奋、廉洁”的作风，当好参谋助手，加强沟通协调，严格督查落实，内强素质，外树形象，办公室整体工作水平得到进一步提升，较好地完成了全年各项工作任务。

围绕中心工作，当好参谋助手，服务能力进一步提高。注重调查研究，全面强化理论支撑。围绕婺城发展战略，强化服务领导、服务基层、服务群众职能，着眼于领导关注、群众关心的热点难点问题，加强调查研究，发表多篇调研文章，为科学决策提供参谋。注重沟通协调。以服务平台建设为重点，履行综合协调职能，加强沟通和协调，做好上情下达、下情上传和横向交流工作，全面、及时、准确地掌握各项工作动态，督促各方面落实。注重规范严谨，精心办好文件、会议。在文件制发的程序和责任上把关严格，确保行文的正确性和严肃性。

着力优化服务，狠抓工作落实，工作效能进一步提升。根据区委、区政府重点工作部署，精心安排各类计划。重点抓好重大会议、重大活动和重大项目的服务工作，精心组织议程、材料、方案，保障工作顺利开展。紧扣人民群众生产、生活中的困难，加强沟通协调，推动难题化解。围绕目标任务抓督查。突出加强对区委工作目标治理、重大决策部署、重要事项的检查，确保政令畅通。

加强后勤保障，提高服务效率，服务水平进一步提高。规范开展接待服务，严格制度执行，细化工作流程，进一步规范了接待服务工作。加强政务接待程序化、标准化建设，从严控制接待支出。科学高效做好后勤保障。将管人、管物、管事有机统一起来，做到责任分解，落实到人。抓全面保重点，把服务领导和服务机关有机统一起来，提高办公用品的使用效率。抓制度重管理，科学严谨安排好工作计划，规范审批流程，确保后勤工作“杂而不散、忙而不乱”。

加强队伍建设，强化机关治理，廉政建设进一步加强。坚持“集体领导、民主集中、个别酝酿、会议决定”的原则，贯彻落实民主集中制，充分发扬民主，加强班子团结。加强班子执行能力，贯彻落实好路线、方针、政策，成为贯彻上级决策部署的坚强实践者、推动者。不断完善政治学习、理论学习和党风廉政学习制度，抓好集体学习和个人自学，千方百计为干部职工学习创造条件。推动办公室干部职工下基层、进企业，开展调研服务工作，在活动中锻炼队伍、塑造形象、转变作风。加强党风廉政建设，切实保障清正廉洁，经常开展党风廉政建设学习教育活动，组织学习相关文件和会议精神，提高干部职工的思想认识和纪律观念。围绕党风廉政建设责任制考核任务目标，建立“四化”廉政风险防控机制，查找个人廉政风险点，罗列权力清单，经常性开展对重点岗位和重点环节的监督检查，确保权力得到有效的监督和制约。

（朱德勤）

【秘书工作】发扬敬业为重、无私奉献的精神，围绕区委中心工作，强化服务责任意识，发挥参谋助手作用。系统高效地做好会务工作。坚持细致、严密、高效、得体的工作态度，按照主要领导和分管领导的安排部署，做好每一次会务工作。下发通知做到高效、及时，确保把通知发放到每一位参会人员，要求各单位按时上报参会人员名单，并把参会情况及时报给领导。全年办理各种大小会务220余场，下发大小通知360余次。秘书科是窗口科室，对所有来宾和来访人员做到礼貌热情，根据具体情况与相关领导和单位联系。对一些突发的上访事件，坚持顾全大局，耐心细致地劝解上访人员，并及时向领导反映情况，有效地防止了矛盾的激化。办理好传真的上传下达工作，本着高效、准确的工作态度，及时把传真交予领导阅办，严格按照领导批示要求办理，处理各类批示件300余件。同时，做好传真的分类和保存，及时填写传真办理情况登记表，以便领导查阅。全年办理各项传真1100余件，做到高效快速地上传下达。

（施永红）

【值班工作】区委、区政府总值班室是区委、区政府承上启下、平衡左右、沟通内外协调机关部门和乡镇街道运转枢纽，做好值班工作是确保政令通畅，信息及时传送，工作正常运转的重要环节。区委、区政府总值班室围绕区委中心工作，牢固树立“值班室工作无小事”的思想观念，按照值班制度工作要求，做到值班工作人员24小时在岗在位，认真填写值班记录，及时做好各种信息的上传下达，确保信息往来畅通无阻。特别是针对区内发生的重大或突发事件，值班人员及时掌握事件发生的时间、地点、事由、经过、事件发生的伤亡情况或损害程度、即时状况等信息，严格按照值班工作程序做好紧急事件的上报、传达工作。协助领导处置紧急、突发事件，尤其是非工作时间的紧急情况和信息的处理。做好区委重要会议的通知等有关会务工作，值班人员恪尽职守，做好信息的报送和有关事件的处理。工作认真细致，力求不出差错，使区区政府值班室的“窗口”更加亮丽，信息往来更加畅通无阻、上传下达更加无误快捷。

（洪志生）

【信息工作】紧贴区委中心工作，围绕改革、发展、稳定的大局，关注社会反映的热点、难点和焦点问题，及时、准确、全面地收集、选编各类信息，信息服务质量有新提高，做到“上情下达、下情上报”，为领导决策发挥积极作用。婺城区委办公室荣获2014年度全省、全市党委系统信息工作先进单位。

实行全区办信息制度，制订《婺城区2014年度信息工作考核办法》，规定各部门、乡镇街道每月必须完成规定数量的信息报送任务，实行定期通报，年终对各部门、乡镇(街道)记分并进行排名，形成“人人肩上有指标、人人参与写信息”的良好氛围。建立网络信息员工作平台，全面推行各单位办公信息化建设，加快电子政务发展，规范网络工作平台信息员工作职责制度，加强信息员队伍建设，建成一流的网络工作平台，对重大突发性事件、紧急灾情疫情、重大交通事故、重要社会动态等重大紧急信息，做到反应敏捷，采编迅速，报送及时。加强紧急信息报送工作，建立紧急信息报送考核通报制度和例会制度，确定信息报送重点部门单位，定期召开信息例会，并对全区信息员进行培训。强化考核，实行信息报送工作列入岗位目标责任制考核，通过制度规范和促进了信息工作的开展。全年编发《婺城信息》普刊55期，增刊55期，专报24期，采用信息240余条，区领导批示30余次；上报省、市信息530余条，被《中办信息》、省级《工作情况交流》《每日汇报》等信息刊物采用40余篇，市级刊物《每日要讯》采用70条，《金华信息》采用20余条，省、市领导批示8条次。《婺城区创建“一点通”警务管理系统构建大数据时代下的“智慧云警务”》被中办专报采用，《婺城区变压力为动力强势推进各项重点工作再上新台阶》等市级专报得到市委主要领导的肯定和批示，《区检察院反映重点工程建设领域职务犯罪亟需引起重视》《婺城区规范和提高乡镇(街道)干部待遇暂行办法执行中存诸多问题》等区级专报得到区委主要领导的批示，较好地为各级领导决策提供信息参谋作用。（叶巨擘）

【调研工作】围绕区委、区政府的工作部署，履行职责，创新工作方法，加大调研力度，为区委、区政府重大决策政策规定的出台发挥参谋助手作用。按照区委中心工作，以调查研究为手段，以加快转型发展为主题，收集各级各部门先进做法、成效，及时编发调研成果，为区领导决策提供参考。全年各单位(部门)上报调研文章182篇，多篇文章得到区委、区政府主要领导批示，其中市级《金华通讯》刊登10篇，《金华日报》理论版刊登8篇，区《调查与研究》刊发68篇。紧扣工作重点，做好全面深化改革工作。成立区委全面深化改革领导小组，及时传达上级改革会议精神，并转化为区级改革工作实践，及时出台改革工作各项工作细则、规则、全区深化改革工作要点和各专项小组工作计划，为全面深化改革工作打下坚实基础。

（周江海）

【督查工作】围绕区委中心工作，紧扣区委、区政府的重大决策和重要工作部署，不断创新工作方法，加大督办检查力度，促进了区委重大决策及重点工作部署的贯彻落实。同时，采取书面督查、现场督查、跟踪督查、突击督查、明察暗访等方式提高督查的针对性和实效性，全年发出督查通知单23期，编发每月工作要点12期，刊发督查通报62期，报送《督查专报》及各类反馈材料28次，树立了督查工作的权威和地位，起到良好的督查效果。对区委重要会议做出的决策或决议、年度主要工作任务、月度重点工作安排、重要政策性文件精神等，认真分解工作目标任务，适时开展决策督查。对决策落实中带有普遍性、倾向性、政策性的问题及时反馈，为区委决策提供服务。对年度重点惠民实事、重点建设项目和技改项目、经济运行目标管理、克难攻坚项目、新农村建设等，开展专项督查，客观反映进展情况，提出督查建议和意见，促进目标任务的达成。坚持按照“批必查，查必果，果必报”的原则，全年办理领导批示8件次，做到件件有着落，事事有回音。对其他经常性、随机性督查活动，发现问题及时向区委领导反馈报告，主动协调，狠抓落实，确保区委重要决策落实到位，取得实效。牵头研究制订全区机关部门、乡镇(街道)工作目标责任制考核办法，并组织实施。按照区委主要领导要求，对新闻媒体曝光问题进行督办，下发督查通知单12期，报送反馈材料14次，其中刊登在《正风问效》12期，《今日聚焦》2期。

区“8890”便民服务平台以“响应灵、服务灵、办事灵”为目标，健全工作机制，4月25日，成立婺城区“8890”平台执行部，与区委、区政府督查室合署办公。11月4日，市编委同意设立金华市婺城区“8890”便民服务分中心(婺城区委区政府督查室)，确定为正科级事业单位，并安排2名工作人员专门负责日常运行与管理，配备专门的办公场所和办公设备。全年接到平台交办群众诉求件4511件，在56家承办单位的重视和配合下，办结4391件，其余120件正在办理中，办结率97.3%。在已办结的受理事项中，经市“8890”便民服务平台工作人员回访，诉求人表示满意的有4345件，满意率为99.0%。

（徐　胜）

【机要保密工作】2014年，机要保密局根据形势的需要，建起了高清视频会议设施并投入使用，承接省、市许多视频会议，针对反恐形势的严峻性，疆独、藏独势力有所抬头，省、市文件和领导指示增加，工作量剧增，有时一天要办30多个文件。由于业务工作比较多，许多周末要回办公室处理文件，同时，加强设备的维护工作，保证电报接送安全、及时、准确。完成《保密工作》的征订任务，参加全省保密工作培训会议，及时更新保密业务知识。

（傅继跃）

【档案工作】2014年，根据省、市档案局工作要求，婺城区档案办结合全区档案整体工作实际，协助市档案局做好婺城区机关各部门（单位）各乡镇（街道）2013年度文件材料归档、档案数字化、档案登记备份、“五水共治”档案业务指导以及2014年档案年检工作，顺利完成婺城区全年档案工作任务。年初，召开全区档案工作会议，部署2014年全区档案工作任务，并对各协作组成员进行小范围的调整，对新加入的成员单位进行初步的档案培训。2014年是婺城区开展全国档案事业统计年报填报工作的第一年，区档案办配合市档案局婺城业务指导处，分二批对全区64家单位档案员进行档案统计年报培训，对20余家单位上门现场操作指导完成统计年报填报。经过对各单位年报的几次审核、复核、修正，最终完成了2013年度全区档案统计年报的汇总上报。同时，在往年各部门（单位）完成室藏档案的基础上，各进馆单位继续推进2013年度档案工作的实体整理和数字化扫描工作，68家进馆单位全部完成2013年度文书档案的实体整理工作和档案登记备份工作，完成率100%；65家单位完成2013年度文书档案的数字化工作，完成率95.6%。其中，公安、检察院因各自线上的要求没有进行档案数字化。同时，在往年55家单位创建规范化数字档案室的基础上，新创建规范化数字档案室8家，不仅实现全部室藏文书档案的数字化，也实现了照片档案、实物档案、专题目录和编研成果的数字化挂接，至年底，婺城区规范化数字档案室创建率达到93%，超额完成浙江省档案事业发展“十二五”规划中要求达到60%的任务。2014年，婺城区范围内有市级重点建设项目19个，区档案办下发《关于做好2014年金华市重点建设项目档案管理登记工作的通知》，并将市重点建设项目档案管理登记办法印发给各项目单位，要求做好市级重点建设项目档案的登记工作。在涉民领域，区档案办协助市档案局指导婺城区婚姻登记处完成1088卷婚姻实体档案（2010-2012年）和数字化成果档案进馆工作。督促区审计局、区环保局、区教育局3个单位将列入《国家基本专业档案目录》第一批民生档案范围的业务档案进行归档。同时，继续协助开展区规划局、区计生局的业务档案指导工作。协助完成婺城区国土局农村建房电子业务数据登记备份指导工作。此外，会同区委宣传部与市档案局一起，结合农村文化礼堂建设确定罗店镇后溪河村、琅琊镇泉口村和上盛村3个村为婺城区2014年度省级乡村记忆示范基地，3个村档案室已建立，各门类档案已归档，展厅布置基本到位，3个村的照片、光盘和乡村记忆示范基地申报等后续工作正在进行中。在区治水办的配合下，下发《关于做好“五水共治”工作过程中图片资料拍摄收集工作的通知》，并转发市治水办《关于做好“五水共治”档案工作的通知》。在婺城区“五水共治”档案工作中，选择确定乾西乡长湖、白龙桥镇桐溪和区治水办为治水档案规范化示范点，并配合市档案局召集区治水办和重点乡镇分管治水的领导及档案员召开了“五水共治”档案督查指导工作会议。

（王俊男）

【党史研究】区委党史研究室围绕区委中心工作，开展第二批党的群众路线教育实践活动，落实2014年初全国、全省党史研究室主任会议精神，完成在党史研究、党史资政、党史资料征编、党史宣传教育、重大党史事件和重要党史人物纪念、革命遗址普查和保护利用、参与区农村文化礼堂指导等方面工作。

开展第二批党的群众路线教育实践活动，以党的十八大、十八届三中全会精神为指导，贯彻习近平总书记一系列重要讲话精神，研读《论群众路线——重要论述摘编》《厉行节约反对浪费——重要论述摘编》和《之江新语》《干在实处、走在前列》等五本必读书籍及最美基层典型事迹。集中观看“四风之害”专题片及徐加爱书记专题党课——增强党的组织纪律性影像资料。围绕“我是谁、依靠谁、为了谁”，反思与百姓的感情深不深、与百姓的距离远不远、百姓在心中的分量重不重，牢固树立人民创造历史的唯物史观，以人为本、人民至上的价值观，立党为公、执政为民的执政观，牢牢把握“照镜子、正衣冠、洗洗澡、治治病”的总要求，加强和改进作风建设，对“形式主义、官僚主义、享乐主义、奢靡主义”进行大排查，抓好“学习教育、听取意见”“查摆问题、开展批评”“整改落实、建章立制”等3个环节，并在8个单位开展党史教育。参与“五水共治”“三改一拆”等重点工作。党史研究室主任兼任区“五水共治办”督查处处长、区“三改一拆”督查组组长，参加“五水共治”“三改一拆”活动10多次，利用双休日下基层调研指导工作，到联系村进行城乡环境大整治活动。

参与完成《日军在婺城区实施细菌战综述》专题研究。浙江是抗战时期日本侵略军细菌战的重灾区，范围涉及市经济开发区，通过调研，搞清了这一史实。理顺体制不利因素，编写成书。全书由专题报告、口述资料、档案资料、文献资料、图片等组成。其中专题报告1万余字，口述资料组织41个口述证言，包括口述人姓名、性别、出生年月、抗战时期居住地、口述时间地点和采访人。档案印证资料68件，文献资料，报纸杂志、专著等18件，婺城区细菌战幸存者受害者照片27张。

撰写3000余字的《发扬劳模精神，弘扬榜样文化——记革命老区女劳模许云香》一文，入选浙江党史研究室、浙江省中共党史学会、浙江现代革命历史文化研究“中国共产党榜样文化研究”学术研讨会论文集并被邀参加研讨会。

在婺城新城区、双龙风景区等有关部门的配合下，完成省委办公厅布置的党史资料和党的文献资料征集工作，全面收集党和国家领导人在婺城活动情况等各类文献资料。

8月22日是邓小平诞辰110周年纪念日，为缅怀邓小平同志的丰功伟绩，配合农村文化礼堂建设，推进党史“六进”活动，向婺城区已验收合格的农村文化礼堂赠送《邓小平与浙江图片集》37套。根据金市党研〔2014〕14号“关于在全市农村文化礼堂建设中做好党史宣传教育工作的建议意见”，参与农村文化礼堂建设，与婺城区委组织部协作，为乾西乡湖头村区级党建示范点（婺城区党史陈列室）提供资料，发挥党史部门优势，运用党史事件、党史人物、革命遗址等党史文化资源教育村民，发挥党史资政、育人的作用，将党史工作融入农村文化礼堂。配合婺城区委宣传部、区文化局对全区15个乡镇街道的文化礼堂建设考核验收，实地察看33家农村文化礼堂，并进行逐项评分考核。

加强婺城区党史胜迹保护开发利用工作。5月底，省委党史研究室宣教处处长朱健一行在市委党史研究室主任吴晓华、婺城区委副书记、政法委书记傅显明、婺城区委党史研究室主任柯建洲等陪同下到沙畈乡银坑村革命遗址调研。该遗址是1935年粟裕红军住过的房子和练兵场。沙畈乡银坑村筹集资金60万元开展革命遗址保护工程。市委党史研究室领导到安地调研党史教育基地，安地镇红色教育基地已纳入仙源湖度假区开发和安地城市合同规划。

开展党史二卷查档工作，已查阅1002卷，复印27626张。

（蒋　涛）

组织工作

【概述】 2014年，婺城区委组织部坚持以科学发展观为统领，全面贯彻落实中共十八大、十八届三中、四中全会及习近平总书记系列讲话精神，紧紧围绕区委工作大局，突出重点、开拓创新，统筹兼顾、狠抓落实，为加速“两富”“两美”现代化婺城建设提供有力的组织保证。

【队伍建设】 紧扣新《干部任用条例》和省委“三好”要求，注重一线培养锻炼，打造“过得硬、打胜仗”的领导班子和干部队伍。5月中旬，经过层层推荐、评选，婺城区共评选出五类先进典型人物58

名，其中“狮子型”领导干部10名，“效能型”机关干部10名，“全科实干型”乡镇(街道)干部10名，“双强型”村(居)主职干部18名。

注重基层导向，激励鼓舞干部，牢固树立“重实才、重实干、重实绩”干部选任导向，优选配强9个工作任务繁重的乡镇(街道)领导班子，对14名在“五水共治”“三改一拆”中实绩突出、表现优秀同志优先予以提拔和转重要岗位使用。出台《关于规范和提高乡镇(街道)干部待遇暂行办法》，设立重点工作考核奖、上浮年度岗位目标责任制考核奖金基数、发放乡镇干部住夜和山区乡干部交通补贴，改善基层干部待遇，促进一线干部绩效考核制度落地实施，让广大干部心往基层聚，劲往一线使。

立足重点一线培养考察干部，探索建立“三必访三必谈”运行分析制度，有针对性地开展谈心谈话，有重点地掌握分析基层一线领导班子和干部队伍动态，及时化解问题，优化调整配备；研究制订《婺城区重点建设项目干部专项考察办法》《婺城区急难险重一线干部专项巡察制度》，动态跟踪考察了解各级党员干部在参与重点工作中担当精神、素质能力、品行作风和群众感情等现实表现情况。健全干部一线培养锻炼机制，优先把33名善治水、善拆违、善征迁的干部选配到乡镇(街道)领导班子岗位，选派2名机关部门优秀区管干部挂职担任工业强镇党委副书记。

坚持从严从实监督管理干部，对全区领导职数和非领导职数配备情况进行全面清理，消化区管领导超配职数5人。全面推进区管干部个人有关事项集中报告工作，对涉及提拔或者转重要岗位的22人进行报告内容核实、任前个人财产公示；开展领导干部兼职清理，先后清理和规范党政干部在企业兼(任)职行为117人次(报批规范5人次)，退休(离休)干部在社团兼职行为9人次。开展国家工作人员配偶子女取得国(境)外长期或永久居留权专项调查。

着眼现实需求，教育培训干部。针对当前重点工作多、攻坚任务重，对干部执行力要求高等实际，先后选派29名干部参加省、市“五水共治”、安全生产、气象防灾减灾和现代流通与电子商务等专题班培训班学习，协助筹办3期农村污水治理培训班等专题班。针对当前干部偏老偏满、人才断档断代现实问题，会同相关部门组织举办国有企业高层管理人员培训班、“两新”组织党务工作者培训班、统计工作业务培训班和计生业务培训班等4个专业技能培训班，为各行各业培养干部370人次。

注重统筹，推进夯实干部工作基础，抓好新修订的《党政领导干部选拔任用工作条例》学习贯彻工作，做好非领导职务评定工作。组织评定占职数机关主任科员6名，副主任科员11名，乡(镇)副主任科员2名；完成区八届人大三次会议组织组工作，指导6个乡镇做好人代会10人次选举工作；选派3名区机关优秀年轻干部上挂市机关锻炼，协调市农信系统2名优秀青年干部到区乡镇(街道)挂职工作；做好公务员招录工作，组织70名新录用公务员参加体验式实践锻炼，登记录用选任制公务员4人，完成21名2013年度新录用公务员试用期转正定级工作。做好2名团职军转干部和14名营职以下军转干部安置择岗工作；开展干部档案16K转A4工作，完成全区600余份档案换档工作。

【基层组织工作】树立大抓基层导向，明确党建工作责任，落实各项具体措施，打造婺城党建工作特色品牌，统筹有序推进各领域基层党组织的建设。

推进“两全”干部队伍作风建设。城区建立网上“户情档案”，近郊区探索开展党员“联邻帮户”活动，山区乡重点深化便民四项代办制度。通过街道社区、近郊乡、山区乡等3种本地化模式，推进“全科干部、全心服务”工作。乡服务中心实行“8小时无障碍联系”制度，5个山区乡、110个村党员便民服务站累计帮助代办业务3800余人次。探索推行三级联动、分类分层的农村“难事集中会诊”制度，全区召开各个层面集中“会诊”128次，解决矛盾和难题36个。

提升农村主职干部“双强双带” 素质能力。村级组织换届后，组织376个行政村、42个社区的801名村(居)主职干部分，3批进行集中轮训。组织开展以村干部自查、村述民评和乡镇综合考评、抓不同心不在岗不作为班子为主要内容的“一查二评三抓”村级组织换届“回头看”活动，将重点工作完成情况、重大民生实事列入村主职干部竞职、创业、辞职“三项承诺”，每月上墙公示，对工作不力的干部启动辞职程序，督促履职尽责。

抓好村级基础组织活动场所建设。按照“修缮、改建、新建”的思路，立足村情实际，推行一村一策，扎实抓好全区15个无活动场所和1个活动场所不达标村建设工作。同时，从2014年起每年拿出村级活动场所建设、软弱涣散基层党组织整顿、基层党建示范阵地建设和补充村级组织运转经费等“四个一百万”，统筹抓好“红色阵地”。

加强党员发展和教育规范管理工作。按照“控制总量、优化结构、提高质量、发挥作用”的要求，全年发展党员366名开展党员“五星管理”星级评定工作，探索新形势下党员教育和退出机制，制订《关于在各乡镇(街道)开展后进党员教育整转工作的实施意见》，结合“党性体检、民主评议”工作，在37个党支部对被评为“差”的53名党员开展不合格党员处置工作试点。按照“严格程序、强化培训、科学管理”要求加强基层组织员队伍建设。

抓好“两新”党建工作，探索在党委建制企业实行开放式组织设置形式，成立青春党支部，通过开展健康、开放、活跃、富有青春气息的组织生活、活动载体和工作方法，有效凝聚服务企业青年职工。举办全区“两新”组织创意组织生活评选申报，推广了一批创意典型。其中“润华五秀晨会”入选全省创意组织生活微视频大赛。深化典型培育工作，重点指导润华投资有限公司和婺星产业基地的党群会议室、党群活动室、党群文化展厅、党群服务中心等阵地建设，不断提升“两新”党建工作科学化、规范化水平。

【人才工作】 紧围绕服务婺城创新驱动、转型升级，极落实党管人才原则，以高层次领军人才和服务发展网络经济产业人才引育为重点，深入实施“人才强区”战略。

落实党管人才原则，人才发展环境更加优化。先后召开区委人才工作领导小组会议2次，区委常委会2次，研究重点人才工作。加快浙中信息产业园等平台建设，合丰服务外包产业园、云安阁互联网舆情监测平台项目、中国电信云计算金华分中心、浙师大网络经济创业园等项目相继开工建设，引进网络经济产业人才。推进人才租赁公寓公开采购的后续工作，玉龙华府人才公寓8月份实现交房，泰丰?铭座人才公寓12月份正式签约。截至年底，区级财政人才专项投入1207万元，占当年本级公共财政收入的1.56%。

围绕高端引领导向，引才育才成效更加明显。实施海外高层次人才引进工程，市外引进国家“千人计划”专家1名，入选省“千人计划”人选1名，入选“双龙计划”人才项目3个。制订《婺城区鼓励社会力量引进高层次人才实施细则(试行)》，兑现引进国家“千人计划”奖励资金40万元。强化本土高端人才培养，入选第十二届市青年科技奖2名，入选第三批市科技创新领军人才1名，评选第4批区级拔尖人才9名。组织开展“百名博士入企计划”，推进项目合作开发、技术成果转化和人才培训交流，签约进驻企业6家博士7名。着力助推人才项目产业化，抓好首批“双龙计划”签约落户，已落户人才项目3个，兑现项目资助资金200余万元。

实施量化积分考核，“村官”队伍建设更加规范。制订《大学生“村官”量化积分管理试点工作实施方案》，引导大学生“村官”扎根基层干事创业。加强量化考核结果运用，继续采取“考试+考核”形式，面向大学生“村官”招聘事业单位工作人员14名，社区专职工作者4名。在蒋堂镇作为全市试点开展为期三个月的新选聘大学生“村官”集中培养锻炼活动。开展“争优、创业、发展——争当‘泥腿子’村官”主题实践活动，举办2期电子商务专题培训班，激发大学生“村官”自主创业的激情。稳妥做好大学生“村官”有序流动工作，通过组织参加公务员、事业单位国企和金融单位工作人员以及社区工作者、社会保障员招考等多渠道，先后使48名大学生“村官”走上新的工作岗位。

【群众路线教育实践活动】 2月21日，启动全区党的群众路线教育实践活动，区委常委班子及成员坚持“六个带头”承诺，发挥上率下行效应，全区四套班子、45个区直机关、19个乡镇(街道)376个村42个社区、44所学校、169个“两新”党组织有序推进各项环节工作。

深入学习，广泛听议，抓好学习教育活动。按照“深学、细照、笃行，真听、勤思、善悟”要求，开展“三思四问”“三严三实”“四个扪心自问”和“坚定理想信念、敢于担当克难”等学习教育活动。区委常委班子通过封闭式学习讨论、观看廉政教育纪录片、邀请专家作辅导报告、祭扫革命先烈等多种形式，先后组织7天的集中学习活动。区领导分赴分管或联系部门以及联系点上党课45次，教育引导党员领导干部进一步解决好“总开关”问题，坚定勇于直面困难抓工作、敢于担当破难题的信心。

从严要求，深刻查摆，开展批评与自我批评。对照“四面镜子”，区委常委班子成员查摆200条个人条目式“四风”问题。有计划、分层次、多渠道地开展班子谈心谈话活动，在个别交流的基础上，集中时间、地点进行3次谈心谈话。民主生活会前，区委书记、区长的对照检查材料修改20余稿，其他常委也修改15稿以上。7月17日~18日，区委召开常委班子专题民主生活会，得到省委赴婺城区督导组和市委常委、公安局长毛善恩的充肯定。在区委常委班子的示范带动下，全区64个活动单位全部按规定召开专题民主生活会。

分类整改、建章立制，从严抓好落实整改工作。专题民生生活会后，区委采取“三步整改法”，制订《区委常委班子整改方案》，分别列出10个方面27条整改措施的“即知即改”项目、15个整改大项41项整改措施的“专项整治”项目和需要建立和完善的29项规章制度，解决发生在群众身边的不正之风问题、关系群众切身利益问题。同时，区委8个督导组全程跟踪，认真履职，先后检查单位1526家次，下发预警通知书80份166人次，点名道姓通报75人次；查处公车私用事件2起，对5名相关责任人进行效能问责；查处违规发放支付凭证事件1起，“酒局”“牌局”案件3件，对8名党员干部进行党政纪立案处理，对3名领导干部进行诫勉谈话。

联系群众、服务发展，有效运用载体平台作用。开展区领导联系“九个一”活动，32位区级领导结合职责分工，有针对性地区分确定联系个9方面的对象，联系工作列入年度工作计划，规定对每个联系对象（项目）一年联系不少于2次，为联系对象提供更加便利有效的指导、服务和协调工作。开展基层走亲连心活动，区级领导接待上访群众65批276人，区级层面办结信访案件352件，办结率97.5%。全区乡镇干部开展联系群众大走访活动，做到“走村不漏户、户户见干部”，走访农户97866户，除举家外出群众外，已基本走遍；村党员干部通过“联系不漏户、党群心贴心”活动，实现联系群众全覆盖。开展“微系列”服务活动，组织全区在职党员走进社区，面对面征集“微心愿”4640个、认领4310个，组建47支党员志愿服务队，开展“八小微公益”活动3800余次。

【服务中心工作】科学调配、盘活力量，选派党员干部到急难险重一线攻坚克难。集中选派307名基层工作经验丰富的科局级领导干部和优选近两年新录用公务员、事业干部以及新安置军转干部参与“五水共治”“四破整治”“三改一拆”等重点攻坚工作；选派500名老中青干部到“二七”区块开展集中会战；组织引导全区106名退出领导岗位干部参与区、乡重点项目攻坚工作。通过集中整合有限的干部资源，有效推进各项重点工作顺利实施，尤其是“二七”区块征收攻坚取得阶段性成果。

因村制宜、分步整转，增强基层党组织在重点工作推进中的作用。针对重点工程和中心工作任务在基层一线推进难的问题，从增强党员先锋模范作用和党组织战斗堡垒作用为切入口，结合推进基层党组织“五星争创”活动，在全区开展软弱涣散党组织整顿工作。采取1名区四套班子党员领导领衔结对、1个机关部门协同配合、1名“两富”局级指导员跟进帮扶、1名乡镇（街道）主要领导包干负责和1名联村干部具体落实的“五个一”模式，集中精力强势推进21个软弱涣散村组织集中帮扶整转，取得整转成效，有效推进全区各项工作的落实，8月8日浙江电视台《党建好声音》栏目专题报道婺城区抓软弱涣散村党组织整顿工作的做法。

整合资源、激发活力，引导“两新”组织开展村企联建治水工程建设。动员区内企业采取结对帮扶方式支援农村治水，先后建立28对“村企联建治水项目”，认捐治水资金近百万元。重点培育10个“村企联建治水示范典型（工程）”得到当地群众好评，受到省、市多家媒体关注报道。其中，浙江高峰控股集团为新狮街道唐村污水塘治理提供1000多米引水管道耗材和铺设安装费，并派出项目经理对工程技术进行全程指导，使该项目成为当地村企联建治水典范。

【自身建设】坚持从严治部，弘扬正气，努力建设“讲政治、重公道、业务精、作风好”的模范部门。认真履行指导全区党的群众路线教育实践活动和抓好自身活动的双重职责，抓好自身部机关教育实践活动。完善“周一微讲堂”、设立“组工微论坛”，组织8次4天的集中学习，先后开展“三思四问”“四个扪心自问”等学习讨论会，由部领导轮流上党课。组织观看警示教育片，召开反对“四风”专题讨论会，教育引导组工干部自觉践行“三严三实”要求。开展“普通一员”民情体验、蹲点调研和走亲连心等活动，部机关干部下基层走访企业、居民和农户，与群众“拉家常”，先后开展走亲连心活动9次，走访农户163户，蹲点调研5次5天，下访约谈10次。面向各部门、单位书面征求意见，通过党建官网“实践网”“婺城干部学习网”、远程教育平台等媒介，设立电子意见箱，每周设置1个主题征集意见，先后征集意见建议35条。注重引导部机关干部在服务重点工作中干在实处、走在前列，围绕“五水共治”、城乡环境大整治等中心任务，组织部机关全体干部到城北街道铁路沿线、安地镇寺口村、婺江沿岸、城东街道上浮桥社区等“脏、乱、差”区域开展志愿活动，抽调部机关干部参与“二七”区块房屋征收等重点工作攻坚，牵头负责的凤鸣阁区块在各攻坚阶段完成任务出色，受到上下一致好评。

（胡怡雯）

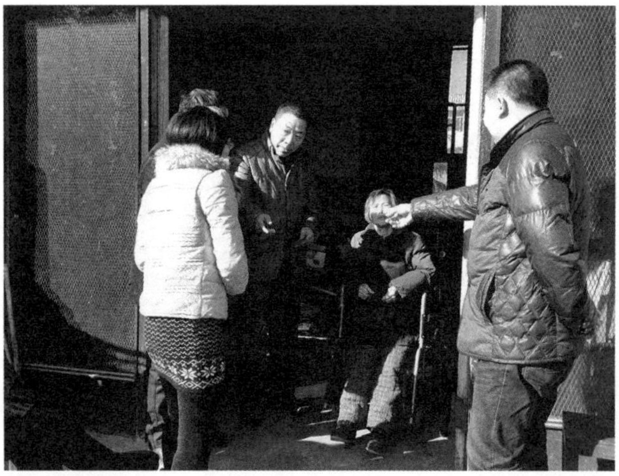

2014年1月23日，区委组织部到罗店镇春节慰问

宣传工作

【概述】宣传思想文化战线紧扣区委、区政府中心工作，牢牢把握正确导向，为“两美”婺城建设提供有力的思想保证、舆论支持、文化条件和精神动力。

意识形态工作强化引导。以“婺城发布”为龙头，统筹区机关各部门新闻发布资源，打造一个权威信息发布、热点事件回应、民生信息服务的平台。发展浙江新闻、金华新闻两个手机APP的用户数，扩大主流新媒体的覆盖面。抓好网评员队伍建设。婺城区有新闻发言人80人，网评员390人，针对区内重点舆情事件和国内热点事件开展网评工作91次，评论1359条。

理论武装工作扎实推进。开展党的群众路线教育实践活动，编印《婺城区党的群众路线教育实践活动宣传手册》，发放给全体党员。开展“中国梦”和党的十八届三中、四中全会精神宣讲活动。做好区委理论中心组学习服务工作，抓好学习型党组织建设。组织开展“乡音宣讲”进文化礼堂活动，婺城乡音宣讲经验受肯定并在全市推广。

舆论宣传工作深入开展。报纸、广电、网络协同作战，开展党的群众路线教育实践活动、“五水共治”“三改一拆”“二七区块”改造等专题宣传。对于“二七区块”改造这一重大民生工程，先后组织召开驻金主流媒体新闻通气会和市区网络论坛负责人会议，通报区块改造有关情况，并结合征收补偿方案（征求意见稿）发布、迎宾巷区块房屋征收取得阶段性进展等重要节点，召开新闻发布会，策划专题宣传，形成强大的舆论氛围和正能量。全年在市级及以上新闻媒体刊播外宣稿件100多篇，其中《浙江日报》12篇，《金华日报》60多篇，头版头条达10余篇，并与金华日报合作，刊出《金报婺城》专版5期。

文化建设工作提质增效。区委、区政府继续把农村文化礼堂建设列入十件“实事项目”，至年底共建成32家，并在1个社区，2家企业开展文化礼堂建设的试点工作。按照“建管用”一体化要求，坚持设施为先、内容为本、队伍为基、机制为要、合力为重的原则，提高已建农村文化礼堂使用率和农民群众参与率。7月初，还举办金华职业技术学院大学生志愿者服务农村文化礼堂建设培训班。全区组织开展"五水共治"进文化礼堂、"两美"婺城巡回演出进文化礼堂、社科普及进文化礼堂活动等35场，各文化礼堂开展敬老礼、开蒙礼等礼仪活动，婺剧成为各文化礼堂常态化演出项目。第五届"激情婺城"文化艺术系列活动共举办活动36场，其中第三届民俗文化艺术节连续5天举办10余场文化活动，内容包括优秀民俗文化展演、非遗现场创作展示、婺剧展演等，充分展示了婺城民间艺术传承发展的特色和成果。

文明创建工作成效明显。建立"横向到边、纵向到底"的创建网络，推进"省级示范文明城区"创建工作。累计开展文明创建工作督查120余次，督办解决各类创建问题1550多个。推进社会主义核心价值体系建设，举办第五届精神文明建设"草根奖"颁奖典礼。围绕"寻找最美浙江人，争做最美浙江人"活动主线，开展"婺城最美教师"以及"好婆媳""好夫妻""好妯娌""好家长""好邻居"等"最美婺城人""五好人物"系列评选活动，形成"知荣辱、讲正气、作奉献、促和谐"的良好道德风尚。重视优秀传统文化的传承，社会义工队伍不断壮大，成立婺城区家庭学儒文化中心、传承传统文化研究所、金华婺州文化传承中心，为弘扬传承优秀传统文化提供强有力的保障。

【区委中心组理论学习】全年举行理论学习14次。先后安排学习贯彻总书记习近平在兰考县委常委扩大会议上的讲话精神、传达贯彻省委书记夏宝龙在婺调研"五水共治"工作期间重要讲话精神、党的群众路线教育实践活动专题学习、坚持党的群众路线根本要求与反对"四风""发现身边典型 学习闪光言行"先进典型人物事迹报告等理论学习，采取的形式主要有自学、集中学习研讨、聘请知名专家教授作辅导报告等。

【乡音宣讲进文化礼堂】成立区、乡、村三级乡音宣讲队伍，开展形势政策、法律法规、道德文明等宣讲活动。活动主要开展"每月一宣讲""乡村宣讲好声音"选拔、开辟"乡音空中讲堂"广播节目、"菜单"式宣讲服务和组织摄影、文艺宣讲等五类活动。蒋堂镇乡音宣讲经验受到市委宣传部肯定并在全市推广。

【编印党的群众路线教育实践活动"口袋书"】发挥常规宣传细雨润物作用，编印《婺城区党的群众路线教育实践活动宣传手册》，将习近平总书记讲话、婺城区党的群众路线教育实践活动实施意见和群众路线教育实践活动十六问融入宣传手册，发放给全区23267名党员。（何文斌）

精神文明建设

【概述】婺城区以社会主义核心价值体系建设为根本，以创建省级示范文明城区为重点，培育和践行社会主义核心价值观，开展群众性精神文明创建活动，推进未成年人思想道德建设，坚持围绕中心、服务大局、贴近群众，着力在巩固成果、提高水平、拓展深化、增强实效上下功夫，全区公民综合素质和社会文明程度不断提升，为推进"两美"婺城建设和打造现代化中心城市核心区提供了强大的精神动力。

以"善美"人物评选活动为载体，开展公民思想道德建设。举办第五届精神文明建设"草根奖"颁奖典礼，30名"草根民星"获奖。围绕"寻找最美浙江人，争做最美浙江人"活动主线，会同妇联开展"五好文明家庭"评选活动。推进城乡精神文明建设。结合农村文化礼堂建设，开展"善行义举"典型评比活动，营造向善向美的良好环境。以创建省级示范文明城区为契机，开展群众性精神文明创建活动。为做好省级示范文明城区创建工作，全区建立"横向到边、纵向到底"的创建网络，形成层层抓落实的工作格局。6月13日，区委、区政府召开全区动员大会，对创建各项指标任务细化分解，明确各职能部门的工作任务及职责。区委、区政府将创建工作纳入年度岗位目标责任制考核，并与各职能部门及相关乡镇、街道签订目标责任书，全年开展各种督查120余次，解决各类创建问题1550多个。开展集中整治，落实长效管理机制，加强日常监管，提升城市管理水平和文明程度。根据省级示范文明城区测评的程序和要求，制订实施创建省级示范文明城区迎检工作方案，开展自我模拟测评活动，做好各项准备工作，力争成功入围。同时，做好各级文明单位、文明村镇、文明社区的申报和复评、升级工作。加强对双龙执法大队、区纪委、区国税局等3家申报创建省级文明单位的指导。按照文明单位管理办法，做好文明单位管理工作，克服“牌子到手，创建到头”的现象。在全区省、市级文明单位（乡镇）开展“亮牌子、树形象、展风采”活动，发挥各点的辐射效应，推动省级示范文明城区创建工作有序开展。强化未成年人思想道德建设，实现“春泥计划”实施工作全覆盖，并做好“春泥计划”的提质增效工作。继续做好乡村学校少年宫申报工作，经主管部门和区文明办调查、审核，推荐婺城小学和安地镇中小学校申报乡村学校少年宫。继续强化社会主义核心价值观宣传教育活动，会同区教育局开展全区中小学优秀家书征集评选活动，包括经典家训诵读、传统家训寻访、优秀家书评比、最美家庭评选等多项内容。

【区文明委会议】9月24日，婺城区召开文明委工作会议，总结全区精神文明建设情况，对下步工作进行部署。会议提出做好精神文明建设工作和创建省级示范文明城区工作的要求，审议了文明单位考核验收情况。

【第五届“精神文明建设草根奖”颁奖典礼】婺城区精神文明建设草根奖自2007年开展以来已成功举办五届，设立22类奖项，选树了162名道德模范，为促进社会主义核心价值体系建设发挥积极作用，在全区形成“知荣辱、讲正气、作奉献、促和谐”的良好道德风尚。2014年，坚持“民间设奖，奖励百姓”评选机制，组建“草根奖”民间评选组委会，并由组委会定期召开专题会议，讨论并明确奖项设置和赞助企业，变原来“政府主导、政府主体”为“政府主导、民间主体”，并把“民间设奖，群众评奖，奖励百姓”模式培育成家喻户晓的道德建设品牌。拓展“草根奖”选树途径，组委会研究制订“草根奖”评选活动实施方案，明确评选原则、类别、步骤和相关部门职责，号召广大机关干部、社区居民、农村百姓积极参与推荐评选工作挖掘推荐基层涌现的各类道德模范。在《今日婺城》、婺城新闻网公布服务热线电话，接受群众推荐的草根道德模范候选人。创设新旧融合宣传推广模式，在《今日婺城》设立“百名草根明星”系列报道专栏，对评选出的“草根”人物先进事迹进行持续报道。并在《婺城新闻网》开辟相应专栏，广泛宣传“草根”精神。5月28日，婺城区第五届精神文明建设“草根奖”颁奖典礼在乾西乡湖头村农村文化礼堂举行，表彰新评选出的30位“草根奖”获得者。广众网同步全程直播，金华电视台38频道、新农村频道全程录播，营造浓厚舆论氛围。基层文艺骨干根据“草根”人物先进事迹，创编各类文艺作品，基层演出宣传，发挥示范效应。其中，“草根奖”获得者乾西乡湖头村村支书陈加平同志还被推荐为“最美浙江人—浙江好人榜”的人选。

【“春泥计划”活动】婺城区自2009年实施“春泥计划”工作以来，积极整合资源，探索工作路径，取得良好效果，“春泥计划”实施工作实现了全面覆盖。6月27日，全区“春泥计划”实施工作现场推进会在竹马乡姜衙村举行，与会人员实地参观了姜衙村的“春泥计划”活动开展情况，部分乡镇及成员单位代表对全年工作开展进行表态发言。会上，区委常委、宣传部长蒋献忠强调“春泥计划”工作任务的重要性，紧迫性，要求各乡镇高度重视，充分整合资源，创新活动载体，精心组织今年的春泥计划工作。同时要求文明办等相关部门对乡镇做好工作指导和督查力度，确保各地有效的贯彻落实“春泥计划”活动，并对“春泥计划”工作提出具体要求。2014年“春泥计划”工作在巩固全覆盖的基础上，转型升级，转向项目化发展，狠抓乡镇以特色为项目，以亮点为产品，做到镇、乡有特色，村村有亮点，从而保持这项工作的先进性和成效性，做好“春泥计划”的提质增效工作。加大“春泥计划”实施工作的督查力度，抓好已实施村的巩固提升工作，强化督促、检查、指导。5月中旬，对2013年各乡镇上报的“春泥计划”先进村进行考核，检查结果总体良好。同时市文明办也对婺城区“春泥计划”工作进行督查，检查结果总体较好，针对部分村存在台账归档不及时，制度不完整、开展活动不丰富等情况，要求各乡镇对问题村进行二次检查，限时整改，特别对组织完善、制度上墙、台账规范归档、活动正常开展等方面进行重点检查。区文明办对婺城区“春泥计划”实施工作领导小组进行调整充实,整合区教育局、区关工委、团区委、区妇联、区计生局等部门及社会各方力量和资源,使大学生志愿者、学校教师、“五老”人员等共同参与到“春泥计划”活动中来。区文明办依托农村各类活动场所,利用寒暑假期、重大节庆、传统节日和双休日等校外闲暇时间,组织未成年人开展道德实践、社会体验、能力提升和文娱活动,丰富未成年人文化生活,满足他们的精神需要。健全完善学校、社会、家庭“三结合”教育网络,积累了经验,取得了初步成效。“春泥计划”工作突出教育主题和关爱主题,重点加强安全教育,把对未成年人加强孝亲爱老教育、文明礼仪教育、爱乡爱家教育、安全法制教育,搞好各类文体活动和社会实践活动作为“春泥计划”工作的重要活动内容丰富了农村未成年人的节假日生活,对未成年人健康、快乐、安全成长提供良好的环境,受到家长、孩子和社会各界好评。

【乡村学校少年宫建设】 婺城区稳步推进乡村学校少年宫建设,乡村学校少年宫是中央专项彩票公益金支持项目,它依托乡镇中心学校成立,对现有场地、教室和设施进行修缮,并配备必要设备器材,依靠教师和志愿者组成的辅导员队伍进行管理,用于在课余时间和节假日组织乡村学生开展普及性课外活动,面向乡镇学生免费开放,学生可以自愿选择参加各项活动。2014年,继续推进蒋堂小学乡村学校少年宫建设,安排开放时间和学习内容,进一步健全组织、完善设施,规范管理。做好乡村学校少年宫的申报工作,婺城小学和安地镇中小学校申报了乡村学校少年宫。

【创建省级示范文明城区活动】 为做好省级示范文明城区创建工作,全区建立“横向到边、纵向到底”的创建网路,形成层层抓落实的工作格局。1月下旬,区委常委会对创建工作进行专题研究。6月13日,区委、区政府召开全区动员大会,区文明办和区创建办制订《婺城区关于开展浙江省示范文明城区创建工作实施意见》《婺城区创建浙江省示范文明城区任务责任分解表》,对创建各项指标任务进行分解,明确各职能部门的工作任务和职责。成立婺城区创建省级示范文明城区工作领导小组,下设9个专项工作组并明确牵头领导、牵头部门和责任单位及相关工作规定。累计开展各种督查120余次,解决各类创建问题1550多个,使创建省级示范文明城区成为“城市功能再提升,综合环境有改善、广大市民受教育、人民群众得实惠”的民心工程、德政工程。做好宣传工作,在各公共场所制作灯箱广告、墙体美化、公益广告牌。同时,协调市文明办出资美化主要道路边的围墙。在《今日婺城》开设专栏,集中报道文明创建工作中的好经验、好做法,曝光不文明行为,邀请新华社、《浙江日报》、中央、省市电视台等媒体和市级主流媒体到婺城采访,让主流媒体上经常有婺城形象、时常有婺城声音。依靠市民大讲堂、市民学校、报刊亭、黑板报、LED显示屏等阵地,通过手机短信、微博微信、文艺作品创作表演及广播、宣传车等形式宣传文明城区创建口号及创建小知识。此外,还向市民群众发放了创建倡议书、调查问卷、宣传环保袋等,营造出浓厚的省级示范文明城区创建氛围。落实长效管理机制,加强日常监管,解决一批占道经营、城中村脏乱差、夜市卫生秩序混乱、交通拥堵等问题,提升城市管理水平和文明程度。 (孙　苗)

【第五届“激情婺城”文化艺术节】 根据“激情婺城”系列文化活动计划,第五届“激情婺城”文化艺术系列活动举办活动36场,同时,举办了“竹马首届农民春晚”、迎七一系列文化活动、第三届桂花节等7次大型文化活动;举办“茶花节摄影比赛”等4次摄影采风和展示活动;组队参加了“金华市三八节民俗展演活动”等4次市级大型文化活动。利用各种文艺载体宣传婺城区的经济文化的发展。其中,第三届民俗文化艺术节连续5天举办10余场文化活动,内容包括优秀民俗文化展演、非遗现场创作展示、婺剧展演等,充分展示婺城民间艺术传承发展的特色和成果。同时,启动“竞显美丽金华”魅力民俗摄影大赛,为2015年民俗文化艺术节作好准备。这些活动深化和提升了“激情婺城”主题活动,并逐渐成为婺城区精品项目。

【农村文化礼堂建设】 2014年是农村文化礼堂建设的提质扩面之年,区委、区政府继续把农村文化礼堂建设列入十件“实事项目”,在认真总结试点经验的基础上,严格执行“五有三型”建设标准,全年建设完成32家农村文化礼堂,其中包括1家社区文化礼堂和2家企业文化礼堂。坚持“建管用”一体化，坚持设施为先、内容为本、队伍为基、机制为要、合力为重，提升已建农村文化礼堂使用率和农民群众参与率，实现农村文化礼堂建设可持续发展。文化礼堂活动内容丰富，全区组织开展“五水共治”进文化礼堂、“两美”婺城巡回演出进文化礼堂、社科普及进文化礼堂活动等35场，各级文化礼堂组织开展敬老礼、开蒙礼等礼仪活动，婺剧成为各文化礼堂常态化演出项目。（章丽华）

新闻传媒工作

【概述】 婺城区新闻传媒中心(以下简称中心)围绕区委、区政府的中心工作，紧扣中心、服务大局，精心组织、突出策划，着力宣传全区的重大决策部署、社会发展和经济建设成就，为婺城发展营造良好的舆论氛围。

主题报道精彩纷呈，发挥报纸、电视、网络三大平台的主流宣传作用，宣传党的十八大、十八届三中全会、四中全会、习近平总书记系列重要讲话精神，宣传区委六届六次全体会议暨区政府八届四次全会会议精神。围绕区委、区政府中心工作，制订宣传报道总体方案，宣传婺城区在结构调整、扶贫攻坚、项目建设、统筹城乡、保障民生、加强党建、“三改一拆”“五水共治”“二七区块”改造等方面的重大部署和取得的显著成绩。

常规报道有序推进，做好“两会”报道，重点报道婺城区农村文化礼堂建设巡礼、平安维稳、扶贫结对、精神文明建设、草根民星风采、婺城生态环境建设、婺城节能降耗、婺城劳模风采、“330国道婺城段”环境整治、文明城区创建等工作。宣传各乡镇(街道)、各部门落实中央和省、市、区委决策部署及开展各项工作的经验做法和进展成效。

中心立足创新，抓深度报道，抓集中宣传，抓媒体联动。整合《今日婺城》、婺城新闻网、电视《婺城新闻》栏目三大宣传平台，联动新闻部、周末部、网络部、电视部，建立“重点工作新闻项目组制度”，成立群众路线教育项目宣传组、“三改一拆”项目宣传组“五水共治”项目宣传组等6个新闻项目组，组织精干力量拟定宣传方案，集中版面、集中时段，深度挖掘、聚焦报道，多角度、高强度、大容量地开展宣传报道工作。

健全舆论引导机制，加强舆情监控，完善专职监管和协调处置机制。派遣专人前往市网络舆情导控中心办公。1月，组织全区70名骨干网评员参加培训班；8月，组织全区重点部门33名新闻发言人参加全市新闻发言人培训班。全年编发《舆情快报》101期，《舆情简报》44期，查删不良信息907条，转发正面报道和引导贴文2636篇(条)，转发微博、评论跟帖合计1359篇(条)，有效应对区内多起重大网络舆情事件。

中心围绕区委、区政府的中心工作，立足树立美丽婺城新形象，抓好对外宣传。主攻中央、省、市级主流媒体的重要版面和重要时段，邀请新华社、《浙江日报》、中央、省市电视台等媒体和市级主流媒体到婺城采访，让主流媒体上经常有婺城形象、长期有婺城声音。在市级及以上新闻媒体刊播外宣稿件100多篇，其中反映婺城区重点工作的头版头条10多篇。与《金华日报》合作，刊出了5期《金报婺城》专版。

抓好队伍建设，开展中心员工“三学三思三观”学习大讨论活动，围绕“四风”方面存在的问题，组织好党员学习活动。按照中心人才队伍梯度建设的要求，公开招考编辑、记者等岗位。创新用人机制，中心对正式在编人员、聘用人员一视同仁，以实绩论英雄。坚持每周评报，开展季度之星、年度好新闻、十佳记者、明星奖、金牛奖、新禾奖评比制度。提升采编人员的业务水平，营造齐心研习业务、互帮互助、团结协作的良好氛围。

一年来，中心先后获2014年度浙江省县(市、区)域报“新媒体建设优胜奖”；婺城新闻网获浙江在线2014年度支站创新奖；《今日婺城》8件作品获2014年度全省县(市、区)域好新闻奖，其中，1件作品获一等奖，6件作品获二等奖，1件作品获三等奖。

【婺城新闻网新版上线】 8月18日，婺城新闻网以全新面貌向广大网友呈现。改版后的婺城新闻网进一步突出了地域性、时效性、互动性、全面性和权威性。婺城新闻网有4个特点：一是本地新闻滚动发布。以本地新闻栏目为主打，围绕区委、区政府中心工作，关注社会民生和热点难点问题，提高本地新闻比重；二是突发新闻及时报道。发挥网络传播快捷的特点，及时做好突发新闻报道，第一时间为广大网友提供真实可靠的信息，以网站的权威性，以正视听，激浊扬清。三是新闻监督突出互动。开设曝光台栏目，发挥媒体监督作用，通过记者调查核实、跟踪报道，对不文明现象进行曝光。四是微博、微信平台积极融入。婺城新闻网分别在人民微博、新华微博、新浪微博、腾讯微博、浙江微博上开通官网微博，并在腾讯微信上开通官方微信。重点以新浪微博和微信作为网友沟通互动的平台。

【“二七区块”旧城改造宣传报道”】“二七区块”改造工程启动以来，中心根据“二七区块”旧城改造房屋征收工作阶段转换，及时调整宣传内容，创新宣传方式，加大宣传力度，让群众熟悉征收政策、理解征收行为、支持征收工作，调动群众参与的积极性和主动性。在《今日婺城》一版刊发“来自二七区块”改造工程的报道56篇，并刊发评论员文章12篇，《婺江潮声》小评论10多篇。在电视《婺城新闻》开设“来自二七区块”改造工程系列报道栏目，及时宣传“二七区块”改造工作，为整个工程进展提供舆论支持。配合指挥部做好相关重点视频资料的拍摄录制和保存工作。中心还调配20名骨干记者组建“二七”核心网评员队伍，开展网上舆论引导工作，及时有效应对可能出现的网络舆情。中心结合征收补偿方案(征求意见稿)发布、迎宾巷区块房屋征收取得阶段性进展等重要节点召开新闻发布会，策划专题宣传。在《金华日报》、金华《新闻联播》等媒体平台刊发相关宣传报道20余篇。

【“五水共治宣传报道”】中心按照区“五水共治”决策部署，组织开展“五水共治”重大主题宣传报道活动。以《今日婺城》、电视《婺城新闻》栏目、婺城新闻网三大平台为依托，开设“水环境整治”“五水共治”“乡镇一把手谈‘治水’”“婺城治水在行动”“城乡环境综合整治在行动”“垃圾河治理大会战”“五水共治曝光台”等十多个栏目。中心制作并发放《婺城区“五水共治”宣传册》以及相关资料1300多册；开展“五水共治”知识竞赛，组建“读者监督团”，对区境内10条大小河流、水库、湖泊等水系的污染情况展开实时监督；并有针对性地塑造先进典型，以“沙金兰”“龙须沟”“长湖”“小西湖”为宣传重点、亮点，重点推介，宣传引导，努力营造“全民治水”的强大舆论氛围。全年，中心三大平台发布“治水”相关信息、报道276篇。中心还开展相关外宣工作，在省、市纸媒刊发涉及“婺城治水”相关内容的报道95篇,在《金华日报》《浙江日报》上分别刊发整版文章《“五水共治”看婺城》。（李英昌）

统战工作

【概述】区委统战部按照区委党的群众路线教育实践活动领导小组统一部署，结合本部实际，开展党的群众路线教育实践活动。成立部机关教育实践活动领导小组，制订《中共金华市婺城区委统战部关于深入开展党的群众路线教育实践活动的实施方案》。群众路线教育实践活动围绕为民务实清廉主题，牢牢把握“照镜子、正衣冠、洗洗澡、治治病”的总体要求，以“正风提效抓执行，干事创业惠民生”为总载体，坚决反对形式主义、官僚主义、享乐主义和奢靡之风，着力解决“四风”方面存在的突出问题。通过学习对照、寻找差距、查摆问题，改作风、除毛病、正品行、树新风，部机关党员领导干部的宗旨意识和群众观念得到增强。2014年区知联会被省知联会评为省先进集体。较好地完成全区基本侨情调查工作。同时，整合提升“侨之家”5家、新建“侨法宣传角”5处；接待日本浙江总商会代表团来万里扬参观考察；开展区侨界人士送温暖活动，走访慰问困难归侨、侨眷、海外重点人士家属、优秀特困学生63名，送去慰问金及慰问品价值6万元。

【加强各民主党派、知联会建设】部领导走访民主党派、无党派代表人士，倾听他们的意见和建议。协助区委召开好党的群众路线教育征求民主党派、无党派代表人士意见座谈会，梳理问题7个，并进行答复、整改。继续开展重点统战成员纳入区领导“九个一”活动。协助民革婺城总支做好换届工作,特别是对主要负责人的人事安排掌握严格按照上级要求,确保平稳过渡。做好知联会组织换届工作。区委统战部从制订换届工作方案到人事安排都严格按照换届程序进行。7月24日,召开换届大会,选出会长1名,名誉会长1名,副会长5名,常务理事22名。做好基层知联会全覆盖工作。根据中央、省、市委统战部关于加强基层党外知识分子联谊会建设的要求,推进基层知联分会的组建工作。全区调查党外知识分子对象800余名,根据择优原则,确定入选分会会员79名。成立教育、卫生、企业3个基层知联分会,选举分会会长3名,副会长7名,各分会会长由知联会副会长兼任。选派4名基层党外知识分子,赴省委党校参加市委统战部组织的党外知识分子培训班,提高党外人士的政治把握能力、合作共事能力。围绕区委中心工作,努力为婺城经济社会建设服务。区知联会开展感恩"三老"行动和慰问"二户"活动,为25户"三老二户"人员送去慰问金3万余元。九三学社派员到琅琊中学支教,并长期资助贫困生。筹资1万元,购买书籍给长山乡校。

【"五水共治"】区委统战部通过多种途径,在婺商、侨界、民族宗教界和民主党派人士中开展宣传发动,积极投身"五水共治"活动。工商联发动非公企业,采取"一企一村""一企多村"或"多企一村"等形式,启动一批污水治理项目,并下发《婺城区工商联合力治污水实施方案》文件,成立污水治理领导小组。在全区基层商会和非公企业发放倡议书,开展"千企联千村合力治污水"对接工作。发动非公企业、侨界企业、侨界人士、各民主党派、宗教界累计为"五水共治"捐款达到1000多万元。完成市区企业联系部分山区乡村、水源头村扶贫及治水50余村的对接工作。根据市工商联治水专项行动部署要求,组织4家基层商会与金华市区饮用水源头——沙畈乡的4个村结对,做好治水项目对接,开展捐款。要求每个基层商会发动企业联村治水不少于5个,全年全区实现百企联百村,合力治污水100个村以上。区侨界、各民主党派、民族宗教界也积极投身"五水共治"中。区侨联通过发倡议,发动侨资企业和侨界人士捐款200多万元,各民主党派捐款150万元。各民主党派、知联会积极参与全区"五水共治"活动。区知联会设立"五水共治"服务基地,会长吴月华为"五水共治"捐款50万元。区民宗局发动宗教界和广大信教群众,为"五水共治"捐款8万余元。

【"三改一拆"】按照省、市委的统一部署,先后对全区范围内的宗教场所的违法建筑及民间信仰场所情况、基督教十字架过高过大及夜间亮灯、基督教私设聚会点等情况进行全面调查。掌握全区民间信仰场所分布、数量、管理组织建设、场所内供奉的神像、佛像历史沿革等情况。区委、区政府先后多次召开专题会议,对全区161处民间信仰场所,按照省政府办公厅浙政办发〔2013〕105号文件要求,进行分类甄别,形成整治方案。区"三改一拆"办公室召开专题交办会,把整治任务分解落实到乡镇、街道。至6月底,拆除宗教活动场所内违法建筑1处,拆除面积500平方米;拆除或改用民间信仰场所33处,其中拆除7处,拆除面积500平方米,改用26处,改用面积2720平方米;拆除佛像、神像512尊;对8处过高过大的基督教堂十字架完成整改。民间信仰场所的拆改率达到省里要求的20%以上的标准。

【少数民族村帮扶】区委、区政府高度重视少数民族村的扶贫帮困工作,每年都安排机关部门对少数民族村进行结对帮扶。区委统战部主动与有关帮扶部门进行联系,做好穿针引线工作,确保每个部门每年扶持资金不少于3万元。在此基础上,省民宗委还专门安排永康市委统战部结对帮扶塔石乡高塘村,市民宗局安排市佛教协会帮扶琅琊镇水竹蓬村,永康市委统战部给高塘村送去10万元的帮扶资金,市佛教协会安排20万元污水治理经费。帮助塔石乡高塘村成功申报0.67公顷食用菌栽培基地建设项目,已完成资金筹措、土地整理、建设方案等前期准备工作,11月底,基本完成建设任务项目。帮助水竹蓬村成功申报了省级重点扶持项目——生活污水治理。大坑村上报总投资约120万元的生态旅游项目。安地镇杨垅村的畲家休闲园项目进展顺利,园区道路路基拓宽工程基本完成,6间农家乐饭店已完成土建工程。2014年,区民宗局为民族村争取扶持项目5个,扶持资金65万元。完成琅琊镇水竹蓬村,原汤溪镇鸽坞塔村的美丽乡村建设，分别被评为市级美丽乡村建设秀美村和精品村，获得市级奖励资金300万元。

【服务经济】 区统战部开展小微企业“保生存、谋发展”调研活动、先后走访企业60余家，梳理企业融资、劳资纠纷、周边环境、子女就学等热点难点问题，召开专题会议，积极帮助解决。根据企业走访反映情况，针对中小企业面临融资难、融资成本高，资金紧缺情况，主动协调，加强与金融单位合作，为企业解决贷款融资8.76亿元，涉及中小企业581家。主动参与“婺商招引”工作，注重婺商回归。引导非公有制经济人士回报社会，扩大送温暖活动的社会影响力和感召力，已慰问走访“三老两户”100余户，慰问金达20多万元。（陈雪惟）

民族宗教工作

【概述】 2014年，婺城区民族宗教工作围绕区委、区政府中心工作，致力于少数民族经济社会全面发展，推动民族团结进步；致力于宗教事务管理，推动宗教和谐稳定；致力于宗教全区民宗干部队伍建设，加强工作作风转变，为建设“两富”新婺城作出积极的贡献。

2014年，全区有少数民族36个、3659人，占全区总人口的0.6%。人数较多的少数民族有畲族、苗族、土家族、布依族、壮族等。其中，畲族人数最多为1645人，是婺城区世居少数民族，主要分布在汤溪、琅琊、塔石、安地4个乡镇。全区有少数民族行政村4个，分别是琅琊镇水竹蓬村、安地镇杨垅村、塔石乡高塘村和大垅村。少数民族人士担任市、区党代会代表3名，担任省人大代表1名，市、区人大代表2名。其中，担任区委委员、区人大常委各1名，担任区政协委员3名。

全区有宗教活动场所30个。其中，佛教场所10个，道教场所2个，基督教场所12个。宗教团体3个，分别是婺城区佛教协会、婺城区天主教爱国会和婺城区基督教两会（基督教协会和基督教三自爱国运动会）。宗教界担任区政协委员5名。

【实施新一轮少数民族增收帮扶行动】 进一步完善帮扶机制，努力形成帮扶合力。区委统战部主动与有关帮扶部门联系，做好穿针引线工作，确保每个部门每年扶持资金不少于3万元。省民宗委专门安排永康市委统战部结对塔石乡高塘村，给予5万元的帮扶经费，市民宗局结合“五水共治、五教同行”活动，安排市佛教协会帮扶琅琊镇水竹蓬村，给予20万元的污水治理经费。组织培训，增强民族村干部经营村级经济发展项目的能力。采取召开座谈会、带领村干部开展实地调研、组织村两委负责人培训、外出学习考察等方式，帮助村干部理清发展思路，提高发展经济的意识和能力。10月下旬，组织部分民族村书记参加市民宗局举办的全市民族村书记培训班，并考察温州文成、泰顺两县的1个民族乡和2个民族村，学习他乡经验，开阔视野，取得较好的培训效果。积极申报民族村扶持项目，加快民族村经济发展。2014年，争取到省、市民族村扶持项目5个，扶持资金65万元。其中，省级一般扶持项目3个，资金35万元，分别是高塘村河道护堤项目7万元，大坑村河道护堤项目8万元，水竹蓬村畲族文化礼堂项目20万元；“五水共治”项目1个，补助水竹蓬村污水治理项目，资金20万元，市级扶持项目1个，杨垅村林区道路建设项目10万元。通过以上项目的实施，村民生活生产用水得到保障，村容村貌得到改观，少数民族文化得以弘扬和传承。

【“三改一拆”】 按照省“三改一拆”办、省民宗委的要求和标准，在认真做好调查摸底、甄别分类的前提下，从2月份开始，进行历时5个月的整治攻坚战。截至6月底，共拆除宗教活动场所内违法建筑1处，拆除面积500平方米；拆除或改用民间信仰场所33处，其中拆除7处，面积500平方米，改用26处，改用面积2720平方米。对8处过高过大的基督教堂十字架完成了整改。民间信仰场所的拆改率达到了省里要求的20%以上的标准，全面完成省、市下达的处置任务。10月中旬，省“推磨式”检查组到区进行专项检查，对婺城区的整治工作成效给予高度的肯定。

在全区范围内开展了“三改一拆”涉及宗教场所违法建筑处置工作，拆除宗教活动场所内违法建筑1处，拆除面积500平方米，对过高过大的基督教堂十字架完成了整改。民间信仰场所的拆改率达到了省里要求20%以上的标准，在工作中敢于担当、攻坚克难、果断推进此项工作，完成省、市下达的处置任务。对我区的整治工作成效得到省“推磨式”检查组的高度重视。

【基层宗教干部队伍建设】 5月，区委统战部下发《关于在全区开展宗教工作“基层基础建设年”活动的意见》，按照“有机构管、有人员抓”的要求，健全了区、乡、村三级宗教工作网络。乡镇(街道)明确1名领导分管宗教工作，并确定1名干部主管宗教工作。宗教工作任务重的村确定一名村“两委”成员负责宗教工作，确保工作任务有人抓、出现问题有人负责。

组织宗教界参与“五水共治、五教同行”慈善活动，统一印发宣传单、倡议书，响应当地乡镇(街道)组织发起的捐款活动。区佛教协会、基督教“两会”为区“五水共治”捐款15000元，各宗教场所以多种形式向信教群众开展“五水共治”宣传，为提高全民“五水共治”意识起到积极的推动作用。开展反邪教宣传月活动，指导各场所开辟反邪教专栏，张贴反邪教宣传条幅10余幅，宣传画报60余幅，对信教群众进行宣传。11月下旬，组织佛教、基督教、天主教三个团体负责人参加市民宗局举办的培训班。利用二天时间集中进行了党的十八届四中全会精神、依法管理宗教事务以及防范与处理邪教等内容的学习培训，组织参观“五水共治”现场，围绕“寻梦中国·正言正行”、发挥宗教正能量进行了讨论交流。通过培训，提升了宗教团体负责人的政治素质、法治意识和管理能力。

【路线教育】 开展党的群众路线教育实践活动，完成教育学习、自我剖析、批评与自我批评、检查整改等阶段的教育任务，通过“照镜子、正衣冠、洗洗澡、治治病”，深刻剖析、整改“四风”问题，提高民宗干部的思想道德素养，工作作风得到进一步改进。4月，开展宗教界“寻梦中国、正言正行”教育实践活动，组织宗教团体骨干人士、宗教教职人员学习党的十八大四中全会精神，引导宗教界正确解读习总书记“共筑中国梦”的有关讲话精神，为“圆梦中国”献爱心，做贡献。加强政治理论学习和业务知识学习，参加机关党支部开展的创建服务型党组织和“两精”服务型党员活动，确保思想上与党中央保持高度一致。严把政策关，做好民族成分变更和少数民族学生身份确认工作，对上门办理的群众，坚持热情接待、热心服务、严格审查，为符合条件的10名群众办理了民族成分变更手续，为6名参加中考、高考的少数民族学生办理了身份确认手续，维护少数民族群众的合法权益。开展全区民族宗教界人士走访慰问活动，春节前夕，市、区民宗部门领导亲自上门，慰问民族宗教界人士30余户，送去慰问金和慰问品，把党和政府的关怀工作做细做实。

(傅玲儿)

信访工作

【概况】 2014年，婺城区信访工作以党的第二批群众路线教育实践活动为载体，以信访积案专项整治为抓手，以信访群众满意为最高标准，以“息诉罢访”为最终目标，以“程序终结”为辅助手段，以“依法处理”为保障措施，以“就地稳控”为基本要求，狠抓各项工作措施的落实，实现“一无三降”(无因信访而引发的群体性事件和恶性上访事件，信访总量、越级集体访量、进京非正常上访量均明显下降)的工作目标。全年，全区群众信访总量680件，同比减少19.14%。其中，群众上访213批2399人次；群众来信及上级转办件467件(含省长信箱、重要网民等网上信访78件)，同比上升1.74%。另外，中央巡视组转办件94件，群教活动省委赴市、区督导组转办件146件(其中省委赴区督导组转办件61件，省委赴市督导组转办件85件)，转办信访件回访率和办理反馈率均达到100%。2014年，全区没有发生因信访而引发的群体性事件和恶性上访事件。

【化解信访积案】 区委、区政府高度重视信访工作，2014年，先后就进京非访依法打击工作、积案化解工作、重点信访问题、省委督导组及中央巡视组转办件办理等工作，召集各乡镇(街道)、区机关有关部门(单位)“一把手”进行专题研究和部署，确保各项工作措施的落实。6月19日，召开书记办公会议专题研究上浮桥信访事项包案工作有关情况，区委、区政府成立上浮桥社区信访包案问题处理领导小组，由区委副书记、区长总负责，区委常委、组织部部长任组长。8月20日，全区召开信访积案化解专项整治推进会，区四套班子领导、各乡镇（街道）、区机关各部门（单位）一把手参加会议，会上区委书记、副书记等领导作重要讲话，会议要求各责任单位要切实高度重视，确保信访积案化解工作取得新突破。

【领导下访约访】 2014年，进一步完善各级领导坐班接访、带案下访、重点约访、包案处访等工作机制。通过领导定期牵头接访、带案督办、包案化解，按照“在法律里面找政策、在政策里面想办法、在办法里面讲感情、在感情里面解难题”的方法，重点调处化解一批复杂疑难信访事项。区级领导每月分别到各自联系的乡镇、街道、园区下访接待群众，每月在区信访接待中心轮流坐班接访。如区委书记亲自约访白龙桥镇老访户倪某某，了解其思想动态和最新诉求，并牵头协调城西街道杜某某信访事项；区委副书记召集相关部门召开罗店镇九龙村矿山关停处置工作督办会等等。通过区领导身先士卒、率先垂范，带头面对群众化解难题，进一步推动工作，提升正能量，营造良好工作氛围。

【源头防范治理】 加强矛盾纠纷的排查化解，坚持定期排查和重要节点专项排查相结合，全区排查出各类矛盾纠纷和信访问题1551起，调处数1534起，调处成功1506起，调处成功率98.17%。2014年，进一步规范信访业务办理，来信、来访按期报结率均为100%，差错率和不规范率为零。同时，以群教活动为载体，高度重视、认真办理群众初信、初访反映的信访事项，对初信、初访做到及时登记、及时受理、及时交办、快速处理，全区初信、初访办结率100%。

【积案专项整治】 全区各级领导干部在包案化解信访积案工作中积极靠前指挥，做到既挂帅又出征，通过深化对口下访、突出重点约访、随机现场接访等方式，有效化解一批复杂疑难信访事项，稳控一批信访老户。在积案化解工作中，开展“三层督查”机制。全区有8个群教活动督导组，分别对被督导单位所涉及的积案进行一月一督导一通报，推动疑难积案化解。并由区政法委三位副书记及区信访局局长带队分4组到全区各乡镇（街道）及重点部门对积案化解进展情况分组专项督查，通过面上督查、专案督查、联合督查，全面掌握积案化解面上整体工作，推动化解。全区交办的22件信访积案已化解15件，化解率68%（算上程序终结的化解率达到90%）。

【规范信访秩序】 5月，婺城区开展“依法信访”主题宣传月活动，通过印发宣传资料、开展漫画展板宣传、正反典型说理，努力营造良好有序的信访秩序。展出宣传展板20块，设立宣传点6个，广播27次，悬挂横幅67条，张贴标语275条，发放四折页宣传资料6000份，印发劝导书10000份，通过电子显示滚动屏播放宣传口号240条，并针对重点信访人员“点对点”发送依法信访劝导信息。积极推进访诉分离，与政法委积极沟通、对接，对近3年进京非访及重点疑难信访案件进行认真梳理，按照“诉访分离”改革原则，对涉法涉诉信访事项，热情引导、耐心说服信访人到政法机关依法有序反映诉求，由法院、公安等部门对反映的诉求依法启动终结程序。同时，由区信访局牵头抽派相关人员分组对老访户进行“面对面”宣传引导，宣传活动取得明显成效。

【维稳安保】 2014年重要节点多、时期长，各乡镇（街道）、区重点部门加强值班备勤，坚持“零报告”制度，特别是在全国“两会”、中共十八届四中全会、北京APEC会议期间，婺城区设立乡镇就地稳控、市区车站劝返、杭州车站劝返、北京查控带离“四道防线”，区信访局、维稳办、公安分局、相关乡镇（街道）相互协同配合、整体联动，在疏导化解、情报共享、查控劝返等工作中形成较强工作合力，确保全区社会和谐稳定。上海“亚信峰会”、北京APEC会议、中共十八届四中全会、首届互联网大会、南京青奥会等重大活动期间实现“零非访”目标。

（方银强）

对台工作

【概述】 2014年，婺城区台办以开展党的群众路线教育实践活动为契机，学习贯彻中共十八大和十八届三中、四中全会精神，注重涉台宣传教育，开展婺台交流交往，加强自身建设，服务台胞、台属、台企，服务婺城经济社会发展等工作取得新成效。

加强涉台宣传。全区19个乡镇(街道)发挥自身优势，利用春节、中秋节等传统节日召开座谈会、茶话会或台海形势报告会，做到涉台宣传常态化。

加强台胞台属台企工作交流。5月10日，台湾高雄市弥陀区吴凤庆里长一行10人到竹马乡下张家村参访。10月10日，以方锦瑞副区长为团长的教育文化考察团赴台交流。台湾鹰鹏化工公司总裁吴永刚一行25人到婺考察。区内5家企业与台湾相关企业进行交流。

走访慰问困难台胞台属。春节、中秋节前夕，区台办、台联会组织人员到蒋堂镇、安地镇、长山乡、乾西乡及新狮街道的困难台胞、台属家中或医院慰问，表达对台胞、台属的关心和问候。

积极参加群众路线教育实践活动，服务台胞、台属、台企。区台办以正风提效抓执行，干事创业惠民生为载体，开展群众路线教育，深入台胞、台属、台企中面对面征求意见，广泛开展谈心、交心活动，查找问题13条，着眼长效，制订整改措施。其间，走访调研台资企业4家，走访在台就读学生家长18人，走访台胞、台属220余人次。

做好来信来访接待工作。全年接待来访台胞、台属、台企人员40余人次，为台胞、台属、台企排忧解难3起，帮助寻亲，协助解决土地纠纷、台资企业困难等实际问题。如为鹰鹏企业停产进行协调；为乾西吕斌岳母(台胞)解决土地纠纷，走访区执法局、市法制办帮助协调。办理遗产继承、企业交流等各类证明8份。 (杨金凤)

农村工作

【概述】 婺城区农村工作贯彻落实党的十八大、十八届三中、四中全会和省、市农村工作会议精神，围绕“两美”婺城，以开展党的群众路线教育实践活动为主线，以“农业强、农村美、农民富”为目标，以“五水共治”为载体，以深化农村改革为动力，突出抓好美丽乡村建设、农村生活污水治理、“三改一拆”、农村环境综合整治等工作，不断改善农民群众生产生活生态环境。

【农村发展】 2014年，全区粮食播种面积13486.5公顷，总产量7.52万吨，分别占市任务数103.8%、103.3%。全区建设粮食生产功能区16个，面积750.47公顷，新创建省现代农业园区精品园(蒋堂奶牛精品园)1个。狠抓农产品质量安全，对全区种养殖基地各类农产品进行定量检测，抽取样品215批次，合格率达99.5%。农村劳动力素质培训实现常态化，建立婺城区农民学校，完成培训3100人，其中转移就业培训536人，农村实用人才培训2564人(农村生活污水治理监督人员培训318人)。建成气象防灾减灾标准示范村1个村，完成造林更新511.93公顷，其中平原绿化310.53公顷。实施农村河道整治14个项目，总长度43千米。2014年度琅琊镇新兰村、岭上乡邵家源村和金华监狱七大队3个农村土地综合整治项目，新增耕地面积8087公顷，已通过区级选址审核，正在编制规划组件申报。

【美丽乡村建设】 2014年，竹马乡下张家村、蒋堂镇下尹村、琅琊镇泉口村、雅畈镇汪家村等6个村被评为市级精品村，白龙桥镇大德垅村、莘畈乡方家村等10个村被评为市级秀美村；琅琊镇被评为市级美丽乡镇。编制《婺城区农村生活污水治理总体规划(2014-2016)》，制订《婺城区农村生活污水治理工程年度工作检查和项目验收实施办法》等一系列政策措施，规范生活污水治理工程建设，全区有231个村完成设计方案会审，173个村完成工程建设招投标，160个村开工建设，139个村完成工程量80%以上，106个村基本完成。

【民生工作】 根据市委、市政府统一部署，市本级实现大病保险制度全覆盖；城镇居民最低生活保障标准从每人每月524调整为588元，农村居民最低生活保障标准从每人每月357元调整为425元，平均增幅分别为11%和9%；农村低保为城镇低保标准的72.3%。城乡居民养老保险全年月人均养老金128.26元，比上年增长25.2%。加强农村联网公路建设，全年完成联网公路项目21个、15.8千米。加强农村文化设施建设，丰富群众文化生活，新创建农村文化礼堂32家。积极推进软弱涣散村党组织整顿转化，全区21个区级软弱涣散基层党组织均由一名区四套班子党员领导领衔结对，软弱涣散村党组织整顿转化率达100%。全区已创建市级以上文明村65个，占全区行政村总数的17.29%。罗店镇罗店村、凤凰山社区已通过省、市两级民主法治村验收。2014年，全区公共财政预算资金用于"三农"支出75433元，同比增长9.5%。婺城区将新农村建设、扶贫开发等考核纳入区党委、政府岗位目标制考核，并在全区各乡镇、街道、区机关各部门开展美丽乡村竞赛活动，在全区所有行政村之间开展了美丽乡村建设系列评选活动，有力地推进了美丽乡村建设。

（林　伟）

农村扶贫

【概述】 2014年了，婺城区扶贫工作按照省农办工作要求，围绕市、区政府年度工作目标，深入实施"低收入农户倍增计划"，以产业扶贫、下山移民、金融扶贫、来料加工、结对帮扶为抓手，扎实推进低收入农户增收致富，推动了山区经济社会各项事业的发展。

开展多措并举推进农村扶贫，加快西南山区发展，实施山区经济发展规划，加强生产性基础设施建设，以产业扶贫、金融扶贫、异地搬迁为抓手，优化山区发展环境、增强内生发展能力，提升发展山区特色、优势产业。婺城区新一轮低收入农户和扶贫重点村的调查认定全部结束，全区拟认定低收入农户28494户，52236人，占全区农业人口的15.5%，认定扶贫重点村104个。并完成《婺城区山区经济发展规划》（2013~2017年）和《婺城区山区群众异地搬迁规划》（2013~2017年）两个规划的编制。

【产业扶贫】 欠发达乡大力发展高效生态农业，逐步形成具有山区特色的产业，促进低收入农户集中村和农户的发展。2014年，实施市级扶贫开发项目17个，总投资889万元，落实补助资金280万元。其中，林道道路建设项目5个，通山机耕路项目3个，桥梁建设项目2个，堰坝河堤建设4个，来料加工基地、茶叶基地建设项目各1个，饮用水改造项目1个。2014年，省级项目申报4个，项目均为道路建设，总投资57万元，基地面积80公顷，受益农户360余户。有效带动当地毛竹、茶叶等生态农业发展。2014年分两批申报省级扶贫开发项目，第一批4个林区道路项目，总投资56.95万元。第二批拟申报省级（中央财政项目）10个，总投资300余万元。实施省级项目15个，总投资380万元，落实补助资金193万元，有效带动当地毛竹、茶叶等生态农业发展。扶贫重点村来料加工业发展势头良好，特别是下山搬迁安置小区来料加工业发展迅速，来料加工经纪人队伍不断壮大，来料加工从业人员23847人，累计发放加工费33254.64万元，实现来料加工增收致富。优化山区发展环境、增强内生发展能力、发展生态经济，加快山区经济发展工作。重点推进产业平台建设、低丘缓坡重点区块开发、特色产业发展、科技研发和人才培养引进、生态环境建设五类项目。首批山区经济发展项目17个，总投资7420万元，补助资金3500万元。第二批山区经济发展项目14个，总投资13780万元，补助资金3860万元。各个项目在建设之中。

【金融扶贫】 创新金融扶贫方式，以小额扶贫贷款、扶贫重点村资金互助社两项金融扶贫为抓手，较好解决山区发展资金短缺的问题。以全区低收入农户和带动低收入农户发展的经济组织（个人）为主要对象，提供扶贫小额贴息贷款服务，促进农村经济发展、特色产业提升。2014年，新增贷款户66户，发放贷款1464万元，累计贴息502户，115.16万元。其中，2014年贴息25户7.185万元。低收入农户集中村资金互助社运行正常，效果明显，共确定16个低收入农户集中村为互助资金试点村，会员总数3570人。其中，低收入农户1532人。互助社资金总额达570.34万元，发放借款408.9万元，其中：低收入农户借款105户，借款总额226万元。扶持扶贫龙头企业(专业合作社)，全年发放国家扶贫贴息贷款总额2094万元，落实扶贫贴息资金19万元。

【异地搬迁】婺城区农办会同市农办、市老干部局在莘畈乡大坞头村开设“农民大讲堂”，为广大村民解读山区群众异地搬迁政策。加深对异地搬迁政策的理解，同时发放《婺城区山区群众异地搬迁政策解读》宣传册。完成乾西移民新村三期安置房建设，安置面积2.7万余平方米，启动乾西移民新村三期安置房分房到户工作，2014年，实施三次分房，安置191户508人。其中，沙畈乡水碓基村32户111人，塔石乡高田村58户143人，鱼潭村41户102人，井上村1户2人，莘畈乡里东坑村15户45人，箬阳乡横坑村43户103人，箬阳村1户2人。在蒋堂镇新建一个下山移民新村，征用土地12.2公顷，用于安置整村搬迁的下山移民。首期占地6.8公顷、10万平方米安置房工程完成项目招标。在乾西移民新村西侧地块启动四期2.87公顷安置房工程建设，完成代建单位招标、项目选址、建设方案设计。加大异地搬迁村宅基地复垦工作，通过领导重视、部门协调、乡村实施、村民配合，奖励加鼓励等多种措施，按照拆旧房办新证、拆旧房购新房的原则下大力气抓好异地搬迁原村宅基地复垦工作，取得显著的成效，已拆除移民原住房2000余平方米。

（徐　刚）

老干部工作

【概述】婺城区委老干部局深入学习贯彻党的十八届三中、四中全会和习近平总书记系列重要讲话精神，按照全国老干部局长会议和省、市老干部工作会议要求，政治上尊重、思想上关心、感情上贴近、生活上照顾老干部，围绕“思想凝聚、待遇保障、精神富有、作用发挥、促进改革”的目标，进一步落实“两项待遇”，加强老干部“两项建设”，不断改进工作方法，提高工作水平，有效推动老干部工作转型发展、科学发展。

【落实政治待遇】落实老同志阅文、情况通报制度。1月，区委、区政府召开“迎春座谈会”，区委书记陈晓致辞并为老干部送上新春的祝福，同时，向老干部通报全区2013年度经济社会发展情况。6月，组织8名离退休干部党支部书记参加金华市离退休干部党支部书记培训班。7月份，举办两期“暑期离休干部读书会”，50多名离休干部在双龙工人疗养院参加暑期读书会。读书会期间，组织老干部开展学习讨论，集中听取党的群众路线教育实践活动辅导报告，观看《寻找最美老干部》《苏联亡党亡国20年祭》等学习教育纪录片。区领导陈晓、吕贤专程看望参加读书会的离休干部。书记陈晓向老干部通报婺城区2014年上半年经济社会发展及重点工作进展情况。8月，组织各单位学习小组、离退休党支部开展“优秀离退休干部党员”“最美老干部”的推荐和评比活动。

【落实生活待遇】保障离休干部“三个机制”的运转。离休费足额及时发放，医疗费及时报销，执行好离休干部护理费标准提高政策。贯彻落实“特殊困难离休干部帮扶意见”，向区财政申请专项特困帮扶资金。春节前，走访慰问了8名生活特殊困难的离休干部和离休干部遗属，送去帮扶慰问金，为离休干部及家属送去党和政府的关怀。7月15日、21日两天，组织全区离休干部年度体检，结合读书会，专门邀请广福医院干部病房的专家医师为离休干部上保健课，传授老人保健自护自救知识。同时，为参加读书会的离休干部组织2次现场健康咨询，让老干部们第一时间了解掌握自己的健康状况。坚持每周四“局长接待日”制度，做好来信来访工作，主动做好老干部的思想工作，帮助老干部理顺情绪、排忧解难。及时了解老干部的思想、家庭、生活情况，经常探望患病住院的离休干部和帮助生活困难的离休干部及遗属。全年处理来信来访15件，信访来访反馈及时。2009年始为每个离休干部配备的援通呼叫器，因年久失修，使用效率低，向区政府申请专项资金，为离休干部更新呼叫设备，保障服务功能和服务网络的正常使用。

【发挥老干部作用】围绕区委、区政府“五水共治”“三改一拆”“四破整治”等中心工作，组织离退休干部开展“走基层、看变化、促发展”活动4次，近百名老干部赴各乡镇农村、开发区参观考察有关新农村建设、“五水共治”、开发区建设等，建言献策5条次，为区委、区政府中心工作献计出力，为婺城区经济社会的发展发挥作用。组织广大老干部围绕区委、区政府的中心工作，为“五水共治”、城乡环境整治、“三改一拆”“二七区块”改造等重点工作，发挥老干部政治威望高、群众基础好的优势，开展政策宣传，参与矛盾纠纷的化解，为区委、区政府中心工作的开展营造良好的氛围。

【文化养老工程】 帮助乡镇推进老年大学建设，整合乡镇文化礼堂等资源，加强乡镇老年学文化建设。发挥老年大学文化的导向、教育和塑造作用，引导农村老年人形成健康向上的文化养老意识。琅琊镇老年大学收集传承白沙文化，离休干部带头整理收集有关文献，出资编印书籍，为保护传承当地文化做出积极贡献。雅畈镇老年大学立足当地特色和学员的兴趣，开展婺剧、越剧学习演唱及乐器演奏教学，弘扬传统戏剧文化。白龙桥镇老年大学和镇老年体协充分互动、相互借鉴，倡导农村老年人文化体育事业发展。加强老干部活动中心建设，提升工作人员服务水平，更新和添置了部分老干部活动室硬件设施，改善活动条件。全区各种涉老民间团体活动丰富，如老干部诗词楹联协会、老干部摄影协会、老教师红烛艺术团等，常年组织开展活动，编辑出版老干部诗词读本，组织书画摄影比赛，举办文艺节目演出等，在各个领域不断丰富老干部精神文化生活。11月，由金华市教育频道校园零距离节目主办、婺城区退教协承办的“中国梦、我的梦”老教师、老干部文艺节目会演，35个节目全部由老教师、老干部自编自演，展现了当代老同志的风采，倡导健康积极的文化娱乐生活，抒发老同志爱党爱国的热情，传播社会正能量。

【自身建设】 区委老干部局以党的群众路线教育实践活动为契机，以省、市老干部工作会议精神为指导，不断增强做好新形势下老干部工作的政治责任感和历史使命感，提升服务老干部工作水平。组织干部职工学习习近平总书记系列讲话内容，参加各项学习讨论活动，对照先进，组织党员干部查找“四风”方面存在的问题。开展老干部座谈会，征集意见建议，提出整改计划和具体措施，提升老干部工作部门为民服务的水平。及时传达贯彻省、市老干部工作会议精神，结合本单位实际，制订《2014年婺城区老干部工作要点》。加强信息报送工作，完成调研文章“婺城区离退休干部‘两项建设’的实践与思考”。增强服务意识，坚持以敬爱致恭的感情为老同志服务，自觉用老干部作风做好老干部工作，保持务实清廉好形象，用细心到位的服务提升老干部对老干部工作部门的满意度。

（申洪广）

关心下一代工作

【概述】 婺城区各级关心下一代工作委员会（以下简称关工委）围绕区委、区政府领中心，服务大局，发挥“五老”优势，开展以“老少共筑中国梦”为主题的社会主义核心价值体系的教育实践活动，努力为青少年办实事、做好事，积极参与社会治理，助力党委、政府的中心工作。

【青少年德育工作】 组织开展“老少共筑中国梦”为主题的活动，区教育局关工委组织58名老教师宣讲员，进学校、社区向青少年宣讲党的十八大和十八届三中、四中全会精神，宣讲“美丽中国，我的中国梦”，帮助青少年深刻理解和全面把握“中国梦”的内涵和实质，宣讲172场，爱教育学生3万多人次。各中小学开展“美丽中国，我的中国梦”主题读书征文活动，全区3000多学生参加，67人获全国奖项。白龙桥小学、琅琊小学荣获全国五好小公民“美丽中国，我的中国梦”主题读书征文活动示范学校，教育局关工委荣获先进集体。区关工委推荐14名老教师、老干部为农村“善美讲堂”乡音宣讲员，深入到各个农村基层“善美讲堂”开展党的十八届三中全会精神、传统文化、爱国主义、“五水共治”、雷锋精神等内容的宣讲，受到普遍欢迎。

立足学校主阵地持续深化国学教育活动。3月，区宣传部、文明办、教育局、团委、妇联、关工委等多家单位，联合开展“读家训、写家书、树家风”主题活动。年底,区教育局组织40多所中小学的1000多名学生参加“心系中国梦”中华经典诗文诵读艺术展演,引导青少年从中华的经典诗文解读“中国梦”的历史底蕴和时代内涵,并以艺术的形式展现出来,使传统文化教育以“寓教于乐”的方法以达到入脑入心的效果。

区关工委积极推动“践行雷锋精神”活动,在学雷锋日期间,评选10多名市级“践行雷锋精神”先进单位和个人,并联合区文明办、团区委、区妇联评选出9名区级“践行雷锋精神”,表彰、鼓励学习雷锋精神的典型人物,传播社会正能量。

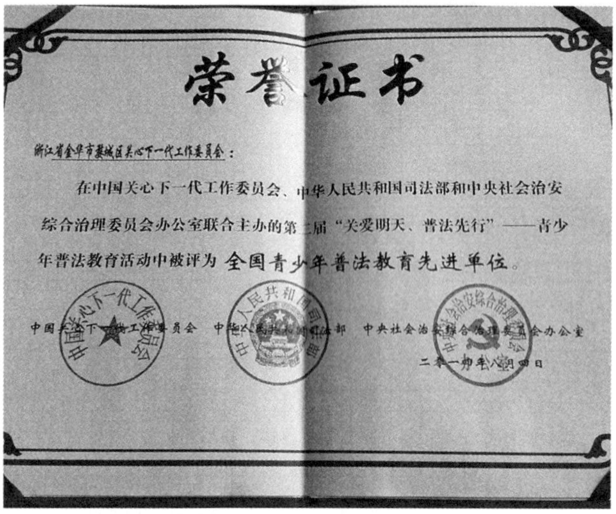

2014年,区关工委获全国青少年普法教育先进单位

【助力重点工作】区关工委联合文明办、团委、教育局等单位,组织中小学生开展“践行雷锋精神保护碧水蓝天”教育实践活动,全区58所中小学、5万9千多名师生围绕“共建碧水蓝天投身全民治水”活动主题,开展“五水共治”小明星、小手拉大手等宣传活动,开展“共建碧水蓝天投身全民治水系列书画、征文比赛”、节水标兵评比等活动,让中小学生从点滴做起,争当治水的实践者。沙畈、塔石乡等关工委联合学校组织山区小学开展保护母亲河、为源头水清理环境等活动。同时,区关工委发动各级关工委组织全区“五老”助力我区“五水共治”。其间,开展“六个一”活动:为治水捐一次款、参加一次治水护水公益劳动、参加一次各地组织的义务巡防、开展一次“五水共治”宣传、组织涉农涉水老专家为治水提供技术咨询、组织老教师到学校开展师生治水护水实践活动等。全区“五老”参与“五水共治”公益宣传、环境整治义务劳动等3000多人次。“五水共治”工作开展以来,老同志发挥各项才艺,用舞蹈、诗歌、散文、书画等各种形式,热情讴歌党委政府治水功绩。

急党政所急,开展青少年防溺水工作。根据区委、区政府的统一安排,区关工委组织全区各级关工委、“五老”协助党委、政府开展“青少年防溺水工作”,组织“五老”协助做好实施农村“春泥计划”和城市社区“假日学校”工作,帮助青少年学生度过平安的夏季。琅琊镇组织退休老干部在留守儿童活动室、农家书屋等场所,开展安全用电、预防溺水等教育。新狮街道组织老同志开展义务安全巡防和宣传,为青少年防溺水工作做出了成绩。

普法工作取得较好成绩。区关工委、教育局、司法局、综治办联合开展“关爱明天、普法先行”工作,历时两年半,进入总结评选。6月,组织参与普法活动的学校进行总结,参加全国青少年普法教育活动办公室组织的评比,取得优异成绩。区关工委、教育局关工委、金师附小被评为全国普法工作先进集体,18所学校荣获全国“零犯罪”学校称号,42人荣获全国青少年普法教育活动先进个人称号,77名教师荣获全国青少年普法教育活动优秀辅导员称号,136人获一、二、三等奖。

组建“五老”志愿者队伍,区关工委配合团区委、区委老干部局,在城中、城东、城西、城北、新狮等街道和乾西乡、白龙桥镇积极参与下,动员1200多名“文明城区创建‘五老’志愿者”,为创建省级文明城区助力。并完成网站注册工作,协助区委、区政府全力攻坚“省级文明城区”创建。“五老”志愿者们进家入户开展宣传,挨家挨户发放“争做文明市民倡议书”“商户文明经营公约”。走上街头开展“你丢我捡活动”和不文明行为劝导活动,为创建工作做贡献。

【助推“二七区块”拆迁工作】区关工委老领导到城区街道、社区指导工作,鼓励街道、社区关工委注重发挥“五老”的作用,协助各级党委政府重点、难点工作的向前推进。城西街道“二七”社区的“五老”人员发挥积极作用，不但自己不拖拆迁工作的后腿，还积极动员其他居民群众支持拆迁工作，主动做居民的思想工作，发挥老同志的独特优势。

【关心留守儿童】 关心山区留守儿童、农村困难家庭儿童等群体，为上千名贫困学生实现微心愿。5月，区关工委组织9个城市家庭，结对了塔石小学9名学生，城市家庭家长送去了山区孩子的心愿礼物，开展“城乡手拉手、精神共富有”活动，为山区孩子带去了城市家庭的关怀和温暖。区妇联组织来料加工经纪人认领“微心愿”，帮助城西小学、莘畈小学学生圆梦，为他们送去价值近3万元的学习用品和体育用品；年末，区委组织部、机关工委、关工委主动和教育部门联系，结对3名塔石乡贫困家庭学生，开展“暖冬行动”，为孩子们代缴全年餐费，并发动本部门党员干部捐赠冬衣冬被毛毯等物品，帮助山区贫困家庭学生过一个温暖的冬天。

【助学关怀】 整合资源拓宽资助渠道，开展贫困中小学生和贫困大学新生的资助活动。联系福泰隆慈善基金会为竹马、塔石、雅畈小学赠送6万多元的物资；争取市慈善总会、福彩中心助学资金，资助26名初中、小学的贫困学生和10名大学新生，资助金额8.8万元。区妇联关工委帮助226名贫困学生与社会爱心人士结对，发放春蕾助学金13.98万元，为4所山区小学的留守儿童和外出打工父母建立“亲情热线”，支付花费4.16万元。让每个山区孩子每天都有一个苹果的“青苹果计划”2.4万元。在团区委的联系下，宁波银行为山区贫困学生捐献了学习、生活用品和助学金。

【规范化建设】 基层关工委规范化建设更注重实质。巩固和发展三年基层工作年的成果，持续推进基层关工委规范化建设进程。城中、城东、城西、城北等街道近10个社区关工委开展“五好”关工委的创建，年底，进行创建工总结。区关工委到基层开展工作指导9次，为完成城区社区“五好”100%覆盖的目标迈进了一大步。

【学习交流】 全区各级关工委高度重视学习交流工作，通过集中学习、交流学习、外出学习等方式，增强各级关工委领导班子工作水平和拓宽“五老”知识面，以适应新形势和新变化。在职干部和“五老”在各级党委和政府的组织下，学习党的十八大和十八届三中、四中全会精神，把握党对青少年教育和加强基层工作提出的新要求，自觉把思想和行动统一到党中央的精神上来。同时，向先进学习，采用走出去、请进来的办法，不断提高自身建设能力。9月，区关工委组织全区19个乡镇、街道关工委常务副主任到浦江学习基层关工委建设经验，加强对基层关工委建设的指导。

（邵蓓蕾）

直属机关党委工作

【概述】 婺城区直属机关工作委员会（以下简称区直机关工委）围绕区委部署，以党的群众路线教育实践活动为主线，组织带领全区各级机关党组织强基础促规范、优服务转作风，在践行群众路线中深化机关作风建设和服务型党组织建设，确保教育实践活动在区机关各部门的有效开展，为婺城区“两富”现代化建设提供保障。

【抓好引导】 区直机关工委以群众路线教育实践活动为主线，服务各环节重点任务，确保各机关党组织活动成果更加扎实。在第一时间组织开展重点政策理论成果学习，选购《习近平重要讲话》等书籍和《四风之害》《百年潮·中国梦》等党内教育视频充实到各党委“机关书屋”，为基层党课提供更有针对性的实用教材。针对基层组织生活“新常态”新要求，举办“区机关党务干部培训班”对党务工作人员进行专题党务培训，邀请时任市直机关工委书记金艳授课，提升各基层党务工作人员的业务能力。制订《机关基层党组织“党性体检”实施细则》，并开展区机关党组织专题民主生活会情况检查，全程参与督导工作，确保各机关单位活动开展规范、有序。对交通局公路段、区第一医院、金师附小集团3家单位的专题民主生活会进行重点督导，得到省督导组的肯定。区直机关工委与区纪委联合开展机关部门“正风肃纪”专项整治行动，严肃工作纪律，强化规范管理。全年开展明察暗访64次，发现问题83起，全区通报相关单位33家次，人员42人，增强党员干部规范言行的自觉性，起到“查处一个、教育一片"的效果。

【强化服务】将在职党员"微系列"服务活动作为践行群众路线的主抓手，组织党员真心进社区、真情送服务，使党员联系服务群众工作结出硕果。落实"四季关爱"主题，在"劳动节""儿童节"等特定节日集中为基层弱势群体排忧解难。在全市率先开展城乡"微心愿"结对活动，做到"微心愿"活动在乡镇街道全覆盖。2014年，全区征集"微心愿"4640个，认领完成4310个，为困难人员筹集善款120万元。制订完善《婺城区在职党员"微系列"活动方案》《"微心愿"城乡结对活动方案》《"微心愿"物资运送交接程序》，设计推广"微心愿"物资品牌标志，确保活动广泛、有序开展。先后整理"检察院助农村妇女寻夫""区委办党员为卧床少年开启"窗外世界"等感人事例，向市、区委组织部和市工委报送，吸引金华电视台报道有关新闻4次，《金华日报》3次，《今日婺城》20余次，"婺城先锋"微博报道20余次，形成良好的舆论氛围。"微心愿"城乡结对特色做法在金华电视台"先锋广角"栏目播出。6月30日，市委组织部和市直机关工委主办的"市、区在职党员进社区活动推进会暨'微心愿'现场认领会"在婺城区召开，市、区委领导给予高度评价。区直机关工委和部分社区多次在全市在职党员进社区工作会议上作交流发言。徐寒雁(检察院)、徐德亮(公安分局)、龚亚敏(人口和计生局)被评为"市区在职党员进社区活动'服务之星'"。

【助推大局】组织和引导广大党员在"五水共治""三改一拆""'二七区块'改造"等区委区政府中心工作中走在前列、做出表率。通过各类培训班、短信平台、微博平台等渠道开展政策宣传50余次。向全区机关党员印发倡议书，号召他们在全区各项重点工程中带头行动，带头参与，带头监督。开展"我为'五水共治'献一计"主题微博征集活动，收到原创主题微博260多条。根据大批机关党员干部被派遣到"二七区块"的情况，组建"二七区块"征收工作临时党委和22个征收组临时支部，制订实施临时党组织工作职责，使临时党组织在征收一线发挥克难攻坚、纪律监督、关心关爱等方面作用。组织机关党员投身5月的"垃圾河治理大会战"，全区各机关党组织开展各类治理攻坚行动和志愿服务活动200余次；动员机关党员参与"五水共治"捐款捐物活动，累计筹得捐款59万元。开展机关"庸懒散"整治调研，印发《机关党员干部基本行为规范》卡片方便保存学习。深化"双精"活动，评选表彰6家先进党组织和10名优秀党员，活动相关信息在市委组织部刊物《旗帜》刊登。参与市"优良作风"展婺城展区布展，制作"婺城区机关优良作风新闻展播"短片，征集、报送反映区机关优良作风物件160多件。

【廉政体系建设】按照婺城区惩防体系(2013—2017)实施方案和工作责任分解，推进惩防体系建设和风险防控机制建设，整理实施工委"党风廉政八项工作任务"。利用手机党校、廉政屏保、机关书屋、党员干部在线教育网站等平台开展反腐倡廉"提醒式"教育，推送各类短信、书籍、课程18批次。推进廉政文化进机关示范点创建工作，区人力社保局成功获批第三批市级"党风廉政进机关示范点"。组织全区机关党组织以"深入开展党的群众路线教育实践活动，加强机关作风建设"为主题，大力开展调查研究工作，全年机关各党组织撰写调研文章62篇。其中，工委本级的《关于机关党建助推"慵懒散"整治的思考》在省工委杂志刊登，并被评为全省机关党建理论研究成果三等奖。落实党员关爱"五必访"制度，建立健全机关党员重大情况发现、报告机制，掌握区管以上领导干部重大情况34人次，开展谈话、慰问28次。开展春节和"七一"期间困难党员慰问55人次，发放党员关爱基金3万3千元。

(郑俊杰)

中国共产党金华市婺城区纪律检查委员会

综 述

2014年是全面深化改革的重要之年。区委、区政府高度重视党风廉政建设和反腐败工作，带头履行“主体责任”、“一岗双责”，专题研究分析反腐倡廉形势，专门部署反腐倡廉工作，协调解决了一批工作难题。各级纪委贯彻落实中央、中央纪委关于党风廉政建设和反腐败工作的一系列新思路新要求，履行党风廉政建设监督责任，推进纪律检查体制改革，全面深化“三转”，进一步严明纪律、严纠“四风”、严惩腐败，党风廉政建设和反腐败斗争取得明显成效。

强化责任担当，贯彻落实“主体责任”。区委高度重视、全面落实党风廉政建设主体责任，不断健全主抓直管工作机制。区委书记带头履行“第一责任人”职责，区委常委会议多次专题听取党风廉政建设和反腐倡廉工作情况汇报，研究部署有关工作。制订下发《婺城区2013-2017惩防体系实施方案》及责任分解，按照“谁主管、谁负责”的原则，将党风廉政建设工作任务及党风廉政建设的主体责任、监督责任细化分解落实到各乡镇(街道)、机关部门。在区委的带领和推动下，党政领导班子成员认真落实“一岗双责”，根据分工抓好职责范围内的党风廉政建设和反腐败工作。建立健全履行党风廉政建设主体责任情况报告制度，下发《关于做好党委(党组)履行党风廉政建设主体责任情况报告工作的通知》，全区19个乡镇(街道)和62个部门向区委、区纪委提交落实主体责任及主要负责人履行“第一责任人”职责情况，各乡镇街道党(工)委书记和部分部门党组书记专题向区纪委常委会作汇报。严肃追究落实主体责任和监督责任不力的领导干部。5月份，查办全市第一起追究主体责任和监督责任的案件，对1名部门党组书记和1名纪检组长进行诫勉谈话。

严明党的纪律，持之以恒纠正“四风”。紧扣“四风”问题，高标准贯彻落实中央“八项规定”精神。加大正风肃纪力度，“高频度、高密度”开展监督检查，严肃执纪问责。针对明察暗访中发现的苗头性、倾向性作风效能问题，及时向机关单位下发《作风效能预警通知书》，并在10日内将核实情况、处理结果报送区群众路线教育正风肃纪组。全年开展明察暗访80次，检查单位1863家次，下发预警通知书91份177人次，下发整改通知书61份77人次，点名道姓通报83人次(其中包括正科级、副科级领导干部)，处理违反工作纪律的工作人员216名。集中开展整治“酒局”“牌局”行动，查处参与牌局干部7人，其中副科级干部1人。狠抓执行力建设，完善巡查、督查、考核和问责机制，提升各级干部执行力，推动各项工作落实。制订出台《婺城区重点工作问责办法》，明确对8种工作推进不力的情形进行问责，对市、区部署的重点工作进展较慢、开展不力的15个单位及其43名主要领导、分管领导进行警示约谈，有力地推进各项重点工作。同时，结合党的群众路线教育实践活动，开展公款消费、领导干部出国(境)管理和组团外出学习考察、“小金库”清理等监督检查，严格控制“三公”经费支出。2014年，全区“三公”经费支出同比下降31.01%。

严肃查处违纪违法案件，保持惩治腐败高压态势。集中精力抓查办案件，2014年查办案件呈现高频度、高职级、高质量的特点，形成惩治腐败的高压态势。全年共受理群众信访举报591件(次)，立案70件70人，移送司法机关12人。查办了原区委委员、新城区副主任金某某受贿案，原竹马乡党委副书记张某某贪污案等副科级以上要案11件。其中，正科级7人，副科级4人，追究刑事责任6人，查办大要案数量、质量、职级、违纪金额均创婺城设区以来的记录。同时，连续两年联合公安、检察院等有关部门开展超概算之风、苗木抢种之风专项治理，狠刹基层歪风，查处工程建设领域案件8起，党政纪立案9人，追究刑事责任6人；查处苗木抢种及评估补偿方面的违纪违法案件3起，5人被追究刑事责任，有效遏制了歪风邪气。严格执行办案纪律，做到安全文明、依纪依法办案。分发挥案管室的监督作用，注重案件的初核工作，注重办案技巧和高科技设备的运用，注重尊重被审查人员的人格，提升办案工作安全和案件质量。此外，在全区纪检系统开展重复信访专项治理，落实领导下访、约访和包案化解制度，构建区、乡、管理处、村四级信访责任机制，有效遏制越级访、重复访、集体访的发生，群众到中央纪委、省纪委集体访和个访数量明显下降。

完善制度机制建设，推动源头治腐工作。坚持把遏制腐败蔓延势头作为目标任务，从机制创新和制度保障出发，推进惩治和预防腐败体系建设。把反腐倡廉宣传教育纳入全区宣传教育总体工作，推进廉政文化“六进”工作，以身边的案例教育警示党员干部，加强党员领导干部党纪国法、廉政法规和从政道德教育。邀请省纪委副书记罗悦明到婺城上专题辅导课，取得较好的教育效果。深化廉政风险防控机制建设，建立完善“两张清单一张网”，全区列出具体责任事项2839项，梳理公布权力清单3056项。同时，开展村务监督委员会规范化建设、居务监督委员会建设、校务监督委员会建设等工作，夯实基层基础党风廉政建设。

全面深化纪律检查体制改革，强化纪检干部队伍建设。围绕“三转”工作要求，突出党的纪律检查和行政监察两项职能，促进全区纪检监察组织回归主责主业。根据上级党委和纪委有关工作部署，按时完成区纪委内设机构改革，新增科室1个，合并科室2个，纪检监察室增加至3个。开展部门、乡镇(街道)纪检干部兼职问题的清理规范工作。23名纪检组长(纪委书记)共清理兼职11项、分工99项，19名乡镇(街道)的纪(工)委书记清理分工54项。结合婺城区实际，改革乡镇、部门落实党风廉政建设责任制考核办法，对考核项目、内容、方式等做了大幅度改进，实行每月申报和通报制度，提升党风廉政建设及反腐败工作的刚性，推动乡镇党委履行党风廉政建设主体责任。

【六届区纪委四次全会】 3月7日，中共金华市婺城区第六届纪律检查委员会第四次全体(扩大)会议召开，会议听取和审议了题为《完善体制机制 提升治理能力 深入推进党风廉政建设和反腐败斗争》的工作报告。表彰了先进，研究部署今后一个时期全区纪检监察工作。

【党的群众路线教育实践活动】 2月起，按照中央、省、市和区委的统一安排，开展委局党的群众路线教育实践活动，制订下发《婺城区纪委监察局机关深入开展党的群众路线教育实践活动实施方案》，按照要求不折不扣完成“学习教育、听取意见”“查摆问题、开展批评”“整改落实、建章立制”3个环节，自觉地做到先学一步、学深一些，保证不降标准、不打折扣。

【“二七区块”改造工程】 参与推进“二七区块”旧城改造征收及纪检督查组有关工作，下发《关于全区党员干部在“二七区块”改造工程中发挥模范带头作用严格遵守有关纪律的通知》，严明各项纪律，加大明察暗访力度，严肃查处违纪违法行为，保障“二七区块”改造工程顺利推进。

【内设机构改革】 根据《关于印发中共金华市婺城区纪律检查委员会机关金华市婺城区监察局主要职责内设机构和人员编制规定的通知》《关于调整区纪委(区监察局)机关内设机构的批复》等文件精神，开展委、局内设机构调整。调整后，设内设机构10个，增设宣传教育室，撤销执法监察室、党风廉政建设室、纠正部门和行业不正之风办公室(区政府纠正部门和行业不正之风办公室)，设立党风政风监督室(区政府纠正部门和行业不正之风办公室)；撤销纪检监察室，设立第一至第三纪检监察室，监督执纪问责力量进一步提升。

【回归主业工作】 参照市纪委做法，对委、局原参与的94项各类议事协调机构进行规范清理，清理后保留与纪检监察业务相关的15个经常性议事协调机构和3个阶段性议事协调机构。同时，推进基层纪检组织回归主业工作，制订《关于婺城区乡镇纪检监察组织回归主业工作的实施意见》，开展乡镇（街道）纪检干部和部门纪检组长兼职问题的清理规范，各部门纪检组长（纪委书记）清理出其他业务99项、职务11项，各乡镇（街道）纪（工）委书记清理兼职4个、清理分工54项。

【重点工作问责】 制订《金华市婺城区重点工作问责办法》，列举在重点工作推进落实中8种问责情形，明确效能告诫、责令公开道歉、通报批评、停职检查、引咎辞职、责令辞职或免职等9种问责方式。

【清理乡镇（街道）、村（社区）挂牌工作】 3月起，通过排查摸底、全面清理、督查巩固"三步走"方式，开展村（社区）"三多"事项清理整改，清理后每个村（社区）悬挂的机构牌子从100余块减少至4块，考核评比项目从27项减少至8项，创建达标项目从76项减少至31项。同时制订《婺城区村级事务准入制实施办法》，厘清明确申报准入的范围、申请、审批、准入委托、准入管理、推出与撤销等流程，对村级事务准入进行规范。

【开展"三治三问"活动】 开展区机关部门和省市垂直管理部门重点岗位"治庸问效、治懒问责、治腐问廉"为主题的"三治三问"活动，将118个重点岗位列入"三治三问范围"，对12种庸、懒、散、慢行为进行集中治理，解决少数单位和干部中的突出问题。

【开展正风肃纪行动】 紧扣"四风"问题，开展"正风肃纪抓执行，攻坚破难促发展"为主题的作风建设系列活动。针对"四风"具体问题，按照"每月有大检查，每周有小检查"的要求，开展明察暗访，严肃查处违纪违规行为。制订《婺城区机关效能"扣分警示制"管理办法》，通过预警通知、督查整改、实名通报三步走，确保将检查结果真正落到实处。区纪委监察局下发浙江省纪委《关于进一步严明纪律切实解决"酒局""牌局"等问题的通知》，再次传达和重申省、市纪委相关要求，巩固落实"中央八项规定"精神，切实防止"酒局""牌局"等问题反弹、回潮。文件要求各级党委（党组）和纪检监察机构担负起主体责任和监督责任，认真抓好相关文件规定的贯彻执行，切实做到"七个一律"：省内公务活动一律不准提供各类烟酒；同城一律不准安排公务用餐；下基层工作时一律不准接受宴请和夜宵；一律不准借干部调整、岗位变动等名义用公款安排宴请和聚餐；一律不准使用私人和企业会所、高消费餐饮场所，或者在单位食堂、内部招待所、农家乐等场所搞变相的公款大吃大喝；一律不准参与带有赌博性质的活动；上班时间、工作日午休和公务出差期间一律不准参与打牌、打麻将等活动。

【校务监督委员会建设】 探索学校监督机制建设，在4所学校试点校务监督委员会制度，选出成员19人，试点以来监督事项76项，截至年底，提出合理化建议80多条。（蒋　程）

金华市婺城区人民代表大会常务委员会

综　述

婺城区人大常委会在中共婺城区委的领导下，全面贯彻党的十八大和十八届三中、四中全会精神，坚持党的领导、人民当家做主与依法治国有机统一，围绕中心，服务大局，认真行使宪法和法律赋予的职权，全年召开常委会会议10次、主任会议27次，听取审议专项工作报告19个，开展执法检查2次，作出决定决议16项，组织代表视察6次，依法任免国家机关工作人员175人次。

严格履行法定职责，全力服务科学发展。做好听取和审议区政府半年计划、财政和2013年度审计、2014年度预算分解情况报告等常规性监督工作的同时，重点开展五水共治、四破整治、三改一拆等专题调研、视察，听取区政府投资重大项目落实情况、婺城新城区规划提升、仙源湖度假区规划扩容专项报告，为婺城经济转型升级献计献策。围绕社会建设和保障民生，开展幼儿园食品安全、农业面源污染治理等视察活动，听取区农村文化建设工作报告。按照区委要求，组织全体区人大机关干部全力投身“二七区块”旧城改造房屋征收工作。听取和审议区政府关于社区矫正工作、区法院关于立案工作、区检察院关于规范化建设情况专项报告，组织开展民事诉讼法实施情况执法检查和科技进步执法检查，制订常委会监督司法机关工作办法，备案审查区政府规范性文件，加强人大信访事项交督办工作，深入推进依法治区。坚持党管干部和依法任免有机统一，依法开展人事任免，首次组织常委会新任命的国家机关工作人员举行宪法宣誓仪式。

主动融入治水攻坚，积极发出人大声音。围绕省、市、区委关于五水共治的重大决策部署，突出发挥代表在保护环境、改善民生、推进生态文明建设中的模范带头作用，作出决定号召全体区人大代表参与五水共治“四联系四带头”活动。根据上级人大的统一部署，及时启动听取和审议防洪排涝专项报告相关工作，组成调研组到长湖、桐溪、白沙溪、厚大溪、莘畈溪等地，就婺城区政府、市开发区管委会推进防洪排涝工作情况实地走访调研，并开展五水共治工作专项视察，听取和审议区政府专题汇报，向有关单位部门提出针对性建议意见。组织开展“检验五水共治成果，申报可游泳河段”活动，及时做好活动解释宣传，在体现五水共治成果的同时，将活动作为宣传人民代表大会制度的载体。经常委会会同区政府实地走访了解，并由区政府按照相关标准和程序确定，向市人大常委会申报“白沙溪琅琊镇到白龙桥镇段”为可游泳河段。

尊重代表主体地位，积极发挥代表作用。注重丰富代表活动，组织代表开展调研、视察、执法检查活动，邀请代表列席常委会会议和政府常务会议，观摩法院庭审等，全年代表参与相关活动累计百余人次。围绕中央全面深化改革和省人大法规梳理工作，组织代表开展查找不适应全面深化改革要求的法律法规条文主题活动。持续督办代表建议，及时对区八届人大三次会议收到的294件代表建议整理交由36个单位分别办理，加强对各建议承办单位办理情况的跟踪督促和公开通报。重视对换届以来代表建议的持续跟踪监督，召集未解决建议数量较多的7个单位召开区八届人大一次、二次会议“正在办理”建议情况汇报会，对仍然处于“正在办理”代表建议提出解决的方法和途径。全面推进代表述职，各乡镇街道人大及时按照常委会的要求，精心组织，分批安排辖区代表述职。全年累计60多名区人大代表向所在选区选民汇报履职情况。

注重完善工作机制，持续增强监督刚性。按照监督法有关规定制订监督工作意见交办及反馈办法，对常委会在开展监督活动后，向有关机关提出监督意见的处理及跟踪进行明确。1月，按照政府投资重大项目审查监督暂行办法，首次对区政府提交的政府投资重大项目计划进行审查监督。9月，根据项目实施情况，常委会再次按程序对确需调整的政府投资重大项目进行审查监督和表决，规范政府投资行为。在深入调研、广泛征求意见的基础上，举行婺城区第二人民医院迁建工程实施情况专题询问活动，实现监督手段破题。

牢固树立规范理念，不断夯实基层基础。在认真总结婺城实践和学习借鉴兄弟人大先进做法的基础上，制订和完善街道人大工委工作规则等一系列制度规范，并整理印制乡镇街道人大规范化制度汇编和“六簿一册”。要求各乡镇街道人大按照“一化”“二室”“四规范”“五上墙”的要求，做好乡镇、街道人大规范化建设工作。在认真总结街道代表联民工作站实践经验基础上，作出在乡镇设立人大代表联民工作站的决定，将街道代表联民站向乡镇延伸推广，实现婺城27个乡镇街道代表联民工作站全覆盖。按照市委、市人大有关“探索街道人大议政会”要求，认真开展专题调研，组织相关办委到金东区人大就街道议政会等工作取经交流，在试点基础上全面推行。

着眼提升履职实效，狠抓人大自身建设。开展群众路线教育实践活动，组织动员会、集中学习、专题党课、征求意见会，开好专题民主生活会，坚持从严从实、领导带头、开门整改、常态长效的原则，对三大项整改清单34条问题逐项进行整改。着眼规范和加强常委会组成人员依法履职活动，在充分调研和征求意见的基础上，制订常委会组成人员履职细则。举办以提升人大常委会组成人员履职能力为主题的读书会，邀请省委党校教授专题授课，进行履职情况交流。结合开展群众路线教育实践活动自查和征集到的意见建议，及时研究整改措施，掌握人大机关整体工作进度，总结阶段性成效和存在不足，深化人大工作的计划安排、督促落实，制订机关工作例会制度。

【区八届人大三次会议】 2月10～13日，区八届人大三次会议在区行政中心召开。出席会议的区人大代表277名，列席人员196名，参加区政协三届三次会议的全体委员列席会议。会议听取和审查区政府区长王健所作的政府工作报告，审议金华经济技术开发区管委会工作报告，审查金华市婺城区2013年国民经济和社会发展计划执行情况及2014年国民经济和社会发展计划草案的报告、金华市婺城区2013年财政预算执行情况和2014年财政预算草案的报告，听取和审查区人大常委会主任张菲菲所作的金华市婺城区人民代表大会常务委员会工作报告、区法院院长张永伟所作的金华市婺城区人民法院工作报告、区检察院检察长徐洪彬所作的金华市婺城区人民检察院工作报告。会议通过关于批准上述七个报告的相应决议。会议还表彰了2013年度区人大工作先进单位和先进个人。

【区人大常委会会议】 1月22日上午，区八届人大常委会举行第17次会议。会议听取和审议区政府关于2013年政府投资项目完成情况和2014年政府投资项目计划安排情况的报告，审查批准2014年区政府投资重大项目计划。听取和审议区政府关于区八届人大二次会议代表建议办理情况的报告。通报关于区八届人大三次会议筹备工作情况，审查通过关于代表资格审查情况的报告，审议提出区八届人大三次会议议程草案、主席团和秘书长名单草案、大会日程草案，审议通过区八届人大三次会议列席和邀请人员名单，讨论通过关于表彰2013年度人大工作先进单位和先进个人的决定，审议通过区人大常委会工作报告稿，初审区政府工作报告、市经济技术开发区管委会工作报告、计划工作报告、财政工作报告、法院工作报告、检察院工作报告。以无记名投票方式通过主任会议的有关人事提请，补选樊振华为金华市第六届人大代表。

3月26日上午，区八届人大常委会举行第18次会议。会议审议通过区人大常委会2014年工作要点（草案）、区人大常委会关于监督工作意见交办及反馈办法(草案)、区人大常委会关于在区人大代表中开展"'五水共治'四联系四带头"活动的决定(草案)、区人大常委会关于在乡镇设立人大代表联民工作站的决定(草案)、区人大常委会关于开展区人大代表向选民述职的实施意见(草案),并就区人大常委会组成人员履职细则(征求意见稿)向常委会组成人员征求意见。听取和审议区检察院有关申请报告,以举手表决方式作出相关许可决定。以无记名投票方式通过主任会议、区政府、区法院、区检察院的有关人事提请。

4月10日上午,区八届人大常委会举行第19次会议。会议审议通过区人大常委会街道工作委员会工作规则(草案)。分别以无记名投票方式、举手表决方式同意有关市、区代表辞职报告。以无记名投票方式通过区政府的有关人事提请,决定免去卢颐丰、达珍的区政府副区长职务。

5月14日上午,区八届人大常委会举行第20次会议。会议讨论通过区八届人大三次会议代表重点建议督办意见、区人大常委会组成人员履职细则。以无记名投票方式通过主任会议提请的罢免有关市代表职务议案。分别以无记名投票方式、举手表决方式同意有关市、区代表辞职报告。以无记名投票方式通过主任会议、区法院、区检察院的有关人事提请。

5月28日晚,区八届人大常委会举行第21次会议。会议以无记名投票方式通过区政府的有关人事提请,决定免去邵永华的区政府副区长职务。

6月5日上午,区八届人大常委会举行第22次会议。会议以无记名投票方式同意有关市代表辞职报告。以无记名投票方式通过区政府、区法院的有关人事提请。

7月16日,区八届人大常委会举行第23次会议。会议听取和审议区政府关于"五水共治"工作情况的报告、区政府关于防洪排涝工作情况的报告、区人大调研组关于全区防洪排涝工作的调查报告、区法院关于立案工作情况的报告、区检察院关于规范化建设情况的报告。分别以无记名投票方式、举手表决方式同意有关市、区代表辞职报告。以无记名投票方式通过主任会议、区政府的有关人事提请,决定任命李小庆、朱立工、唐学兵为区政府副区长,决定免去王金生的区政府副区长职务。

9月12日,区八届人大常委会举行第24次会议。会议听取和审议区政府关于2014年上半年国民经济和社会发展计划执行情况的报告、2013年度财政决算草案和2014年7月止预算执行情况的报告、2013年财政预算执行和其他财政收支的审计工作报告,审查批准2013年度区财政决算。听取和审议区政府关于农村文化工作情况的报告、关于区八届人大三次会议代表建议办理情况的报告。听取和审议区政府关于部分政府性投资重大项目计划调整情况的报告,审查批准部分政府性投资重大项目调整计划安排。听取金华市公安局江南分局有关申请报告,以举手表决方式作出相关许可决定。以无记名投票方式通过主任会议、区政府、区法院的有关人事提请,决定免去孔月明的区政府副区长职务。

11月26日上午,区八届人大常委会举行第25次会议。会议听取和审议区政府关于婺城新城区规划提升情况的报告。听取和审议区法院、区检察院关于贯彻实施《中华人民共和国民事诉讼法》情况的报告和区人大常委会《中华人民共和国民事诉讼法》执法检查组执法检查情况的报告。审议通过区人大常委会监督司法机关工作办法(草案)。以无记名投票方式同意有关区人大常委会组成人员辞去常委会委员职务报告。以举手表决方式同意有关代表辞职报告,讨论决定补选区八届人大代表有关事宜。以无记名投票方式通过主任会议的有关人事提请,补选王健、许光明、周卫中、余秋荣为金华市第六届人大代表。以无记名投票方式通过区政府的有关人事提请,决定任命李唯为区政府副区长。

【视察活动】4月23日,组织部分人大代表们视察"五水共治"工作情况。视察组实地察看长湖、桐溪、白沙溪整治情况,听取区政府关于"五水共治"工作情况汇报。

4月30日上午,婺城区人大组织区人大常委会组成人员、区人大机关党员干部、部分人大代表到沙畈乡银坑村瞻仰了开国元勋——粟裕大将曾办公、生活的住所,并来到革命烈士陵园,缅怀革命先烈,接受革命传统教育。为重修粟裕将军曾办公、生活住所捐款，现场共筹集款项21300元。

5月23日，组织部分人大代表视察农业面源污染治理工作情况。视察组实地察看乾西乡、长山乡等地畜禽养殖污染治理情况，听取区政府关于农业面源污染整治工作情况汇报。

8月15日，组织部分人大代表视察违法用地图斑拆除整改复耕工作。视察组实地察看新狮街道、白龙桥镇等地拆违现场和违法用地图斑拆除整改复耕情况，听取区政府关于“三改一拆”和2013年度卫星遥感违法用地图斑拆除整改工作情况汇报。

9月30日，组织部分人大代表视察“四破”专项整治工作。视察组实地察看信华鞋业、阳帆空气能等四处“四破”整治点，听取区政府关于“四破”工作情况汇报。

10月16日，组织部分人大代表视察区幼儿园食品安全工作。视察组实地察看浙师大幼儿园、婺城区机关幼儿园、星河湾幼儿园等城乡幼儿园，听取区政府关于幼儿园食品安全工作情况汇报。

10月24日，组织部分人大代表视察交通工作。视察组实地察看330国道外迁改造、西二环跨沪昆公铁立交桥建设、白门线琅琊集镇段改造提升工程等项目现场，听取区政府关于交通建设情况汇报。

【《民事诉讼法》执法检查】 5～10月，区人大常委会采取区法院、检察院自查和执法检查组检查相结合的方式，对全区贯彻实施新修正的民事诉讼法情况进行执法检查。执法检查的主要内容是组织学习宣传民事诉讼法的主要情况、贯彻实施民事诉讼法的法律适用情况、当前贯彻实施民事诉讼法中存在的主要困难与问题，完善法律法规的相关意见与建议、下一步贯彻实施民事诉讼法的主要工作与措施四个方面。在法院、检察院全面自查的基本上，执法检查组采取听取汇报、召开座谈会、明察暗访和随机抽查案卷相结合等方式进行检查，督促区法院、区检察院进一步端正民事司法理念，规范民事司法行为，提高民事司法能力，正确适用法律，更好地保护当事人行使诉讼权利，维护我区经济社会秩序和公平正义，切实维护社会和谐稳定。

【五水共治“四联系四带头”活动】 3月，区人大常委会作出决定，在全体区人大代表中开展“‘五水共治’四联系四带头”活动。活动围绕深入贯彻落实党的十八大、十八届三中全会精神和省、市、区委关于“五水共治”的重大决策部署，继续深化省人大常委会关于“关心母亲河溪，查找水污染源，恪尽代表职责”主题活动，努力使代表在保护环境、改善民生、推进生态文明建设上积极发挥人大代表模范带头作用。主要内容包括四个方面：联系一批选区选民，带头参与“五水共治”；联系一项治水工程，带头推进项目实施；联系一个重点区域，带头巡查污染情况；联系一段污染水域，带头监督污染治理。4月底，区人大常委会按照省人大常委会关于在全省各级人大常委会、各级人大代表中开展“切实履行人大职责，全力推进‘五水共治’”主题活动要求，对四联系四带头活动进行深化部署。

【首次专题询问活动】 10月22日上午，区人大常委会举行专题会议就婺城区第二人民医院迁建工程实施情况开展专题询问。询问会上，区政府分管领导汇报迁建项目建设情况，部分常委会组成人员及区人大代表分别就针对该迁建工程的必要性、各部门在该项目中开展的具体工作等方面进行询问，婺城新城区、区卫生局等相关部门负责人针对询问现场一一作出详细回答，询问结束后区政府分管领导作表态发言并对今后工作提出工作要求，专题询问会至始自终充满深入沟通和积极互动的浓厚氛围。该次专题询问活动是区人大常委会按照监督法相关要求，学习借鉴外地人大经验做法而开展的首次专题询问活动。

【乡镇(街道)人大代表联络站全覆盖】 3月，区人大常委会作出在乡镇设立人大代表联民工作站决定，并先行在乾西乡开展试点工作。5月上旬在乾西召开现场会进行全面部署，至6月底辖区18个乡镇的代表联民站全部成立并开展接访选民活动。加上2012年底挂牌运转的9个街道代表联民站，婺城区辖区27个乡镇(街道)的代表联民工作站实现“全覆盖”。后根据省市人大的要求，将代表联民站更名为人大代表联络站，并统一制作铜牌进行更换。

【街道议政会】 3月中旬，区人大常委会按照市委、市人大的要求，专程组织相关办委到金东区东孝街道就街道议政会及人大工作取经交流，并于4月初在城中街道启动议政会试点工作。5月8日下午，在城中街道举行街道议政会现场会进行全面部署。街道议政会由街道党工委授权建立，街道人大工委具体负责议政会的日常事务，在区人大常委会和街道党工委的领导下，集中社会各方面的智慧和力量，以服务基层民主建设、和谐社会建设和社会事业发展为目标，积极发动议政会成员建言献策，对推进街道办事处依法行政、依法理财和民主决策进行有益探索。至7月17日，区内9个街道的第一届议政会第一次会议全部召开。

【代表向选民述职活动】3月，区人大常委会就区人大代表向选民述职活动向各乡镇街道人大印发意见，对代表述职活动作出部署。代表述职活动一般以代表撰写述职报告，在述职评议会议上以口头表达的方式进行。述职评议会分代表述职、选民对述职代表进行口头评议、无记名书面测评、公布测评结果、会议小结等环节。各乡镇人大主席团、街道人大工委负责辖区内区人大代表述职活动的计划安排组织，原则上每位区人大代表在任期内向选民述职一次。乡镇人大代表向选民述职活动，由各乡镇人大主席团参照实施意见适时组织实施。

（欧阳靖宇）

金华市婺城区人民政府

综 述

婺城区政府在市委、市政府和区委的正确领导下，在区人大、区政协的有力监督支持下，全区上下认真贯彻落实市委市政府和区委的决策部署，切实执行区八届人大三次会议决议，深入实施“三个提升年”活动，统筹做好稳增长、促转型、惠民生各项工作，较好地完成了各项目标任务。成功创建全国义务教育发展基本均衡区，被授予全国水利先进集体、省平安区银鼎、省双拥模范区、省“河姆渡杯”粮食生产先进银奖等荣誉称号。

截至2014年年底，婺城区辖9镇、9乡、9街道（其中金西开发区的汤溪镇、罗埠镇、洋埠镇于2013年10月与市开发区整合），571个村民委员会，96个社区居委会。土地总面积1391.24平方千米。年末全区户籍管理人口63万人。全区人口出生率10.55‰，与上年同期相比上升0.78个千分点；死亡率8.37‰，与上年同期相比上升2.65个千分点；自然增长率2.18‰，与上年同期相比下降1.86个千分点。

全区实现区属地区生产总值232.1亿元，增长7%；其中：第一产业增加值13.09亿元，增长2.6%；第二产业增加值69.5亿元，增长6.1%；第三产业增加值149.51亿元，增长7.8%。在第三产业中，交通运输、仓储和邮政业增长11.9%，批发零售业增长13.5%，住宿餐饮业增长9.3%，金融业增长7.6%，房地产业下降10.4%，其他服务业增长7.9%，人均生产总值60844元，比上年增长6.9%。第一、二、三产业增加值占地区生产总值的比重由上年的5.9:30.7:63.4调整为5.6:29.9:64.4。

财政总收入32.6亿元，其中区级财政收入7.7亿元，增长9.3%；固定资产投资89.3亿元，增长15%。其中，投资项目投资40.8亿元，同比增长15.9%，房地产开发投资48.5亿元，同比增长14.2%。投资项目中工业投资20.2亿元，同比下降9.2%。按投资的产业分：第一产业完成投资6697万元，同比增长29.8%；第二产业完成投资20.2亿元，同比下降9.2%；第三产业完成投资68.5亿元，同比增长24.5%。社会消费品零售总额266.6亿元，增长10.1%。

【工业经济】 完成工业总产值301.7亿元，规上企业实现产值153.7亿元。汽摩配等七大支柱产业保持稳定，实现规上产值103.1亿元，占规上工业总产值的67.1%。完成限额以上工业投资20.2亿元。扎实推进“四换三名”“两化融合”工作，新增市级“机器换人”示范企业4家、试点企业31家，万里扬被列入省级首批“三名”培育试点企业。“四破”专项整治取得成效，收回土地30.07公顷，盘活98.8公顷，消化批而未供76.4公顷，处置低小散企业162家。培育壮大企业主体，新增亿元企业4家。完成个转企145家、小上规14家。企业效益稳步回升，实现规上工业企业利润7.4亿元，增长3.6%。节能降耗成效明显，电镀、造纸、印染、化工等行业整治基本完成。品牌建设加快推进，创省市名牌10只、著名商标7只。

全年实现外贸进出口总额8.7亿美元，同比增长13.7%，其中自营出口额8.4亿美元，同比增长15.6%；合同利用外资2827万美元，同比增长32.6%；实际利用外资1043万美元，同比下降15%。

【农业及两区建设】全年完成农业总产值22.5亿元,同比增长2.8%,完成农业增加值13.1亿元,同比增长2.6%。全年粮食作物播种面积13466.67公顷,同比下降5.4%,粮食总产量7.5万吨,同比下降7.4%。花卉苗木种植面积4026.67公顷,同比增长2.5%。全区油菜籽产量3896吨,同比增长8.4%;蔬菜产量6.8万吨,同比增长4.4%;水果产量3.3万吨,同比增长2.5%。全年生猪出栏38.2万头,同比下降4.6%;奶牛存栏数13979头,同比下降12.3%;牛奶产量40454吨,同比增长5.2%;水产品产量8114吨,同比增长43%。

全年完成造林面积816.07公顷,迹地更新339.13公顷。完成成林抚育面积2264.67公顷,低产林改造面积513.53公顷,封山育林面积35551.33公顷。

新建粮食生产功能区16个733.33公顷。蒋堂奶牛精品园通过省级验收,琅琊红豆杉、油茶精品园列入省级现代林业精品园创建点,新建现代农业精品园4个。农业主体不断壮大。新增全国示范性农民专业合作社3家,省级林业龙头企业2家、市级4家。新增省级示范性家庭农场4家、市级10家。出台生态畜牧业发展专项规划,启动限宜养区畜禽养殖场整治提升,建成农牧对接示范点3个。农产品质量安全有效保障,累计通过认证无公害产地41个、农产品56个、绿色食品10个、有机产品5个。

【现代服务业】实现第三产业增加值149.5亿元,增长7.8%,第三产业占生产总值比重提高到64.4%。信息产业蓬勃发展,扩建网商一条街、海信分园、玉泉分园等电子商务专业园区,完成存量物业利用11.2万平方米,入园企业增至180余家,交易额达28亿元。合丰服务外包产业园、云安阁互联舆情监测平台、中国电信云计算金华分中心、浙师大网络经济创业园等项目开工建设。大力推进“电商换市”工程,建成县级电子商务服务中心1个、村级服务点150个,开展电商培训4000余人次。农村市场流通等市场体系建设有序推进,创建省级放心农贸市场2家,建成再生资源回收利用分拣中心2个、回收网点74个。旅游业快速发展,接待境内外游客人数、旅游总收入分别增长12.2%和19%。

【园区建设】婺城新城区产城联动发展取得突破。浙中乐园、伟达雷迪森酒店投入运营,婺州城市广场二期、新宇宏腾生活广场、尚格酒店基本完工,公安应急指挥中心结顶,金华银行婺城支行即将结顶,区第二人民医院迁建、婺城小学北扩、荣光国际学校开工建设。新建、续建商品房项目13个,建成商住房20万平方米。在建工业项目37个,其中开工10个、竣工投产10个;实现工业总产值191.9亿元、财政收入6.7亿元,完成工业投入19.5亿元。双龙风景区旅游品质不断提升。黄大仙景区控制性详规通过国家住建部审批,罗店千年风情小镇完成规划设计,智者寺二期主体、尖峰山休闲公园提档改造二期基本完工。景区配套不断完善,建成大型停车场和公交免费换乘点。加强营销推介,景区知名度进一步提升。开展“五乱三黑”综合整治,旅游环境不断优化。仙源湖度假区建设有序推进。完成度假区40.57平方千米扩建可研报告并通过市级审批,开展安地老镇区67.5公顷控制性详规编制。水电路桥等配套进一步完善,仙草苑养生文化园、动物园嘉年华投入营业,桂花山庄主体结顶,水上运动中心建设加快,成功引进南山双子湖旅游度假综合体项目。新建、续建房地产项目6个,建成商住房20万平方米。

【改革创新】推进行政审批制度改革,清理权力事项996项,减少审批事项102项、审批环节340个。实施服务窗口整合改革,推行“全城通办”注册登记模式。开展“四张清单一张网”机制建设,区级权力清单和责任清单全面公布。推进财政管理改革,完成全口径预算编制,全面实施国库集中支付和公务卡支付改革。完成食品安全监管体制改革。启动农村确权赋权改革,实现农村土地承包经营权登记制度全覆盖,三分之一以上行政村完成村经济合作社股份制改革。开展流通业综合改革,10个项目列入市第一批国家级现代服务业综合试点。第二土特产企业改制、东方红林场改革和公车改革有序推进。完成第三次经济普查。招商引资取得新成果。引进内资项目39个,到位资金16亿元;外资项目4个,实到外资1043万美元;浙(婺)商回归项目21个,到位资金8亿元。对外贸易不断扩大。实现外贸进出口总额8.7亿美元,增长13.7%,其中出口贸易额8.4亿美元,增长15.6%,进口贸易额3879万美元。创新主体培育成效明显，获批各级科技立项61项，其中国家级6项；新增省科技型中小企业13家、省级农业科技企业2家、省创新型示范企业1家、市级以上高新技术企业8家、高新技术研发中心7家。完成新产品产值68.2亿元，增长8.4%。创新能力不断提高，专利申请2131件，其中发明专利授权149件，列全市第一。人才工作取得新成效，培养引进国家、省“千人计划”人才各1名，入选“双龙计划”人才项目3个。

【城乡建设】基本完成4个镇的控规编制，完成4个中心村的规划编制和30个村的规划调整。强化基础设施建设。完成杭长高铁征迁扫尾工作，高铁正式开通。西二环跨沪昆公铁立交东半幅建成通车。东市街北延、丰亭东路、竹马货场等项目政策处理完成。330国道迁改、杭金衢高速拓宽、汤莘公路及衢江航运工程有序推进，宾虹西路拓宽改造工程基本完工。完成农村公路大中修50千米、联网公路16千米。开通金兰城际公交、K615，优化309、K619公交线路，公交分担率达62%，交通出行环境明显好转。完成220KV“双龙-乾西”等输电线路工程。南网金华燃机支线全线贯通。“三改一拆”深入推进。拆除违法建筑107.7万平方米，改造旧住宅37.1万平方米、旧厂区16.7万平方米、城中村40万平方米。二七新村改造强力推进，签约率达97.6%。城市管理继续深化。加强拥堵治理，金兰中线和工贸街整治成效明显；修补背街小巷1.7万平方米，地下管道清淤95千米；兰溪门市场周边等占道经营得到有效整治。集镇建设稳步推进。铺设集镇污水管道16.1千米，雅畈历史街区古街修复工程启动，安地镇垃圾中转站完成改造提升。启动5个城中村改造，开工建设安置房32万平方米，金品小区基础工程竣工，通园小区改造完成。美丽乡村建设扎实推进。桂花飘香风景线建设基本完成，建成市级精品村3个、市级秀美村10个、洁美村81个、散落历史建筑保护点3个，琅琊镇被评为市级美丽乡镇。

【“五水共治”】全面打响“五水共治”攻坚战，投入资金5.9亿元，实施治水项目23个，列入省市考核的交接断面水质总体优秀。大力治污水，开展垃圾河治理大会战，清理河道1000余千米；实施长湖综合治理，水质和周边环境明显改观；完成截污纳管64.6千米，蒋堂镇污水处理厂投入运行；推进温室甲鱼等养殖业污染整治，关停拆除禁养区畜禽养殖场2236家66.2万平方米；取缔非法采砂场62家；省市县乡四级河道保洁实现全覆盖，莘畈水库和11座小(一)型水库实现洁水养鱼。全力保供水。沙金兰饮用水源水质保持II类；完成农村饮用水改造提升10个村。致力防洪水、排涝水。完成水库除险加固2座，整治山塘6座、河沟40千米；基本完成白沙溪中小河流治理工程琅琊段、白龙桥古方段。努力抓节水。新增节水灌溉面积400公顷；工业节水技术改造有序推进。城乡环境明显改善。开展市容环境整治，清理垃圾1.2万吨，恢复绿化3万平方米；基本完成农村生活污水治理139个村，农村垃圾集中清运覆盖率达100%；以竹马、箬阳试点为基础，368个村启动垃圾分类减量化处理，32个村实现户、村二级分类。狠抓气尘合治。开展市区环境空气质量提升百日攻坚专项行动，四中监测站点PM2.5浓度平均下降11.4%。抓好森林资源管护。完成造林更新9708亩，开展义务植树130万株；创建省级森林城镇1个、森林村庄3个、市级绿化示范村12个；琅琊镇被评为国家级生态镇。

【民生工作】居民收入较快增长。城镇、农村居民人均可支配收入38318元和16366元，分别增长9%和10.8%。人均消费性支出23711.9元和11489.1元，分别增长4.3%和1.7%。其中食品烟酒消费支出6677.6元和4349.6元，同比增长13%和12.6%。优化就业创业服务，成功举办首届青年创业大赛，新增就业岗位4500个，实现再就业2252人，城镇登记失业率为2.7%，完成农村劳动力素质培训3100人。启动全民参保登记工作，城乡居民基本医疗保险参保人数达21.4万，购买大额医疗补充保险人数达2.1万。城乡居民养老保险稳步推进。社会救助体系进一步完善。2014年，城镇低保标准每人每月588元，农村低保标准每人每月425元，符合低保条件的城乡居民已全部纳入低保。全区有3454户4993名城乡低保对象、2837户4292名低保边缘困难群众、538名重度残疾人享受相应救助，累计发放低保、低保边缘、重残、医疗等各类救助款2800余万元；发放冬春荒生活补助100万元，主要用于6600余户因灾受困群众的生产自救。区慈善总会成立，开展“2014年慈善温暖行动”、慈善助学系列活动，发放慈善救助金200多万元；做好慈善总会筹备前期基础工作，宣传发动并开展募捐，2014年共收到善款45万余元。按政策落实全区90名符合条件的孤儿(或困境儿童)基本生活费的发放，发放孤儿基本生活费95万元。做好水库移民后期扶持工作，发放直补资金1011.42万元，全区共有16857名直补移民受益。加强区划地名管理，统一制作路门牌1936块，完成婺城、兰溪行政区划界线勘界的联合检查。

社会福利事业蓬勃发展，新建居家养老服务照料中心120家，全区3800多名老人享受到居家养老政府购买服务政策。五保对象集中供养率达98%。政策性农村住房保险参保率达99.4%。多措并举推进山区扶贫，争取各类补助资金4120万元。继续实施小额扶贫贷款，发放小额贷款1464万元，新建资金互助社2个。移民安置加快推进。完成乾西移民新村三期安置241户637人，启动蒋堂移民安置小区建设，实施水库移民村及库区规划安置村扶持项目100个。

完成农村劳动力素质提升培训3100人，其中转移就业培训536人，农村实用人才培训2564人。新增就业岗位4500个，失业人员实现再就业2252人，其中就业困难人员再就业188人，城镇登记失业率2.72%，远低于4%的控制目标。

【社会事业】教育事业扎实推进。罗店小学改建、婺州外国语学校建设启动，5所薄弱学校改造和43所学校硬件改造全面完成，省级标准化学校创建稳步推进。建立教师流动制度，城乡师资进一步均衡。学前教育、义务教育、职业教育齐头并进，教育质量全面提升。年末全区有职业高中1所，专任教师227人，在校学生5066人；普通初中17所，专任教师1124人，在校学生12836人；小学31所，专任教师1819人，在校学生28637人；幼儿园136所，专任教师1143人，入园儿童17680人。

文体事业不断发展，建设农村文化礼堂32家，举办各类巡回演出、大型文艺比赛、文化走亲等84场，送戏下乡140场,送书下乡2万余册。全区15个乡镇街道完成综合文化站建设。竞技体育成绩喜人，婺籍运动员在省第15届运动会上获得金牌、总分均列全市第一。群众体育广泛开展，新增小康体育村65个。12个乡镇被评为浙江体育强乡镇，1个社区被评为浙江省城市体育先进社区。全区有政府办医疗卫生机构?24个，卫生技术人员689人，民营医疗机构26家，个体诊所、村卫生室232家，核定医疗床位481张。2014年参加城乡居民医保21.4万人，参合率达到97%。全区19家卫生院(社区卫生服务中心)、39家具备运行条件的社区卫生服务站以及125家村卫生室实施了基本药物制度，实施率为93.29%，达到了浙江省卫生厅的实施要求。卫生信息化建设实现全覆盖，公共卫生服务水平不断提高。2014年度开展城乡居民健康体检，参保城乡居民健康体检113604人，共体检成人51541人次，其中老人31665人次，学生儿童62063人次，体检结果异常20076人次，建立了规范化电子健康档案358518份，户籍人口电子建档率达93.97%，提前完成省定目标。

人口与计生工作走在全市前列，人民武装、文物保护、民族宗教、外事、侨务、对台以及工青妇、老龄、红十字等各项工作都取得新的成绩。

2014年，科技项目立项数量增长明显。全年累计获国家、省、市各类科技立项61项，其中国家火炬计划2项、国家星火计划项目4项；省级新产品试制计划4项、省级创新基金3项、省科技特派员项目7项、省农业成果转化项目2项、省团队科技特派员2家；市科技项目17项(工业8项、农业9项)、市科技特派员项目10项、市农业科技成果转化项目5项、市科学技术奖5项。培育创新主体能力加强。全年累计认定高新技术企业8家(省级3家、市级5家)、省科技型中小企业13家、省级农业科技企业2家、省创新型示范企业1家、高新技术研发中心7家(省级2家、市级5家)、农业科技研发中心1家(市级1家)。2014年，全区专利申请量达2131件，其中发明专利申请量504件，分别比上年同期增长17.3和16.9%。

【维稳工作】紧扣平安婺城建设，全面落实平安综治维稳各项措施。创新社会治理，开展社会治理信息采集“平安通”试点，平安基础进一步夯实。加强基层法治建设，建立完善基层司法机构，推动执法力量下沉。扎实开展矛盾纠纷预防化解，有效处置各类重大突发性事件。开展信访积案化解专项行动，有效处理一批复杂疑难信访事项。严厉打击各种违法犯罪行为，市场经济秩序、社会秩序、生活环境得到显著改善。加强欠薪应急处置制度化建设，优化法律援助，一批涉稳事件得到妥善化解。开展食品安全基层责任网络建设试点和食品药品、医疗器械专项整治，农产品快检室、阳光厨房、品牌超市进校园等建设有序推进，建成生鲜农产品放心柜4个。落实安全生产党政同责责任制，加强重点行业、重点领域安全生产监管，安全形势总体稳定。

【自身建设】开展党的群众路线教育实践活动，严格执行中央“八项规定”和省委“28条办法”“六项禁令”，强化正风肃纪，一批四风问题得到解决。开展重大项目“百日服务”和克难攻坚行动，省、市、区重点项目完成率分别为129.5%、168.5%和91%。开展“千名干部进千企、千方百计解难题”活动，加大帮扶解困力度,企业难题办结率100%；建立企业转贷应急周转金制度，为企业解决转贷资金6875万元。完善向区人大报告、向区政协通报重大事项的常态化机制，办复人大代表建议294件、政协提案299件，满意率分别为96.5%和100%。加强行政复议规范化建设和行政调解工作，政府信息公开进一步深化。规范政府投资项目管理，核减财政资金9753万元。规范公共资源交易管理，节约资金1.1亿元。加强政府投资工程竣工结算审计，核减财政支出7161万元。严控三公经费支出，同比下降33.6%。认真办好区长信箱市民来信及8890便民服务平台交办事项，行政效能进一步提升。

2014年，成功创建全国义务教育发展基本均衡区，被授予全国水利先进集体、省平安区银鼎、省双拥模范区、省“河姆渡杯”粮食生产先进银奖等荣誉称号。

【年鉴编纂】2014年11月，《婺城年鉴(2013)》出版发行。这是婺城区继《婺城年鉴》2012首部年鉴编纂出版后的第二部年鉴。与《婺城年鉴》2012年版相比较，收录内容有所创新，编纂质量有较大提高，有较多亮点，主要有：

新增加条目索引，便于检索；文内增加插图，图文并茂，使年鉴具有可读性、趣味性；新增内容丰富，信息量大为增加。新增的内容有：金华市经济技术开发区、市住房公积金、消防大队、名校简介及百岁老人、亿元企业、规上企业等简况图表，信息量比去年增加28%；本书差错率控制在0.1～0.2/万。

《婺城年鉴》2013全书共收集150多万字的素材，经整理，形成90万字的送审稿，最后确定了76.9万字的成书稿。全书设特辑、专辑、大事记、概况、附录、索引及正文共42个栏目、22个分目、156个子目、1106个条目，彩图114幅，插图39幅，表格25个。书稿由方志出版社审稿，经初审、复审、终审三审，均获较高评价，一致认为是一部“编校质量较好，且类目、篇幅设计合理”、“质量较高的地方年鉴”。

为做好2014年版《婺城年鉴》工作，2015年3月底，在前二版《婺城年鉴》工作实践的基础上，起草了《关于切实做好2014、2015版〈婺城年鉴〉编纂工作的通知》，并于5月13日由区两办以婺区委办〔2015〕26号文下发，将编写任务分解到各单位、各部门。5月19日，召开婺城区2014、2015版《婺城年鉴》编纂培训会议，由《婺城年鉴》编辑室专家对全体撰稿人员进行技术培训。嗣后，经近半年的通力合作，及多次催稿、寻访核对资料(照片)、电脑录入等工作，共收集140多万字的素材，经多次反复推敲、整理，几易其稿，最终形成72.4万字的成书稿。书稿设特辑、专辑、大事记、概况、附录、索引及正文共42个栏目、20个分目、149个子目、1121个条目，彩图97幅，插图48幅，表25个。2014年版《婺城年鉴》经区领导阅批后，于2015年12月3日寄送方志出版社审稿，可于2016年1月出版。

(朱睦钧)

区政府办公室工作

【概述】2014年，婺城区政府办公室围绕区委区政府中心工作，创新工作载体，发挥参谋助手、综合协调、督促检查作用，不断提升“三办三服务”水平，扎实开展党的群众路线教育实践活动，切实转变工作作风，开创办公室工作新局面。

【组织协调工作】婺城区政府办公室加强对政府重点工作和区重点建设项目中相关事项的协调，及时掌握各方面工作进展情况，主动向区委、区政府领导汇报，提出合理建议，研究制订切实可行的工作措施。围绕区政府总体工作决策部署搞好组织协调。根据区八届人大三次会议确定的工作任务，协助区领导搞好区政府各项工作的安排部署，确保区政府2014年度各项目标任务的顺利落实。围绕重大事项搞好组织协调。在实施“五水共治”“三改一拆”“四破整治”、美丽乡村建设、招商引资等省市区重点建设项目落实上，办公室发挥组织协调职能，做了大量协调工作，确保这些重点事项的扎实推进和有序落实。围绕政府日常工作运转搞好组织协调。做好各乡镇(街道)、区政府各部门之间的工作协调，全年收集整理区长每周活动安排50期；联系协调省市领导及友好城市领导来婺城视察和考察活动18批207人次，为确保区政府各项工作有条不紊、紧张有序运行创造良好的内外部环境。

【政务督查工作】办公室围绕政府中心工作加大协调、督办力度，对区政府常务会议、区长办公会议确定的事项及时进行督办，保证政令畅通。开展企业难题督办，收集难题187件，督办完成172件，完成率92%。对市、区十大惠民实事等一些重点项目抓落实情况进行通报，确保项目落到实处。2014年，办理省人大和省政府部门、市人大和市政府其他部门交办件205件，办结区政府主要领导批示件293件、区长信箱市民来信101件。同时，按时办结人大代表建议意见294件、政协委员提案299件，办结率均为100%，满意率分别为96.94%和100%，均无不满意件，承办质量明显提高。

【政府日常工作】不断完善日常工作运行规程规范，始终把从严、从速、从精、从简办文办会作为办公室落实和促进政府各项工作决策的首要措施来抓。及时办理机要文件，全年收办各级各类文件3265件，制发文件549件，办理批示件875件，收发传真1200件，没有出现误事、误时、失密现象。精心组织会议，除参与承办“两会”和以区委、区政府名义召开的各类会议外，组织落实各类省、市级会议600多次，没有出现差错和纰漏。强化应急与人口流动管理。健全应急联动组织体系，实现区突发公共事件预警监测网络和信息直报体系全覆盖，成立应急队伍30多支，突发事件应急处置能力得到提高。通过建立流动人口服务信息平台，流动人口服务管理工作得到规范。

【信息调研工作】 围绕区委、区政府中心工作，抓住重点，关注热点，剖析难点，及时捕捉苗头性、倾向性问题，及时收集和上报信息，及时、准确、全面地为领导提供情况和决策依据。2014年，上报政务信息357条，市级采用82条，省级采用8条，其中，被省领导批示专报1篇。编发《婺城信息》35期，被领导批示7期。主动公开政务信息7681条，收到政府信息公开申请32件，答复率100%。认真编校婺城年鉴，2013年版《婺城年鉴》顺利出版，与前版相比较收录内容有所创新，编纂质量有较大提高。另外，各科室按照所服务的分管领导的工作，结合全区经济社会发展的难点、热点、重点问题，深入基层和工作一线，组织开展多次专项调研活动，撰写调研文章14篇，为区委、区政府决策提供了重要参考，较好地发挥了参谋作用。

【群众路线】办公室按要求深入开展党的群众路线教育实践活动，严格落实八项规定，作风转变实现新变化。加强理论学习，提高自身政治思想素质，统一编印《婺城区人民政府办公室党的群众路线教育学习资料汇编》等资料，发放学习资料276册，全办党员干部政治修养均得到明显提高。召开优质专题民主生活会，在会上办公室班子成员深入进行自我剖析，同时，开展相互批评，提出批评意见181条。会后党组班子成员普遍感到理想信念、宗旨意识和群众观点得到强化，进一步找准了“四风”方面的突出问题，加强了自身作风建设。狠抓整改落实，以贯彻落实中央八项规定和市委七条实施意见为切入点，聚焦“四风”出重拳、下猛药，一项一项整治、一个一个攻坚，“四风”突出问题得到有效遏制，党风政风明显好转，制订的整改清单目前已基本得到落实。文山会海得到有效整治。2014年，区府办审核印发各类公文600余件，同比减少15.3%；召开乡镇、街道、部门参加的全区性会议45次，同比减少17次。同时，办公室公务接待制度进一步合理完善，办公用房和公务用车管理办法得到规范加强。2014年，清理办公用房1062平方米，办公室“三公”经费较去年同期减少30%。全办人员严格要求自己，未发生一起“吃、拿、卡、要”等不良现象。

（单华杰）

机关事务管理工作

【概述】 区机关事务管理局(以下简称管理局)以科学发展观为指导，解放思想、开拓创新，围绕机关后勤“管理、服务、保障”工作重点，完善各项规章制度，维护区行政中心正常工作秩序，确保区行政中心机关工作高效运转。贯彻中央八项规定和《厉行节约反对浪费条例》，推进全区公共机构节能工作，加强机关公务用车管理及公车制度改革工作，降低机关运行成本，各项工作取得显著成效。

【节能降耗】 贯彻落实《公共机构节能条例》《浙江省实施〈公共机构节能条例〉办法》等有关法律法规，发挥公共机构节能的引导和带动作用，完成市里下达的节能目标任务。通过加大公共机构节能宣传活动，营造浓厚的节能氛围，把节能工作引向深入，做到节能工作家喻户晓、人人皆知。管理局成立节能工作机构，指定专人负责，制订节水、节电、节油等节能措施，基本建立节能网络。从年初开始，实行新的能耗统计制度，按时上报节能数据，进一步规范能耗资源消耗上报程序。

【公车改革】 根据中央、省、市党政机关公务用车配备使用管理办法的有关规定，先后制订和下发了公车管理相关制度。在实际工作中，把好“四关”：车辆编制关、车辆配备关、车辆购置关、采购上牌关。做到“四严”：严禁公车私驾、严禁公车私用、严禁公车(款)学驾、严禁擅自处置车辆。按照上级文件要求，全区没有配备新的公务用车。由于管理到位，全区公务用车各项费用开支明显下降，“车轮”腐败现象得到有效遏制。全区公务用车制度改革工作自5月下旬正式启动，11月底，管理局配合有关部门在行政中心会议室举办公车改革培训会，发改局、财政局、人事局等单位的工作人员对公车改革系统软件进行操作演示和说明指导，为全区公车改革做好前期准备工作，确保各单位工作人员、车辆等信息准确无误。

【办公用房清理】 按照省、市有关文件精神和《婺城区党政机关办公用房清理整改方案》《婺城区党政机关厉行节约反对浪费实施细则》等文件要求，督促全区各单位进行了自查自纠。

建立健全办公用房集中统一管理体制和制度，实行统一权属登记、统一调配、统一维修,逐步把办公用房管理纳入规范化、制度化轨道,提高党政机关办公用房的管理水平和使用效益。做好规范办公用房工作，抓好各单位按规定标准配置办公用房，超标的一定要清理腾退，强化组织领导和监督检查。管理局把楼堂馆所建设和维修改造项目实施情况作为政务公开的重要内容，主动接受社会监督。纪检监察机关坚决纠正和查处党政机关楼堂馆所建设和维修改造项目及办公用房管理使用中的各种违规违纪行为，对有令不行、有禁不止的，依照有关规定严肃追究直接责任人和有关领导人员的责任。

据统计，全区编制人数2676人，实有人数2984人。实际办公用房使用面积49354.59平方米，标准人均办公用房面积≤12㎡。按编制人数计算，应清理办公用房面积17242平方米，按实有人数计算，应清理办公用房面积13546.59平方米。

【群众路线教育】 管理局围绕“为民务实清廉”这一主题，开展第二批党的群众路线教育实践活动。按照“照镜子、正衣冠、洗洗澡、治治病”的要求，突出抓好机关作风建设，着力解决“四风”方面存在的突出问题，提高机关后勤管理和服务水平，强化后勤保障能力，确保区行政中心机关各项工作高效运转。在教育实践活动中，管理局始终坚持立足学习提高，加强党性修养，着眼解决问题，坚持群众路线，贯彻边整边改，建立长效机制，完成了学习教育、听取意见，开展批评、查摆问题和整改落实、建章立制3个环节的各项教育任务。通过教育实践，较好地解决领导班子和党员领导干部在“四风”方面存在的突出问题，使大家经受了一次严格的党性锻炼和洗礼，受到了一次党的宗旨意识的再教育，达到了思想上有明显提高，政治上有明显进步，修养上有明显加强，作风上有明显改变，工作上有明显改进的效果。

【参与重点工作】积极参与“二七区块”改造工程、“三改一拆”等重点工作,派出7名工作人员做好重点工作的后勤保障、拆迁动员等工作,保障整个重点工作用人、用车、用餐、用水、用具等及时到位,有力支持了“二七区块”改造规划建设等工作的稳步推进。

【服务保障】 安全保卫工作 为维护区行政中心机关正常工作秩序,确保机关安全。管理局始终把安全工作放在首位,列入全局工作的重要议事日程,局长亲自抓,分管领导具体抓,专职人员主要抓,明确工作职责,责任落实到位。自2013年9月开始,管理局将行政中心机关安全保卫工作另行委托金华市金盾保安服务有限公司管理。建立了一套严密的治安防控体系,采取人防、物防、技防相结合,加强保安巡逻,实行24小时值班制度。全力做好信访人员的疏导和劝解工作,严禁信访人员及闲杂人员随意进入办公大楼,做好防火、防盗等工作。加强车辆进出、停放管理,凡是区行政中心公务用车安排停放在办公大楼车库内指定位置,禁止其他车辆占停公车位置;入驻单位私家车辆全部停放在会议中心和后勤楼下车库内,外单位车辆按规定全部停放在大楼四周划分的车位上,摩托车、电动车及自行车按指定位置停放,严禁乱停乱放,确保进出车辆行驶安全。

会务工作 按规定高效完成会务工作中承担的会场布置、卫生、音响、茶水等工作任务,圆满完成城区党委、政府的各类会议工作。完成日常性会务工作。没有出现一次差错,得到区领导干部的好评。

提高食堂服务质量 为解决领导干部职工早、中餐吃饭问题,目前机关办公区食堂每天用餐人数将近600人为确保机关干部职工吃饱、吃好、吃得有营养、吃得健康,主要把好物资采购关、成本管理关和卫生安全关;注重菜式营养搭配;注重服务,通过制订相关管理制度,对工作人员进行业务培训。并对厨师、工作人员进行岗位练兵活动,服务观念,服务质量得到很大的提高,让城区领导党员干部职工有“家”的感觉。

环境卫生及园林管理工作 区行政中心作为全区政治、经济、文化中心,它的形象直接影响到外界对婺城区的评价,保持干净整洁的环境卫生显得尤为重要。管理局委托金华市机关物业中心负责保洁工作,按星级宾馆标准做好保洁工作,具体负责行政中心大院区域的卫生清扫工作,每天坚持循环保洁,确保卫生干净、整洁;金华市金磐开发区绿野园林工程有限公司负责区行政中心的园林绿化工作,及时剪枝、除草、杀虫、补种树苗,清除无头树,确保机关大院周边环境一年四季花红树青。区行政中心已是机关干部休闲、娱乐、健身的良好场所。

【队伍建设】组织党员深入联系村白龙桥镇怡村和扶贫帮困户等村户走访慰问,深入到群众中去,问政于民,问计于民,筹集资金和物品资助困难户。通过一系列活动,拉近了党群、干群关系,把党和政府的温暖送到群众心坎上,既锻炼了机关干部的群众工作经验,又提高了他们的工作能力。教育和引导全局干部职工爱岗敬业,扎实工作,廉洁从政,争创一流的工作局面。形成你追我赶学先进、立足岗位当先进的良好风气。切实转变机关工作作风,严格考勤制度,规范各项规章制度,干部作风明显好转,工作能力和服务水平得到进一步提升,打造了一支团结、务实、高效的机关后勤干部队伍。

(沈林华)

行政审批与服务工作

【概述】区行政服务中心(以下简称中心)成立于2007年10月,区公共资源交易中心成立于2008年6月,现合署办公,实行两块牌子一套班子,下设办公室、督查科、业务科、工程管理科、审批代办服务中心5个内设机构。至2014年年底,进驻区行政服务中心大厅集中办事的区属单位、部门20个,工作人员53人。中心以全省行政审批一张网的行政审批制度改革和公共资源网上交易系统的开发和运用为突破口开展各项工作。全年受理各类行政审批与服务事项279273件,办结279237件,办结率为99.99%,其中:即办件258455件,占92.55%。

【清理规范审批事项】区政府制订《婺城区深化行政审批改革工作方案》,开展清理审批事项规范工作,经清理,全区37个部门(单位)涉及权力事项17类，清理前有4503项，清理后为3162项（含上级委托下放106项），减少1341项。其中，行政许可189项，非行政许可49项计238项，比清理前行政许可246项，非行政许可94项计340项减少了102项。

【投资项目并联审批】由中心牵头，会同区规划分局、水务局、环保局、建设局、经商局、消防大队、市环卫处、市气象局、市人防办等相关审批职能部门参与，按照《婺城区建设项目并联审批实施意见》对建设工程规划许可证和建筑工程施工许可证实施并联审批联合办理，全年办理建设项目并联审批30个。

巩固"联审会议"制，对政府性投资项目初步设计联审会议制度、建设项目规划许可联审制度、建筑工程施工许可联审制度进行巩固完善。拓展"多证联办"制，对工商注册类的"三证一备案"、餐饮服务类的"多证联办"进行扩面。推进"联合图审"制，对建设工程项目报批施工图实施联合审查，从工业项目拓展到工业项目、公建项目和房地产项目全覆盖。

【评价中介服务机构服务质量】市本级76家中介服务机构统一进驻市行政服务中心，设立中介机构服务"超市"，婺城区共享市中介机构服务市场，配合市中介服务代办中心做好对建设项目中介服务机构的服务质量进行评价。

【"审批一张网"】按照省政府提出的建设浙江省审批一张网即政务服务网的硬性任务，制订《婺城区网上政务分厅建设工作方案》；依据参考目录确定我区《便民服务事项目录》；完成各部门《行政许可、非行政许可审批事项信息表》填报；根据省级规范完成行政审批事项、便民服务事项的梳理修订，将行政审批事项、便民服务事项纳入浙江省政务服务网。同时，配合做好省政务服务网上线运行的准备工作。加快婺城区原有网上行政审批系统与省平台的对接工作，做好中心网上行政审批系统和电子监察系统与省政务服务网的实时对接。

【完善招投标相关制度】制订《婺城区招标投标项目具体范围和规模标准规定》，招投标额度从原来的20万元提高到50万元，并于6月1日起执行。制订《关于乡镇（街道）招投标项目信息统一在区公共资源交易中心网上发布的通知》，6月1日起施行。做好乡镇（街道）招投标项目的监督监管工作。截至12月底，办理乡镇招投标项目网上公示1005次，其中招标公告510次，中标公示495次；区公共资源交易平台共公示招标公告138次，中标公示128次。制订《关于进一步规范婺城区乡镇（街道）招投标工作的通知》，10月1日起施行。建立交易员制度。从5月1日起，实行《婺城区工程建设项目招投标交易员管理办法》，共审核办理投标企业和代理机构交易员证416名。同时，制订《评标专家评价考核管理办法》《婺城区建设工程招标代理机构进场交易考核细则》，加强管理和考核。全年完成交易项目127宗，总标的额为147370.93万元，中标额为136504.36万元，节约资金10866.57万元，节约率为7.37％。（其中政府投资类项目112宗，总标的额为57271.16万元，中标额为50458.42万元，节约资金6812.74万元，节约率为11.90％。）截至12月底，办理乡镇招投标项目网上公示1005次，其中招标公告510次，中标公示495次；区公共资源交易平台共公示招标公告138次，中标公示128次。

【开展招投标业务培训】针对乡镇（街道）招投标工作和农村生活污水治理工作对乡镇（街道）分管领导和工作人员进行业务培训。5月30日，召开乡镇（街道）分管领导和工作人员参加的乡镇（街道）招投标工作会议，解读相关文件，对业务进行指导。9月26日，针对农村污水治理工作召开乡镇（街道）分管领导和有关业

务人员、招标代理公司交易员业务培训会，下发招标文件示范文本，强调工作中存在的问题，并布置了下一步工作。11月28日，组织招标代理公司，并于12月23日、24日分四批组织投标企业对网上备案系统、交易系统进行业务培训。12月，分四批组织投标企业对网上备案系统、交易系统进行业务培训。

【开发网上报名电子评标交易系统】截至年底，完成160家企业数据库和22家招标代理机构数据库录入工作。在硬件购买和软件开发工作落实的基础上，于11月份始，网上报名下载招标文件系统试运行。

【改革评标办法】中心采用召开座谈会、走访等方式，广泛征求乡镇（街道）、行业主管部门意见，在借鉴兄弟县、市做法的基础上，拟订《婺城区工程

建设项目招标投标管理办法》。对额度在200万元以下工程建设项目，在原先采用工程量清单的招投标办法改为摸让利系数的办法，在财政局工程量清单审价的基础上，根据不同类别的项目，由财政、招标人确定让利区间，并在开标现场在公证人员及监督部门监管的基础上，由投标企业代表和业主分别摸出一个让利系数取其平均值作为基准价来确定中标人，方便企业招投标，节约成本，提高效率。

【开展党的群众路线教育实践活动】根据区委的统一部署，中心按照为民务实清廉主题，结合实际，自3月4日召开动员部署会以来，严格按照实施方案开展各项活动，认真抓好各个环节的学习教育实践活动，制订完善内部机制建设，按照整改内容逐项落实整改工作，较好地完成了目标任务。

（邵旭萌）

2014年8月22日，区行政服务中心领导到安地镇酒店边村慰问七十岁以上党员和企业结对助学

侨务工作

【概述】2014年，婺城区侨办按照《国家侨务工作发展纲要(2011—2015)》的要求，围绕中心工作，立足侨务本职工作，凝侨心、聚侨力，最大限度地为广大归侨侨眷、侨胞和留学人员家属服务，为广大侨胞报效祖国，建设家乡服务。结合群众路线教育活动，务实创新，稳步推进，夯实侨务基础，完善工作机制，较好地完成了各项工作任务。

【基本侨情调查】经过2013年下半年的紧张准备和2014年上半年的全区基本侨情调查工作，据数据录入统计，婺城区现有涉侨户816户，归侨侨眷3251多名，其中，博士以上重点人士216人；海外侨团组织4个，侨资企业18家，中外合资企业13家，侨属企业9家，海外华文学校1家。从2013年12月1日开始，全区全面铺开基本侨情调查工作，区侨情调查办公室有关人员深入乡镇(街道)、村(社区)，指导基层集中时间和精力全力以赴，抓好全区基本侨情调查工作。各乡镇(街道)统战委员、侨情调查指导员和各村(社区)调查员400多人深入涉侨户进行调查访问。认真填写表格，为全区基本侨情调查工作打下良好基础。从年初起，区侨情调查办公室就着手指导开展入户调查的查漏补缺工作。区侨办相关人员每天到有关乡镇(街道)、村(社区)，同调查员一道逐户逐人上门，抓好调查表查漏补缺的填写工作。由于区侨情调查办公室对工作抓早、抓实、抓细，婺城区的基本侨情调查工作从领导小组的建立、指导员、调查员的选聘、召开动员会、业务培训、入户调查到数据录入工作等环节，没出现大的遗漏和返工情况，调查结果较为理想。省侨办副主任王通林一行到区调研，对婺城区侨务工作取得的成绩予以充分肯定。

【服务中心工作】5月4日，日本浙江总商会浙江省访问团一行21人，到婺城区万里扬集团有限公司考察，代表团一行听取万里扬集团有限公司在生产领域、技术开发、创新发展等情况介绍，并就商会与婺城区企业今后在经贸交流及技术合作等方面进行座谈。区侨办积极为引进人才服务，在侨情调查中，区侨办发现长山乡有一位在美华侨，担任中国留美经济学会会长的倪金兰博士回婺城探亲，就主动与区人才办联系对接。5月23日，倪金兰博士回婺城探亲，区侨办及时向区委组织部和统战部领导汇报，区委组织部部长、统战部部长看望并接待倪金兰博士及其家人，希望她为婺城区引进高端人才献计出力。区侨办还走访接待回国探亲另一位重点人士白龙桥镇让长村的金腾川博士，他是中国科学技术大学“百人计划”引进的外聘教授。

【为侨服务】 2014年，按照国家侨办及省侨办有关规定，为3名华侨办理回婺定居手续，为6名“三侨生”加分办理审核手续，为2名印尼华人回婺城读书做好协调工作。春节前，区侨办对20多户“国千、省千”和其他海外重点人士家属及其他困难归侨侨眷、困难学生进行走访慰问，送去慰问资金1.5万元。中秋节期间，区侨办走访慰问重点归侨侨眷和留学生家属12户，给他们送上月饼和慰问品，体现了党和政府的关怀。

【社区侨务工作】 7月9日，为贯彻落实党的侨务工作方针政策，区侨办在城中街道召开婺城区街道社区侨务工作推进会，以城中街道杨思岭社区荣获“全国社区侨务工作示范单位”为典型，全面推动社区侨务工作创建。同时，整合提升社区“侨之家”6家，在城东街道八咏楼社区、城中街道明月楼社区、西市街社区、城西街道二七花园社区、城北街道红湖路社区和新狮街道浙师大社区开展“侨法宣传角”的扩面提升工作，扩大侨法宣传覆盖面。各社区在侨情调查基础上，建好社区侨务工作台账，专人负责社区侨务工作，设有专门侨法宣传阵地。9月25日，省、市外侨办领导到区检查指导城东街道八咏楼社区“侨法宣传角”创建工作，充分肯定八咏楼社区侨务工作。12月，八咏楼社区荣获国侨办优秀“侨法宣传角”光荣称号。 （施岳良）

住房公积金管理

【概述】 金华市住房公积金管理中心（以下简称管理部）按照“规范管理、安全运作、优质服务、廉洁从政”的要求，以创建文明单位和群众满意基层站所为平台，扎实完成年度工作目标责任制。

【住房公积金归集】 2014年，累计归集住房公积金9.3亿元，当年归集14414.18万元，同比增长10.56%。

全区住房公积金缴存单位314个，缴存职工8522人，新增980人，负净增35人(单位整体转移390人)。

【住房公积金提取】 累计提取住房公积金5.28亿元，当年提取19499人次、10263万元，同比增长21.78%，占当年归集额的71.2%。当年提取额中，住房消费类提取7014万元，维持去年同期水平；退休提取1670万元，户口迁移等销户提取1579万元(其中，单位整体调整划出1105万元)。

【住房公积金贷款】 全年累计发放住房公积金贷款3489户6.7亿元。其中，当年发放贷款289户8501万元，同比分别增长12.45%、2.3%。

当年住房公积金存贷比为84%，个贷金额逾期率为零，贷款风险准备金充足率为10.5%。

【住房公积金收益】 住房公积金业务收入1819.81万元，业务支出934.72万元，实现增值收益885.09万元，同比增长16.23%。

【群众路线教育】 在党的群众路线教育活动中，通过开展“假若我是服务对象”为主题的讨论会，干部职工牢固树立“一切为了公积金缴存人，为了公积金缴存人的一切”“人人都是窗口、人人都是形象、人人都讲诚信”的理念，在办理业务中做到一张笑脸相迎、一声“您好”问候、一个合理答复、一句“再见”送行，以真心的服务、热心的接待，让办事人员满意而归。

同时，不断强化提高服务水平，简化业务流程，规范工作程序，缩短办事时限，年内3次上门服务为解决公积金缴存人的住房困难提供便利条件。

【廉政风险防控】 成立廉政风险防控自查整改领导小组，制订实施方案，把自查整改工作摆上重要位置。根据风险点类型制订《资金调度制度》《住房公积金风险防范内部控制制度》《建立重要文件及重大事项报告制度》《住房公积金行政执法管理制度》等防控措施。同时，召开职工会议，根据业务运行特点对照《检查标准》，认真查找岗位职责、制度机制、业务流程等方面可能引发的廉政风险问题,把预警机制覆盖每一个岗位、每一个环节上,力争做到有效遏止。

此外,参加区委组织部和区司法局、区普法办组织的法制宣传教育活动,进行普法考试,增强了干部职工的法制观念。

【推进"二找二严"】 3月,管理部全体员工到磐安分中心学习,找出差距。磐安分中心扎实规范有序的管理,让人耳目一新,特别是在逐步推进的创建工作上,值得借鉴。管理部找出在业务上、内部管理上、队伍建设等方面存在的不足之处,找准薄弱环节,切实加以改进。通过开展创建文明单位和群众基层满意站所活动,针对工作中出现的新情况,严肃法规政策,严格规章制度,使公积金业务办理更加规范,管理措施更加精细,服务水平更加到位。

【运作规程到位】 严格执行资金运作规程,把住房公积金安全运作、防范风险作为第一要务。规范与金融部门的金融委托协议,财务管理和核算严格按《住房公积金财务管理办法》《住房公积金会计核算办法》等有关规定进行,并按规定程序报批住房公积金年度预决算。

对公积金的缴存和比例基数严格按《住房公积金条例》和省、市的规定要求执行;年度缴存基数调整严格控高保低,最高不超过25480元,最低不低于职工工资1310元。

在实际工作中,注重从点滴做起,抓好每一个环节,仔细审查各种材料,算清每一笔账。特别是对租赁提取加大核查力度,在办理租赁提取申请的10户中,工作人员通过上门调查核实租赁情况,核查出虚假申请1宗,有效遏制了虚构租赁事实的骗提行为。

按时做好年度结息、对账及年度验审工作。

【重大事项落实】 落实重大事项报告制度,银行账户开立按规定上报市公积金管委会,经批准后施行。为了有效支持地方金融业务的发展,同时满足公积金缴存人的贷款需求。8月,经市住房公积金管理委员会批准,管理部在金华银行婺城支行开设了委贷账户。

2013年度的年度审计报告和住房公积金年度运行情况,按规定于2014年3月31日在《今日婺城》进行公告,接受社会监督。

【办事窗口调剂】 办事窗口经调剂,解决了办事环境拥挤的状况。添置了饮水机、等候休息椅等设施,让前来办理业务的职工有宾至如归的感觉。

同时,将《监督岗》《廉洁自律规定》《工作岗位职责》《服务承诺制度》《贷款流程图》上墙公示,提供触摸屏查询机、业务流程表、宣传资料等,能更好地让办事程序在阳光下运行。

【档案用房建立】 档案用房整洁、规范,添购13组档案柜,柜上档案资料摆放规范井然。为做好电子档案工作,8月,采购了1台先进的扫描仪。

【网站正式开通】 7月5日,为方便办理业务,尝试性地开设网上对账系统。10月,开通婺城住房公积金网站,公积金缴存单位和缴存人轻松点击鼠标就可直观查询自己住房公积金缴存、支取、贷款情况,明确办理业务需要的条件、应提供的材料等相关信息。另外,还可以通过网站了解公积金的最新政策法规、工作动态及常见的疑难问题的政策解答。

【服务设备购置】 为有效传送住房公积金的相关业务数据信息,新购置了服务器及机房其他设备,并委托区信息中心的人员进行维护。

【通志材料编辑】 依据金华市档案局查到的原金华县政府的有关发文,对1994年~2010年间房改办(住房资金管理中心)机构的设立及其沿革,对住房公积金制度建立、住房公积金缴存、提取、贷款做法及其主要数据,分门别类进行整理、摘录、采集,做好《浙江通志·房地产业卷》相关材料的编辑工作。

【信息报道推进】 2014年,管理部撰写的信息报道有8篇在《今日婺城》上刊登,1篇在《浙江建设信息港》上发表,并在婺城区政府"阳光工程网"上发布服务指南和重要公告11条。信息报道的推进,既宣传了住房公积金的政策,又展现了公积金队伍"廉洁、高效、为民"服务的良好形象。

【团队意识加强】 开展登山、羽毛球比赛活动,发扬"团结、合作、务实"精神,增强同事之间互帮互助风尚,营造"和谐、愉悦、高效"的工作氛围,让每一位职工心系单位,快乐工作,微笑你我!

(方远伟)

中国人民政治协商会议 金华市婺城区委员会

综　述

2014年，中国人民政治协商会议金华市婺城区委员会（以下简称区政协）在中共婺城区委领导下，学习贯彻中共十八大，十八届三中、四中全会精神和习近平总书记系列重要讲话精神，把握团结民主两大主题，围绕稳增长、促转型、惠民生，履行政治协商、民主监督、参政议政职能，较好地完成区政协三届三次会议确定的目标任务，在巩固思想基础、改进履职作风上得到新提升，在推进协商民主、服务改革发展上取得新成效，为建设“两富”、“两美”婺城作出积极贡献。

区政协认真学习中共十八大和十八届三中、四中全会精神，学习习近平总书记系列重要讲话尤其在庆祝人民政协成立65周年大会上重要讲话精神，学习《中华人民共和国宪法》《中国共产党党章》《中国人民政治协商会议章程》和省市区委庆祝人民政协成立65周年会议、政协工作会议精神等，坚持把筑牢思想根基摆在首要位置，从坚定政治立场、坚守政治品格入手，推进新形势下中国共产党领导的多党合作，巩固发展爱国统一战线，夯实团结奋斗的共同思想基础。强化政治基础。组织参加中央和省市区开展的理论学习、专题教育、主题报告、研讨活动36场次，以区政协党组会议、主席会议、常委会议、委员培训会、机关干部会议等形式开展集中学习26场次。落实区领导“九个一”联系制度、主席联系常委制度等，保持与各民主党派、工商联、人民团体、无党派人士的经常性联系，加强与党派团体开展联合调研视察，发挥党派团体在政协组织中的作用。协助落实党政领导联系民主党派制度，协助区委召开各民主党派、工商联负责人和无党派人士代表座谈会。加强与港澳台侨人士联系，协助做好民族宗教工作，团结各界各阶层人士共同致力经济社会发展与和谐社会建设。促进联谊交流。协助区委召开庆祝人民政协成立65周年会议暨全区政协工作会议，总结经验，推进新形势下政协工作发展。举办“庆祝建国65周年暨人民政协成立65周年委员书画展”，以书画形式展示婺城经济社会发展新风貌和政协工作特色及履职成果。接待到婺城区视察的全国和省内外政协领导、同仁，开展政协联谊工作和内外交流活动，扩大开放、增进合作。

区政协认真落实习近平总书记“三严三实”根本要求，以务实作风和扎实举措，推进协商民主建设，创新发展民主监督工作，着力在围绕中心服务改革发展大局中发挥政协履职作用。开展专题协商。加强与区委、区政府工作对接，区政协三届三次会议组织全体委员开展《政府工作报告》等整体协商，并举行“构筑发展新平台，激发活力促赶超”、“推进五水共治，建设美丽婺城”专题协商，围绕“拓展新城区工业发展平台、规划发展二环产业带、整合提升乡镇工业功能区发展平台、统筹推进水环境综合治理、加强农业农村面源污染治理”提出一些建设性意见，得到有关领导肯定。深化重点提案区长领办、主席督办制度，完善提案预交办、协商办理、现场办案等工作机制，加大“扶持发展家庭农场”“创新社会养老服务模式”“建立破解农村纠纷新举措”等提案督办力度，开展“完善教育均衡化监测制度”“加大农田水利基础设施建设与管理”等跨年度提案办理跟踪“回访”，促进提案建议成果转化。组织调研视察。围绕党委政府工作重心，开展“农村生活垃圾分类处理”“生态循环农业发展”重点课题调研，与市政协联合开展“花卉苗木产业发展”专题调研，分别形成调研报告。组织常委、委员开展电商产业发展、传统文化教育、“分级诊治、双向转诊”等课题调研，视察“五水共治”“三改一拆”“四破”整治、高新企业发展、特色农业发展、重点交通工程建设、美丽乡村建设、居家养老服务、药品安全生产、普法依法治理、司法审判工作、治安巡防体系建设等，与市政协联合视察婺文化保护开发工作，促进相关工作落实和改进。强化民主监督。协助区委出台《关于进一步加强人民政协民主监督工作的实施意见》，明确监督内容形式，规范监督程序机制，加大监督工作力度。开展“三级政协联动、万名委员同行、助推五水共治”民主监督，成立7个专项监督组和41个基层监督小组，104名委员担任河道监督员，组织常委、委员和辖区内的市政协委员实地察访长湖综合治理、白沙溪等重点河流水环境综合整治、企业污染整治、畜牧业污染专项整治、农村生活污水治理、农家乐环境污染整治、污水处理设施建设运行等工作，累计察访河溪184处、企业226家，开展座谈68次，发现问题143个，提出意见建议115条，被党委政府采纳98条。支持和参与“五水共治”“三改一拆”、二七区块旧城改造房屋征迁等中心工作，主席带头，组织精干力量，全力以赴参与二七区块房屋征收工作。向全体委员发出《投身“五水共治”，争当先锋模范》倡议书，组织委员和机关干部为“五水共治”捐款出资1000多万元，累计300余人次参加全区垃圾河治理大会战及治水护水、环境整治活动。

区政协积极践行群众路线，创新“政协走进人民、人民走进政协”工作机制，主动察民情、听民声、集民意、汇民智，在联系群众和服务群众中实践履职为民、推动政协工作发展。主动邀请乡镇、街道委员和基层群众代表，参加或列席区政协重要会议和活动，让群众更多地走进政协、解政协、参与政协。区长亲自到会通报经济社会发展运行情况，面对面征询有关意见建议。建立《政协委员联系群众制度》，引导每位委员与3名以上群众形成紧密联系关系。加强新狮、城西委员工作室建设，新成立白龙桥、雅畈、洋埠、城中委员工作室，依托“三进三联三促”“我为婺城发展献一计”活动平台，收集反映社情民意和金点子300多条，汇总报送区委区政府6方面43条，促进一些民生热点焦点问题的解决。开展践行“微公益”服务进社区活动，认领和帮助城东街道青春路社区、白龙桥镇金奥社区、乾西乡西苑社区的困难群众实现微心愿。开展专门委员会与山区贫困乡结对帮扶和“五送五服务”活动，引导和组织各民主党派、工商联、人民团体、无党派人士和广大委员参与公益慈善事业，为基层群众送温暖、办实事、做好事、解难事，累计捐款捐物350多万元。组织委员参与“平安婺城”创建和“六五”普法宣传，参与区领导信访接待日活动，参与乡镇、街道矛盾纠纷调处，开展送法进企业、送法下乡，为群众提供法律咨询、答疑、援助等服务。

区政协按照中央和省市区委统一部署，在党组和机关(支部)扎实开展以“为民、务实、清廉”为主题的党的群众路线教育实践活动。聚焦“四风”开门纳谏，以走亲连心、民情体验、座谈征询、蹲点调研等活动为载体，征集意见、建议260多条次。开展“三思四问”“政协五问”“四个扪心自问”主题讨论，通过谈心谈话、对照检查剖析、召开专题民主生活会，查找剖析党组和机关班子(支部)6方面19个“四风”具体问题，制订12方面46项整改措施，着力解决形式主义、官僚主义、享乐主义和奢靡之风突出问题。重点抓好制度的“废、改、立”，制订、修订《党组进一步加强理论学习的意见》《进一步加强调查研究工作的意见》等16项规章制度，从作风层面立查立改、从思想层面治本固基、从机制层面建章立制，推进作风建设制度化、规范化、长效化。加强履职能力建设。修订《党组议事规则》，规范民主生活会制度，提高党组科学民主决策水平。建立主席联系委组、主席联系常委、常委联系委员制度，开展每月走访委员活动，指导委组做好履职工作。完善《政协委员管理办法》，建立委员准入退出机制，提高委员队伍综合素质。建立委员学习教育培训机制，开展委员集中学习培训，加强委员履职能力建设。完善《委员“五个一”履职述职制度》，开展委员履职述职交流，促进委员主体作用发挥。出台《进一步加强机关干部队伍建设的意见》，加强效能建设，提高机关为政协履职服务的能力和水平。严格遵纪守法倡廉。组织参加市、区学法用法活动，教育引导委员和机关干部自觉遵纪守法，严格执行中央“八项规定”“六项禁令”等廉洁从政规章制度，强化法治意识、纪律意识，倡导勤俭廉洁、干净干事，远离酒局、牌局、会所等。修订完善机关办文办会、工作接待、车辆管理制度，在“两会”期间缩短会期、简化会场、减少资料、削减开支，在公务接待、办公用房和公车使用、“三公”经费管理等方面加强规范、减少浪费。

【区政协三届三次会议】 2月9日~12日，区政协召开三届三次会议，听取中共金华市婺城区委书记讲话；听取和审议政协第三届金华市婺城区委员会常务委员会工作报告；听取和审议政协第三届金华市婺城区委员会常务委员会关于三届二次会议以来提案工作情况的报告；列席金华市婺城区第八届人民代表大会第三次会议，听取并讨论《政府工作报告》和其他报告；审议通过政协第二届金华市婺城区委员会提案委员会关于三届三次会议提案审查情况的报告；表彰2013年度政协工作先进集体、优秀委员和承办提案先进单位、优秀提案；审议通过政协第三届金华市婺城区委员会第三次会议决议。会议期间还举行区政协委员“三进三联三促”活动，组织开展“构筑发展新平台，激发活力促赶超”“推进五水共治，建设美丽婺城”专题协商。

【区政协常委会议】 1月9日，区政协召开三届十二次常委会议。会议审议通过召开区政协三届三次会议的决定、议程(草案)、日程、秘书长、副秘书长及各次大会执行主席及主持人名单；审议通过区政协三届三次全会邀请列席人员范围原则意见、分组召集人名单；审议通过2013年度政协工作先进集体、优秀委员、优秀提案、承办提案先进单位名单；审议通过《关于授权主席会议审议三届十二次常委会未尽事宜的决定》；审议通过常务委员会工作报告及报告人、提案工作报告及报告人；协商通过有关委员增辞及人事任免事项。会议决定区政协三届三次会议于2月上旬召开。

2月11日，区政协召开三届十三次常委会议。会议听取区政协三届三次会议小组讨论情况的汇报，审议通过会议决议(草案)和提案审查情况的报告(草案)。

2月27日，区政协召开三届十四次常委会议。会议传达学习省政协“三级政协联动、万名委员同行、助推五水共治”民主监督电视电话会议精神，向全体委员发出《投身“五水共治”，争当先锋模范》倡议书。

7月15日，区政协召开三届十五次常委会议。会议听取听取区政府关于婺城区2014年上半年经济社会发展运行情况的通报；审议有关委员增辞和人事任免事项；进行常委会成员履职述职。

10月21日，区政协召开三届十六次常委会议。会议学习贯彻习近平总书记在庆祝人民政协成立65周年大会上的讲话精神和省、市庆祝人民政协成立65周年会议精神，专题听取区政府关于区政协三届三次会议委员提案办理情况的通报，对区民政局、建设局提案办理工作进行民主评议。通报区二七区块改造征迁工作有关情况，审议通过《关于加快发展生态循环农业的调研报告》，审议通过《婺城区政协委员直接联系群众制度》和有关人事任免事项，进行常委会成员履职述职。

【提案工作】 区政协三届三次会议以来，广大政协委员、政协参加单位紧紧围绕婺城改革发展大局和人民群众普遍关心的热点难点问题，深入调查研究，积极建言献策，共以提案形式提出意见建议319件，经审查立案299件，作为社情民意参考或整理后提交市政协六届四次会议20件。经有关部门认真办理，299件提案全部办复。提案所提问题已经解决或基本解决的139件，占46.5%；正在解决或列入解决计划的149件，占49.8%。委员反馈满意的289件，基本满意的10件。

区政协常委会和提案委按照“围绕中心、服务大局，提高质量、讲求实效”的总体思路，以提高提案质量为基础，以增强办理实效为目标，优化服务，完善机制，推动提案工作再上新台阶。多措并举，着力提高提案质量。加强学习培训。适时举办专题讲座，11月21日，邀请市政协提案委主任就“怎么撰写提案”为全体委员授课。通过培训，着力提升委员履职素质和能力，引导委员把积极撰写、提交高质量提案作为履职的自觉追求。搭建知情明政平台。利用庆祝人民政协成立65周年的契机，及时传达上级精神和党委政府重要决策部署，组织委员开展“三进三联三促”“我为婺城发展献一计”活动，参加调研视察，畅通委员解上情、通晓区情、反映下情的渠道，扩大委员的知情权。开展提案征集活动，及时向委员推荐提案选题参考目录40余条，引导委员想大事、早调研、摸实情，找准服务大局与发挥政协优势的结合点，撰写出真实客观、分析透彻、切实可行的提案。完善提案审查机制，坚持质量为先原则，建立和完善委组先行把关、会间初审、会后复审“三步走”工作机制，通过类同提案并案、不合格提案退回修改等措施，从源头上把好提案质量关。注重协商，着力提升办理水平。创新交办形式。完善提案预交办制度，全会后，会同区府办先召开预交办会，听取各部门意见和建议，再正式交办。突出重点办理。对区政协与区政府协商筛选出的10件重点提案，先报送区委、区政府主要领导阅批，再由区领导领办，区政府分管副区长督促检查，把握办理进度，加大办理力度，提升办理质量。强化协商办理，坚持办前、办中、办后协商工作机制，通过登门走访、召开面商会、通报会和收集委员反馈意见等方式，促使“提”“办”双方达成共识，促进提案的办理落实。深化督查，着力增强办理实效。主席会议定期听取提案工作汇报，及时掌握提案工作进度，适时组织开展上门督促检查、协商办理。5月，主席率员对跨年度办理的重点提案开展回访督查，促进解决落实。8月，对提案10件以上的办理单位进行重点走访和集中汇报检查。12月，对“正在解决”和“列入解决计划”的提案办理工作开展跟踪“回头看”，提高提案办理的实际解决率。利用《今日婺城》和《婺城新闻网》发布提案承办动态，公开提案办理结果。10月，区政协三届十六次常委会议对区民政局、建设局提案办理工作开展民主评议，并邀请群众代表参加，新闻单位现场报道，使提案办理工作从“封闭”走向“公开”。继续开展优秀提案评选活动，完善提案办理工作年度考核办法，明确考核与奖惩的具体要求，为做好提案工作提供制度保障。

【重点课题调研】 5～8月，由区政协牵头，会同区农办、建设局、城管办、环卫处等部门单位以及竹马乡，联合开展“农村生活垃圾分类处理”课题调研。通过进乡、走村、入户，实地调查全区农村生活垃圾处理现状及问题，考察借鉴遂昌、龙游、金东等地的做法和经验，综合研究分析农村生活垃圾分类及减量化处理的措施和方法，形成《关于农村生活垃圾分类处理的调研报告》，并经区政协三届三十二次主席会议审议通过后报送区委、区政府。

8～10月，区政协牵头，会同区农林局、水务局、科技局、环保分局等部门单位，联合开展“加快发展生态循环农业”专题调研，形成《关于加快婺城区生态循环农业发展的调研报告》，并经区政协三届十六次常委会议审议通过后报送区委、区政府。区政协还同市政协上下联动，联合开展“花卉苗木产业发展”专题调研，形成《加快发展花卉苗木产业，优化生态环境建设美丽婺城》的调研报告。

【婺城区庆祝人民政协成立65周年暨全区政协工作会议】 11月21日，婺城区召开庆祝人民政协成立65周年暨全区政协工作会议。会议深入学习贯彻习近平总书记在庆祝人民政协成立65周年大会上的重要讲话精神、夏宝龙书记在浙江省暨杭州市庆祝人民政协成立65周年大会的讲话精神和徐加爱书记在金华市庆祝人民政协成立65周年暨全市政协工作会议上的讲话精神，总结交流区政协工作经验，研究部署进一步做好新形势下的政协工作。区委书记、区长王健，区政协主席施素珍在会上做重要讲话。区委副书记傅显明主持会议，区委、区政府、区政协领导，历届区政协老领导，区法、检两长，区政协常委会组成人员，各乡镇(街道)党(工)委书记，区直属有关单位主要负责人，区级各民主党派、工商联、知联会负责人，区政协各专门委员会主任、工作委员会主任、联络组组长参加会议。会后区委印发《中共金华市婺城区委关于进一步加强人民政协民主监督工作的实施意见》。

【文史工作】 1月，婺城区政协第九辑文史资料《婺城古宗祠》出版发行。婺城境内拥有丰富的宗祠资源，拥有宗祠类建筑200余座，大多建于明清之间，规模宏大、用料考究、工艺精湛，反映古婺的经济实力和文化素养。宗祠虽为历史遗存，但在当今有着新的存在意义和社会作用。随着改革开放和全球华人寻根热潮的兴起，许多宗祠不但得到修复，甚至重建，族谱亦得到续修。如今宗祠不但具有帮助人们寻根问祖、缅怀先祖、激励后人的积极意义，更有助于加强中华民族的向心力、凝聚力，对中华民族大团结亦有巨大促进作用。《婺城古宗祠》一书收录婺城境内宗祠137座，宗祠照片400余张。

9月，区政协组织历届金华县、婺城区政协委员专题创作书画作品90余幅，在婺城区行政中心举办庆祝建国65周年暨人民政协成立65周年委员书画展，并编印《庆祝建国65周年暨人民政协成立65周年委员书画展作品集》。

（吴耀峰）

民主党派 工商联

中国国民党革命委员会金华市委员会婺城区总支部

【概述】2014年，中国国民党革命委员会金华市委员会婺城区总支部(以下简称民革婺城区总支)下设3个支部，有党员54人。其中，教育支部17人，机关支部16人，企事业支部21人。党员中担任市人大代表1人，区人大代表3名(其中人大常委1名)，市政协委员2人(其中政协常委1人)，区政协委员8名(其中政协常委2名)。总支及下属3个支部有分有合组织了12次活动，其中外出活动8次，社会服务活动1次。有7位党员获得荣誉与奖励，其中朱文伟被评为市经济开发区最美教师，柳玉莲被评为金华市写作优秀指导师。

【参政议政】民革婺城区总支以“三农”为重点，开展参政议政工作。党员中市、区人大代表、政协委员共提交提案、议案20篇，其中，孔爱华《关于全面推进农业面源污染治理工作的建议》和陈丽萍《关于整合旅游资源，推进婺城旅游由“零散”景点向“连片”景区转型的建议》被评为区优秀政协提案。李小燕、陈丽萍、孔爱华被评为区优秀政协委员。

【社会服务】开展助学帮困活动，7月13日，机关支部部分党员为雅畈镇芳田村困难学生张文君捐款2000元，与其就学习情况和对未来职业的规划进行交流，鼓励她要对生活充满信心。这是机关支部连续第三年对张文君进行帮扶。

【自身建设】民革婺城区总支以中共十八届三中、四中全会精神贯彻落实、时事政策教育以及民革省委会、市委会的有关会议精神为重点开展学习，通过宣讲、外出学习、参观爱国主义教育基地等形式，总支与各支部开展6次学习教育活动。4月4日，总支组织部分党员为金华抗日战争纪念碑敬献花篮；9月3日，瞻仰台湾义勇兵纪念馆；12月26日，开展区政府政策文件学习；总支年终总结会上开展中共十八届四中全会精神宣讲活动。关心党员工作与生活，对于在本职工作中取得成绩、获得荣誉的党员，送去组织的祝贺，重阳节和春节对70岁以上老党员进行专项慰问。11月27日，民革婺城总支委员会召开换届大会，王岚、韦国忠、孔爱华、陈丽萍、陈献强、邵红艳和缪雪荣当选为民革金华市婺城区总支部第二届委员会委员，缪雪荣为主委，孔爱华、陈丽萍为副主委。继续推行轮值制度，由主委、副主委、委员轮流担任执行主委，每1个季度为一个轮值期。轮值主委在轮值期内主持总支或支部日常工作，轮值制度充分发挥了总支和支部领导

2014年11月27日，民革婺城总支召开换届大会

班子的主观能动性和工作积极性，提升了班子成员的服务意识和责任意识，各班子成员在担任执行主委时都充分展示了工作能力和工作水平，基层组织活力得以提升。（孔爱华）

中国民主建国会金华市婺城区总支部委员会

【概述】 2014年，中国民主建国会金华市婺城区总支部委员会（以下简称民建婺城总支部）带领全体会员学习贯彻中共十八、十八届三中、四中全会精神和民建十大精神，响应市委、市政府提出的“赶超发展、浙中崛起”目标，努力加强自身建设，履行参政党职能，会员立足本职、服务社会，在各方面取得了一定的成绩。

【参政议政】 婺城总支担任各级人大代表和政协委员的会员及普通会员，认真履行职责，积极参政议政，共商科学发展大计。会员们集思广益，深入基层，体察民情，认真调研，在省、市、区召开的人大、政协“两会”上，就经济社会生活中的重点、难点和热点问题提出有建设性的意见和建议。提出《改善能源结构，加快雾霾治理》《关于加快江南核心区工业用地集约节约利用的建议》《关于建立专项资金绩效目标上会审议制度的议案》《关于在市区二环线以内禁止燃放爆竹的建议》《关于浙师大二环路北路整治的建议》《关于提升金华园林绿化水平的建议》《关于在江北明月街雅堂街增设社会停车场的建议》《关于要求安排图书馆专项购书经费并列入预算的建议》《关于加大对老字号中医药店扶持的建议》等30余件提案和意见，报上级部门或被政府有关部门采用。总支主委雷永金在省人代会上作了大会发言，建议先行开展儿童收养试点，适当调整、放宽儿童收养条件，出台相关支持政策。

【调研活动】 总支和下属各支部以各种方式开展“学习贯彻中共十八大精神、十八届三中、四中全会精神和民建十大精神”系列主题学习教育活动。清明节，组织总支全体会员赴金东区东叶村祭扫施复亮先生墓和参观施复亮先生故居，深切缅怀民建创始人之一施复亮先生。组织会员参加市委会组织的赴上海自贸区考察，直观、全面了解自贸区的政策，使会员对自贸区有进一步的认识和体会。

【社会服务】 婺城总支坚持职能，发挥每个会员自身的特点和优势，参与社会服务捐资助学和帮困活动，在社会扶贫工作中，积极献爱心，捐款捐物。总支主委雷永金继续为浙师大“金宇研究生助学金计划”捐款20万元，资助家庭贫困的研究生、博士生完成学业。会员蒋敏参与组织成立金华市人民大学工商管理硕士研究班非公募公益基金会，募集原始基金200万元。会员王瑞日向金东区上王村文化礼堂捐10万元，支持新农村文化发展服务。组织总支全体会员为施复亮故居保护提升工程捐助6.24万元。同时，为病重会员吴更新捐款帮助解决困难。（周国忠）

中国民主同盟金华市婺城区总支部委员会

【概述】 中国民主同盟金华市婺城区总支部委员会（以下简称总支）下辖3个支部，有盟员83人，年内发展盟员2名。有市政协委员4名、区政协委员4名，其中区政协常委4名。2014年，总支政协委员提交提案议案32件。总支被民盟金华市委会授予2014年度社情民意信息先进集体、2013～2014年度市级先进盟组织、“基层组织建设年”活动创新奖、“学盟章读盟史”竞赛活动优秀组织奖；被民盟浙江省委员会授予2013～2014年度省级先进盟组织。盟员成彩琴被评为浙江省劳动模范，成雪春获浙江省春蚕奖。

【参政议政】 总支围绕区委、区政府中心工作，组织动员所有盟员结合工作实际，开展工作调研，履行参政议政职能。盟员中市、区政协委员向区“两会”递交提案15件，向市“两会”递交提案17件。盟员吴晓代表民盟市委会、严亮奇代表婺城区政协在市政协大会上发言，均被评为优秀大会发言。提案《关于以五水共治为抓手倒副经济转型升级的几点建议》被列为区重点提案，并被评为优秀提案。多篇信息被盟省委、民盟中央采用。

【社会服务】在盟员中提倡无私奉献精神，总支组织和动员盟员在做好本职工作的基础上，采取多种形式开展面向社会、为构建和谐婺城服务的活动。4月，总支响应市委会的号召，参加浙江民盟林的植树活动，并完成“情溢民盟林，绿满浙江”社会服务案例，此案例在民盟省委会组织开展的参政党自身建设与履职案例征集活动评选中被评为优秀案例。盟员陈长征捐款2万元用于慰问困难盟员；89岁高龄的退休盟员凌洪根老师为金华九中捐献一批珍贵的教学及参考资料。11月24日，与民盟浙江大学华家池总支联合开展送科技下乡活动，到琅琊镇开展水果、蔬菜、食用菌的栽培技术培训讲座，民盟浙江大学华家池总支的时连根、滕元文、汪炳良、陈再鸣四位教授亲自传授技术。并到田间地头指导农民，长山乡、蒋堂镇、琅琊镇、沙畈乡30余家农民专业合作社负责人参加技术培训。

【自身建设】先后2次组织盟员学习中国民主同盟章程、中国民主同盟发展历史、中共十八届四中全会等文件精神。7月，盟员施飞云参加民盟市委会组织的学盟章读盟史竞赛，获第一名，并代表盟市委参加盟省委组织的竞赛活动，获三等奖。盟员常小惠撰写的《筚路蓝缕虽艰辛 忍辱负重亦高歌》、郑艳球撰写的《民主之澜 清廉典范》分获盟市委组织的学盟章读盟史征文竞赛一等奖和二等奖。组织部分盟员赴义乌参观陈望道、吴晗故居。广大盟员通过学习进一步认识了盟的地位和作用，正确认识我国的多党合作制度的历史必然性和优越性，对本党派的政治主张、政治理念从理论上有更深刻的认识，班子成员和广大盟员的思想建设得到加强。坚持以人为本，服务盟员原则，通过谈心、走访、慰问、解决实际问题等方式，了解盟员学习、工作、生活情况，为盟员排忧解难，使盟员体会到组织的温暖，把总支建设成为盟员之家。春节前，组织班子成员带着食用油等礼物看望了60岁以上老盟员，给老同志送去组织的温暖。对患病盟员及工作生活有困难的盟员，组织班子成员前往探望。

（郑艳球）

中国民主促进会金华市委员会婺城区总支部

【概述】中国民主促进会金华市委员会婺城区总支部（以下简称民进婺城总支）下设离退休、汤中、医卫、白龙桥、金西、城区6个支部，有会员77人。10名会员担任各级人大代表和政协委员。其中，市人大代表1人，市政协委员2人，区政协委员7人。2014年，总支遵循民进中央提出的“建设适应时代要求的高素质参政党”的奋斗目标，秉持“有思有行、集智聚力、顺势而为、开拓创新”的工作方针，把坚持和发展中国特色社会主义学习实践活动主线贯穿到各项工作当中，为建设“两富”“两美”婺城作出贡献。11月，总支被民进中央授予民进全国组织建设先进基层组织荣誉称号。

民进婺城总支荣获2014年民进全国组织建设先进基层组织

【参政议政】民进婺城总支组织委员参与区委、区政府召开的各种协商、通报、座谈会，就本区经济、政治、文化建设中的重大决策提出意见建议。参与市、区有关教育、卫生、养老等民生问题调研，积极建言献策。一年来，参加市、区两级各种协商调研10余次，参加区“三改一拆”“五水共治”专题视察5次，报送社情民意2篇。2014年，在市、区两级“两会”上提交《关于创新工作机制，实现垃圾处理“三化”目标的建议》《关于加强财政资金投入项目的全程监督和管理的建议》等提案、议案10件,均被相关部门采纳。《关于完善农村养老的几点建议》提案获得2015年市政协优秀提案。

【思想建设】民进婺城总支把学习中共十八届四中全会精神和民进中央、省市精神作为首要的政治任务,引导全体会员把思想和行动统一到中共十八届四中全会精神和战略部署上来,与坚持和发展中国特色社会主义学习实践活动紧密结合。组织学习传达民进中央《关于在全会开展中国特色社会主义学习实践活动的意见》和民进市基层组织工作研讨会的精神,要求各支部按照文件要求开展活动。组织会员专题听取民进中央副主席王佐书和民进中央宣传部副部长黎小英所作的中国特色社会主义学习实践活动主题报告;听取民进中央高友东秘书长所作的中共十八届四中全会精神专题辅导。引导会员坚定中国特色社会主义的道路自信、理论自信、制度自信,真正做到与中国共产党思想上同心同德、目标上同心同向、行动上同心同行。

【组织建设】民进婺城总支围绕民进中央委员会"组织建设主题年"工作安排,以"为执政党助力、为国家尽责、为人民服务"的高度责任感,加强领导班子建设、人才队伍建设、基层组织建设,夯实组织基础。根据干部队伍建设的实际,及时调整充实后备人才库,做好后备干部的培养、推荐、选拔和使用,组织骨干会员参加市、区两级培训。根据总支履行职能的实际,做好组织发展工作,全年发展新会员3人。全年组织全体会员活动3次,各支部分别组织活动15次,进一步增强活力和凝聚力。春节期间,总支上门走访慰问老会员,为他们送去组织的关怀和节日的问候。

【社会服务】民进婺城总支发挥会员自身特点和优势,采取多种形式开展各类社会服务,奉献爱心。10月,总支组织会员到洋埠、莘畈等地看望6名细菌战中受害的烂脚病人,并将其中4名接到婺城区第一人民医院,邀请上海等地的专家免费会诊、治疗,并为1名截肢病人免费安装假肢。随后,组织烂脚病人到上海免费治疗。11月,总支组织医卫支部会员到塔石乡上阳村开展送医送药活动,为80余名老人进行义诊和医疗咨询服务,赠送价值2000余元药品。同时,组织会员为全区"五水共治"工作捐款2万余元。

(吴耀峰)

中国农工民主党金华市委员会婺城区总支部

【概述】中国农工民主党金华市委员会婺城区总支部(以下简称总支)2005年11月6日成立,2010年12月30日换届,郑池爱(女)任主任委员,下辖金华市防疫站、金华四中、金华五中、青春中学、婺城区综合支部5个支部,有党员89人。11人次担任市、区人大代表、政协委员,其中,金华市人大代表、市政协委员各1人次。

【思想组织建设】总支重视加强组织制度建设,不断完善组织工作机制,基层活力不断增强。通过各种形式,组织开展政治理论、统战理论学习,有计划推进"全员学习",突出把中共十八大、十八届三中、四中全会精神的学习贯彻作为首要政治任务抓紧抓好,将其精神融入思想,化为实践,在大是大非面前始终与中共思想上同心同德、目标上同心同向、行动上同心同行,适应新常态,切实履行参政党职能,党员政治素质有新提高。郑池爱、吴国富、李笑银当选为农工党金华市十三届委员会委员。金华四中支部、婺城区综合支部荣获市先进基层组织荣誉称号,杜伟亮、范溥泉荣获市优秀基层组织负责人荣誉称号。新增张旭东、池丹莉、陈卫军3名新党员。

【参政议政】总支围绕中心工作,通过参加金华市、婺城区"两会"、区委统战部等召开的各种座谈会、情况通报会、民主协商会及专题视察调研活动,列席区政府有关会议,积极建言献策。党员中的市、区两级人大代表、政协委员以高度的政治责任感和历史使命感,关注科学发展,关注民生,反映党派心声,参政议政取得新成效,提交40个有质量的提案、议案,内容涉及深化"三改一拆"、现代卫星镇建设、特色街(区)建设、发展现代商贸流通业、改善城镇化融资环境、养老服务、村级集体经济监管、农村集贸市场食品安全、校园文化建设、中小学体育设施有序开放、民众慢性病风险控制、社区居民健康等。其中,郑池爱提交的13个市、区政协提案均被市、区相关部门采纳;《加快我市现代卫星镇建设的建议》《创新养老服务模式的建议》分别被评为市、区政协优秀提案。吕爱群、陆卫红、黄杰伟等撰写的相关提案被农工党市委会选为集体提案,钱育华、郑池爱还参与了市、区检察院相关案件的监督。

【重视社情民意】 组织党员深入社会,体察民情、倾听民意、广集民智,社情民意工作有新起色,多渠道上报20多篇社情民意。其中,陆卫红的《农村幼儿入园难入好园难》被省委统战部采用;黄杰伟的《要从制度安排上根本解决小微企业融资难问题》《年审制贷款深受企业欢迎》《避免把村镇银行办成商业银行的分支机构》、陆卫红的《幼儿园虐童案暴露四大问题》被农工党省委会采用。同时,组织党员开展理论研究,陆卫红的《加强参政党自身建设思考》《人民政协界别性特点和作用的几点思考》《实现中国梦 从做好参政议政开始》被农工党省委会采用。黄杰伟被农工党省委会评为信息工作先进个人。陆卫红、黄杰伟被市委会评为参政议政积极分子。

【社会服务】 总支开展医疗咨询、助学支教、扶贫济困等形式多样的活动,社会服务有新推进。为"五水共治" 捐款,其中,吴国富捐1000元。开展慈善一日捐,服务进社区、进敬老院、进贫困家庭、慰问低保户等活动。支持区重点工作,参加"二七"新村征迁。组织党员"名师"送教到琅琊初中,并开展结对、捐图书、资助贫困学生活动。郑池爱联系爱心企业,为长山小学捐助1万元书款。

【其他工作】 注重加强党员的岗位意识、争先意识、奉献意识的教育,广大党员爱岗敬业,勇于探索,勇当标兵,为婺城经济社会发展,特别为婺城教文卫事业的振兴贡献聪明与才智。陈小妹获国家关工委组织的全国第二届"关爱明天 普法先行"——青少年普法教育活动优秀辅导员;金俊英获省教育系统内部审计先进工作者;尹燕飞获市羽毛球混合双打冠军;成金莲论文《初中语文教学要着力推行因"材"施教》获市优胜论文一等奖;龚琴丹论文《浅谈对"药害"公共危机事件的监管》在国家级期刊《医学美学美容》发表;龚琴丹获区创卫先进个人。组织迎新春党员联欢,成为婺城农工的全家福、大聚会;赴仙居、临海等县市考察取经,开展社会实践,激发党员参政议政、服务社会的热情;慰问退休及住院老党员,送去组织的温暖;举行"五水共治"书画比赛、笔会,开展庆祝教师节、三八节、重阳节等活动,组织凝聚力不断增强。

(郑池爱)

九三学社婺城区基层委员会

【概述】 九三学社婺城区基层委员会(以下简称学社)2014年在中共婺城区委和九三学社金华市委会的正确领导下,认真履行参政议政,积极开展社会服务活动,为当地社会经济做出了积极贡献。

学社下设3个支社,有社员27人。其中,高级职称16人,中级职称11人。有市政协委员1人、区政协委员6人(区政协常委1人)。学社及其社员坚持弘扬"爱国、民主、科学"精神,积极履行参政议政职责。

【参政议政】 学社以"两会"为平台,履行政治协商、民主监督、参政议政职能。根据金华市、婺城区的工作重点及社会上不同的热点、难点,深入基层调研,集思广益。2014年,向区政协提交"加快推进长湖治理的建议" 等提案7件,通过九三市委会向市政协提交了提案7件,在"五水共治专提协商"大会上应堂亮和罗霞分别作"加强森林资源培育和保护力度、确保水资源安全"和"进一步加强河道管理"发言。

【社会服务】 学社开展社会服务活动,3月,组织社员到东方红林场开展义务植树活动,栽植榉树1000多株。帮助联系村沙畈乡亭久村开展项目对接,帮助联系苗木,为村庄绿化争取到资金3万元,新农村交通基础设施建设补助资金8万元。10月,组织学社名医社员到亭久村,为80多名村民送医赠药,深受山区人民欢迎。组织社员到山区乡镇、村开展技术培训、科技咨询2期,重点开展毛竹和油茶低产林改造、油茶良种、山核桃及珍贵树种培育等技术培训,受益群众150人次,发放资料150余份。

配合九三学社省委会做好塔石乡3个结对帮扶

村(东岭村、下塔石村、金牛山村)基础性工作,帮助3个村厘清近五年发展思路,明确需要帮扶的工作重点,多方争取扶贫资金。针对金牛山村无移动信号,联系婺城移动公司为该村安装移动基站,彻底解决通信困难的问题。

【自身建设】 主要结合茶话会、爬山等活动组织社员学习中共十八届四中全会精神,开展“依法治国”等专题学习讨论,以“爱国、民主、科学”为宗旨,倡导九三社员增强社会责任感,在各自岗位上建功立业。社员之间一起交流学习、生活、工作体会,做到互相帮助,提升社员的幸福指数,提高党派凝聚力。（季美珍）

婺城区工商业联合会

【概述】 婺城区工商业联合会(以下简称区工商联)有基层(行业、异地)商会16个,因金西开发区区域调整减少1个,有会员1520人,会员中有省人大代表1名,市人大代表8名,市政协委员5名,区人大代表35名,区政协委员59名。

2014年,被评为市工商联系统先进集体、荣获企业文化建设创新奖。

【理想信念教育】 婺城区工商联继续开展非公经济人士理想信念教育实践活动和机关群众路线教育实践活动。关注大局,关心大事,引导非公经济人士转变观念。开展企业文化建设,非公经济人士理想信念、企业制度建设等方面都有明显转变和提升。7月,万里扬集团有限公司开展企业文化月活动,弘扬社会主义核心价值观,内容丰富多彩;润华机电有限公司耗资40多万元,建设企业文化博物馆,继承和发扬企业的拼搏精神,并通过婺城区工商联牵头,成为金华市委组织部“两新”工作示范点、婺城区企业文化礼堂示范点、婺城区企业公共文化活动中心先进单位,被金华市工商联评定为2014年度一项创新工作。

【村企联建治污水】 区工商联按照区委、区政府“五水共治”的工作部署和总体要求,紧密结合实际,落实责任,强化措施,形成乡镇(街道)商会主动参与,各会长及时联系联建企业,帮扶破解难题的良好服务局面;各联建企业,采取“出人、出钱、出物资、出技术”等帮扶手段,助推村企联建项目,取得显著成绩。全区建立村企联建治水护水工程项目70个,认捐治水资金807.4万元。其中,确认并申报市级示范工程10个,捐资治水资金拨付到位。完成市、区企业联系部分山区乡村、水源头村扶贫及治水村的对接工作。各基层商会联系所在乡镇的农村治水,每个商会发动企业联村治水不少于5个,全年全区实现了百企联百村目标。

【服务经济】 区工商联开展小微企业“保生存、谋发展”调研活动,先后走访60余家企业,梳理企业融资、劳资纠纷、周边环境、子女就学等热点、难点问题,召开专题会议,并积极帮助解决,实实在在为企业解决相关难点和热点问题。

加强与金融单位合作,加大对实体经济支持力度。全年为企业解决贷款融资8.76亿元,涉及中小企业581家,为非公企业正常运行,做好服务工作,得到企业好评。主动配合,积极参与婺城区招商引资工作,注重婺商回归,为婺城提升产业层次、转变经济增长方式、增强经济发展后劲添加动力,全年完成内资和浙商回归到位资金2100万元。

【感恩社会】 区工商联引导非公有制经济人士回报社会,扩大送温暖活动的社会影响力和感召力,营造社会各方面积极参与,人人奉献爱心的良好氛围,充分体现送温暖活动是一项“暖人心工

2014年8月26日,区工商联组织会员进行电子商务培训

程”。开展关爱帮扶“三老、两户”走访慰问活动。全年慰问走访“三老两户”100余户，慰问金20多万元。

【学习交流】举办各类企业骨干培训3期，320余人次。7月，全区企业电子商务培训为期1个月，于8月26日圆满完成，90多名企业骨干、商会会员参加培训，取得较好成绩。以基层商会为单位，组织非公有制企业150名负责人赴海南、韩国、俄罗斯开展合作交流学习考察，借鉴外地民营经济发展经验，转变经营观念，增强非公有制企业人士凝聚力。

（张建红）

群团组织

金华市婺城区总工会

【概述】 金华市婺城区总工会（以下简称区总工会）贯彻执行中央、省、市区委统一部署，开展党的群众路线教育实践活动，围绕习近平总书记提出“三严三实”重要论述，对照“四面镜子”总结自己和身边存在的“四风”方面的问题，展开批评与自我批评，提高政治思想觉悟和素质，提高服务意识和工作实效。工作中心围绕更好保障职工权益和改善民生、促进社会公平正义着力点，提升工会工作整体水平，取得显著的成效。

【党的群众路线教育实践活动】 根据省、市、区委的统一部署，总工会组织全体党员干部认真学习习近平总书记关于开展群众路线教育实践活动有关讲话精神和省、市委的有关文件，参加区委组织的警示教育活动和学习先进报告会，增强干部政治素养和廉政意识，提高广大干部自觉为民思想觉悟。通过教育，班子成员都从根本上认识到自身存在的问题和思想，制订整改措施和方案以及整改时间表，并在以后工作中加以实施和完善。

【参与重点项目】 区总工会贯彻执行区政府总体部署，组织干部、职工参与“三改一拆”“五水共治”“创建全国文明示范城市”以及“二七征迁”改造工程等市、区重点工作建设。为“创建全国文明示范城市”“五水共治”，区总工会组建2支各2000多名职工，参加文明城市建设志愿者服务队和“五水共治”志愿者队伍。抽调1名班子领导参加杭长高铁建设；其余4名班子成员和一名干部参与“二七改造”重点建设工作。

【送文化活动】 区总工会根据当前社会状况，把职工政治思想教育放在首位。在文化生活方面，开展职工书屋的建设工作，组织莱恩集团、山山烘焙、明月楼社区、西市街社区、金圆水泥、高峰控股集团公司6家单位建立职工书屋，提高职工文化素质和业余文化生活。组织以“争当好职工 奉献中国梦”和“幸福女性”为主题的征文比赛活动，其中，婺城区女职工在参加“幸福女性”全国征文活动中，3篇征文被评为入围奖，为全区女职工争得了荣誉。在职工业余文化方面，年初，区总工会按照市总工会的要求，组建了婺城区职工文化艺术团，由区总工会党组书记、工会主席担任团长，团员由具有表演才艺的职工担任。4月29日，会同金华市总工会职工艺术团，在浙江万里扬有限公司举办“劳动美”五一节文艺慰问演出活动；6月份，在全市职工排舞比赛中，总工会选送的明月楼社区排舞代表队获团体第六名。选送30多名选手参加首届“金华工人好声音”电视歌手比赛，体现了对职工精神生活的关怀和职工政治思想教育迫切性以及对职工文化生活的重视。

【关爱劳模】 为弘扬劳模精神，区总工会在《今日婺城区》连续刊登劳动模范事迹进行宣传，更广泛、更全面地宣传劳动美、劳动光荣的伟大精神。12月，区总工会经多方协调，经区政府领导同意，落实了退休劳动模范待遇，为广大劳动者提供强有力的经济保障。

【扶贫帮困】 为确保职工的身体健康，做好预防工作，4月，联系部队医院，为7000多名企业职工进行免费体检活动，受到职工的好评。9月，在全区推广职工医疗互助保障,组织12600多名职工参加全市职工医疗互助保障,为职工筑起第二道健康防护线,解决患病职工部分资金困难,为减少部分职工因病致穷起到保障作用,体现出工会组织对于职工身体健康的关爱和保障。

4月,总工会着手进行困难职工的调查摸底工作,建立困难职工档案,发放困难职工子女助学金1.96万元,困难职工帮扶资金22.04万元,为困难职工送去党和政府的关心以及工会组织的温暖,当好职工的“娘家人”。

【网络工程建设】 随着社会进步和网络的发展,建立政府网络阵地迫在眉睫,区总工会除继续维护好总工会“阳光网”的同时,根据区委要求,在新浪微博申请开通《婺城区总工会微博》,通过微博平台发布工会活动和信息,将工会的活动情况及时提供给广大职工群众。

【普法教育活动】 总工会开展“六五”普法教育,成立普法、综合治理办公室和劳动关系预警机制领导小组,制订具体措施和预警方案,并将具体工作要求落实到每个联系干部,要求每个班子成员每年完成规定的法律课程。组织全体机关干部职工参加省、市、区举办的普法教育学习和考试,进一步强化和提高干部的法律意识和法律知识。12月3日,组织人员参加区普法办在新狮街道浙师大社区开展的普法教育活动;根据市总工会的安排,在金华市职工服务中心组建婺城区职工服务站,配备专门工作人员,从事开展劳动争议、仲裁,全年参与劳动争议仲裁案件13起,案值37万元。

【工资集体协商】 区总工会全面推进企业工资集体协商,2014年,工资集体协商续签率100%,同时,工资集体协商指导员在企业开展工作时严格按照8个环节实施,并明确强化女职工权益保护专项集体合同,合同签订率96%以上;女职工“四期”保护和执行禁忌劳动有关规定的企业95%以上,建立完善数据库。

【企业厂务公开】 开展企业厂务公开民主管理工作,特别是对新成立工会企业,区总工会机关联系干部都上门进行指导企业开展厂务公开民主管理工作和“安康杯”竞赛活动,全区实行职工代表大会和厂务公司建制分别达90%和86%;85%的企业参加“安康杯”竞赛活动。

(马益君)

共青团金华市婺城区委员会

【概述】 2014年,共青团区委员会(以下简称团区委)在团省委、团市委及区委、区政府的正确领导下,全区各级团组织学习贯彻党的十八届四中全会精神、区委六届六次全会精神和团市委六届四次全会精神,围绕“基层活力团组织”创建活动,坚持服务到基层,服务到全区青年,做好党政“后备军”,以活动促服务,以服务谋发展。发挥四项职能作用,以“争当青年先锋,创建活力组织”为载体提升基层团组织的凝聚力和影响力,推动共青团青年事业的科学发展,各项工作取得明显成效。

【青年服务】 2014年3月,应广大青年交流交友的需求,团区委开展“人间三月天,相约青春梦”婺城青年交流活动,组织200多青年共同过团组织生活。活动之余,团区委利用QQ、微信等多种新媒体展开广泛的讨论和宣传,来自不同岗位的青年畅谈自己对工作和生活的观点、态度、方式以及对价值观和人生理想的认识、追求等。同时,团区委调查全区青年自组织及公益组织,并制作团组织服务青年自组织方案,帮助有需要、有生命力的组织健康成长。

【体验活动】 开展“访青年、到基层、送服务”。围绕“两个在前”工作要求,通过驻点联系、随机走访、蹲点体验等形式,开展民情体验活动,增强团干部与基层团员青年的感情,通过对团的基层组织建设、青年就业创业、青年成长需求等方面的实地调查研究,为基层组织发展出谋划策,实解决基层青年反映的突出问题。

5月28日,团区委开展“寻找身边的美德好学子”活动,在校园中寻找、选树一批可亲、可学的“美德好学子”典型,发动全区各学校积极参与到此次活动中,选送83名学生参加此次“美德好学子”的评选,利用各媒体,在学生中广泛开展形式多样的典型宣传活动,为全区青年学生营造奋发进取、争当先进的良好氛围。

【“三清”行动】 高举“让网络的天空清朗起来”旗帜，开展青少年网络清朗行动。贯彻落实“两个在前”的总要求，开展“转变作风做在前、干工作冲在前”团风行动，推动共青团“转变作风”走在前列，“解决问题”干在实处，“服务中心”冲在最前，培养一支“廉洁自律、能征善战”“让党放心、青年满意”的团干部队伍。

【共建活动】 团区委要求各乡镇(街道)团组织围绕党政中心的工作需求，以及城市青年群体的需求，与学校、青工团组织结对共建，实现资源互补，提高组织活力。全区做到青工、青农、学校一盘棋状态，工作项目化，推动有抓手，双网互动，活动能力强。

【“五水共治”】 围绕区委、区政府以长湖综合整治为重点和突破点的工作中心，2月15日~26日，团区委在乾西乡长湖整治工作中发动志愿者参与专项行动，全面宣传区委、区政府“五水共治”及“三改一拆”“四破”等重点工作，全区15个基层团组织9986名团员青年参与到行动中来，以实际行动响应“五水共治”号召。开展科学生产、文明生活的宣传进村入户宣传科学生产、文明生活方式，参与垃圾清扫、河道整治，号召青年在治理长湖工作中发挥先锋模范作用。开展“十溪清水”专项行动，组织青年植树护绿，尤其是河岸林木的绿化养护，提升河岸水景、维护健康绿色的生态环境。成立保护母亲河志愿服务队，明确河长制及团组织负责河段，在“清洁河道，美丽家园”专项活动中发挥突击队作用，实现“十溪清水”的目标。开展“生态节水”专项行动，青企协和其他相关团组织配合，成立治水节水宣传志愿服务队，在青年企业家会员单位率先开展绿色承诺，狠抓节水制度落实，带头推进产业结构调整，推广节水技术改造，使用节水型设备，推进清洁生产示范岗、循环经济示范企业创建工作。

【双网互动工作】 完成村级团组织换届工作，开展排摸非公企业、新社会组织、社区团建情况，为开展乡镇(街道)团组织换届工作做准备，促进“双网互动”团建模式。开展富有针对性和实效性的团组织服务，推进基层团组织活力工程。确保“流动不离网、思想不脱网”，有效覆盖青年。深化“星级活力团组织”创建和团员星级管理、“双承诺”活动，推进基层团组织活力工程。5月4日，团区委开展“奋斗的青春最美丽”主题团日活动，组织团员青年在金东区源东乡东叶村中国第一任团中央书记施复亮墓前进行团史教育。激励广大青年团员继承和发扬优良传统，增强其立志振兴中华、报效祖国的责任感、光荣感和使命感。开展“青春微力量，圆梦微心愿”活动，组织团员青年分组走访低保家庭、单亲家庭，了解这些困难家庭的青少年在学习、工作、生活中的需求，把征集到的“微心愿”，通过微博、论坛对外宣传，以自己有限的青春力量来帮助困难群体实现“微心愿”，解决微需求。全区收集微心愿1258个，凝聚了32个基层团组织688名团员青年为微心愿献力献策。开展“健康快车”义诊活动，组织青年志愿者到蒋堂、安地、塔石等乡镇开展“健康快车”义诊活动，为乡镇居民免费提供测量血压、血糖、身高、体重等服务，并对居民的可疑病症进行免费初诊，现场还发放各类疾病预防手册。

（陈　波）

少先队工作

【概述】 婺城区少先队工作委员会(简称区少工委)学习宣传贯彻党的十八大四中全会和市第六次少代会精神，围绕少先队组织的根本任务，把握组织属性，开展“红领巾相约中国梦”主题教育活动。按习近平总书记“记住要求、心有榜样、从小做起、接受帮助”16字要求，以“社会主义核心价值观”教育活动为主线，立足“思想引领”“服务成长”和“教研科研”三大工作板块，夯实少先队组织自身建设，使全区少先队各项工作呈现新气象，取得新实效。2014年，被授予“浙江省先进少工委”荣誉称号，是全市唯一获此荣誉的单位。

【主题教育活动】 区少工委把社会主义核心价值观教育作为引领青少年健康成长首要任务，突出“爱国”“敬业”“诚信”“友善”四个关键词，精心设计教育载体，开展新颖实效性的少先队活动，把枯燥的理论变成活生生的事例和具体的活动。引导青少年树立正确思想理念、高尚道德准则和良好精神风尚，逐步形成青少年共同学习和践行社会主义核心价值观的生动局面。

区少工委于10月13日建队节在箬阳乡中心小学举行金华市暨婺城区纪念建队65周年“红领巾相约中国梦，核心价值观记心中”主题教育活动。在偏远的山区小学举行大型队活动，让农村留守儿童成为少先队舞台的主角，通过小队寻访，发现身边爱国敬业诚信友善的榜样，榜样的力量让孩子们理解和学习了社会主义核心价值观，促动了他们的心灵，他们倡议全区队员们一起行动起来，寻找身边的榜样，并向榜样们学习。

在主题队日活动中，全区少先队组织通过寻访身边的榜样，分层次有重点地开展活动。低年级阶段向高年级优秀的哥哥姐姐少先队员学习；高年级阶段则学习身边优秀的人；初中阶段研究优秀党员成长历程。在此过程中，层层领悟社会主义核心价值观的含义，激发他们爱集体、爱家乡、爱祖国、爱人民、爱社会主义的朴素情感。

【美德宣讲活动】根据省、市少工委的统一部署，婺城区各基层少先队组织开展“美德少年 我争当 我学习”主题实践活动，组织全区少先队员开展向美德敬礼。在校级中队推荐、大队评选的基础上，区少工委评比出百名区级美德好少年，其中，2名队员获省级“美德少年”称号，10名队员获得市级“美德少年”称号。近万人参与网上争章活动，近千人获省邹鹰奖章。箬阳小学“红领巾高山足球娃小队”荣获浙江省“美德少年”十佳提名奖。评比结束后，各校以主题队会、交流学习心得等形式，分层分类3次开展“向伙伴学习”“向优秀学习”“向楷模学习”宣讲活动，引导广大少年儿童学习身边榜样，讲好身边故事，崇德向善、见贤思齐，培养良好道德情操，从而培育广大少年儿童“正直、善良、诚实、有爱心”等优良品德。

【搭建活动平台】2014年，婺城区少工委继续深化“红领巾相约中国梦”“雏鹰争章”“民族精神代代传”“城乡手拉手”等品牌活动，不断赋予新的时代内涵，使之更加符合少年儿童的需求。不断创新活动载体，整合社区、青少年实践基地等多种教育资源，丰富项目体系，拓展教育基地，为广大青少年的思想道德建搭建广阔的活动平台。

【红领巾助力“五水共治”】4月2日下午，金华市暨婺城区“小手拉大手，携手治‘五水’”雏鹰行动在白龙桥小学正式拉开序幕。号召全体少先队员从小事做起，带动家长，让“小手”牵动“大手”，让每一位队员、每一个家庭都参与到“五水共治”的队伍中来，以实际行动共同创建国家文明城市。为了能让更多的队员一起参与“五水共治”活动，队员们还给暨军民市长写了一封信，得到市委领导高度重视，暨市长第一时间给队员们回复，对他们的行为表示高度赞扬，回信中写到“感谢白龙桥中心小学五年级全体少先队员的响应和护水、清河、清溪的点滴行动。小手牵大手，携手治“五水”，共同打造绿树成荫，河水清清的美好家园。”

全区各中小学积极开展“节水，从我做起”主题实践活动。队员们争做“五水共治”的小宣传员、小记录员、小示范员、小研究员、小监督员，为建设美丽金华、美丽婺城尽自己的一份力。区少工委表彰100名厉行节水、宣传节水的模范少先队员，授予他们婺城区少先队“节水小达人”称号，并授予婺城区“节水小达人”雏鹰奖章。

【保护耕地宣教活动】在省少工委的统一部署下，全区拉开“小手拉大手争做国土小卫士”宣传教育活动序幕。通过举行一次保护耕地节约用地征文比赛、参与一次保护耕地节约用地宣讲、开展一次保护耕地节约用地小课题研究、上一节保护耕地节约用地队活动课等形式，引导少年儿童树立资源节约利用意识。此次活动，网上争章（中少雏鹰争章网）网下实践同时进行。队员们在校内外辅导员带领下，走农村下田地，开展家乡耕地、用地小调查访问，绘制四格漫画等，并在社区组建小队，开展保护耕地、节约用地宣讲活动，促进全社会更加珍惜和合理利用土地资源，在全区营造保护耕地和节约集约用地的良好氛围。全区1000余名队员参与网上网下争章活动，133名队员完成中少雏鹰争章网的整章内容。

【“手拉手”实践活动】区少工委通过学校与学校、企业（单位）与学校的对接，先后开展“城乡儿童手拉手”“手拉手红领巾书屋”“手拉手关爱孤残儿童”“关爱低收入家庭青少年”“手拉手新疆少年儿童”等活动。不同学校、城乡少先队员之间无障碍交流。在全国少工委组织的“百万新疆各族少年儿童与内地少年儿童书信手拉手”活动中，全区结对1000余人。

【少先队事业】 区少工委把握少先队根本任务，深化少先队活动课程教研工作，转变少先队科研工作的方式和研究领域，以科研为导航，努力发挥红领巾文化渗透性、持久性功能，培养少先队员文化自觉和文化自信，推动少先队事业科学发展。系统设计各校、各年级的少先队活动教育内容，活动内容、形式和载体上完善少先队课程的建设，将少先队活动课程教师用书纳入教育局教材征订范围，中队辅导员人手一册，学校大队一整套。定期举行区级教研活动，开展“同课异构”“微格教学”等形式的活动。

开展“少先队活动课程与婺城乡土文化相结合”的少先队项目承若，确立“婺州民俗博物馆”等11个婺城区红领巾校外教育实践基地，成立胜利小学和金华剪纸博物馆、竹马小学和国际茶花物种园、乾西小学和婺州民俗博物馆、环城小学和金华非遗博物馆的争章活动，定期开展活动。充分挖掘婺城乡土文化，打造特色少先队活动课。东市街小学的“婺州娃娃唱婺剧”，竹马小学的种茶花、画茶花、唱茶花系列，白龙桥小学传统游戏嗨翻天，箬阳小学的足球文化，塔石小学的石头彩绘等，既创新了少先队活动课内容，又增强了少先队员热爱家乡、传承传统文化的朴素情感。

区少工委在选拔大队辅导员时，解决他们享受中层副职以上级别待遇，对大队辅导员更换快的情况，开展“师徒结对”“辅导员手拉手”“城乡联谊”“新辅导员专项培训”等方式，加大培训力度和宽度。

2014年，区少工委举办辅导员技能技巧比赛，49名选手通过基础知识、才艺、说课等8大项目的比拼，选拔3名参加市级比赛，全部获得金奖。其中，2名辅导员代表金华市少工委参加省级比赛，也获金奖。区少工委获市级的优秀组织奖。

每年举行一次全区少先队工作论文和案例评选，鼓励各学校申报课题。竹马小学的国家级课题在专家指导下顺利结题，白龙桥小学和乾西小学申报省级课题立项查。

（苏冰蝉）

金华市婺城区妇女联合会

【概述】 婺城区妇女联合会（以下简称区妇联）紧扣区委、区政府的工作中心，围绕“坚强阵地”和“温暖之家”，坚持服务大局、服务妇女，一手抓发展、一手抓维权，凝聚巾帼力量，积极投身“五水共治”“三改一拆”“美丽工程”建设，为创建“美丽婺城”，实现“美好生活”，发挥“半边天”的作用。

【美丽主题创建】 区妇联参与“五水共治”活动，先后发放《五水共治，巾帼同行》《美丽家园，巾帼先行》倡议书30000多份，组织妇女群众和巾帼志愿者参加“五水共治”“清洁河道·美丽家园”“垃圾治理 美丽庭院”专项活动。1月27日，组织300多名志愿者到沙畈乡白沙溪清理河道垃圾，打捞河面废弃漂浮物，保护好市民的“大水缸”；在全省“五水共治”现场会期间，组织600多名巾帼志愿者，参加清洁长湖决战。7月1日，在竹马乡举行“美丽婺城，巾帼先行——小手拉大手，文明在行动”启动仪式，呼吁全区广大学生和家长，让垃圾不落地、让污水不横流，投身建设“美丽家园”行动。组织各乡镇（街道）举办“五水共治”、垃圾分类等培训班30期，5680人次参加培训；组织开展巾帼志愿者活动658次，参与人数3.9万人次；发放创建美丽庭院宣传资料16万余份数；清理河道池塘等垃圾7220余吨。

立足“美丽乡村”建设，在全区423个“妇女之家”开展“创美丽庭院 寻最美家庭 做最美女性”行动。通过讲“最美家庭”故事、听“最美家庭”家训、看“最美家庭”家园、晒“最美家庭”幸福，评选出十佳“最美庭院、最美家庭、最美女性”。开展“家训家规”格言征集活动，征集到的好家风好家训135条。开展“善美讲堂”进“妇女之家”，举办第二届“和谐家庭 幸福人生”公益讲坛，1200多人次参加。

参与迎宾巷、“二七区块”征收工作。

【文化发展风采】 3月5日，组织女企业家、部分两新组织妇联主席和各乡镇（街道）妇联主席参加“我运动、我健康、我美丽”庆“三八”女性趣味运动会。3月7日，表彰妇女工作示范点、优秀妇女之家、巾帼文明岗、“三八”红旗手、巾帼建功标兵各38个；

表彰十佳“好婆媳”“好夫妻”“好妯娌”“好家长”“好邻居”。

举办才艺大比拼。参赛的18个节目，230余名选手都来自基层一线，大多数节目都来源于工作生活。广大妇女自编自导以舞蹈、独唱、快板、小品等艺术形式展现新时代婺城女性风采。3月15日，在市人民广场举行插花工艺比赛，12家单位22位选手各显神通，用自己精美绝伦的花艺，为市民献上了一份精彩纷呈的“视觉大餐”，并评出一等奖2名，二等奖4名，三等奖6名。

为营造文明家风，创建美丽家庭，在全区范围内组织开展“五好文明家庭”暨“好婆媳、好夫妻、好妯娌、好家长、好邻居”评选表彰活动。对评出的十佳“好婆媳”“好夫妻”“好妯娌”“好家长”“好邻居”先进事迹在《今日婺城》进行刊登报道。开展“平安家庭”示范户争创活动，评出区级“平安家庭”示范户50户，推荐市级10户。

【来料加工转型升级】 按照“布点、扩面增覆盖，扶大、扶优强带动，增量、提质促转型”的工作思路，推进来料加工业发展。全区有经纪人629名，月加工人数2.5万人，全年发放加工费3.7亿元。累计转为企业75家。

区妇联召开全区来料加工推进会，区四套班子的分管领导、各乡镇(街道)分管领导、妇联主席和5个山区乡的村党支部书记、村妇代会主任及来料加工经纪人近300人参加。市妇联主席应邀参加并作了讲话。会上，表彰来料加工先进村(社区)6个，来料加工经纪人创新奖13名、进步奖7名、贡献奖5名。帮助山区和移民村新建加工点2个，60余名妇女实现再就业。举办来料加工短期培训51期，2437人次；发放女性创业专项补助资金6万元，进一步激发百姓创业创新热情，促进山区百姓增收致富。

区妇联先后5次组织来料加工经纪人帮助山区和移民村创办来料加工点，在琅琊镇琅沙村、岭上乡移民村桃源村、塔石乡余坞里村新建来料加工点，帮助60余名妇女就业。组织7名经纪人参加第20届中国义乌国际小商品博览会，当场签订加工费53.5万元合同。同时，由叶店村妇女组成的婺城区来料加工产品展示队代表金华市参加浙江省来料加工产品走秀活动，展示假发、宝石盆景、婴儿鞋等特色加工产品，箱包加工以及传统加工产品如单爪、亮片、饰钻等饰品，受到现场观众一致好评。全国妇联副主席崔郁、省妇联主席劳红武到区来料加工展位参观指导。

开展各类培训，实现从业人员素质新提升。组织各乡镇(街道)妇联开展缝纫、裁剪、箱包等来料加工短期培训33期，培训人数1761人；安全生产知识培训15期，参加人数518人；电子商务培训3期，158人参加了培训；月嫂、家政等培训6期，培训人数290人；盆景制作、苗木栽培等技术培训班13期，培训人数515人。

帮助解决发展资金，实现来料加工新推进。全年为8名经纪人解决小额贴息贷款145万元。同时，督促各乡镇(街道)签订安全生产责任书，开展来料加工场所安全生产检查，消除安全隐患。

【创建和谐环境】 区妇联开展各类送温暖活动，通过走访慰问、帮困解难、加大维权等方式，推进和谐婺城建设。春节前夕，组织女企业家走访慰问105名离任村妇代会主任，发放补助金及物品计5.6万元；筹资慰问联系的竹马乡汪山头村、古塘里村，塔石余坞里村20户困难户；看望塔石孤儿傅梦婷、傅震博两姐弟，给他们送去衣服鞋子以及学习用品和慰问金，让她们感受到社会大家庭的温暖。

“六一”前夕，区妇联组织来料加工经纪人认领“微心愿”，助城西小学、莘畈小学学生圆梦，为他们送去价值近3万元的学习用品和体育用品。全年帮助226名贫困学生与社会爱心人士结对，发放春蕾助学金139800元。通过社会爱心人士帮助塔石乡中心小学安装了空气能热水器，使全校160多名师生用上热水支付4所山区小学“亲情热线”41640元，“青苹果计划”24180元。做好妇女来信来电信访工作，全年接待来信来电来访25起，涉及家庭纠纷、家庭暴力、土地承包及土地款的分配等问题。成立“和姐”工作室，聘请5名志愿者轮流坐班，壮大维权力量，维护妇女儿童合法权益。至年底，“和姐”工作室成功帮助解决50余起婚姻家庭、邻里纠纷，有力推进“平安家庭”建设。受到第十二届全国人大常委会副委员长、全国妇联主席沈跃跃的肯定。

【固本强基建设】 开展乡镇(街道)、村(居)妇联班子换届工作。按照政治坚定、素质全面、作风扎实、勇于创新的妇联干部的建设要求，抓好乡镇(街道)妇联及村妇代会换届工作。17个乡镇(街道)妇联完成换届，村(居)全部完成换届工作。

举办村(居)妇联干部培训班，提高基层妇联干部整体素质。4月25日，区妇联举行村(居)妇联干部培训班暨争创“最美家庭”推进会，全区423名村(居)妇代会主任参加培训。会上，区妇联传达了全市“垃圾河治理大会战”动员大会精神，向全区妇女发出参与清理垃圾河的倡议。5月19日至20日，区妇联对全区“两新”组织妇联主席进行为期2天的集中培训，对在新形势下如何倡导女性“内强素质、外塑形象”、开展好“巾帼文明岗”创建活动，增强业务操作和创建水平起到促进作用。10月15日至17日，区妇联在省妇干校举办为期3天的“女性参政与领导素养、新时期妇女工作实务、家庭教育、民法解读以及女性魅力与竞争力”等内容的妇女干部培训班，各乡镇(街道)妇联主席、区机关妇委会代表、区妇联五届执委代表、“两新”组织妇联主席代表、基层妇代会代表、妇联系统国家级先进代表等45人参加培训。 （徐美珍）

金华市婺城区文学艺术联合会

【概述】2014年，婺城区文学艺术联合会(简称区文联)有团体会员11个，会员1000余人。区文联本着出作品、出人才的宗旨，坚持文艺的“二为”方向和“双百”方针，履行“联络、协调、服务”职责，开展党的路线教育实践活动，配合区委、区政府中心工作，在“中国梦”“五水共治”“文化礼堂”等主题活动中，开展精品创作，为全区文化建设大发展、大繁荣发挥应有作用。

【组织建设】完善例会制度，严格协会管理，高标准、严要求，发展新会员，壮大文艺队伍，促进文化交流。各协会均通过了民政年检，并圆满完成所属的所有协会领导班子换届工作。区文联组织各协会负责人学习党的十八大以来的有关重要文件和习近平总书记在文艺座谈会上重要讲话，深刻认识到文艺工作者的社会责任和历史担当，一定要潜心创作出无愧于时代和历史的精品力作，为中华民族伟大复兴的“中国梦”奉献自己的智慧和心血。各协会积极组织会员到外地学习交流，收获良多。

【协会活动】举办艺术进基层活动。组织艺术家送艺术进社区、进农村、进机关、进校园。书画家们在春节期间深入塔石、箬阳等山区为农民写春联，受到广大农民的欢迎和赞扬。年初，舞蹈家协会开展“送温暖、送文化、送卫生”三送活动，举办“推进五水共治 共建美好家园”巡回演出，进文化礼堂宣传演出14场，把中心内容宣传和文艺演出融合，受到当地群众的欢迎。11月19日起，协会为宣传两美婺城，“构筑美丽婺城 共建美好生活”巡回演出20场，效果显著，广受好评。民间艺术家协会积极参与“五水共治”为主题的文艺节目创作活动，会员创作的快板剧《五水共治在蒋堂》、表演唱《碧水情》、三句半《五水共治好》等文艺作品在《今日婺城》上发表，并在一些文艺展演、文化走亲活动中演出。协会凭借元旦、春节、五一、中秋、国庆等节日平台，结合自身艺术优势参与舞龙、舞狮、道情、根雕以及山歌演唱、竹马表演等民间文化活动。区作家协会和市艾青文化研究会联合举办了“艾青之夜”诗歌朗诵会。20多位诗人和诗歌爱好者参加朗诵会。摄影家协会在“三花节”期间举办摄影作品展览；4月，组织摄影骨干88人到塔石乡参加塔石“三月三”大型摄影采风活动，并举办塔石风光摄影比赛；9月，成功举办2014《美丽婺城新农村建设成果》摄影组照比赛。9月下旬，区农民书法家协会和温州瓯海区泉川艺社联合举办“根植乡土，放飞梦想”两地农民庆祝建国65周年书画展览，展出100幅书画作品。两地农民书画家在座谈会上交流心得，并现场挥毫展示。书法家协会还参加省书法家组织的“中国梦·乡村行——浙江书法作品联展”比赛。

【文艺培训】诗词楹联学会与金师附小和金华市职业技术学院合作开展诗教职业育工作。分别派陈国友、吴江洪为这2所学校联系人，帮助这2所学校制订工作计划。会长杜时通分别在所学校作诗教和读写诗词的讲座。

其他领域公益培训与讲座常抓不懈，不定期邀请专家开讲座，定期开展不同领域培训。

【创作成果】各类文学艺术类创作硕果累累。由王槐荣、李英、章伟文根据王槐荣中篇系列小说改编的电影《妈妈们的青春往事》在3月6日的中央电视台电影频道播出；刘学刚老师编创的舞蹈《活着1937》在获浙江省第九届音乐舞蹈节上荣获职业组三等奖和新作品奖，并在浙江省大学生艺术节中荣获乙组(专业组)二等奖，同时荣获第九届中国舞蹈“荷花奖”当代舞、现代舞组“十佳作品”第一名。5月中旬，毛毳舞蹈馆参加中国舞蹈家协会教学成果演，参赛节目《向天歌》荣获表演一等奖；参赛节目《童年如歌》获得二等奖。毛毳舞蹈艺术馆获得中国舞蹈家协会年度优秀考级单位称号，毛毳老师荣获中国舞蹈家协会优秀中国舞教师称号。金华舞彤艺术馆选送的节目参加中国舞蹈家协会第293届浙江展演分获一等奖、二等奖、三等奖。丁晓婧指导的群舞《爱传你我他》、李艳丹指导的男生群舞《博弈》分别荣获浙江省中小学艺术节舞蹈专场一、二等奖。在“三花节”期间举办的塔石风光摄影大赛中，付卫红的《岭边四季》获一等奖；张卹君的《鸟瞰乡村》、汤丽娟的《塔石特产》获二等奖；在省书法家协会组织的“中国梦·乡村行——浙江书法作品联展”比赛中，罗店镇后溪河书法村范启良的作品获优秀奖，郑建高、金国平、唐杨成、成永松的作品入展。张雄华、邹其寿、陈逸超、张凤鸣、徐志辉、吴文胜、章国新等人的书法作品多次参展于全国性的书法作品展览。

刊出《婺江文艺》2014年丛刊一期。发表小说、散文、诗歌等各类文学作品约18万字，为本地作者提供了成长的园地。 (张　敏)

【区音乐协会】婺城区音乐协会以活动为抓手，丰富协会工作。坚持开展“文化下乡”活动，围绕区中心工作协办“两美婺城”“五水共治”主题巡回演出34场，协助各类大型文艺活动和文艺赛事21场，配合区文化馆文化走亲8场。同时，还举办了“送温暖、送文化、送卫生”三送文化礼堂等活动文艺演出。

大力发展协会会员，协会通过组织《婺城之音》合唱团，以区中小学音乐教师为骨干力量，吸收各界文艺爱好者，会员人数达到61名，以壮大协会队伍，提高工作效率。

积极开展创作研讨活动，经协会班子研究，请市音协专家为30名协会会员进行为期1天的歌词写作与谱曲基础讲座、为期1天的区文化民俗村村歌创作活动，创作出《开花之歌》《610之歌》等音乐作品。 (陈　彤)

【区书法家协会】开展为民服务，春节期间，区书法家协会组织多位优秀会员，下乡义务写春联，为广大农民朋友送去节日的祝福，为新春佳节增添了祥和的节日气氛，受到当地领导和乡亲们的热烈欢迎。

坚持书协活动，增强凝聚力。连续六年坚持每月一次的会员活动不放松，活动始终在自由、自愿、民主的前提下进行，并使活动内容多样化，以本会主席团成员为主要授课人和主持人，开展各种书法理论讲座、学习，结合各相关书体进行习作展示、开展习作点评交流，从而增进会员间互通信息，交流经验，密切关系，促进团结，收到了一定的效果。活动还吸引许多非会员书法爱好者参加，在一定程度上提升了普通民众对书法的热情，赢得更广泛的群众基础。

罗店镇后溪何村农民书法培训班正常上课。协会安排每月15日，到罗店镇后溪何村给农民书法爱好者上课辅导，内容丰富多彩，有讲解文房四宝的，有讲解书法欣赏的，有具体指导临帖的，有指导农民进行书法创作的。至年底，已集中上课10余次。在由浙江省书法家协会主办的“中国梦.乡村行——浙江书法村作品联展”中，取得一人获奖，四人入展的好成绩。该村被推选为“浙江书法村”典型代表。

积极开展书法走亲活动，9月，区农民书协与温州瓯海区农民书协开展书法走亲活动，展览设在金华市婺城区政府大厅，展出作品100余件，赢得观看领导、专家、书法爱好者的一致好评。

(章国新)

【区摄影家协会】4月，组织摄影骨干88人到塔石乡参加塔石“三月三”的大型摄影采风活动。

9月，成功举办2014《美丽婺城新农村建设成果》摄影组照比赛。其中，荣获一等奖的有陈建的《决战长湖》，二等奖的有卓文的《山村美食》，陈宏的《宝龙书记来视察》，三等奖的有徐建国的《桂花飘香的季节》，许永昌的《激情塔石》，傅卫明的《鸟瞰新农村》，叶欣的《婺城摄影风采》，周沿伶的《最美丽的村庄浩仁村》，以及优秀奖徐建国等63人。

全年制作《美丽婺城新农村建设成果》宣传展板63块。（叶爱莲）

【区老干部摄影协会】 2014年度，婺城区老干部摄影协会不断加强协会自身建设，围绕婺城区中心工作，以采风、沙龙、QQ群等活动为载体，为会员搭建一个“人生难得老来乐”的平台，充分发挥老年摄影人的优势，协会工作开展得有声有色。会员们心怀对党、对人民、对社会主义制度的深情厚义，以各自深厚的文化底蕴和丰富的人生阅历，立足当地，串街走巷，上山下乡，将镜头对准城乡建设、“五水共治”、乡土文化、非物质文化遗产等纪实专题有组织地开展摄影活动，为这个时代和婺城区留下真实、珍贵的影像档案。

有计划、高标准地发展会员。协会有会员78人，分成5个活动小组，并成立采风和摄影技术领导小组(沙龙组)。

成立协会临时党支部。经中共金华市婺城区新社会组织联合委员会批准(婺新联委〔2014〕02号“关于同意中共金华市婺城区老干部摄影协会临时支部委员会组成人员的批复”，于10月20日成立协会临时党支部，有党员38人，选举产生第一届支部委员会，选举倪庚耀任书记、喻金柏任组织委员、潘志升任宣传委员，党支部下设3个活动小组。发挥党员在协会中的先锋模范作用，增强协会活力和凝聚力。

6月21日，建立金华市婺城区老干部摄影协会QQ群，有群友56名，便于会员之间沟通、交流。

协会积极开展各项活动：

协会组织采风活动4次：3月25日～26日赴江西婺源拍摄油菜花；4月4日去塔石“三月三”活动采风；6月28日赴龙游百荷园拍摄荷花；11月17日赴东阳花园村拍摄菊花。各小组组织采风20余次，因小组活动规模小，易操作，内容丰富，成果显著，如在本地拍花卉、民俗非遗、“五水共治”“文化礼堂 精神家园”、新农村建设、“二七记忆”等，还组织到义乌佛堂拍摄牡丹花、葵花；到武义白革村拍摄红叶、白姆乡拍摄斗牛等。

协会举办沙龙6次，评出佳作奖24名，优秀奖73名，并对佳作奖和部分优秀奖进行点评，提高会员的摄影水平。

协会QQ为会员创立摄影作品交流园地，弥补了采风、沙龙活动的局限性，在QQ群交流成为会员每天不可缺少的节目。

为政协金华市婺城区委员会教文卫体与文史资料委员会编写的《婺城古宗祠》画册提供60处古宗祠摄影作品；为金华市婺城区宣传部“文化礼堂 精神家园”画册，提供13处文化礼堂摄影作品；为婺城区“二七区块”改造宣传报道汇编《二七起航》第一辑提供摄影作品等。（倪庚耀）

【区戏曲家协会】 2014年，区戏曲家协会按照区文联的总体部署，参与各项文化活动，进一步丰富全区群众精神文化生活，为宣传党的政策、推动社会和谐发展，实现“婺城明天更美好”、营造更加和谐的社会环境和浓厚的文化氛围而努力。

协会参与策划“欢乐金华 百姓好声音”活动；参与完成14场由区委宣传部、区文体新局主办的“推进五水共治、共建美好家园”文艺巡回演出。参加“美丽非遗文化礼堂百村行”等活动。特别是圆满完成金华市文化局主办，婺城区承办的“欢乐金华”第二季“欢乐金华 百姓才艺大赛”婺城区赛区初赛14场、3场复赛和市级3场复赛、2场决赛的比赛工作。9月1日以来，戏剧协会的副会长苏景阳、戴建东、秘书长李珠珠、理事章晓华等被临时调到“二七区块”征收工作组，配合、参与“二七旧城改造”征收工作。同时，深入基层，收集一线创作素材，为创作更有生命力的作品做准备。

乾西雅宅村曲艺创作爱好老人，为“五水共治”创作金华道情作品《十里长湖》，由区文化馆章晓华排练成型，由11名乾西雅宅村妇女表演，并参加市总工会主办的3场“争当好职工 奉献浙中崛起梦”活动和区计生委主办的“计生宣传文艺演出”，受到领导和观众的一致好评。完成“五水共治”内容的作品金华道情《水族研讨会》和情景剧《谁的错》；《水族研讨会》在浙中农村文艺上发表；竹马东宅村排练快板《垃圾分类好处多》；七八月份参加“推进五水共治、共建美好家园”文艺巡回演出，主题明确，可看性强。

由章晓华创作、辅导的少儿金华道情《田鸡飞上天》,8月份参加第六届全国少儿曲艺大赛,荣获三等奖,2名小演员获得新苗奖称号;该作品11月参加"第十六届上海国际文化艺术节 缤纷长三角"曲艺邀请赛,荣获金奖。(戴建东 章晓华)

【区诗词楹联学会】 学会印发关于"社会主义核心价值观"的有关材料分发各小组组织学习。并以《今日婺城》为平台,学习有关党的群众路线教育、"两美金华"建设、"五水共治"等内容,紧跟形势创作诗词联文作品。会长杜时通在各次例会上作有关咏史诗的写作、鉴赏,有关新时代写旧体诗在用韵上要倡今知古,关于古体诗词的鉴评,诗词的直白与含蓄,再谈新韵等专题辅导。并对新会员进行业务培训,对格律诗的基础知识进行辅导。

4月14日,组织全体会员到东阳花园村参访,在《婺城诗联》第14期中,开辟"参访东阳花园村"专栏。

4月28日,学会举办成立十周年纪念活动。浙江省诗联学会副会长金华市诗联学会会长楼炽阳、中共区委宣传部副部长、金东区诗联学会会长、《今日婺城》记者出席纪念活动。印发《诗联十年》《金华市婺城区诗联学会成立十周年纪念册》各一册。《诗联十年》选录679首诗、199阕词,184副联;《金华市婺城区诗联学会成立十周年纪念册》选录照片23帧,书法作品24幅,画7幅,贺诗、贺词24首(阕),贺联14副,贺文4篇。

5月中旬,2名会员参加浙江省第二届(乐清)诗联研讨会,2篇论文入选《浙江省第二届(乐清)诗联研讨会论文集》。

9月27日,7名会员参加金华市诗联学会首届学术研讨会,6篇论文入选《金华市诗联学会首届学术研讨会论文集》,数量之多为金华九县(市、区)之最。

2014年,陈国友的《白沙赋》、董攀峰的《九峰水库赋》在省"百水赋"征文中获入围奖,杜时通的《金华长湖赋》、陈国友的《白沙赋》在金华市的"百水赋"征文中获三等奖;李国雄的楹联在尖峰山楹联征集中获一等奖。

至年底,有46位会员在《今日婺城》发表诗词114首(阕),赋4篇。第十四期《婺城诗联》63位会员发表诗659首,词174阕,联192副,赋12篇,文6篇。下半年金师附小、金华市技师学院与学会合作开展诗教工作。学会派陈国友、吴江洪为这两所学校的联系人。会长杜时通分别在这两所学校作诗教和读写诗词的讲座。

全年吸纳年轻会员8名。增补陈国友为常务理事、副会长,吴江洪为常务理事,加强了领导班子,改善了领导班子的年龄结构。(杜时通)

【区民间文艺家协会】 婺城区民间文艺家协会(简称民协)有会员32人,其中,理事以上会员14人。2014年,民协在区文联的领导下,组织会员根据各自的文化艺术特长,凭借元旦、春节、五一、中秋、国庆等节庆平台,结合自身艺术优势,参与舞龙、舞狮、剪纸、道情、根雕以及山歌演唱、竹马表演等民间文化活动,发挥民协的社会文化作用。

3月15日,组织会员配合非物资文化遗产保护部门开展"婺风·美丽非遗百村文化礼堂行"活动,在蒋堂镇开化村文化礼堂举行启动仪式后,先后走进乾西、白龙桥、琅琊、罗店等地的农村文化礼堂进行非遗和民间文艺展演。组织会员参加"五水共治"为主题的文艺节目创作活动。快板剧《五水共治在蒋堂》、表演唱《碧水情》、三句半《五水共治好》等文艺作品在《今日婺城》上发表,并在一些文艺展演、文化走亲活动中演出。

响应文联号召,打造文艺精品。会员洪增贵创作的大型新编历史故事剧《白沙老爷》列入区婺剧促进会重点创作项目;郑宗林创作的大型历史剧《宋约》由东阳小百花剧团排演;程明芝创作的婺剧小戏《农家书屋》获得全省读书征文比赛三等奖;小品《为了明天》被浙江婺剧团选用排演,近20万字的农村戏剧小品集《沃野风情》由中国言实出版社出版。还有副主席、陶瓷艺术大师陈新华的婺州窑作品多次在台湾、日本等地展出;秘书长陈纪祥经营的蒋堂文化大院被评为金华市特色文化示范基地。(程明芝)

【区美术家协会】 区美术家协会(简称美协)通过组织各种学习和交流活动,提高婺城美协会员的创作水平,打造良好创作氛围。

3月25日,组织协会骨干赴丽水市云和县写生采风活动,创作作品20余幅。

5月23日，金华市美术家协会为迎接全国第十二届美展，在兰溪举行创作作品展览，协会选送作品20幅参展。

5月25日，吴广明参加浙江省最前线百名知名画家富春江写生采风活动，创作作品《富春清晓图》，并于10月份在富阳市文化中心展出。

10月17日，“美丽金华书画艺术大展”李金满、周其果、张丽花获优秀奖，池清、汪玉书、朱玲春入展。

12月1日～3日，吴广明参加金华市茶文化艺术团赴福建武夷山采风活动，创作作品《会友图》和《品茶》。

12月，由金华市书画院和深圳市美术馆联合举办书画展览，吴广明的山水作品参展。

胡建文山水作品入展“百年浦江”全国国画展。

协助文化馆做好“两美婺城”书画巡回展，征集作品50幅。（池　清）

【婺城区舞蹈家协会】 婺城区舞蹈家协会（简称区舞协）成立于2000年，2006年独立注册，是舞蹈艺术家自愿结合组成。地址位于市区临江东路8号，业务主管单位是金华市婺城区文联。有正式会员53名，其中，市级会员15名，党员25名。设主席1人，协会主要开展舞蹈创作，交流舞蹈技艺，研究舞蹈理论，提高舞蹈艺术水平。

年初，协会举行“送温暖、送文化、送卫生”活动，在7个文化礼堂进行送春联、送医疗、送文艺演出活动，得到当地老百姓的赞赏。以“五水共治”为主题，举行“推进五水共治 共建美好家园”巡回演出，进文化礼堂宣传演出14场，把中心内容宣传和文艺演出相融合，受到当地群众的欢迎。11月19日起，协会宣传两美婺城，“构筑美丽婺城 共建美好生活”巡回演出20场，推动了婺城区舞蹈文化的发展与传播。

组织“欢乐金华”第三季“欢乐金华 百姓舞蹈”大赛，10个乡镇（街道）举行海选活动，11支队伍获“百姓舞蹈之星”称号。

组织11支队伍参加由婺城区文化馆承办的“浙江省第二届全民体育节暨首届健身排舞大赛”，获一等奖2名，二等奖4名，三等奖5名。在省第二届全民运动会排舞比赛中，“婺之花”舞蹈队参加并获一等奖和最具人气奖。

刘学刚编创的舞蹈《活着1937》在浙江省第九届音乐舞蹈节上获职业组三等奖和新作品奖、省大学生艺术节中荣获乙组（专业组）二等奖。同时，荣获第九届中国舞蹈“荷花奖”当代舞、现代舞组“十佳作品”第一名。2014年江北馆到目前为止培训人数458人。

5月中旬，毛毳舞蹈馆参加中国舞蹈家协会教学成果演，参赛节目《向天歌》《童年如歌》分获得一、二等奖。并获得中国舞蹈家协会年度优秀考级单位称号。

毛毳老师荣获中国舞蹈家协会优秀中国舞教师称号。编排舞蹈《牛牛之歌》参加金华电视台“六一”晚会的录制。6月中旬，组织舞馆所有师生，在金海岸举办“毛毳舞蹈艺术馆8周年汇报盛典”。8月，舞蹈《向天歌》《童年如歌》《小鸡也疯狂》《小猫咪咪》多次在金华体育中心参加晚会的演出。组织学生387人进行中国舞蹈家协会中国舞的1-10级测试，通过率100%。12月27日，该馆节目《向天歌》受邀参加浙江电视台少儿春晚的录制。

金华舞彤艺术馆2014年参加中国舞蹈家协会第293届浙江展演获一等奖，二等奖，三等奖。群舞《再见了，小雪》参加2015年浙江电视台少儿频道的跨年迎晚会。群舞《遥远的爸爸妈妈》参加2015年浙江电视台少儿频道的春晚。

2014年，舞协会员辅导乡镇文艺队伍760人次，10人参与辅导；对乡镇（街道）舞蹈骨干培训828人次。

为促进文化的交流和提升，区舞蹈家协会组织会员到永康、兰溪、金东、衢州等地交流学习，收获良多。（李艳丹）

【区宾虹书画艺术研究院】 区宾虹书画艺术研究院（简称研究院）贯彻党在新时期的文艺方针，以党的十四届四中全会、习总书记在全国文艺工作座谈会上的重要讲话精神为动力，以研究院为载体，以扎实有效的工作为目标，立足现在，放眼未来，全力以赴，内外结合，上下联动，稳中求进，把握时代脉搏，紧跟时代发展步伐，自觉践行“两个”文明建设作出新的贡献。

研究院年内进行换届选举工作，综合各方面情况,集体讨论推举研究院领导班子,由孔江宁担任院长、傅冬心、楼献忠、马景彪、汪晓亮任副院长、汪晓亮兼任秘书长。

组织会员在宗汉堂举办"迎新春宾虹书画艺术展",47位会员展出作品102幅,内容丰富,创作题材和表现形式丰富多彩,人物、山水、花鸟、书法竞相媲美,画展取得良好的反响和效果。会员曾旭辉在武义图书馆举办个人工笔画展;孔江宁在江苏东海举办个人画展;并与大唐国际家具合作举办首届国际大唐杯少儿书画大赛。会员范新林在兰溪国际大酒店举办人物画展。

完善会员档案、为每位会员建立艺术档案,更好地掌握会员的艺术创作情况以及各项艺术活动情况,有利于会员的管理。

委托网络公司建立"宾虹书画"协会网站,利用网络为会员提供一个更好、更大的平台,网站设立书画展厅、艺术交流、组织建设、协会动态等栏目。在网站上为会员开办画展、视频交流、艺术探讨等活动。会员可以在网站上发表作品,交流心得,了解艺术动态,深受会员的欢迎和好评。

"两会"期间,先后举办会员书画雅集活动5次;不定期组织开展会员文娱活动,举办会员联欢活动1次,多数会员报名参加。通过活动加强会员之间的了解和互动,增强了协会的凝聚力和发展动力。

加强会员艺术培训,组织开展3次书画讲座。协会分批多次组织会员在扬州、上海、深圳、江西、景德镇、杭州、曲靖、永康、江山、金东、婺城、东阳、横店、丽水、磐安等地广泛开展书画交流笔会。并与扬州神居山风景区和旅游品公司作共同举办全国第二届书画大赛。协会组织会员到安达印刷公司开展笔会活动;组织会员走入河北承德大清坊书画采风、写生;到内蒙古坝上参加草原书画笔会取得圆满成功,出版"艺海杨帆"会员书画作品集。

开展创作基地发展和建设,在兰溪市荫坑龙水库风景区新创作一个基地,组织会员前往基地采风和笔会创作活动,与金华交通银行签订共建合同。进行艺术创作,组织会员3次前往遂昌龙泉陶瓷厂创作基地进行采风和陶瓷书画创作。

2014年,协会会员严有顺、历素芳、翁永富、杨方建、汪小亮、吕学姜、王华明、潘志余、徐志辉等在书画活动中入选和获奖。其中,潘志余、徐志辉入展宁波沙孟海全浙展、江西抚州临川之笔展览。孔江宁、吕学姜被省委宣传部入选浙江省第二批民间优秀艺术人才。

开展公益活动,汪小亮将作品拍卖所得4万元救助贫困学子,孔江宁将书画作品拍卖款3,8万元救助春雷助学活动,杨方建向春雷助学捐助2万元。为交通银行、铁路客车站等单位的书画团体以及社会企事业单位的书画爱好者免费开展书画培训活动。

(孔江宁)

【区作家协会】2014年,区作家协会(简称区作协)贯彻落实科学发展观,围绕婺城区委、区政府提出的"创业富民、创新强区"总战略和加快建设文化大区的战略部署,弘扬社会主义核心价值观,发挥作协的培养、联络作用,团结新老作家,打造文学精品,文学创作取得良好成果,为婺城文学事业大发展大繁荣做出积极的贡献。

小说、报告文学、散文创作佳作迭出。胡民主短篇小说《高八度》在《参花》上发表。李俏红的作品《羡慕的话就慢生活》在由浙江省杂文学会主办,全国杂文学会联谊会组委会、《杂文报》社共同协办的浙江省第一届鲁迅杂文奖评选中,获得铜奖。付晓生的3篇散文发表于《散文》,4篇散文发表于《浙江日报》副刊。

诗歌创作成绩突出,伊有喜、张乎、南蛮玉、飞沙、李英昌、远村、许中华、苏洪生等婺城诗人活跃在创作第一线,诗歌大量发表于各纯文学刊物。李英昌、许中华参加金华市委宣传主办的"两美"金华采风团,创作了一系列歌颂金华山水人文的诗歌,刊发于《金华晚报》。

区作协在文联的指导下,编辑出版《婺江文艺》,为本地创作人才提供发表的平台。

(李英昌)

金华市婺城区残疾人联合会

【概述】婺城区残疾人联合会(简称区残联),下设"金华市婺城区残疾人劳动就业服务所"。区残联主要承担“代表、服务、管理”的职能：代表残疾人共同利益，维护残疾人合法权益，沟通政府、社会、残疾人之间的联系，动员社会理解、尊重、关心、帮助残疾人，团结教育残疾人发扬自尊、自信、自立、自强精神；开展残疾人康复、教育、培训、劳动就业、扶贫、文化体育、社会保障、无障碍设施建设等各项业务工作和活动，扶助残疾人平等参与社会生活，为残疾人提供服务；承担区政府委托的部分行政职能，发展和管理残疾人事业，承担区政府残疾人工作委员会的日常工作，负责对各类残疾人专门协会和团体进行指导、监督和管理。年末，区残联辖19个乡镇(街道)残联，413个村(社区)残协，全区持证残疾人8156名。

【组织建设】2013年10月，汤溪、罗埠、洋埠3镇划入金华市开发区，2014年2月，三镇相关残疾人2940份资料移交开发区社发局。6月，根据省、市残联关于开展“基础管理建设年”活动要求，对各村(社区)残疾人协会和残疾人专职委员进行调整，确定村(社区)残疾人协会413个，乡镇街道残疾人专职委员20名，村(社区)残疾人专职委员421名，组织47名乡镇(街道)和社区残疾人专职委员参加中残联网上教育培训，各村残疾人专职委员由区残联统一组织培训。10月，根据乡镇街道推荐，区残联审核的原则，重新考察确定各专门协会负责人并组织召开各专门协会负责人座谈会，交流工作经验，宣传惠残政策。

【共享小康工程】全面落实市残联下达的残疾人共享小康工程各项任务指标，切实改善残疾人生活条件和发展环境。2014年，纳入基本生活保障工程残疾人1096名，各级财政补助资金360万余元。完成308名康复工程任务，实施残疾儿童抢救性康复30例，各级财政补助资金87.4万元，重度残疾人托安养工程扩面至18—60周岁智力二级持证残疾人，计纳入重度残疾人托安养工程残疾人760名，发放补助资金339.8万元，申报省级残障人阳光庇护中心1家(塔石乡残障人爱心家园)，审核验收市级残障人爱心家园2家(城东街道旌孝街社区，城西街道西市街社区)。实施无固定收入残疾人生活补助800人，补助资金84.6万元。

【康复工作】3月，组织下乡服务月活动，提供残疾鉴定652人次，康复筛查3298人次。配送轮椅、拐杖等各类辅助器具200例；完成无障碍进家庭及安居宜居101户，辅助器具进家庭扩面60户，补助资金50.4万元。发放精神服药残疾人补助888名，补助资金53.3万元；创建省级康复站1家(城西街道卫生院)，市级康复站1家(罗店镇卫生院)，补助资金6万元。

【就业扶持】完成55名18～35周岁残疾人大学生就业情况调查，43名大学生完成就业创业；为14名就读大学生申请学费、住宿费免除，为398名残疾学生和贫困残疾人子女发放助学补助40万元。组织267名残疾人参加电子商务、种养业、面点制作、盲人推拿等各项技能培训，选送25名残疾人参加市残疾人职业技能竞赛。组织4次市区残疾人就业招聘洽谈会，完成新增就业再就业53人，新增公益性岗位就业10人。审核确定2014年新增规模以上种养户11户，个体工商户15户，城镇残疾人个体户养老保险补助12人，贷款贴息33户，省级就业扶持30人，发放各类就业创业扶持补助65万元；复核5家市级残疾人扶贫示范基地，申报6家市级残疾人扶贫示范基地；征收残保金62万元。

【扶贫救助】走访慰问贫困残疾人1167名，送去慰问金45万元，实物500份。56个机关部门与56户结对户进行第五轮结对帮扶，全区各基层党组织结对帮扶2058名残疾人。审核、确定2014年安居户40户，完工38户，发放补助资金40.5万元。

【社会保障】根据省残联《爱心助残特殊救助资金使用管理暂行办法》补助政策，上报爱心医疗救助21户，拟申报补助资金23.4万元。由政府统一出资，为全区1340名重度残疾人缴纳城镇居民基本医疗保险，补助资金45.12万元。

【文体活动】5月，组队参加市残联第五届残运会，举办以“走进残疾人和谐家庭，共建共享美好生活”为主题的全国助残日广场活动；结合婺城区第五届精神文明建设“草根奖”评比，设立“残联杯”残疾人励志奖，评出6名残疾人励志奖；6月，运动员陈柏平参加全国射箭锦标赛获2枚银牌；11月，选送2名运动员参加省残运会获2金3银。12月联合金东区残联、开发区社发局举办以“三区携手阳光同行，残健齐心共筑和谐”为主题的国际残疾人日趣味活动。

2014年5月16日，区残联开展助残日活动

【维权工作】 抓好《中华人民共和国残疾人保障法》《浙江省残疾人保障条例》及残疾人各项优惠政策的宣传、普及工作，增强残疾人法律意识和维权意识。切实做好残疾人信访维稳工作。全年无集体上访事件。

【残疾人专项调查】 残疾人基本服务状况和需求专项调查是中残联2014年部署的重点工作，要求对辖区内每一个持证残疾人进行入户调查，全面掌握残疾人现有保障政策落实、服务状况、托底服务需求等内容。8月，省残联正式确定婺城区为全省专项调查10个试点县市区之一。9月，区残工委召开相关部门联席会议，成立专项调查领导小组和专项调查工作办公室，先后出台专项调查实施方案，专项调查核查、培训、督查、宣传方案等，全面部署专项调查工作。9月底，完成试点乡镇蒋堂镇477名残疾人核查及入户调查工作，11月，完成全区8025名残疾人基本信息核查工作，12月，全面铺开持证残疾人入户调查工作。

【群众路线教育实践活动】 区残联围绕“正风提效抓执行、干事创业惠民生”的主体，开展党的群众路线教育实践活动。每周安排2小时以上学习时间，集中观看教育警示片5部，班子成员安排党课4节，通过走基层、征求意见函、座谈会、一把手开门纳谏等形式，收到各方面意见建议306条，归纳梳理“立改清单”14项。领导班子完成个人对照检查材料和领导班子对照检查材料，党员干部召开专题民主生活会，针对专题民主生活会查找出来的问题逐项列出问题清单，提出有针对性的整改措施，完成班子成员个人整改方案和领导班子整改方案，责任到人抓整改落实。 （金　婷）

金华市婺城区红十字会

【概述】 金华市婺城区红十字会(简称区红十字会)围绕发扬“人道、博爱、奉献”红十字精神，以构建和谐婺城为目标，发挥政府人道领域助手作用，各项工作取得明显成效。2014年，募得“红十字博爱公益基金”268.6万元，支出165.76万元。其中，用于助困活动3.49万元，助学活动7.23万元，助老活动30.04万，用于新农村建设20万元。开展庆“5.8”世界红十字日活动，为纪念“5·8”世界红十字日，与金华市红十字会、金东区红十字会联合在金华市区开展相关宣传活动，内容以现场心肺复苏演示为主，为市民普及救护知识和技能，宣传红十字救护工作，提高群众自救互救意识。

【“红十字博爱送万家”】 1月，省红十字会到婺城开展2014年“红十字博爱送万家”活动，发放现金3000元，物资价值17770元。活动惠及50户贫困家庭，其中，白龙桥镇黄碧塘村10户，竹马乡20户，蒋堂镇20户，每户发放现金600元，慰问物品8件：环保袋1只(内有棉衣1件、运动鞋2双、围巾1条、大米1袋)、食用油1瓶、棉被1条。同时，区红十字会也开展“红十字博爱送万家”活动，活动惠及沙畈乡8户困难户，发放现金4000元，物资价值600余元，每户发放现金500元、食用油1壶。

【红十字会工作会议】 6月13日，召开全区红十字会工作会议，布置2014年全区红十字会重点工作，并下发《金华市婺城区红十字会乡镇(街道)2014年度红十字会工作考核细则》及《2014年“红十字公益性应急培训”民生实事项目任务分解表》，明确考核内容及各乡镇(街道)的培训任务，使红十字会各项工作能更快更好的开展。

【首例器官捐献】 婺城区开展人体器官捐献试点工作一年多以来，区红十字会对此项工作进行积极宣传,分发了相关资料。3月11日凌晨3点多,39岁的胃癌患者方艺成功捐献眼角膜,成为婺城区首例眼角膜捐献者。

【救护员培训】 开展各类救护员培训工作及普及工作,有1013人取得红十字救护员资格证,普及人数4200人。主要面向心理素质较好、综合能力较强、热心公益的社区居民、农村群众、学校师生、机关公务员及工勤人员、企事业单位职工等人群。工作人员还利用问卷调查、开办讲座等各种形式走进企业、社区、学校,进行现场救护知识的普及,有效的帮助广大群众逐步提高自救互救能力,不断减少和减轻各种自然灾害、突发事件、生产事故造成的损失,努力保护人的生命和健康。

【防溺水安全教育】 为防范学生溺水事故的发生,普及宣传预防溺水安全常识,帮助学生掌握正确的救生方法,提高学生在突发溺水事故时的自救互救能力。区红十字会自制视频光盘,对全区所辖各中小学校进行分发,由学校组织学生进行观看。视频内容从什么是溺水、怎样防止溺水、怎样应对水中抽筋、溺水自救互救和心肺复苏等几个方面进行溺水安全知识讲解。（邱苗涵）

金华市婺城区归国华侨联合会

【概述】 2014年,金华市婺城区归国华侨联合会(简称区侨联)在上级侨联的关心指导下,以群众路线教育活动为动力,务实创新,稳步推进,夯实侨务基础,完善工作机制,取得一定的成绩。区侨联在全省基本侨情调查工作中被评为省级先进集体。

【基本侨情调查】 2013年11月29日,婺城区召开全区基本侨情调查工作动员会,12月上旬开始,全面启动基本侨情入户调查工作。根据基本侨情调查数据录入汇总结果,婺城区有涉侨户816户,归侨侨眷3251名。其中,博士以上重点人士216人;海外侨团组织4个,侨资企业18家,中外合资企业13家,侨属企业9家,海外华文学校1家。通过基本侨情调查,摸清了家底。区委、区政府高度重视调查摸底工作,建立领导小组,分管领导几次听取汇报,亲自参加会议并作动员讲话,经常过问工作进展情况,在人、财、物及宣传等方面保障到位。19个部门共同配合,形成合力,尤其是区统计局在技术、人员方面提供有力支持,使调查工作得以顺利完成。区侨联重视抓基础、抓落实、抓质量,为确保调查工作不遗漏、少差错,要求每个部门和每个行政村都配备调查员。并抓好业务培训,组织全区调查员集中培训,然后分头到乡镇街道、机关部门进行再次培训。入户登记工作开始后,区侨办组织人员集中时间、集中精力,深入乡镇(街道)、村、社区进行指导和督查,整个调查工作没出现大的遗漏和返工情况,调查结果较为理想。

【服务大局】 鉴于婺城区侨资源相对缺乏的实际,区侨联主动争取,得到上级和兄弟县(市、区)侨联部门的支持,初步形成上下联动,资源共享,借势借力的大侨务工作格局。建立婺城区海内外人士微信群。侨情调查后,新掌握一批海外侨团、侨领及“四有”重点人士。区侨联适时建立微信平台,运用网络媒体技术,发挥新型桥梁纽带作用,拓展海内外侨界人士联系沟通、信息交流、促进合作共赢的途径,有效服务人才引进、侨商回归工作。同时,加强与日本金华总商会微信群的联系,推荐浙中信息产业园管委会、区网络经济发展局、区工商联等部门有关负责人加入该微信群。热诚接待海外侨团、侨领及重点人士,市侨联几次带队到区考察金华市区最大的房地产开发项目——缤虹星城。该项目由欧洲华侨华人妇女联合总会第一任会长(现任名誉会长)邱爱华女士开发。项目开发规划理念先进,定位精准,其总目标是在金华婺城区域打造一流的华侨城、欧洲街,以满足当地中产阶层、年轻一族实现住小别墅梦想,圆回国定居的华侨华人拎包入住梦想,更为金华打造精品城市增添了一道亮丽的风景。积极投身“五水共治”。2月底,响应省、市、区三级政府号召,区侨联及时向全区侨界人士发出《投身“五水共治”建设美丽婺城》——致全区归侨侨眷及留学人员和家属的倡议书。要求侨界人士积极争当治水的宣传者、先行者、践行者、联络者和监督者。倡议大家有钱出钱、有力出力,为全区“五水共治”献计出力。经过宣传发动,区侨界人士为“五水共治”捐款200多万元,用于河道治理、生态环境整治工作。

【"送温暖、送文化、送祝福"活动】 1月17日,区侨界人士到城东街道八咏楼社区,参加社区"侨之家"挂牌仪式并开展联谊活动。八咏楼社区按照区侨办侨联工作推进会要求,开展"侨之家"创建活动。通过整合侨务资源,学习宣传侨法、营造护侨氛围、凝聚侨心,开展基本侨情调查,走访慰问涉侨困难户等活动取得较好成效。区侨联给八咏楼社区送上1万元创建经费及一台精彩文艺演出,受到社区归侨侨眷和居民的好评。1月18日,区侨界人士到乾西乡雅宅村社区,走访慰问该村13位困难老人,给每位老人送上500元红包,祝他们健康长寿,开开心心过好年。还邀请5位书法家为该村村民书写春联350多幅。春节前夕,区侨联走访慰问8位优秀特困学生,给每位学生送上800元慰问金;走访慰问困难归侨侨眷10户,给每户送上500元慰问金、慰问品和挂历。9月4日,区侨联会同区政协、区委统战部领导开展慰问活动,走访慰问部分侨眷,努力涵养侨界资源。

【自身建设】 按照区委的统一部署和要求,区侨联积极投身群众路线教育实践活动。学习指定书籍和文章,参加区委统战部统一组织的系列活动。健全完善区侨联学习、侨联班子联系基层侨联组织、侨联主席轮职、侨联主席、副主席联系社区"侨之家"等制度,并重点抓好落实。区侨联一年4次活动较为规范和正常。8月22日,区侨联召开基层侨联组织建设工作推进会,城北街道作为全区基层侨联组织建设工作的试点单位,在会上交流相关工作经验,全区19个乡镇、街道党委分管统战的委员参加会议。会议要求,各乡镇、街道结合上半年基本侨情调查工作实际,在侨资源较为丰富的9个乡镇、街道,争取在年底或明年上半年完成基层侨联组织建设工作。为此区委统战部、区侨联发出《关于推进全区基层侨联组织建设实施意见》。至年底,白龙桥镇、罗店镇、竹马乡、城东街道先后成立基层侨联组织,其他乡镇街道也在积极落实筹建中。

(施岳良)

金华市婺城区科学技术协会

【概述】 区科协围绕"科技服务于经济,科普面向与群众"的要求,贯彻落实《全面科学素质行动计划纲要》,开展科普创建、科普宣传、科技示范与科普惠农系列服务等各项工作,拓宽科协工作的视野与领域,增强科协工作的活力和能力。

【科普宣传】 5月,区科协组织区农林、卫生、计生、疾控中心等部门在安地镇开展三下乡活动,为农民朋友提供农村实用新技术指导,发放农业新技术与新品种、计生知识、健康卫生、科普历书等宣传资料500余份。

5月22日,区科协与市科技局、市卫生局等部门在塔石乡开展集中送科技、送医药下乡活动,为当地老年人举办健康讲座,服务群众320人次,免费赠送常用药品30余种,发放《农民健康知识读本》等日常卫生保健宣传资料500余册,发放蔬菜、水果种植等技术资料400余册,把农民最需要、最实用的科技送到农村一线。

【继续教育】 上半年,组织开展以《气象与生活》为主要内容的专业技术人员继续教育培训。全区276名企事业单位专业技术人员和科技管理人员参加培训,并参加统一考试。继续教育培训更新和拓展了专业技术人员知识面,增强他们的创新能力,同时为评定晋升职称做好服务工作。

【老科学家进校园】 9月15日,中科院老科学家科普演讲团成员金能强走进青春中学、白龙桥实验中学,开展科普讲座活动。老科学家生动且精彩的讲座开阔了学校师生的视野,普及科学知识,激发同学的科技兴趣和求知欲,在场师生受益匪浅。

【科普示范建设】 科普示范建设进一步提高全区经济效益、社会效益和生态效益齐丰收。2014年,金华市向农蔬果专业合作社的"大岩畈双季茭白种植示范基地"、金华市强哥肉鸽专业合作社的"肉鸽养殖示范基地"、金华市婺城区永诚花卉场的"婺城区罗店镇大舍塘村玳玳果基地"、金华市婺城区方浩家庭农场的"婺城区安地镇雅干村生态农业示范基地"、金华市永根杜鹃花培育有限公司的"永根杜鹃花培育科普示范基地”顺利通过市级农场科普示范基地创建验收。

开展金桥工程和农村科普示范基地创建工作，发挥金桥工程和农村科普示范基地在普及推广农业新品种、新技术、新成果中的重要作用。2014年，全区申报金桥工程5项，项目涉及蔬菜种植、食用笋技术高产技术、紫薇树种植及无公害蛋鸭规范化养殖技术推广等。

【惠农服务】 下半年，区农业函授大学在塔石、莘畈、箬阳3个山区乡镇开展技术培训，内容涉及高山蔬菜、农家乐经营与管理、红豆杉盆景培育、家庭农场经营等，200余人参训。科学技术的培训，为山区群众增收致富提供有效技术支撑。

2014年，以浙江采云间茶叶基地、安地镇桂花基地和乾西乡香葱基地3家科普惠农服务站为平台开展科技咨询培训会8次，参训400余人，帮助农民群众解决生产中遇到的技术难题，为其提供及时、有效、持续的科普服务，成为“农业科技便民服务窗口”。

【文明城区创建】 区科协响应市政府提出的创建“全国文明城市，推进‘两美’金华建设”号召，投入创建浙江省示范文明创建工作中。科普设施、科普队伍、科普宣传、科普活动是创建工作的重要考核内容。区科协组建一支由乡镇、街道、社区人员组成的217名科普志愿者队伍，收集2013年以来开展科普宣传活动的文件、图片、信息等资料，在婺城区政府门户网站开设科普网页，设置动态科普知识信息4个模块计40条，拓宽科普宣传工作阵地。同时，为以后科协工作提供有效的依据。

【地震应急演练活动】 5月中旬，区科协在站前小学举行第六个防灾减灾日暨地震应急演练活动。活动邀请浙江省地震局震害防御处副处长徐刚参加，给全校师生讲授地震应急的基本知识，地震是怎么回事、地震来了怎么办、如何开展自救与互救等求生技能，并捐赠一批地震科普知识读本。

（何金峡）

金华市婺城区婺剧促进会

【概述】 婺城区婺剧促进会从成立起，十分注重机构设置，加强组织领导。促进会的工作得到区委、区政府关怀支持，区政府将促进会经费列入财政预算，每年拨款20万元．聘请1名专职工作人员，做到有办公场地、办公经费、专职人员。区婺剧促进会先后成立新狮分会、竹马分会、乾西分会、白龙桥分会等9家分支机构，夯实了婺剧推进工作的基础。2014年，婺剧促进会在区级三大平台发表各类新闻报道30篇(幅)，制作专题专版2个，新华网、浙江在线、金华日报、金华电视台等中央、省、市媒体刊发（转发）各类报道20篇。同时，不定期编印《婺剧之声》，加强了会员交流，扩大协会影响力。

【东市街小学婺剧研究课题通过省级立项】 4月16日上午，东市街小学举行省级立项课题《基于婺剧载体的小学生传统文化教育实践与研究》开题论证会，并通过省级立项。浙江师范大学教师教育学院院长张振新教授和他带领的研究生团队、金华市教科所所长、金华市婺剧促进会秘书长、金华市文联副主席、婺城区教科所所长及学校课题组全体老师参加开题论证会。

6月，市婺剧促进会受省婺剧促进会委托，对东市街小学《花头台》民乐演奏队进行验收，验收团队表示一致好评，顺利通过市级验收。东市街小学《花头台》演奏队共有队员近50人，融合民间乐器10余种，是金华市第二大儿童婺剧演奏民乐团。

【婺剧传承人获奖】 5月28日晚，婺城区第五届精神文明建设“草根奖”颁奖典礼在乾西乡湖头村文化礼堂召开，梅映、俞洪海、郑雪芬、吴建新、徐卫庆、吴建双6名婺剧传承热心人获奖。

【婺剧观摩活动】 8月25日，区婺剧促进会组织婺剧观摩活动，金华市婺剧促进会会长杨守春、副会长王亦平以及区婺剧促进会有关领导参加了此次观摩活动。参加婺剧演出单位是婺城区一家本土剧团——金华百姓婺剧团。在观摩活动现场，百姓婺剧团的演员们为蒋堂镇的老百姓上演《闹花台》《文武八仙》《天蓬元帅》《秦王李世民》等精彩剧目，让观众大饱眼福。观摩活动结束后，会长杨守春对婺剧团的精彩演出给予高度赞扬，充分肯定婺城区婺剧促进会在婺剧的传承与发展上所做的努力。

【区第三届乡镇(街道)婺剧演唱演奏大赛】 9月29日，由区委宣传部、区文化体育新闻出版局、区婺剧促进会、区新闻传媒中心主办，区文化馆承办的婺城区第三届乡镇街道婺剧演唱、演奏大赛开赛。

10月19日晚，婺城区第三届民俗文化艺术节收官，第三届乡镇(街道)婺剧演唱、演奏大赛汇报演出暨颁奖典礼成为压轴大戏。14支婺剧演奏队伍和16支婺剧演唱队伍参赛。经过激烈角逐，新狮街道群艺婺剧团、白龙桥镇金华市青年婺剧团、琅琊镇琅琊徐村代表队选送的剧目获演唱类一等奖；白龙桥镇金华市青年婺剧团、雅畈镇代表队、乾西乡代表队选送的曲目获演奏类一等奖。

【市首届传统戏剧民间剧团表演赛】 9月30日~10月3日，金华市首届传统戏剧民间剧团表演赛在永康后吴村举行。此次表演赛有来自金华各县(市、区)的7个代表队参加，金华市青年婺剧团凭借《金龙与蜉蝣》的精彩表演获得金奖。同时，在首届民营文艺表演团体中青年戏曲演员大赛中，青年婺剧团也斩获金奖。

【专题研讨《白沙老爷》】 10月13日，区婺剧促进会组织有关专家对婺剧剧本《白沙老爷》进行第二次专题研讨。会上，专家们围绕改编历史故事剧《白沙老爷》，就剧中人物形象、矛盾冲突、情节推进发展等方面提出了修改意见，作者将根据专家意见再次对剧本进行修改，使其更趋完善。

【市第三届中小学婺剧会演】 10月29日~31日，金华市第三届中小学婺剧会演在东阳剧院举行，上台演唱的师生一招一式颇具神韵，引来掌声一片，展现了近年来“婺剧进校园”的丰硕成果。青春小学的《穆桂英挂帅》与仙源湖实验学校代表队凭借原创婺剧舞蹈《髯须趣》获得比赛一等奖。

(戴建东)

园 区

金华经济技术开发区（金华市高新技术产业园区）

【概述】金华经济技术开发区（金华市高新技术产业园区 以下简称开发区）成立于1992年，第二年升级为省级开发区，2010年升级为国家级经济技术开发区，2013年10月与金西经济开发区成建制整合，实行“一套牌子、统一对外、一套班子、统筹管理”。整合后的新金华经济技术开发区行政管辖面积251.65平方千米。下辖一乡三镇四街道，集聚人口45万。2014年，是“两区”全面整合提升开局之年，经济社会呈现赶超发展的良好态势，在深化改革、转型升级、平台建设、环境治理、社会事业等方面都实现了新突破。

2014年，实现地区生产总值225亿元，增长8%；税收收入39亿元，增长11.4%；实现固定资产投资143亿元，增长17.2%，其中，工业投资84亿元，增长17.2%，实现规上工业产值551亿元，增长9.9%；规上工业增加值102亿元，增长8.6%；实现服务业增加值106亿元，增长8%；实现社会消费品零售总额94亿元，增长14.2%；城镇常住居民人均可支配收入40792元，增长9.3%；农村常住居民人均可支配收入21839元，增长11.3%；实际利用外资6507万美元，实际引进内资58亿元，引进浙商回归资金24亿元。

2014年，金华经济技术开发区先后获评全国工会贯彻落实工资集体协商三年规划先进集体、2014中国电子商务行业优秀产业园区；2004～2013年度省级平安创建工作先进单位、省电子商务十大产业基地、省装备电子（软件）产业基地、省文化产业示范园区、省循环化改造示范试点园区；健康生物产业园成功入选浙江省开发区特色品牌园区；三江街道寺前皇社区、洋埠镇让宅村社区荣获2014年全国综合减灾示范社区荣誉称号；金华九峰职业学校被人力资源和社会保障部、教育部评为全国教育系统先进集体。

【产业赶超】新能源汽车、健康生物产业园、信息网络经济和文化科技创意产业园等产业平台全面推进。金徕镀膜、东晶光电等一批重点工业项目竣工投产。倾力招商引资，新引进外来投资企业（项目）127个，项目计划总投资86亿元，到位资金40.2亿元，续建项目31个，合同总投资91.1亿元，到位资金23.2亿元，招商引资工作走在全市前列。加快推进省市重点项目和“3-30工程”建设。省“411”重大项目完成投资32.2亿元，完成年度计划的138%；省重点建设项目完成投资31亿元，完成年度计划的152%；市重点建设项目完成投资49.8亿元，完成年度计划的150%；政府性投资项目完成投资23亿元，完成年度计划的123%。主导产业发展迅速，累计培育产值10亿元以上企业8家、新增1家，5亿元以上企业12家、新增2家，汽车及配件、电子信息、生物医药、新能源、新材料等五大主导产业累计实现产值380亿元，占总产值比重达71%，其中汽车制造及配件产值增长30%。

【企业转型升级】开展以破“僵尸企业、围墙圈地、低效用地、既得利益”、立“新兴产业、城市形象、社会公信、攻坚精神”为主要内容的“四破”攻坚活动，收回各类土地107.73公顷，盘活土地256.6公顷，消化批而未供土地118.53公顷，取缔低小散企业134家,收回土地9.33公顷。实施"机器换人"项目43个;鼓励"腾笼换鸟",淘汰关停落后产能项目4个,腾出用能空间5223吨标煤,规上工业企业每万元产值综合能耗0.0604吨标煤,下降5.6%。鼓励"电商换市",65%的中小企业开始应用电子商务,完成快递智能配送点布点61个,实现村级服务网点电子商务布点50个。创建省、市级名牌产品7个。网络经济发展迅速,新增信息网络经济企业155家,盘活存量房产发展信息网络经济场地10.95万平方米,实现电子商务交易额680亿元,增长43%;9158、5173、中呼科技成功上市。北大(金华)信息科技园正式开园,软通动力等11家知名企业正式入驻;赛伯乐浙江互联网创新中心落户开发区,互联网实验室等30家企业签约入驻,成功承办中国互联网20年创业创投峰会,发布中国中小城市互联网跨越发展金华模式报告。

【企业创新】成功创建"国家知识产权试点园区""全省'两化'深度融合国家示范区"和"浙江省首批循环化改造示范园区"。创建市"两化"融合示范企业54家,其中大企业大集团15家、规上企业21家、高成长性企业18家。累计完成工业技改投入54.2亿元。累计认定市级以上高新技术企业130家、新增20家,高新技术研发中心100家、新增11家。累计完成个转企434家。实现院士申报"零突破",入选市"双龙计划"项目8个。

【农业"两区"建设】全年粮食种植面积9293.33公顷,完成目标任务的124%,全年粮食总产量突破5.7万吨。创建万亩粮食示范方1个,千亩粮食示范方11个,新增粮食生产功能区建设面积533.33公顷,创建现代农业精品园3个。申报金华市服务业重大项目15个,省服务业重大项目2个,培育金华商城等亿元以上服务业企业6家,现代服务业加速发展。全年旅游接待总人数达到211万人次,收入达18亿元。

【环境整治】推进"五水共治",落实三级河长制。新建污水管网35千米、新建雨水管网20.4千米、雨污分流改造19.2千米、提标改造管网15.8千米、清淤排水管网155千米。关停拆除养殖场1148家、违法制砂厂30家,梅溪、中干渠、水电渎等得到全面整治,7个沿江雨水排放口得到基本整治,流域水质明显改观。打造美丽水乡的生态风貌,一乡三镇全面推行农村生活垃圾分类减量化处理。61个村完成农村生活污水治理工程建设。累计拆除违法建筑109.2万平方米,复垦36.02万平方米、复绿27.5万平方米、开发利用51.3万平方米,苏孟乡、洋埠镇"无违建"创建工作走在开发区前列;改造城中村53万平方米;改造旧住宅区25万平方米,完成年度任务的179%;改造旧厂区17.1万平方米,完成年度任务的155%;完成国贸街等4条背街小巷的提档改造;开工建设公寓式安置房41万平方米。实施基础设施建设项目100个、道路60千米、路灯工程90千米,新(改)建公交停靠站46个,八一南街、李渔路、环城西路、婺州街优化工程实现主路面通车。森林进城工作取得成效,完成绿化面积12.5万平方米,建成绿道10千米,新增公共自行车站点192个。开展环境空气质量百日攻坚,加速废气治理,推进气尘合治。开展市容环境秩序专项整治,推进文明城区创建。

【民生事业】一大批基础设施和社会事业项目全面推进。园区路网不断完善,金西三镇"美丽一条街"完成主体改造,汤莘公路改建工程、九峰山风景区古栈道和游步道修建工程等重点项目开工建设。金西医院建设工程全面复工。农村学校设施大为改善。推进"美丽乡村"建设,建成精品村、秀美村、和洁美村71个;湖海塘学校项目主体结顶,新增省标准化学校10所,创建省市级文化示范村3个,新增农村文化礼堂5个,创建省级职工书屋5家,新建"企业职工文体中心"3家;单独两孩生育政策平稳实施;全面开展安全生产(消防)百日整治、食品安全百日严打、工程质量治理两年行动等活动,安全事故发生率明显下降;处理各类劳动纠纷案件223起,受理各类劳动争议案件118起,追回工资等价值1380万元;开展"两链"风险及欠薪专项行动,办理应急周转金57笔,累计调头金额2.6亿元;"8890"便民服务平台受理市民诉求事项3525件,办结3496件,办结率99.18%,市民回访满意率98.8%;实施巾帼"建功、维权、关爱、成才"行动,妇女组织建设不断健全;新增城镇就业7776人,城乡居民最低生活保障标准提高12%,社会持续稳定;加强基层工会组织规范化建设,有效保障职工权益,荣获全国工资集体协商先进单位。

【抓改革强活力】 推进行政审批改革，推行投资项目审批代办制、模拟制，简化审批办事程序，提高服务效能。设立金西办事中心并全面放权，确保金西事项金西办。探索融资招商新模式。湖海塘公园景观工程建设实行EPC+融资模式，健康生物产业园污水处理项目探索市场化运作，金西医院委托金华市中心医院管理，安监、教育、农业等领域广泛开展购买技术服务等。推进乡镇（街道）财政体制改革。建立乡镇财政实行“划定范围、核定收支、体制上解（或补助）、超收分成”的财政管理体制。实现管理职能整合。服务业局与高新技术产业局合署办公，市政园林处与建设局合署办公，环卫职能划转至行政执法分局，提高行政效率。

【队伍建设】 开展党的群众路线教育实践活动，清理超标办公用房1720平方米，文件会议总量下降22%，“三公”经费下降39.8%，69项整改事项完成整改61项，其余8项为长期坚持任务。全年开展正风肃纪专项行动56次，检查单位544家(次)，下发通报22期，效能问责单位13家(次)、处理48人(次)，干部作风建设取得了新成效。围绕服务型基层党组织创建，深化乡镇（街道）“全科干部、全心服务”活动，实现农户走访、户情档案组建、党员联系户三个100%，累计走访村民52429户，建立“户情档案”46397份，建立农村党员联系户46397个；实行村干部创业承诺制度，195个村585项承诺已完成534项，完成率91.3%。对11个软弱涣散村进行集中整顿，梳理解决或正在推进解决“条目式”问题37个，有效提升了村级班子凝聚力和战斗力。制订完善党风廉政建设责任制考核办法，落实党风廉政建设主体责任。 （郑建林）

婺城新城区

【概述】 婺城新城区作为金华市委市政府“一中两翼两三角”发展战略的西翼，是金华西进发展的桥头堡，是婺城区经济社会发展的主阵地、主平台，新城区管委会以党的群众路线教育实践活动为载体，做好壮大工业产业、狠抓“四破”整治、推进“五水共治”、大力发展三产、加快项目建设、破解发展要素6篇文章，进一步理清思路、转变作风，聚心合力、攻坚克难，各项工作取得阶段性成效。

婺城新城区规划面积89平方千米，辖白龙桥镇、乾西乡和城北综合园区。分中心综合区、白龙桥生活区、乾西生活区、洞溪工业区、临江工业区、郭蓉休闲区、清潭休闲区7大功能区。基础设施累计投入20亿元，拉开道路框架15平方千米，建成区11平方千米，绿化面积50万平方米。临江、栅川、洞溪3大工业分区集聚工业企业540多家，初步形成汽摩配、五金工量具、医药食品等主导产业。区行政办公大楼、区行政服务中心、区人才市场、婺城小学、中学等21个公建项目投入使用，区人民医院、公安应急指挥中心、汽车客运站等15个公建项目正在加快建设。环中轴景观商业核心圈已经聚集浙中信息产业园、婺州城市广场、伟达·雷迪森酒店等十多个商业服务业项目，商业氛围日益浓厚。中心综合区新建、续建精品楼盘20家，累计结顶商品房面积120万平方米。婺城新城区已经成为金华最具潜力和价值的居住板块。

婺城新城区

【反对“四风”】 按照区委统一部署，开展第二批党的群众路线教育实践活动，紧密结合新城区开发建设实际制订实施方案，完成了征求意见、集中学习、观看教育片、开展四个大讨论、认领微心愿、查摆“四风”问题、开展领导班子民主生活会和组织专题生活会、整改落实、建章立制等各项工作。建立领导干部联系基层工作制度，修改完善制度10项。通过开展正风肃纪活动，查处了违反工作纪律情况四起,树立了警示教育典型。

【经济指标】新城区管委会坚持“工业强区”战略和“产城联动”发展战略,牢固树立创新意识、品质意识和现代管理意识,创新现代企业管理制度,实施创新驱动,加大工业产业培育力度。全年实现工业总产值191.91亿元,同比下降0.49%;规模以上企业92家,完成工业产值97.23亿元,同比下降1.40%;实现财政收入6.74亿元,同比增长4.86%;完成进出口总额3.46亿美元,同比增长6.58%;浙(婺)商回归项目9个,到位资金6.5亿元,同比增长27.03%。引进内资12.85亿元,引进外资547万美元。2014年,区重点项目17个(包括省、市重点),计划投资14.6亿元,累计完成投资8.76亿元。

【工业项目】工业是新城区的核心产业。新城区始终坚持“工业强区”战略和“产城联动”发展战略,牢固树立创新意识、品质意识和现代管理意识,创新现代企业管理制度,认真实施创新驱动,加大工业产业培育力度。新城区列入年度重点工业项目37个,完成工业投入19.45亿元,同比下降3.32%。其中,新建工业项目15个,宁泰金属已经试生产,莱恩农装围墙正在建设中,明远新能源已供地尚未开工建设,金穗农资未供地,广胜锡业、川豹实业终止协议收回土地;远大印刷已开工建设,湖帆工具因政策处理未到位不能进场施工;胜捷物流、恒宇包装、三和印染、白龙桥屠宰场正在走供地程序。续建工业项目22个,万里扬、浩翔汽配、禾为工贸、璐璐红工贸、巨宏清洁能源一期已试生产;欧利美工贸、迪耳药业、豪庭家具、大象工具年底投入使用;海丰实业已完成2栋厂房钢结构施工;康灵电器、樱玫莉雅、红牌电器基本完成建设;赛神实业因资金链问题停工;时通电器、精深实业、同汇实业三家企业部分用地计划准备开工建设;旺达工贸、乾坤工贸涉及政策处理未进场施工;硕利工贸、永乐工艺、昂泰工贸收回土地,终止协议。

【服务企业】做好入园项目全程代办服务工作,确保项目施工顺利。解决企业交办的难题,完成难题办理12件,逐步提振企业发展信心。加强企业运行监督,密切跟踪重点行业和骨干企业生产运营状况,落实帮扶责任。妥善处理欧利美工贸、赛神实业、麦特尔车业、金福鑫工贸企业稳定问题。提高政府应急周转金有效运作,支持一批有市场、有实力、有效益的企业转贷调头扩大生产;协调有关部门帮助部分企业解决招工难、用工难问题。

【“五水共治”】婺城新城区全年安排“五水共治”项目8个,总投资8000万元。西二环连接新330国道段污水管道工程、宾虹西路污水优化工程、临江东路段污水管道工程已完成;浙江省第五监狱污水管网工程完成近半;洞溪污水干管工程洞溪段已完成招标控制价财政的审核;完成中心综合区企事业单位雨污水管网普查,完成临江分区企业自备水源调查和雨污水管网调查,参与协调耐司康药业污染事件调查,加强污水处理厂运行规范管理的监管。

【“四破”整治】完成对园区“四破”及C类企业进行走访和摸底调查,明确要求企业在规定时间内进行建设,投资额度、竣工时间、亩产税收符合原投资协议精神。继续做好腾笼换鸟工作,对园区几家较大低效企业如三环化工、金鹰汽配、兴泰纸业继续做好走访和沟通,要求企业按“四破”规定合理利用好工业用地。2014年,收回工业用地26.47公顷,其中,远思机电2.39公顷、昂泰工贸2.09公顷、永乐工艺品2.83公顷、硕利工贸4.55公顷、高峰控股4.35公顷、三新建材10.26公顷。

【环境整治】多次专题召开“污水处理”“沙尘污染”整治专题会议,协调区有关部门进行综合执法。强化路面管理,新城区执法大队定时巡查,委托园林管理部门强化保洁和每天定时定次洒水。强化源头管理,推进沙场营运规范管理,由相关部门定期进行检查。

【“三产”发展】婺州城市广场二期商业7万平方米商铺和三栋高层完成外装修,正在招商;浙中乐园投入营业;伟达.雷迪森酒店正在试营业;尚格四星级酒店、新宇宏腾生活广场、凯得国际、秀水园基本完成外装修,怡景商务大楼、巨龙腾达湾、城北邻里中心正在外装修。金华银行正在加快建设,瑞唐中心因施工单位原因处于停工状态。城北电子商务园、文化创意产业园、汽车服务一条街等产业形成初步规模。竟达风渡、玉龙华府、星河湾已交付,金丰文景苑、尚格别院全部结顶,白沙春晓、巨龙紫金玉澜、怡景聚贤庭、华阳金御花园、意谐宾虹星城正在加快建设；加上城北蓝湾上林苑、中奥邑墅、广天九龙玉府、鸿基彼岸4个在建楼盘，全年累计结顶商品房20万平方米。

【公建项目】 金华市水上指挥中心项目投入使用；公安应急指挥中心基本结顶；婺城区第二人民医院迁建工程一期正在基础施工；婺城小学北扩工程完成二层浇筑；马海畈城防工程筱溪段已经进场施工，东俞段准备进场施工；城北特教中心土建工程完成过半，婺州外国语学校正在土方平整，新华书店政策处理正在进行。

【基础设施】 二环西路贯通工程东半幅已通车；330国道拓宽改造工程已进场施工。新城区2014年安排政府性投资项目23个，项目总投资6.18亿元，年度计划投资2.7亿元，实际完成投资1.04亿元。中心综合区宾虹西路拓宽改造工程基本完成；新宇置业西侧路、工业街改造、西溪街和通溪路、规划26号路、7号路预正在加快建设；原云计算地块三条道路完成招投标。洞溪分区石门路工程基本完成，龙蟠三号路、四号号路和规划十二号路完成招投标。城北二环北路桥人行道栏杆已完成招标；何炳松纪念墙、冰壶路正在委托招投标，丹光东路已重新恢复施工。白龙桥老镇区长安街、文化路改造基本完成，环镇南路正在重新图审。婺州城市广场10KV配套线路、10KV怡村线迁改、虹路开闭所建设和10KV康灵线、桃园变扩容已完成。城北桃源路、大岩路路灯已经亮化；桑田街、新洲路、临江西路（通溪路至广兴路段）、城北道院街年前基本完成土建施工。临江东路南侧康桥漫步段景观绿化工程已完成，宾虹西路南侧（百胜置业和怡景置业段）、临江西路（广兴路—倪家路）景观绿化工程准备进场施工。白沙溪、桐溪景观方案完成方案评审。

【规划编制】 全年完成污水专项规划、雨水专项规划、广告专项规划和郭力垅水库以北40公顷控规编制；完成城北中小学配建的研究和城北高峰地块修编；完成郭蓉休闲区概念性规划编制和评审；完成白沙溪、桐溪景观概念规划方案评审和龙乾大桥规划方案的制订。

【征迁工作】 基本完成各个区块近66.67公顷土地政策处理任务，白龙桥镇完成宾虹西路拓宽改造、荣光国际学校、莱恩衣装地块、时通电器地块、五监污水干管工程等近33.33公顷土地项目政策处理，新世纪总部区块、消防大队用地、马海畈城防工程等项目等53.33公顷政策处理正在有序推进。乾西乡完成蚕种场地块和八达服饰以北地块18公顷政策处理。新狮街道完成鸿基地块、婺州外国语学校地块近13.33公顷政策处理。

【优化服务】 全年办理完成9个项目供地，面积19.17公顷亩。其中，经营性用地2宗、9.03公顷，工业用地5宗、9.1公顷，公建用地2宗、1.03公顷。完成18本国有建设用地使用权证办理，计56.85公顷。其中，公建2宗、1.03公顷，工业5宗、9.1公顷，经营性4宗、23.19公顷，收储7宗23.59公顷。盘活乾西乡农用地6.01公顷，用于其他项目出让。完成出让8宗用地，面积16.93公顷，其中，工业6宗、9.58公顷，经营性2宗、7.35公顷。上报农转用地块6宗（屠宰场、恒宇包装、新世纪总部、可依达以北二宗、消防大队）面积9.73公顷，待批复后进行项目落地。

【维护稳定】 针对各种遗留问题和项目纠纷频发现状，新城区管委会敢于面对、主动协调、积极化解。华阳房地产阻工事件已经妥善解决；白沙春晓项目已经复工，但处境艰难；稳步推进婺州城市广场、瑞唐中心、中奥邑墅、怡景置业、新宇置业项目解困；妥善处理顾心工贸、欧利美工贸、赛神实业、麦特尔车业、金福鑫工贸企业稳定问题；做好城北常青花园为康久医院上访、光华印务用地等信访接待和答复工作。 （戴增贵）

双龙风景名胜区

【概述】 双龙风景名胜区是国家级风景名胜区、首批国家AAAA级旅游区、国家森林公园、国家非物质文化遗产地和首批全国低碳国土实验区。根据加大金华山开发保护力度，着力做好“儒释道”三教文化体验、山水景观整合提升文章，串点、连线、成圈、拓面，构建金华大旅游格局的目标定位，双龙风景名胜区开展党的群众路线教育实践活动，抓旅游，优规划，推项目，促形象。全年接待各地游客174万余人次，门票经营收入3120余万元。

2014年,成功注册“金华山”5个系列产品商标,取得国家工商行政管理总局商标局正式颁发的“金华山”商标注册证书。“双龙旅游服务”获浙江省服务名牌产品荣誉称号。双龙风景区被新华网浙江频道评为2014最佳旅游目的地。

【文化旅游活动】 管委会与杭州文广集团西湖之声、浙江交通之声和长三角区域45家主要媒体、省内外重点旅行社开展战略合作,利用专业传媒、时尚杂志、主流网站开展互动宣传,提升景区知名度。结合2014智慧旅游年的契机,策划举办第五届“双龙之春”、第十届“双龙之夏”等主题旅游活动,运用微博、微信、微电影等多种时尚传播工具和营销手段,展示景区风光和文化底蕴,增加双龙旅游的美誉度和吸引力。同时,正在建设Wi-Fi景区覆盖和景点语音导游工程。整合鹿田书院、黄绍竑故居、金兰古道等旅游资源,提升景区文化内涵,做强文化旅游重点品牌。先后举办第五届“双龙之春”、第四个5·19中国旅游日活动,会同金华日报社联合举办“金华山杯”金华市第三届游记征文大赛、“双龙洞·同船渡”情侣文化活动、第十届“双龙之夏”等主题文化旅游活动,会同丽水市《处州晚报》联合举办开往幸福的“爱情专列”驶入金华山、“寻找金华山之美”微信活动。对景区洞前停车场重新发包,设置物价公示牌,规范停车场经营秩序;10月20日至26日,举办“2014·金华山国际黄大仙故里游暨旅游文化周”活动,以“弘扬大仙文化,构建和谐家园,发展旅游产业”为主题,以“搭建金华山黄大仙祖庭的国际性交流平台,共同保护、传承、弘扬中华黄大仙和谐文化,完善黄大仙文化体系”为宗旨,开展祈福法会、故里寻游、道教养生体验、黄大仙文化研讨会和金华山旅游项目招商等系列活动,积极打造“大仙圣地金华山”旅游品牌。

【综合治理】 管委会开展自备车营运整治前期调查摸底工作,对现存的150辆核心景区村民无证自备营运车逐一登记造册,发放宣传手册500余份;深入治理“五乱”(破坏植被山体面貌乱、违法建房环境乱、乱扔乱排卫生乱、乱堆乱摆秩序乱、乱涂乱画形象乱),扭转景区乱象,得到国家、省风景名胜区主管部门的高度肯定。全面开展“五水共治”“三改一拆”“四破”专项整治、景区环境百日专项整治等行动。先后拆除违章建房、旧住宅、厂房7万多平方米,尤其是拆除核心景区搭建的简易房、钢棚等建筑面积12300平方米,拆除景区大岭、里宅、盘前等地14幢占地面积6000平方米的违建别墅;清理河道7条、70多千米,清运垃圾1820吨,做到景区“河面基本无漂浮、河内基本无障碍、河岸基本无垃圾”。成立核心景区领导小组和核心景区管理办公室,切实加强对村民自备营运车、停车场收费、香火经营等旅游经营秩序的教育引导与管理,开展“三黑”(停车场收费黑、自备车营运黑、香火无序经营黑)整治百日攻坚活动,树立景区正面形象,游客投诉大为减少。

【重点工作】 强力推进尖峰山高尚休闲生活区块公墓搬迁工作。尖峰山高尚休闲生活区项目是金华市重点工程,是城市向双龙风景区过渡的重要区块,项目中涉及的公墓搬迁工作,涉及面广、任务繁重、工作难度强。通过大走访,建台账,研究对策,基本完成7000余穴坟墓搬迁工作。圆满完成原尖峰水泥厂生活区腾空拆除工作。原尖峰水泥厂生活区5年前由尖峰集团整体转让给双龙管委会,连集体户和公用房在内共500余户、约50000平方米建筑,一直无法拆除。生活区房屋的腾空与拆除,关系到尖峰山高尚生活区块的开发与建设,在妥善处理好与周边村关系和广泛宣传引导基础上,管委会成立专项工作组,进村入户,攻坚破难,顺利完成拆迁工作。有序推进智者寺复建项目。智者寺景点作为双龙风景区佛教代表性景观,始建于南朝梁代,距今1480多年,历史上曾是敕建大寺、江南名刹。一期工程大雄宝殿、方丈院、五官堂、僧房、库房、云水堂已完成主体建设,实施内部装修。二期工程天王殿、钟鼓楼、藏经阁等基本完成主体建设。其中,大雄宝殿、天王殿、藏经楼单体建筑面积为全国第一。参与二七新村三号区块房屋征收工作。根据婺城区委、区政府统一部署,双龙管委会抽调5名处级干部、6名科级干部,30名一般干部参加二七新村征迁,工作保持较好进度。

【配套建设】 在景区罗店入口处,建设一座近1000个车辆泊位的临时停车场,五一、十一等节假日旅游高峰期,临时停车场实行免费停车、免费换乘。拆除叶圣陶广场、洞前停车场乱搭乱建,修建和改造风格与景区相协调的经营用房32间，添置完善景区标识标牌75块，新增垃圾筒百余只，改造美化厕所4个。三是完成黄大仙祖宫入口牌楼改造和皇帝大道建设。按照国家AAAAA级景区要求，经过多次研究论证，完成双龙风景区游客服务中心和换乘中心项目规划方案，并进行公开招投标；完成《黄大仙景区控制性详细规划》国家住建部审批；参与尖峰山高尚生活区建设指挥部有关工作，完成罗店千年风情小镇的深化设计工作；完成尖峰生活区地块8公顷用地的规划设计方案，并上报省住建厅；完成双龙电站整治改造规划方案；完成双龙水库周边环境改造规划方案，包括游步道和亭台楼阁设计。完成智者街延伸段的设计方案。启动鹿田作为景中村的改造设计工作。

【拓展市场】 强化合作，与上海、温州、宁波等地知名旅行社签订游线共组合作协议，强化与金华金义农家乐对接，开拓新的旅游线路，创建游线共组、利益共享营销机制。创新方式，与“同程网”“贝竹”等知名媒体、网站合作，扩大景区门票网络销售，利用浙江省南京旅游交易会、海峡旅游博览会、上海中国国际旅游交易会契机，拓展旅游市场及本地学生资源，推广景区学生年票，拉动学生旅游。开辟新游线，与金华周边县(市、区)旅行社开展合作，组织金华人游双龙。组织接待温州、上海、台州等地7个千人团，努力突破华中、华东旅游新客源市场。

【教育实践活动】 按照第二批党的群众路线教育实践活动要求，以“为民务实清廉”为主要内容，将教育实践活动与景区重点工作相结合，双龙风景名胜区管委会(简称双龙管委会)领导班子率先垂范，机关每位副科级以上干部确定一个景区村庄作为教育实践活动联系点，抽调精干人员组成智者寺复建、尖峰生活区腾空、公墓搬迁、“三黑”治理等四个工作组，深入基层，深入一线，深入群众，将“夙兴夜寐抓紧干，甩开膀子放手干，寻找窍门科学干，鼓足干劲拼命干”落实到具体工作中，干部作风得到全面转变，党的群众路线教育实践活动成效明显，得到省委督导组肯定。

(王一鸥)

仙源湖旅游度假区

【概述】 金华仙源湖旅游度假区是于2002年1月经浙江省人民政府批准设立的第12个省级旅游度假区。度假区总规划面积9.8平方千米，以生态、自然、健康为主导，融山水、自然、人文景观于一体，规划分为风景旅游观光区、休闲度假区、安地古镇区三部分。度假区区位优势突出，距金华市区不到10千米，是省内距市区最近的城郊湖山型生态旅游度假区。

2014年，仙源湖旅游度假区贯彻落实党的十八大和十八届三中全会精神，按照省委书记夏宝龙提出的“以治水为突破口，推进转型升级”战略要求及市委、市政府作出的“建设城市水库、打造浙中水乡”的战略部署，以“梅溪”治理为契机，打好仙源湖扩容升级“组合拳”，加快推进宾馆酒店、休闲娱乐等配套设施建设。

【经济态势】 完成区政府资金统筹安排任务，引进内资7500万元，完成区政府下达实际到位内资任务的107.14%，引进外资50万美元，完成区政府下达实际到位内资任务的100%。累计接待游客64.2万人次，同比增长34.05%；接待过夜游客6.84万人次，同比增长51.29 %；实现旅游总收入6984.95万元，同比增长24.46%。其中，金华动物园年接待游客36.9万人次，实现营业收入1181.9万元。

【规划扩容】《金华仙源湖省级旅游度假区扩建可行性研究报告》通过市、区两级审查论证上报省政府，规划将度假区由9.8平方千米扩容到约40.57平方千米。委托编制安地老镇区控制性详细规划及小同村美丽乡村规划，方案正在深化过程中。

【基础设施】 金华市水上运动中心、喜曼安地度假酒店项目已进入基础开挖阶段；桂花山庄主体工程已结顶；仙草苑养生文化园、动物园嘉年华建成营业。仙福路、桂花街工程已完工；香溪右岸护坡工程已完成70%；总投资近6000万元的110KV梅溪变电所至仙源湖旅游度假区电力双回路工程已进场施工。

【招商引资】6月7日，在宁波“两会两展”上与武义华平工具有限公司签订“南山双子湖旅游度假综合体”项目招商协议（项目总投资5亿元，用地53.33公顷），打造重点面向都市白领度假休闲及家庭儿童亲子教育市场,集有机农业、豪华休闲、科普教育、颐养度假于一体的度假旅游综合体。完成经营性用地出让4.08公顷（金华市水上运动中心一期），当年供给建设用地土地出让金收缴率100%。

【项目征迁】2014年，征地13.33公顷。其中，金华乐园及动物园区块当年完成征迁2公顷；金华市水上运动中心区块当年完成征迁5公顷，项目已进场施工；开源南山郡及香溪玫瑰园二期区块当年完成征迁2.33公顷；三联及康盛问桂居当年完成征迁4公顷。在“三改一拆”方面，督促安地镇拆除违章建筑31839.93平方米，完成全年任务的106%。其中，拆除度假区内唯一企业沪金工量具厂1200平方米。

【综合管理】成立仙源湖行政执法大队和交警安地中队，进一步完善仙源湖度假区服务中心、小同村服务中心、仙源湖度假区管委会咨询点、金华动物园游客咨询点等综合性服务场所的相关制度和配备设施。全年投入资金1825万元用于度假区污水管道建设、河道治理、垃圾清运及绿化建设等环保项目，联合开展集镇沿线卫生、安全整治及度假区畜牧业专项整治等工程。区内安地镇成功创建“国家级生态示范镇”，度假区环境卫生综合整治成效明显，生态环境优势日益突出。高度重视安全生产和社会稳定工作，组织开发商、有关部门及项目单位负责人召开安全生产与绿色施工、环境整治会议，确保当年无重特大安全责任事故发生。

【节庆活动】9月28日，在郑二村文化礼堂举办“第六届仙源湖桂花节开幕暨郑二村文化礼堂启用仪式”。桂花节期间开展送戏下乡、旅行社旅游踩线、媒体采风等系列活动，进一步延续仙源湖桂花节的人气、商气。

（徐　慧）

浙中信息产业园区（婺城区网络经济发展局）

【概述】2014年是全市“合力发展网络经济、加快经济转型升级”的关键年。婺城区按照市委、市政府大力发展网络经济“一号产业”的工作基调，探索创新发展模式，加快园区开发建设，加大对外招商力度，成立了婺城区网络经济发展局，全区网络经济发展取得一定的成效。

【基地建设】2014年，浙中信息产业园区新增企业68家，淘汰离园54家，其中，新增注册资金1000万元以上企业5家。在园企业180余家，全年交易额实现30亿元以上。全年招商引资总额9792万元，完成全年目标的108.8%，其中浙（婺）商回归引进资金6032万元，完成全年目标的100.5%。

8月1日，金华市中饰网络科技有限公司落户浙中信息产业园，中饰网（www.24cc.com)是目前国内最大的配饰类综合门户网站、主流网络媒体，拥有企业会员3万多家，个人会员15万余名，建立了中国饰品行业最大、最全、最翔实的企业和产品数据库。

“合丰服务外包产业园”项目、“云安阁互联网舆情云监测平台”项目已取得建设工程规划许可证。其中，合丰服务外包产业园项目于12月中旬进场建设；云安阁互联舆情监测平台项目建设准备工作即将就绪。“中国电信云计算金华分中心”项目开工建设。

在进一步建设新华基地、电子商务创业园主园的基础上，扩建“网商一条街”“海信分园”“玉泉分园”等电子商务专业园区，全年完成存量物业利用10.17万平方米，新增电商企业40家。

【招才引智】推荐4个项目申报2014年市双龙计划创业领军人才，成功入围2个。其中，国家“千人计划”专家陆凡的移动互联网智能游戏开发平台项目是婺城区唯一一个A类项目，并在金华电子商务创业园注册成立浙江星引力信息科技有限公司，主要从事移动互联网智能技术与文化创意产业相结合之创新应用。厦门荆艺软件金振华的基于

RFID技术的供应链管理信息系统项目获评B类。项目

【产业规划】 根据《金华市人民政府办公室关于印发<2014年度市区城乡规划编制计划>的通知》,由婺城区政府牵头编制《金华网络经济集聚区控制性详细规划》,市规划局、市网络经济发展局、浙江师范大学负责协调配合,区网络经济发展局、区规划分局落实相关具体工作。因涉及区域面积较大,经征求多方意见,控规编制拟分为前期研究和概念设计两个阶段实施。10月28日,区网络经济发展局已与市城规院签订《金华网络经济集聚区规划前期研究》项目合同,已完成规划研究报告(初稿),并召集有关部门、专家进行论证。

【电商换市】 根据省、市"电商换市"重点工作部署,全区有5项主要任务:推动电子商务进万村工程,已完成一个县级电子商务服务中心、150个村级服务点的建设;开展电子商务普及性培训,全年举行区委理论中心组学习会、大学生"村官""电商创业、强村富民"培训、电商主题沙龙、淘宝创业技能培训、农村电商人才培训等近4000人(次);将53家企业纳入电商统计范畴,超额完成目标;对全区部分传统企业进行调查摸底,并开展相关业务指导,推动百家实体经济应用电子商务,提高企业竞争力;配合邮政部门建设50个社区电子商务服务网络(快递包裹智能配送点),已完成布点51个。此外,在进一步提升新华基地、电子商务创业园主园发展环境的基础上,扩建"网商一条街""海信分园""玉泉分园"等电子商务专业园区。

【服务体系】 2014年,邀请市相关领导为全区网络经济企业开展政策解读,并在走访过程中宣传政策的主要精神,鼓励企业加快发展步伐。已完成2013年度市、区两级政府的各类专项扶持资金兑现工作,金额达1017万元。为满足电子商务企业不同发展阶段的需求,园区还引入知名管理咨询机构,为企业提供战略管理咨询、公司治理指导、财务管理指导、人力资源建设指导、法律事务咨询、企业上市咨询等专业咨询服务,帮助企业在强化业务整合、完善产业链配套、拓展营销渠道等方面取得新成效。经过一段时间的实践运营,园区已形成专业成熟的咨询团队,协助合作方做好项目可行性研究、政府发展规划、公共政策配套方案等相关服务。为进一步畅通预防渠道,促进电子商务经济积极健康发展,在园区成立电子商务企业职务犯罪预防工作室,2014年,开展法制宣传及教育培训4次。由浙江电商信息科技有限公司投资设立金华市区首家电子商务秘书企业——金华北辰电子商务秘书有限公司,为没有办公场所的电子商务企业提供住所托管等各类商务秘书服务,现已有金华合创电子商务有限公司等40家公司前来办理虚拟注册登记业务。

金华电子商务创业园"一站式"服务体系的内涵渗透于招商、运营、服务、管理各个环节。园区正在开发无边界园区管理系统。该系统的开发,旨在建立园区运营商、入园企业、政府主管部门三者之间的平台搭建,协助运营商实现从物业租售、合同审核、售后、增值服务等一站式、流程化的管理,从而提升运营管理水平,使政府主管部门、园区运营商以及入驻园区企业三者之间形成强大的管理监测体系。

(钱　康)

法 治

公 安

金华市婺城公安分局

【概述】 2014年,金华市公安局婺城分局(简称分局)是金华市公安局下属3个分局之一,系2001年市区区划调整后,由原金华市公安局江北分局与金华县公安局的一部分组建而成,局址位于金华市区环城西路2888号。2014年,辖区总面积1391平方公里,有17个乡镇、5个街道及婺城新城区、双龙风景区和仙源湖度假区,户籍人口38 万,登记流动人口12万。分局内设政治处、办公室等职能科室,大队16个,派出机构13个;实有民警492名,其中,派出所民警293人,占60%,协辅警566人。围绕党委、政府中心工作和"五化三治"一体化总要求,坚持"以信息化为驱动力,加快实现警务现代化,推动公安工作转型升级"总目标,深入践行群众路线,优化效能增长模式,做实做细常规动作,确保社会治安平稳有序。

分局全年接警33907起,其中,侵财警情8161起、"两抢"警情29起,同比分别下降15.92%和29.27%;刑事打击906人、行政处罚2043人,打处数同比上升0.06%;七类恶性案件16起,同比下降36.21%;打掉恶势力团伙13个。快速侦破"10.08"特大网络诈骗案、"11.17"抢劫杀人案等一批社会影响恶劣、群众关注度高的重大案件。在国保大比武活动中,获得全市、全省第一和全国二等奖的优异成绩,连续11年被评为全省公安机关执法质量优秀单位。11月14日,被公安部授予"全国公安机关执法示范单位"荣誉称号,连续4年获得区岗位目标责任制考核先进单位,有18个集体和84人受到上级表彰和奖励。

【"一点通"信息警务管理系统】 在市局党委和相关部门的支持下,分局根据各地应用需求,不断完善"一点通"警务管理系统,全市公安机关推广应用取得显著成效,得到省厅领导的关注和肯定。在1月份召开的全省公安工作会议上,省委常委、公安厅长刘力伟评价"金华婺城分局'一点通'系统,既管人,又管房,还管业,很管用,值得各地学习借鉴"。分局抓实战导向,推动转型,信息警务向纵深推进。组织开展"一点通"系统应用工作法与技战法评审,以实战促应用,做到"以点带面、辐射整体"。常态抓好基层基础建设,落实"基础信息化、信息基础化"要求,开展强化基础"六到位"、基础信息核查"百日攻坚"、基础工作"回头看"等行动。

11月,分局总结"一点通"警务管理系统应用成效,上报了《金华市婺城区创建"一点通"警务管理系统构建大数据时代下的"智慧云警"》,被中办专报采用。

【派出所模块开发试点】 贯彻落实省厅"1号文件",把信息化作为加强和改进新形势下派出所工作的主要抓手,根据省厅、市局部署,承担全省警务工作平台派出所模块开发试点任务,完成开发方案设计,移植"一点通"系统的先进理念和成熟技术,开发了基础管理模块的主要功能。对模块设计进行反复论证,搭建模块基础框架,开发主要功能,并在城西、站前、白龙桥等13个派出所进行试运行。提高信息应用水平,建好信息化应用"讲师团",组成5个调研组，确定25名系统应用小教员，采取普训、轮训、上门送教等形式开展业务培训，在各警种、各单位培养更多的应用型人才。至年底，全局列管流动高危人员516名，抓获流动人口刑事作案人员263名；管控重点人口715名、社区矫正人员501名、被剥夺政治权利人员56名、肇事肇祸精神病人43名，严防发生现实危害。深入排查互联网基础信息，完成全区1292家互联网专线用户、245家上网宾馆的摸底备案工作，采集Wi-Fi用户、沿街商铺上网用户信息4450条、3428条。

【国保规范化建设】 以信息化为推动，初步形成涉稳信息全警采集、国保信息专干处理、重要信息专网流转的新模式，基层基础国保规范化建设取得新的突破。年内，公安部一局政委殷治田专程前来调研，全国公安国保教育训练培训班的100余名领导来分局考察。在国保大比武活动中，分局派出的4名民警连续夺取全市、全省第一和全国二等奖的优异成绩。

2014年10月26日~28日，婺城分局民警方坚雷、周峰、金皓、张潇健代表浙江省在京参加全国公安机关首届县级国保大队业务技能比武竞赛，荣获二等奖

推进国保基层基础规范化建设，加强反邪教专项斗争，排查法轮功顽固分子43名，对2起线索开展专案侦查，刑事拘留1人、行政拘留1人，摧毁下载、制作、传播反宣品窝点4个；破获全能神邪教案件3起，打掉聚会窝点3处，刑事拘留2人、行政拘留6人。健全国保、舆情信息的发现、研判、流转和应急处置机制，年内，共上报国保情报信息524期，分别被市局、省厅、公安部采用421期、319期、199期；上报舆情信息1106篇，为去年上报数的1.87倍，分别被市局、省厅、公安部采用1038篇、284篇、11篇。

【“警民信连心”活动】 6月12日，《平安时报》头版头条报道了分局“警民信连心”常态走访机制。时任省厅党委委员、政治部主任石小忠作出批示，认为分局以“警民信连心”活动为载体，推动民警深入基层，面对面接触群众，实打实收集民意，及时回应群众期盼，切实解决群众反映的突出问题，工作经验很好，是党的群众路线的生动实践。分局选送的《“警民信连心”工作机制的探索与实践》案例，在中国国际公共关系协会和中国人民公安大学警察公共关系研究中心联合举办的“第三届中国最佳警察公共关系案例大赛”中荣获银奖。

【社会治安防控体系建设】 针对婺城辖区治安形势和防控条件，新一届党委班子积极争取区委、区政府的支持，将巡防大队专职巡防力量由40人扩编到150人，组建40人的反恐防暴机动中队和110人的巡逻处突机动中队，将社会治安动态视频监控体系建设纳入区重点工程，落实财政保障，为健全和完善治安防控体系打下了坚实基础。

【刑侦工作运行机制改革】 分局以“更快地破大案、更多地破小案、更准地办好案、更好地控发案”为目标，坚持“精简机关、充实一线，优化结构、激发活力，所队衔接、上下联动，贴近实战、强化打击”的原则，于12月调整刑侦大队工作机制，除4名大队领导和综合中队、重案中队、办案指导中队、刑事科学技术室留驻机关外，其余3名大队领导和18名民警组成3个责任区中队，分别进驻城中、新狮、白龙桥派出所，分片进行面对面指导、点对点支持，并实行双轨制考核，切实让“警种抓质、全警抓量”接上地气。

【维稳工作】 分局开展打击整治宗教极端违法犯罪、打击暴力恐怖活动、在婺活动非政府组织排查等专项行动，落地核查涉恐线索5条，教育训诫6人次。梳理户口迁入人员153名（浙江师范大学学生132人、购房入户居民21人），强化日常管理，严防被“三股势力”引诱、拉拢。完善暴恐事件处置预案，提高武器装备配备标准，组织全警武器使用训练，组建婺城机动防暴组，防暴盔甲队、巡防特勤中队实行24小时“多点驻巡、动中备勤”。加强三级情报架构建设,提高情报信息收集研判、服务领导决策、指引公安实战能力。至年底,各单位上报情报信息14830条,分别被区委、区政府、市局、省厅采用103条、454条、51条;发布重点线索研判信息1203篇,据此抓获违法犯罪嫌疑人349名。

完成各级“两会”、省委书记夏宝龙到金视察、全省“五水共治”现场会、上海“亚信峰会”、党的十八届四中全会、北京APEC峰会、世界互联网大会等安保任务。围绕党委政府中心工作,会同相关部门出动警力1200余人次,完成82次大型活动和“五水共治”“三改一拆”等重点工程项目保卫任务,抽调30名民警参加“二七区块”旧城改造房屋征收工作。至年底,全局排查出矛盾纠纷3090起、不安定因素148起,化解率分别达95%和92%,并成功处置群体性事件65起。落实局领导接访、包案化解等制度,全局处理群众来信来访242件,总量同比下降30.3%,其中,来信143件(初信75件、重复信68件),来访99批157人次(初访54批111人次,重复访45批49人次),重复信访量占比达46.7%;受理初信初访82件,已办结74件,办结率达90.2%;办结2013年度信访积案5件、公安部交办件4件,办结率达100%。

【护航民生】年内,全局有效接警33907起,受理刑事、行政案件8330起,同比分别下降0.71%、21.01%;刑事打击906人、行政处罚2043人,打处数同比上升0.06%。全力突破重大恶性案件,至年底,全区严重刑事案件发44起、破38起,快侦快破“10.08”特大网络诈骗案、“11·17”抢劫杀人案等一批社会影响恶劣、群众关注度高的重大案件。排摸并上报黑恶线索21条,打掉恶势力团伙13个,打处犯罪嫌疑人77名。开展利剑系列行动。2013年11月28日利剑行动开展以来,全局共查破侵财刑事、治安案件1921起,破获单串5起以上系列性案件152串,移送起诉犯罪嫌疑人701名,“两抢”案件50起、破40起,市局挂牌督办案件8起、破6起,抓获年前逃犯38名、年后逃犯109名,归案率分别达58.5%、81.34%。禁毒行动中,查处吸毒违法人员219名,打处涉毒犯罪嫌疑人53名,破获公安部、省厅目标案件1起和3起。推进治安专项整治,深化派出所城乡结对联动、跨区域交叉查处机制,开展黄赌整治“驱霾”、打四黑除四害行动,打掉黄赌犯罪团伙11个,查处违法犯罪人员1219名。落实河道警长制,开展打污染清江河专项行动,破获水污染案件3起,采取刑事强制措施12人。跟进重点建设工程,严厉打击抢栽、抢种、抢建以及寻衅滋事、敲诈勒索等违法犯罪活动,破案13起,刑事拘留13人,治安拘留2人。加强社会治安防控体系建设,治安监控点位投入使用923个,完好率在98%以上;落实网格化巡逻,抓获违法犯罪嫌疑人699名,其中刑事拘留412名,行政拘留262名,缴获涉案车辆285辆。

【依法行政】完成全国执法示范单位创建目标,成立创建工作领导小组,法制部门牵头对各单位执法办案情况进行全面清理,发现并整改问题327处。分管局领导组织相关部门负责人2次带队赴杭州、湖州、嘉兴等地考察学习先进经验,为分局加强执法建设提供有益借鉴。11月14日,公安部作出决定,命名分局为“全国公安机关执法示范单位”。狠抓细节消除执法隐患,围绕办案区使用管理、执法安全、伤害案件办理等风险点位,开展执法专项检查14期,并指名道姓地通报问题,对13名中层领导、12名主办民警和3名协辅警予以问责。严格按照公安部标准,投入经费95万余元,对各单位办案区进行改造升级,规范线路铺设、功能划分、安全设施,打造安全规范的审讯场所和透明立体的监督平台。创新管理机制,各派出所设置执法管理室,对案件、人员、物品实行集中管理,由教导员、警长、专职协警落实每日巡查。将非正常上访案件、环境污染案件办理等作为执法培训重点课题,至年底,全局举办巡回培训52场次、典型案件点评会39场次、部门小讲堂261场次。

【警营建设】分局开展党的群众路线教育实践活动,结合分局实际和公安特色,做好规定动作,明确投身“五水共治”、深化“警民信连心”大走访等强力推进活动“十二项措施”,开展局领导蹲点体验、认领“微心愿”、警用标识标牌清理等自选动作。分局401位党员民警认领了微心愿,开展社区服务483人次,帮助解决群众实际困难433件。坚持求真务实,深入查找、剖析、整改“四风”方面存在的突出问题，提高服务群众的能力和水平。活动期间，收集群众意见建议1236条，党委班子条目式列出“四风”问题217项，并逐一落实整改。拉直正风肃纪红线，打造过硬队伍。落实党风廉政各项规定，加强民警行为监督，每月开展队伍正规化建设联合检查，通过明察暗访、信访投诉、家属反映、涉警网情、上级通报及开门评警等渠道，及时发现触及制度底线的苗头性、倾向性问题，加强重点人、重点事管理，落实教育谈话、告诫等措施，杜绝违规违纪违法事件发生。全年，组织明察暗访237次，督促整改问题150余项，违规记分624人次，行政问责18人次。坚持素质强警从优待警提振内力，开展岗位练兵活动，新警达标抽考全部合格。建立“考核+评估+点评”模式，科学把握业务考核总量和频率，最大限度地为基层一线减负松绑。落实爱警惠警措施，福利待遇继续向一线倾斜，组织全体民警、协辅警体检，并对44名家庭困难、生病住院的民警进行慰问。

婺城警花

【十大案例】

以陈某某为首的特大吸贩毒团伙案 1月，婺城公安分局禁毒大队民警发现安徽太湖县男子陈某某长期在金华市区贩卖毒品冰毒的线索。1月13日，正式立案侦查，并摸清了整个贩卖毒品的犯罪网络。4月14日，婺城公安分局组织统一抓捕，在金华成功抓获陈某某（男，1982年4月出生，安徽太湖县人）、杨某（男，1979年2月出生，金华市婺城区人）等23名涉毒犯罪嫌疑人；在江西高安抓获犯罪嫌疑人陈某某（男，1977年1月出生，四川省大竹县人），在湖南沅江抓获犯罪嫌疑人王某某（男，1987年5月出生，山西左权县人），在湖南张家界抓获犯罪嫌疑人向某某（男，1983年1月出生，湖南桑植人）。本案抓获涉毒犯罪嫌疑人26名，吸毒违法人员15人，共缴获冰毒150余克，K粉少量。该案被公安部禁毒局确立为部目标2014-194号案件。

特大盗销运电动车团伙案 2013年12月，通过立线侦查掌握盘踞在乾西、洪源、白龙桥等城郊接合部的几个废品收购点购赃嫌疑的证据。经侦查，发现犯罪嫌疑人以张某某（男，1974年8月出生，河南省驻马店市正阳县人）为首的盗窃团伙一直在市区古子城、人民广场附近商业圈等地，选择晚上22时至凌晨4时行人较少的时段，盗窃停在路边的电动车及电瓶，并将赃车转给同伙运到安徽宿阳、临泉一带二手车市场进行转卖。3月19日，婺城公安分局展开收网行动，抓获犯罪嫌疑人28名，其中刑事拘留19名。破获案件300余起，涉案价值60余万元，查获销赃窝点3个，查扣被盗电动车21辆、电瓶15个，彻底摧毁了这特大盗销运电动车团伙。

“3·19”徐某某等人侵犯著作权案件 3月，婺城公安分局在工作中发现金华各学校中有盗版的考试试卷出售。分局专案组经过侦查，查明徐某某（男，1943年2月出生，金华市婺城区人）等人私自印刷SMJ初中试卷和高考模拟冲刺卷，并销售到浙江省各地的学校中。3月25日，分局组织集中收网行动，抓获徐某某等犯罪嫌疑人13人。目前，嫌疑人均被我局依法取保候审。

勾某、覃某等人系列抢劫案 4月3日，婺城区白龙桥镇黄堰头村家家福超市内，被一群外地人以分工合作的方式强行将放在店内一台“老虎机”抢走，在抢夺“老虎机”时对进行拦阻的店主有殴打、围堵、胁迫的行为。婺城分局经过侦查，4月8日，在金华江南一网吧门口抓获勾某（男，1995年7月出生，贵州省遵义市务川仡佬族苗族自治县人）、覃某（男，1995年8月出生，贵州省遵义市务川仡佬族苗族自治县人）等八名涉嫌抢劫的犯罪嫌疑人，并查实该团伙多次以聚集的方式合伙进行敲诈等犯罪事实，一举摧毁以勾某、覃某为首的抢劫犯罪团伙。

耐司康药业污染环境案 自2010年以来，浙江耐司康药业有限公司通过私设暗管，将大部分工业污水未经处理排放婺江，排放污水时间久、数量大、

严重污染环境。5月，分局破获了该污染环境案件，抓获该公司副总范某某(男，1966年2月出生，杭州市下城区人)、刘某某(女，1978年10月出生，陕西凤翔县人)等9人。

“8·2”张某某非法使用危险物质案 8月2日19时许，张某某为了毒鱼虾吃，将买来的7瓶甲氰菊酯农药(每瓶200毫升)倒入位于婺城区沙畈乡泥山坞村村口青龙桥附近的白沙溪内，导致被倒农药位置的白沙溪及下游鱼类死亡。2014年8月4日，婺城分局琅琊派出所民警抓获非法使用危险物质违法嫌疑人张某某(男，1982年7月出生，金华婺城区人)，张某某被婺城公安分局依法行政拘留13日。

公安部督办特大传销案 8月21日婺城分局抓获涉嫌传销的头目徐某某(男，1981年1月出生，金华市婺城区人)，经侦查，徐某某以非法占有为目的，在屠益清(由长沙市公安局天心分局处理)发展下在湖南省长沙市天心区加入“1040工程”传销组织，该传销犯罪团伙以“连锁经营业”为幌子，以国家西部大开发、阳光工程为借口，采取纯资本操作营销模式，没有具体销售商品、服务，依靠“拉人头”的形式获利，直接或间接发展200余名金华籍人员到长沙加入该传销组织，经济损失1400余万元。9月15日，徐某某被婺城公安分局依法取保候审。

“9·19”黄卫锋特大诈骗案 9月19日晚，婺城分局接到薛某报案称：9月19日17时许，其在环城西路2830号宇辉客车销售有限公司内，被人以帮助兑换承兑汇票的方式诈骗人民币130万元。经过侦查，于9月20日晚上，在市区某小区内成功抓获涉嫌诈骗的犯罪嫌疑人黄某某(男，1975年7月出生，金华市金东区人)，案件得以告破。

以李某为首的特大吸贩毒团伙案 7月，经工作发现外号为“龙哥”的湖北籍男子长期在金华市婺城区新狮街道骆家塘村及五里亭等地贩卖毒品冰毒。该案于10月14日被省禁毒总队确立为省目标(浙江省)-2014-142号目标案件。经过侦查，查明以湖北籍男子李某(男，1988年1月出生，湖北公安县人)为首的吸贩毒团伙的活动情况。10月22日，分局组织统一抓捕行动，成功抓获李某等13名涉毒犯罪嫌疑人，抓获吸毒人员10名。缴获冰毒90余克，海洛因25克，查清“龙哥”李某贩卖毒品量300克，该案已于12月23日移送婺城区人民检察院审查起诉。

朱某某、陆某抢劫杀人案 11月17日21时许，婺城公安分局城中派出所接到一起本地25岁吴姓年轻女子失踪的报警，吴某失踪后网络关注度很高，社会舆情压力很大，引起了市委主要领导的高度重视。婺城公安分局专案组立即展开侦查。经工作，于11月18日上午在武义将朱某某(男，1978年7月出生，武义县下茭道人)、陆某(男，1985年7月出生、云南省文山壮族苗族自治州砚山县人)2名嫌疑人抓获归案，并于19日上午在武义县下茭道王路头村附近的树林内找到被害人的尸体，此案得以成功告破。 (佟晓云)

金华市公安局直属交警一大队

【概述】 2014年年初，金华市公安局交警支队将原直属交警一大队拆分为直属一大队、直属四大队，分别管辖城区江南和江北区域。直属一大队(以下简称大队)下设综合室、处罚中心、非机动车管理所3个科室和第二、第三、安地、事故4个中队，办公地点均设在八一南街1266号。

2014年，大队有在职民警48人(平均年龄39.3岁，50周岁以上民警11人)、职工4人，协辅警115人，其他工作人员9人。大队管辖区域总面积374.9平方千米，其中，一环线内市区面积10.08平方千米。辖8个乡镇(街道)和1个景区管委会，有常住人口24.4万人，暂住人口约17万人；大队管辖道路里程为314.28千米，其中，城区道路116.18千米(含103省道4千米)、国道(G330)8.9千米、县乡道169.2千米、其他道路20千米。大队辖区内有灯控路口89个，装有电子警察的路口61个、视频监控球机75处，智能卡口4处；另设有固定测速点1处。

2014年度，大队被评为市“优胜交警大队”、市公安机关“执法示范所队”和市交警执法先进单位；2月12日，被授予2013年“金华市政法系统执法为民先进单位”奖牌，是当年全市交警系统唯一获此殊荣的单位。

【交通安全管理执法】2014年，大队接报各类事故警情29016起，立案5099起，其中，简易程序处理事故5015起，上报交通事故84起，其中，死亡事故11起，死亡13人，受伤103人，直接经济损失40.1905万元。未发生一次死亡3人以上较大事故。

全年查处“十大交通陋习”交通违法行为102241起，人均查处419.73起，总量和人均查处量均列全市第一。按一般程序处理的交通违法案件6231起，罚款金额371万元，行政拘留40人，吊销驾驶证191本，降级转递驾驶证227本；按简易程序处理的交通违法行为159981起，罚款金额206.4万元。

【“治堵保畅”】2014年，东阳街列为大队辖区重点治堵道路。年初，大队责任中队对东阳街进行拉网式排查，掌握包括周边住宅小区、停车需求、停车泊位、道路基础设施等一系列第一手基础资料；4月初，大队治堵工作向开发区管委会进行专题汇报。管委会领导高度重视，对交警部门提出的整治建议、经费保障、项目实施等一揽子问题给予了支持，极大的推动工作的进展。完成对双龙南街、和信路交叉路口、双龙南街金磐路、兰溪街和信路、兰溪街金磐路、东阳街与东莱路、丹溪路、环城南路以及宾虹路与环城西路的精细化设置，交通秩序得到极大改观。在7月中旬省厅组织的对11个地级市上半年治理城市交通秩序工作情况的检查和测评中，市重点道路机动车守法率、非机动车守法率以及行人守法率分别为99.46%、99.74%、92%，三项指标均列全省第一名，在年底的检查中，顺利通过考核验收。

【事故黑点整治】2014年，大队辖区确定事故多发点段7处，分别为湖大线2K-12、双龙南街与四联路路口、宾虹路与义乌街路口、双龙南街与和信路路口、浦江街与宾虹路路口、丹溪路(兰溪街-双龙南街路段)、东阳街与环城南路路口。至年底，大队7处事故多发点段全部按照治理要求完成治理。

【“十大(类)交通陋习”专项整治】根据支队《全市城市道路“十大(类)交通陋习”整治行动方案》要求，大队加强与电视台、“94.2”“93.0”交通广播电台及报纸等媒体的合作，利用“吕奇说交通”新闻栏目开展“十大(类)交通陋习”整治工作宣传，结合道路显示屏、巡逻车显示屏、微博等媒体等方式进行宣传。同时，发动各类交通志愿者，对滥用灯光、非机动车、行人交通违法进行教育劝导；动员一切可以上路的警力，加强路面布警，全方位开展整治行动。安排二中队在云都路口、三中队在环城西路与宾虹西路路口、安地中队在兰溪街与金磐路路口进行集中统一行动。营造全民参与氛围。3月10日、11日2次集中统一行动，出动警力188人次，发动社会力量48人次，发放宣传资料160份，查处不按规定使用灯光144起、违法停车222起，处罚非机动车未在非机动车道内行驶93起，行人闯红灯30起。

【山嘴头区域大货车集中整治】从2014年1月1日起，大队与相关职能部门密切配合，对山嘴头区域的违法大货车采取高压严管措施，加强市区山嘴头区域大货车通行与停放管理。在整治劝导阶段期间，向山嘴头区域的大货车驾驶员、车主、停车场业主及汽配、维修、配货等商铺业主发放《金华市部分区域大货车乱停放集中整治工作宣传册》2000余份，在山嘴头区域张贴《金华市区山嘴头区域大货车集中整治通告》100余张，邀请金华电视台教育科技频道、新闻综合频道、经济生活频道以及《金华日报》《金华晚报》等报纸对此次行动进行报道，对新建停车场位置及优惠政策、措施，公交线路分布等做了广泛的告知。整治进入严管处罚阶段后，大队采取24小时分组严管方式，在新增大货车禁行区域入口处设立环城西与李渔路交叉路口东侧岗点、婺州街与丹溪路交叉路口岗点、金帆街与八达路交叉路口岗点等三个岗点进行严管。查获闯禁大货车辆109起、违停拍照189辆次、拖移车辆2辆。组织统一行动3次，出动警力120余人次，警车摩托车60余车次。经过半个月的整治，山嘴头区域交通秩序有明显好转。

【出租车规范管理】8月14日，大队召开出租车管理座谈会，形成要加强出租车规范管理的共识。大队依托运管处的出租车信息系统平台，对江南辖区内的违法停车交通违法行为易发的点段进行分析、发布，走访出租车公司，在结合出租车治安管理大队每月安全例会，面对面地与出租车驾驶员进行沟通的基础上，中队提高路面巡查和视频抓拍力度，强化日常管理，对出租车随意掉头、随意停车上下客和违法占用出租车临时上下客停车位的私家车进行监控抓拍、电话通知、拖车拖移;落实交通违法定期通报制度。大队勤务室每天对涉及出租车交通事故进行登记,每周汇总,定期抄告给违法、事故车辆所属的出租车公司。推行将违法率与考核挂钩的举措减少出租车违法驾驶行为,提高出租车驾驶员的文明交通意识。

(王杭亮 邓先辉)

金华市交警支队直属三大队

【概述】 2014年,金华市交警支队直属三大队(简称大队)交通管理工作在市局和省局统一部署下,围绕“控事故、促畅通、创满意”工作方针,按照市局“五化三治”的总体部署,大队上下一致,齐心协力,结合实际,注重实效,深化措施,扎实有序推进各项交通管理工作。

根据上级工作部署,开展党的群众路线教育实践活动。召开党的群众路线教育实践活动推进会。制订活动实施方案,阐述活动的重要性和重大意义,做到统一思想,提高认识,确保每一位同志对群众路线教育实践活动有深刻的认识;要求大家从小事做起,自我检点,确保通过教育实践活动精神面貌有明显的改观;统筹兼顾,提高成效,确保教育实践活动与各项交通管理工作二不误。突出抓好前期问题整改,重点围绕为民务实清廉,撰写好对照剖析材料。

【队伍建设】 针对队伍出现的问题,大队开展“遵守法律、严格纪律”作风教育整顿活动,严防队伍建设和队伍管理中漏洞,贯彻深化纪律作风建设的有关精神,对全队人员进行谈心教育,做好记录签名。进行摸底了解,确定重点对象,重点管理。重新签订责任状。向家属发放“告知书”等,对查摆出的问题和存在思想倾向,制订专门的整改措施,作表态,“晒决心”。

严格队伍管理,开展每月的业务知识考试,提高民(协)警的政治和业务素质;开展“慈善一日捐”的捐款活动,捐款1270元;从细微之处关爱民警。严格警用车辆管理,迅速进行办公用房整改。

2014年,发生交通事故4346起,同比增加17起。其中:一般事故51起,同比减少12起,死亡22人,同比减少2人;伤人41人,同比减少11人。交通事故全面下降,特别是重大死亡人数有较大幅度下降。

查处重点违法行为13437起,其中因酒后驾驶机动车的227起,醉酒后驾驶机动车的违法行为58起,5次以上违法未处理车辆1920起,违法载客、无证、假证、不按规定安装号牌982起,不按规定使用远光灯396起,工程车等严重超载120起,三轮摩托车及燃油助力车违法364起,机动车未年检975起,大型货车违停3464起,非动车及行人违法10起。另查处机动车超速45465起。

【勤务制度改革】 大队分析研究严峻形势,组织召开队务会,规定工作职责,明确工作任务。相继制订“纠违治危”“大排查、大服务、大教育、大整治”“超载车辆整治”等实施方案,要求大队领导及各路面中队领导带头起到模范作用,要求每一位民警全力以赴、尽心尽责做好各项工作,确保辖区道路交通安全、畅通。

开展勤务制度改革,改变原先单一、简单的工作模式及方法,把各项工作落到实处,包干到人,责任清晰,大队根据各路面中队实际情况进行辖区区块划分。制订《大队2014年勤务改革暨民警责任片区划分方案》,确定工作重点,明确工作职责。规范执勤,严格按照《道路交通安全违法行为处理程序规定》《交通警察道路执勤执法工作规范》及相关法律法规的规定,携带执勤装备,使用规范用语,严格执法程序,落实各项安全防护措施,确保执勤民警、协警及当事人安全。大队重视快速反应机制,调整配备对讲机,缩短指令时间,每天早上进行检查测试,加强内部考核等。

【交通隐患排查治理】 开展交通安全隐患排查工作,排查出汤苏线、白门线等9处临水临崖路段、虹戴公路、二环线、婺城新城区、315省道梦娜袜业等二十多处交通安全隐患点段,并将所排查出隐患及时向政府、相关乡镇、职能部门进行汇报。完成对315省道下潘与白汤下交叉路口、315省道18KM+400M-18KM+900M洋埠路段、315省道

8KM+800M花园村路段、虹戴公路8KM+870M—8KM+900M四处省、市级事故多发点段治理。特别是治理虹戴公路省级事故多发点段时，邀请各相关部门领导及专家进行现场办公。315省道下潘事故多发点段多年来因种种原因都未能彻底整改。2014年，大队要求并通过多方努力，终于较好地完成整改工作。4月，婺城大桥安装中心隔离设施，9月，又完善更新婺城新城区20多处红绿灯和标志标线。对虹戴公路、315省道等道路加装黄闪警示灯16处。大队领导走访地方党委、政府及相关企业征求意见和建议，得到蒋堂镇政府、蒋堂初中、宾虹中学、金华监狱、万里杨等政府、企业的支持，在主要路口安装11只黄闪警示灯。对辖区内三级以下白门线、汤苏线、汤井线3条山区道路的夜间禁止客运车辆通行的禁令标志等进行了完善。

开展预防重大交通事故活动，大队结合以往工作经验和教训，开展"强源头、治黑点、严管控"预防重大交通事故活动。从加强交通管理工作的薄弱环节入手，组织民警对辖区公路主干道急弯、陡坡、无标志标线的交叉路口进行排查。同时，对前期已排查出和治理的危险路段，结合事故分析开展整治效果评估，对安全隐患未消除或新出现的隐患，继续列入危险路段。安排警力加强对事故多发和安全隐患点段的巡逻管控，加强对重点违法行为的查处力度，最大限度地确保行车安全。

【"纠违治危"】 开展"纠违治危""十大交通陋习"整治行动，根据支队整治统一行动的工作部署，大队开展"滥用远光灯、乱鸣喇叭""机动车违法变道、非机动车行人闯红灯等""机动车不礼让斑马线、向车窗外抛物等"等交通陋习集中整治行动。科学调整勤务安排，对重点路段和重点时间段实行定人、定岗、定责，提高路面见警率和现场纠违量。做到发现一起查处一起。并通过不定点测速，联勤纠违等方式，提高见警率和管事率，公路重点查处比为74.05%，现场查处比例为56.66%，远超60%和30%的要求。

开展违法载客、危险化学品的检查整治。2月10日，二环西路婺城大桥发生一起三车相撞交通事故，造成电瓶三轮车驾驶员死亡；2月22日，汤苏线东店村一村民驾驶一辆电动三轮车载着家人及临居去看戏时途中翻入路下，造成1死3伤的事故。为此，大队迅速召开队务会专门部署开展电动三轮车违法载客整治行动，加大查处违法载客违法行为力度，确保交通安全。及时将沪昆高速公路湖南邵怀段发生一起特别重大道路交通危化品燃爆事故进行通报，给相关的企业和驾驶员对预防交通安全工作引起足够的重视。同时，按照"谁主管、谁负责，谁审批、谁负责"的原则和"管行业必须管安全、管业务务必管安全、管生产经营必须管安全"的要求，围绕"五类企业""六种人员""八张清单""五个路段"等专项行动重点，集中整治危险化学品运输违法行为。从依法运输、持证上岗、安全装卸、车辆可靠、路面管控等环节强化企业安全生产主体责任和政府各有关部门安全监管责任，加大执法力度，规范道路危险化学品运输市场秩序，查处道路危险化学品运输违法行为，全力防范道路危险化学品运输事故。对古方石油加油库，运油专业车辆驾驶员资格、车辆运输证及加油制度、安全措施等进行详细的了解和检查。对金华溶解乙炔厂的危机车辆及安全管理制度等进行检查。

【禁"酒驾"治理】 大队深化禁"酒驾"治理等重点交通违法行为，强化路面管控，突出重点，整治"酒驾"等重点违法行为，做到大路小道查，中午晚上查，节假双休日查，使"酒驾"深入人心。对重点路段、重点时段、重点车辆加强管控，做到"白天见警车，晚上见警灯"。特别是发生"3·9"道路交通事故后，大队组织警力对摩托车违法载客等交通违法行为进行专项整治。强化责任，设卡检查，流动巡逻，纠正交通违法行为，营造严查重处的高压态势，有效遏制重特大道路交通事故的发生。加大辖区集镇主干道、交通流量大、中小学校周边、商场密集等易堵路段的交通动态巡逻和执勤疏导，加大对影响道路通行的交通违法行为的整治。

【执法规范化建设】 依托"8890"服务平台，提升服务质量。抓好处罚中心窗口形象工程，加强对工作人员业务能力、文明用语、与群众打交道方式等方面的培训，每月举办业务能力比武。开展站立式、微笑式接待方式，提升群众满意率。对群众通过"8890"服务平台反映的问题和建议，及时回复，迅速办理。开展摩托车送检下乡活动，把流动服务车开到每个检测点，对驾驶证年检、换证、补证等业务送到家门口，大大方便了群众。做到宣传、服务、措施三到位，放弃中午休息时间，下午再晚也要把来检测的摩托车检测结束，决不让老百姓跑第二次。自4月1日至16日，检测摩托车6048辆，办理驾驶证业务227本，行驶证业务175本。超额完成工作任务，赢得群众的认可和称赞。

市交警直属三大队干警在蒋堂小学开展宣传活动

根据支队法制考核要求，做好每个季度的执法检查及相关考核工作。明确案卷质量是关键，提前对每一本案卷进行审核，做到早发现早整改，为每个季度执法检查做好准备。结合工作实际，建立民警执勤执法档案，把各个中队和民警执法数量、质量、存在问题、整改情况、执法过错追究及奖惩情况如实载入档案，全面及时、真实的反映各中队每一位民警的执法情况，为考核评比、责任追究、执法指导提供重要依据。另外，通过大队网页，按月发布执法情况通报，指出日常执法中存在的问题以及最新的法制工作动态，使民警及时了解执法中存在的问题及最新的执法信息。

【点亮“微心愿”】根据市局机关党委关于开展“党员三服务，先锋在行动”“党员进社区，点亮微心愿意”活动要求，大队党支部高度重视，组织党员民警通过与本职工作结合，在走访、征求意见中，在切实解决群众困难过程中点亮“微心愿”，把温暖、需要、报务送到群众中去。给蒋堂初中、宾虹中学、金华监狱、蒋堂镇金杰制罐厂路段，安装3台爆闪警示灯及5条减速带，清除遮挡行车视线的树木，确保该路段出行的安全。事故中队购买书包等学习用品，送到白龙桥实验小学倪舟宇、徐诺、刘肖靖等学生手中，帮助他们实现心愿。大队领导与综合室相关工作人员到婺城区塔石乡黄康村慰问2013年在汤溪5·23较大事故中死亡的傅俊华家属。白龙桥中队联系虹路村干部，对赵芸凤和方忠成2户家庭进行走访慰问，送去大米和油，帮助解决其相关困难。汤溪中队民警杨胜利用休息时间买了新书包、文具等学习用品，送到戴嘉诺小朋友的家中，实现了小朋友这个小小的心愿。

【文明交通行动计划】创新形式开展交通安全宣传。大队根据辖区特点，早准备、早部署、早行动、加大宣传力度。开展交通安全宣传“五进”活动，印制《致广大客运驾驶交通的一封公开信》2000份，将带有交通安全宣传功能的10000份“福”字、交通安全手册等安全宣传资料免费发放到运输企业负责人、驾驶员手中，提醒广大交通参与者在节日间遵守交通法律法规，抛弃交通陋习，切实做到走文明路、开文明车、做文明人。大队在辖区主要路段的明显位置悬挂5幅大型广告宣传牌，提醒驾驶员注意行车安全。还在虹戴公路路口，利用婺城区交通局的大型电子显示屏，创新形式，出新招，制作电子版安全宣传片进行24小时轮番播放，对315省道梦娜袜业地段马路市场群众发放公开信。

加强山区道路交通安全宣传管理工作。辖区内山区道路较多，通往沙畈（白门线53.65千米）、塔石(汤苏线30.2千米)、莘畈(汤井线45.8千米)的道路都是三级以下的山区公路，路线长，危险大。春季、双休日到山区踏青、挖竹笋、农家乐等游玩群众较多，大多以自驾游的方式出行，多数驾驶员对路况不熟悉。为此，大队加强对山区道路巡逻工作，有针对性地加强对山区道路交通安全宣传工作。将印有针对山区道路行车安全知识的提醒信分发给驾驶员。在白门线、汤苏线、汤井线等山区道路路口设立三块“山区道路情况复杂，请注意交通安全”宣传广告牌，以加强对驾驶员进山区时的提醒工作。

7·19沪昆高速邵怀段特大道路交通危化品燃

爆事故发生后，7月22日晚上，大队根据省、市二级有关会议精神，在汤溪镇召开由客运公司、危化物品运输企业、重点运输企业及辖区较大单位安全负责人、驾驶员等100多人参加的安全教育大会，并加大对重点违法行为查处力度，提高现场管控力。与蒋堂小学编排“遵守交通法规，平安出行”情景剧。利用“五进”宣传活动到公路沿线村庄、企业、单位进行安全教育。（钱卫兵）

金华市交警支队直属四大队

【概述】 金华市公安局交警支队直属四大队（以下简称大队）于2014年1月18日正式挂牌成立，有民警42人，职工3人，协警133人。大队民警平均年龄35.5岁。大队设综合室、处罚中心、事故中队、城东、城西、罗店中队6个部门，其中城东、城西为城区中队，主要管理范围是江北主城区；罗店中队为外围中队，管辖范围罗店、新狮、竹马、乾西等乡镇。

【交通陋习整治】 2014年，大队实行常态化路面屯警，每天不少于2/3警力上路执勤，开展每周不少于两次的“十大交通陋习”常态化整治，在主城区范围形成了浓厚的严管氛围。至年底，大队查获“十大交通陋习”交通违法行为238292起。其中，违法停车116030起，违法变道44131起，滥用远光灯乱鸣喇叭2099起，醉酒驾驶119起，酒后驾驶267起，行人闯红灯随意横穿道路10788起，开车时以手持方式使用手机250起，向车窗外抛物78起，五次以上违法未处理2303起。在辖区各主要路口的平峰守法率自测中，机动车守法率达到95%以上，非机动车和行人的守法率达到80%以上。

【防控大事故】 大队辖区自3月10日（接处警独立统计）起，接处事故2713起，日均49起。其中，人伤事故553起，日均10起。大队通过治理“二超”来控制大事故的发生。首先是治超载：因超载整治工作难度很大，阻挠执法的情况极容易发生，大队迎难而上，“重拳”整治超载货车，查获一起，扣留卸货一起，全年查处超载车辆124辆次。其次是治超速：二环北路及迎宾大道路况条件较好，车速较高，超速引起的交通事故占比大。大队实施流动测速，定期更换测速点位，并开展现场执法，扼制超速违法行为高发态势，以此达到减少交通事故，预防重大事故的目标。全年查获超速违法行为7186起。

【警民关系】 结合群众路线教育实践活动，大队推出系列便民、利民工作措施，构建和谐的警民关系。8890便民服务中心是大队收集群众对交通管理意见建议的一个重要渠道，大队自成立以来，接各类8890交办件164件，不满意件3件，满意率98.1%。大队与浙师大等辖区内单位开展共建活动，创建“警校共建”等微信群，建立有效的沟通联络机制。

【交通安全宣传】 为倡导不随手乱扔垃圾、文明出行、安全行驶，大队组织开展“向车窗抛物说‘不’赠送车载垃圾桶”和文明出行送玫瑰活动，送出8000多个车载垃圾桶和500多支玫瑰花。同时，向司机和行人派发《关爱生命，文明出行》倡议书，倡导行人注意交通安全、关爱生命、自觉维护交通文明。

【队伍建设】 大队从成立起即倡导“快乐学习，快乐工作”的口号，以党的十八大精神为指导，围绕学习实践“金华公安精神”，开展法治教育、规范文明用语等活动，要求所有工作领导带头，制度管人，并坚持抓模范带头、抓业务排名、抓办案能力、抓督查考核、抓集体关怀的“五抓”制度，营造内部和谐，上下关系融洽，团结向上的良好工作氛围。

（陈　晓）

金华市婺城区公安消防大队

【概述】 金华市婺城区公安消防大队（以下简称大队）有现役官兵及合同制队员、文职雇员45人，其中，防火监督干部5人、灭火救援队员26人，执勤消防车4辆（五十铃水罐车、曼底盘A类泡沫车、曼底盘重型水罐车、32米奔驰高喷车）。管辖区内116家重点单位，大队以党的十八届四中全会精神为指引，结合“牢记强军目标、献身强军实践”主题教育，以“创人民满意消防队伍”活动和区域性行业性重大火灾隐患整治为主线，以实战化训练、建立和谐警民关系为支撑，带领全体官兵迎难而上，锐意进取，圆满完成以灭火救灾和防火监督为中心的各项任务。全年接警出动362起，出动消防车829辆次，消防队员4693人次，扑救火灾174起，抢救被困人员22人，疏散人员2人，抢救财产价值1621.3万元，全区未发生亡人火灾事故，确保全区火灾形势和队伍形势的双稳定。

【先进典型创建】 开展“三争优”活动，以向“学雷锋模范消防大队”湖南省长沙市望城区公安消防大队、重庆市公安消防总队特勤支队、全国公安机关爱民模范薛军毅同志学习活动为载体，按照“中队有标兵、大队有先进”的目标，将“全省军事业务标兵”中队长龚新宪、班长苏发能作为大队先进典型，运用媒体、橱窗等载体，扩大典型宣传效应，引导官兵向先进典型学习，在官兵中形成“比、学、赶、超”的良好氛围，激发官兵创先争优热情。2014年，站前中队党支部被总队评为全省先进基层党组织，1名同志被省总队评为“学雷锋积极分子”，1名同志被省总队评为优秀团干部，1名同志考学提干，2名同志荣立个人三等功。

【实战化训练】 大队以实战化训练为契机，以“打得赢”为目标，坚持“单兵训练与班组合成训练”相结合的方式，有针对性地加强弱项练习，激发官兵参与实战化训练的热情，提高中队初战控火能力。在2014年支队组织的全市消防部队体能运动会和实战化业务比武竞赛中，分别取得团体总分第一名和第二名的优异成绩。同时，开展消防安全重点单位、重大火灾隐患单位和区域性火灾隐患的熟悉演练工作。全年大(中)队组织开展实战演练79次，并作为主战单位协助支队开展万里扬集团有限公司大跨度大空间厂房多力量联合演练。在此基础上，大(中)队还按照总队预案模板修订完善了高层、地下、人密、化工等17类预案，制(修)订重点单位灭火预案116份，重大火灾隐患单位预案13份，区域性火灾隐患预案3份。圆满完成市(区)“两会”“中国梦.金华情”演唱会、浙中购物节、房交会等各类消防安全保卫工作，全面提升部队在突发公共事件中的应急处置能力。

【消防安全专项整治】 大队，根据上级工作部署要求，结合辖区工作实际，陆续开展第二次“清剿火患”战役、重大火灾隐患、区域性火灾隐患专项整治活动、消防控制室专项检查行动、涉及可燃爆金属粉尘企业消防安全专项整治行动、消防安全“百日整治”等一系列专项活动。至年底，全区检查单位1595家次，督促整改火灾隐患或违法行为890处、下发责令改正通知书428份、行政处罚决定书88份，责令“三停”8家，临时查封11处，行政拘留1人，罚款44.8万元。对存在重大火灾隐患的农行金华市分行、建行金华市分行、金歌演艺有限公司等7家单位以及二七社区、爱斯曼老厂区、古子城3个重点区域予以挂牌督促整改。全区通过专项行动，有效整治了一大批消防安全隐患，夯实了消防安全工作基础，确保全区火灾形势持续稳定。

2014年6月13日，消防官兵为金华公交司机和乘务员进行消防安全知识培训

【争创“人民满意”消防大队】 大队高度关注社会面上群众对消防工作和部队建设的反映，大队军政主官多次走访地方党委、政府和相关部门，向主要领导汇报相关情况，争取最大支持。6月12日，大队邀请辖区社会单位、人大、政协等30名代表召开警民恳谈会和审验通报会，发放意见征求表，征求到意见、建议8条。开展部队内部意见征求，采取座谈会、思想形势分析等形式，征求全体官兵意见、建议，收到意见、建议10条。大队针对征求到的意见、建议和突出问题，召开专题党委会进行研究，讨论整改的对策和下步需要努力的方向，明确任务，责任到人，让全体党员干部知道“改什么、怎么改、改得怎么样”，自觉接受群众监督。通过一系列措施

的制订，提升了消防监督执法工作的透明度和单位、群众对消防工作的满意度。

【优化审批效能】针对代办、黄牛等现象，在服务受理窗口设置“黑名单”。缩短审批时限，将行政许可、备案时限缩短至14日。推行“小微项目”审批资料、流程、时限“三简化”，并在7个工作日内办结。开辟政府重点工程、企业“两证”办理绿色服务通道，落实专人跟进。2014年，大队办理行政许可43件，备案抽查105个，回访满意率100%。

【政府消防工作责任制】年初，大队提请区政府召开全区消防安全工作会议，与18个行业主管部门单独签订消防工作目标责任书，明确行业主管部门消防工作职责。每月19日，提请区政府领导，会同公安、安监、工商、教育等部门开展“消防检查日”工作，完善社会面上火灾防控体系。

大队推动政府将消防安全“网格化”融入“网格化管理、组团式服务”体系。全区19个乡镇、街道全部成立消防安全委员会，并成立专门的消防安全工作站，设立专门的办公室，明确消防安全管理员，开展防火巡查和消防宣传等工作。2014年，全区有基层网格员1152名，“网格化”工作得到了有效深化。

【消防宣传社会化】大队先后邀请30多家企事业单位人员和广大市民800多人次进入消防站参观学习，亲身体验、掌握防灭火知识技能。利用消防宣传知识展板深入各机关、企事业单位、学校以及农村等场所进行巡展、演示，图文并茂地为人民群众普及消防知识，展示消防技能。并在40多家企事业单位开展消防安全培训和火灾疏散演习，受到各企业单位员工的一致好评。“119”消防宣传日期间，辖区单位开展疏散逃生演习，向身边人宣传消防知识。2014年，大队的“大学生消防志愿者联盟”、老党员消防志愿者仍有众多群众报名参与，形成了良好的宣传氛围。 （章 进）

检 察

【概述】婺城区检察院围绕“两富”“两美”婺城建设的工作大局，履行宪法和法律赋予的职责，团结协作、真抓实干、创先争优，各项检察工作取得新进展。全年立案查办各类职务犯罪案件24件、30人，依法批准逮捕各类刑事案件848件、1299人，提起公诉1332件、1929人，开展侦查活动监督75人次，审判活动监督23件次，刑罚执行活动及行政执法活动监督19件次。全院综合绩效考评列全省第三名，取得自全省检察机关实行分类考核以来最好成绩，被省检察院授予“浙江省先进基层检察院”荣誉称号，被市检察院评为市级“先进检察院”，记集体三等功。5项检察业务工作名列全省检察机关前四名，其中，2项工作位居全省检察机关第一名，6名干警被市检察院记三等功。

【服务经济】全力保障经济转型升级，投入“五水共治”“三改一拆”等重点工作，派员参与“二七区块”改造，以执法办案为主要手段，保障和推进重点工作攻坚克难。依法慎重办理涉及群体性事件和敏感社会问题的案件，妥善处理民间借贷、企业连环担保以及“逃废债”引发的刑事案件，重点办理涉及300余投资人的虚拟网络现货平台诈骗案、涉案7亿余元的“海纳租车”非法集资案等，优化了经济发展环境。开展专项预防保障政府有效投入，制订《婺城区重点工程项目职务犯罪预防工作实施办法》，被区委以“两办”发文形式推广，促进工程优质、干部廉洁。严厉打击严重刑事犯罪，重点办理了“金华女子失联”案、“湖海塘沉尸”案等社会广为关注的重大案件。针对当前侵财犯罪、毒品犯罪高发、多发态势，会同有关部门开展专项行动，批捕“两抢一盗”、诈骗等侵财犯罪及毒品犯罪800人，起诉911人，有力地震慑了犯罪。注重以法治方式化解矛盾纠纷，依法对231名犯罪情节轻微的初犯、偶犯、过失犯等作出不捕、不诉决定，促成案件当事人和解31件，依法宽缓处理19名涉罪未成年人，并对轻罪记录予以封存。推进检校共建，与市第一中等职业学校、汤溪中学签署《检校共建协议书》，预防青少年犯罪。适应涉法涉诉信访改革新要求，坚持诉访分离，妥善处理各类来信来访274件次。设立市经济技术开发区检察室和白龙桥检察室，促进基层治理法治化。

【反腐倡廉建设】发挥检察机关在反腐败斗争中的职能作用，全年依法立案查办职务犯罪案件24

件、30人,人数同比上升11%。其中,贪污贿赂案件14件、18人,渎职侵权案件10件、12人。贪污贿赂大案比例100%,渎职侵权案件重特大比例同比上升75%。坚决查办领导干部职务犯罪,全年查办科级以上干部职务犯罪11件、11人。其中,现职副科级以上领导干部要案6件、6人,同比上升200%。专项查办发生在群众身边、损害群众利益职务犯罪,依法查处土地管理、城市管理、教育文化、村级财务管理等领域职务犯罪10人。开展惩治涉农专项资金领域职务犯罪专项工作,依法查办虚报冒领苗木补贴、基地种植补助、侵吞土地补偿款等涉农资金领域职务犯罪11人。加强工程建设领域突出问题专项治理,在项目审批、规划建设等环节立案查办职务犯罪7人。加强警示教育和预防工作,投入全省检察机关"千场预防职务犯罪宣讲进乡村"活动,在乡镇、机关开展职务犯罪预防宣讲15次,受教育干部2000余人次。在浙中信息产业园成立工作室,专项开展电子商务企业职务犯罪预防工作,受到暨军民市长肯定。创新预防工作载体,制作的微电影《心墙》荣获全国检察机关预防职务犯罪微电影评比优秀奖,在省级预防宣讲课上播放,受到好评。

【法律监督】 加大诉讼监督力度,促进严格执法、公正司法。依法监督立案26件、37人,监督撤案6件、7人,纠正漏捕漏诉31人,提出刑事抗诉3件,改判2件。提请民事行政抗诉5件,提出再审检察建议15件,法院改变原裁判2件,采纳建议15件。严厉打击民事虚假诉讼,9名涉嫌伪造证据的人员被依法追究刑事责任。开展羁押必要性审查,对10名犯罪嫌疑人变更强制措施。规范自身公正司法,转变执法理念,全面落实非法证据排除规则、全程同步录音录像等制度要求,严把案件事实关、证据关和程序关,严防冤假错案发生。推进案件集中管理,深化网上流转、规范办案和全程监控"三位一体"的网上办案模式。

【"阳光检察"】 推进"阳光检察"工作,以"搭建两个'阳光平台'(执法办案平台和信息网络平台)、推进'一二三四五'活动"(一个品牌创建、两项公开说理告知、三项走进活动、四个主题宣传周、五个微系列活动)为主要内容,坚持检察职权相关活动及事项"能公开的一律公开",进一步破除执法神秘感,以检务公开促进司法公正,自觉接受全社会的监督,提升检察公信力和社会满意度。编印《阳光检务手册》,依托全国检察机关统一案件信息公开系统,探索开展终结性法律文书公开上网,增加执法透明度。加强外部监督,向区人大常委会专题报告执法规范化建设和贯彻执行修改后民事诉讼法等工作,并根据审议情况认真落实整改措施。加强与人大代表、政协委员联络,通过人大代表履职平台、寄送《婺城检察》等方式,定期通报检察工作,注重发挥人民监督员和检察监督员的作用,促进规范执法和廉洁从检。

【队伍建设】 开展党的群众路线教育活动,周密准备,精心组织,征求意见,查找"四风"方面存在的突出问题。坚持领导带头,开好专题民主生活会,重视联系群众,组织开展走亲连心、道德讲堂、公益服务、"微心愿"等活动,增强执法为民宗旨意识。突出落实整改,建立长效机制,确定14项整改事项,修订新建涉检舆情处置等43项制度,狠抓制度的落实和执行,坚持以制度管人管事管案。抓好队伍专业化建设,完成中层干部调整和一般干警双向选择,一批素质好、专业强、年纪轻的干警走上中层岗位,具有法律执业资格的检察干警在业务部门比例达到100%。加强岗位练兵和全员培训工作,实行新进干警轮岗锻炼制度,组织开展公诉人实战论辩、专家授课等活动,人才梯队建设成效明显,优秀人才脱颖而出,有5名干警获得省级业务标兵、办案能手、市级业务尖子等称号。加强纪律作风建设,落实中央"八项规定"和上级院关于作风建设的

区检察院深入社区开展"微公益"系列活动

精神，转变工作作风，提高工作效能。坚持检务督查常态化，对窗口接待、检风检纪和规章制度执行情况开展检风检纪督察，对发现的问题及时通报、反馈、整改，促进检察队伍风清气正。

（陈　程）

法　院

【概述】 婺城区人民法院（简称法院）贯彻落实党的十八届三中、四中全会精神，开展党的群众路线教育实践活动，坚持司法为民公正司法，各项工作取得新进展。全年收案17846件，结案16740件，结案率93.8%，办案质量、效率、效果指标和各项工作走在全省法院前列。2014年，被评为浙江省优秀法院和省政法系统先进集体。推进社区矫正工作，被授予浙江省社区矫正工作先进集体。

【审执工作】 宽严相济依法惩治犯罪，全年受理刑事案件1374件，审结1359件，审结率98.91%。依法严厉打击严重危害人民生命财产安全的犯罪，始终保持对职务犯罪打击的高压态势，审结两抢一盗、强奸、故意杀人等犯罪625件、927人，贪污、受贿、玩忽职守、滥用职权等犯罪22件、44人，判处五年以上有期徒刑的罪犯120人。宽严相济，依法加大财产刑适用力度，对罪轻且确有悔改不致危害社会的，稳妥地适用非监禁刑；对未成年人犯罪坚持贯彻教育为主，惩罚为辅的原则，适用缓刑528人。依法保护被害人合法权益，审结98件刑事附带民事案件，民事赔偿调解率85.0%，当庭履行率90.0%。强化刑事司法人权保障，为199名无能力聘请律师或可能被判处三年以上有期徒刑的被告人，通知法律援助律师出庭，三年以上辩护率80.5%，同比上升26.3%。

调判结合积极协调社会关系，全年受理民商事案件11329件，审结10757件，审结率95%，同比上升21.9%和20.7%，解决争议标的69.9亿元。发挥法院调解保障民生和协调社会关系作用，化解涉群众切身利益矛盾纠纷，审结婚姻家庭继承、医疗损害、交通事故、劳动争议、物业纠纷等4170件，调撤率84.6%。发挥判决教育引领、规范社会行为的作用，倡导诚信经营，维护金融秩序，审结买卖合同、金融借款和民间借贷等3979件，判决案件占46.8%。保障和推动知识产权自主创新，发挥行业协会调解组织作用，审结知识产权民事案件136件，同比下降63.9%，侵害作品放映权案件大幅下降。坚持对有市场有前景的涉困企业，运用动态查封、债转股等司法手段，帮扶企业维持生产、渡过难关。通过破产清算打破僵尸企业，盘活存量资产，受理破产案件4件。

监督支持有效推进依法行政，受理行政案件81件、审结73件，审结率90%，同比分别上升55.8%和25.9%。坚持发挥司法审查职能，健全协调化解机制，维护和监督行政机关依法行使职权，保护行政相对人的合法权益，驳回原告诉讼请求46件，和解撤诉14件，撤销具体行政行为2件，确认具体行政行为违法1件。审结案件中行政首长出庭30人次，行政首长出庭应诉率55.6%。支持行政机关依法履行职责，裁定准予强制执行违法占地建房、征收计划生育社会抚养费等非诉行政执行案件306件。向有关行政机关发送行政审判白皮书和司法建议8份，及时反映行政执法的成效和不足。

多措并举努力保障胜诉权益，全年受理执行案件4466件，执结3964件，执结率88.8%，执行到位标的12.0亿元，执行标的清偿率61.4%，人均执结220.2件。穷尽执行措施，注重延伸对被执行人公积金、分红保险、余额宝等新型金融财产的查控，共查询房产3814人次、车辆3993人次、银行53601人次，司法拘留186人次。加大反规避执行力度，将6000余名被执行人纳入失信黑名单，使其在申请贷款、市场准入、乘飞机高铁等方面处处受限；将243名被执行人失信信息在金华电视台和主城区的四大广告电子屏上同时滚动曝光；与公安进行点对点执行联动，协助查控279人次，司法拘留57人。坚持网络公开拍卖，上网拍卖174件，网拍率100%，成交额1.6亿元，溢价率为42.6%，节省佣金501万元。开展涉民生专项集中执行活动，为797位员工追回工资欠款1403.9万元。

【司法公开】 加强审判流程、裁判文书和执行信息公开三大平台建设。在官网上公开立案条件、流程、诉讼须知和审判执行活动有关的管理规范，方便公众在互联网上查询案件进展信息。实现庭审同步录音录像，通过网络点播、微博直播典型案件的庭审和执行过程，满足社会知情监督需求。上网裁判文书10697份，上网率100%。在立案大厅设立执行专区，专人负责执行信息查询和咨询。在网上公开选定鉴定评估机构，接受社会监督。

【"12368"司法服务平台】 开通"12368"司法服务平台，专人负责来电查询、投诉等，接通率97.3%；及时将开庭、查封和扣押等信息以短信形式发送给当事人，满足公众与法院实时、远程、便捷的沟通。开展有主题、有体验的"公众开放日"活动4次，受众2300余人次，让百姓零距离接触法院。召开以"法院没秘密，审判不神秘"为主题的新闻发布会，发布发改案件、案件质量、罚金刑适用、缓刑适用、涉诉涉法信访等5份白皮书，坦诚公布案件差错原因和问题，以此倒逼法院工作向前推进。

【司法改革】 强化司法责任，完善审判委员会议事规则，实行法律事实由审判者认定，审判委员会讨论法律适用问题，使审判符合"让审理者裁判，由裁判者负责"的司法规律。规范民商事及行政案件审核签发权限，强化院、庭长对审判流程的监督和管理，落实主审法官发生瑕疵案件的审判责任。推进量刑规范化改革，对危险驾驶、环境污染、两抢一盗等常见犯罪制订量刑意见，规范裁判尺度。严格暂予监外执行，对罪犯病情诊断等推行异地鉴别制度。

【重点工作】 在推动"五水共治"工作中，就解决肥水养鱼问题开展调研并提出法律意见和司法建议，得到省政府分管领导、省高院和区主要领导的批示肯定。成立"五水共治"巡回法庭，提供法律咨询，就地解决数起涉环境污染责任纠纷。严厉打击环境污染犯罪，办结10件、28人，对主犯均判处实刑并依法加大罚金刑处罚力度。妥善处理涉杭长线、老南站等征地拆迁、拆违纠纷，准予强制执行违法占地建房237件。为"二七区块"旧城改造提供法律服务和司法确认工作，保障重点工程开展和民生权益。

【涉诉信访】 强化涉诉涉法案件社会稳定风险评估，从源头上预防和减少涉诉信访。坚持院、庭长接访、约访制度，严格落实首问责任制，受理来信来访559人次。推进涉诉涉法信访终结机制，依法终结37件。依法惩治违法上访闹访，1名违法信访人被追究刑事责任，维护正常信访秩序和法治秩序。推动法治化解决涉诉上访难题，受理申诉复查45件，立案再审21件，改判18件，其中纠正虚假诉讼案件13件，确保有错误的案件能及时得到纠正。

【创新服务】 坚持服务基层，设立4个驻乡和社区法官工作室，接待咨询和解决各类矛盾纠纷320起，受到教育实践活动中央巡视组肯定和基层群众的好评。与金华电视台联合创办《以案说法》栏目，由承办法官运用典型案例说法，起到审理一起案件教育一片的作用。开展"青年法官进百企入百村"活动，举行法律咨询和法律讲座，为企业和群众提供服务。强化诉调衔接工作，及时化解矛盾纠纷，司法确认案件1279件，占民商事案件的13.8%，被金华市委、市政府评为指导人民调解先进集体。

【司法廉洁】 深化廉洁司法，落实党风廉政建设责任和监督主体，层层签订责任书，强化领导干部一岗双责和连带责任。建立廉政风险预警机制，推进岗位廉政评议，增强拒腐防变能力。向每案当事人发送廉政监督卡，随机回访500人次，时刻接受当事人监督。落实中央八项规定精神，注重业外监督，建立院长、纪检组长约谈制度，实施中层以上干部接受宴请事先报备制度。

【审务公开】 主动接受人大监督，重大工作部署、重要人事安排，及时向人大报告。专题向人大常委会主任会议报告民事诉讼工作、立案工作开展情况，并积极落实审议中提出的意见和建议。重视人大、政协意见和建议的办理工作，做到件件有结果、事事有反馈。邀请人大代表、政协委员旁听庭审、监督强制执行和担任人民陪审员。人民陪审员实现倍增，参与审理案件1975件，陪审率99.95%，位居全省前茅。支持配合检察机关依法履行法律监督职责，健全检察长列席审判委员会讨论机制。

【队伍建设】 强化司法作风，开展党的群众路线教育实践活动，聚焦"四风"问题，开门纳谏，征集到意见建议19条，运用整风精神，做到立知立改。坚持强化法官责任感和尊荣感教育，连年举行新年升国旗和法官宣誓仪式。坚持从严治院，开展院领导日常司法巡查，实名通报发现的问题，并纳入纪律作风量化考核。坚持司法为民，强化直接送达、调查取证等措施，务力为人民群众排忧解难。有6个部门和24名干警分别获得市级以上荣誉称号或受到记功表彰。

2014年1月2日，新年上班第一天，婺城法院举行升国旗暨新任法官宣誓仪式

加强司法能力，坚持运用轮岗、案件评查通报、开展优秀学术论文和裁判文书评选活动，选派100余人参加上级法院组织的业务培训等多种措施，不断提升业务能力和工作水平。注重青年法官培养锻炼，召开青年干警座谈会，落实一对一青年干警指导师制度，勉励青年干警立志成才，不断提升驾驭庭审、认定事实、适用法律、化解矛盾的能力。丰富法院文化，开展健康多彩的文体活动，增强凝聚力和战斗力。

（包大进　项丽贞）

司法行政

【概述】 婺城区司法局(简称区司法局)在上级司法行政机关和区政法委的直接关心指导下，贯彻习总书记对司法行政工作的重要指示精神，以服务“四破攻坚”“五水共治”“三改一拆”“二七区块”拆迁专项行动为重点，深入践行群众路线，发挥司法行政在化解矛盾纠纷、维护社会稳定、推进平安婺城建设等方面的积极作用。锐意进取，开拓创新，为促进全区经济和社会各项事业的发展做出了积极贡献。

【群众路线教育】 根据区委文件要求，区司法局在全区司法行政系统开展党的群众路线教育实践活动，结合实际，落实“规定动作”，开展“自选动作”，做到不走过场，有序进行，按时完成各环节学教工作，抓好后续各项工作，确保教育实践活动善始善终。

【“二七”拆迁】 自区委、区政府部署“二七”新村改造专项行动以来，区司法局响应号召，抽调8名局机关中层以上干部以及3名辖属律师事务所精干律师，配合改造工作。完成任务分配住户中98.4%的房屋评估工作，在所属的第五区块中名列前茅，受到区领导的好评。

【普法宣传】 在“娘舅来了”、婺城普法微博等媒体平台开设“五水共治”法制宣传专栏，新建十余条“五水共治”法制长廊。发放“五水共治”行动法制宣传挂册400余套。在有关乡镇、街道开展“三抢”“四乱”“平安和谐”“依法信访”等系列宣传活动，入户发放宣传册3万多份，在情况严重的区域出动宣传车进行法制宣传。同时，对二七新村改造专项行动的相关政策法规进行宣传。利用“节假日、纪念日、主题日”开展专项法制宣传。创建婺城普法微博，发布公开信息300余条。组织参加“法在心中”青少年法制文化作品创作，选送3个网上法律故事演讲作品、41个法制动漫作品参赛。

【矫正管控帮扶】 全面铺开“社区矫正社区监管”工作。实现全区矫正工作站全覆盖，明确村书记或主任为工作站负责人。将社区矫正的部分非执法类监管帮教职能落实到联系村(社区)干部和村(社区)，发挥矫正小组和工作站作用，提高矫情获取能力，减少监管死角。以区两办名义下发《关于进一步加强社区矫正工作的实施意见》，再次明确省委相关要求。经区编办批准，增设社区矫正执法大队，增加政法专项编制3个，招聘17名社工，充实到业务科室和司法所。全区有19个司法所，在册社区服刑人员449名，社区矫正工作在2008年开展试点，2009年全区铺开。2014年，全区已形成党委、政府主要领导亲自抓、司法所具体抓，相关职能部门互相配合、互相支持的社区矫正组织工作体系。

4月，蒋堂镇作为婺城区开展"社区矫正社区监管"工作的试点乡镇，率先开展这项创新的工作方法。通过建立司法虚拟专网、社区矫正信息管理系统、社区矫正监管指挥中心和司法e通，为服刑人员划定电子围墙，将社区服刑人员100%纳入手机区域监管。区、乡镇、村三级层层签订矫正监管安全责任书，将"三无"做为考核目标，建立监管安全"一票否决制"。区政法委加强矫正工作在"平安乡镇(街道)"考核中的权重。乡镇(街道)把落实"社区矫正社区监管"工作列入对联村(社区)和村(社区)干部岗位目标责任制的内容，充分调动联村(社区)干部和村(社区)干部参与社区矫正工作的积极性。配发司法e通，实现移动办公和远程指挥，及时利用矫正信息管理系统发现并警告违反监管规定服刑人员，有效提高技防手段震慑力。建立"面纹+指纹"报到考勤制度，有效促进矫正人员日常报到、集中学习、社区服务等制度的落实，维护执法的严肃性。

【法律服务】 区司法局成立"二七"法律服务组，为"二七区块"拆迁专项行动的开展提供优质高效法律服务。全年协助政府做好"三改一拆"行动政策解释工作5次，协助开展法律论证4次，为基层群众提供法律咨询和法律服务11人次，涉及"三改一拆"的信访问题2件，参与"三改一拆"法制宣传活动4场次。区司法局为26家中小企业提供法律服务或约定后续服务，举办法制宣传讲座、座谈等21场次，参训人员达260人次，开展法律体检9家企业，提供法律咨询120人次；发现法律漏洞26个，出具法律意见书或风险提示函76份，提出法律意见和建议31条，帮助解决法律法规问题12个；参与企业的人民调解工作调解纠纷6件，有效地避免和减少企业的损失。

【法律援助】 2014年，区法律援助机构指派办理涉及农民工案件59件，接待农民工法律咨询500余人次。为农民工挽回经济损失90余万元，有效地维护了农民工的合法权益。完成法律援助中心搬迁，达到"沿街落地"要求，并设有3个接待窗口，在二楼援助中心专设办公室、档案室，极大地方便群众到中心咨询和申请法律援助。开辟农民工法律援助"绿色通道"。以"农民工讨薪"专项活动为载体，开展农民工维权活动对在"四破"行动中被淘汰企业中务工的农民工案件简化受理程序，不再审查经济困难条件。开通农民工维权专项通道，启动应急处置工作机制、特事特办工作机制、事后补办机制，及时化解矛盾、实现诉求，降低维权成本。全年办理各类援助案件376件，其中，民事114件，刑事262件，退回不符合援助条件的刑事案件61件。

【矛盾纠纷排查】 全面深化"娘舅工作室"调解模式，继续探索成立了拥有专业调解团队的工作室调解模式。在"娘舅工作室"抽调2名"首席老娘舅"入驻征迁指挥部，积极引导"老娘舅"参与"二七"拆迁工程矛盾纠纷化解工作，在遵循"调防结合，以防为主"方针基础上，根据"平等自愿、合理合法，不限制当事人诉讼权利"的基本原则，开展城市房屋拆迁纠纷调解，以此化解房屋拆迁矛盾，推动城市的大建设和大发展。根据区委、区府要求，探索联调委工作模式。参与并指导成立环境保护、物业管理、学生伤害、消费者权益等纠纷调委会。按照省司法厅要求，开展星级规范化司法所建设，对区级范围内三星级规范化司法所城西司法所进行复评。至年末，申报三星级规范化司法所创建两家；申报四星级规范化司法所创建1家；组织全区性排查14次。其中，重点排查5次。全区发生各类矛盾纠纷3998起，调解成功3780起，纠纷调解成功率94.5%。预防纠纷83起，防止矛盾激化和群体性上访19起、291人次；调处疑难复杂案件和社会不安定因素1864起，仅物调委已成功化解包括"8890"和"市长信箱"交办的物业纠纷41起。 (刘　啸)

政法委及综治工作

【概述】 2014年，中共金华市婺城区委政法委员会(以下简称政法委)在以全国、省、市政法工作会议精神为指导，以全区政法工作会议提出的"二、三、四、五"为重点，围绕区委、区政府的中心工作，全面落实平安综治维稳国安各项措施，推进"平安婺城"建设，全区未发生影响社会稳定的重大事件和群体性事件，也没有发生平安考核的重大否决事项，不稳定因素在可控范围之内，各项工作得到稳步推进。

主动服务大局，切实保障区委、区政府中心工作。全力推进“五水共治”。年初，出台婺城区政法系统服务保障“五水共治”8项举措，明确服务和保障“五水共治”工作是当前和今后一个时期政法工作的重要内容。政法各部门发挥职能作用，在全市范围内首推“河道警长”制，将全区10条河流按区域划分为22个河段，确定9名公安分局领导、18名派出所所长、26名管区民警分别为县级、乡镇级和村级“河道警长”，开展常态护水巡逻300余（人）次，取得了良好的实效。开展常态护水巡逻300余（人）次；全省首个“五水共治”巡回法庭在长山乡正式挂牌成立，受理相关案件36起，为基层政府、群众提供法律咨询和帮助400余人次。同时，录制《环境污染者的法律责任》电视宣传片，以案说法，推进“五水共治”。依法打击水环境污染犯罪3起，采取刑事强制措施12人。

全力保障重点工程项目推进，做好重点工程的服务保障。根据“重点工程延伸到哪里，治安管控就落地到哪里，维稳保障就跟进到哪里”的原则，对影响工程建设顺利推进的突出治安问题开展摸排化解，参与现场维稳工作。2014年，参与“三改一拆”“五水共治”、输油气管道工程、杭长线征收、二七新村征迁等重点工程现场维稳工作，为重点工程建设保驾护航。同时，依法严厉打击违法犯罪行为，净化社会风气。针对辖区部分群众为获取非法利益，采取抢栽、抢种、抢建以及寻衅滋事、敲诈勒索等违法犯罪活动阻碍省、市、区重点工程正常施工的行为，主动协调政法各部门，依法从重从快严厉打击。全年刑事拘留13人，治安拘留2人。

全力实施惠民实事。年初，区委、区政府将农村社会治安重点区域治安监控探头全覆盖列入年度十大惠民实事。区政法委联合区公安分局治安大队，对农村治安重点地区监控探头建设进行排查梳理，2014年，有39个社会治安重点区域列入建设计划。通过与各乡镇主要领导进行沟通，明确责任，落实建设时间表。至年底，已完成35个农村治安重点地区监控探头建设，剩余的进入收尾阶段。

【社会治理】区政法委深化矛盾纠纷预防化解工作，成立矛盾纠纷大调解中心，下设若干分中心，共同打造一个“大调解”格局。截至年底，全区排查各类矛盾纠纷1551起，成功调处化解1506起，调处化解成功率97%以上。区法院诉调工作全面推进，全年调解各类民商事案件1162件，占总数的13.83%，被市委、市政府授予指导人民调解先进集体。“老娘舅”队伍继续在基层化解疑难矛盾纠纷，全年调解各类纠纷1117件，全部调处成功。并应邀到其他县（市、区）化解各类矛盾纠纷16件，“老娘舅”章善祥荣获全国模范调解员称号。成立劳动争议、物业管理纠纷、婚姻家庭、学生伤害、消费者权益等行业性调解组织，特别是物业管理纠纷调解分中心的建立为化解物业纠纷提供有效载体，截至年底，物调中心成功化解包括“8890”和市长信箱交办的物业纠纷66起，并对13起重大纠纷引进司法确认，市委副书记陶诚华到物调中心指导并给予充分肯定，安徽省等地组团到婺城进行学习交流。婚姻家庭调处中心积极搭建平台，拓展维权渠道，收到良好成效。“和姐工作室”的成立，得到全国妇联主席沈跃跃的高度重视和充分肯定。

综治基层基础建设进一步深化。继续深化“网格化管理，组团式服务”工作，不断在宣传教育、信息收集、矛盾调处等方面取得成效。同时，也在“三改一拆”“四破攻坚”“五水共治”等重点工作领域发挥作用。“二七区块”改造运用“网格化”进行拆迁，分网格到干部，全面推进这项工作。2014年，乡镇、街道社会服务管理中心规范化建设被列为年度十大惠民实事之一，由区社会管理综合治理委员会办公室（以下简称综治办）牵头，重点对辖区5家乡镇进行挂牌整合。提升平安建设信息系统使用效率，区综治办邀请省项目组老师为辖区乡镇、街道及民政、公安等10家重点单位的具体操作人员现场授课，全面开展网上业务办理、信息录入、报表报送、事件流转等工作。举办全区基层综治干部培训班，邀请省、市领导上课，增强基层干部理论水平。

社会治理创新进一步深化。开展社会治理信息采集“以奖代补”试点工作，村（社区）依托“信息采集、流转处理、督查督办、奖惩激励”等四项工作机制，利用手机“平安通”采集上报各类信息。区综治办联合公安、教育等部门在全区55所中小学校、幼儿园建立“警校家”护卫工作机制，在上学、放学的高峰期,共同做好校园秩序维护、安全护卫、车辆疏导等工作。开展社区矫正、社区监管试点工作,将部分社区矫正监管工作任务分解到联村干部和村两委班子成员,由乡镇、街道矫正领导小组组长与其签订矫正监管安全责任书,加强对社区矫正人员的监管。

社会治安重点地区整治进一步深化。区综治办联合区公安分局对农村治安重点地区监控探头建设进行排查梳理,完成39个行政村的视频监控安装任务。区综治办依托市"站前办"的工作职能,联合区公安分局等相关部门,开展金华火车站及汽车西站周边区域整治工作,对非法营运车辆、摩的、黄牛等现象多次进行专项打击,使火车西站及汽车西站周边区域社会治安秩序得到明显改观。

【"平安婺城"创建】 强化行业系统平安创建。继续推进"平安家庭"、"平安校园"等15项系统平安创建活动,发挥行业主管部门的牵头作用以及配合单位的协助作用,确保平安建设工作常态化、系统化。区教育局以"平安伴我行"为载体,利用"小手拉大手""平安角"等形式开展平安活动,蒋堂小学被授予"全国交通安全学校"。区妇联开展"最美家庭"评比活动,"五个一"工作法推进"平安家庭"建设的做法在全市进行推广。

强化平安综治宣传活动,结合纪念平安创建"十周年"宣传活动,区综治办与媒体沟通联系,加大平安宣传力度。《浙江法制报》专版刊登"多门类调解营造婺城平安生活"新闻;《金华日报》专版刊登婺城区平安创建工作;投入宣传经费20万元,在《金华广播电视周报》上开设《平安婺城》宣传专栏,至年底,刊出51期,刊发各类宣传稿件260余篇、图片130余篇;联系金华市城乡公交公司,在150辆城乡公交车上张贴平安建设标语;在辖区加油站等醒目位置,设计布置20块平安宣传工作广告牌;在《今日婺城》和《金华广播电视报》刊发平安宣传漫画;举办婺城区第二届《与平安同行》文艺会演,公检法司、各乡镇、街道200余名干部群众参演;向全区老百姓发放25万份平安宣传年画;开通"平安婺城"网站,利用新兴媒体开展平安宣传,提升人民群众对平安创建的安全感满意率、参与率和知晓率。

强化防范邪教工作,组织声势浩大的反邪教"五进宣传月"活动,连续六年在辖区开展以"中国梦、科学情、青春行"为主题的大学生反邪教暑期实践活动。年内完成20名"法轮功"、全能神邪教人员的教育转化,打掉制作邪教宣传品窝点6个,抓获涉案人员18名,查获邪教宣传资料10万份。

强化安全生产工作,开展夏季安全生产"百日攻坚"专项行动,突出三大高危行业领域安全监管,对全区7家矿山企业、128家危化生产经营企业和169家烟花爆竹零售点进行夏季专项检查,督促企业落实防高温、防汛等安全措施,组织督查组108组次,查处安全隐患325处,发放责令整改通知书115份。

强化消防安全工作,开展重大火灾隐患集中整治专项行动,全面完成"清剿火患"战役行动。集中精力、人力、财力,重兵布阵,检查单位842家,发现火灾隐患915处,全部进行督促整改。深刻吸取温岭市"1·14"重大火灾事故教训,推进火灾隐患集中区域的消防安全综合治理。加强和规范消防控制室管理,保障自动消防设施的完好有效,防范火灾事故发生。

【维护社会稳定】 完成市、区"两会"、省委书记夏宝龙到金视察、全省"五水共治"现场会、上海"亚信峰会"、建军节、国庆节、APEC会议、十八届四中全会、互联网大会等安保维稳任务。召开全区社会稳定风险评估工作推进会,对全年社会稳定风险评估工作进行部署,按照"谁主管、谁负责"的原则和"扩面、提质、增效"的要求,对可能引发较大风险的12个重大项目风险评估工作进行交办,同时,要求对19个乡镇、街道全覆盖。完善维稳和应急处置制度建设。制订《进一步加强维稳工作的意见》和《婺城区突发涉稳事件应对办法》,完成2个文件的征求意见工作,有效处置各类重大突发性事件。

落实保障"五水共治""三改一拆"等转型升级"组合拳"的各项措施,在治水、治堵、治气等事关民生的重点工作方面谋举措、想办法、抓落实,对违法犯罪现象,坚持"零容忍、零懈怠",有案必查、违法必究,通过依法履职,护航宜居、宜业、宜游美丽婺城建设。按照"重点工程延伸到哪里,治安管控就落地到哪里,维稳保障就跟进到哪里"的原则,对影响工程建设顺利推进的突出治安问题开展摸排化解,牵头公、检、法、司部门对"二七区块"改造、"五水共治”等中心工作参与现场维稳工作。

强化法治在维护稳定工作中的保障作用，以人民群众对安全的需求为导向，解决食品药品安全、环境污染等突出问题，依法坚决打击涉黑涉恶犯罪、“两抢一盗”、黄赌毒犯罪等刑事犯罪活动，严防暴恐事件，有效遏制影响公共安全的重大突发事件和个人极端事件。主动适应经济新常态，加大对严重破坏市场经济犯罪的打击力度，完善防控和依法处置机制，开展打击“逃废债”专项工作。2014年，区内相继发生如麦特尔车业、乔尼皮具、金信粉末、中亚塑胶、名田服饰、瑞唐国际等企业欠薪或老板失联事件，金水桶足浴、海纳汽车租赁公司等非法集资案件，以及中奥邑墅、婺州城市广场、白沙春晓等房地产纠纷涉稳事件，区政法委积极协调各相关部门做好应急处置工作，全区没有发生不良影响的群体性事件。

【政法工作】 推进案件评查和执法监督工作，通过拓宽评查案件渠道，明确2014年婺城有各类评查案件8件。从政法部门聘请4名业务骨干担任专职督查员，加强督促检查和业务指导，稳步推进执法监督工作。2014年以来，区政法委围绕各级“两会”等重大活动，做好涉法涉诉信访人教育稳控工作，尤其是对遗留的涉法涉诉信访积案重点人员，落实责任，强化督查，全力做好稳控工作，未发生涉法涉诉信访极端事件。推进国家安全工作。重新调整健全基层防线组织建设，制订《婺城区2014年国家安全人民防线工作考核方案》，开展人民防线基础数据采集工作，及时上报重要情报线索。

【政法队伍建设】 深入开展党的群众路线教育实践活动。2月底，制订《中共金华市婺城区委政法委开展党的群众路线教育实践活动实施方案》，成立由区委副书记、政法委书记任组长的领导小组，并制订教育实践活动安排表，明确主要任务、时间安排、人员安排。根据实施方案和活动安排表的安排，政法委班子、落实“规定动作”，抓好“自选动作”，务实开展各项活动。先后学习了《论群众路线——重要论述摘编》等规定书目，组织观看《焦裕禄》《生死牛玉儒》等影片，累计发放征求意见函80余份，征集到意见和建议12条，已认真开展整改。区政法委班子成员落落实或长期坚持事项90项，正在整改28项。

加强政法队伍建设，结合实际健全完善领导班子学习制度、班子议事决策制度，促进决策科学化、民主化。开展“最美政法干警”活动，发挥先进典型的模范作用，通过实践学习，全面提升干部的思想认识和业务能力。加强纪律作风整顿，开展政法系统正风肃纪专项检查，对违反制度及规定的干部严肃查处，使机关全体干部工作有标准、办事有章法、言行有纪律，以作风转变促进效能提高。

注重制度完善，落实重大事项报告制度。根据上级要求，落实全区政法系统重大事项报告制度，以便准确掌握政法各部门重要工作情况；开展正风肃纪专项行动，根据省、市委政法委要求，出台《全区政法系统深入开展正风肃纪专项行动实施方案》，成立全区政法系统正风肃纪工作小组，制订下发《全区政法系统正风肃纪工作制度》，并根据工作方案和制度要求，在政法系统开展明察暗访工作。

（陈雪惟）

法治政府建设

加强制度建设，不断提高规范性文件的质量。全面落实行政规范性文件“三统一”制度，确保行政行为合法有效、公开透明。做好规范性文件有关行政许可规定专项清理工作，维护法制统一和政令畅通。规范行政行为，推进行政执法规范化建设。加强行政机关合同管理工作，预防和减少合同纠纷。深化行政审批制度改革，规范行政许可行为。坚持依法履职，提高政府的执行力。坚持科学民主决策，完善重大事项议事决策制度和重大决策征求意见制度。完善矛盾调处机制，预防和化解社会矛盾。加强行政调解工作，发挥行政调解在“大调解”工作体系中的重要作用。加强和改进行政复议工作，发挥行政复议在化解行政争议中的主渠道作用。2014年，区政府收到行政复议申请6件，正式受理3件，已全部办结，案结事了率达100%。同时，做好行政应诉工作，2014年，区政府行政应诉案件3件，自觉接受人民法院的司法监督。（单华杰）

武　装

【概述】2014年，婺城区人武部(以下简称区人武部)坚持以习主席“听党指挥、能打胜仗、作风优良”的总要求为指导，抓好党的十八届三中、四中全会和“新古田会议”精神学习，聚集实战化，大抓军事训练活动。严格安全管理要求，确保干部职工队伍不出一点安全问题，巩固和深化保障社会化改革，确保各项活动顺利完成。全面落实“资产一体化管理的意见”，深化和巩固往年成果，机关办公营院绿化引进地方家政公司管理；改建机关小餐厅，用于日常公务接待；不论大项工作和活动，还是日常保障工作，都高标准完成，做到周密计划，合理分工，做好后勤保障工作，确保各项活动顺利完成。主要经费向军事训练倾斜，在预算编制方面做到行政性开支下调15%。

【“读经典、学哲学”活动】坚持把举旗铸魂作为首要工作紧抓不放，统一思想认识，确保军令政令畅通。认真学习《之江新语》《干在实处，走在前列》等书籍。采取“三结合”方法，组织党委理论学习和“牢记强军目标、献身强军实践”主题教育，开展战斗力标准和“军队要有军队样子”大讨论。制作“2014年重点读好的六部经典著作和学习导读汇编”口袋书，并在“党的群众路线教育实践活动”中，筑牢干部职工和专武干部的思想政治基础。

【军事训练】围绕大规模作战准备和“三大体系”构建，结合省军区提出的《“强军筑梦”在浙江十大工程行动计划(2014-2017年)》，以当好服务社会经济发展的先锋队任务为牵引，开展“岗位练精兵、质量排座次”活动。3月，组织8名教练员进行为期7天的集中训练。4月，组织全区专武干部进行为期10天的集训，参加军分区组织的考核，取得较好成绩。4月、5月，部长、政委分别参加省军区比武考核和11月份副部长参加分区比武考核。5月，派出民兵双25高炮专业骨干8人参加省军区组织的跨区联训。6月份，组织以队列训练、应急出动、盾牌警棍操、应急行动常识、反恐维稳、轻武器射击等课目的区民兵应急连成建制训练。

【安全管理】在区委、区政府提出“平安婺城”建设的同时，区人武部提出同步建设“平安人武部”。坚持安全工作“月查月考”、安全形势分析、安全隐患整治等制度，开展“百日安全竞赛”活动，强化思想认识，规范工作程序，严把重点关口，细查安全隐患，科学订实措施，建立上下到底、横向到边的安全体系。采取组织管、制度管、群众管、家庭管“四位一体”的管理路子，加强对干部、职工业余活动情况的管理管控。加大排查整治力度，对照上级明确的54个具体问题，严密组织清查清理，增强安全稳定系数。

【群众路线教育】根据省军区和军分区党委统一部署，自2月开始，区人武部党委开展以“为民、务实、清廉”为主要内容的党的群众路线教育实践活动，完成动员准备、学习教育、查摆剖析、整改落实、主题实践五个环节的教育任务，解决部党委班子和党员干部队伍在“四风”方面存在的突出问题，受到一次马克思主义群众观的再回炉、再教育，转作风、正风气的氛围进一步形成，抓工作、促落实的成效进一步显现。　(杜德洪)

【民兵组织整顿】坚持着眼实质性准备，在摸清各乡镇(街道)底数的基础上，优化年龄结构，规范种类名称，落实分队编制，较好地保证民兵组织整顿的质量和效果。压缩基干民兵队伍规模，通过组织调整，至年底，编有3大类，40支分队。其中，退伍军人占62%；专业和对口技术兵占82%；高中以上文化程度占90.5%，其中，党员占24%，团员占59%。各项质量指标比往年有所提高。

【夏秋季征兵】 根据国防部要求调整部分体检标准，增加大学生应征入伍比率，提高应征兵员的质量。针对2014年全面开展网上征兵的实际，采取早宣传抓发动、多渠道抓挖掘、定目标抓比例、制政策抓吸引、订措施抓廉洁，调动高学历、高素质适龄青年的应征热情，适龄青年上站体检热情踊跃。所送兵员均为高中以上文化程度，兵员质量明显好于往年，兵原结构继续优化，军兵种分布更加合理圆满完成上级赋予的征集任务。

【抢险救灾行动】 6月5日凌晨，接分区通知，参加在义乌市赤岸镇官余村的飞机搜救行动，区人武部立即抽调民兵应急连、人武部干部职工和乡镇部分干部138人参加搜救行动，受到省军区和友军的好评。6月22日晚22时，在白龙桥镇白沙溪临江村河段，出动冲锋舟2艘，指挥车1台，人员25人，抢救被洪水围困的群众2人、耕牛13头。6月23日，白龙桥镇楼家村厂房进水，区人武部出动冲锋舟抢运物资5吨。6月27日，罗店镇至双龙风景区道路山体塌方和竹马乡山体发生塌方造成泥石流灾害，区人武部出动75人分赴两地组织救灾，顺利打通道路，受到市领导好评。

【"军歌嘹亮"合唱比赛】 9月29日晚，区人武部举办"军歌嘹亮"合唱比赛，500名民兵群众兴致勃勃地观看了演出。

比赛中，各参赛民兵队伍先后演唱了《团结就是力量》《打靶归来》等经典军旅题材的歌曲。现场各民兵合唱队伍精神抖擞、团结合作，充分展现了当代民兵为强大国防、保家卫国的昂扬斗志和无私奉献精神，反映了人民武装队伍的爱国之心、报国之情和强国之志。整体展示了人民武装力量，不仅促进了拥政爱民、拥军优属工作，还增强了广大群众对国防知识和征兵有关政策的了解。

（胡志军）

区人武部官兵抢险救灾

工　业

【概述】2014年，国内外需求疲软、产能过剩矛盾进一步加剧，国内经济增速放缓、进入经济发展新常态。婺城工业战线以“党的群众路线教育实践活动”为载体，克服工业经济运行下滑的影响，加大稳增长、调结构、强创新、防风险、优环境工作力度，全区合力攻坚克难，工业经济基本保持稳定。并按照省、市、区部署要求，全力推进“三改一拆”旧厂区改造、“五水共治”“四破攻坚”“清闲促产”等行动，着力把保持工业经济平稳较快增长作为首要任务，把工业转型升级作为主攻方向，将年初省委省政府提出的“腾笼换鸟、机器换人、空间换地、电商换市”的四换要求落实到具体工作中，全力以赴抓招商引资、抓项目推进、抓产业升级、抓创新驱动、抓服务保障，确保了工业经济运行总体平稳。

2014年，婺城区应对挑战，在新常态下全力以赴保运行、稳增长。全年实现工业总产值301.67亿元，其中，157家规模以上企业实现产值153.7亿元。汽摩配等7大支柱产业保持稳定，实现规模以上产值103.1亿元，占规模以上工业总产值的67.1%。培育壮大企业主体，全区新增亿元企业4家，计43家，完成“个转企”145家、“小升规”14家。企业效益稳步回升，实现规模以上工业企业利润7.4亿元，同比增长3.6%。实现利税总额11.6亿元，同比增长2.3%。同时，全区规模以下工业生产平稳增长，全区（含市开发区）规模以下工业产值82亿元，同比增长7.6%，增速与全市同步。规模以下工业（含个体工业）增加值19.6亿元，可比增长7.6%，全年保持稳定增长。

2014年，婺城区克服体制调整、要素制约、市场低迷等不利影响，全年完成限额以上工业投资20.16亿元。其中，工业技术改造累计完成投资13.07亿元，占工业投资比重64.8%，实施的35个市级重点技术改造项目全部开工。招商引资取得新的成果，引进内资项目39个，到位资金16亿元；外资项目4个，实到外资1043万美元；浙（婺）商回归项目21个，到位资金8亿元。

2014年，婺城区推进经济结构转型升级。“四破”专项整治取得成效，收回土地30.07公顷，盘活98.83公顷，消化批而未供76.37公顷，处置低小散企业162家。完成旧厂区改造16.73万平方米，完成任务128.7%。创新能力不断增强，组织申报“机器换人”示范企业4家，试点企业31家，“两化融合”重点项目计划4家。全区新增省科技型中小企业13家、省创新型示范企业1家、市级以上高新技术企业8家、高新技术研发中心7家。完成规模以上工业新产品产值68.2亿元，增长8.4%。“三名”品牌建设工程加快推进，创省、市名牌10只、著名商标7只，浙江万里扬变速器股份有限公司被确定为全省38家第一批“三名”培育试点企业之一。节能降耗成效明显，完成单位GDP能耗降低率6.8%（含开发区），单位工业增加值能耗降低率7.4%。电镀、造纸、印染、化工等行业整治基本完成。3家企业列入国家和省政府工业行业淘汰落后产能目标计划，涉及纺织、造纸、印染3个行业。区经商局严格落实国家和省市淘汰落后产能政策，建立落后产能有序退出机制，淘汰了金华金泰纸业有限公司1092MM、1575MM、1760MM生产线及锅炉，三条生产线总共产能为1.5万吨，淘汰了金华雅帅纺织有限公司年产300万米生产线一条，淘汰了金华双宏化工有限公司烘房5套、压滤机3套、一万升偶合锅7套、三千升重氮釜8套、五千升搪瓷反应釜3套，年能为5000吨/年。

2014年，婺城区持续优化经济发展环境。开展“走亲连心”“双千”“工业竞赛”等活动，完善区级领导联系强优骨干企业和重点技改项目制度，强化对企业的综合协调服务，帮助企业破解生产经营中、项目推进中遇到的难题106件。开展有针对性的银企对接活动，设立规模为1亿元的企业转贷应急周转金，为企业解决转贷资金6875万元。严格落实税费减免、专项扶持、奖励补助等政策，扶持产业发展。深化行政审批制度改革，进一步简化环节、提高效率，有效提高服务质量和水平。

【汽摩配】 2014年，全区汽摩配行业有规模以上企业17家，实现产值24.31亿元，同比下降2.3%；实现销售收入19.16亿元，同比下降2.9%；实现利税总额2.60亿元，同比增长8.0%；实现利润总额1.69亿元，同比增长2.4%。

多元创新打造产业航母，浙江万里扬变速器股份有限公司实施多元化战略，在变速器制造业务稳健发展的同时，在金融、科技农业等领域开辟了另一番天地，带领企业在转型中实现不断升级。金融业务经过几年的开拓创新，已经成为集团核心业务之一，也是万里扬品牌的另一个亮点。集团金融业务发展顺利，租赁、典当、担保、小额贷款、投资管理等业务平稳高效运行，体系和功能得到进一步健全与完善。科技农业则作为集团的一项全新业务，一开始就站在行业的前沿，布局顺利。在全国各地的示范工作取得显著成果，已与中粮集团、北大荒集团、北粮集团就玉米专用肥推广达成初步协议；在浙江、河北、山东等地还有30多处示范点。同时，产能建设正在加紧进行，新厂房建设和终试线成功改造，为后续生产积累技术和经验。10月，浙江省经信委和浙江省环保局联合公布了66家2013年度浙江省绿色企业(清洁生产先进企业)名单，浙江万里扬变速器股份有限公司榜上有名，成为该年度全区唯一入榜的“省级绿色企业”。经过多年推行清洁生产，万里扬公司不仅实现了节能降耗，而且提升了产品品质，企业核心竞争力不断增强。万里扬已在商用车变速器市场确立了龙头地位，北汽福田、一汽、东风、江淮、吉利汽车等国内大中型汽车厂商纷至沓来，成为万里扬变速器业务的大客户。

【五金工量具】 2014年，婺城区五金工量具产业有规模以上企业15家，实现产值9.14亿元，同比下降1.9%；实现销售收入7.98亿元，同比下降1.1%；实现利税总额2427.5万元，同比下降25.2%；实现利润总额1175.3万元，同比下降22.5%。

婺城区全面加快传统产业转型，以长远的眼光，民生的视角，维护稳定的大局看待传统产业转型升级，力促传统产业高端化。着眼五金工量具产业，通过整合传统产业资源，延长产业链条，提升产业结构，提高技术水平，使传统产业成为极具竞争力的产业集群。最终实现由传统型向现代型转变、由粗放型向现代管理型转变、由高污染低效益向高效益低污染转变，由小特色走向大特色，由局部特色走向整体特色，由小产业走向大产业，由小市场走向大市场，由钻市场空隙走向竞争强势。

【纺织服装】 2014年，婺城区纺织服装产业有规模以上企业10家，实现产值6.28亿元，同比下降15.5%；实现销售收入5.93亿元，同比下降9.7%；实现利税总额3669.2万元，同比下降7.9%；实现利润总额742.2万元，同比下降15.7%。

根据省环保厅、省经信委《关于印发浙江省印染造纸制革化工等行业整治提升方案的通知》《金华市婺城区人民政府办公室关于印发婺城区印染造纸化工行业整治提升方案的通知》等文件精神，6月19日，区经济商务局、卫生局、安监局、规划分局、环保分局等部门及雅畈镇政府组成验收组对金华雅帅纺织有限公司整治提升情况进行现场验收。验收组通过听取企业整治工作汇报、技术单位技术报告汇报、踏勘整治现场、查阅台账资料，一致认为：金华雅帅纺织有限公司积极开展印染行业整治提升工作，基本达到了印染行业整治提升验收标准要求，通过验收。

【新型建材】 2014年，婺城区建材产业规模以上企业有17家，实现产值31.93亿元，同比增长0.8%；实现销售收入30.82亿元，同比下降1.0%；实现利税总额4.49亿元，同比增长15.1%；实现利润总额3.43亿元，同比增长24.5%。

婺城区通过技术改造，提升建材行业效益。技术改造具有投入资金适量、产出时间短、见效快等特点，全力引导规模小、技术含量低、产品无竞争力的企业进行技改，通过技改、扩建，加快企业规模、产品质量、企业效益和社会效益的同步增长。2014年，区建材行业龙头企业金圆水泥、虎鹰水泥先后采取余热余压回收技术，减少了电力的使用，每年可以节省2万吨标煤用量，降低了成本，提升了效益。

浙江尖峰科技建材有限公司投资4000万元实施旧厂区改造，新建钢构厂房，淘汰原先的老设备，引进具有国内先进水平的混凝土加气砌块自动化生产线，企业人员精简一半，产能却比改造前增加1倍，生产效率提高4倍以上。在盘活闲置用地的同时，改造提升设备，实现了转型升级。利源建材有限公司实施旧厂区改造和设备升级换代不仅盘活了闲置资源，还改造更新了设备，加快企业转型升级的步伐，产品远销宁波等地，实现生产效益和资源效益双丰收。

根据国家对混凝土预搅拌行业高质、高效、节能、利废等要求，巨龙商品混凝土有限公司投资建设的全封闭混凝土搅拌站建成投产，采用全封闭设计，可对各个生产环节进行全程监控，采用布袋收尘技术和工艺在全国领先的废水、废渣回收系统，不仅最大限度减少了噪音和粉尘污染，还能使浆水、废料全部回收利用，既清洁环保又节能降耗，实现绿色环保低碳生产。这是全市首座“零排放”搅拌站在婺城建成投用。

【医药化工】 2014年，婺城区医药化工产业有规模以上企业12家，实现产值9.23亿元，同比下降6.1%；实现销售收入8.97亿元，同比下降8.7%；实现利税总额1033万元，同比下降78.9%；利润总额出现亏损，全年亏损额为1148.3万元。

浙江尖峰科技有限公司拆除旧厂房，投资3300万元，上马年产1000吨中药饮片和年产1000吨植物提取车间及制剂技改项目。“通过旧厂区改造，原来面积只有3500多平方米旧厂房将扩大至10600平方米。”

根据《关于印发浙江省印染造纸制革化工行业整治提升方案的通知》等文件要求，6月24日，婺城区化工行业污染整治验收组对金华双宏化工有限公司化工行业整治提升情况进行检查验收。验收组对照《化工企业整治验收标准》，确认金华双宏化工有限公司已基本符合验收标准中的52条具体要求，通过验收。

【食品加工】 2014年，婺城区食品加工产业共有规模以上企业17家，实现产值16.06亿元，同比增长0.6%；实现销售收入16.48亿元，同比下降3.9%；实现利税总额7918.8万元，同比下降15.0%；实现利润总额6521.4万元，同比下降18.0%。

2014年，浙江采云间茶业有限公司茶叶出口不但实现了逆势上扬，且从未发生过因农药残留问题遭退货或通报情况。全年，采云间出口绿茶3000余吨，其中欧盟市场2000多吨，出口欧盟总量名列国内前茅。采云间依托先人一步建立的茶叶质量安全追溯可控体系，有效应对欧盟的技术壁垒，特别是通过欧盟高达400多项的农残检测后，高品质茶叶迅速征服了挑剔的欧盟消费者，出口量在金华市的占比从原来的20%提高到80%。

【包装彩印】 2014年，婺城区包装彩印产业有规模以上企业11家，实现产值6.11亿元，同比下降5.8%；实现销售收入5.96亿元，同比下降5.6%；实现利税总额1449.2万元，同比下降33.7%；利润总额出现亏损，全年亏损额为164.7万元。

（竺晓恒）

统计 物价 粮食

【概述】 2014年，面对错综复杂的内外形势和宏观经济增长的新常态，婺城区围绕区委、区政府各项决策部署，加快重点领域改革和创新转型步伐，强化经济运行监测和督查考核，把握宏观政策导向，立足创新驱动和人本发展，经济增速实现平稳缓升，发展质量得到稳步提高。推动转型升级工作再上新台阶，确保全区经济保持平稳健康持续增长。

【经济体制改革】 市委、市政府部署“四破”专项整治行动以来，区委、区政府高度重视，在两乡一街道开展“四破”专项整治试点工作。拟定婺城区“四破”专项整治实施方案，并成立领导小组，摸清全区企业基本底数。以长湖区块试点为突破口，加强人、财、物保障，采取综合性措施进行整治，取得阶段性成效。推动第二土特产公司改制工作，做好改制费用测算。拟定区经济体制改革专项小组2014年工作计划，确定23个经济体制改革项目。开展公务用车改革，成立专项工作领导小组，下设“一办六组”，已完成基本情况摸底工作。推进服务业发展。全区列入市服务业重大项目9个，其中，省服务业重大项目2个，9个市级服务业重点项目完成投资5.6亿元，完成年度计划4.9亿元的112%。上报市完成2013年度市区服务业发展引导财政专项资金扶持项目申报，申报企业19家，申报服务业引导资金886万元。推进工商、食药队伍融合，构建科学分布的监管体系。深化医药卫生体制改革，推进基层医疗卫生单位的绩效工资改革。开展农村确权赋权改革工作，积极实施村经济合作社股份制改革，做好政策性农村住房保险和政策性农业保险工作。完成2014年全区政策性农村住房保险工作，参保户82193户，应保户82607户，参保率为99.4%。

【经济与社会发展状态】 实现区属地区生产总值232.1亿元，增长7%；区级财政收入7.73亿元，增长9.3%；自营出口8.4亿美元，增长15.6%；固定资产投资89.28亿元，增长15%；社会消费品零售总额266.6亿元，增长10.1%；城镇居民人均可支配收入38318.5元，增长9%；农村居民人均可支配收入16366元，增长10.8%；人口自然增长率5.22‰，城镇登记失业率2.72%，万元生产总值综合能耗、主要污染物排放量均全面完成上级下达的目标任务。

着力推进项目建设。组织编报婺城区2014年度重点建设项目和政府性投资项目。全年，全区49个项目列入区重点，7个项目列入省重点，7个项目列入省“411”重大项目，19个项目列入市重点，104个实施类项目列入政府性投资。其次，开展多次重点建设项目督查。配合区委办、区府办做好市领导对婺城区重大项目相关调研及督查工作，协调解决项目推进过程中的困难和问题。为确保各类项目顺利实施，协助区委、区政府开展“百日攻坚”“九个一领导联系项目”等多项活动，推进项目建设。针对项目建设中存在的问题，与有关部门密切配合、沟通协调，及时解决。研究新问题，探索新举措，对政府性投资项目前期工作开展过程中存在的问题进行调研，形成调研报告供领导参阅。此外，按季度及时梳理“省411”“市扩大有效投资”“市重大前期”、省、市、区重点等项目的进展情况，逐个分析，形成分析报告供领导决策。

【计划发展管理】 启动“十三五”规划编制工作，起草《关于开展婺城区“十三五”规划编制工作的通知》，对规划的前期和规划的编制等过程进行安排;完成区八届四次人代会计划报告草案的编写;完成《金华市婺城区2013年国民经济和社会发展计划执行情况及2014年国民经济和社会发展计划草案》和《关于婺城区2014年上半年国民经济和社会发展计划执行情况的报告》;完成编制2014年主要经济指标发展目标。婺城区2014年国民经济和社会发展主要指标(预案)经区委常委会讨论并在区人大八届三次会议上审议通过。发挥综合协调职能,搞好经济形势的季度分析和监测预测,注重对全区经济运行特点的研究,及时提出解决问题的对策和建议。开展课题调研联动。3月份,印发全年调研课题计划,上报区委办10篇,在《调查与研究》上刊登3篇,其中《充分发挥政府职能 推动服务业加快发展》一文获得陈晓书记批示,并积极参与区委课题调研组调研工作,调研工作考核达到100分满分。成立专门的调研小组,由分管领导带队,下乡镇、企业就全区工业、固定资产、项目等各方面进行深入调查研究,形成有针对性的调研报告,交由领导参阅。

统计工作

【概述】婺城区落实《金华市婺城区人民政府关于进一步加强和改进统计工作的意见》和市统计局《关于全面推进乡镇统计基础建设工作的通知》精神,以"六有六化"创建为标准,发挥统计在宏观调控和经济社会管理中的基础性作用。抓好"四上"统计单位入库工作。2014年,建筑业新纳入2家,房地产7家,服务业6家,工业44家,批零住宿45家。为贯彻落实省、市统计工作会议精神,建立区统计部门联席会议制度。完成投资、住宿、服务业、工业及有关核算指标考核办法初步方案,做好第三次经济普查工作。

【农业统计】全年完成农业总产值22.43亿元,同比增长2.1%,完成农业增加值13.1亿元,同比增长2.3%。全年粮食作物播种面积13466.67公顷,同比下降5.4%,粮食总产量7.5万吨,同比下降7.4%。花卉苗木种植面积4026.67公顷,同比增长2.5%。全区油菜籽产量3896吨,同比增长8.4%;蔬菜产量6.8万吨,同比增长4.4%;水果产量3.3万吨,同比增长2.5%。全年生猪出栏38.15万头,同比下降4.6%;奶牛存栏数13979头,同比下降12.3%;牛奶产量40454吨,同比增长5.2%;水产品产量8114吨,同比增长43%。全年完成造林面积866.07公顷,迹地更新面积339.13公顷,完成成林抚育面积2264.67公顷,低产林改造面积513.53公顷,封山育林面积35551.33公顷。全区有农业龙头企业64家,注册家庭农场90家,农业标准化程度达64.72%。

【工业统计】全区完成工业增加值56.22亿元,同比增长5%,工业增加值占GDP的比重24.2%。其中规模以上工业企业完成总产值153.7亿元,同比下降1.5%;完成销售产值146.1亿元,同比下降2.8%,工业品产销率为95.1%。规模以上工业企业完成出口交货值26.7亿元,同比下降14.4%,占销售产值比重为18.3%。全年规模以上工业企业实现主营业务收入144.5亿元,同比下降3.1%;实现利税总额11.6亿元,同比增长2.3%,其中利润总额7.4亿元,同比增长3.6%。企业规模不断壮大,新增"小上规"企业14家;年产值超亿元企业43家,超5亿元企业5家,超10亿元企业1家。

【批发零售业统计】全年完成社会消费品零售总额266.6亿元,同比增长10.1%。其中批发零售业254.6亿元,同比增长9.5%,住宿餐饮业12亿元,同比增长24.3%。

【固定资产统计】全年完成固定资产投资89.3亿元,同比增长15%。其中,投资项目投资40.8亿元,同比增长15.9%,房地产开发投资48.5亿元,同比增长14.2%。投资项目中,第一产业投资占全部投资的0.8%,第二产业投资占比22.6%,第三产业投资占比76.6%,按投资的产业分:第一产业完成投资6697万元,同比增长29.8%;第二产业完成投资20.2亿元,同比下降9.2%;第三产业完成投资68.5亿元,同比增长24.5%。同时,全区规模以下工业生产平稳增长。2014年,全区(含市开发区)规模以下工业产值为82亿元,同比增长7.6%,增速与全市同步。规模以下工业(含个体工业)增加值19.6亿元,可比增长7.6%,全年保持稳定增长。分季度看,一季度增长6.9%,二季度增长6.9%,三季度增长8.1%,四季度增长8.5%,全年的数据波动都在平稳区间。

物价工作

【概述】区物价局宣传贯彻国家、省、市有关物价管理的方针、政策和法律、法规,组织实施上级价格改革和价格调整方案,组织实施行政事业性收费许可证的核发、管理和定期验审;会同有关部门开展清费治乱减负工作;组织开展价格监测工作,协助上级业务主管部门做好价格监督检查等工作。

【定价机制】贯彻落实上级各项减负政策措施和有关政策。贯彻落实省物价局公布的生脉胶囊等集中采购药品零售价格和阿德福韦酯等药品补充剂型规格最高零售价格,上半年落实993种药品价格调整,进一步减轻患者负担;联合区卫生局、人劳社保局贯彻落实国家发改委、卫计委、人社部关于非公立医疗机构医疗服务实行市场调节价有关问题的通知。

【收费机制】开展行政事业性收费年审工作,根据《浙江省行政事业性收费管理条例》和《行政事业性收费统计报告制度》要求,3月1日至5月下旬,全面完成2013年度行政事业性收费年审工作。年审收费单位39家,年审率达100%。年审收费总额6578.06万元,其中行政性收费3264.27万元,事业性收费3313.79万元。对年审中发现的违规收费问题,要求立即整改,进一步规范全区行政事业性收费行为。

【价格监管】配合市物价局对全区交通、停车服务等价格检查,与区纠风办、教育局联合做好治理义务教育阶段中小学择校乱收费、补课乱收费、强制服务、食堂管理等。做好价格监测和农产品成本调查。在白龙桥、汤溪、罗埠建立粮食、农业生产资料价格监测点,每月5、15、25日进行粮食零售价格监测,及时了解市场价格动态,密切关注市场价格波动情况,维护市场价格稳定和正常市场秩序。开展油菜籽成本调查,并对成本进行分析,撰写分析报告。

【收费管理】依法做好价格管理、收费管理工作。根据《浙江省政府调价项目计划管理办法》,及时上报婺城区2014年调价项目计划,疏导价格矛盾。审批金华市惠民商业管理有限公司古子城分公司停车服务标准;开展乡镇污水处理费定价工作,核定蒋堂镇污水处理试行标准,通过成本监审,开座谈会充分听取企事业单位、政府部门等代表的意见后,综合确定污水处理征收试行标准,经区政府常务会议同意后,发文确定居民生活污水处理费0.35元/立方米,居民暂时不收污水处理费,工业污水处理费1.05元/立方米,非工业污水0.80元/立方米,自2014年8月1日起执行。核定金华实验中学教育集团住宿费标准;向市物价局上报婺城区小水电拟调价格;按照市局的统一部署,开展完善城乡生活垃圾处理收费管理调研,为下一步定调价做准备。

【价格认证】发挥价格认证中心作用,全年完成各类涉案物品价格鉴定513件,其中,完成公安涉案物品价格鉴定510件,其他3件,鉴定金额747.96万元。

粮食工作

【粮食购销】完成订单粮食收购工作。根据市粮食局《关于做好2014年市区订单粮食工作的通知》文件精神,婺城区对工作人员提出"要敞开收购、随到随收,不准折腾农民;要依质论价、优质优价,不准坑害农民;要公平定等、准确计量,不准克扣农民;要现款结算、不打白条,不准算计农民;要优质服务、排忧解难,不准怠慢农民""五要五不准"粮食收购工作守则及要求,为前来投售的稻农提供优质服务。自7月26日开秤至8月底收购结束,历时37天,累计入库早稻谷19839吨。此外,市下达给区的秋粮订单任务为3000吨(其中直调1650吨),12月底全部完成。

【粮储管理与中心库建设】根据省粮食局有关会议的精神及市粮食局具体部署的要求,区粮食收储公司新增储备粮10707吨。为保质保量,按时完成此项工作,发改局召开相关会议,并对公司所有仓库进行排查。对存放储备粮的5个库点仓房进行维修,投入资金190万元,按时完成储备粮入库计划。抓好粮食安全生产,及时与下属企业签订《2014年度安全生产综合目标管理责任书》及《2014年安全消防工作责任书》。定期组织开展安全生产检查,发现隐患及时督促整改。组织开展"六打六治"及"安全生产月活动"及全区粮食系统既有住宅房屋建筑安全隐患排查整治工作,并同步抓好各项粮油业务及粮食安全考核工作。

【居民生活】 城镇居民人均可支配收入38318.5元,同比增长9%;人均消费性支出23711.9元,同比增长4.3%,其中食品烟酒消费支出6677.6元,同比增长1.7%。据农村住户调查资料显示,2014年农村居民人均可支配收入16366.2元,同比增长10.8%;人均生活消费支出11489.1元,同比增长13%,其中食品烟酒消费支出4349.6元,同比增长12.6%。

(吴　果)

经济 贸易

对外经贸

【概述】2014年，婺城区按照“稳增长、调结构、促转型”方针，紧盯任务目标，优化外贸结构，完善服务网络，面对复杂严峻的国内外经济形势，外向经济取得了一定的成绩。

全年实现外贸进出口总额8.75亿美元，同比增长13.67%。其中，出口贸易8.36亿美元，同比增长15.62%，完成年度目标任务105.4%；进口贸易3879万美元。“市场采购”对全区外贸出口高位增长起到引擎作用，“市场采购”方式出口贸易额为2.18亿美元，占全区外贸出口总额的26.1%。

2014年，婺城区新增合同外资2827万美元，同比增长32.58%，实际到位外资1043万美元，完成年度市政府考核目标的104.3%。

【对外贸易】婺城区在充分听取企业意见和借鉴兄弟县市区经验的基础上，按照“稳增长、调结构、促转型”的总要求，结合商务发展实际，调整现行外经贸政策，保证政策的稳定性、连续性。为鼓励外贸企业成长，加大对具有一定出口规模、成长性较好生产型企业支持力度，鼓励企业加大科技创新投入，加强品牌建设，增强市场竞争力。在防范贸易风险方面，婺城区运用进出口政策性信用保险机制，扩大小微企业信用保险覆盖面，凡与中信保已签订保险合同的上年度出口额在300万美元以下企业以及当年新增企业所产生的信用保险费由区财政统一支付。婺城区引导企业参加各种境外国际性展会，开拓新兴市场。在做好广交会、华交会、义博会等参展工作同时，引导企业依托市商务局、市贸促会等境内外国际展博会服务平台，参加各种境外国际性展会，开拓东南亚、非洲、南美、中东等新兴市场。2014年，组织外贸企业参加各类境内外展博会104场次，参展展位达124个，涉及国家和地区25个。婺城区积极推进跨进电子商务发展，鼓励企业充分利用互联网信息传导优势，通过知名国际网站开展产品营销活动。目前全区75%以上的外贸企业已在知名网站注册，网上接单占外贸单子总数25%。

【利用外来资金】面对日益加剧的引进外来资金困境，婺城区拓展引资渠道，利用网络平台优势和境外客商信息优势，通过收购、兼并、资产重组等方式扩大投资规模，增加有效投入。鼓励企业通过跨境人民币投资、融资租赁、股权出资、股东境外借款等多种外来资金方式。加强各审批部门之间的协作配合，简化外来资金项目审批环节和程序，做好项目落地前期的各项服务，帮助企业各种困难，加快企业投资到位。

6月7日，婺城区代表团赴宁波参加“浙洽会”期间举行的金华市投资环境推介会暨项目签约仪式。会上，婺城区签约外来资金项目1个：由香港广源集团有限公司与婺城新城区工业开发与建设管委会签约的年产100万套汽车电动千斤顶建设项目，总投资4000万美元，合同利用外来资金1500万美元。

【对外经济技术合作】婺城区支持企业设立境外营销网点，对现存外贸企业进行全面排摸，对于具备“走出去”条件的企业，进行“一对一”政策辅导，充分利用政策保险机制、帮助企业有效防范化解贸易风险。

商贸流通

【商贸企业“下升上”】 2014年，婺城区开展商贸企业“下升上”政策兑现工作。40家企业的政策补助已全部由市、区财政兑现完毕。

【再生资源回收体系建设】 婺城区加快再生资源回收体系主体建设，并由金华市永兴废旧物资回收有限公司、金华市供销再生资源有限公司承担。2014年，婺城区加大对企业的指导和督查力度，督促企业抓紧建设进度，顺利完成2个分拣中心、74个回收网点的建设任务。

【“放心柜”工程建设】 2014年，婺城区摸清全区经营生鲜农产品城镇超市底数，对照“放心柜”建设标准，结合全区生鲜农产品的实际产销情况，确定了2014年度生鲜农产品“放心柜”建设任务由金华供销农超公司和福泰隆连锁超市承担，具体涉及供销农超锦绣店、青春店、道院塘店和福泰隆银泰天地店。婺城区调动企业的积极性，提高企业开展“放心柜”建设的主动性，加强跟踪指导，多次与“放心柜”工作负责人衔接，通过电话、走访、实地抽查等多种形式，推进“放心柜”工作严格按照“四个推进”“六有要求”“七项制度”要求开展建设，4家“放心柜”超市已顺利通过省、市、区验收。

【家政服务体系建设】 2014年，婺城区对全区已在工商注册的家政服务企业进行调查摸底走访，根据体系建设规范要求，对符合基本条件的，在企业自愿的基础上指导申报；对有意愿但与要求差距较大的，明确告知建设要求，鼓励其改造后再进行申报，筛选上报了妈咪乐家政、姐妹家政等4家符合基本条件的家政、养老企业列入家政服务体系建设试点培育库。4家企业经过培育、整改、提升，已通过市级验收。

【重点商贸流通项目建设】 2014年，浙中MALL婺州城市广场商贸服务项目主体工程进展顺利，全年累计投入0.94亿元，项目已竣工备案，三期项目已开始规划设计。伟达雷迪森酒店工程全年累计投入1.5亿元，项目投入经营。创建市级放心农贸市场2个。

【现代服务业商贸试点项目】 8月，金华市正式列入国家级现代服务业综合试点城市，婺城区积极予以配合，进行前期项目的整理工作，并根据试点项目要求，筛选浙中物流园区基础设施建设工程和电子商务项目进行上报。大力推进“电商换市”工程，10个项目列入市第一批国家级现代服务业综合试点。（竺晓恒）

招商引资

【概述】 按照区委、区政府的统一部署要求，结合全区开展的“积极转型提升年”和“有效投资提升年”活动，区招商引资工作以“招大引强，促回迎归”为重点，以服务、推进项目建设为着力点，加大招商引资工作力度，拓宽招商引资领域，努力改善投资环境，各项工作稳步推进。

2014年，招商引资工作取得新成果。市委、市政府下达婺城区浙(婺)商回归考核任务目标8亿元，力争目标任务9亿元。全年引进浙(婺)商回归项目21个，到位资金8.04亿元，完成市下达考核任务目标的100.5%，完成力争目标的89.33%。市委、市政府下达婺城区引进内资考核任务目标15.5亿元，力争目标任务18亿元。全年引进内资项目39个，到位资金15.98亿元，完成市下达考核任务目标的103.1%，完成力争目标的88.78%。外贸项目4个，实际到位外资1043万美元。

【重大招商活动】 在区委、区政府领导的高度重视下，区经合办(招商局)精心准备，组织开展一系列重大招商活动，取得了一定成果。3月，开展集中招商月活动，赴北京、上海、广东、深圳、福建等地进行点对点招商。全区已落地浙(婺)商回归项目12个，在谈项目20个，有意向投资项目5个。6月，组团赴宁波参加浙洽会、海洽会、中东欧展、消博会(简称“两会两展”)，并在金华市投资环境推介会暨项目签约仪式上签约外资项目1个，总投资4000万美元，签约内资项目2个，总投资9亿元，签约项目涉及汽摩配和文化旅游产业。11月，组团赴东阳参加第四届中国(金华·东阳)国际商贸发展大会，在会上签约内、外资项目各1个，协议总投资2.6亿元。

【经济技术协作】 加强交流对接，力促经济合作交流工作。根据省、市“山海协作工程”发达地区与欠发达地区的对口协作安排，义乌市对口协作婺城区，每年安排专项资金用于扶持欠发达地区发展公益事业。区相关部门一方面与义乌市积极开展项目对接活动，加快婺城区欠发达区域发展；另一方面帮助山区欠发达地区挖掘包装项目，促进当地经济发展。此外，组织企业参加展会。5月，组织企业参加第17届重庆国际投资暨全球采购会，参展企业成功拓展了销售渠道，并增进与同行之间的合作交流，为开拓西部地区市场奠定了良好的基础。

【优化招商考核机制】 区招商局抓住全区开展党的群众路线教育实践活动这一契机，加强单位内部管理，编制了区经合办(招商局)制度汇编，包括工作例会制度、请销假制度、财务管理制度、项目推进制度、联系乡镇(村)走访制度等等。同时，根据市委、市政府下达婺城区的招商引资工作目标任务，重新制订《2014年浙(婺)商回归以及引进内资工作考核办法》，安排专项资金用于奖励招商引资先进集体，加强对我区招商引资工作的考核。

【强化服务意识】 根据全区“双千”活动方案，制订区招商局“招商干部进企业、上门服务解难题”活动方案，分3组对全区所有内资、浙(婺)商回归项目逐一进行走访、调查、摸底，收集汇总项目推进中存在的困难，并帮助企业协调解决部分困难，对于未能解决的问题也上报至区“双千”活动领导小组办公室。建立《婺城区领导联系招商引资项目制度》，要求区领导到现场办公协调项目推进中所遇到的困难，并倒排时间限时解决。

(牟方赟)

供销社

【概述】 婺城区供销合作社(简称区社)坚持为农服务宗旨，以服务“三农”为主线，提升为农服务水平，完善农业产业化服务，参与全区农业“二区”建设，推动现代流通业态向农村延伸，推进农资连锁经营，全年组织供应各种化肥24612吨，农药297吨，农膜75吨，利用金华市农副产品批发市场、农产品展览中心、金华供销农超等平台帮助推销农副产品5135万元，区供销社利用农信担保公司平台，为农村合作社、种养殖大户开展资金担保服务。全年商品销售额5.8亿元。

【农信担保业务】 农信担保工作秉承“务实、创新、规范”服务经营理念，调整经营思路，拓宽业务领域，服务“三农”需求，支援春耕农业生产。为全区173个涉农组织行业贷款担保10658万元。其中，涉农贷款担保144笔，金额7658万元，同比增长16.4%。通过担保贷款的注入，新增产值2.51亿元，新增经济效益2100万元。发挥融资担保平台作用，推动涉农经济组织壮大发展，走出一条涉农经济组织、农户、工业、商业流通、建筑工程行业、银行、公司多方共赢的发展之路。

【专业合作社建设】 全年新发展农民专业合作社5家，累计37家，注册资金3926万元，社员2093人，年销售额达3.5亿元。农民专业合作社联合社1家，创办农民综合服务社47家，综合服务体7家。拥有物资公司、第二土特产公司、瑞祥烟花、供销农超、农信担保、昌顺商贸、新禾农资、银峰棉茧等独资或参股企业8家，连锁经营额达1.7亿元。规范提升6家，自创品牌4个，累计达10个；无公害产品产地认证6家，建立项目数据库13个，上报中央、省、市级项目3个，争取扶持资金69.5万元。2014年，绿春苗木专业合作社被评为国家级示范性专业合作社，金华市汇丰蔬菜专业合作社被评为省级示范性专业合作社。获全国百强农产品经纪人1人。

【农产品流通体系建设】 发挥区社桥梁纽带作用，对接供销农超平台，为企业、种养植大户销售农产品。2014年是供销农超实现可持续发展的关键年，区社全年销售额1.4亿元。投资600万元，建成占地5000平方米的物流配送中心，可存储蔬菜、水产、肉类150吨，配送单位102家，全年配送金额2000余万元；倾力打造市区农超网、社区便利店、电子商务网，提升品牌影响力。开展“4050”失业人员就业项目，提供50个加盟“闪超”便民店的免费名额。农超门店30家,其中社区便利闪超店26家;抓好"农超对接",发展订单农业,与32家农民专业合作社、蔬菜生产基地建立稳定的产销关系,销售农产品9500余吨,金额5135万元,全系统销售农产品达8500万元。

【"三位一体"合作体系建设】按照区委全面深化改革小组要求,着力抓好农村生产、供销、信用"三位一体"合作体系试点工作。区社成立"三位一体"工作领导小组,制订试点方案,以雅畈基层社为主体,绿春苗木专业合作社为基础,以农办、农林局、成泰银行为服务单位,实现在供销、信用、信息、技术等方面合作,建立资金互助社,试点工作进展顺利。

【发展社有企业】抓好社有资产的经营管理,确保社有资产保值增值,资产保值率在20%以上。同时,加强基础设施建设、优化社有资产结构,强化社有资产安全管理,盘活闲置资产90万元。抓好主营业务烟花爆竹经营,瑞祥、市第二土特产公司2家烟花爆竹合并经营后,经营优势显现,经营费用减少。抓好棉花购销工作。2014年,由于棉花销售市场疲软,价格同比下降幅度较大,区社仍坚持开展收购业务,扩大销售,平稳市场。新成立的昌顺商贸公司开展粮油销售业务,取得比较好的效果。

【和谐稳定工作】维稳安全生产工作取得实效,依法接访19批、222人次,来访信件2件,排查处理矛盾13起,化解10起,兑现基层社改制遗留职工住房补贴30余万元。同时,做好"春节""重阳节"期间企业军转干及离退休、困难职工的慰问工作,发放节日慰问品6.92余万元,发放涉军人员补助资金22.6万元。抓好节日期间安全生产,特别是烟花爆竹和农超消防安全工作。全年组织安全生产检查16次,其中烟花爆竹专项检查4次,防汛物资检查2次,常规检查10次。检查出隐患86处,下发整改通知书37份,累计投入整改资金4万余元。

加强农村经营服务综合体建设,适应农村社会发展需要,提升供销社服务水平。采取多种形式创办村级服务社30家,经营服务综合体4家;推进涉农行业人才培训,开展农产品经纪人和农业实用技术培训,培训110人次;做好联系"两富"指导员新农村建设和扶贫帮困工作,提供资金5万元;参与社区党员微心愿活动资金9000元。

(凌立闻)

教育 文化 体育

教　育

【概述】 婺州大地，自古人杰地灵，学风淳厚，素有“小邹鲁”和“东南文献之邦”的美誉。南朝宋、梁间，境内已有徐伯珍、刘峻等人的讲学活动。宋室南迁，大批名儒宿学流寓境内，设塾传经，学风鼎盛，出现了包括吕祖谦创办的全国四大书院之一的丽泽书院等一批知名书院。近年来，婺城教育深入实施素质教育，切实加强教师队伍建设，促进了教育事业的跨越发展，婺城区先后被评为“省级课程改革实验区”“浙江省教育强区”“省中小学生课外文体活动工程示范区”。

2014年，婺城区有各类大小学校58所，义务教育阶段学生41543人。其中，小学28658人，初中12885人。班级1019个，其中，小学712个，初中307个，教职工3013人。幼儿园137所，教职工2004人，专任教师1139人，入园幼儿17309人。婺城教育在教育改革浪潮下，群策群力，满足了婺城人民日益增长的教育需求。课改战略打造轻负高质。全面实施“新课程改革行动计划”，在初中推进“高效课堂”、在小学打造“特色教育”，结合“学为中心”课堂，形成了轻负高质的良好态势。2014年顺利通过全国义务教育均衡区国家级督导评估。人才高地绽放独特魅力。全区拥有省特级教师14名，省教坛新秀7名，市名师名校长11名，名师名校长培养人选93名。优质的师资资源，满足婺城教育的需求。婺城区积极打造人文校园，努力培育“一校一品”“一校一特”的校园文化，如金师附小的“非智力因素培养”、环城小学的“种子”教育、柳湖小学的“博雅”教育在全省乃至全国都有一定的影响。全区有省、市级体育、艺术特色学校34所，在教育文化建设领域形成独有的特色。职、成、幼教书写精品篇章，职业教育全省闻名，唯一一所职业高中——金华实验中学教育集团自2008年起，连续8年4届获金华市中职学校师生技能比武“四连冠”，领衔金华职业教育发展。学前教育深入推进，拥有省等级幼儿园118所。成人教育成绩喜人，2年来扫除婺城区文盲12970人，成功创建“浙江省社区教育实验区”，并在全省教育工作经验交流会上作典型发言。

2014年4月29日，金华四中老师成彩琴被授予“浙江省劳动模范”荣誉称号

教育人事管理

【新教师招聘及培养工作】 随着生源的增加，教师岗位的调整，部分学校教师缺编比较明显。区教育局人事科在了解各中小学教师需求的前提下，

制订详细完善的招聘方案，储备优秀的教育后备人才资源。12月，通过现场招聘，录用2015届应届优秀毕业生33人，应聘人员都具有院校级以上优秀毕业生荣誉，其中211院校、985院校对象占比达到30%。对2014年招聘录用人员，进行见习期跟踪考核，详细评估近一年教育教学工作情况，对工作中存在的问题与弱点，有针对性地进行强化。

【校级领导和教师的轮岗交流】 根据《浙江省人民政府关于加强教师队伍建设的实施意见》《浙江省教育厅、浙江省机构编制委员会办公室、浙江省财政厅、浙江省人力资源和社会保障厅关于推进县(市、区)域内义务教育学校教师校长交流工作的指导意见》文件精神，开展校级领导、骨干教师轮岗交流，促进城乡教育均衡发展。实施城乡师资双向流动制度。2014年，暑期轮岗交流人次127人(含骨干教师18人)，其中有5名校级领导。新入编教师中有59人分配到农村和山区学校，促进了薄弱学校师资水平的提升。

【教育师资队伍建设】 推进教师专业发展培训，与浙江师范大学合作开展61项专题培训活动，培训教师4797人次。实施名师大课堂和名师名校长工程，壮大名师队伍，全年新增省特级教师1名，省教坛新秀1名，市名师2名，市名校长1名，市名师培养人选16名，市名校长培养人选4名。建立师德师风建设长效机制。开展各项师德教育活动，结合学校发展性评价，督查学校师德师风建设，取得良好的效果。2014年，荣获全国优秀教师、省师德楷模、市最美教师各1名，省春蚕奖2名。

【优化教育设施】 区教育局积极推进标准化学校建设。2014年，投入5890万元资金，完成43所学校校舍维修、5个塑胶操场改造、1.32万平方米校园新建项目等工程，全区有标准化学校22所，已向省里再申报17所，其中，农村和城区薄弱学校占11所。校园设施提档升级，添置电脑597台，多媒体设备200套，图书15万册，理科教学仪器设备30套，音体美专用教室器材20套，课桌凳1000套，达到每百名学生拥有计算机台数小学20台，初中22台；学校图书人均数初中为35.53册，小学为23.35册；全区学校升降课桌椅、标准化电教设施、规范化食堂、直饮水设备、班班多媒体、校园网“校校通”等实现“全覆盖”。

【不在岗人员清理工作】 为进一步加强中小学教师队伍管理，严肃劳动纪律，维护教师队伍形象，根据省纪委、省编委办等五部门《关于严明纪律严格机构编制管理的通知》，区教育局于2014年6月下发《金华市婺城区教育局关于认真做好教育系统在编不在岗人员清理工作的通知》，对全区中小学、区教育局直属单位在编不在岗人员进行全面清理。

本次清理主要针对全区中小学、局直属单位在编教师(含职工，下同)中，未办理正式调出、退休、辞职等手续，非正常离开工作岗位的人员。通过清理，5人已经返回教育岗位上班；8人办理辞职手续；1人办理病假手续。同时，坚持严格规范用人制度，杜绝类似情况再发生。 (胡崇禄)

义务教育

【概述】 义务教育阶段学生41543人，其中小学28658人、初中12885人，班级1019个，其中小学712个、初中307个。学龄人口入学率100%，巩固率100%。

【中小学课堂教学改革】 自2012年全区中小学课堂教学改革全面启动以来，先后召开7次全区课改研讨会，全区中小学普遍开展课堂教学改革，涌现出一批课改重视程度高、推动力度大、改革成效明显的学校。如金华四中的“知心课堂”、金华五中的“五度课堂”、金华九中的“乐学、睿思、众议、精练”、琅琊初中的“六四式航标导学”、青春中学“五环导学”、金师附小的“项目学习”、环城小学的“种子课”、青春小学的“五学一练”、北苑小学的“导·读·品·练”、白龙桥小学的“游戏进课堂”等模式初步形成；金华四中、金师附小被评为金华市课改先进学校，金华九中、琅琊初中、青春中学被确定为金华市课改试点学校。琅琊初中在浙江省中小学课堂教学改革联盟学校推进会上做典型发言。教师教学理念明显转变，教师教育行为明显转变、课堂教学氛围明显转变，学生的自主学习能力日渐增

全国小学语文教师素养大赛特等奖获得者北苑小学老师陈小丹执教《渔夫的故事》

强、婺城教育"减负提质"呈现新气象。

【中小学教育质量多元化评价】 全区义务教育阶段学校逐步建立和完善符合素质教育要求的学生学业质量检测和评价制度，实行学生学业成绩与成长记录相结合的综合评价方式评价学生。婺城区大胆推进中小学生综合评价改革，6月，取消了全区所有小学一年级的书面期末考试，变考试为"游园""模块考"，有效地促进学生全面发展。

【体育艺术活动及特色创建工作】 组织完成婺城区第六届中小学生乒乓球联赛、第七届中小学生游泳比赛、第九届中小学生篮球比赛、第四届中小学生足球联赛、第十四届中小学生运动会，第十四届中小学国学经典诵读展演及2014年婺城区中小学生艺术节美术作品比赛等，极大地促进阳光体育运动持久地开展、学生身体素质和艺术素养的提高。开展对申报创建区级体育艺术特色学校的29所学校、32个项目评估工作，分办学理念、管理机制、课程建设、办学条件、师资队伍、活动成效等6个方面进行考核。评估本着以评促提高的原则，每次反馈做到精心研究，不回避问题，起到很好的指导与促进作用。每个学校对特色创建都很重视，扎扎实实地开展争创工作，整体水平有较大提高。

【国学科普讲坛培训】 11月8日～9日，各校选派一名中层以上干部参加由金华市社会科学联合会举办的"弘扬优秀传统文化，建设两美和谐金华"为主题的国学科普讲坛培训，50多人参加。听取《"君子务本，本立而道生"——中国文化之根本》《"父母恩重如山，知恩报恩不忘本"——如何打开万善之门》《"人法地，地法天，天法道，道法自然，天人合一"——中医养生之道》《"物有本末，事有始终，知所先后，则近道矣"中华文化之落实》等专题讲座。通过2天的学习，学员对国学有了进一步的认识，特别是对国学的当代价值、儒家的礼仪文化、道家的生存智慧、易经养生法等方面有了基本的了解，明白"知人者智，自知者明"的为人之道，感受"自强不息，厚德载物"的人生境界。

特殊教育

【保障"三残"儿童受教育权利】 2014年秋，全区义务教育阶段有残疾儿童145人，其中上门帮教62人，随班就读29人，特教学校及其他县(市、区)就读45人。投入20万元对残疾学生和贫困残疾人子女进行教育补助。2014年，区教育局成立特殊教育随班就读指导中心，确立指导中心工作职责，分别在环城二小和仙源湖实验学校建立2个资源教室。

(张根友)

民办教育

【概述】 全区有各级各类民办教育机构171所，其中：民办幼儿园132所，含省一级幼儿园1所、省二级幼儿园21所、省三级幼儿园92所；民办培训机构36所；民办中小学3所，分别是个人出资的金华市新世纪学校，浙江师范大学资产经营公司与金华市婺城教育投资有限公司共同出资的浙江师范大学婺州外国语学校，金师附小教育集团与金华市捷特包装有限公司共同出资的金师附小荣光国际学校。创新建立民办学校优秀教师入编机制，成立婺城区师资交流中心，用于解决区内民办学校优秀教师转正式教师身份和帮助民办学校从区外引进优秀教师，婺州外国语学校引进的2名优秀教师已正式入编进入婺城区师资交流中心。

幼儿教育

【概述】婺城区执行“学前教育三年行动计划”,2014年,省、市、区财政安排学前教育专项资金2080万元,用于新建和改(扩)建幼儿园奖励、幼儿园升等提质奖励、幼儿教师素质提升培训补助、经济困难家庭子女入园补助等。

全区拥有各级各类幼儿园158所,其中部门办的公办幼儿园5所。省一级幼儿园5所,省二级幼儿园21所,省三级幼儿园92所。在15个乡镇中达到省三级标准以上的中心幼儿园15所(蒋堂、琅琊、沙畈、竹马、乾西、雅畈、塔石、箬阳、安地、岭上、莘畈、长山、白龙桥、罗店和新狮),占100%。全区省三级以上幼儿园招生的覆盖面达到90%以上。有教职工1278人,专任教师1051人,在园幼儿17680人,学前三年幼儿入园率为99%。

2014年,白龙桥镇中心幼儿园、长山乡中心幼儿园建设竣工并投入使用。

【幼教队伍建设】6月,为充分发挥中心幼儿园示范辐射作用,公开招聘幼教公办教师7名,分别派送到各乡镇中心幼儿园任教。区教育局创新成立5个以省一级幼儿园为核心的幼教共同体,扩大优质教育资源的覆盖面,收到较好效果。开展名师大课堂,利用名师大课堂举办幼儿园课程园本化研讨会、提高幼儿教师实践课程园本化的能力;推进幼儿园课程园本化研究,贯彻落实《教育部关于规范幼儿园保育教育工作防止和纠正“小学化”现象的通知》和《3—6岁儿童学习和发展指南》精神;引导幼儿教师充分认识和利用幼儿一日活动各个环节的教育价值,规范保教行为,科学组织、合理安排幼儿园一日活动,克服小学化现象,确保幼儿健康和谐发展。同时,利用多种渠道多种方式,鼓励幼儿教师参加学历进修和幼儿教师资格证考试。

【浙江省等级幼儿园评估】2014年,浙江省幼儿园评估组到婺城区进行浙江省一级幼儿园复评,金华市机关幼儿园、73051部队幼儿园通过评估。12月,红湖路幼儿园和竹马乡中心幼儿园通过了金华市二级幼儿园评估,8所幼儿园通过了婺城区三级幼儿园评估。

【区首届幼儿教师才艺大赛】12月,由婺城区文体新局及教育局联合主办,区文化馆承办的婺城区首届幼儿教师才艺大赛“托起太阳的梦”在区文化馆举行。来自城乡27个幼儿园的300多名幼儿教师参赛,比赛以舞台表演为主,内容涉及幼儿教师弹、唱、跳、说、画等五项基本技能,节目形式有歌伴舞、婺剧、小品、民族舞等多种形式。主办方邀请武义县文化馆负责人、金华市舞蹈协会负责人等业界相关人士担任评委。金华市机关幼儿园团队舞蹈《古城雨巷》、金华市青春幼儿园团队舞蹈《茶山村》、金华市73051部队幼儿园团队音舞快板《新时代的幼儿教师》、金华市佳禾艺术幼儿园团队舞蹈《婺城记忆》、金华市北苑幼儿园团队舞蹈《芭比世界》获一等奖,金华市环城幼儿园团队歌伴舞《春天的赞歌》等8个团队获二等奖,金华市站前小学附属幼儿园团队舞蹈《用青春托起太阳》等获三等奖。

中等职业教育

【概述】婺城区职业教育坚持以发展为主题,促进职业教育事业可持续发展,坚持以质量为主线,努力提升职业学校发展水平和育人质量;坚持以服务为宗旨,以就业为导向,以能力为标准,提升职业学校为新农村建设服务的水平,着力推进职业教育事业又好又快发展,取得了较为显著的成绩。金华实验中学是浙江省改革发展示范校,在校生5216人,毕业生就业率达100%,专业对口率达到85%。专任教师学历合格率88.89%,双师型教师比例59.03%。4月,被金华市教育局批复为金华市重点专业(学前教育、电子电器应用与维修专业)、金华市公共实训基地(学前教育)。

【校企合作】每年由区人民政府搭台,区教育局、区人事劳动和社会保障局组织召开校企人才合作洽谈会,搭建企业与学校沟通平台,加强了企业与学校的交流与合作,为毕业生就业提供绿色通道，毕业生到本地企业就业由2008年前的22%提高到现在的68%。职校毕业生双证率达100%，一次就业率连续达到100%。同时，建立校企教师互派制度，每年学校安排教师到企业挂职2个月，全面了解企业设施设备和用工需求。9月4日，教育部公布《关于开展现代学徒制试点工作的意见》，正式启动现代学徒制试点工作。为主动对接国家层面的顶层设计，推进校企合作进入深水区，金华市实验中学主动作为，与永康宾馆共建现代学徒制校企合作基地，成为金华市较早试水现代学徒制的中职学校。

【师生技能水平】 在金华市第九届师生技能比武中，金华市实验中学教育集团获参赛学校第一名。

【强化特色】 实验中学以深入营造“体艺、专业、德育、安全、创业”五大特色为抓手，发展办学内涵，在公共艺术教育上树立标杆，在德育、管理方面享有盛誉，在学前教育、中餐烹饪、家电应用与维修等专业竞争优势明显，并进一步在做强、做大基础上走向做精、做优转型发展之路。

成人教育

【概述】 婺城区有19所乡镇成人技术学校和街道社区学校，全年完成成人双证制培训819人，完成农村预备劳动力培训200人，完成各类农村实用技术培训6600多人，为农民增收、农村致富，为乡风文明、社会进步做出应有的贡献。罗店镇、琅琊镇、安地镇、长山乡、新狮街道获省标准化成技校。

（傅宾忠）

教育科研

【概述】 婺城区课堂教学改革与研究方兴未艾，为响应省教科院“转变育人模式”和区教育局研究教学模式的号召，支持学校开展系列课题的研究：金师附小开展教育部课题《基于非智力的项目学习》研究；汤溪初中开展《争学、针教、真练教学模式研究》研究；环城小学开展省重点课题《优质课堂教学策略体系构建研究》；站前小学开展省课题《基于备课组建设的教学设计优化研究》；金华四中的《初中知心教育模式研究》被批准立项为省重点课题。全区初步形成研究课堂教学模式的热潮，为婺城区提高课堂教学质量，创建教育现代化强区作出有益的贡献。

【课题申报】 全年申报立项教科研规划课题省重点课题5项、省规划课题4项，省青年专项课题1项.市重点课题7项、市级一般课题63项，区级课题226项。申报立项教研课题省级3项，市级35项，区级23项，立项课题级别和数量位居全市前列。

【重大课题研究】 婺城区名师大课堂7个班培训课程已经制订，283名学员研训活动开展，各项培训课程按计划逐步付诸实施，教研、科研、培训一体化的局面正在形成。

【心理健康指导工作】 2014年度组织73位教师参加C证培训，其中，72位参加C证面试，25位教师参加B证培训及面试。

开展婺城区学校心理健康教育“三优”成果评比，评出一等奖成果5项，二等奖7项，三等奖15项。并择优选送参加省、市评比，获得省三等奖1项，市一等奖6项，市二等奖9项，市3等奖15项。

（叶一平）

学校简介

【金华市第十四中学】 金华市第十四中学坐落于离市区3.5千米的北郊北山路1389号，东面靠尖峰山，南邻浙江师范大学，北接国家级风景名胜区——双龙风景区，学校地理位置优越，交通便利。学校所在地——罗店镇，是著名的“花卉之乡”，环境优美，校内清波垂柳，曲廊草坪，相映成趣。

学校创办于1958年，原名双龙初中，1972年改名为罗店初中。1995年乡镇撤并后，双龙乡初中并入并搬迁至现址，1997年更名为金华市第十四中学。2003年,学校布局再次调整,竹马乡初中并入。

校园占地面积43290平方米,校舍建筑面积8080平方米,学校有三个年级,17个班级,在校学生670人。教职工63人,大专以上学历占100%,其中,本科学历的占82%。学校有金华市名校长培养人选1人,市优秀教师2人,市优秀班主任2人,市521工程骨干教师2人;婺城区教坛新秀2人。学校拥有物理、化学、生物实验室,音乐、美术、电脑、多媒体、图书阅览等专用教室,并配有相应的专职教师;图书室有24000余册图书,可定期向师生开放;拥有250米的标准操场和蓝、排球场等体育设施;拥有可供近千人用餐的新餐厅和能供700人住宿的男、女学生公寓。

学校坚持以教学为中心,以人为本的管理理念;以“一切为了师生发展,办人民满意学校”为办学宗旨;以“提升办学品位,把学校办成教师队伍优良、学生全面发展、管理科学规范、文化内涵丰富的在区内外有一定影响力的婺城区乡镇一流初中。”为工作目标;以“外树形象、内抓质量,事事规范、争创示范”为工作思路;坚持“务实、创新、争优”的工作作风。在全校师生的共同努力下,学校办学水平有明显改善。1998年被评为金华市文明学校,1999年被评为浙江省农村示范初中,2002年被评为婺城区花园式学校,?2004年被评为婺城区绿色学校、2005年被评为金华市绿色学校、2007年被评为浙江省标准化学校、2009年被评为婺城区教科研先进集体、2010年,被评为婺城区园林式单位、多年被评为婺城区教学质量优胜单位。

【金华市第十八中学】金华市第十八中学前身是创办于1934年的扶轮学校,1971年更名为杭州铁路分局金华职工子弟学校(金华铁路中学),2000年6月增挂“金华市第十八中学”,2001年9月迁至新校区,是浙江省九年制义务教育标准化Ⅰ类学校。学校占地面积23430.5平方米,建筑面积11188平方米(包括教学楼2770平方米,1号、2号实验楼5090平方米,行政楼含办公1746平方米,食堂1380平方米,体育器材室104平方米,配电房60平方米,门卫房38平方米),有正式在编教职员工52名(其中2人在婺州外国语学校支教,1人借用其他单位),高级职称教师18名,中级职称教师21名。有10余名教师任婺城区教研大组正副组长、成员及教研室兼职教研员。荣获省、市、区级优秀教师、优秀教育工作者、师德标兵、教坛新秀等30余名。学校有退休教职工38人。在校学生总数305人,其中,初一117人,初二88人,初三100人。学校教育教学设施完备,所有班级配备电子白板等多媒体教学设备,多媒体阶梯教室、学生机房、物理、生化实验室、音乐、美术专用教室、心理辅导室、少先队陈列室及体育艺术设施齐全,图书室藏书5万余册,师生阅览室全天开放。学校先后被授予浙江省现代化教育技术实验学校、省网络教研实践模式研究实验学校;金华市校本教研示范学校、市教科研先进单位、市治安先进单位、市绿色学校;婺城区文明单位、先进基层党组织、教育教学质量优胜单位等多项荣誉称号。

【雅畈初中】金华市婺城区雅畈初级中学创办于1970年9月,原校址位于离集镇1500米的黄泥山背上(宜山)。为改变学校的落后面貌,镇党委、政府把学校搬迁到雅畈集镇上。1992年投入资金110万元,建造2幢教师宿舍楼;1996年,征地1.67公顷扩建操场;1999年,投入资金160万元,建造雅畈初中综合楼;2000年,撤并原华南初中,实现全镇一所初中的布局,改善了办学条件,扩大了办学规模。

学校有班级11个,教职工48人,在校生384人。校园占地面积29970平方米。理、化、生实验仪器配备达到农村初中一类标准,设有电脑室、多媒体室、语音室等,图书资料充裕。学校有300米环形跑道,整体布局合理,离市区仅4千米,交通极为便利。

学校有一支“勤教学、讲奉献”高素质的教师队伍,本科学历以上占85%,中、高级职称教师占80%。十余人次在市、区基本功和优质课比赛中获奖。数十人次课题和论文在市、区获奖。

在新的世纪,学校以“在求知中成长,在进步中求真”为校训,“创平安校园,建和谐学校”为目标,强化德育教育功能,加强校园文化建设。

坚持“面向全体,开展素质教育”的办学目标,开全开足音、体、美、信息技术等课程。重视学生综合素质的培养。学校注重通过实践活动,用亲身体验来实现学生的自我教育。活动安排传统化、系列化，如远足活动、野炊活动、书画作品展、手抄报制作等，每年学校组织学生“远足”一次，精心选择路线，并进行“远足”征文竞赛，学生既放松了心情，又锻炼了意志，取得不错的效果。

建校30多年来，学校管理严谨务实，教风、学风勤奋刻苦，培养初中毕业生7000多人。学校于1997年被评为市级文明学校；1998年被评为市文明单位、市级治安保卫先进单位；2002年2月，由市教委审核认定为市农村示范初中；2005年，顺利通过省二类标准化学校评估与验收；2008年10月，通过金华市绿色学校评估验收；2012年5月，获区园林式学校，多次被评为区教育教学先进单位。

【金华市西苑中学】金华市西苑中学是2001年10月由市经济技术开发区投资3000多万元兴建的一所初级中学。学校占地5.2公顷，建筑面积23000平方米。学校位于李渔路积道街138号，毗邻国际茶花园，远离喧闹环境，幽静怡人。学校规划超前，设施一流，教学区、生活区、运动区布局合理，常年绿草如茵，绿树成荫，风景如画，花香四溢。

学校拥有教学楼、行政楼、实验楼、食堂、体育馆、游泳池、400米标准塑胶运动场和1600个床位的学生公寓。学校设施超前，配套成龙，是市区校园面积最大，教学硬件设施最完善的一所初中。

学校师资力量雄厚，教师均由市教育局、市开发区组织向全省公开招聘的优秀教师。学校有中学高级教师16人，中学一级教师35人，本科学历达98.2%。其中，获省、市、县级优秀教师、师德标兵、教坛新秀、优秀班主任等综合荣誉称号的教师有28人。

学校实行科学严谨的校园管理体制，教师爱岗敬业。依据自身情况，将各项标准量化细化，在求实与规范中发展提升。“求真、崇善、臻美”是西苑的校训，也是全体西苑人孜孜追求的目标。学校坚持“育人为本”，弘扬人文精神，提升科学素养，坚持走改革创新之路，与时俱进，开拓创新，积极推进素质教育。在教学中既强调面向全体学生，又重视特长生和尖子生的培养;既强调学生基础学习，又注重学生创新能力和动手能力的提高；既强调课堂教学，又重视开展课外活动和社会实践，鼓励学生在全面发展的基础上做到学有所长。

建校以来，学校先后获得浙江省九年义务教育标准化Ⅰ类学校、省绿色学校、省卫生先进单位、省治安安全示范单位、省中学共青团示范学校、省禁毒教育示范学校、金华市文明单位、市市直机关党建工作品牌、市治安安全单位、市绿色学校、市先进团组织、市教育信息化示范学校、市示范图书馆、市示范实验室、市绿化达标单位、市中小学教学改革基地学校、市先进教工之家、市优秀高考考点、市航模体育传统学校、市先进女职工组织、开发区先进党支部等荣誉称号。

【罗埠初中】罗埠初中创办于1978年，2003年，原莲湖初中和原湖田初中并入，仍称罗埠初中。学校占地面积31327平方米，建筑面积14635平方米，绿化面积8257平方米。校园内四季绿树成荫，鲜花盛放。学校现有班级20个，学生700人，教职工71人。创校以来，学校的规模和办学质量一直在稳步提升，教学质量得到各级教育部门和当地百姓的高度肯定。学校每年被评为教育教学优胜单位。尤其是2010年，陈刚同学以总分617的高分，夺得金华市中考状元。在各级各类师生竞赛中，学校无论是获奖等级还是获奖人次均名列农村初中前茅。仅2013年，学校师生就有298人次获奖，其中，国家级29人次，省级29人次，市级119人次，区级121人次。

学校设施设备标准高、现代化，拥有标准塑胶田径场、排球场、篮球场、乒乓球场等体育健身设施和场地，配有音、体、美等专用教室和理化生实验室。图书室、阅览室、电脑房、多媒体教室等一应俱全。2013年，每个教室安装了电子白板，实现多媒体与班级1:1的配备，极大地改善了现代教学装备。

罗埠初中重视学校师资队伍的建设，着力打造一支业务精良、爱岗敬业的教师队伍。学校以“精修品行、打造品牌、提升品位”的办学思想为指导，全面贯彻国家的教育方针，确立“一训三风”的发展理念，坚持走德育为首、安全第一、教学中心的办学路子，推进高效课堂，减轻学生不必要的课业负担，提高工作效能和服务水平，促进规范化管理，加强校风、学风、教风、师德建设。学校先后获得全国青少年五好小公民“复兴中华，从我做起”主题教育活动示范学校、浙江省农村示范初中、浙江省标准化学校、浙江省农远工程先进集体、金华市文明单位、金华市绿色学校、金华市阳光体育冬季长跑活动优秀组织单位、金华市校本教研示范学校等诸多荣誉。罗埠镇初级中学现成为在学校管理、教育教学、文化建设等方面有一定影响力的优质学校。

【蒋堂小学】婺城区蒋堂小学创办于1921年，始名蒋堂初级小学。占地33457平方米，20个教学班，1000余名学生，40余名专任教师。学校建有多媒体教室、电脑教室、图书馆、心理咨询室、美术教室、音乐教室、舞蹈房等多个专用教室，体育场地、活动设施一应俱全。

学校工作常规有质量，特色有品味，坚持全面发展，博中有专。学校以“安全”做为立校之本，以课题推动深化，以活动进行展现。2011年6月，学校参加的国家级课题《社区少先队“自助式”平安教育创新活动的发展规律研究》开题，并于2012年底获得全国特等奖。2012年建成全省唯一的“平安博览馆”，引导学生自主体验，扩展了安全教育的内容。2011年，承办“浙江省城乡少先队员手拉手平安出行活动启动仪式”，得到省、市领导与专家的好评。2012年底，学校荣获全国文明交通示范学校荣誉称号。

同时，学校加强艺术教育，塑造全面发展型人才。“一笛一绳一武术”活动的开展和金华首家“乡村学校少年宫”的顺利落成，使学校农村学生也可以根据自己的兴趣爱好，免费参加培训。2011年12月30日，在婺城区第十一届中小学生文艺会演暨国学经典艺术展演比赛中，学校的《篆语》喜获一等奖，这是学校在此类比赛中连续三年获得一等奖。

学校先后获得全国文明交通示范学校、中国少年儿童平安行动示范学校、全国青少年普法教育先进单位、浙江省示范小学、浙江省绿色学校、金华市文明单位等数十项荣誉。学校得到了广大师生、家长、上级领导和社会各界的充分肯定和好评。

【东市街小学】东市街小学前身为东郊小学，创办于1958年3月。学校实践“一切为了每一个学生发展”的教育方针，是一所学生满意，家长放心，社会赞誉的特色学校，也是学生腾飞的摇篮，教师成长的沃野。

学校有班级12个，学生350人。学校先后被评为国家级书香校园学校、省非物质文化遗产传承基地学校、金华市文明学校、市教育质量AAA级学校、市小学生行为规范达标学校、市首批艺术特色学校、市体育达标先进学校、市党风廉政建设先进单位市文明礼仪教育先进集体学校、金华电视台小记者站分站等荣誉称号。

学校有一个团结务实、开拓创新的领导班子和一支高素质的教师队伍。有教师26人，其中，具有大专及以上学历的24人；中学高级职称的2人，小学高级职称的18人；有国家级体育裁判1人，名师名校长培养对象2人，区优秀教师15人，优秀班主任3人，教坛新秀5人，优秀辅导员5人，十佳辅导员1人，优秀小记者辅导员1人，优秀党员1人。其中，获省、市、区优质课二等奖以上的教师有30人次。

学校坚持走“小班化教育”之路，班级人数控制在35人左右，还成立了“小班化”主题的课题研究小组，又结合学校实际，在一年级开展了“小班化背景下‘全人教育’”的实践研究，较全面地实践“小班化”教学。

学校另一办学特色就是婺剧学习深入课堂。自2003年9月至今，学校一直以婺剧艺术为载体，在课堂中引进婺剧艺术教学内容。2008年，学校被评为金华市首批艺术教育特色学校，并成为“婺剧进校园”试点学校之一，每周邀请省婺剧专家老师对婺剧社团学生进行专业训练。2011年6月，学校确定为金华市非物质文化遗产传承教学基地，列为省非物质文化遗产传承教学基地。学校积极参加省、市、区各种艺术展演活动及比赛，均取得令人瞩目的成绩；中央电视台戏曲频道曾2次到学校作少儿婺剧专访，并邀请小演员们参加《快乐戏园》节目录制。

学校足球教学也开展得有特色。2005年，学校被评为市足球传统项目学校，曾在省“可口可乐”杯小学生足球比赛中获一等奖，多次在市传统项目足球比赛中荣获第二、第三名。 在2011年婺城区第一届足球比赛中，学校男队获团体第三，女队获团体第五。在婺城区第二届中小学足球比赛中，学校女子足球队获得了冠军、男子足球队取得了第四名。其中，男队有3名队员、女队有6名队员分别被选进区足球队，而且女子组的这6名队员参加金华市第八届运动会获得第二名的好成绩。

【雅畈小学】 雅畈小学创建于1907年，坐落于风景如画的南山脚下。2002年通过布局调整，搬迁至新校区，占地面积22747平方米，有22个教学班，1083名学生，58名教职工。其中，本科学历30人，占51.7%。其中，中学高级教师2人，小学高级教师35人，教师学历合格率100%。学校有市级名校长培养人选1人，办学历史悠久，师资力量雄厚。

学校一直秉承,办社会满意学校的理念，坚持“教师善教，学生乐学，社会满意，家长放心”的办学宗旨。营造“让每一个孩子都拥有幸福人生，让每一位老师都享受成功的喜悦”的教育氛围。学校先后获得金华市绿色学校 婺城区文明单位婺城区素质教育示范学校 婺城区课外文体活动示范学校 婺城区园林式学校等荣誉称号，连续三年被评为婺城区平安校园。

学校按义务教育标准化学校建设，建有教学楼、宿舍楼、办公行政楼、综合楼等，办学硬件设施完善，是所环境优美的园林式学校。

学校在长期的办学实践中，坚持以人为本，创建和谐校园，通过加强学校制度建设，加强教师团队建设，深化学校的办学软件，提升学校的办学水平，为创建农村特色学校而不懈努力。

【塔石小学】 塔石乡中心小学是1915年创建的私塾学校，1938年更名为银塔乡校。1969年改名为塔石中小学，1998年改为塔石乡校。2001年，塔石初中、小学单独法人办学。2007年9月，建立塔石中小学九年一贯制学校。2011年，塔石初中撤并后改名为“金华市婺城区塔石乡中心小学”。学校位于婺城区塔石乡塔石村，学校有班级6个，学生143人。其中，住校生110人。学校有教师15人，平均年龄52岁。学校占地面积10037平方米，建筑面积5379平方米。建有教学楼、宿舍楼餐厅各一幢。图书室、科学实验室、音乐教室、电脑房、班级多媒体等各项设施一应俱全。

学校秉承“勤教苦学，求实创新”的办学理念，教师勤奋专研，努力教学，脚踏实地，不断进取、创新，力求使山区孩子也能享受良好的教育。学校先后取得金华市文明学校、市绿色学校等各项荣誉金华县示范小学、县中小学行为规范达标学校、婺城区素质教育示范学校、区绿色学校、区农村反邪教警示教育活动先进单位。学校也在各级各类的文艺会演和体育竞赛中荣获好成绩。

【苏孟小学】 苏孟小学是一所百年老校，现有21个教学班，996名学生。2011年9月，苏孟小学综合楼和教学楼竣工。扩建后，学校占地面积267公顷，校园布局合理，设施先进，环境优美。有新建成的教学楼、综合楼，拥有200米塑胶体育场，多功能厅、微机室、图书室、阅览室、实验室、劳技室、音乐室、舞蹈房、书法室、美术室、少先队活动室等设配齐全的各专用教室。

苏孟小学风貌

学校有浙江省“春蚕奖”教师1名、省教科研先进个人1名、省优秀辅导员1名、金华市新世纪321人才第二层次培养人选1名、市骨干教师2名开发区教坛新秀2名。其中，具有中级和高级职称的教师占教师总数的63%。

学校重视校园文化的培育，谱写校歌，设计校徽。以“以人为本 和谐发展”为办学定位；以“知礼 善学 健身 笃行”为校训精神；以“了解每一个，关注每一个，激励每一个，成就每一个”为培养目标。坚持“规范 人文 高效”管理理念，使学校在校园建设、教育教研、内涵建设等方面有很大变化。学校坚持以“走特色化之路，办示范学校”为目标，开展多彩教育，狠抓上层管理、常规管理夯根基。2012年，经国家教育部、中央文明办、财政部审批，成为国家级乡村少年宫实践基地。学校曾先后获得浙江省先进学习型党组织、省标准化学校、省健康铜牌学校、金华市农村示范学校、市师德先进集体、市和谐校园、市教科研先进集体、市艺术特色学校、市农村少先队示范学校、市首批数字校园建设示范学校、市一校一书读国学试点学校、市《小语"2+1"课程形态实验》课题的实验学校、开发区教育工作先进集体等30余项荣誉称号。

【江滨小学】金华市江滨小学建于1996年，坐落于美丽的婺江南岸，依水而生，水润而泽。学校占地17000多平方米，建筑面积12000千多平方米，有42个教学班，在校学生2000余名，特色教育显著，倍受社会与家长赞誉，是金华市"学在江南"优质教育品牌中的一颗璀璨明珠。

学校有教师113人，其中，35周岁以下的教师占全校教师人数的54%。学校拥有省"春蚕奖"、省名师、省巾帼建功标兵、省教科研先进个人、省教改之星、省优质课一、二等奖获得者15人，市名师、市(区)教坛新秀、优秀教师等60多人……师资精良，梯队建设完善。教师们静心阅读、教学，潜心研究、育人，走在教育教学改革的前列。学校语文组、数学组先后被评为金华市优秀教研组。

学校传承"上善若水"校训，践行"水润教育"，顺应孩子身心发展、教师专业化发展之势，营造"包容，大气，自主，有爱"的学校风貌。教师"水静澄明随物赋形"，遵循孩子发展规律，顺势而为。"江风读书俱乐部"带领老师们研读专业书籍，读用结合齐分享，打造"学习型的教师队伍"；充满创意的足球校本课程、活泼有趣的少先队活动、丰富多彩的校园社团等，都演绎着江滨"水润教育"的多元个性追求理念。"滴水穿石 自主善学"的学风为成就孩子们积极健康、广博开放、独立创新的人格奠基！"和而不同 志存高远"的校风本着顺应孩子天性，促进孩子多元发展！

学校自1997年开始足球特色教育，以足球为载体，练人、练球、练精神。校足球队连续14届夺得市冠军，三届省冠军，2013年闯入全国12强，成绩斐然。在足球活动中，孩子强健了体魄，体验了规则，享受了激情与成功，凝聚了团结、拼搏的力量。学校《儿童足球创意课程》《小学校园足球文化建设的实践研究》课题成果分获浙江省基础教育成果一、二等奖。中国教育报、中国体育报先后深入报道学校的足球特色教育。

学校先后获得全国特色学校、全国示范家长学校、国家级规范汉字书写教育特色学校、全国首批家庭教育指导研究实验基地、全国优秀少先队集体、全国群众体育先进单位、全国消防安全教育示范学校、"长三角地区"教育科研优秀团队、浙江省教育科研先进集体、省体育特色学校、省文明学校、省绿色学校、省模范职工之家、省实验学校先进集体等荣誉称号。

文　化

【概述】婺城区文体新局构建公共文化服务体系，实施"文化强区"和"体育强区"战略，解放思想，开拓思路，整合资源，创新工作方式，使各项建设工作取得了新进展。

公共文化均等化建设有新突破，区文化馆向社会免费开放舞蹈排练厅、书画指导室等公共文化设施，全年开展农民油画公社的油画培训服务576人次，开展团队辅导服务项目2048人次；15个乡镇街道完成综合文化站建设；新增14个电子阅览室；完成农家书屋工程建设出版物配送更新项目，更新图书22831册、报刊7958份；完成送书下乡4000册。

公共文化服务活动丰富活跃，坚持开展"文化下乡"活动。围绕区中心工作举办"推进五水共治共建美好家园"进文化礼堂巡回宣传演出和"构筑美丽婺城 共建美好生活"两美婺城等巡回演出41场，把中心内容宣传和文艺演出融合；各类大型文艺比赛21场，社会反响良好；文化走亲6场，全年开展"送戏下乡"140场。举办了"百姓才艺大赛"、"健身排舞大赛"等系列比赛，发掘一批优秀基层文艺人才。区文化馆向社会免费开放农民油画公社培训服务576人次，开放团队辅导服务项目2048人次等。举行"送温暖、送文化、送卫生"进文化礼堂活动，在7个文化礼堂进行送春联、送医疗、送文艺演出活动，受到当地老百姓的赞赏。

举办全区农家书屋管理员培训，下村到农家书屋开展业务指导、推广基层阅读18次，书画展览10次。举办婺城区村级文艺骨干、文化管理员等培训班，全年培训人员3734人次。推广全民阅读，免费开通“婺城区移动图书馆”；完成农家书屋出版物配送更新，共更新图书22831册，报刊更新7958份。

配合参与省、市各项比赛，成绩斐然 。“文化礼堂杯暨金华市第六届排舞大赛”，乾西湖头村代表队和城东舞动组合代表队获得金奖；在浙江省第八届排舞大赛和文化礼堂排舞大赛中，城东舞动组合代表队获得金奖，城中街道明月楼代表队和乾西湖头村代表队获银奖；婺之花舞蹈队参加省第二届全民运动会排舞比赛获一等奖和最具人气奖。文化馆创作并编排的道情作品《田鸡飞上天》获全国少儿曲艺大赛三等奖；区选派的少儿选手在“金华市少儿声乐大赛”上获金奖1名，银奖2名，铜奖3名。

群众文化工作

【概述】 婺城区文化馆位于金华市婺城新城区临江东路8号，馆舍建筑面积2511平方米，为国家二级馆。下设11处文化场所，设有视觉艺术培育中心、表演艺术活动中心和社会活动策划中心，分音乐、舞蹈、书法、美术、戏剧、曲艺等11个门类，基本满足社会文化活动的需求。区文化馆核定编制12人，在编10人，本科学历占职工人数的80%，有专业技术职称人员占业务人员总数100%。作为全区群众文化的活动中心、指导中心和培训辅导中心，按照“文化大发展大繁荣”的指引方向，表演艺术组和视觉艺术组各司其职，开展免费开放服务和活动的策划、组织、辅导以及专业的创作、团队建设。年内组织、承办市、区级大型活动9次，形成文艺品牌活动6项；大型展览5个；文化走亲5次；馆办5个文艺团队下基层演出40场；组织群众业余文艺创作和群众业余文艺作品推广活动19次，举办文化馆站人员培训班3期，举办社会文化艺术培训班50期，举办老年文化培训文化艺术培训班10期。区文化馆业务人员培训、辅导的作者、演员获地市级以上奖励9件。全年送戏下乡服务3.28万人次，大型演出活动服务1.12万人次，展览服务0.39万人次，文化走亲服务0.5万人次，文化服务人次超过5.29万人。为全区文化发展营造良好的氛围。

【“三送”活动】 1月15日至20日，由市文化广电新闻出版局、婺城区委宣传部、区文化体育新闻出版局主办，市文化馆、婺城区文化馆承办的婺城区“送文化、送服务、送温暖进文化礼堂”活动专场演出相继在婺城区上盛、浩仁、开化、湖头、叶店、郑岗山等多个行政村举行，12000多位村民前来观看。活动不但送文艺演出，还有写春联送春联，送图书，送医疗服务，送慰问关爱困难户等活动，通过开展“三送”活动宣传党的十八大精神和党的方针政策，活跃和丰富乡村人民群众精神文化生活，为群众过个欢乐祥和年营造良好氛围，送去党委、政府的关爱和温暖。

【“推进五水共治、共建美好家园”主题巡演】 6月18日至7月31日，由婺城区委宣传部、区文化体育新闻出版局、区农办、区卫生局主办，区文化馆、各乡（镇）政府承办的“推进五水共治、共建美好家园”主题巡演活动，走进7个乡（镇）、14个村的文化礼堂。14场巡演有200多个风格各异的节目，以“五水共治”为主题，采用群众喜闻乐见的多种形式，向广大村民大力宣传“五水共治”的重大意义。

【文化走亲活动】 5月22日晚，由衢州市衢江区文化广电新闻出版局、婺城区文化体育新闻出版局主办，衢江区文化馆、婺城区文化馆共同承办的以“秀美衢江快乐分享”为主题的衢江·婺城文化走亲文艺演出，走进婺城区蒋堂镇开化村的文化礼堂。两地演员为开化群众带来了各具当地文化特色、相得益彰的文艺节目，歌伴舞《踏歌起舞》、男女生对唱《欢迎你到衢江来》、音乐快板《五水共治金华美》、戏剧表演《变脸》、相声快板《五水共治在蒋堂》，还有萨克斯独奏、戏曲联唱、魔术表演、器乐联奏等精彩纷呈的节目，博得现场观众的热烈掌声和好评。

11月9日晚，由中共永康市委宣传部、婺城区委宣传部、永康市文化局、婺城区文化体育新闻出版局主办，婺城区文化馆、永康市文化馆承办的“美丽婺城”2014年文化走亲永康文化之旅演出在永康市紫薇公园的水上舞台上演。13个表演节目形式多样，有萨克斯、花样篮球、魔术、舞蹈等，贴近生活，大受当地百姓欢迎。

10月13日晚，由金东区委宣传部、婺城区委宣传部、区文化体育新闻出版局、金东区教文体局主办，金东区文化馆、婺城区文化馆承办的“美丽婺城”2014年婺城区文化走亲金东文化之旅文艺晚会，在金东区岭下镇五村追远亭休闲广场举行。整台晚会节目形式多样：独唱、舞蹈、魔术、音乐快板、器乐、婺剧、变脸等一系列作品极具婺城地域特色，深受当地观众的喜爱。

2014年10月13日，“美丽婺城”文化走亲金东文化之旅

【“舞动婺城”健身排舞培训班】 5月24日～29日，由婺城区文化体育新闻出版局主办，区文化馆承办的“舞动婺城”2014年婺城区健身排舞培训班，在婺城区文化馆演播厅正式开班。此次培训是为迎接十月中旬的“浙江省第二届全民体育节健身排舞总决赛”而举办，来自全区各个乡(镇)、街道120名排舞爱好者参加。参加人员分A、B班同时授课，分别培训2014年全国排舞十二新曲目和2014年浙江省第二届全民体育节健身排舞大赛的参赛曲目以及排舞的相关重要理论知识。

【“走走，停停”油画作品展】 6月6日，婺城区文化馆专职美术干部郑红建的“走走，停停”油画作品展在金华巴比松画廊开幕。此次作品展将持续10天，展出画家近两年创作的40余幅作品。

【市首届“欢乐金华”百姓文化节才艺大赛】 6月26日，在历时两个月28场赛事层层激烈选拔后，由中共金华市委宣传部、金华市文化广电新闻出版局主办，婺城区文化体育新闻出版局、区文化馆承办的金华市首届“欢乐金华”百姓文化节——“百姓才艺大赛”在白龙桥镇叶店村文化礼堂拉开总决赛的战幕，来自全市37个乡镇的30名选手向“百姓才艺之星”发起最后冲击。比赛形式包括舞蹈类(独舞)、曲艺杂技类(单口相声、哑剧小品、说唱快板、魔术杂技、模仿秀等)、器乐类、手工艺类(剪纸、插花等)四大类别，分两场进行，每场15个选手参加比赛，共决出20名才艺之星，婺城区进入才艺之星的有11名。

2014年6月26日，婺城区组队参加市百姓才艺大赛选拔赛

【区第五届精神文明建设“草根奖”颁奖典礼】 5月28日晚，由婺城区委宣传部、金华电视台新农村频道主办，区文明办、乾西乡湖头村承办、区残疾人联合会、区新闻传媒中心、区文化馆协办的婺城区第五届精神文明建设“草根奖”颁奖典礼在乾西乡湖头村文化大礼堂举行。区第五届精神文明建设“草根奖”分别评选出致富带头人奖、残疾人励志奖、孝老爱亲奖、婺剧传承热心人奖、护源清水奖5个奖项。通过“政府引导、民间设奖、群众评选”的方式产生30位获奖草根人物。

【“山花烂漫·美丽婺城”系列活动启动仪式】 3月15日上午，由婺城区委区政府主办，区文化体育新闻出版局、区农办承办，区文化馆、金华市电视台新农村频道承办的“山花烂漫·美丽婺城”系列活动启动仪式，在市人民广场开幕。开幕式后进行文艺演出，演出主要为系列活动营造热闹、欢快、祥和的氛围，提升婺城知名度、美誉度，吸引更多的百姓参与农节会的品牌活动。

【浙江省第二届全民体育节暨婺城区首届健身排舞大赛】 8月19日晚，由婺城区委宣传部、区文化体育新闻出版局主办，区文化馆、区青少年体育运动学校承办的浙江省第二届全民体育节暨婺城区首届健身排舞大赛在区文化馆演播厅开赛。来自各乡(镇)、街道的11支排舞队同台竞技，比赛队伍由体育健身排舞和文化礼堂排舞组成，分规定参赛曲目和自选参赛曲目。经过激烈角逐，城东街道选送的支队伍以新颖的编排、热情迷人的表演惊艳全场，喜获健身排舞和文化礼堂排舞2个一等奖；城西街道、城中街道、罗店镇、乾西乡选送的4支队伍获二等奖。

【第六届中国仙源湖桂花节】 9月28日，婺城区举行第六届中国仙源湖桂花节开幕暨安地镇郑二村文化礼堂启用仪式。桂花节的活动丰富多彩，除有声有色的文艺表演外，还可一睹郑二村文化礼堂的风采。节庆活动由仙源湖旅游度假区管委会、婺城区委宣传部、区文化体育新闻出版局主办，区文化馆承办。

2014年9月28日，第六届中国仙源湖桂花节

孙傲雪 摄

【区少儿声乐大赛】 7月4日，由婺城区文化体育新闻出版局、区教育局主办，区文化馆承办的婺城区少儿声乐大赛，在婺城区文化馆演播厅举行。全区中小学、幼儿园的164名选手参加比赛。经过激烈角逐和大赛评委会认真评选，评出金奖4名，银奖6名，铜奖10名，优秀奖20名，优秀辅导老师奖4名。此外，选出各幼儿组前2名、少年组前4名、儿童A、B组前5名参加金华市少儿声乐大赛复赛。

【区第三届乡(镇)街道婺剧演奏、演唱大赛】 9月29日，由婺城区委宣传部、区文化体育新闻出版局、区婺剧促进会、区新闻传媒中心主办，区文化馆承办的婺城区第三届乡镇街道婺剧演唱、演奏大赛在婺城区文化馆演播厅举行。有14支婺剧演奏队伍和16支婺剧演唱队伍参赛。经过激烈角逐，新狮街道群艺婺剧团、白龙桥镇金华市青年婺剧团、琅琊镇琅琊徐村代表队选送的剧目获演唱类一等奖；白龙桥镇金华市青年婺剧团、雅畈镇代表队、乾西乡代表队选送的曲目获演奏类一等奖。

2014年7月2日，婺城区少儿声乐大赛初赛

【区第三届民俗文化艺术节】 10月15日上午，由婺城区委宣传部、区文化体育新闻出版局、区婺剧促进会主办，区文化馆、乾西乡人民政府、乾西乡湖头村承办的“婺城区第三届民俗文化艺术节”在乾西湖头文化礼堂举行。在观看民俗表演欢声笑语中，乾西乡的传统节日“九月廿二”，第三次迎来了民俗文化交流展示的盛会。

【区第二届平安文化会演活动】 10月19日下午，由婺城区委政法委主办，区委宣传部、区文体新局和区文化馆承办的婺城区第二届“与平安同行”文艺会演，在乾西乡湖头文化礼堂举行。此次活动通过“平安婺城、和谐婺城、美丽婺城”三个篇章演出，展示全区平安建设“人人参与、人人建设、人人共享”的生动局面。

【“区村级文艺骨干、文化礼堂、公共文化设施管理人员”培训班】 为更好地贯彻执行党的十八大及十八届三中全会和省委提出的“物质富裕、精神富有”的精神，加快推行婺城区公共文化服务体系建设，提高村级文化管理员的服务能力。11月12

日，由中共金华市婺城区委宣传部、区文化体育新闻出版局主办，区文化馆承办的婺城区“村级文艺骨干，文化礼堂、公共文化设施管理人员”培训班在婺城区文化馆演播厅开班。

【获奖情况】 1月，孙傲雪荣获浙江省文化馆2013年度浙江艺术网信息报送先进个人。

4月12日，金耀的摄影作品《骏马奔腾》荣获由浙江省文化馆主办的浙江省“横店风采”获铜奖。

8月，章晓华创作指导的金华道情节目在中国曲艺家协会主办的第六届全国少儿曲艺大赛中，获三等奖。

8月23日，郑慧娜在参加由金华市委宣传部、金华市文化广电新闻出版局主办的2014年“文化礼堂杯”排舞大赛暨金华市第六届排舞大赛中，荣获优秀指导老师奖。

9月，孟展麟的论文《盘活社会文艺资源助推文化礼堂建设》荣获浙江省群众文化学会主办的浙江省第十六届公共文化论坛征文二等奖。

10月，郑红建的油画作品《聚集》参加由金华市委宣传部主办的2014浓墨重彩——金华首届名家作品邀请展，并收入在西泠印社出版的《水墨金华》一书中。

10月，周梦婷参演的小品《求字》荣获浙江省文化厅主办的浙江省第二十五届戏剧小品邀请赛表演金奖。

11月16日，由章晓华创作的金华道情节目《田鸡飞上天》参加由中国上海国际艺术节组委会群文活动部主办的第十六届中国上海国际艺术节“缤纷长三角.浦东祝桥杯”曲艺邀请赛获金奖。

12月，孟展麟参加中国文化馆协会主办的2014年中国文化馆年会征文活动中荣获三等奖。

（孙傲雪）

文化市场管理工作

【概述】 2014年，区文化市场执法大队（简称大队）全年出动执法检查人员583人（次），检查文化经营单位1162家（次），查处违规经营单位22家，市场良好率为97%。其中，立案11家，罚没款26500元。取缔黑网吧6家，取缔无证地摊游商4家，收缴盗版VCD光盘235张，收缴不健康书报刊78册。受理12318电话举报4家，撰写上报文化市场信息41篇，省文化市场OA系统刊用其38篇，市支队刊用31篇。

【校园周边环境整治】 在元旦、春节或“两会”“两考”期间及秋季开学后，大队针对校园周边的文化市场开展专项整治，主要对学校附近的网吧、出版物市场和歌舞娱乐场所进行突击检查。在“两考”期间，向经营单位提出护考要求，要求网吧和娱乐场所禁止未成年学生进入，要求歌舞娱乐场所和KTV厅降低声音分贝，为“两考”学生提供一个安静良好的考试环境。秋季开学后，大队召开校园周边环境整治部署会，制订校园周边环境整治方案，明确校园周边环境整治内容及目标。8月26日至9月3日，大队对全区学校周边的网吧、书店、音像制品店进行地毯式的检查，出动22人次，检查校园周边经营单位37家，查处违规网吧1家，为全区中小学生创造良好的学习环境。

【网吧管理】 为贯彻落实《浙江省文化厅关于加强暑假期间文化市场监管工作的通知》精神，加强暑期文化市场的管理，确保未成年人健康成长和人民群众生命财产安全。7月4日，大队在蒋堂镇文化大院召开全区网吧、歌舞娱乐场所、电子游艺暑期文化市场监管和安全生产工作会议，并举行消防安全演练。整个暑期，大队针对未成年人上网和未核对、登记有效身份证件多发的特点，进行专项大检查，对违规的8家网吧给予警告和罚款处理。

【取缔黑网吧】 1月2日，大队配合工商、公安联合行动，依法取缔位于婺城区白龙桥镇临江村2家黑网吧，收缴电脑显示屏12台、交换机2台，收到良好的社会效果。9月23日晚上，大队配合工商公安部门等13人，对白龙桥镇工业街上的1家黑网吧进行依法取缔，查扣电脑20台。

【清查非法教辅材料】 3～4月按照省新闻出版局文件要求，开展清查非法教辅材料行动，严厉打击侵权、盗版等违法行为，全面整顿和规范出版物市场经营秩序。对全区中小学校周边的出版物市场和音像店等进行全方位排查，出动执法检查人员

29人次，检查出版物和音像经营单位41家。

提高经营单位版权意识，坚持对出版物经营业主开展普法培训，组织出版物经营业主法律法规培训班1期，培训人员50余人次；坚持把政策、法律、法规的宣传教育贯穿于文化行政执法的全过程，实现教育与处罚的有机统一；宣传国家的法律法规,积极宣传打击侵权、盗版行为，保护知识产权的重要性和必要性，提高广大群众和出版物经营单位的知识产权意识和规范经营的自觉性。

【“秋风行动”】 1～9月，开展2014年“秋风行动”，出动执法检查155人次，检查出版物经营单位62家次、音像制品经营单位43家次、印刷厂35家次，查扣非法出版物52本，盗版碟片165张。开展以校园周边书店、音像店为主要内容的整治行动2次，有效扼制不健康的出版物出现在市场。大队划分片区，每人分片包干，对具体负责片区的执法人员实行责任制。

“扫黄打非”工作按照属地管理的原则，层层落实责任制和责任追究制。政府与各乡镇主要负责人分别签订文化市场目标管理责任书，将“扫黄打非”工作作为主要内容纳入其中，做到分级负责、责任到人。大队与印刷企业经营业主签订年度守法经营责任书，促使依法经营。

【“清源行动”】 区文化市场管理工作领导小组分别在2月7日和7月10日召开成员单位联席会议，会议学习省、市相关文件精神，各成员单位交流文化市场管理工作，探讨分析文化市场管理工作存在的问题。开展“清源行动”，出动检查23人次，检查印刷企业18家次、出版物经营单位68家次、音像制品经营单位70家次。警告1家，取缔游商地摊1个，收缴非法和侵权盗版出版物65余册(盘)。

组织执法人员全面排查辖区书店、书报摊点等销售出版物单位，对销售涉及政治类、淫秽色情和迷信的书报、期刊进行查缴。同时，加强对经营单位的法律法规宣传教育工作，提高经营业户守法意识，要求做到不接收、不买卖非法出版物。宣传《印刷业管理条例》，要求各印刷企业严格落实五项制度，并在日常生产经营活动中逐条对照《五项制度》内容进行自查，坚决杜绝违法违规生产、经营活动的发生。重点对乡镇的书店和书报摊点进行检查，严查各类“口袋书”等涉黄和含有暴力情节描述的书籍，关注未成年人健康成长，保护未成年人合法权益。

【物资交流会市场监管】 下半年以来，区各乡镇物资交流会排满日程，大篷车演出团也接踵而至。针对这一情况，大队采取“提前介入、联合执法、加强监管”的措施，利用“白加黑”“5加2”，不间断地对乡镇物资交流会进行监督，收到良好的社会效益。

【消防安全】 大队在日常检查中始终把安全防事故排在首要位置，时刻关注安全生产，时刻重视消防安全。在平时检查中，执法人员不厌其烦地给业主讲安全生产道理，使其始终绷紧安全这根弦，对发现的问题或安全隐患当场责令整改和限期整改，经复查达标后方能过关。会年大队召开2次安全生产专题会议，举办2次消防安全教育授课和消防逃生演练。

【文物监管】 本着“安全第一、预防为主”的原则，开展防火、防盗安全检查，落实第一责任人制度，大队会同文物办出动执法检查人次23人次，检查文物保护单位18家，确保全区文物保护单位和文保点安全无事故发生。

按照省文物监察总队、市文物监察支队的要求，大队在5月中旬开展对全区部分文物保护单位和文物保护点进行摸底排查，对可能由洪水、崩塌、滑坡、泥石流等灾害引发的文物安全事故风险进行分析评估，重点检查文物保护单位、考古发掘工地、文物建筑维修工地的安全情况，消除安全隐患。对防范重点单位和重点部位制订了安全防范应对方案和措施，落实和演练防汛抗灾等突发事件的处置预案，落实值班和安全检查、巡查制度，增强防范能力。保证汛期区文物保护单位和文物保护点的安全。利用“历史文化遗产日”活动和日常检查等时机向文保单位和文保点宣传文物保护法律法规知识，执法人员也能在平时注重加强业务学习，相互切磋文物执法技能。

【队伍建设】 大队每周定期召开例会，组织执法人员进行法律法规学习、案卷讨论和案件评审，探索文化市场执法方法。每周利用例会时间组织学习法律法规和文化部、省厅文件精神。通过查四风，提高执法人员的工作作风，在文化市场监管中树立“管理就是服务、管理必须服务”的理念，坚持“教育为主、处罚为辅”的和谐执法原则，促进与人民群众的血肉关系。开展党风廉政建设学习，注重自身形象，遵守法律法规，正确行使自己的职权，要着眼于文明执法、廉洁执法、公正执法、规范执法，严禁利用文化执法职权吃、拿、卡、要，严禁接受业主请吃或吃请，通过警示教育，做到警钟长鸣、拒腐防变。（盛华君）

图书事业

【概述】 婺城区图书馆于2012年10月份成立，核定事业编制5名。馆址位于临江东路8号，建筑面积2200平方米。

全区建有文化馆1个，图书馆1个，移动图书馆1个，乡镇（街道）综合文化站19个，文化活动室420个，公共电子阅览室15个，基本形成优势互补、配置优化、布局合理的三级公共文化服务网络，百姓可随时随地品味文化、畅享阅读。为推广阅读，引导阅读，年内新增2个图书流通点，送书1493册。

区图书馆组织资源分别在罗店、白龙桥、长山等地举办《五水共治》《中国剪纸》《中国梦》等展览 。

【业务培训】 2014年，举办2次培训，120人参加。6月，举办《电脑安全知识》培训，邀请市共享工程技术人员为未成年人讲解数字资源利用和网络安全的相关知识；9月，开展计算机基础操作培训，培养农家书屋管理员电脑操作能力。另外，分乡镇举办9期农家书屋管理员培训，提高管理员的业务水平。

【“区第十届未成年人读书节”】 5月14日，在东市街小学启动“区第十届未成年人读书节”，近5000人参加。活动以“我读书 我智慧 我快乐与好书为伴，和梦想同行”为主题，内容丰富多彩，包括“阅读伴我成长”读书征文活动、“我的梦想之旅”手抄报评比、书签制作、“读书之星”评比、“社会主义核心价值观教育、好书伴我成长”主题班会等活动，意在培养未成年人的阅读兴趣以及良好的阅读习惯。

【“阅读推广”活动】 开展“阅读推广”读书活动——“轻松阅读，快速记忆”走进新狮街道下裴村农家书屋，活动旨在鼓励家长和孩子一起阅读，让孩子在阅读中开启智慧，分享他们的阅读内容和心得，培养阅读兴趣，形成良好的阅读习惯。

【“移动图书”阅读推广】 区图书馆推广全民阅读，免费开通“婺城区移动图书馆”；完成农家书屋出版物配送更新，更新图书22831册，报刊7958份。区图书馆分别走进竹马、乾西、琅琊等乡镇推广数字阅读服务，现场为村民安装“移动图书馆”阅读客户端，村民看书将更加方便快捷。

【“我的书屋我的梦”征文活动】 9月，以“我的书屋，我的梦”为主题开展读书征文活动，发挥农家书屋作用，促进农村少儿课外阅读，丰富学生的假期生活。金华市婺城区金师附小徐骅颜同学获2014年暑期“我的书屋，我的梦”农村少年儿童阅读活动全国小学组优秀征文。（陈佳丽）

非物质文化遗产保护工作

【概述】 区文化体育新闻局高度重视非物质文化遗产保护工作，以非遗普查数据为基础，以项目、传承基地、传承人三位一体保护为重点，以非遗展演、展示活动为载体，非遗保护工作取得了一定的成效。全区有省级代表性名录1个、市级代表性名录14个、区级代表性名录48个；有市级代表性传承人6人、区级代表性传承人12人；省级教学传承基地1个、市级教学传承基地2个，市级非遗传统节日传承基地1个；区级传承基地8个。

【构建非遗项目、传承基地、传承人三位一体的保护体系】 2014年，婺城区把非遗保护项目、保护基地、传承人三位一体的保护体系的构建作为非遗保护工作重点，公布《白沙老爷传说》等14个项目为婺城区代表性非遗名录，做好区第三批非遗传承人、第二批公盛酱油、婺城棕编待10项非遗传承基地申报准备工作。开展婺城棕编技艺培训讲座，学习体验婺州窑传统制作技艺、婺城剪纸、婺城漆画技艺，体验婺城传统游戏（滚铁环、跳房子、投壶）

等，培训传承人300余名。

【美丽非遗百村文化礼堂行活动】 根据上级部门安排，成立婺城茶罐、婺城漆画2个非遗项目研究所，举办"非遗赶大集体"活动。在开化等12个村级文化礼堂举办非遗展示、展演活动，通过展牌、讲座、培训、展示、展演等形式加强婺城非遗的宣传工作。营造非物质文化遗产保护氛围，实现非遗保护人人参与，非遗成果人人共享的效果。

【非遗进校园系列活动】 注重非遗传承保护载体的创新，通过学校开展非遗传承保护是很有效的方式。分别在胜利小学、东市街小学、白龙桥小学、琅琊小学、蒋堂小学、竹马小学开展"非遗进校园"系列活动，通过创建教学传承基地、传承人与学校签订传承协议、组织"寻梦婺州窑"为主题的非遗文化探寻游学等活动，做好婺城非遗保护传承工作。

【非遗项目保护传承】 在汤溪镇厚大村首次将失传数百年的抢头杆活动进行传承保护，并创建传承保护基地；在柳湖花园授牌成立婺州茶罐窑研究所；在婺城新区奥林匹克花园创办婺州窑传承基地。12月17日，在雅畈镇举办"铜山斗牛"活动，引来数千游客专程前来观赏，使"铜山斗牛"活动得以传承下去。 （朱明升）

文物保护工作

【概述】 区文物办坚持"保护为主，抢救第一，合理利用，加强管理"的文物工作方针，转变工作作风，深入基层调查研究，文物保护工作取得一定成绩。通过与相关部门单位协调、配合，确定了农村散落历史建筑保护点的维修项目，对雅畈镇罗芳桥胡氏宗祠、石楠塘古建筑、安地镇寺口邵氏宗祠、安地花厅、新垅申公墓牌坊、雅干龙王庙、乾西乡栅川于氏宗祠、竹马乡白竹诸葛宗祠等文物保护单位（点）进行抢救性维修或加固。4月，婺城区发现2处古墓，区文物办按照相关程序报批，配合市文保所对这两处古墓进行抢救性发掘。婺城区全国第一次可移动文物普查工作按照国家和省文物局要求开展。

【文物维修保护】 7月4日，区文物办工作人员会同雅畈镇党委分管领导、镇文化站站长，通过实地走访检查、座谈，研究落实近期雅畈镇文物保护方面需解决的问题：修补前期断裂的石楠塘牌坊檐檩；将军殿屋面渗漏严重，由雅畈村负责修缮，文物部门给予适当补助；由王氏后裔对王夫人墓——陈氏墓进行修缮，雅畈镇政府、村委会负责陈氏墓的安全；罗芳桥村胡氏宗祠主体倾斜严重，存在重大安全隐患，需要整体大修。根据要求，委托金华元泰建筑设计有限公司对胡氏宗祠进行修缮方案设计，在维修方案通过审核后，完成施工图设计，并尽早帮助落实维修经费，使胡氏宗祠早日得到修缮保护。在完成维修之前，应立即停止村老年活动室的活动，确保文物和人员安全。

【文物安全工作】 文物安全工作是文物工作的重点，2014年，区文物办开展多次安全检查。为确保文保单位的消防安全、防止重特大火灾事故的发生，按照区文体局《关于开展深化安全生产大排查大整治专项行动的通知》、金华市文物局《关于印发全市文物系统今冬明春"清剿火患"工作实施方案的通知》和《关于开展重大火灾隐患集中整治专项行动的通知》文件精神，年内由区文体新局分管局长带队，联合区文物监察大队，对安地、雅畈、沙畈、塔石、长山、白龙桥等乡、镇的文保单位（点）进行安全大检查。重点检查文保单位（点）内的消防设施设备是否正常运行、电线是否安装阻燃套管、有无堆放储存易燃易爆物品和安全管理制度是否落实等情况，检查情况总体良好。

婺城区20处文物保护单位中有12处涉及房屋类，65处文保点中有23处涉及房屋类。在日常的安全检查中，发现很多文物保护单位（点）存在火灾安全隐患，有的文物保护单位（点）未设置灭火器，或有灭火器但已经失效，而且多年来整改一直不到位。为了消除隐患，区文物办向财政部门申请经费，统一购置灭火器，8月下旬，文物办工作人员冒着高温，逐个送到各个文物保护单位（点）并安装在恰当的位置。

区文物办与业余文保员签订文物保护管理责任书，并落实部分工作经费。根据全区实际情况，征求有关乡镇、村的意见，充实、调整了部分文物保护单位的管理人员。8月,区文物办与17个文物保护单位的业余文保员签订了文物保护管理责任书,为做好全区的文物保护单位管理工作打下了组织基础。但多年来,全区的业余文保员不辞辛苦,兢兢业业,任劳任怨,为婺城区的文物保护工作做了大量的工作,却从未有分文报酬,这对稳定文保员队伍和发挥文保员工作积极性产生一定消极影响。为此,区文物办想方设法筹措资金,给文保员发放少量补贴,为文保员做了点实事。

【考古发掘】 4月21日,新狮街道沙溪村附近浙江金衢丽天然气管道施工现场发现个古墓,但没有墓志铭和墓碑,未发现有价值文物。26日,浙江师范大学校园内一苗圃施工现场发现一古墓。5月4日至6日,对古墓进行发掘清理。这处古墓坐北朝南,为长方形单室墓。墓室内有大量青灰砖残块堆积,墓壁有涂抹过白灰迹象,墓室前半(南)部已损毁,该墓早年已被盗挖。墓室中仅在北壁前发现两件残小碗及一些墓砖,从年代看,这是一处南朝古墓。尽管此次发掘出土器物不多,但历史文化内涵丰富。墓中的砖饰纹样非常精美,十分少见。通过铭文砖记,可以确定该墓年代为南朝宋代年间(公元420年~479年)。从墓室形制来看,这是金华东晋末至南朝初年过渡期的工艺手法,对研究金华古城社会经济及人文历史提供了重要的研究资料。

【可移动文物普查】 经区普查办摸底调查,全区有国有单位738家,申报可移动文物线索3万多项。上半年,对本行政区域内的可移动文物进行认定,根据国家统一规范和技术标准对列入普查范围的各文物收藏单位,开展文物测量、拍摄、信息数据资料采集和登记,将文物信息通过可移动文物信息管理平台联网上报。（徐　毅）

体　育

【概述】 为进一步提高全民体育和健身意识,增强人民体质,区文体新局面对新形势结合全区实际,完成各项工作任务。2014年,婺城区体育设施建设不断得到完善,全民健身活动蓬勃开展,竞技体育保持领先地位。继续做好体育创强工作。至年底,全区累计11个乡镇被评为浙江省体育强乡镇,2个街道被评为浙江省城市体育先进街道,17个社区被评为浙江省体育先进社区,9个社区体育俱乐部被评为浙江省社区体育俱乐部,15个村级体育俱乐部被评为浙江省村级体育俱乐部。累计完成小康体育村建设420个。以每年5月"全民健身月"和8月8日"全民健身日"为契机,以婺城区轮滑邀请赛、"舞动婺城"少儿拉丁舞大奖赛、武术比赛、健身排舞大赛、"相约石宫"休闲垂钓大赛、"相约石宫"登山比赛等精品赛事为载体,开展全民健身活动。大力发展体育特色学校和各项目训练网点。青少年体育常抓不懈,出色完成体育中考工作,积极参加省、市各项比赛,并取得众多佳绩。

竞技体育

【概述】 以提高婺城竞技体育水平和浙江省第十五届运动会为金华市争光为目标,坚持求真务实,开拓创新,以"发现和培养体育后备人才,全面推进全民健身运动,促进体育事业的发展"为着力点,顺应形势的新变化、人民群众的新期待、体育事业发展的新格局,着力解决业余训练,体育后备人才的培养,全民健身等问题,并结合党的群众路线教育实践活动,推动婺城区体育事业发展。

【参加省第十五届运动会】 四年一届的浙江省第十五届运动会是浙江省规格最高、规模最大、水平最高的青少年体育盛会。按照积极备战、认真参赛的要求,派出婺城最强阵容,参加各项赛事。

10月13日~21日,参加浙江省第十五届运动会网球比赛,获1枚银牌,代表队获得体育道德风尚奖。

10月19日~27日,参加浙江省第十五届运动会男子足球(甲组、乙组)锦标赛,均获第七名,代表队获得体育道德风尚奖。

10月23日~28日,参加浙江省第十五届运动会田径项目比赛,获7.5枚金牌(全省90个县、市、区排名第一),总分208.5分(全省90个县、市、区排名第一)。婺城区代表队在浙江省第十五届运动会中共获15.61枚金牌,全省排名23名,奖牌35.61块排名29名,总分552.6分,全省排名19名。金牌数、奖牌数、总分均列金华市第一名。

【全年赛事】 1月20日~25日,组队参加第34届"迎春杯"浙江省青少年(儿童)游泳锦标赛。获得3枚金牌,2枚银牌,6枚铜牌。

8月,参加金华市游泳比赛,以73枚金牌、总分1200分的成绩获金牌、团体总分双冠军。

8月2日~8日,参加2014年全国体育项目学校游泳比赛,获1金1银。

11月,参加金华市青少年田径锦标赛以37枚金牌、总分705分的成绩获金牌、团体总分双第一。

学校体育

【概述】 大力发展体育特色学校和各项目训练网点,多所学校被市教育局、市体育局命名为体育特色学校,推进了全区学校体育稳步前进。青少年体育抓重点,以金华五中、婺城中学、婺城小学、箬阳小学等足球定点学校为主体,开展校园足球运动。婺城区游泳队在2014年金华市少年儿童游泳锦标赛上以82枚金牌、39枚银牌、28枚铜牌、总分1374分的优异成绩获得金牌数第一名、总分第一名两项桂冠。田径是婺城区的重点项目,也是青少年体育的金牌大户,在省运会上获得8枚金牌,在市青少年田径锦标赛上获得23枚金牌。加强区体育运动学校与市少体校合作,重点抓好运动员的选苗和训练,组队参加省、市青少年田径运动会。

6月3日~6日,举办第六届中小学生乒乓球比赛,29个代表队171名运动员参赛。金华五中、金华四中、金华十七中获初中男子团体第一、二、三名;金华五中、琅琊初中、金华十中获初中女子团体第一、二、三名;金师附小、琅琊小学、塔石小学获小学男子团体第一、二、三名;琅琊小学、金师附小、长山小学获小学女子团体第一、二、三名。

7月29日~31日,举办第七届中小学生游泳比赛,18个代表队83名运动员参赛。初中组团体总分一至三名:金华四中、金华九中、青春中学;小学组团体总分一至三名:红湖路小学、环城小学、青春小学。

10月14日~17日,举办第十四届中小学生田径运动会,49个代表队550名运动员参赛。初中组团体总分一至三名:金华四中、金华九中、婺州外国语学校;城区小学组团体总分一至三名:站前小学、金师附小、环城小学;乡镇小学组团体总分一至三名:婺城小学、乾西小学、白龙桥小学。

11月11日~14日,举办第四届中小学生足球比赛,17个代表队284名运动员参赛;初中男子组一至三名:金华五中、青春中学、婺城中学;初中女子组一至三名:青春中学、婺城中学、金华十六中;小学男子组一至三名:箬阳小学、新世纪学校、站前小学;小学女子组一至三名:婺城小学、箬阳小学、白龙桥小学。

11月18日~21日,举办第九届中小学生篮球赛,25个代表队423名运动员参赛。城区初中男子组一至三名:金华四中、金华五中、青春中学;城区初中女子组一至三名:金华四中、青春中学、金华十八中;乡镇初中男子组一至三名:金华十中、婺城外国语、婺城中学;乡镇初中女子组一至三名:蒋堂初中、婺城中学、金华十中;城区小学男子组一至三名:金师附小、环城小学、青春小学;城区小学女子组一至三名:金师附小、青春小学、北苑小学;乡镇小学男子组一至三名:婺城小学、白龙桥小学、乾西小学;乡镇小学女子组一至三名:白龙桥小学、婺城小学、蒋堂小学。

群众体育

【概述】 继续做好体育创强工作,至年底,白龙桥镇、竹马乡、乾西乡、雅畈镇、长山乡、琅琊镇、蒋堂镇、罗店镇、莘畈乡、塔石乡、沙畈乡被评为浙江省体育强乡镇,城西街道、城东街道被评为浙江省城市体育先进街道,青春路社区、横街口社区、浙师大社区、四牌楼社区、通园社区、桃园社区、八咏楼社区、二七社区、凤翔社区、凤凰山社区、柳湖社区、红湖路社区、河盘桥社区、玫瑰园社区、祝丰亭社区、金奥社区、郑岗山社区、华电新村社区、站前社区等17个社区被评为浙江省体育先进社区;青春路社区、横街口社区、浙师大社区、四牌楼社区、八咏楼社区、双龙社区、玫瑰园社区、金奥社区、祝丰亭社区等9个社区体育俱乐部被评为浙江省社区体育俱乐部;竹马乡东宅村、白龙桥镇临江村、乾西乡幸福村、蒋堂镇沙畈村、长山乡石门村、雅畈镇汉灶村、汤溪镇峰边村、罗店镇罗店村、琅琊镇浩仁村、莘畈乡方家村、沙畈乡银坑村、乾西乡坛里郑村、沙畈乡石宫村、塔石乡上塔石村、雅畈镇雅畈二村等15个村级体育俱乐部被评为浙江省村级体育俱乐部。

【群众体育竞赛】4月19日,举办浙江省第二届全民体育节婺城区少儿拉丁舞大奖赛,20支代表队、600多人参加比赛。

4月26日,举办浙江省第二届全民体育节沙畈石宫休闲登山活动,208人参加。

7月5日～6日,举办婺城区第二届轮滑邀请赛,170人参赛,最小的选手年龄仅5岁。在开幕式表演中,8名世界冠军登场献艺,其中包括前世界排名第一的韩国轮滑选手俞金颂(音译)。

8月19日,浙江省第二届全民体育节暨婺城区首届健身排舞大赛在金华市婺城区文化馆举行,来自婺城区各个乡镇、街道11支排舞队同台竞技。城东街道获健身排舞和文化礼堂排舞2个一等奖;城西街道、城中街道、罗店镇、乾西乡获得二等奖。

10月25日～26日,在金华市体育馆举办婺城区第二届东成杯传统武术比赛暨少儿散打邀请赛,共有35个代表队503名运动员参加比赛。

(徐 斌)

老年体育

【概述】2014年是婺城区老年体协换届后的第一年,新一届老年体协以扩大老年人参加体育健身为出发点和落脚点,从人力、物力、经费上向各基层老年组织倾斜,支持各基层老年体协组织开展各类、各项目的邀请赛、循环赛,鼓励基层开展各项活动,丰富基层活动内容,调动基层老年体协组织的积极性。组织中老年朋友开展科学健身和旅游活动,做到科学、健康、安全,有序推进全区老年体育工作,提高老年朋友参加锻炼人数和扩大体育健身面,为推进全区老年体育发展和社会稳定发挥了积极作用。

【小康型老年人体育示范村(社区)复查】年初,区老年体协部署全区乡镇、街道创建小康型老年人体育示范村(社区)复查验收工作。从4月开始,区老年体协先后对城西、城中、城东、城北、新狮街道,白龙桥、安地、罗店、雅畈、蒋堂、琅琊镇,乾西、长山、竹马、莘畈、沙畈乡的77个行政村(社区)进行复查验收。从复查验收情况看,各乡镇、街道及村(社区)领导重视,专管干部认真负责,组织有序,队伍健全,充分体现各小康型老年体育示范村(社区)老年人参与体育锻炼热情,反映全区老年人热爱体育的良好精神风貌。

【项目比赛和展示活动】3月28日,区老年体协在市老年人体育活动中心举办全区门球赛,罗店、白龙桥、雅畈、琅琊镇、乾西、竹马乡发、城区老年体协门球队80多名运动员参加比赛。城区代表队、乾西乡代表队、琅琊镇代表队分获第一、二、三名。

4月6日,在市人民大会堂举行的浙江省第二届全民体育节暨婺城区柔力球、健身球展示活动上,来自全区20个乡镇、街道、机关部门204人参加展示。经评选,8个代表队获优胜奖,10个代表队获优秀奖,2个代表队获组织奖。

5月29日,区老年体协在市社区服务中心举办全区老年人乒乓球团体赛,21个乡镇、街道、区直机关和退教协会老年体协选派160余名选手参加比赛。经过激烈的比拼和决夺,城西街道、城中街道、新狮街道、退教协会、白龙桥镇、城东街道、乾西乡和岭上乡老年体协代表队分获前八名。

5月30日,组队参加在兰溪市举行的浙中县(市、区)乒乓球友谊邀请赛。

9月25日,在市人民广场举办浙江省第二届全民体育节暨婺城区第二个老人节文体展示活动,全区19个乡镇、街道、区机关才体协、教退体协等21个单位、750多人参加,展示了24式太极拳和佳木斯快乐舞步。

10月14日～15日，浙江省第二届全民体育节暨“得乐康米糠油杯”2014年浙江省第三届健身排舞总决赛在德清县体育中心举行。比赛设青年组和中老年两个组别，婺城区派出16名队员参加中老年组的比赛，平均年龄58岁，是此次参赛队伍中平均年龄最大的运动队。获规定动作特等奖，自选动作一等奖，并获排舞大赛唯一一个常青奖。

11月1日，选派代表队参加在浙江师范大学举行的金华市区直属单位老年体协乒乓球邀请赛，取得第二名的好成绩。

11月11日，全区各单位老年体协组织8000余名老年人参加全国老年人健步走大联动活动。

区老年体协组织健步走

【市第五届老年人体育运动会】 金华市第五届老年人体育运动会于3月份开幕，婺城区组队420多人参加8个项目的比赛和展示。

3月21日，选派10名太极拳选手参加市第五届老年人体育运动会集体太极拳（剑）和个人42式太极拳2个项目的比赛，获集体太极剑优秀奖、个人42式太极拳第二名。

4月9日，选派8名运动员参加在永康市举行的市第五届老年人体育运动会乒乓球比赛，取得团体第五名。

4月28日～29日，组队参加在义乌市举行的市第五届老年人体育运动会门球比赛，获第九名。

5月9日～10日，选派12名选手参加在武义县举行的市第五届老年人体育运动会柔力球操比赛，获得集体项目优秀奖，个人项目第四名。

5月21日～22日，选派男、女代表队参加在东阳市举行的市第五届老年人体育运动会气排球比赛，女子代表队获得第二名，男子代表队获得第四名。

7月11日～12日，选派15人参加在金华望江宾馆举行的市第五届老年人体育运动会健身球操比赛，荣获优胜奖。

9月22日～24日，市第五届老年人体育运动会中国象棋赛在市体育馆举行，婺城区选派了4名男女选手参加比赛。

11月10日～11日，选派15名选手参加在市体育馆举行的“健身秧歌表演赛”，获优胜奖。

11月12日，市第五届老年人体育运动会闭幕式在市体育馆举行，区老年体协组织110名运动员参加广场舞“舞动中国”“佳木斯快乐舞步健身操”“24式太极拳”“第五套健身球操”4个节目表演。同时，组织200多名观众参加了闭幕式。

【老年体育健身项目业务培训】 6月12日～13日，区老年体协对各乡镇、街道、区机关及退教协会60余名专管干部和业务骨干进行创建小康型老年示范村（社区）和特色项目申报业务培训，使他们了解创建、申报特色项目、建立资料台账等知识，提高和规范申报资料的完整性。

为迎接10月举办的浙江省第二届全民合格率节暨区庆祝第二个老人节文体展示活动，倡导科学健身理念，提高山区乡村健身人口，从6份起，区老年体协先后派出5批次、10多名教练员和业务骨干到沙畈、箬阳、莘畈、岭上、塔石等山区乡村进行讲课，帮助山区乡村进行太极拳、健身球操、乒乓球、佳木斯快乐舞步健身操等业务培训，参加人数500多人次，推动山区乡村老年体育的开展。

3月11日，区老年体协在金华市社区服务中心举办中医保健养生知识讲座，由城中街道社区服务中心党支部书记戴一渊医师担任主讲。来自城东、城中、城西、城北、新狮5个街道和区直机关老年体协的70多名中老年朋友参加听课。

【旅游活动】 为丰富老年人精神生活和提高老年人生活质量，至年底，15个乡镇、街道、退教及区机关老年体协组织124批次、6976名老年人参加旅游活动。

【信息工作】区老年体协办有工作简报，全区性主要活动和展示均在简报上刊登，反映全区老年体协开展活动情况，交流经验和信息。区老年体协工作简报每季一期，至年底，各单位投稿情况如下：琅琊镇9篇，雅畈镇9篇，白龙桥镇4篇，退教体协3篇，新狮街道3篇，城中街道2篇，城西2篇，城东街道、蒋堂镇、长山乡各1篇。

（覃亚萍）

科学技术

【概述】婺城区坚持“自主创新、重点跨越、支撑发展、引领未来”的科技工作方针,围绕中心工作,实践科学发展观,组织实施技术创新工程,营造自主创新良好环境,培育和升级自主创新主体,发展高新技术产业,加快推动农业科技进步,为区域主导产业转型升级、促进经济结构调整提供科技支撑。全区科技工作被市委、市政府评为2014年度党政领导科技进步目标责任制考核优秀单位。

推进技术创新工程,申报并认定市级以上创新主体、创新机构33家,比2013年同期增加4家。2014年新列入市级以上科技项目53项,其中国家级8项、省级18项、市级24项。推荐省科学技术奖3项(技术发明奖1项、科技进步奖2项),市科学技术奖13项、合作奖1项,新增省级特派员3名。

农业科技成效明显,新增省级农业科技企业2家、市级2家,农业研发中心1家;新列省农业成果转化项目2项、市级5项;新列省科技特派员项目7项;新增科技特派员示范基地2家。国家富民强区项目“奶牛产业关键技术集成与推广”和省新农村建设科技示范试点项目实施成效明显。

科技合作取得实效,全年收集技术难题50项,建立技术难题库,对技术难题分行业进行分类,做好企业与高校院所科技合作的对接工作。

知识产权工作取得新进展,新增专利示范企业6家。获市专利实施奖4家,其中一等奖1家、二等奖1家、三等奖2家。全区专利申请量2131件,授权量1490件,同比分别增长17.3%和13.1%。其中,发明专利的申请量504件,授权量157件,同比分别增长17%和7.5%。

科技计划

【概述】围绕婺城区工业、农业和社会事业重点产业发展,集中精力抓一批重大重点项目,加强对传统产业的改造,提升优势产业水平,引进农业新技术、新品种、新设施,优先发展电子信息、生物医药、汽摩配等行业项目。

【科技富民强区专项行动】婺城区奶牛养殖历史悠久,素有“中国南方奶牛乳品之乡”之称,经《奶牛产业关键技术集成与推广》专项行动计划一期(2010—2013年)的实施,在奶牛良种比例、饲养管理技术、资源循环利用、奶业服务体系建设等方面有明显的改善。奶牛粪便污染问题也得到一定程度的解决,但距离“五水共治”?目标仍有较大距离。

区科技局新申报富民强区专项行动把奶牛养殖业的污水治理、推进生态循环养殖模式作为重点实施内容,通过引进先进的科技治水技术,加大环保饲料制备、除臭、排泄物回收等减量化生产技术、无害化处理技术、生态化治污新技术的推广力度,强力推行“牧-沼-草-牧”和“牧-沼-果(稻、菜、树、菌、鱼)”等立体生态种养模式。区科技局选择金华市一康农业发展有限公司奶牛场等2家奶牛养殖量1500头的牧场,开展探索“农牧结合、种养平衡、生态循环”的新型农牧结合循环生产模式的试点,逐步取代传统线性生产模式。改造提升原有5家有机肥厂,新建1~2家有机肥厂,使全区规模场奶牛牛粪收集面达100%。

【科研项目】新列国家级科研项目8项(其中国

家火炬计划3项、星火计划4项、国家富民强区专项行动计划1项)、省级18项、市级24项、区级28项。项目包括先进装备制造业、电子信息、新能源、新材料、新能源汽车、生物医药、节能环保七大新兴产业以及农业、食品加工等传统产业。通过项目的组织实施,加快科技成果转化和产业化。以项目带动企业自主创新能力的提高。

由婺城区政府承担组织实施的科技富民强区后续项目“奶牛产业提质增效工程”被国家科技部正式立项,获得国家、省财政补助资金235万元。

奶牛产业提质增效工程项目投资预算2100万元,实施期为三年。项目主要实施:推广集中挤奶、TMR饲喂、散放饲养方式等奶牛养殖的转型升级关键技术;推广奶牛场干粪生产有机肥,污水厌氧发酵后就地消纳和异地消纳技术;强化奶牛投入品管理和原料奶收集、贮运环节的质量监制,开展奶站安装视频监控试点,新建、改建原料奶检测实验室各1个;推进高端乳制品的研发和加工能力的提升工程,提高乳品的附加值。

该项目计划在生产装备设施化、牧场养殖生态化、原料奶质量安全化、乳制品高端化、奶业经济可持续发展等五方面达成目标。项目完成后,全区奶牛产业将新增产值3.216亿元,新增利税2500万元;新增就业岗位1000个,带动农民增收3680万元。

婺城区2014年国家级立项科技计划项目一览表

表5

项目名称	申报单位	计划类别
自适应通信协议双模式智能配变监控终端	浙江八达电子仪表有限公司	国家火炬计划
第三代工程车变速器研发及产业化项目	浙江万里扬变速器股份有限公司	国家火炬计划
基于GPS/GPRS技术的车联网智能终端	浙江中科正方电子技术有限公司	国家火炬计划
美洲鲥鱼工厂化循环水高效养殖技术应用与示范	金华市唐丰农业科技发展有限公司	国家星火计划
猪圆环病毒病防治关键技术示范与推广	金华市施比龙生物科技有限公司	国家星火计划
克氏原螯虾与淡水鱼循环套养技术示范推广	金华市红丰农业开发有限公司	国家星火计划
水稻工厂化育秧及机插关键技术示范与推广应用	金华市琅新粮食专业合作社	国家星火计划
婺城奶牛产业提质增效工程	金华市婺城区	国家富民强区专项行动计划

婺城区2014年省级立项科技计划项目一览表

表6

项目名称	申报单位	计划类别
基于全水力碎浆和高压成型的纸浆模托盘研究与开发	金华市捷特包装有限公司	省科技型中小企业技术创新项目
基于双重控制脱除蜡基体系黏结剂的高精度环保型金属注射成形技术及制品的研发	浙江一火科技有限公司	省科技型中小企业技术创新项目
KFX5H大功率空气能热水器紊流换热关键技术研究与开发	浙江阳帆节能开发有限公司	省科技型中小企业技术创新项目
管基一体异形钢筋混凝土排水管	浙江巨龙管业股份有限公司	省级新产品试制计划

续表6

项目名称	申报单位	计划类别
大型装配式柔性接口一体化综合管廊	浙江巨龙管业股份有限公司	省级新产品试制计划
HPDQ500立体保温电饭煲	浙江红牌智能电器制造有限公司	省级新产品试制计划
HPZN非正常双重保护电饭煲	浙江红牌智能电器制造有限公司	省级新产品试制计划
特色水果品种引进与示范	塔石乡人民政府	省派科技特派员扶贫项目
沙畈乡茶花繁育基地建设与示范	沙畈乡人民政府	省派科技特派员扶贫项目
速生竹柳种植示范与推广	莘畈乡人民政府	省派科技特派员扶贫项目
早熟无核葡萄及设施栽培轻简化技术示范与推广	琅琊镇人民政府	省派科技特派员扶贫项目
金华箬阳优质肉牛生态养殖技术应用推广	箬阳乡人民政府	省派科技特派员扶贫项目
浙中大棚蔬菜周年高效种植模式应用与示范	乾西乡人民政府	省派科技特派员扶贫项目
竹马精品茶花园建设	竹马乡人民政府	省派科技特派员扶贫项目
振宁黄鸡配套系引进及推广示范	金华市伟鹏土鸡产业开发有限公司	省农业成果转化项目
适宜绿化杜鹃花新品种中试与示范	金华市永根杜鹃花培育有限公司	省农业成果转化项目
葡萄新品种与省力节本增效的新技术研究示范与推广	婺城区	团队科技特派员项目
金华肉牛产业核心技术集成与应用	婺城区	团队科技特派员项目

婺城区2014年市级立项科技计划项目一览表

表7

项目名称	承担单位	计划类别
三类新药盐酸头孢卡品酯颗粒的工艺及临床研究	优胜美特制药有限公司	重点
功能化改性聚烯烃滚塑专用料的研发及产业化	金华市捷特包装有限公司	重点
大批量定制环境下人体假肢接受腔的数字化设计及应用研究	金华市德仁假肢矫形康复器材有限公司	重点
LNG船液货舱钢板智能缝焊机的研制及产业化	浙江金华巨能电子科技有限公司	重点
大功率电动车智能总线电控系统的研发与应用	浙江金开电子技术有限公司	重点
汽车高级驾驶辅助系统研发与应用	浙江中科正方电子技术有限公司	重点
低温固化防火阻燃粉末涂料研发及产业化	浙江超浪新材料有限公司	重点
变速器壳体再制造技术的研发与应用	浙江万里扬变速器股份有限公司	重点
高内含物金线莲资源收集及品质提升关键技术研究示范	金华市荆龙生物有限公司	重点
液氨熏蒸防控灵芝杂菌污染及其安全高效栽培关键技术研究	金华市益康真菌研究发展有限公司	重点
油橄榄新品种引进筛选及其栽培技术研究与示范	盛博奥集团有限公司	重点

续表7

项目名称	承担单位	计划类别
杂交鲟遗传档案建立及配套养殖技术研究	金华市加宝丽生态渔业有限公司	一般
病死猪新型无害化处理方式的应用研究	金华市宏业畜牧养殖有限公司	一般
“冷水甲鱼”特色养殖模式示范及品质控制关键技术研究	金华市绿谷清泉生态养殖专业合作社	一般
林下香菇周年生产栽培技术研究及示范	金华市高益蔬果专业合作社	一般
油茶林间套种高效栽培技术示范	塔石乡吴庄村经济合作社	一般
脑电双频指数监测评估肺性脑病患者预后的应用研究	婺城区第二人民医院	社卫一般
荷斯坦牛杂交利用技术的应用及产业化	金华市一康农业发展有限公司	市农业成果转化项目
茭白、莲藕和菱角主要病虫关键防控技术集成与示范推广	金华市小彩粮油机械化专业合作社	市农业成果转化项目
水稻钵形毯状秧苗机插技术转化与示范推广	金华市琅新粮食专业合作社	市农业成果转化项目
婺江丝雨茶加工技术与产品质量提升中试与示范	金华市白龙山茶场	市农业成果转化项目
菜用甘薯品种“薯绿1号”的示范推广	金华市然兰蔬菜专业合作社	市农业成果转化项目
婺城区琅琊镇水稻害虫生态防控示范基地	金华市琅新粮食专业合作社	特派员基地
婺城区长山乡设施蔬菜种植示范基地	金华市然兰蔬菜专业合作社	特派员基地

科技创新

【概述】 继续扩大科技工作覆盖面，引导和鼓励规模以上企业加大研发投入，加快向科技型企业转变步伐。重点培育一批具有自主知识产权、研发能力强，在区域和行业中具有示范作用的高新技术企业和创新型企业，加强辐射带动作用。引导、鼓励骨干企业普遍建立技术研发机构，已建立的企业进一步规范、提升研发机构的档次和水平。全年认定市级以上创新主体、创新机构33家，比2013年同期增加4家。其中，国家(省级)高新技术企业3家，省农业科技企业2家，市高新技术企业5家，市农业科技企业2家。新增高新技术研发中心7家(其中省级2家、市级5家)、市农业研发中心1家。

【创新主体培育】 新增省级高新技术企业3家：浙江万里扬变速器股份有限公司(重新认定)、浙江超浪新材料有限公司、金华市德仁假肢矫形康复器材有限公司；新增省级农业科技企业2家：金华市永根杜鹃花培育有限公司、浙江天丰生物科学有限公司；新增市级高新技术企业5家：优胜美特制药有限公司、浙江精深实业有限公司、金华市强盛生物科技有限公司、浙江六环电线电缆有限公司、金华市新华齿轮有限公司；新增市级农业科技企业2家：浙江金手宝生物科技有限公司、金华美和食品有限公司。

【研发机构】 组建省级高新技术企业研究开发中心2家：捷特绿色包装技术省级高新技术企业研发中心、欧仑汽车尾气催化净化技术省级高新技术企业研发中心；市级高新技术研究开发中心5家：金华市金开电子高新技术研究开发中心、金华市精工多功能工具柜高新技术研究开发中心、金华市超浪功能粉末涂料高新技术研究开发中心、金华市精深高效电动工具高新技术研究开发中心、金华市阳帆空气能热水器高新技术研究开发中心；市级农业科技研发中心1家：金华市天丰生物农药科技研究开发中心。

科技合作

【概述】 3月初，区科技局组织骨干力量，深入40多家科技企业开展技术咨询和技术诊断，征集研发过程中的技术难题。深入企业调查摸底，收集技术难题50项，并建立技术难题库，对技术难题分行业进行分类，为企业牵线搭桥，进一步促成企业与院校所的科技合作。对企业正在洽淡协商的科技合作项目，区科技局积极做好服务和协调工作，进一步促进签约项目科技成果的转化实施。

【科技服务】 4月4日，区科技局举办婺城区农业企业与金华市农科院科技对接会，30家农业企业与市农科院8个所20多名专家主动对接，进行科技合作。

7月8日，婺城区召开科技特派员工作会议，省、市派驻婺城区科技特派员，省团队科技特派员近40人参加。全区有省、市科技特派员17人，覆盖全区农村乡镇。各级特派员利用自己的技术优势，结合特色，指导农民实施新技术，引进新品种、新设施，注重产业规模化的生产，培育建设的基地成为当地农民种养业的示范基地。对当地特色农业产业发展做出了积极贡献。

全区科技特派员协助建立基地23个，面积533.33公顷，累计产值达1.8亿元。婺城区已有6个由科技特派员作为技术指导的农业种养基地认定为市科技特派员示范基地。

7月底，区科技局组织市农科院的蔬菜、水果、植保等相关专家、科技特派员到联系乡镇莘畈乡进行实地考察，对土壤、水质、地形地貌等进行专业分析，提出适宜发展种植的蔬菜和水果，为乡镇农业发展提供新的思路、模式，得到联系乡镇领导的重视。8月初，根据乡镇种植大户的意愿和需求，协助联系乡镇组织有意愿的近20位种植大户、村民对有特色的水果基地和农业基地进行参观学习。

【市第十四届工科会】 区科技局协助市科技局共同开展市第十四届金华市工科会，组织企业开展5场“走出去”对接活动，先后走访杭州、内蒙古、成都、南京、上海等地科研院所，实施科技对接活动。开展“请进来”先进技术对接专场活动3场，邀请北

2014年7月8日，召开婺城区科技特派员工作会议

京理工大学、上海技术物理所、合肥工业大学等相关院校专家参会展示和发布先进科技成果，组织企业参会洽谈，并实地考察部分技术需求对口企业。工科会期间区参会企业与有关院校所达成科技合作项目8项，合同标的480万元。

科技成果

【概述】 2014年，全区有7项成果获金华市科学技术奖。其中浙莱恩农业有限公司的“半收割机远程监控系统开发与应用”获二等奖，金华市金开电子科技有限公司的“车转速比自适应智能汽车仪表的研发”、浙江万里扬变速器股份有限公司的“WLY5T41(1041)/5T46(1046)自卸车变速器”、浙江时通电气制造有限公司“KYN44-24(Z)/T2500-25铠装移开式交流金属封闭开关设备”、浙江八达电子仪表有限公司的“DTZY242三相费控智能电能表”、金华市莱逸园环保科技开发有限公司的“基于等离子体技术的固体废物处置及示范工程建设”、金华市双宏化工有限公司的“新型黑色喷墨染料的研发”获三等奖。

知识产权工作

【概述】 区科技局按照示范区的有关要求，逐

步建立点面结合、层次分明的知识产权工作体系，提高知识产权创造、运用、保护和管理水平，增强自主创新能力。宣传自主创新扶持政策,帮助企业分析形势，把握方向，研究对策，用好扶持政策，促进企业提高科技创新意识和增强自主研发能力。完善落实专利激励政策，加大专利宣传培训力度。重点做好专利授权、专利实施和专利示范企业等奖励政策的落实工作。提升专利执法水平，依法保护专利权人的合法权益。

【知识产权宣传与服务】年初，区科技局对全区200多家规模以上企业和拥有专利的中小企业开展知识产权状况调查。通过调查旨在进一步深化知识产权工作，促进相关政策措施的贯彻落实。区政府重新修订和增加专利补助政策，对辖区内的企业或企业法人开展专利授权补助，着重奖励发明专利授权，鼓励发明人创新创造热情。3月18日，我局与市科技情报所共同合作开展了“中小企业知识产权托管工作培训会”，为区中小企业的知识产权工作提供免费的咨询、维权服务，还为企业免费派发专利管理软件。联合市科技情报所,对婺城区中小微企业开展知识产权托管服务工作,免费为企业提供专咨询、挖掘、前景分析等服务。年内有10余家企业进入托管服务行列。4月4日，召开展“农业科技企业与市农科院科技对接会”。通过牵线搭桥，促成5家企业与农联院达成了合作意向，既为农业科技企业提供最新的农业科技成果，又为农科院科研人员提供实验基地。与市知识产权维权援助中心合作，在区科技局挂牌设立知识产权维权援助中心工作站，开设12330-1受理工作录音电话。工作站负责做好知识产权举报投诉的受理、登记、移交、督办和反馈，保证举报投诉及时进入处理程序。

【专利示范和项目申报】2014年，全区新增专利示范企业6家(其中市级4家、区级2家)。获市专利实施奖4家，其中一等奖1家、二等奖1家、三等奖2家;获区专利实施奖3家。

【专利申请和授权量】通过政策引导和扶持，婺城区专利申请量和授权量逐年成倍增长。2014年，专利申请量2131件，授权量1490件，分别比去年增长17.3%和13.1%。其中，发明专利的申请量504件，授权量157件，分别比去年增长17%和7.5%。申报量增长全市排名第一。

(何金峡)

民 政

【概述】2014年，区民政工作围绕区委、区政府中心工作和区重点惠民实事，深入开展党的群众路线教育实践活动，坚持“以民为本、为民解困、为民服务”宗旨，严格对照目标任务，夯实工作基础，注重措施落实，城乡社会救助体系进一步完善，救灾救助工作成效明显，社会福利事业蓬勃发展，全面落实优待抚恤政策，基层政权建设成效明显，社会事务管理规范有序，各项民政事业稳步推进。

【养老服务体系建设】推行“政府引导、社区主体、社会资助、统分结合”的新型农村居家养老模式，2014年，全区完成新增城乡社区居家养老服务照料中心建设120家，居家养老服务照料中心在纯城市社区已实现全覆盖；对符合政府购买服务条件的老人，建立一人一档案的“8890”居家养老电子信息数据库，实现养老服务动态化管理。市区现有政府购买服务对象645名；培训家庭养老护理员1800人次，增强养老服务队伍专业素质；发展机构养老，批准成立婺城区第一家民营养老机构祥安康乐园，拥有床位100张。

【城乡低保】开展社会救助专项整治活动，核减低保家庭463户、671人，同比核减11%，核减低保边缘重度残疾生活补助对象188人，同比核减27%，核减低保边缘助医、助学、助困对象227户、380人，核减超龄孤儿13人，协调建立“一门受理、协同办理”的基层服务平台。成立区居民经济状况核对中心，推进申请救助家庭居民经济状况核对工作。2014年，对1100名申请社会救助对象开展家庭经济状况核对，检出对象678人；至年底，全区在册低保对象3454户、4995人(城市643户、872人，农村2811户、4121人)，全年发放低保救助金1597.53万元。

【医疗救助】全区按人均13元筹集落实医疗救助资金，全年实施城乡医疗救助8731人次，发放医疗救助金654.67万元。全面推进重特大疾病医疗救助工作，提高医疗救助标准，市区低保对象和重特大疾病医疗救助比例提高至65%。

【救灾救济】做好汛期的抗灾救灾工作，2014年，全区因台风、洪涝等自然灾害共造成223865人受灾，农作物受灾面积12752公顷，倒塌房屋196间，直接经济损失27087万元。区民政局启动自然灾害救助应急响应，实行24小时值班和灾情零报告制度，及时准确做好灾情统计和灾后救助工作。加强避灾安置场所建设工作向省厅申报改扩新建避灾安置场所6个，至年底，已建设完成并通过验收。全区累计建成避灾安置场所171家，可容纳20420人。有12个社区(村)获得国家级或省级综合减灾示范社区荣誉称号。其中，国家级10个，省级2个。

【孤儿、困境儿童】调整孤儿养育费发放标准，?2014年，市区福利机构养育的孤儿基本生活费达到1345元/月，比2013年增加50元/月，社会散居孤儿基本生活费810元/月，比2013年增加33元/月。全区发放80名孤儿和困境儿童基本生活费138.67万元。将市区父母双方不能完全履行抚养和监护责任的事实无人抚养困境儿童(父母双方均存在失踪、死亡、服刑、重残或长期患重病情况)和困难家庭中的重病残儿童纳入儿童福利保障范围，全年新增困境儿童19名。

【慈善活动】登记成立区慈善总会，开展“2014年慈善温暖行动”、慈善助学系列活动，发放慈善救助金165万元；春节和老人节期间走访慰问2000余人(包括敬老院)，送出总价106万元的慰问品和慰问金。

【优抚抚恤】做好重点优抚对象定补款发放及物价补贴发放工作,全年发放定期补助款4242人次、1179.07万元,物价补贴3375人次、3.58万元;做好义务兵优待金计发工作,全年向372名义务兵家属发放优待金570.9万余元;做好带病回乡退伍军人认定工作;做好残疾军人医保参保工作;完成167名新增年满60周岁农村籍退伍军人认定及2014年度老年生活补助费发放工作,计3568人次、129.6万元;做好优抚对象解困和下岗志愿兵救助工作,全年下拨"三难"补助款86.13万元。

【双拥共建】春节、八一期间,走访慰问驻婺部队官兵、老优抚对象,发放慰问金58万元;做好军队无军籍退休退职职工接收工作;组织召开军(烈)属座谈会,下拨春节座谈会经费3.09万元;做好烈士墓整修工作,在烈士纪念日走访9户烈士遗属,发放慰问金1.8万元;做好省双拥模范城区创建工作,4月通过省双拥领导小组的考核,获省双拥模范城区的光荣称号。

【退伍安置】接收2013年冬季退役士兵185名,其中,有182名退役士兵领取了生活补助金,发放补助金294.2万元;3名退役士兵安排工作(2人安置进金华监狱工作,一名八级因战残疾军人安排进事业单位工作)。同时,做好推进退役士兵职业技能培训工作。

【城市社区建设】做好城市社区建设工作指导,创新社会治理工作,加强社区专职工作者队伍建设,提高基本工资标准。按照分级培训的原则,组织社区书记、主任培训。至年底,城市社区专职工作者中执有全国社会工作职业资格证书的39人,面向社会和农村在职"村官"招聘社区专职工作者20人,配强社区工作者队伍。完善社区基础设施,做好社区工作经费保障工作,2014年社区建设工作经费(含社区居委会干部津贴)按每百户8000元的标准(市、区两级财政按1∶1的比例承担)核拨,全年下拨社区正常工作经费700.86万元。

【农村社区建设】谋划布局定点,完成创建工作任务,建成农村社区服务中心42个,经检查验收合格市级示范农村社区建设点20个和省级专项资金补助建设点8个,超额完成市级示范农村建设任务。采用"以奖代补"的方式,下拨资金235万元,推进农村社区基础设施建设;加强对农村社区的培训指导,合理整合利用资源,促进农村社区建设规范化运作。

【村(居)民自治和民主管理】指导全区村(居)委会换届后续工作,推进村(居)务公开,从公开内容、公开形式、公开时间、公开程序4个方面加强完善管理,始终把村(居)务公开和民主管理工作作为一项"民心工程"来落实。健全完善民主管理、民主决策、民主监督制度,促进村(居)务公开工作经常化、制度化、规范化。开展村(居)事务"三多"清理工作,通过清理,机构牌子同比减少30%,规章制度减少31%,考核台账减少8%。

【地名区划管理】开展由婺城区牵头的婺城、兰溪行政区域界线联检工作;做好金西3镇地名相关资料的移交工作;推进地名规范化建设工作;完善路门牌设置工作。2014年,全区市级农村社区统一制作规范标准的路门牌1936块,婺城新区规范路门牌760块。

【殡葬管理】全面推行农村公益性生态公墓建设,利用清明等节日多形式宣传生态葬法,提高生态葬法覆盖率。启动长山乡、白龙桥、安地镇3个乡镇公益性生态公墓建设,全区已新建农村公益性生态公墓12个,累计投入农村公益性生态公墓建设资金2000余万元,生态葬法行政村覆盖率达93.5%。配合做好市重点项目罗店镇的尖峰山高档休闲生活区的坟墓搬迁工作。

【社会组织管理】坚持培育发展和监督管理并重的方针,推进社会组织规范化建设,社会团体成立登记6家、变更登记6家,民办非企业单位成立登记46家、变更登记16家、注销登记1家,完成对83家社会团体、177家民办非企业单位的年检;做好社会组织党建工作。

【婚姻登记】2014年,办理结婚登记5851对,离婚登记1883对,出具无婚姻登记记录证明12107人次。

【收养登记】做好收养登记工作,建立依法收养、登记的长效机制,杜绝违规和不合法的收养要求,保护收养人和被收养人的合法权益,全年办理收养登记48件,解除收养登记1件。

【福利企业管理】全区有福利企业11家，做好福利企业的日常督查及资质认定工作，加强安全生产管理，开展安全生产标准化创建工作和“冬日送温暖，夏日送清凉”等关爱残疾人系列活动。

【老龄工作】全区有60周岁以上老年人78853人，占全区总人口的20.7%，至年底，百岁以上老人6人。全年制发老年优待证9435张，其中，绿卡6451张、红卡2984张，历年累计做证148234张。老人节组织慰问6位百岁老人、部分困难老人及3所敬老院的孤寡老人，送出慰问款10万余元。

【水库移民后期扶持】完成水库移民项目库建设并定期更新；开展移民监测评估工作；完成水库移民2014年度项目申报工作，100多个项目列入计划并付诸实施，总投资4694万元；婺城区连续5年评为全省水库移民工作优秀县(市、区)。

（蒋晓怡）

2014年婺城区百岁老人名单一览表

表8

姓名	居 住 地	出生日期	性别	年龄
周岩友	城北街道凤凰山社区居委会	1908.09.18	男	107
洪阿全	城东街道八咏楼社区居委会	1913.10.28	女	102
黄岳友	城西街道二七花园社区居委会	1913.10.31	男	102
方凤仙	雅畈镇竹园村	1913.11.23	女	102
顾 珍	城西街道河盘桥社区居委会	1914.05.09	女	101
申小竹	琅琊镇泉口村	1914.05.05	女	101
周爱贞	城北街道祝丰亭社区	1915.2.21	女	100
乐爱雪	城北街道站前社区	1915.3.15	女	100
罗珠香	竹马乡东宅村	1915.4.18	女	100
王秀英	新狮街道柳湖花园社区	1915.6.30	女	100

财政 税务

财 政

【概况】2014年,婺城区实现生产总值232.10亿元,同比增长7.0%。其中,第一产业增加值13.09亿元,增长2.6%;第二产业增加值69.50亿元,增长6.1%;第三产业增加值149.51亿元,增长7.8%。三次产业结构比调整为5.7∶29.9∶64.4。全区人均生产总值60844元,增长6.9%。城镇居民人均可支配收入38318元,增长9.0%;农村居民人均纯收入16366元,增长10.8%。财政总收入32.59亿元,同比增长8.84%。其中,区级公共财政预算收入7.73亿元,增长9.29%,占全区财政总收入的比重为23.7%;区级公共财政预算收入中的税收收入7.73亿元,占比100%。公共财政预算支出18.17亿元,增长14.01%。当年财政收支平衡。

【组织财政收入】区财政局关注宏观经济和企业经营状况变化,研究财税政策调整对财政收入的影响,完善税收预警机制,强化收入预测分析,提升收入预测精准性。加强重点税源管理,组织开展以房地产业、建筑施工企业等为主要对象的税源调查,实施税源专业化管理。做好引企增税工作,壮大企业主体,新增亿元企业4家,完成"个转企"145家,"小上规"14家。加大出租房税收代征工作力度,实行定期巡查、进度通报和问题研讨等制度。全年完成税款征收9820户,征收税费1196.09万元,同比增长35.12%。加强非税征管,印发《关于完善市区非税收入征管模式的通知》,建立非税收入管理机构,做好非税收入管理下放后的各项准备工作。全年非税收入1.28亿元,增长5.4%。

【服务经济发展】加大经济扶持力度,组织企业向市财政申报补助资金3758万元,向区财政申报补助资金7851万元。筹集设立1亿元企业应急周转金,累计周转6875万元。帮助企业向市财政申请应急周转金贷款2.73亿元。加快高端人才引进,安排人才工作专项经费1440万元,培养引进国家、省"千人计划"人才各1名,入选"双龙计划"人才项目3个。投入人才房采购资金719万元。人才工作专项经费达1440万元。做好市区各类人才住房保障工作,对基层就业购买商品住房的高校毕业生分别给予1000元/月~3000元/月不同额度的购房贷款贴息。实施"四破"(破僵尸企业、破围墙圈地、破低效用地、破既得利益)专项整治,强化"亩产税收"理念,收回土地30.07公顷,盘活98.8公顷,消化批而未供土地76.4公顷,处置低小散企业162家。推进招商引资工作,引进内资项目39个,到位资金16亿元;外资项目4个,实到外资1043万美元;浙(婺)商回归项目21个,到位资金8亿元。

【致力"三农"发展】2014年,全区公共财政预算农林水事务支出3.22亿元,增长9.8%。支持"两区"发展,投入资金1703万元建设粮食生产功能区16个,投入资金3847万元建设现代农业精品园4个。做好婺城区无害化处置中心、山区经济发展项目、第六批小农水重点县等项目的申报工作,争取省、市资金3.74亿元。安排区财政资金4500万元推进美丽乡村建设。申报一事一议财政奖补项目86个,争取省财政奖补资金2293万元。推进山区扶贫,争取各类补助资金4708万元。继续实施小额扶贫贷款,发放小额贷款1464万元,新建资金互助组2

个。拨付全区3万余户种粮农户农资综合直补资金1054.49万元。

【保障民生事业】坚持民生导向，落实省、市政府重大民生事业资金保障。全年民生支出14.99亿元，占总支出18.17亿元的82.48%。支持教育文化发展，安排教育事业费支出4.30亿元，同口径增长8.3%。公共财政安排资金932.45万元用于5所薄弱学校改造、43所学校校舍维修、5个塑胶操场改造、1.32万平方米校园新建项目等工程。推进文化惠民，设立农村文化礼堂及农家书屋专项资金400万元。推进医疗卫生体制改革，初步制订卫生系统经费补助管理办法，建立多渠道补偿机制。完善基本医疗保障制度，提高合作医疗财政补助标准，原个人缴费部分从300元的提高到500元，财政补助从320元提高到1200元；原个人缴费部分从100元的提高到300元，财政补助从320元提高到700元。加大社会保障支持力度，安排社会保障和就业支出1.55亿元。完善社会救助体系，发放各类救助款2519万元。新建居家养老服务照料中心120家、农村社区服务中心42个，五保对象集中供养率达98%。加大生态建设投入力度，保障"五水共治"投入，安排财政资金2亿元，整合涉农专项资金，实施治水项目23个。推进农业面源污染治理，拨付畜牧业污染整治资金1.36亿元。

【深化财政改革】加强预算管理，按"全口径"预算要求试行编制年初预算。落实控制压缩政策，会同区监察局制订《婺城区部门单位2014年"三公"经费预算方案》，出台"三公"经费、会议费、培训费管理办法，建立"三公"经费月报制度。全年"三公"经费支出下降33.6%。其中，公共财政支出下降30.2%。加强乡镇财政建设，开通所有乡镇、行政村数字电视公开公示系统，将首批涉农补贴资金纳入信息管理，完成林区道路补贴资金平台全流程实质运行工作，通过平台发放到户资金48万元。推进预决算信息公开，完成部门预算及"三公"经费预算、财政决算的公开工作，信息公开部门达到50%以上。推进国库管理，全区19个乡镇、街道159家预算单位实行国库集中支付全覆盖，发放个人公务卡3791张，累计激活3217张，激活率84.86%。开展政府部门专项资金清理，摸清财政专项资金政策依据、设立时间、预算总额、使用情况等信息。试编权责发生制政府综合财务报告，明确政府综合财务报告的编制范围，摸清家底。

【强化财政监管】深化财政绩效管理改革，将绩效目标申报范围扩大到所有"发展建设类"项目和30万元以上"专项公用类"项目。全年各部门(单位)上报绩效目标项目245个，涉及金额13.18亿元。开展严肃财经纪律专项检查，按全区自查单位10%的比例，重点检查卫生、教育、城建、交通等部门的20家下属事业单位，涉及违规金额1831.51万元。开展"小金库"专项治理，对资产管理、现金结算和公务用车等方面存在的问题进行整改。组织行政事业单位《中华人民共和国会计法》执法检查。加强国资监管，开展国有资产产权登记，完成45家企业产权登记和产权转让、资产处置清查。全面清查区属48家机关单位、19个乡镇街道、52个事业单位、47个学校、21家医院的占有、使用和出租、闲置等房屋土地和公有房产出租情况。做好车改前的车辆调查工作。规范政府投资项目评审，全年完成138个工程预算项目审核，送审金额9.13亿元，审定金额8.15亿元，净核减金额9752.65万元，核减率10.69%。加强政府采购监管，全区执行政府采购预算6108万元，实际采购规模5238万元，节约资金870万元，资金节约率14.2%。

【加强队伍建设】区财政局开展群众路线教育，结合财税实际，以"为民理财促发展、务实清廉惠民生"为载体，开展"听民意、解民忧""学先进、树形象""微系列"服务等系列特色活动，完成学习教育、听取意见、整改落实环节各项工作。推进工作效能建设，制订《婺城区干部"慵懒散"专项行动工作》。落实议案、提案和信访件办理工作，全年完成议案、提案办理25件，"8890"便民服务平台交办件9件，省互动统一平台咨询件1件，满意率100%。强化党风廉政和作风建设，制订《金华市婺城区财政局推进构建惩治和预防腐败体系2013～2017年实施细则》《金华市婺城区财政局工作人员违反作风建设有关规定的处理办法》，明确违反作风效能建设行为的处罚措施。推进业务能力提升，丰富干部培训形式，组织全员参加财税大练兵活动。参加全市2014年财税系统辩论赛。开展学法用法网上考

试，提高干部依法行政能力。区财政局连续三年获得年度党政机关岗位目标责任制综合考核先进单位称号。（杨秀清）

税务

国税

【概述】 婺城区国家税务局下设综合科、监察室、税源管理一科、税源管理二科、税源管理三科、税源管理四科、税源管理五科。负责对所辖区域纳税人的监控、管理和有效服务，具体负责所辖纳税户税务登记及纳税申报的调查核实、进行税源预测和分析、重点税源管理跟踪监控、税收宣传、纳税辅导、税收调研、纳税服务、日常检查、户籍管理、政策送达、税源调查、定额核定、催报催缴、数据采集分析、组织实施纳税评估、发票管理、处理一般性违规违章行为等。

2014年，全区国税部门组织入库税收收入19.15亿元(不含年初已划转到市开发区局的金西三镇税收)，完成年初计划18.74亿元的102.19%，调整后计划的100.77%，同比增长10.31%。其中，增值税入库10.25亿元，同比增长0.52%；消费税入库3.9亿元，同比增长10.43%；企业所得税入库5亿元，同比增长37.77%；个人所得税入库0.3亿元，同比下降了70%。

分局先后荣获省国税系统文明单位、市文明单位等荣誉称号。

【落实税收政策】 围绕中心、服务大局，贯彻市局和区委、区政府的工作要求，不折不扣落实支持小型微利企业、出口企业、资源综合利用等税收优惠政策，建立减免税台账和跟踪问效制度。2014年，办理符合政策的小微企业654户，减免所得税215万元；办理出口退税40319万元，同比增幅10.45%；综合利用企业退税2926万元，福利企业退税2440万元。运用税收政策助力经济发展大局，配合地方政府开展“四破”工作，狠抓落实。开展“治砂清水”行动。安排专人负责，配合地方政府做好市区砂场招投标结束后的及时跟进工作，制订行业预警标准，实行行业化集中管理，受到区委、区政府主要领导的肯定。助推“小上规”企业发展，摸清企业经营状况，掌握企业发展动态，汇总企业疑虑诉求，及时为企业提供帮助，提高税收优惠政策的促进、引导效应。全年有14户工业企业纳税申报销售额达到2000万元，累计45家企业实现“小升规”。协助政府做好“二七”区块旧城改造工作，服务涉及近900户纳税人。抽调专人专项负责的同时充分利用各类网络平台、通讯平台，扎实做好纳税人有关拆迁搬移所涉及的税收政策宣传辅导，使纳税人及时知晓掌握税收政策内涵，避免不必要的税收风险。

【强化税收征管】 围绕“稳中有为”的总基调，针对重点和难点工作，按照有创新、有特色、有成效的“三有”原则开展落实，取得明显成效。规范行业管理。发挥以电控税的作用，完成350多户企业的工业电表号的清理。其中，混凝土行业、砖瓦行业、砂石、碎石行业查补入库增值税800.68万元。建立所得税行业预警机制，分行业进行分析并设立疑点监控台账，有选择地进行控制和管理。加强苗木行业监控，通过企业培训、加强发票控管、实地核查等方式减少虚开发票的风险，促进苗木行业健康有序发展。持续提高征管指标，全年各项指标均圆满完成。其中，财务报表采集率99.36%，高于考核指标9.36个百分点。针对趋紧的经济形势，建立欠税预警监控体系，年末欠税余额减少3.5%。组建风险应对团队，分解应对任务，明确责任分工，提高应对工作质效。进一步推进营改增试点工作，完成铁路运输和邮政业、电信业40户纳税人试点工作。加强增值税优惠政策管理力度，清理核查福利企业残疾人名册，清理核查固定资产抵扣疑点信息。加强企业所得税源头控管，主动宣传辅导，确保企业所得税年度准期申报率达100%。加强非居民税收管理，入库非居民企业所得税456万元，同比增长32.94%。

【推进依法治税】 分局贯彻省局出台的《基层单位税收执法风险防范手册》，推行税收执法风险防范管理系统，开展执法风险防范教育培训，增强干部的风险预警和自我防范意识。结合便民办税

"春风行动"，配合市局开展税收规范性文件合法性审查和文件清理汇编工作，依托税收执法信息管理系统，将各项执法行为纳入责任考核内容，全面落实税收执法责任制和执法过错责任追究制，全年税收执法正确率达99.91%。开展税收执法督察检查，抽调监察人员参与纳税评估过程，对税收执法、纳税服务、政策宣传、廉政建设等情况进行事前、事中检查监督，未发现重大税收执法过错。同时，开展个体双定抽查和税收执法自查工作。

【优化纳税服务】 树立"以纳税人为中心、视纳税人为客户"的服务理念，全心全意优化纳税服务。开展"便民办税春风行动"。严格落实"六提速一减负"工作要求，落实《全国县级税务机关纳税服务规范》(1.0版)具体要求，优化业务处理内容，简化办税审批流程，精简表证单书内容，集中审批涉税事项，缩短审批时限，加快服务方式转变，让"数据多跑腿，企业少跑腿"。优化"键对键""屏对屏""声对声"服务方式，打造"网络+电话+短信"的服务平台，通过门户网站、短信推送、电话咨询等方式开展纳税提醒、税法宣传、政策辅导、涉税咨询等涉税服务。全年累计通过"移动e管家"推送短信30506条。优化纳税服务体系，成立"一把手"任组长的纳税服务领导小组，组建由业务科室骨干为成员的"网络问税"咨询团队，健全纳税服务工作体系。制订下发"涉企岗位民主评议"实施方案，分解应对任务，形成上下联动、横向互动的工作格局。在税法宣传月中，先后开展"走遍婺城、服务先行、税法同行""税法宣传下乡入企进社区"等活动，根据不同企业的不同需求，举办电信业"营改增"政策培训、"新办企业所得税培训""苗木合作社税法、会计知识培训"等五类培训，培训人次近3000人。并针对建筑安装行业即将面临"营改增"的现状，联合正方集团举办由政府部门、行业协会、企业等多方参与的座谈会，组织策划的这期"正方报"，获得2014年度全省企业报税收宣传"优秀宣传专版"和"最佳通讯"。

【队伍建设】 开展文明单位和党建品牌创建活动，按时完成普法教育考试、管理干部综合素质培训以及税收数据应用技能培训工作，结合干部平时表现做好首年的"星级党员"评定工作，实现文明创建水平与队伍素质的良性互动。1人被市直机关工委评为党员进社区"服务之星"；12人次获得市局三等功；1人受嘉奖；在市局举办的征文、演讲、论文比赛中更是屡屡获奖。同时，通过文明创建，拓展"税法有度 服务无限"品牌内涵，促进党建品牌的提档升级。分局被评为省级文明单位，党建知名品牌正准备进行公示。开展社会公益活动。全年筹集水泥120吨，帮助河盘桥社区、蒋堂田甫村、塔石壁下村、琅琊徐村、莘畈方家村等扶贫结对点进行建桥铺路、修造水渠；发动干部踊跃为"五水共治""慈善一日捐""党员关爱基金"捐款22880万元；开展"党员进社区、点亮微心愿"活动，购买书包、书籍、文具用品等礼物，帮助河盘桥小学生满足微心愿，不断提升婺城国税的社会形象。开展党的群众路线教育实践活动。成立教育实践领导小组及办公室，下发活动方案，召开动员大会。组织开展集中学习，统一思想认识，通过"请进来、走出去"等方式征求各类意见39条；聚焦"四风"，领导班子及班子成员认真查摆问题，查摆班子问题17个，班子成员14个；开展"三轮"谈话谈心活动，召开民主生活会和组织生活会，开展民主评议党员工作。针对查摆出的问题制订整改方案，做到立行立改。至年底，均已整改到位，切实做到有部署、重落实、出成效。开展"巩固深化拓展"主题活动，始终保持"永远在路上"的精神状态，深化整治反"四风"，推动集中反"四风"改作风转为经常性的作风建设，以作风建设新常态推动税收事业新发展。建立健全廉政防控机制，层层签订廉政建设责任书，实施"三书两报告"制度，建立"横向到边，纵向到底"的责任体系，增强各级领导干部的"一岗双责"意识，形成齐抓共管的整体合力。补充和完善管理员外出、车辆使用、请销假制度。强化廉政新规学习，对八项规定执行情况继续做到"月报告""零报告"。开展执法禁贪、服务禁懒、管理禁散主题活动，从思想上提高干部队伍整体拒腐防变能力；开展违规兼职、投资入股、经商办企业专项检查、"三清三查"和专项整治工作，加强劳动纪律和效能纪律检查，确保干部队伍的平安。做好今年税收津贴补贴规范落实后的干部思想政治工作，确保在不影响干部工作积极性的前提下，保证国税干部队伍的稳定性。

（余 静）

婺城税务

【概述】 2014年9月,金华市地方税务局对所辖分局进行征管区域调整。按照与行政区域相一致的原则,原江北分局调整为婺城分局,征收范围为婺城区(不含开发区)6个镇8个乡5个街道,计33000余户纳税户。婺城分局现有干部职工58人,其中,正式干部39人,协税员19人。分局秉承"均衡入库、持续增长、优化结构、调控有力"的工作方针,以组织收入为中心,强化税收分析,深化纳税评估工作,有效加强重点税源的税收征管,难中求进,力保分局税收收入的平稳增长。

2014年组织税费收入29.46亿元,同比增长8.48%(同口径),其中,税收收入(不含耕契)16.09亿元,同比增长8.21%,非税收入13.37亿元,同比增长8.8%。社保基金累计收入11.66亿元,同比增长9.87%。

【税收征管】 分局以组织收入为中心,群策群力挖掘税源,确保收入任务完成。落实税收优惠政策,做好各项减免税工作。加强税收分析预测,做好每月收入分析、预测和调控,全面分析影响税收收入的因素。做好重点税源监控,将单户税源波动大、流动性强的房地产业和建筑业列入监管重点,建立对房地产和建筑业项目的监管制度,实现税收管理的项目化。加强欠税管理。将欠税催缴工作列入分局下半年重点工作。召开个体工商户税收定额核定民主评议会9次,共对2295户(次)个体工商户进行税收定额核定(调整)工作;做好"国地共管户"结算。制订《关于进一步加强欠税管理的若干意见》,出台9项措施,通过严格执缓缴审批制度,电话短信催缴、按季发放《责令限期改正通知书》,加强欠税检查,实行以票控欠压缩欠税。2014年,清缴欠税及滞纳金达2000多万元。加大纳税评估力度,依托"税友龙版",深化龙版应用,校验相关菜单的有效性和实效性,提高工作效率,进一步拓展评估要素,提高纳税评估准确度。开展盈余积累向个人投资者转增股本个人所得税核查工作,责成自查企业16户,重点核查企业9户,补征个人所得税326万元;自查补税100万元;大企业风险应对及省局要求的纳税评估项目,补缴税款501万元;企业所得税后续管理,补缴企业所得税400万元。

【优化纳税服务】 分局以换位思考的方式,了解纳税人需求,以纳税人需求为导向,在依法治税的基础上提供真心服务。在普遍服务基础上优化个性服务,推行"套餐式"服务、深化24小时自助办税服务、拓展网上办税功能等方式,为纳税人提供多元化办税服务渠道,实现纳税服务新突破,促进纳税人满意度和税法遵从度的双提升。开展涉税行政审批提速专项行动,推进"窗口受理、内部流转、即时(或限时)办结、后续监管"的一站式涉税事项办事工作模式。优化业务前移和导税制度,完善大厅软硬件设施和错时服务制度,备齐种类便民必需品,提高窗口开窗率。通过各职能科室密切配合,减少部分业务的审批事项、审批环节和前置条件,切实达到提高效率,提增效能,提升绩效。

【队伍建设】 开展党的群众路线教育实践活动,按照市局要求,落实第二阶段的各项活动内容,将教育实践活动贯穿于分局的各项业务工作中。推进效能建设。以完善绩效考核机制为抓手,加强干部职工业务水平和操作技能的学习培训,提高干部职工学习工作的质量和效率。结合岗位责任制考核办法和纳税服务之星考评办法,加大对干部职工的量化考核力度,提高干部职工的工作积极性。继续抓好"五星党员"管理,按照市直机关工委统一安排,推广"纳税人之家"党建知名品牌,完善"五星党员"管理、评比、奖励机制,充分激发党员干部干事创业热情。做好"全国文明单位"复评工作,将各项争创活动与分局中心工作有机结合,通过真抓实干、内外联动、社会参与、征求意见等形式,创造性地开展各项工作,发挥全体干部职工的能动作用和争创意识,提高工作效率,优化纳税服务。

(徐晓捷)

开发区税务

【概述】 2014年9月22日,根据金华市地方税务局机构调整文件,原金华市地方税务局江南税务分局更名为金华市地方税务局开发区税务分局(简称分局),征管范围为开发区行政区域范围内的4个街道(江南街道、三江街道、西关街道、秋滨街道)及4个乡镇(苏孟乡、汤溪镇、罗埠镇、洋埠镇)。分局配备干部职工78人,其中干部47人,协税员31人。

2014年,分局学习贯彻党的十八大三中全会会议精神,践行党的群众教育路线实践活动,加强组织建设和作风建设,围绕组织税费收入中心工作,开展以"为民 务实 清廉"为主题的系列活动,按照"一手抓税收、一手抓队伍"的工作要求,切实提增效能,提升绩效,提高效率,税收征管和纳税服务水平有了新的提高,各项工作取得良好实效。

分局全年组织各项收入375820万元,同比增收10257万元,增长2.81%。其中,地方税收收入(不含耕、契两税)累计入库211341万元,同比增收8030万元,增长3.95%;社保基金收入累计入库143780万元,同比增长968万元,增长0.68%;地方水利建设基金累计入库7011万元,同比增长621万元,增长9.71%。

【税费收入】完成所得税汇算清缴、年度税费结算、社保费汇算清缴申报工作。2013年度应汇算清缴户数为3172户,实际已汇算户数为3017户,申报率为95.43%,汇算应缴企业所得税8567.69万元。社会保险费6412户,已申报6054户,申报率为94.42%。

做好个人年收入12万元以上个税申报工作,在申报中注重两手抓,一手抓数量,一手抓质量,各项工作落实到位。2014年,全区年所得超12万元自行申报人数为3887人,同比增长7.1%。其中,应补税款人数30人,应补缴税款1054199.68元,已补交926973.67元。

做好注销、退税审核、房产过户和股权转让工作,全年注销企业305户,补缴税费及滞纳金87.84万元。有83户企业申请退税、费,经审核上报市局确认应退税费864.92万元。办理股权变更手续427户,补税111.03万元。

加强"个转企"工作,设立"个转企"专窗、加强"个转企"政策学习、宣传,将"个转企"相关税收政策在日常工作中进行宣传,及时解答纳税人的疑问。全年完成130户"个转企"登记。

强化欠税(费)催缴清理,确保收入及时足额入库,对所有欠税户进行逐户电话提醒,及时书面通知,对大户必须送达2次《责令限期改正通知书》。对符合阻止出境的10户企业法定代表人实行阻止出境。对欠税较大的房地产企业进行清理,通过与相关部门协商,理顺各方关系,开创性地对其房产进行财产保全,以确保税收不流失。对各管理员每月欠税清理情况进行通报,了解清欠进度,强化欠税力度,促进欠税尽早清理。按规定对符合欠税公告的企业进行公告,制作公告文书,按各级等次进行公告。

落实优惠政策,做好支持小型微利企业的发展,通过汇算清缴,享受高新技术企业10家企业,减免金额2089.09万元,与2013年同期2332.63万元相比,减少243.55万元;技术开发费加计扣除事项备案19家,2013年技术开发费加计扣除金额7789.04万元,残疾人员工资加计扣除备案58家,残疾人员工资加计扣除金额为2743.75万元。为支持小型微利企业的发展,分局有小型微利企业备案107家,优惠企业所得税38.4万元。

根据市局提供的国税定额核定信息及发票使用情况,做好2014年度双定户结算工作。对国地税共管双定户结算694户,补缴税款104.92万元。纯地税双定户结算应结算1187户,已结算1101户,结算申报率为92.75%,补缴税(费)款18.13万元。

【税收征管】开展"四破"专项整治工作,从2月20日起,对市区工业用地情况进行调查。第一阶段对808户有地制造企业调查,至年底,除1户企业由于法定代表人在省外工作,无法采集资料外,其余807户企业已保质保量完成。第二阶段对1362户无地制造企业进行调查,完成1346户调查工作,完成进度为98.85%。通过本次专项工作,淘汰低效用地企业,倒逼企业转型,促进经济又好又快地发展。

做好双定户转申报企业工作,对辖区内所有的"双定"户进行全面梳理,对符合月核定营业额在10万元以上的个体户按规定转查账征收,并对其他符合条件的个体户需转查账征收的进行辅导及清算,全年转查账征收的双定户119户。

深化《税友龙版》软件推广应用,推进廉政效能风险防控建设。自2013年7月《税友龙版》廉政效能风险防控模块上线运行以来,安排专人负责该模块运行的监督检查工作,并要求全体人员及时、全面、熟练地掌握运用。截至9月底(机构调整前),该模块产生风险2502项,已消除2502项,风险消除率为100%。

根据市局征管范围调整工作安排,做好税收征管范围调整工作,落实好数据迁移、发票票证缴销、税字号的维护、应急系统数据补录等各项工作。对辖区应调整出去的企业和应接收的20965户纳税人财政认定片区、企业注册地址等信息进行核对清理,及时清理系统中的待办事项和调整后的数据测试比对,并且利用网络、短信、电话等手段及时告知企业。在征管范围调整后,及时做好金西延伸申报点的协调工作,对上门办理的延伸点的业务正常受理并及时将办理情况移交给延伸点,便于后续管理。

【纳税服务】深化办税服务综合管理系统应用,分局采取如下措施:努力改善办税服务综合管理系统各项数据,提早五分钟上班叫号,避免上班前的票号等候时间过长问题。叫号优先,实行其他业务在闲时办理,叫号办理优先于任何其他业务,避免因办理其他业务造成纳税人等候时间过长现象。辅导审核优先,优化整合导税与取号功能,实现到达窗口就可办理,减少等候与办理时间。

4月,在第二十三个税收宣传月中,创新税收宣传,和谐征纳关系。开展"金华晚报小记者走入地税"、宣传片播放、"行业办税专家行"等活动,为辖区内税源重点行业的纳税人送上最新的税收政策,积极回应企业关心、社会关注的税收重点热点,提高纳税人的纳税遵从度。

推广应用"税企通"纳税服务平台,该平台集"热线咨询、视听辅导、网上沟通、投诉维权、监督考核"为一体,分局指定专人在工作日进行在线答疑,纳税人可通过"税企通"服务平台进行在线咨询,缩短征纳距离,提高征管效率。

开展便民办税春风行动,在办税大厅配备轮椅、老花镜、手提袋等便民设施,为方便纳税人随时办理涉税业务,办税大厅在原有的延时服务,提前服务基础上增加了中午值班制度,切实落实群众路线教育以及便民办税各项要求,提升纳税人满意度。

为迎接全国纳税人满意度调查,分局开展第三方信息调查,提高纳税人满意度。选取6000户企业进行电话回访,向纳税人征求意见建议,从而不断改进服务质量;召开行风监督员座谈会,各行风监督员听取分局在组织收入、纳税服务、队伍建设等方面的汇报,对分局各项工作给予肯定的评价,并提出不少建设性意见;召开人大代表、政协委员座谈会,邀请20名人大代表、21名政协委员到分局开座谈会,听取代表们对分局工作的意见建议,切实改进工作作风,提升服务质量;召开乡镇(街道)企办人员政策辅导会,宣传近期优惠政策,考虑纳税人诉求,解决企业难题。

【创新工作】施行"弹性上班制",助推服务升级,针对纳税人办事时间普遍较机关上班时间提前的情况,分局广泛征求纳税人意见,本着服务纳税人的宗旨,更大限度地方便纳税人,在保留"午间值班制"的基础上,及时推出"弹性上班制",安排办税大厅一半工作人员下午提前半个小时上班,以满足纳税人的实际需求,受到纳税人的普遍好评。自8月份该措施实行以来,累计接待纳税人850人次,受理涉税业务1100多项。

全面开展质量复核,提升工作品质,围绕提高数据处理质量,分局总结经验,通过对数据监管的事前辅导、事中跟踪、事后监督,"化繁为简",制订规范化操作指引,促进税务人员质量意识的全面提升。截至9月25日,分局审核修改数据104700多条(次),清理户数23145户,户数清理率达83.97%,差错修正率76.08%,各项数据位列市本级各分局前茅。

面对欠税情况不断增长的态势,分局面对欠税执行再出重拳,在全市首先推行用税收保全来清理欠税举措。作为全市范围内首例实施税收保全的案例。税收保全是对欠税者的一种警示,也是分局对欠税清理新模式的探索,既有效防止税款的流失,又增强纳税人依法纳税的意识,维护了税法的尊严。

【作风建设】根据市委、市政府要求,开展办公用房管理改革及公务用车改革。开展"三思四问"大讨论及"我和先进找差距"座谈会活动,思考"我是谁、为了谁、依靠谁",围绕"四个是不是"和"四个怎么干"。通过"树立身边先进典型 弘扬社会正能量”活动，牢固树立以人为本、群众至上的价值观和立党为公、执政为民的执政观。春节前夕，局领导带头前往安地镇西周村，开展“联村帮户、结对帮扶”活动，从群众最关心、最需要的问题入手，帮助实际困难。4月中旬，分局局长带队到阳光社区开展“党员进社区、点亮微心愿”活动，认领微心愿14个，帮助贫困户解决实际生活问题，送上党组织的关怀和地税干部的一片爱心。开展“慵懒散奢”专项整治活动，通过采用局长日常检查制和聘请社会人员担任监督员不定期抽查制两种制度，狠抓全体干部职工纪律作风。根据市局群教路线活动第二阶段活动安排，在分局内组织全体党员开展党性分析会及民主生活会，剖析自我，对比分析，查找自身以及同事存在的问题，真诚负责地开展批评与自我批评。达到了红红脸、治治病的效果。

贯彻落实党风廉政建设责任制，签订《党风廉政建设责任书》，严格执行《中国共产党党员领导干部廉洁从政若干准则》，将党风廉政建设与业务工作同部署、同检查、同落实，并列入年终考核。邀请公安部门专职讲师，开展“公民法制教育”专题讲座。对职务犯罪、民事犯罪、刑事犯罪以及相关法律条文进行系统的讲解，培养全体干部职工的法治意识，做到遵纪守法、认真履职。开展警示教育、廉政谈话和组织观看廉政录像片，通过学习教育提升全体干部职工廉洁自律意识，树立正确的权力观、利益观和地位观，提高拒腐防变能力。

（宗亚青）

汤溪税务

【概述】汤溪地税分局成立于2001年3月，主要负责管辖金西开发区及汤溪镇、罗埠镇、洋埠镇、蒋堂镇及塔石乡、岭上乡、莘畈乡等一区四镇三乡范地税征管工作。内设4个科室：计会征收科、综合业务科、管理科和办公室。有工作人员24人，平均年龄35岁，是一支年轻有活力、充满凝聚力的队伍。

分局以“建一流班子，带一流队伍，创一流业绩，树一流形象”为目标，以市委、市政府“思想大解放，作风大转变”主题实践活动与“先锋服务窗口”创建为契机，以学习型组织建设为载体，以加强作风建设、提高干部队伍整体素质为基础，提升征管水平、纳税服务质效，完成税收中心工作。分局先后获得省级文明单位、巾帼文明岗，市级文明单位、巾帼文明岗、共产党员示范岗，最佳办税服务厅等荣誉称号。纳税服务质量、服务效率及服务水平得到社会特别是纳税人的肯定，纳税人满意率逐年上升，均达到98%以上。

2014年10月1日，因金华市地方税务局征管机构调整，金华市地方税务局汤溪税务分局成建制调整为金华市地方税务局金东税务分局，办公地点从汤溪镇搬迁至金东区光南路，征管范围变更为金东区多湖街道、东孝街道、曹宅镇、赤松镇、塘雅镇、澧浦镇、岭下镇、江东镇、源东乡“六镇二街一乡”。与婺城区脱钩。

【税收征管】分局以提高税收征管水平为主，优化纳税服务水平为辅，推动分局组织收入的工作。至9月30日（机构调整前），分局组织各项税费27898.17万元，同比增长19.76%。其中，税收收入（不含契耕）10124.63万元，同比增长42.89%；社保基金入库13415.45万元，同比增长25.29%。

在日常征管方面，加强税务登记，夯实征管基础。至9月底，新办税务登记374户，变更登记204户，注销登记59户；加强龙版数据日常清理，无效过时信息及时修改；加强新办税务登记的税种认定、定额核定工作，做到当月新办当月认定；加强发票管理，发票按期缴销率保持100%；加强日常税收执法责任制考核，对纳税人行政处罚合计166户，提高纳税人遵从度。

在重点征管方面，做好企业所得税汇算清缴备案类审核，规范企业所得税核算管理，办理小微企业认定6户，残疾人工资加计扣除18户，研发费加计扣除1户，财产损失扣除2户；加强年所得12万元以上个人所得税申报管理，分局已申报人员49人，圆满并超额完成申报任务；继续实施工程项目税收精细化管理，加强与土地使用税、房产税税源的比对促进房土两税征管；开展定额执行期结束后的结算工作，加强对双定户管理，已申报结算459户，申报率100%，结算补缴税款22.88万元；推进“个转企”工作，1-9月完成“个转企”企业43户；做好社保费零申报清理工作，清理194户次，转非缴费单位70

户,降低社保费零申报率10个百分点,使得社保费年度结算申报率为99.64%,位居市本级分局前列。

推进"四破"行动,分局根据市局的统一安排,以1:1的配比组成4个组,责任分解到人,分片区对列入调查范围的269户企业进行逐一走访调查。通过此项行动,核实辖区内各企业的房屋土地使用、能源消耗、生产经营等基本情况;通过与《税友龙版》里的信息比对,做好数据的归集、整理、录入和上报工作,夯实税源基础;同时,为企业送政策、送服务,开展"我为企业办实事"难题征集活动。

【优化税收发展环境】 在纳税服务方面,除加强岗位技能培训外,通过开展办税服务大检视活动,对特殊情况急需办税的纳税人提供特殊时段服务,新增午间值班制度和补正承诺制度,方便纳税人办事。同时,进一步梳理涉税事项,对21项涉税事项推行"免填单"。

在税收宣传方面,紧靠"便民办税春风行动"的主题,找准宣传突破点,巩固并扩大宣传阵地,突出特色。4月17日,分局联合村级便民服务中心、乡镇部门、纳税服务志愿者开展税收政策现场咨询会活动;针对"四破行动"、近期税收政策变化、纳税人关心的重难点问题,进行专门的政策宣传与解答;通过汤溪地税微信公众号、税企通等新兴网络平台,实现税企良性互动;采用税收政策私人定制、上门走访、征求意见、现场答疑、网络咨询多样形式开展宣传活动。

【队伍建设】 自3月份以来,在市局的统一部署下,分局开展各项群众路线教育实践活动。通过集中学习、个人自学、心得写作、先进讲座、闪光言行、道德讲堂、亲身实践、谈心谈话、思想大讨论等多种

汤溪地税分局领导到罗埠敬老院给孤寡老人送温暖

方式,让干部职工静下心来,俯下身来,站在群众角度审视自我,真正在思想树立群众观点,在行动上践行群众路线。

通过办税服务大检视、开展税收政策现场咨询会、发放征求意见信等方式,对干部职工作风问题进行集中检讨、查找根源。并据此修订《汤溪税务分局岗位责任制考核办法》、新增汤溪分局纳税服务应急保障、补正承诺、午间值班、分局长窗口坐班、分局工作交办等各项制度,提升工作效能。

针对分局自身查找出来在"四风"方面及财税核心价值观落实等方面发现的问题,通过召开民主生活会、支委分析会、学习文件等方式,做到行动上自我规范、工作上提升效能、方法上加强创新,全年分局无一人被效能问责或处分。

(臧超艳)

劳动人事和社会保障

人事编制

【概述】区人力资源和社会保障局坚持公开、公平、公正原则，强管理、抓服务、重引导，抓好人事人才、机构编制管理服务工作，为政府职能转变与经济社会发展奠定坚实基础。

人事管理规范服务到位，完成机关公务员、事业单位工作人员等各类考录组织工作。组织开展“三项”待遇领取人员资格认证工作，涉及城乡居民养老保险37114人、被征地农民生活保障1304人、老农保3623人。

抓好转业军官干部安置工作，开展企业军转干首次健康体检。做好机关事业单位工资调整、到龄人员退休审批、各项生活补助审批等工作。强化退休干部管理服务，确保“两项待遇”落实到位。

人才综合开发积极有为，用好各级人才培养引进优惠政策，抓好“人才开发先进企业”“优秀企业科技人才”评选，推行企业人才工作联系制度，引导人才向企业聚集；推进职业能力建设，建成技能大师工作室4个、职教名师工作室2个、高技能人才实训基地1个；抓好事业单位岗位设置和专业技术人员职称评聘综合管理，促进人才成长。

机构编制管理不断强化，开展工商质监体制调整和食药监管体制改革，完善市场监管体制。完成党群法检等部门新“三定”工作。牵头组织完成政府部门职权清理，推行权力清单制度，完成责任清单编制。启动新一轮区政府职能转变和机构改革工作。用好机构编制实名制数据库，加强机构编制管理，实现机构编制与人员的实时动态更新。

【权力清单制度】通过开展政府职权清理，科学配置行政权力，编制并依法公开部门权力清单和权力运行流程，推进行政权力公开规范，构建“权界清晰、分工合理、权责一致、运转高效、法治保障”的政府职能体系。5月16日，召开全区推行权力清单制度工作动员部署会议，10月底，区保留权力事项确定，并在省政务服务网公布。

【工商质监体制调整和食药监管体制改革】根据省政府改革完善市、县(市、区)食品药品监管体制工作电视电话会议精神，经多方征求意见与反复研究，新组建区工商行政管理局、区质量技术监督局。区食药监督局与原工商分局统一整合组建区市场监管局，并划转区质监局生产加工环节的食品安全监管职责。

劳动就业

【概述】2014年，区人力社保局把握“民生发展”主基调，搭平台、强服务、打基础，为构建“两富”“两美”婺城提供坚实民生支持与保障。

就业用工重服务求实效，举办春季人力资源招聘大会、高校毕业生专场招聘会、“五水共治”转移等招聘会，以满足企业用工需求、实现本地劳动力余缺调剂。组织13场外省和本省范围的企业组团招聘，以及赴四川凉山州等地企业用工难专项招聘，满足企业用工需求，促进产业转型升级。

创业服务有举措有亮点，开展以市电子商务

园、区信息产业创业园为主体的大学生创业基地建设,打造集创业培训、政策咨询、场地支持等服务为一体的创业示范基地。注重创业扶持与现代农业开发相结合,做好从事现代农业创业政策兑现工作。

劳动关系建设多策兼施,制订“企业关爱职工、职工热爱企业”活动推进计划,召开经验交流会,实现规模以上企业活动全覆盖。实施拒不支付劳动报酬案件查处工作联席会议制度,出台企业欠薪处置应急预案,推进劳动保障监察“双网化”建设,提升欠薪案件处置能力。强化区联调中心创建成果,发挥其“一站式”受理、“一条龙”调处的作用。全年受理案件516件,调解率达91.7%。企业劳动争议调解组织建设取得显著成果。

【首届青年创业大赛】 11月7日,以“激扬青春、创业婺城”为主题的区首届青年创业大赛落下帷幕。此届大赛有100多名选手参加,上报创业项目45个,项目涉及现代农业、电子商务、新型餐饮业、手工业、演出业等,大到全国性网络教育平台,小到布艺书吧。经过一个多月的海选、实地考评、现场答辩等环节,最终“创景园林景观设计”获得最佳创业奖、“精睿无损检测”获得最佳创意奖。“小太阳珍珠饰品”“睿阳柔道馆”荣获创意优胜奖,“泥鳅繁育养殖”“八婺醋香”获创业优胜奖。

【春季人力资源招聘大会】 2月11日至13日,2014年区春季人力资源招聘大会在市人民广场举行。招聘大会有200多家企业参加、提供就业岗位5000多个,达成求职意向930人。其间,还开展社保政策、就业创业、劳动维权等方面的政策咨询。

【就业和社会保障专职协理员】 根据《浙江省人力资源和社会保障厅关于做好高校毕业生到村(社区)专职从事就业和社会保障工作的通知》(浙人社发〔2013〕196号)文件,婺城区以公开招聘的方式选聘45名高校毕业生到村(社区)专职从事就业和社会保障工作。8月11日,开展为期5天的封闭式岗前培训,培训内容为就业创业、劳动监察、基层平台建设等方面的政策与文件。

社会保障

【概述】 2014年,按照全覆盖、保基本、多层次、可持续的方针,统筹推进社会保障城乡一体化建设,让普惠政策全民共享。全年城乡居民医保参保人数达21.4万人,购买大额医疗补充保险人数2.1万人;城乡居民养老保险缴费档次变更522人,到龄人员一次性补缴与待遇核定3193人;新增被征地农民947人,其中转职工养老保险908人。推行医保费用智能化审核,开展医疗保险反欺诈“亮剑”专项行动,加大对定点医疗机构监管力度,打造阳光医保。按照省市统一部署,启动全区全民参保登记工作。

【全民参保登记】 全民参保登记是以社会保险法等法律法规为依据,以社会保险全覆盖为目标,通过信息比对、入户调查、数据集中管理和动态更新等措施,对各类群体参加社会保险情况进行记录、核查和规范管理,推进城乡居民全面、持续参加社会保险的专项行动。10月24日,召开区全民参保登记工作动员部署会议,全面启动全民参保登记工作,已经完成信息比对,进入入户调查核对阶段。

【医保医师协议管理】 医保医师协议管理旨在通过建立诚信档案,对医保医师实行年度积分管理,对违规情形进行量化扣分,强化医师作为医保基金“第一守门人”的职责。12月10日,区人力社保局和区卫生局联合召开医保定点医疗机构医保医师协议管理工作会议,正式启动医保医师协议管理工作。

【“社保家园”创建】 “社保家园”创建旨在以企退人员为服务宗旨,为城市“三无”老人、低收入孤寡老人、独居老人、残疾老人、低保户等五类特殊群体和部分个案爱人员提供丰富的物质和文化需求,提高企业退休人员晚年生活质量。区人力社保局利用召开创建现场会、举办创建主题晚会、编印创建简报等多种方式,抓实抓好创建工作。经过一年的努力,全区共有37个社区通过了创建考评。

(张伟清)

城乡建设

【概述】 2014年，婺城区住房和城乡建设局(简称区住建局)根据区委、区政府统一部署，按照年初工作计划，围绕全区重点工作，以加快“两富”现代化婺城建设为目标，着力破解重点难点问题，全面推进各项工作，取得了一定的成绩。

【农房拆迁安置小区建设】 孙家里与双龙桥头农房拆迁安置工作是2003年市区江北旧城改造拆迁遗留问题。拆迁安置小区(金品小区)建设进展顺利，60户地基和基础已于3月11日全面竣工并验收合格，第一期室外附属配套工程(小区道路路基、排水管道、化粪池等)及公厕、管理用房等主体工程已完成。区住建局多次召开安置政策讨论会，征求相关街道、部门、拆迁户意见，制订安置政策，经区政府常务会议审议通过后，于8月31日完成分地基到户工作。

【城中村改造】 成立婺城区农转居多层公寓建设管理中心，负责全区城中村改造工作。配合市规划局、市规划设计院，做好全区26个城中村专项规划编制工作。根据方案，婺城区城中村改造后集中安置5个集聚区、14个居住集聚点、7个产业用地安置点，居住用地为230.27公顷，产业发展用地40.4公顷，比现状建设用地节约269.27公顷。

完善《婺城区城中村改造实施细则(试行)》《城中村专项规划》，完成五星田里、西郊村等6个村规划设计(初步)方案编制工作，完成西郊村、上浮桥下沿村摸底调查工作，按一村一案、一户一档建立档案。明确将田里和西郊村作为全区城中村改造的突破口，完成试点项目用地报批、项目建议书、可行性研究报告等前期报批工作。西郊一期6.5万平方米安置房建设已进场施工。做好勤俭、东郊及上浮桥下沿等计划启动城中村改造项目的相关工作。

【老旧小区改造】 确定通园小区为试点开展老旧小区改造，完成小区内楼道粉刷、路灯、楼道门禁系统改造，并验收合格，改造费用307万元。雨污分流、道路、绿化3个项目完成总工程量90%，改造费用1000万元，新增停车位200个。对准备实施改造的北苑小区和尖峰新村小区委托城市规划设计院进行初步方案设计，征求业主意见后汇总上报市建设局，资金申请报告已报区政府。

【保障性安居工程住房建设】 2014年，婺城区指标为开工2699套，其中二七新村棚户区改造巨龙区块安置用房建设项目10月开工建设，建设规模为2400套16万平方米，预计2016年底基本完工；城东街道东郊村安居工程项目3月开工，建设规模为105套1.365万平方米，年底基本完工；城西街道西郊一期建设规模为350套6.5万平方米，项目总投资约2.8亿万元，已进场施工。

【城镇既有住宅房屋、老楼危楼安全排查】 根据省、市要求，开展城镇既有住宅房屋建筑安全隐患排查整治工作、老楼危楼安全排查工作。排查建筑5833幢，涉及面积186万平方米，发现存在安全隐患989幢，面积29万余平方米。邀请专家对前期社区排查上报的342幢、8.58万平方米危房进行现场踏勘，出具勘查报告，提出处理意见。

【“五水共治”】 响应区委、区政府号召，开展“五水共治”，实施长湖区块截污纳管工程。金兰中线截污纳管工程一期3月份开工建设，其中，五标工程由浙赣铁路桥至上陈村，全长505米，沿道路南侧铺设D500双壁波纹污水管和D600双壁波纹雨水管，沥青路面10000平方米，总造价680万元，7月完工,8月通过竣工验收。六标工程跨长湖倒虹管工程通过围堰方式,铺设D500钢筋混凝土压力管160米,通过拖拉管的方式接入金兰中线污水干管,总造价220万,7月完工,9月通过竣工验收。委托专业人员,对长湖区块所有现状管网进行排查、疏通,清理污水管网的杂物,打通污水堵头,连通现有管网。人民西路延伸工程排水工程(第四标)已开工,已铺设施工便道约300米,基本完成长湖段施工围堰,开挖污水干管沟槽约100米。金兰中线二期1600米工程前期报批工作基本完成,目前已进入招投标阶段,12月进场施工。

【乡镇污水处理设施建设】 区住建局下辖2座污水处理厂。蒋堂镇污水处理厂设计日处理量0.5万立方米,一期二期管网工程都已建设完成,总投资3800万元。污水厂运行单位招投标已经完成,污水处理费收费标准也已由物价局拟定,已试运行。琅琊镇污水处理厂设计日处理量0.5万立方米,一期工程已完成10千米管网铺设,完成总投资1200万元。二期管网建设计划4千米,正处于设计阶段。

全区各乡镇3年计划建设污水管网62千米,2014年,计划建设16千米。白龙桥镇、雅畈镇建设项目设计方案已基本确定,前期准备工作正加紧进行,争取尽快开工;安地镇、罗店镇的建设项目正在设计中。蒋堂镇已完成二期管网13千米建设任务。

【农村生活垃圾集中清运】 区住建局注重建立集镇管理工作机制,解决集镇卫生管理难的问题,促进集镇自我管理。指导各集镇分别采取委托清运、分片清运、分类处理等形式处置农村生活垃圾,2014年,集中清运生活垃圾近5万吨,实现农村生活垃圾集中清运覆盖率100%,无害化处理率96%。

【市政基础设施维护管理】 加强新城区桥梁、道路、日常巡查监督,应急修补二环西路、临江东路破损路面12000平方米,投入费用80万元。为迎接省级文明示范城区创建考核验收,加强新区路面保洁,对重点区块卫生死角进行重点集中清理,投入环卫养护清理费用245万元。做好江北老城区小街小巷道路维修、管网维护及绿化管理工作,开展常乐巷、马路里改造,修补路面2800平方米,铺设污水管500米,投入近70万元。加强管辖内道路、公园绿化日常养护工作,投入近200万元对道路绿化及中轴景观北公园进行提档改造。

【建筑行业监管】 完善建设工程质量安全监督检查制度,开展“区级标化工地、优质工程”创建活动。全年全区受监工程项目98个,面积?87?万平方米,报建工程项目质量、安全受监率100%,未发生重大质量、安全事故。结合“打非治违”“大排查大整治”“二年质量治理”专项行动、“安全生产月”活动、“平安工地”创建工作等,开展建设工地综合性大检查3次,发现安全隐患806条,发出《综合检查情况反馈表》90份,下达安全隐患整改通知单111份,停工通知单7份。开展质量、安全巡查357人次,进行质量、安全监督交底50次,发出监督意见书503份。

【服务建筑业企业】 落实区委、区政府关于扶持建筑业快速健康发展的若干意见,营造扶持本地建筑业发展的良好环境,组织建筑业企业申报扶持政策奖励资金,做好全区18家建筑业企业各项奖励的材料核实、统计工作,申报奖励资金500余万元。完成2013年度8家建筑业企业纳税大户奖励统计、兑现工作,奖励资金55万。主动做好服务工作,鼓励建筑企业做强做大,全年新增加三级资质企业5家,新落户一级企业1家,二级企业1家。

【常规管理服务工作】 加大行业管理力度,规范物业行业市场,建立物业管理纠纷联合调处机制,成立物业管理纠纷联合调处中心并正常运行,成功处理各类物业纠66起,处置后群众满意率达到100%。参与节水型城市创建,指导各物业小区开展节水型小区创建。申报节水型小区5个、小城镇宜居示范小区1个。做好行政事项审批,物业维修专项资金、物业保修金收缴、审核拨付,白蚁防治,房屋产权登记办理等常规性工作,全局各项工作平稳健康发展。巩固“十小”行业规范整治成果,继续抓好燃气行业规范,每月开展安全检查,确保燃气行业平稳运行。

【“8890”便民服务】 根据区委、区政府要求,将“8890”便民服务平台交办事项办理工作作为重要民生工作,作为贯彻落实十八大精神的重要内容。2014年,收到交办事项1054件,主要涉及市政基础设施维护及物业管理方面,已全部办结。

逐步建立健全“主要领导负总责、分管领导具体抓、职能科室(单位)承办落实、办公室督导协调”的“四位一体”办理工作机制,全过程跟踪督办,形成、一级抓一级的组织领导体系。坚持件件有回复,所有回复都依据法律法规和政策规定,实事求是、诚恳答复,不敷衍塞责、不含糊其辞。同时,注重办理进度,及时进行调查处理、尽快回复,尽快办结,受到诉求人一致好评。

【“两会”建议提案办理】 区住建局把建议、提案办理工作作为为老百姓谋利益,为政府分忧的一件政治大事来抓。全年收到人大建议、政协提案52件,其中,人大建议28件,政协提案24件,主要涉及市政基础设施建设、集集镇建设、道路改造、环境卫生管理、城中村改造、老旧小区改造等方面。自提案、建议办理工作开展以来,区住建局高度重视,精心组织,成立领导小组,健全办理组织网络,实行定人员、定时间、定进度、定质量的办理机制,把好调研关、质量关、办复关、办理关,真正把承办的建议、提案落到实处。52件建议、提案已基本办理完成。

【信访维稳】 根据区委、区政府工作要求,选派18名领导干部参加二七新村拆迁等重点工作,取得一定成效。开展4次矛盾纠纷排查调处活动,做好协调沟通工作,促进各类矛盾纠纷有效解决,较好地维护了社会稳定。做好解放西路孙家里与双龙桥北侧两地块拆迁安置历史遗留问题,接待拆迁安置户来访10次。各农户已经分地基到户,正抓紧建设安置房,52户拆迁户情绪稳定。接待其他来信来访9次(件),涉及拆建安置、建筑工程、物业纠纷、拖欠民工工资、违规交房等方面,通过协调沟通已基本解决。

建筑业

【概述】 婺城区有各类建筑企业89家,其中一级企业12家,二级企业21家,三级企业31家,劳务企业3家,监理企业2家,招标代理企业4家,工程检测企业1家,商品混凝土企业3家,园林企业12家。2014年区建筑施工企业共创省“钱江杯”优质工程1项,市“双龙杯”优质工程1项,区标化工地9项。全年实现建筑业总产值159亿元,完成建筑业税收2.94亿元。

房地产

【概述】 为提高工作效率,方便群众办事,对原有工作流程进行创新改造,简化办事程序,提高工作效率;建立信息共享平台,提高房产管理水平。虽然限购政策放开一定程度上促进房地产的销售,但婺城区房地产业市场依然不景气。

【房地产交易】 2014年,婺城区房地产管理所办理初始登记1793宗,其中,商品房1616宗,建筑面积22.65万平方米;自建房177宗,建筑面积56.09万平方米。二手交易登记569宗,建筑面积10.65万平方米,总交易额3.58亿元;商品房买卖1457宗,建筑面积16.36万平方米。他项权登记6382宗,抵押建筑面积338.5万平方米,抵押金额约79.81亿元。办理商品房预售备案3122宗,建筑面积35.23万平方米,交易金额约20.1亿元。预购商品房预告登记2183宗,建筑面积26.57万平方米;注销登记2330宗,建筑面积285.43万平方米。变更登记135宗,建筑面积15.44万平方米;限制登记592宗,建筑面积159.96万平方米。

区政建设

【概述】 婺城新城区规划总面积22.7平方千米,包括临江工业分区和行政服务中心区块,其中行政服务中心区块是婺城区新的政治、经济、商业中心,临江工业区以工业为主。至年底,新城区已拉开道路框架15平方千米,建成区12平方千米,内含主干道24000米。

【市政设施】 婺城新城区全年安排“五水共治”项目8个,总投资8000万元。完成二环西路连接新330国道段污水管道工程、宾虹西路污水优化工程、临江东路段污水管道工程建设,第五监狱污水管网工程完成50%。

【桥梁管理养护】新城区现有公铁立交桥、白沙桥、临江大桥、婺城大桥4座大桥和宾虹西路1号桥、宾虹西路2号桥、临江东路1号桥3座小桥，按照城市桥梁养护规范建立桥梁基本信息资料(包括一桥一卡、日常巡逻资料、月检查信息卡、年检查信息卡)，全年投入养护经费30万元，主要进行桥梁检测、日常养护、维修等工作。

【道路及给排水养护】区住建局定期组织养护单位在雨季前后对新城区的雨、污水井、雨水集水口进行清淤，加强日常巡逻，对缺失、破损的井盖及时更换，消除安全隐患。

【道路占、挖工程审批】根据要求简化行政审批程序，至年底，完成各类审批4项，收取各类损坏修复费7.57万元。

【新城区环卫保洁】全年新增工业街、庆业路、功业街等道路及部分人行道日常保洁面积113870平方米。新增清扫车、洒水车作业，主干道机械化清扫率达100%。对养护范围以外的地块内垃圾进行突击清理20余次，费用14万元。

公用事业

【燃气管理】婺城区范围(不含市开发区)现有瓶装液化石油气经营网点22家，其中一级站1家、二级站3家、三级站18家。每季度组织相关工作人员，对经营网点进行安全检查，及时将检查中发现的问题上报金华市建设局，并监督有关场所及时整改，确保液化气行业安全、有序健康发展。

【污水处理】区住建局下辖2座污水处理厂。其中，蒋堂镇污水处理厂，日处理量0.5万立方米，已投入运行。琅琊镇污水处理厂，日处理量0.5万立方米，一期工程已完成10千米管网铺设，二期管网建设计划4千米，处于设计阶段。全区各乡镇全年建设污水管网16千米。

【环境卫生工作】针对集镇卫生管理难的问题，区住建局指导全区各集镇分别采取委托清运、分片清运、分类处理等形式处置农村生活垃圾，集中清运生活垃圾近5万吨，实现农村生活垃圾集中清运覆盖率100%，无害化处理率96%。

【小城镇建设专项资金】全年区政府拨款220万元作为小城镇建设专项资金。区住建局采用“以奖代补”的方式，根据年底考核情况，对各乡镇进行项目补助，主要用于集镇污水管网建设、道路改造、农贸市场改造、环境整治等。

园林绿化

【概述】全年顺利完成道路绿化养护任务，对道路绿化和中轴公园绿化进行补种，补种面积6000平方米。并对厕所等公用设施进行维修，总投资30万元。完成三级绿化资质审批3家，绿化企业信息变更2项。2014年，婺城区市政园林管理处获金华市绿化年工作先进单位称号。 (陈妙君)

旅 游

【概述】 婺城区贯彻《中华人民共和国旅游法》，积极实施“商旅兴区”战略，以“三区”（婺城新城区、双龙风景名胜区、仙源湖旅游度假区）建设为主战场，发展乡村休闲旅游，提升旅游行业品质，拓展客源市场，全年全区接待游客252.65万人次，同比增长12.15%；实现旅游收入22.64亿元，同比增长19%。

婺城区拥有国家AAAA级旅游景区1个，AAA级旅游景区1个，国家级重点风景名胜区1个，省级旅游度假区1个，市级风景名胜区1个，省特色旅游村7个，省旅游特色经营点1个。区属旅行社6家，星级宾馆4家。

【入境旅游】 接待入境游客6.55万人次，同比增长3.4%，旅游收入1367.22万美元，同比减少7.4%。

【国内旅游】 接待国内游客246.11万人次，同比增长12.23%，旅游收入22.05亿元，同比增长19%。

【假日旅游】 2014年，婺城区假日旅游呈现较好发展态势。“春节”黄金周接待游客8.59万人次，同比增长16%，实现旅游收入7258.21万元，同比增长20%；“五一”节假日接待游客13.42万人次，同比增长47%，实现旅游收入1.13亿元，同比增长39%；“十一”黄金周接待游客21.01万人次，同比增长28.63%，实现旅游收入1.88亿元，同比增长29%。

【旅游规划】 婺城新城区完成郭蓉休闲区概念性规划编制，完成白沙溪、桐溪绿化景观工程概念性方案设计。双龙风景区完善景区入口集散中心及停车场项目建设初步设计，《黄大仙景区控制性详细规划》通过国家住建部审批，罗店千年风情古镇完成概念性规划设计，完成双龙电站整治改造规划方案、双龙水库周边环境改造规划方案、智者街延伸段设计方案。仙源湖度假区《金华仙源湖省级旅游度假区扩建可行性研究报告》通过省级评审并上报省政府批复，规划将度假区由9.8平方千米扩容到约40.57平方千米。

乡镇旅游规划编制有新突破。雅畈镇、箬阳乡完成乡镇旅游总体规划编制并通过专家评审；塔石乡、琅琊镇启动乡镇旅游总体规划编制工作并完成规划初稿；长山乡启动编制乡镇旅游总体规划编制工作；安地老镇区67.5公顷控制性详规完成初稿编制。

【景区建设】 婺城旅游以A级景区、星级酒店标准指导旅游项目规范化建设。白鹭园生态文化园基本完成种植园和亭廊等配套设施建设。浙中乐园完成过山车、摩天轮等26个游乐项目建设，5月1日，试营业以来，接待来自金丽衢地区的游客13万多人次，成为婺城区旅游新的增长点。婺州城市广场二期、新宇宏腾生活广场、尚格漫都酒店基本完工。

双龙风景区智者寺复建项目一期完成建设，二期主体基本完工；尖峰山休闲公园提档改造二期基本完工；继续完善双龙风景区配套设施，风景区罗店入口建成占地2万平方米、拥有近1000个小车泊位和10辆换乘公交巴士的大型停车场和公交免费换乘点；提升完善景区标识标牌、交通指示标识、景区导览图100多块，开展“五乱三黑”综合整治，拆除违章建房、旧住宅、厂房7万多平方米，旅游环境不断优化。

仙源湖度假区水电路桥、景区标识标牌、交通指示标识等配套进一步完善。仙草苑养生文化园、金华动物园嘉年华建成营业，桂花山庄主体工程结顶，省重大产业项目金华市水上运动中心项目扎实推进，完成土建工程的10%。在宁波“两会两展”上成功引进总投资5亿元的南山双子湖旅游度假综合体项目。

【乡村旅游】 利用“四溪四垄五水库”自然资源，串点成线，发展乡村休闲游憩带。将莘畈乡、安地镇小同村、罗店镇盘前村纳入“四统一”模式经营，全区拥有乡村旅游床位近两千张，可同时接待近万人用餐，罗店镇盘前村被评为金华市农家乐特色村，仙源峡、莘畈溪游憩带的乡村民宿基本成熟。琅琊镇获评国家生态镇。推出的赏桂花一日游、乡村休闲一日游、畅游双龙胜景、体验乡村民宿二日游等精品线路日渐成熟，为婺城引进大批省内外稳定的团队客源。全年乡村旅游接待游客33.06万人次，初步实现规范化经营、规模化发展。

仙源湖度假区进一步完善仙服务中心、小同村服务中心、金华动物园游客咨询点、项村乡村旅游游客接待服务中心等综合服务设施，实现入住乡村旅游民宿的人员信息与公安信息联网的统一管理。推进郑宅垅“美丽乡村游”精品游线建设，整合十里桂花长廊资源，利用相关扶持政策，将安地镇项村作为乡村旅游游客接待服务中心的标准示范点进行包装申报，提升乡村旅游接待能力，投资100多万元，整修2000多平方米停车场，该项目已完成苗木搬迁、土地征用、项目立项等审批工作。

【宣传促销】 通过线下旅游和线上旅游相结合，全方位立体推介婺城旅游。组织旅游企业参加2014浙江(山东)旅游交易会、海峡旅游博览会(福建厦门)、2014中国国际旅游交易会(上海)等旅游展会，开展5·19中国旅游日系列宣传惠民活动，参加省、市“旅游进高校”等活动。组织天下竹酒和清风寨系列产品参加旅游产品展览推介活动，培育特色旅游商品。婺城主要景区与杭州文广集团西湖之声、浙江交通之声和长三角区域45家主要媒体、省内外重点旅行社开展战略合作。开展智慧旅游营销，建设完善婺城旅游网、仙源湖旅游政务网、双龙商务网等网站，全年发布婺城旅游信息500余条。双龙风景区与金华成泰银行合作开发景区自动售票系统，与杭州贝竹科技有限公司合作开拓网络营销，运用微博、微信、微电影等多种传播工具和营销手段，展示婺城旅游的风光和文化底蕴，婺城旅游的美誉度和吸引力显著提升。

【行业管理】 3月28日，成立婺城区旅游协会，加强对旅游行业的管理、协调和服务，搭建景区、乡村旅游、旅行社、饭店共同发展的平台。指导协会组织会员单位赴嘉兴西塘学习旅游建设经营和酒店接待服务，并通过会员单位间的服务技能指导、联合宣传推广等合作，促进婺城旅游行业的融合，实现共赢发展。

2014年3月28日，金华市婺城区旅游协会成立大会

做好星级饭店、旅行社、景区的安全监管工作，开展旅游市场专项检查和景区环境百日专项整治行动。

配合省级文明城区创建，做好文明旅游宣传工作，组织11家旅游企业开展“文明旅游”行动和“窗口”行业规范化服务活动，提升旅游服务质量。

依法快速处理旅游投诉，共协助市旅游质监所处理旅游投诉2件。举办全区导游技能选拔赛，组织优秀导游参加金华市导游技能大赛，我局荣获金华市导游技能大赛最佳组织奖。2014年，金华美好假期旅行社创建为浙江省三星级品质旅行社。

【旅游安全】 婺城区旅游局与各区属旅游企业签订安全生产管理目标责任书；举办平安综治双月宣传活动和“平安和谐”法制宣传教育主题活动；组织开展4次旅游市场专项检查、4次旅游安全联合检查，对旅游企业组织开展安全生产隐患排查治理。

加强节假日期间的安全检查和日常督查，全年旅游企业平安运行。

【节会活动】婺城区委、区政府依托丰富的茶花、桂花等花卉产业资源，举办婺城“山花节”，精心设计竹马茶花节、美丽婺城乡村游、沙畈乡“相约石宫”登山节、塔石乡“三月三”民俗展示、安地桂花节、婺城新城区广场嘉年华等系列活动，带动了竹马、莘畈、塔石、安地等节庆举办地观光休闲农业和旅游产业的融合发展。完成“山花节”沿线旅游宣传广告牌设计制作更新和婺城旅游网山花节网站专题策划制作。4月，邀请省内外旅行社在莘畈乡组织召开婺城旅游推介会。9月，组织40多家旅行社和旅游企业参加第六届桂花节“仙源之旅”踩线推介活动，推出赏茶花一日游，畅游双龙胜景、体验乡村民宿二日游等精品线路，利用107广播电台、《“春到江南”乡村旅游攻略》等平台进行宣传推广。促进婺城旅游界和外地旅行社的交流与合作，进一步打响“山花烂漫·美丽婺城”的文旅品牌。

双龙风景区通过策划举办第五届“双龙之春”、第十届“双龙之夏”、金华山国际黄大仙故里游暨旅游文化周等主题旅游活动，打响金华山爱情名山、浙中凉都、海内仙山的文化旅游品牌。

（刘慧君）

交通运输

【概述】 2014年,婺城区交通运输局(简称区交通运输局)在区委、区政府领导下,贯彻落实党的十八届三中全会精神、全面深化改革。开展党的群众路线教育实践活动和"四风"建设,发扬交通"敢为人先的创新精神、善于攻坚的团队精神、甘当铺路石的奉献精神和创优质高效的科学精神",继续扩大投资、提升路况、保障安全、高效服务,全力推进婺城交通运输事业发展,为服务、引导和支撑全区社会经济又好又快发展提供了基础保障。

婺城交通谱写了一篇"交通服务婺城经济、婺城分享交通成就"的篇章。二环路跨沪昆公铁立交年底实现半幅通车,330国道第四次外迁工程的开工建设,金华航运内河复兴的开工建设,全区公路环境整治的强势推进,五水共治工程的主动参战,以及身处一线的养护工人和执法人员,都诠释着2014年交通人取得的成就。同时,在三改一拆、抗冰雪抗雨汛等重大工作中敢于担当、恪尽职守,向全社会展现了良好的交通队伍形象。2014年,获浙江省依法行政示范单位荣誉称号,并再次蝉联市交通局优秀单位、婺城区委、区政府先进集体等。

【中心工作】 参与"五水共治",为环境整治创造契机。2月8日上午,区委、区政府在乾西乡政府召开浙江省长湖综合治理工作现场准备工作会议。根据会议精神,区交通运输局主要负责金兰中线、二环西路路容路貌整治、工贸街长湖桥及接线整治、现场会场地施工、仙源湖大道路面修复,虹戴公路和金安公路沿线路容路貌整治。其中,金兰中线和二环西路完成病害处理面积6400平方米,沥青罩面3.8万平方米。此外,还实施了白门线琅琊集镇段改造提升工程,融入"五水共治",助力白沙溪打造"最美河流"。白门线琅琊集镇段改造提升工程起点白沙公路,终点琅琊桥桥头,长1.56千米。设计公路等级三级,路基宽12米,路面宽9米,总投资1296万元。施工单位于8月中旬进场施工,至年底,路基工程已基本完成(除3处政策未解决路段外),完成投资700万元,总体进度54%。

6月,打响公路环境专项集中整治、改善城乡面貌第一枪,是声势最大、投资最高的一次公路环境整治行动。清理堆积物3639处,拆除违法构筑物331处,清理路肩种植物364处,有效美化了公路环境,打造公路美丽风景线.

2014年,承办人大建议30件、政协提案20件。交办会召开后,区交通运输局立即启动办理工作,组建工作班子,对50件建议、提案的内容逐件进行认真分析,确定牵头领导和责任单位,进行分工办理,面商率、答复率和满意率均为100%。

【重点工程】 二环路跨沪昆公铁立交桥东半幅实现通车,这标志着全长45千米的金华二环路阔别13年后终于全线贯通,拉开了城市发展的大框架。此项省重点工程,也是市委、市政府惠民实事、城市治堵的项目,立交桥全长1.65千米,总投资2.1亿元,计划2015上半年正式双向通车。

省重点工程330国道第四次外迁工程,提升公路品质。全长22.28千米,按一级公路标准建设,总投资7.7亿元。2014年,完成投资1亿元,累计完成投资1.5亿元。其中,白龙桥段(兰溪沈村--二环路交叉口8.36千米,投资3.8亿元)已完成招投标进入施工阶段,征地拆迁5个村,计43户、3.9平方米,用地红线面积36.47公顷,安置用地面积7.63公顷,白沙溪大桥建设进展顺利。

衢江航运建设工程是省重点工程，婺城段项目由电站与泄洪闸、船闸、洋港服务区、5.8千米航道疏浚等工程组成，概算12.05亿元，电站年发电量6745千瓦，年收益3000万元，船闸实行收费管理。衢江（金华段）航运开发项目有序推进，项目建设有关技术问题已基本解决，电站工程施工及施工监理单位已进场，水轮机、发电机设备进入实质性制造阶段，土地报批工作正按程序办理，埠枢纽范围内用地相关问题，婺城区、兰溪市及金华经济技术开发区已达成一致意见，游埠、姚家枢纽电站及泄洪闸工程完成土地清表工作。9月10日，游埠、姚家枢纽电站及泄洪闸工程正式开工。这标志着衢江（金华段）航运复兴工程将正式进入实质性施工。至年底，已完成一期工程围堰，正在厂房开挖和一期10孔（共24孔）开挖及施工辅助设施布置阶段。下一步完成航道疏浚、洋港服务区、船闸管理区、电站管理区和锚地建设。

汤莘公路建设工程也是省重点工程，全长18.223千米（主线13.1千米，支线5.12千米），总投资5.6亿元（其中婺城段800米，投资2000万元），已完成施工图设计审查，10月完成批复，11月完成施工、监理招投标工作。建成后的汤莘公路将串联起汤溪镇、九峰山、温泉庄、寺平村、莘畈生态旅游等景区，进一步完善金华旅游大格局。完善公路网络，联网公路项目进入扫尾阶段。2014年，联网公路竣工16条并超额完成1.5千米，累计完成投资额2080万元。通过新增公交车、建设公交专用道、优化线路等措施，平原地区公交线路高峰时段均提速10%以上，公交分担率提高了4%。农村公路大中修完成投资4700万元（其中额外向省交通厅争取1800万元）；病旧桥梁改造5座，进度90%，完成投资2000万元；同时创新养护模式，开展山区养护“摩托化”、干线养护“机械化”，实现县道好路率同比提高0.5个百分点，国省道好路率提高0.2个百分点。已建成11个视频监控点，实现了对主要公路的实时监管。同时，BRT一号线的投入使用，为金华现代化公交开了一个好头，二号线也将尽快建成。

【项目申报】整合城际动脉，金华至兰溪公路（45省道）是连接金华市区和兰溪市的主要通道，也是浙中城市群规划中的重要交通纽带，婺城区段为三级公路，兰溪段为二级公路。由于交通量增长迅速，全线基本达到或超过设计通行能力，路基下沉严重，行车困难，交通事故多发，沿线百姓对该路改建的呼声很高。至年底，项目建议书、水土保持方案已批复，规划选址、用地预审环评等正在报批中。

【管养新貌】2014年，首次试行山区养护“摩托化”、干线养护“机械化”、公路养护“市政化”的公路管养现代化模式。区交通运输局公路段克服资金严重不足、市政化养护标准提高、超限超载车辆增多、公路卫生要求提高等难点，打破固有管养区域，重要干线养护实现无缝对接，使县道好路率比2013年提高0.5个百分点，国省道好路率提高0.2个百分点；农村公路大中修完成投资5200万元，病旧桥梁完成投资1045万元。农村公路安保工程完成11千米、投资400万元。智慧公路已建成11个视频监控点，实现对主要公路干线的实时监管。同时，在抗冰雪及防雨汛抢险期间，每天将最新公路交通通行、封道和抢险进展以短信和专报形式，向全区干部群众进行温馨提醒。

【路政执法】为迎接创建浙江省示范文明城区验收工作，配合市区开展环境空气质量提升百日攻坚行动，推进市容环境秩序专项整治行动，区交通运输局针对辖区内车辆超限超载、抛洒扬尘严重现象，开展为期20天的集中整治行动。期间，严抓路面抛洒、滴漏等车辆，并禁止车辆车身、轮胎携带污泥、黄土等行驶上路。

S313治超站入选金华市首家创建“三基三化”建设试点单位后，严格参照金华市公路路政管理支队形象建设执行手册，规范站房建设，统一站房外观标识，统一服装、统一执法证件，达到基层执法队伍职业化、基层执法站所标准化和基础管理制度的规范化建设。8月12日，杭州市交通运输局和衢州市交通运输局组成的互查组莅临检查，对“三基三化”工作进行行政执法考核评议，检查组通过现场查看S313治超站标准化建设和相互交流，对相关工作给予高度评价。7月，S313治超站被市公路局推荐参加市级“最美治超站”的评选活动。

全年路政大队出动4729人次，处理违章案件2170件，收取罚没款46.13万元。拆除违章建筑46079平方米，清理堆积物41840立方米，拆除非公路标志3884块，整治马路市场48个，完成行政许可36项。查处违法超限运输车辆2149辆，卸货率达到100%。卸载吨位66139.32吨，收取罚款605.84万元。

2014年6月5日，区交通运输局执法人员对330国道临江段200余处广告牌进行拆除

【督查考核】 区交通运输局出台《婺城区交通运输系统2014年工作任务考核细则》，把所有任务量化分解，进行督查考核，保证事事有考核、件件有责任、项项有着落，人人工作有目标、人人肩上有担子。实行领导与工作人员捆绑问责制度，一般工作人员未完成任务目标的，除了追究当事人责任外，对分管领导、主要领导要进行问责，做到上追一级、下管一级。对无法胜任本职工作的，调动工作岗位；凭实绩用人，在会干中选材，考试与考人相结合、官评与民评相结合，能上与能下相结合，不论身份性质，不论年龄大小，只要有能力，就予以重用。在年终考核倒数后三位的，对其相应扣分，一把手诫勉谈话，影响年终奖金发放，并免去责任人的职务；考核前三位的，相应加分，给予精神和物质奖励，对有突出贡献的，破格提拔任用，乃至申报为区管干部后备人选。

【群教路线教育】 第二批党的群众路线教育实践活动开展以来，围绕“照镜子、正衣冠、洗洗澡、治治病”的总要求，开展“三会一课”“四风”剖析效果显著，梳理“四风”问题16条并有效落实整改。确定每位班子成员上一堂政治课。邀请区纪委副书记范跃成、浙师大教授周大根和蒋根云检察官分别上了三堂理论课。举办“重走红军路，践行交通梦”活动；开展“我当一天养护工”活动，认领16个微心愿，“职工点单、支部下单、党员接单”收到心愿单265条。举行“改革在路上——婺城交通运输系统演讲比赛”。多次组织机关干部到安地镇雅干村清理河道。创新实践载体和方式，打造“三交通”、合奏“七旋律”，谋划实施交通运输行业“八项为民工程”和“八项便民行动”。（王涵哲）

农林 水利

农 村

【农村集体经济】 农村集体资产拥有量增加，全区398个村(社)农村集体拥有资产总额18.32亿元，同比增加1.14亿元，增长6.6%；村均拥有资产460.27万元，同比增加28.55万元。资产拥有量主要集中在少数经济较发达的乡镇(街道)。全区总收入在1万元以下的村(社)50个，占总村(社)数的12.56%；年总收入在1万~10万元的村(社)95个，占总村(社)数的23.87%；年总收入在11万~50万元的村(社)165个，占总村(社)数的41.46%；年总收入在51万~500万元的村(社)83个，占总村(社)数的20.85%；年总收入在500万元以上的村(社)5个，占总村(社)数的1.26%。集体经济收入主要集中在少数经济较发达的乡镇(街道)，全区村集体经济发展不平衡。

(贾玉珍)

农 业

【概述】 2014年，婺城区农业工作按照生态循环、五水共治和农业现代化建设总体要求，围绕"治水倒逼促转型、生态兴农美田园"主题，以畜牧业转型升级、农业"两区"建设、农业产业发展、农产品质量安全及森林资源保护为重点，开展生态循环农业示范创建，推进农业水环境治理，促进产业提升和农民增收，全区农业经济保持健康发展的良好态势。

"两区一中心"建设深入推进，全年整合各类资金5739.75万元用于农业"两区"建设，建成粮食生产功能区16个，面积750.47公顷；现代农业园区投资3846.96万元，蒋堂奶牛精品园通过省级验收；基本建成白龙桥茶叶、雅畈仙缘土鸡、罗店蔬菜、长山蔬菜4个特色农业精品园，白龙桥佛手等16个基地公布为第三批金华市现代农业示范基地。

畜牧业整治深入推进，禁养区内关停拆除畜禽养殖场2236家，拆除面积66.19万平方米，处置家畜13.89万头，发放补偿奖励资金13494.78万元。规划区内保留1128家养殖场(户)，并做到落实"一场一策一干部"。

农产品质量安全进一步强化，大力推广"三品一标"。2014年新增绿色食品1个、无公害农产品13个，累计通过认证的无公害产地41个，无公害农产品56个，绿色食品10个，农业标准化程度达64.72%。全区种养殖基地抽检样品215批次，合格率达99.5%。新增产地整体认定面积656.93公顷。然兰蔬菜专业合作社等8家"三品"生产主体获得首批金华市放心农产品示范基地称号。区、乡两级全面建成农产品安全快速检测室并对公众免费开放。

主体培育步伐不断加快，全区区级以上农业龙头企业64家，注册家庭农场190家(2014年新增167家)，新认定区级规范化家庭农场19家、市级10家、省级4家，新增全国示范性合作社3家，省级林业龙头企业2家，市级林业龙头企业3家。

生态循环农业示范建设进一步推进，开展农牧对接，完成白龙桥下杨畈、蒋堂寺前畈和蒋堂下汪村的3个农牧对接示范点建设；实施省生态循环"十百千”工程，申报创建蒋堂生态循环农业示范区和10个示范主体，金华市惠君生物有机肥厂被认定为第四批省级生态循环农业示范企业，完成省级示范项目3个，市级3个。 （项移娟）

【粮食生产】 据农业部门统计，2014年，全区粮食播种面积13486.5公顷，总产75200吨。粮食播种面积同比减758.1公顷，减幅5.32%；总产减5797.4吨，减幅7.16%。

全区水稻播种面积8933.1公顷，单产6285.8公斤/公顷，总产56151.7吨，同比分别减少6.12%、2.99%、8.92%。其中，早稻播种面积2253.5公顷，单产5645.2公斤/公顷，总产12721.4吨，面积、总产同比分别下降5.81%、4.92%，单产增长1.18%。单季晚稻播种面积4340.1公顷，单产7164.2公斤/公顷，总产29620.1吨，同比面积、单产、总产分别下降5.18%、4.74%、9.67%。连作晚稻播种面积2339.5公顷，单产5903.1公斤/公顷，总产13810.2吨，同比面积、单产、总产分别减少8.10%、2.93%、10.79%。

【植物保护】 全年发生水稻病虫害面积5.38万公顷次，防治面积6.53万公顷次，挽回损失13750吨。全年农作物病虫害发生程度总体与2013年相当。全年发布病虫情报18期，开展技术培训6次，现场会6次，发送防治技术资料2600份。全区示范推广农药减量控害工程8666.67公顷，低毒低残留农药普及率达85%，减少用药次数1~3次，减少化学农药用量20%。开展5项药效试验，评价防效，达到农药减量增效。在琅琊镇山后金、里阳村建立2个水稻生态绿色防控技术示范区。

（李　宽　郑能文）

【土壤肥料】 开展标准农田质量提升工作，发放商品有机肥2650吨。组织实施农业部耕地保护与质量提升补贴项目，采购发放肥田油菜种子13.25吨、紫云英种子7.51吨，实施绿色过冬面积2400公顷。实施农业部测土配方施肥项目，举办各级培训班10期次，受训1617人次，印发资料5000份。推广测土配方施肥面积26933公顷，推广配方肥5720吨，应用面积1.08万公顷。实施田间肥料大区对比试验7个。开展婺城区农产品产地土壤重金属污染普查，采集完成土壤样品277个。3月27日，省农业厅专家组到婺城开展土壤有机质提升补贴项目绩效考核。9月3日，召开婺城区耕地保护与质量管理工作会议。 （蒋敏华　李　宽）

【油料生产】 全区油料播种面积2402.5公顷，单产1770.4公斤/公顷，总产4253.3吨，同比面积下降0.63%，单产、总产分别增长7.55%、6.87%。其中油菜播种面积2251.1公顷，单产1720.1公斤/公顷，总产3872.2吨，同比面积下降0.31%，单产、总产分别增长8.09%、7.76%。2014年，全区油菜播种面积、总产分别占全区油料播种面积、总产的93.70%和91.04%。 （王伟平）

【蔬菜生产】 全区蔬菜播种面积3171公顷，同比减26公顷，减幅0.8%；产量67699吨，同比增2857吨，增幅4.41%。果用瓜播种面积894公顷，同比减少11.47公顷，减幅1.27%；产量21120吨，同比减少154吨，减幅0.72%。认定5个省保障型蔬菜基地，面积134.34公顷。新发展设施蔬菜46.68公顷，其中蔬菜钢架大棚10.83公顷、连栋大棚7.88公顷、玻璃温室1.3公顷、微灌26.67公顷。全区通过省级无公害基地认证的蔬菜基地5个，面积193公顷；获得绿色农产品证书数6个。推进蔬菜安全生产工作，全年抽检蔬菜样品6008个，合格率达100%

（朱丽娜）

【水果生产】 全区水果栽培面积1119.2公顷，同比增31.75%；产量32577吨，同比增2.55%。梨面积79.467.4公顷，同比增17.8%；产量1673吨，同比增109.38%。葡萄面积97.73公顷，同比减17.17%；产量1824吨，同比减8.11%。发展特色水果，新发展马家柚8.67公顷，猕猴桃22.33公顷，蓝莓5.7公顷。实施水果项目6个，争取资金61.1万元。

（张志军）

【棉花生产】 受棉花市场价格低迷影响和劳动力成本提高，农民种棉意愿跌入谷底，棉花已逐渐被绿化苗木、旱所取代，棉花面积进一步缩减。全区棉花种植面积167公顷，同比减20.4%；总产量292吨，同比减14.19%。继续实施农业部棉花高产创建示范活动，以高产创建活动为依托，重点推广棉花轻简育苗移栽技术、节本增效栽培新技术和棉田套种蚕豆技术。 （方桂清）

【茶叶生产】 全区茶园总面积1490.14公顷，总产干茶1404.3吨。全区有制作名优茶机械3920台，机制名优茶产量达到858吨，名优茶加工机械化率达98.1%；全区茶树修剪机260台，采茶机650台，机剪面积2333.34公顷次，机采面积达到了5360公顷次。推广“绿加红”模式，延伸茶叶产业链，全年红茶产量5吨，产值150万元。4月2日，组织金华市箬阳高山食品有限公司、金华市点绛唇茶叶有限公司等10家企业参加第七届金华名茶推介暨“清茗酬知音”万人品茶大会。5月24日~27日，组织浙江采云间茶业有限公司等3家企业参加第九届浙江绿茶博览会。7月15日，浙江采云间茶业有限公司经UTZ批准的认证机构审核，在国内茶企中率先通过了UTZ认证。浙江婺州举岩茶业有限公司初制茶厂被评为金华市标准化示范名茶厂。

（苏洪生）

【农业龙头企业】全区有农业龙头企业64家，其中省级2家、市级23家，区级以上农业龙头企业年产值12.6亿元。1月，婺州举岩茶被列入全国首批名特优新农产品目录。11月，组织15家企业参加浙江省农业博览会，“珍其源”两头乌鲜肉、“一枝秀”有机米获金奖，“明月楼”酥饼3个农产品获优质奖。（鲁建斌）

【农业“两区”建设】推进农业“两区”建设，全年整合各类资金5549.59万元用于农业“两区”建设，成效明显。新建粮食生产功能区16个，面积750.47公顷，其中千亩以上粮食生产功能区3个，面积400.8公顷。安地桂花示范区和白龙桥生猪精品园通过省级验收，白龙桥佛手等16个示范基地被公布为第三批金华市现代农业示范基地。琅琊综合区内的汇鑫葡萄、龙门水产和三和生猪3个精品园被列入省第二批现代农业科技园区。全区投入现代农业园区建设资金3846.96万元，新（修）建路渠7.57千米、大棚3.49公顷、喷滴灌设施27.33公顷、畜禽舍1万平方米，园区建设初具规模。

（戴爱红）

【农产品质量安全监管】落实各单位、各乡镇监管责任，做到农技人员生产技术指导与农产品质量安全监管“一岗双责”。落实农产品生产主体质量安全第一责任人职责，向各类生产主体发放400余份生产记录台账。完善农产品追溯体系建设。全区开展农产品质量安全专项整治，出动执法人员5751人次，检查生产经营企业3147家次，发放宣传资料10530份，指导培训140场、4776人次。牲畜交易市场肉牛检疫15810头，生猪屠宰检疫17.3万头，生猪产地检疫12.32万头，家禽检疫9.75万羽，生猪“瘦肉精”抽测19605头次，饲养场户14466头次，未发现阳性生猪。

【农产品质量检测】加强农产品例行和监督监测，全年农产品定量检测238批次，其中蔬菜123批次、水果20批次、茶叶12批次、稻谷34批次、春笋10批次、菌类1批次、猪肝11批次、猪肉14批次、鸡蛋8批次、鸡肉4批次、生鲜乳1批次，合格率99.2%；定性检测5815批次，合格率100%；配合部、省、市例行监测、监督抽检、风险评估，抽检产品373批次。

4月1日，区、乡两级全面建成农产品安全快速检测室并对公众免费开放，向社会公开负责人、快速检测技术人员名单及联系方式，免费为公众提供蔬菜、水果、畜禽等日常“菜篮子”产品的快速检测。

【“三品”认证】全年新增绿色食品1个、无公害农产品13个，新增产地整体认定面积656.93公顷。累计通过认证的无公害种植业产地28个，产地规模2151.94公顷，无公害食用菌产地2个，产地规模320万袋，无公害畜牧业产地15个，产地规模128万头/只。累计通过认证的无公害农产品45个，绿色食品8个，有机食品4个。8家“三品”生产主体获首批“金华市放心农产品示范基地”称号。（王　艳）

【农民专业合作社】全区经工商注册农民专业合作社828家，其中，省级以上示范性合作社8家，市级以上示范社12家，拥有社员22903个，联结基地面积1568.53公顷，其中核心基地1096.13公顷。新增3家国家级示范社，分别为金华市西吴中华鳖养殖专业合作社、金华市琅新粮食专业合作社、金华市绿春苗木专业合作社。全区合作社拥有注册商标56个，其中，浙江省著名商标1个，市级以上名牌产品7个。全年合作社总收入82386.47万元，总支出69844.55万元，上缴国家税金59.49万元，获得盈余12541.92万元。（徐早增）

【薄弱村经济扶持】全区348个村为省定经济薄弱村，塔石乡上塔石村、下塔石村二村联建多功能综合大楼项目列入省扶持项目，争取到扶持资金96万元。（吴天昊）

【家庭农场】全区经工商部门注册的家庭农场190家，同比增加164家，其中种植业153家、畜牧业7家、渔业10家、种养结合5家以及其他行业15家。家庭农场经营土地面积为1527.86公顷，劳动力964个，年销售农产品总值6847万元，其中10万元以下74家，10～50万元75家，51～100万元20家，100万元以上21家。拥有注册商标的家庭农场有15家，通过农产品质量认证的有14家。通过培训、项目申报、建立观测点等多种形式，引导家庭农场向规范化方向发展。全区评定4家省级示范性家庭农场，10家市级示范性家庭农场，19家规范化家庭农场获得奖励资金46万元。

【农民负担监管】农民负担监督管理长效机制初步形成，惠农补贴政策落实及时到位，全年无重大农民负担案件发生。一事一议奖补政策加强规范化运作，落实有序。全区一事一议奖补项目48个，涉及人口27051人，承担筹资人口13350人，承担筹劳13701人，总投入3885万元，其中村筹资313万元，村集体投入1144万元，社会捐助150万元，省财政补助1920万元。确定婺城区2014年度村民一事一议筹资筹劳以资代劳工价标准每工80元。

（贾玉珍）

【土地承包及流转管理】全区耕地总面积为12346.06公顷，家庭承包经营耕地面积11874.2公顷，家庭承包经营农户数67827户，签订家庭承包合同67929份，颁发土地承包经营权证66546份。家庭承包耕地流转面积4787.86公顷，占家庭承包经营耕地面积40.32%，占耕地面积38.78%，其中5年以上连片50亩以上12宗74.46公顷。通过各级土地流转服务组织流转土地797.8公顷，用于种植粮食作物1597.66公顷，农业"两区"内流转土地189.3公顷，签订耕地流转合同15300份。

（胡必祥）

【农村确权赋权改革】开展农村确权赋权改革工作作为推进农业经营体制机制创新的重要抓手。2014年，婺城区在广泛征求意见的基础上拟定《婺城区关于村经济合作社股份制改革的实施意见》和《婺城区完善农村土地承包经营权确权登记实施意见》。并做好指导服务，成立工作指导服务组，组织开展业务培训会和工作指导，编印《婺城区农村确权赋权改革资料选编》，确保村村一册，用以指导农村确权赋权工作。至年底，全区启动股改村(社)数313个，完成清产核资村(社)数217个，完成人口调查摸底村(社)数187个；已拟定《实施方案(草案)》村社数132个。(摘自《今日婺城》2015.1.27一版)

【畜牧生产】全区畜牧总产值8.86亿元，占农业总产值的39.5%。全区奶牛年末存栏13979头，牛奶产量40454吨，占全省的1/4，为浙江省最大的奶牛养殖区。生猪年末存栏20.69万头，其中能繁母猪存栏2.06万头，年出栏生猪38.15万头，全年饲养量为58.84万头。家禽存栏80.58万羽，出栏141.9万羽，全年家禽饲养量222.49万羽。全年肉类总产量30217吨，其中猪肉产量26703吨，牛肉产量843.6吨，羊肉产量79.3吨，禽肉产量2578.7吨；禽蛋产量6852.5吨。全年争取畜牧业项目、重大动物疫病防控、后备母牛补贴等经费1560万元，畜牧业项目立项15个。通过项目建设，完善养殖场的基础设施，推动全区生猪、奶牛养殖的标准化、生态化发展。

【畜禽养殖污染防治】按照"禁养区全面退出、限养区只减不增、宜养区生态养殖"要求，制订《婺城区农业面源污染整治实施方案》和《婺城区畜牧业污染治理专项行动工作方案》，全面开展禁养区内畜禽养殖场关停拆除工作。全区关停拆除养殖场(户)2234家，拆除畜禽栏舍66.19万平方米，处置家畜13.88万头，发放补偿奖励资金1.35亿元。按照区域环境承载能力和土地消纳能力，优化调整畜牧业区域布局，完成《婺城区生态畜牧业发展专项规划》和《婺城区规模畜禽养殖场整改提升实施方案》编制，并通过区政府常务会议审议。

【农牧对接】结合畜禽养殖场专项整治，开展农牧对接试点工作。完成白龙桥镇下杨畈、蒋堂镇寺前畈和蒋堂镇下汪村3个农牧对接示范点建设，建成3个田间贮肥池计600立方米，铺设相应管网，购置槽罐车3辆。

【动物无害化处理中心】确定金华市莱逸园环保科技开发有限公司负责承建死亡动物无害化处理中心项目，完成基础设施建设，项目总投资2941万元，年处理能力3000吨。

【富民强区项目】2010年由省科技厅立项的

《奶牛产业关键技术集成与推广》项目完成各项指标和任务，通过由浙江省科技厅组织专家的项目验收和绩效评审，审议通过后续项目工作实施方案，后续项目实施时间为2014年至2017年。

【后备母牛扶持政策】 开展奶牛调查工作，3月底，全区存栏11头以上（含11头）、成母牛5头（含）以上的奶牛养殖场（户）300个，存栏奶牛16280头，其中后备母牛8449头，争取到后备牛补助资金422.45万元。

【重大动物疫病防控】 全区免疫注射牲畜口蹄疫130万头、猪瘟121.3万头、猪蓝耳病34.5万头、高致病性禽流感214.6万羽。开展奶牛“两病”监测，普查奶牛1.57万头，对查出的“两病”阳性奶牛进行扑杀深埋无害化处理。开展H7N9禽流感疫情排查、监测，采样、送检标本1300份，均未检出阳性。家禽高致病性禽流感抗体监测745羽次，合格率84.2%；牲畜口蹄疫抗体监测1055头次，合格率85.2%；猪瘟抗体监测435头次，合格率85.1%；鸡新城疫抗体监测325羽次，合格率76.3%，各项监测抽查结果达到上级规定要求。全年实施产地检疫生猪14.8万头、家禽10.5万羽，实施生猪屠宰检疫21.3万头，检出病猪107头，并全部进行无害化处理。全年累计开展生猪“瘦肉精”监测3.9万头次，未发现阳性生猪。开展漂浮死猪巡查、打捞、收集和无害化处理，出动人员1.68万人次，打捞死猪1691头、家禽215羽、其他小动物23只。

【牧业执法】 依法立案查处各类牧业违法案件16起，其中查处屠宰死因不明动物案1起、经营动物未附检疫证明案2起、变造动物检疫合格证明案1起、未按规定处置病死猪案5起、违法处置病死动物案1起、未经备案从省外调入动物案6起，已结案14件，处罚金额39594元。 （戴美艳）

【生猪屠宰】 5月4日，区生猪定点屠宰稽查大队整体由区经济商务局划转区农林局管理，人员、编制、机构队伍交接到位。全年生猪进点屠宰629745头、牛11043头，检出待宰前死亡生猪222头，病害内脏折合1541头，屠宰过程中检出病害猪142头；瘦肉精抽检批次22717次，合格率100%。牵头组织相关职能部门执法检查(日常检查)70次，参加执法人员226人次，完成全区定点屠宰覆盖率（城区100%，乡镇96%）及定点屠宰企业违法违规、私屠滥宰行为查处率两个100%的工作目标。

（杨则宜）

【畜禽养殖场排泄物治理】 全年投入污染治理资金236万元，完成59家畜禽养殖场排泄物治理项目，建成集水酸化池容积295立方米，厌氧池3540立方米，用肥调节池885立方米，田间池590立方米，建干粪棚885平方米，配套沼液利用农田、苗木、果园173公顷，日处理污水354吨，年产沼气25.84万立方米，折标煤184.5吨。落实市、区财政配套补助资金88.5万元。

【大中型沼气工程】 浙江美保龙种猪育种有限公司大型沼气综合利用工程项目基本完成，项目计划总投资415万元，其中国家投资100万元，建成厌氧池1500立方米，附属池760立方米，贮气柜500立方米，安装80千瓦发电机1台，沼气输气管网及道路、围墙、绿化等附属设施和配套仪器设备等，配套沼液利用农田、果园、苗木40公顷，日处理污水170吨。

【生态循环农业基地建设】 全区投入资金102.1万元，新建高效生态循环农业示范基地建设3处，建成田间池600立方米，铺设沼气输气及沼液输送主管及支管网9000米，安装污水泵1台、贮气柜90立方米、纯沼气发电机1台、沼气集中供气设施100户、沼气灶100套、流量表100台，配套沼液利用茶园、果园、苗木等面积35公顷。项目涵盖沼液、沼渣综合利用等方面内容，为农业生产环保效应、质量效应、产量效应的同步提高与发展起到综合示范作用，已通过市农业部门验收。

【太阳能开发利用】 全区新增太阳能热水器1500台，计3000平方米，折合标煤540吨，促进婺城区农村清洁能源利用率的提高。 （陈秀玲）

【农机化扶持】 全年实现投入有财政补贴农机装备购置总额1668.14万元，带动农民自行投入1026.57万元。农户享受各级财政补贴资金641.5639万元，其中中央补贴资金540.57万元，省级补贴资金70.69万元,区级补贴资金30.3万元。全区农民及专业合作社享受到购机补贴的优惠政策补贴机具745台。完成省、市设施农业设备补贴项目16个，总投资822万元，建设单体大棚、连栋大棚、玻璃温室面积共15.73万平方米；建设贮藏保鲜设备面积938立方米，享受补贴资金430.67万元，其中，中央财政补贴资金203.58万元，市财政支农补贴资金227.09万元，带动农户自行投入391.33万元。

【农机推广】全区农机总动力241616千瓦，其中柴油机192059千瓦、汽油机6066千瓦、电动机43490千瓦。全区机械化作业水平进一步提高，全年完成机耕面积1.058万公顷，机收面积8304公顷，推广水稻机秧面积402公顷，油菜机收58公顷，机电灌溉面积2421公顷，机械植保面积3325公顷，机收油菜58公顷；机械初加工农产品5.29万吨。新增批处理20吨以上粮食烘干服务中心1个，机械化烘干粮食1.38万吨。

机　割

【农机安全监理】全区签订农机安全责任状1393份，签订率100%。公安驻农机联络室保持平均每月出勤率80人次以上，全天候上路检查，全年当场处罚2235起，强制措施86起。全区发生上道路拖拉机交通事故2起，受伤2人，无死亡人数，农机安全事故发生与去年同期相比，各项指标均有下降。完成年度拖拉机(驾驶证)年审1142台，驾驶员1393人，年审率93%。报废高能耗拖拉机69台(其中14.7千瓦以下7台)，补贴资金17万元。

(朱剑峰)

【农业执法】开展“绿剑”行动，出动执法人员896人次，检查企业163家次，农产品质量抽检213批次，查处违法行为6起，办结4起，罚没款2110元；受理农民投诉23起，诉值31.2万多元。开展农药经营许可证实质审查，实质审查3家；开展兽药生产经营“GSP”质量认证，申报4家，通过3家；开展农业投入品网络监管试点工作，试点单位5家，软件已开始试运行。组织农业投入品经营企业负责人集体约谈活动5期，约谈人数25人次，发放宣传资料200余份。开展农业法律法规知识宣传和培训，共发放农业法律单行本600份，其他宣传资料800份，讲解农资识假辨假、科学使用等知识，帮助农民提高选用农资的水平。开展投入品经营人员业务培训，提高农资经营人员法律意识和专业知识水平，发放相关资料300余份。

(胡树良)

【农业植物检疫】全区未发生黄瓜绿斑驳花叶病毒病、柑橘黄龙病、葡萄根瘤蚜及红火蚁。4月下旬，在雅畈镇和塔石乡首次发现梨树疫病，发病梨园面积7.47公顷，发病梨树113株。扶桑绵粉蚧发生面积0.07公顷，同比减少0.4公顷。加拿大一枝黄花发生面积69公顷，同比减少47.97公顷。豚草发生面积14.2公顷，同比减少4.67公顷。开展加拿大一枝黄花及豚草化学防除，面积113.8公顷次，取得较好的防除效果。

开展产地检疫，受理金华三才种业公司和市婺城区沈献跃苗木场的种子种苗产地检疫申报，繁育基地面积77.33公顷，检疫合格种苗70万株，签发《全国农业植物产地检疫合格证》8份，农作物种子483吨。

开展调运检疫，签发《植物检疫证书》207份，其中调运农作物种子284.653吨、种苗1.5万株、植物产品15吨，开具《全国农业植物检疫要求书》68份，同意调入农作物种子72.904吨。4月28日，召开植物检疫工作培训会议。8月12日，召开柑橘检疫性有害生物专项调查会议。9月，开展“全国农业植物检疫宣传月活动”，通过农民信箱发送宣传短信4.1万人次，发放资料530份。1月20日起，农业植物检疫行政审批事项集中至金华市婺城区行政服务中心农林窗口统一办理。

(刘国强)

【农民信箱】至年底，全区用户注册数41560户，启用数41146户，启用率99%。通过农民信箱发布农产品买卖信息603条，“每日一助”信息172条，群发短信100余万条，全年成交额超过1500万元。开展全区农民信箱和万村联网培训，培训镇、村信息员500人。婺城区农民信箱年度考核工作连续第

五年被评为省级先进。（章杨倩）

【农业服务保障】婺城区农林局抓好队伍建设，优化农业服务保障。开展党的群众路线教育实践活动，落实相关整改措施。制订《婺城区农林系统效能检查工作方案》和《婺城区农林局工作人员作风和效能纪律问责处理意见》。开展“助农增收”“五送下乡”等活动，服务基层群众，解决实际困难，扩大工作成效。严格落实党风廉政建设责任制，加强反腐倡廉教育，保持党员干部思想纯洁、队伍纯洁、作风纯洁。开展三轮行政权力清单梳理并将结果在政府网上公开，全局梳理权力事项396项。进一步完善简化审批程序，实行“一站式办公、一次性受理、一条龙”服务。（摘自《今日婺城》2015.1.27一版）

林　业

【概述】婺城区林业工作围绕建设美丽婺城、创造美好生活，以改善林业生态、增进林农利益为目标，推进森林婺城建设，强化森林资源管护，深化林业改革，有效促进林业持续健康发展，各项林业工作取得明显成效。

【生态公益林建设】全区有省级重点公益林总面积32274.20公顷，完成重点公益林优质林分建设25655.33公顷，完成率100%。全年实发公益林补助资金1477.72万元，直补农户12127户。

【绿化造林】全区完成造林更新511.93公顷，其中双增目标造林304.53公顷，迹地更新完成207.33公顷，完成率112.30%。完成森林抚育4516.67公顷，双增目标中平原绿化造林210.53公顷，重点防护林工程造林20公顷。开展“四边三化”行动，完成森林通道22千米，创建省森林城镇1个、省级森林村庄3个、市级绿化示范村12个，通道沿线林相改造133.33公顷。（沈志华）

【木本油料】全年完成山核桃、油茶、油橄榄等木本油料造林40公顷，生产油茶良种苗木344.68万株（其中普通油茶良种苗308.2万株、红花油茶苗32.33万株、试验苗4.15万株）。新发展木本油料45公顷，其中油茶良种面积10公顷，油橄榄面积10公顷；薄壳山核桃面积25公顷。生产油茶苗木344.68万株，其中普通油茶良种苗木308.2万株，红花油茶苗木32.33万株，试验油茶苗木4.15万株。

（应金考）

【花卉苗木】全区有育苗面积7200公顷，其中桂花面积3733.33公顷，占全区育苗面积52%。重点培育国际山茶物种园、东方红林场国家级油茶油桐种质资源库、竹马省级杜鹃花种质资源圃和安地省级桂花种质资源圃4个种质资源基地。

【林业特色基地】开展竹马杜鹃花精品园（金华市永根杜鹃花培育有限公司）建设，完成杜鹃花新品种种植20公顷；开展琅琊上盛村油茶精品园建设，完成油茶良种种植53.3公顷；开展琅琊曼地亚红豆杉精品园建设，培育曼地亚红豆杉1000万株；开展示范基建设，铁皮石斛种植示范基地（白鹭园生态农业开发有限公司）完成杉木林树上种植铁皮石斛3.3公顷，油橄榄种植示范基地（金华盛博奥园林有限公司）完成油橄榄种植10公顷。

3月4日，金华市珍贵树种进千村行动赠苗仪式暨巾帼助力森林城市创建植树活动在琅琊镇上盛村举行；3月25日，省林业厅副厅长吴鸿一行到婺城区指导林业工作；5月22日，省级森林城镇创建工作预检组到罗店镇检查指导“省森林城镇”创建工作；7月26～31日，国家林业局华东林业规划院造林核查组到婺城区开展造林核查。

（应堂亮）

【林业执法】全区保持良好的林区治安，未发生严重林区安全生产事故，未发生大面积毁林开垦、乱占林地违法犯罪行为，未发生群体性案件、有组织的盗伐、滥伐林木和滥捕乱猎野生动物刑事案件。全年组织开展“亮剑”“禁种铲毒”“非法占用林地专项整治”“绿剑”检疫执法等系列打击破坏森林资源专项行动，查处各类案件30件。其中，刑事案件3件，抓获犯罪嫌疑人3人；行政处罚案件27件。案件涉及滥伐林木、过失引起森林火案、非法猎捕野生动物、非法经营野生动物、擅自改变林地用途、非法运输木材等，打击各类破坏森林、林地和野生动植物资源的违法犯罪行为，提高全社会共同保护森林和野生动植物资源的自觉性。（杨福清）

【森林消防】全区有护林员288人，乡镇专业半专业消防队伍18支600人。省级资金森林消防经费18万元，为各有林乡镇配备相应扑火物资装备及全区森林消防队队员投保人身意外保险。全年发生森林火灾4起，森林过火面积18公顷，受害森林面积16.64公顷，无重特大森林火灾和人员伤亡。

（熊永忠）

【林木采伐管理】根据浙江省人民政府令第320号，自4月1日起施行《浙江省林木采伐管理办法》，加强林木采伐管理，保护、培育和合理利用森林资源，各项审批林木采伐蓄积严格控制在采伐限额内。全年发放林木采伐证1058份，发证蓄积39278.19立方米，占全区年采伐限额82830立方米47.42%。其中，主伐蓄积37805.23立方米，抚育伐零立方米，更新采伐零 立方米，低产(效)改造 零立方米，其他采伐1484.39立方米，基本满足重点工程和人民群众生活需要。

【林地保护】开展非法侵占林地清理排查专项行动，成立非法侵占林地清理排查专项行动领导小组。开展设施农业用地占用林地专项整治工作，查清矿山企业的林地使用的基本情况，研究解决矿山企业林地使用问题的妥善方案。在专项整治活动中，查处非法占用林地事项51宗。其中，婺城区东方红林场整治49家，拆除砖瓦结构养殖房18562.62平方米，拆除简易结构养殖房2923.47平方米，拆除栏舍850.86平方米，全部复垦恢复林业生产条件。立案查处的案件2宗，面积0.0352公顷，收取罚没款3520元；下文催办、限期办林地手续文件8份。全年审核、审批征占用林地项目11个，面积18.9771公顷，征收森林植被恢复费128.8744万元。

【野生动物保护】野生动物保护管理工作进入法制化、正常化、经常化管理轨道。全区范围内有各级别保护野生动物驯养繁殖和经营利用单位55家，其中驯养繁殖单位24家、经营利用省一般保护动物30家、动物标本制作室1家。24家驯养繁殖单位中，国家一级12家、国家二级3家、省重点2家、省一般及“三有”7家。驯养繁殖野生动物以梅花鹿和野猪为主产业，其中梅花鹿存栏数375头、野猪存栏数75头，年产值2248万元。全年区陆生野生动物救护中心救治及野生动物监管部门放归自然各个级别保护野生动物190只(条)，其中国家二级2起2只、省重点5起22只、省一般166只。受理各类举报110移交破坏野生动物案件9起；开展市场执法检查13次，出警人员30人/次；开展狩猎情况检查3次，出警人员15人/次，没收非法狩猎野猪夹等工具12只，电猫2台，捣毁非法捕鸟网23幅1200米。

【山林纠纷】配合市山林办调处婺城区与外县际山林纠纷调查调处工作，主动调处乡际间纠纷，指导和配合乡镇山林纠纷调处。全年调处山林纠纷5起，面积1.34公顷。开展山林纠纷排查，排查出山林纠纷33起、面积203.51公顷，其中市际5起、面积115.4公顷，县际25起，面积78.1公顷。纠纷面积最大乡镇102.07公顷，最少的0.013公顷。所有权纠纷16起，占39%，界址纠纷14起，占42%。

（方伟华）

【木材管理】检查木材运输车辆1470辆，检查木材11120立方米，查处违法运输车16辆，没收违法运输木材153.5立方米。在遇到罚没金额五千元以上或疑难案件时，均由局案件审查委员会集体讨论，并形成决定。加强木材经营加工执法检查和法律法规的宣传，完善木材进出厂台账登记制度，关停无证经营木材加工厂45家，审查新办木材加工厂25家。

（徐国君）

【林业有害生物】松材线虫病在罗埠镇、蒋堂镇(含金华监狱)和白龙桥镇(含东方红林场白龙桥林区)范围内发生，发生面积24公顷。松材线虫病防控打注药18000支、噻虫啉防治松褐天牛593公顷/次，安置松褐天牛诱捕器100只，清理枯松木230株。松材线虫病得到有效控制，发生区内枯死松树数量连续三年下降，发生面积逐步减少，部分小斑实现疫情拔除。竹卵圆蝽在安地镇、塔石乡发生，安地镇发生面积已得到控制，塔石乡发生面积在扩大，应用绿色威雷防治竹卵圆蝽面积39公顷。苗木产地检疫4900公顷，其他林业有害生物不对森林资源产生危害。

（方建设）

【农林场】

良种场 婺城区第一良种场位于长山乡境内，土地面积102公顷，耕地面积86.67公顷(农田60公顷、山地26.67公顷)，其中农业试验6.67公顷、淡水养殖33.33公顷、蔬果20公顷、茶叶13.33公顷、竹园

6.67公顷、苗木6.67公顷。有干部职工188人，其中退休142人、在职46人。农场主要职能是稻麦棉油良种生产、农业试验和技术推广，以培育水稻、小麦良种为主，属国家南方小麦区域试验，水稻省、市区域试验定点场。全年完成农业试验77个品种，其中早稻26个品种（区试24个、生产试验2个品种）、晚稻51个品种（区试25个、生产试验5个、筛选试验21个品种）。（宗顺荣）

东方红林场 婺城区东方红林场有土地面积547公顷（白龙桥林区240.4公顷、琅琊林区306.6公顷），其中省级生态公益林面积387公顷、林木良种基地面积72.53公顷。良种基地有种质资源1939份，其中油茶1383份、油桐162份、薄壳山核桃215份、浙江山核桃40份、乌桕132份、香榧2份、油橄榄3份、白沙枇杷2份。2月，东方红林场成为浙江省政府油茶良种苗木采购供应商。3月19日，林场承担的《油茶良种苗木设施繁育与丰产栽培技术推广应用》项目通过专家组验收合格。3月25日，省林业厅副厅长吴鸿一行到林场指导珍贵树种榉树造林基地工作。4月29日，中国木本油料油脂标准修订启动仪式暨木本油料产业发展研讨会在婺城召开。9月10日，省林业厅副厅长俞坚、省林业厅机关党委专职副书记何志华、省森林公安局局长蒋国洪一行到林场调研良种基地种苗生产情况及国有林场改革工作进展情况。9月29日，市政协主席郑金平一行到林场调研良种基地以及种苗生产情况，听取林场良种基地及种苗生产情况相关汇报。10月16日，由国家林业局科技司组织、中国林科院承办的国家林业局林木种业浙江调研组一行，到林场国家油茶油桐良种基地调研考察。12月，乌桕种质资源库确定为省级林木种质资源库，东方红林场获市绿化模范单位称号。（洪友君）

水　利

【概述】 婺城区有中小型水库86座。其中，中型水库有沙畈、金兰、安地、九峰、莘畈5座，小(一)型水库14座，小(二)型水库67座，总库容3.9亿立方米。辖区内部分水库除由市水利局和市经济开发区管理外，属婺城区管辖的水库66座，其中中型1座（莘畈水库）、小(一)型12座，小(二)型53座。另有山塘206座，引水堰坝634条，泵站403座，总装机容量5932.8千瓦，新建汤溪水厂1座。

区境内河流属钱塘江水系，河道总长度458千米，其中主要河道衢江、金华江以及武义江在区境内总长度42.3千米，集雨面积50平方千米以上的小流域有7条：梅溪、白沙溪、莘畈溪、厚大溪、盘溪、桐溪、横路溪，总长度286.5千米。

婺城区以群众路线教育实践活动为主线，以夯实水利基础设施为抓手，各项工作取得较好成效。婺城区列入第六批中央财政小型农田水利重点县项目。长湖生态清淤项目在全省“五水共治”现场会上得到了省领导的高度评价。8月浙江大学水利系教授王建江一行到区调研五水共治工作，把脉婺城区治水工作，区水务局成为浙江大学大学生社会实践示范基地。2014年，区水务局被国家人力资源和社会保障部、水利部评为全国水利系统先进集体（全省唯一获此殊荣的区级单位）、2014年度浙江省市县水利工作综合考核优秀单位、2014年度全省水政监察队伍考核优秀单位、市五水共治先进单位。

【水利工程建设】 2014年，全区水利项目建设总投资2.6亿元，水库山塘除险加固、白沙溪中小流域治理、桐溪、长湖清淤治理、农村饮用水改造提升、乌引节水配套等列入区政府年度重点惠民实事项目。主要工程建设有：白龙桥镇东山塘水库、雅畈镇百合塘水库2座水库除险加固工程主体工程已经完成，完成山塘整治6座，新增节水灌溉面积400公顷。完成2014年婺城区中小河流治理在建项目3个：白沙溪古方段治理工程总投资2478万元，治理河长2.9千米，建设防洪堤总长5.04千米。白沙溪琅琊集镇段总投资1803万元，治理河长2.0千米，建设防洪堤总长2.88千米。白沙溪高田滕后金段总投资2899万元，治理河长4.0千米，建设防洪堤总长3.51千米。完成10条支流“一河一策”的方案编制、《婺城区南山水系治理工程规划(一)》《通元溪河道整治工程实施方案》等。2012年开始实施的“乌引”灌区渠系配套工程项目全部完工，“乌引”工程从衢州市年引水1240万立方米。完成10个村农村饮用水改造提升工程。石柱头电站总投资4225万元,规模4×730KW,总装机2920KW,现已完工并开始并网发电。石柱头电站的建设优化了城区生态环境,形成长5千米、面积200万平方米、库容600万立方米的水面城市水库。

【“五水共治”】 区政府与市政府签订《金华市“五水共治”工作目标责任书》,涉及水务工作任务主要有“清水治污”行动、洁水养殖、堤防加固、中小河流治理、排水防涝规划修编工作、饮用水源保护管理等方面。区水务局从水环境综合整治入手,为“五水共治”打好基础。主要开展“清水治污”,洁水养殖,长湖、桐溪治理、堤防养护等工作。全区完成“垃圾河”“黑臭河”整治分别为173.53千米、51.1千米,并完成验收工作。纳入保洁的全区省、市、区三级河道保洁覆盖率达100%。辖区11座小<一>以上水库实施清水养殖,在金华江、白沙溪放养净水鱼苗100多万尾。长湖水环境综合治理工作采用人工机械清淤和生态清淤相结合,累计清理淤泥39.6万立方米,完成投资3200万元。桐溪治理长度2千米,总投资750多万元。白沙溪、桐溪段城防维修养护投入400万元,两侧绿化进行修剪提档、施肥,白沙溪城防段损坏的花岗岩进行修复,对白沙溪橡皮坝进行清理,并对泵房设备进行修复。省、市、区河道全面开展水环境长效保洁,组织城西、乾西、竹马、罗店、新狮、城东、城北等乡镇与环卫公司签署协议,将河道保洁纳入环卫公司包干区域环卫工作范围,并实行月度激励考核制,将河道保洁工作质量与其所得报酬直接挂钩根据婺城区河道保洁工作考核评分表及《婺城区水环境长效保洁实施方案》采。严格落实水面保洁“河长负责制”;将河道保洁纳入环卫公司包干区域,实行月度激励考核制。全区其他河道按照《婺城区水环境长效保洁实施方案》均已落实专人保洁。

2014年9月10日,衢江航运项目游埠枢纽及船闸工程开工

10月18日,区水务局启动金华江治理一期工程项目,该工程位于金华市婺城区白龙桥镇,范围包括金华江左岸婺城区马海畈片、虹路片、金华江支流回水区域的堤防及交叉建筑物等,设计堤防总长度为11.16千米,其中马海畈堤5.63千米,虹路堤5.53千米,工程等别Ⅳ等,堤防设计等级为4级,设计洪水标准为20年一遇及20处穿堤排水涵管的建设。省发改委批复总投资为21803.03万元,总工期为48个月。金华江治理一期工程施工一标为虹路堤的一部分,起点位于白沙溪城防段下游金华江汇入口处,终点位于金华江石柱头电站下游约100米处,堤防总长2.52千米,新建穿堤排水管4处,工程总投资4000万元,正在顺利施工中。

【水政水资源管理】 婺城区多年平均水资源总量13.11亿立方米,2014年,水资源总量16.06亿立方米。人均水资源2103亿立方米,是金华市水资源量较丰富的区域。全区总供水量为2.5亿立方米,全区总耗水量1.58亿立方米。区水政监察大队承担全区水政水资源、河道、水土保持监督、渔业生产监察执法管理职能。全年开展水政、渔业执法巡查472人次;完成开发建设项目水土保持方案审批23项。年初,对许可水量5万立方米以上的生活和工业的18个取水户下达取水年度计划,对取水户建立“一户一档”的管理制度。并下达《莘畈水库饮用水源保护生态补偿资金项目计划》,总投入达836万元。此外,进行水环境功能区划分工作以及开展水法宣传,营造人水和谐环境。

【水电建设和管理】 全年发电量4678.7万千瓦时。金华江石柱头水电站主体工程基本完工,进入安装调试阶段,完成投资4225万元。加强水电行业安全生产监督管理,全年对42个水电站进行20多次安全生产常规检查、专项检查,整治安全隐患12处,隐患整改率100%。参加水利安全生产网络知识竞赛15人次,举办水电站安全运行管理培训20人次,开展消防讲座和演练25人次,开展特种作业人员培训64人次，开展水利生产经营单位主要负责人、安全管理人员安全知识培训27人次，实现全年水电站安全生产无事故的目标。

【水产生产】全区年水产品总量10143吨。其中主要产品产量鳖2930吨，比2013年增加3.7%，占水产总量的28.9%，淡水养殖产量9991吨，同比增长1.95%。渔业总产值2.09亿元，同比减少3.4%。渔业增加值6285万元。全年举办养殖技术培训班3期，组织培训260人次，主要推广新产品、新技术与渔业鱼病防治知识，6月，省派驻婺城渔技专家对部分养殖场进行有针对性鱼病防治指导。全年渔业申报中央财政菜篮子项目1个，中央现代渔业生产项目3个。

省级现代渔业生产发展资金项目6个，争取补助资金973万元，(其中中央补助272万元，省补助201万元)。金华市婺城区水产种苗专项储备项目库申报项目3个，省级农业科技项目1个。开展温室甲鱼整治工作。区水务局结合渔船年检，开展全区渔船安全专项执法检查工作，对全区江溪捕捞船、水库养殖渔船24艘进行安全检查。严厉打击偷、毒、电、炸破坏渔业资源的违法行为，出动472人次，开展专项电鱼检查和巡察活动，查获违法工具35付(套)，会同公安处理毒鱼案件1件，协调处理渔业纠纷事件5件，保护了渔业生态环境和养殖户利益。区政府出台《婺城区温室甲鱼养殖业污染整治工作方案》。

【防汛抗旱】2014年，全区相继遭受梅雨、持续阴雨天气和台风的影响，雨量充沛。1月～11月全区平均降水量1650毫米，比2013年同期的1381毫米偏多19.48%；汛期(4.15～10.15)平均降水量1303.1毫米。降水相对集中在6月和8月，江河水位普涨，金华江多次超警戒水位，中型水库水位均超汛限水位，并多次开闸泄洪。区境内多处出现内涝积水，农田被淹，道路中断，村庄、厂房进水。全区树立“防大汛、抢大险”思想，不断总结经验，针对薄弱环节，加强责任落实和检查督查，完善各项预案方案，推进基层防汛防台体系规范化建设，加强山洪灾害防治，全面做好防汛防台抗旱准备。在防御各次洪涝、台风灾害过程中，坚持把确保人民群众生命安全作为首要任务，加强监测预警，及时启动应急响应，督促各地落实各类水利工程安全巡查。密切关注天气变化，及时转发气象暴雨预警；全区58个水雨情遥测站实时监测水雨情变化，发送气象信息10000多条，传真180余份次，掌握了防汛安全主动权。

(王　静)

卫　生

【概述】2014年,全区卫生工作以科学发展观为指导,全面贯彻党的十八届三中全会精神,紧扣区委、区政府年度中心工作及上级卫生工作精神,树立"以民为本,优质服务,和谐卫生"的理念,优化内部管理机制,创新服务理念,强化基本医疗和公共卫生服务,深化医药卫生体制改革,提升区域医疗服务水平,促进婺城卫生事业快速健康发展。

开展党的群众路线教育实践活动,卫生局教育实践活动2月底启动,各单位党组织和党员积极参与,群众热情支持,整个活动进展有序、扎实深入,党员接受了党性教育,自觉践行群众路线;通过开门整风,用心回应群众关切;聚焦"四风"查找问题;狠抓突出问题,有力整治"四风"之弊。

【整风提效抓服务】区卫生局突出开门整风,始终坚持问题导向,坚持群众提、自己找、上级点、互相帮、集体议,广泛征求意见,通过群众提、自己找、上级点、互相帮、集体议,聚焦"四风"查找问题,收集到意见建议79条,梳理归并形成36条,其中,涉及"四风"方面问题的意见建议14条。根据意见,区卫生局逐条逐项研究细化,采取措施抓好整改。其中,群众反映的8个具体问题一步整改到位;8个难点问题局班子分工领衔,限时整改。

【基层医疗卫生】推进收入分配改革,区卫生、人社、财政局联合出台《关于进一步完善基层医疗卫生事业单位绩效考核实施办法》,对绩效考核和工资分配改革作了进一步规定,各乡镇(街道)卫生院(社区卫生服务中心)根据区考核方案,制订责任医生、村联络员考核办法,对工作进行量化分解,开展检查考核,考核结果与绩效分配要紧密挂钩,保证责任医生待遇,调动其积极性。5月,所有基层医疗单位工资发放按新的分配方案进行,新的基础性绩效工资由生活补贴和工龄补贴组成,按月发放。经过半年多的实施,运行基本平稳。主动联系市属综合性医院,推动和规范婺城区城乡医院对口扶持工作;全区有8家单位与市属医院签订对口扶持协议。5月,婺城残疾儿童抢救性项目定点机构、婺城首个儿童康复指导中心正式落户城西街道社区卫生服务中心。此外,罗店、乾西、区第二人民医院十二局分院等开设的中医、中心理疗、老年康复等特色专科发展形势良好,满足不同层次病患的需求。

【公共卫生服务】2014年,婺城区按照省、市基本公共卫生服务各项目工作任务要求,电子建档人数建档率达93.97%;常住适龄儿童I类疫苗接种率99.78%,适龄儿童含麻疹成分疫苗2剂接种率99.88%。入托和入学接种证查验率100%,传染病填报率100%;儿童保健覆盖率97.06%,儿童系管率98.03%,5岁以下儿童中重度贫血患病率0.4%,孕产妇规范健康管理率99.17%,产后访视率99.27%,高危孕产妇管理率100%;60岁以上老年人健康管理率65.2%;高血压管理率41%,规范管理率62%,最近一次随访血压控制率41.3%。糖尿病管理率37.9%,规范管理率61.20%,血糖控制率35.60%;登记在册的确诊重性精神病患者数1455人,其中,精神发育迟滞479人,健康管理率44.89%,规范管理率57.96%。

【疾病防控】区卫生局坚持预防为主的方针,突出重点疾病防控工作。全区无突发性公共卫生事件及重大疫情报告;全年审核各类传染病报告卡5232例,报卡及时率99.69%,审核及时率100%;分析处理102起传染病预警信号,处置率100%。创建省级社区慢性病防治示范点，探索慢性病“三卡管理”与“链式”管理模式；联合市疾控慢病科、雅畈卫生院开展自我管理小组活动；开展“全国高血压日”“联合国糖尿病日”等主题日宣传活动。

【妇幼保健】 2014年，婺城区着力规范儿童保健和孕产妇保健，提高儿童保健和孕产妇保健的系统管理率。组织开展国家重大公共卫生服务项目，孕早中期叶酸增补、2014年农村妇女“两癌”筛查项目工作、新生儿疾病筛查补助、农村孕产妇住院分娩补助、“两免”等重大项目均能达到省任务要求。

【卫生监督】 加大医疗服务市场监管力度。督促医疗机构全面履行依法执业、传染病防治、放射防护、职业病防治等各项法定义务。打击非法行医，由区卫生局、区社会管理综合治理委员会办公室、区检察院、区市场监督管理局、区人口和计划生育局、市公安局婺城分局、市城市管理行政执法局婺城分局7部门联合制订《关于进一步整顿医疗秩序加强打击非法行医专项行动工作的通知》，严厉打击非法行医。其间对重点地区、重点领域加大执法力度，督促整改落实，巩固工作成效。开展宣传活动3次、发放资料550份，出动监督人员256人次，查处非法行医案件9起，结案8起。其中，与公安、计生联合查处非法行医各1起，移送公安案件4起，实现无证行医案件查处率100%、涉嫌非法行医罪案件移送率100%。在全区范围内开展“依法执业 守护健康”活动，按分类、分级方法，对3家医院、15家乡镇卫生院、25家社区卫生服务站、5家门诊部、121家村卫生室、41家诊所及7家其他医疗机构开展监督检查，监督覆盖率达100%。

【卫生人才队伍建设】 2014年，卫生局争取编制50名、定向培养名额10人，充实基层和山区的卫生人员队伍。切实加强基层卫生人才培养，提高基层医疗卫生服务能力。制订《婺城区卫生技术人员培训管理办法》《婺城区乡村卫技人员素质提升工程实施办法》等政策规定，举办基本公共卫生服务项目管理培训班、主要慢性病规范化管理技术培训班、妇幼保健培训班、金华市卫生监督协管培训班等，组织15名精防医生参加由金华市二院举办的抑郁症和老年期痴呆防治知识暨严重精神障碍管理治疗知识培训班。

开展婺城区首届公共卫生服务服务技能竞赛，以赛促练提升婺城公共卫生服务能力。调动基层医务工作者学习公共卫生服务技能的热情，提高婺城公共卫生知晓率，公共卫生知晓率。落实省、市卫生行政部门关于人才培训和继续医学教育的有关文件精神，扎实开展各项工作。

【卫生强乡镇创建】 根据《浙江省卫生强市、卫生强县考核办法(试行)》《金华市卫生强乡镇(街道)考核办法》等精神，成立区卫生强乡镇(街道)创建活动领导小组，指导全区开展创建活动，并把创强工作纳入乡镇(街道)年度综合目标考核。自2013年启动卫生强乡镇(街道)创建活动以来，已完成罗店、蒋堂、塔石、白龙桥、乾西等5个乡镇的区级初评工作，并上报市考核办，待市考核办安排时间评审。

【爱国卫生运动】 区卫生局贯彻“政府组织、地方负责、部门协调、群众动手、科学治理、社会监督”的爱国卫生工作方针，开展各项爱国卫生运动。春、秋季对城区的5个街道和乾西乡居民住户发放灭鼠药2.66吨。并由市爱卫办负责组织对外环境开展大规模消杀投药活动。夏季，采购4.8万份的灭蟑药剂及灭蟑粉笔开展灭蟑工作。继续在全区开展以城乡环境卫生整洁行动为重点的爱国卫生月活动，参与卫生整治的干部群众3523人，清理卫生死角389处，清除乱贴乱画墙体面积24567平方米，清理户外广告546幅。拆除乱搭乱建，清运积存垃圾，消除病媒生物滋生地，落实长效卫生管理措施。继续开展健康、环保和节能减排等知识的宣传活动，宣传健康理念，倡导健康生活。印发宣传资料13500份，制作宣传展板55块，受宣传人次87452人次。开展以预防烟草、营养教育或预防伤害教育为切入点进行控烟宣传，让群众充分认识到吸烟危害健康。开展无烟医疗卫生系统规范化建设，加强控烟宣传和监督检查，巩固全省卫生系统禁烟成果。

(余　丽)

人口和计划生育

【概述】2014年,婺城区人口与计划生育工作围绕省、市人口计生委的目标要求,以夯实基层基础、强化宣传教育、提升优质服务、坚持依法行政为目标,牢牢把握"稳中求进、跨越提升"的工作要求,凝心聚力,各项工作推进平稳有序。全区共出生3704人(含补报111人),其中计划内出生3485人,计划生育率为94.09%;人口自然增长率5.22‰;户籍人口婴儿出生性别比106.2;多孩违法生育发生率0.54%;免费孕前优生检测率均在95%以上;统计误差控制在市考核要求之内,全年无因执法不当引发的计划生育重大行政诉讼案件。修订完善《2014年人口和计划生育目标管理责任制考核办法》和《婺城区乡镇街道2014年人口和计划生育各线评估意见》,研究通过了计生工作单项奖励政策。区人口计划生育局被市人民政府评为市级人口计划生育目标管理责任制考核先进单位。区公安分局、法院、卫生局、财政局、民政局、人力社保局、雅畈镇、罗店镇、长山乡、竹马乡、沙畈乡、城东街道、城中街道被区人民政府评为人口和计划生育工作先进单位。

【计生宣传教育】发挥宣传教育的先导作用,以"关爱女孩行动""婚育新风进万家""5·29计生协会会员活动日""7·11世界人口日"等宣传服务活动为载体,开展了多层次、多形式、全方位的宣传,利用"三优"服务中心培训授课、街头广场咨询义诊、上门入户发放宣传品等形式向群众广泛宣传计划生育法律法规、"单独二孩"政策、优惠奖励措施和免费服务项目。全年开展大型宣传活动40多场次,发放各类宣传品、宣传画8万余份。加强宣传阵地建设,对全区三分之一村(居)计划生育村务公开宣传栏进行统一更新改造,每个村(社区)给予5000元至2万元不等的经费补助,并规范基层公开内容。

重视"三优"指导中心建设,至年底,全区建成2家省级"三优指导中心"(城北街道爱妇儿早教中心和城东街道青春幼儿园)和1家市级"三优指导中心"(罗店镇中心幼儿园)。为全区新婚夫妇、怀孕妇女以及0～3岁婴幼儿的抚养人提供"优生、优育、优教"科学指导,为育龄群众提供更优质贴心的计划生育服务。

【行政许可项目审批】全年审批特殊情况生育审批54对,符合省条例再生育审批1303对,其中,单独两孩审批637对,36例计划内中期以上人工终止妊娠审批,复通手术审批5例,各项审批均按法定程序执行,确保各项审批公平、公正、及时、准确。

【利益导向机制】全年农村部分计划生育家庭奖励扶助对象1588人,奖励扶助金152.45万元;计划生育家庭特别扶助对象278人,特扶资金193.54万元。新增符合公益金补助对象有26人,发放公益金14.05万元;走访失独家庭18户,计生困难家庭47户,计生手术并发症家庭7户,送上慰问金7.7万元。

【出生人口性别比专项治理】区人口计生领导小组制订出台《金华市婺城区关于开展出生人口性别比治理活动实施方案》。加强源头监管,引导落实再生育孕前审批,落实"一对一""人盯人"跟踪服务责任,落实网格化管理体系。严格执行凭证引产制度、B超检查管理制度,以及终止妊娠药品的销售使用和管理制度,做到实名登记,及时反馈。加强部门联动,严查"两非"案件。

【计生协会工作】区计划生育协会对白龙桥镇下邵村"八一山粮食专业合作社"、塔石乡岭边村

“红心薯专业合作社”、坟岩村“岩峰油茶专业合作社”的“少生快富”项目工作进一步培植，每个项目分别补助资金2万元。白龙桥镇翁家山头村“柳莺的蓝莓优质高产栽培技术的研究与推广”、琅琊镇后金村“枇杷、苗木种植”2个项目，已报省里立项，补助资金6万元。项目的培植，增强了计划生育家庭的“造血功能”和致富发展能力，帮扶并带动周边育龄妇女走上共同致富的道路，产生良好的示范效应。

【优质服务】 全年查环、查孕17999人次，培训3392人次，发放避孕药具15921人份，免费孕前优生健康检查4149对，四项手术2313例；12356服务平台24小时不间断提供各项服务，接受咨询3262人次，完成各类随访8362人次，建立生殖健康检查档案16004份，告知服务3715人次，接受满意度调查366人次。

【流动人口管理】 为流入育龄妇女放置宫内节育器术例数217例，宫内节育器取出术例数18例，结扎术例数17例，其他手术（引流产）78例，查环查孕例数7165例，第一个子女生育服务登记数4例。开展为流动、留守儿童送温暖活动，3月初，组织对白龙桥镇流动儿童比较集中的临江小学、虹路小学及山区4个乡中心小学的流动、留守儿童400余人进行关爱活动，每人送书包一个、四大名著一套，计费用7万余元。

【队伍建设】 5月，区卫生愕分2期举办村级（社区）计生服务员培训。针对村级和社区工作对象不同特点，各业务科室对培训的内容进行优化和整合，取得了较好的效果。6月，举办为期2天的乡镇（街道）计生专干业务培训班，培训内容主要针对在工作中经常碰到的容易出错问题进行讲解，特别是在规范法律文书、文本制作、奖扶政策、病残儿童鉴定等工作进行规范和统一，有效提高全区计生专干的理论水平和业务素质。在开展“点亮微心愿·共筑中国梦”活动中，计生部门先后认领微心愿16个，实现社区困难群众的愿望。7月，组织开展为期8天免费健康体检活动，为500余名基层计生工作者进行免费健康体检，深受大家的好评。

（龚亚敏）

审 计

【概述】全区审计工作围绕党委、政府的中心工作和上级审计机关的工作部署,以当好“国家利益的捍卫者、公共资金的守护者、权力运行的‘紧箍咒’和反腐败的利剑”为总目标,做好监督和服务两篇文章,为婺城改革发展提供审计支撑。

2014年,全区实施审计项目160个,其中,审计署、省厅、市局同步项目8个,领导干部经济责任审计项目11个,财政财务审计项目22个,政府性投资审计项目117个,其他审计项目2个。查出违规资金136万元,管理不规范资金29275万元,发现非金额计量问题35个,提出审计建议并被采纳81条,发现案件线索并移送1件。区审计局被省审计厅评为内部审计业务指导和监督工作优胜单位。

【审计质量提升年】按照上级审计机关的统一部署,开展“审计质量提升年”活动,推出一系列制度措施,有效推进了审计事业提速、提质、提效。坚持全面性、重要性、灵活性的原则,在选准选好审计项目上下功夫,把好审计质量的第一关。严把审计现场实施进驻关、汇报关和延伸关,加强审计实施环节的全员和全程管理,切实防范审计风险,提升审计质量。对审计报告实行业务科室初审、法制办审理、分管领导复核、局长审定四级复核制度,力求出具的每个审计报告做到文字精练、依据恰当、定性准确。通过强化整改督查、推动建章立制、加强信息宣传等方式抓好审计成果运用,扩大审计影响力,提升审计价值。

【全部政府性资金审计】按照五年轮审计划,有重点、分批次推进全部政府性资金审计“全覆盖”工作,摸清底数,发现问题,促进政府性资金使用效益最大化。

开展财政预算执行审计。按照加强政府全口径预算决算的要求,在预算执行审计中重点关注公共财政预算和政府性基金预算编制的细化和规范情况,审查预算编制的完整性、预算执行和预算追加的规范性。审计提出了预算编报率低、部门预算编制不完整、财政资金存放随意性大等问题,报送专报2篇,得到相关部门重视并限期整改,提高了区财政预算管理水平。

开展财政存量资金审计。以自查和抽查结合的方式,对区财政局、53家一级预算单位和6所中小学校进行调查,摸清区2013年及以前年度形成的财政存量资金7.08亿元,提出制订财政性资金存放管理办法、清理财政暂存款、清理检查结转结余资金等意见建议,督促相关单位盘活存量,提高财政资金使用绩效。

开展公务支出公款消费审计,结合深化作风建设要求,重点关注“三公经费”支出的合理性,查明全区87家单位(不含乡镇)2013年三公经费支出3478万元,会议费支出675万元,培训费支出178万元。发现自中央“八项规定”实施以来,区公务支出公款消费存在明显下降,但个别单位仍存在转嫁接待费用、违规发放津补贴及专项资金未专款专用等问题。

开展二三级预算单位审计,以购买社会审计服务的方式,组织实施区卫生、计生系统21家二、三级预算单位审计。发现部分单位存在专项经费被占用、招待费支出大、违规上马政府投资建设项目等问题。区委书记、区长在有关专报上作了专门批示。

【经济责任审计】全年完成11个涉及15名领

导干部的经济责任审计项目，查出违规资金44.7万元，管理不规范资金9017.2万元。审计发现部分单位存在挤占移用专项资金、违反规定上马政府投资工程、违规发放会议礼品礼金、公务用车运行费控制不严、对下属单位监管不力等问题，督促相关单位及时整改。建立健全领导干部经济责任任前告知、年度报告、离任交接制度，强化了事前、事中、事后的审计监督。

【政府投资审计】 完善工程审计制度建设，联合区监察局、区财政局印发《关于明确政府投资项目竣工结算审计有关事项的通知》，对政府投资项目国家审计范围、竣工结算审计送审应具备的条件、竣工结算审计送审资料要求、工程尾款拨付依据、责任追究等方面作出进一步重申明确。择优购买政府服务，首次采用公开招标的形式，确定11家具有独立法人资格、具备工程造价资质且社会信誉良好的协审服务单位，其中3家为复核审理单位，负责接受区审计局的委托。进一步规范中介机构管理。开展工程跟踪审计，首批将长湖河道生态清淤及淤泥干化处理工程、马海畈应急加固工程、马虹路堤应急加固工程等3个治水项目纳入重点跟踪项目，涉及投资资金1.03亿元。全年完成政府投资项目竣工结算审计117项，送审造价6.507亿元，净核减政府投资项目工程款7161万元。

【专项资金审计】 围绕保障民生，突出问题导向，以及时发现政策执行和资金使用过程中存在的苗头性、倾向性问题为主旨，加强专项审计调查力度。强化专项审计调查，始终把群众普遍关心的热点难点问题作为审计的监督重点，拓展审计监督范围、对象和内容，使专项资金审计监督更趋科学、合理、有效。组织实施住房公积金、涉农专项资金、政府采购软件等3个专项审计调查项目，并抽调6名业务骨干赴萧山配合做好全国土地出让收支审计。

【基层服务】 区审计局以落实党的群众路线教育实践活动为契机，做好基层服务工作。为帮扶结对的箬阳乡黄阳村、塔石乡文头村和莘畈乡残疾人家庭送上3万元帮扶资金及电脑等物资。开展“两富”指导工作，局“两富”指导员每月至少到联系村2次，参与到“五水共治”“三改一拆”“四破”整治和防汛救灾等工作中，协调各方力量帮助解决联系村的实际困难，并送上农村建设补助资金6万元。点亮社区“微心愿”，认领明月楼社区9个“微心愿”，全体党员捐献爱心慰问金1400元，受到社区居民的欢迎和好评。

【队伍建设】 建立反对“四风”内部督查制度，针对作风建设方面的问题，分小组在局内轮流开展明察暗访，通过自查自纠，保障审计队伍的工作纪律和工作效能。制订《审计技术服务单位审计人员信息备案制度》和《审计专业技术职务量化考评计分办法》，对内对外加强审计人才的培养和管理工作。增聘2名特约审计员，加强民主监督，优化审计人才库的专业结构。加大青年审计干部培训力度，组织5人次新进审计干部参加省级培训教育。

（赵一帆）

食品药品监管

【概述】 2014年,婺城区市场监管局围绕区委、区政府中心工作和上级部门工作部署,贯彻落实市局“五个五”工作要求,以优化行政审批改革为突破口,以推进高效监管为方向,努力实现强化监管和服务发展双促进,努力建设“三网六体系”,守牢食品药品监管主线,攻坚克难、锐意进取、昂扬奋进,全年工作取得了显著的成效。

2014年,婺城区食品药品监管局与原金华市工商行政管理局婺城分局进行整合,5月27日,正式宣布暨授牌仪式,两局合并为金华市婺城区市场监督管理局,并划入质监部门的食品安全监管职责。部门合并后,有序推进机构改革工作挂牌成立罗店市场监管所,加快雅畈、琅琊等市场监管所设立工作,将餐饮监管职权、力量下放基层,加快队伍融合发展,提升市场监管效能。

【食品安全监管整治】 2014年,区市场监管局先后开展食品安全百日严打、校园周边环境整治、无照餐饮大排查等专项行动,出动执法人员3892人次,检查食品经营户4128户,约谈532家,规范餐饮店413家。对全区豆制品市场、生产经营企业、无证照小作坊开展调查走访,检查豆制品生产加工点200余家,农贸市场27家,豆制品经营户64家,学校餐饮单位83家。推进食品安全规范化管理,运用食品经营户QQ工作站、信息平台,宣传食品安全知识,印制、发放法律法规汇编2000余册。区市场监管局在全市率先开展食品安全基层责任网络建设试点,并在全省食品安全基层责任网络建设现场会上作典型经验交流。至年底,全区19个乡镇(街道)的食品安全监管员全部配备到位,441个村(居)的村级食品协管员已基本配备到位,网格操作员配备503人,

组织开展春秋两季学生开学期间学校食堂食品安全专项检查,出动执法人员890余人次,检查学校(托幼机构)食堂320家次,发放责令改正通知书48份,监督意见书159份。全区中小学学校食堂餐饮服务许可证持证率由76%提高至98%,从业人员健康证明持证率达97%,与去年相比提高15%;托幼机构食堂餐饮服务许可证持证率由59.5%提升至95%,从业人员健康证明持证率100%。

2月,区食品药品监管局开展餐饮服务环节食品安全百日严打行动,出动执法人员1284人次,检查大小型餐饮单位198家,学校食堂230家,经整改发证餐饮单位133家,查处案件2起,进行监督抽检58个批次。

推进食品安全规范化管理,4家食品经营户通过省级食品安全电子监管示范单位创建考核。运用食品经营户QQ工作站、信息平台,宣传食品安全知识,印制、发放法律法规汇编2000余册。

【食品安全舆情快速反应】 区食品药品监管局针对央视3·15晚会曝光的有关问题,开展面包、糕饼现场制售食品安全专项整治行动,监督抽检10个批次,检测结果合格;监督检查11家窝窝头店,责令4家无证停止营业,限期办理餐饮服务许可证。针对媒体曝光上海福喜食品有限公司存在大量采用过期变质肉类原料的行为后,第一时间组织力量开展全面排查行动,对全区范围内肯德基、必胜客等餐饮单位开展拉网式排查。出动检查人员44人次,检查有关餐饮单位11家,查封35.096千克肉类制品,12寸薄饼30片,14寸薄饼30片。

【食品安全示范创建】 2014年,区食品药品监

管局推进农产品快检室、超市“放心柜”“阳光厨房”“百万学生放心饮食工程”“品牌超市进校园”等重点民生实事项目建设，在全区各乡镇全面建成农产品安全快速检测室，定期对蔬菜、水果开展抽检，大宗食品统一配送货定点采购率实现100%。开展浙江省321示范工程示范单位、示范街创建工作，确定金师附小教育集团婺城小学、金华市第四中学教育集团婺城中学、环城小学、金华监狱第九监区等7家餐饮单位为省级示范创建单位，确定浙江师范大学美食苑为省级示范街创建单位，并于11月11日顺利通过市级餐饮监管部门的现场验收。

开展2014年“阳光厨房”创建试点工作，22家单位完成“阳光厨房”创建试点工作，其中特大型餐馆2家，大型餐馆4家，学校食堂16所。对罗店小学、北山路小学等12所创建学校进行食堂B级提升改造现场指导，顺利完成2014年度“千万学生饮食放心工程”创建工作。

【药械监管】 2014年，区食品药品监管局组织检查药品生产企业7家次，医疗器械生产企业14家次，检查药品经营企业150家次，发放责令改正通知书2家，警告3家；检查医疗机构298家次，发放责令改正通知书18份，立案查处1家；检查医疗器械经营企业92家次，发放责令改正通知书5家，移交稽查立案3家。

开展药械监督抽验，药品抽样40批（其中中药饮片19批次），合格33批，不合格7批，移交稽查立案6家；开展无证生产空心胶囊排摸工作，抽样空心胶囊2批次（优胜美特药业）；开展医疗器械监督抽验14批次。

不良反应监测，全年上报药品不良反应报告1020份，其中3例死亡病例，完成相关调查工作；收到医疗器械不良事件报告120份。

药品GSP认证检查，推行新版GSP实施，加强对企业的指导和服务，全年组织GSP认证检查109家（其中单体药店20家，连锁门店77家）。外派检查员13人次协助其他局认证12家。

【药械专项检查】 2014年，组织开展疫苗专项检查、中药材中药饮片“正本清源”及滥用硫磺熏蒸专项检查、注射用透明质酸钠经营使用环节专项检查、医疗器械“五整治”专项行动、医疗美容机构专项整治、进口化妆品专项整治，累计出动执法人员400余人次，涉及单位500余家。其中，立案查处9起，罚没金额27.4万余元。

【“四品一械”稽查工作】 2014年，出动执法人员3762人次，立案32起，其中餐饮案件14起，包括餐饮环节6起，流通环节1起，生产环节7起；药品案件11起；医疗器械案件4起；化妆品案件2起。已办结18起，罚没金额40余万元。对2起假药案件进行严厉打击，并移送公安部门处理。

区食品药品监管局销毁假冒药品

【宣传教育】 2014年，通过多渠道开展医疗器械法律法规及相关知识宣传，累计发放宣传海报1100份，通过电视、报刊、网络及现场活动等方式开展宣传41次。10月14日上午，婺城区市场监督管理局联合药学会组织药学专家，到白龙桥集镇开展“全国安全用药月”宣传咨询活动。向群众发放《安全用药科普》《药品安全小知识》等宣传手册，对群众咨询进行现场解答。通过现场讲解、礼品兑换等形式，宣传家庭过期药品回收的目的和意义，并对送交过期药品的市民赠送小礼品，回收过期药品168批次。

（鲁杭燕）

安全生产监督管理

【概述】安全生产监督管理局内设办公室、危险化学品安全监督管理科、综合安全监督管理科、行政许可科4个职能科室，下属事业单位为婺城区安全生产监察大队，承担安全生产综合监管和行政执法职能。2014年，全区发生各类生产安全事故154起，同比上升14.07%；死亡人数23人，同比下降43.09%；直接经济损失278.04万元，同比上升176.22%。2014年，婺城区安全生产监督管理局荣获金华市用电安全及电力设施保护专项整治创新工作先进集体、烟花爆竹专项整治先进单位、矿山安全监管工作先进单位，婺城区社会管理综合治理先进集体、安全生产工作先进单位。

【责任体系建设】出台《金华市婺城区委金华市婺城区人民政府关于加强安全生产促进安全发展的实施意见》，首次明确各级党委主要负责人对安全生产负总责，与政府主要负责人同为安全生产工作的第一责任人，明确党委分管平安工作的同志和政府分管安全生产工作的负责同志承担安全生产综合监管的领导责任，明确纪检、组织、宣传、政法等党群部门的安全生产职责；基层安监队伍建设提出许多新思路，《意见》明确基层安监人员的相关待遇问题，按照乡镇（街道）、园区工业产值和实际安全监管需要统一进行招聘、分配安全协管员，补充完善基层安全监管力量；安全隐患排查探索引入安全技术专家参与安全管理工作；完善《婺城区安全生产工作目标管理考核奖惩办法》，并严格实行党政领导干部安全生产"一票否决"制和企业"黑名单"制度。全区各级签订安全生产综合目标责任书2599份，切实落实综合监管、行业监管、属地监管、企业自管的工作责任体系。

【标准化和诚信机制建设】按照国务院提出的："要不断探索创新与经济运行、社会管理相适应的安全监管模式，建立健全与企业信誉、项目核准、用地审批、证券融资、银行贷款等方面相挂钩的安全生产约束机制"的要求，切实落实区政府关于进一步加强企业安全生产工作的意见，全面部署、同步推进企业安全生产诚信机制建设和安全生产标准化建设工作，实现企业诚信建设与标准化建设的有机结合，相互促进，提升工作效能，达到夯实企业安全管理基础，提高企业安全管理水平，推进落实企业主体责任、部门监管责任和属地管理责任，实现全区安全生产形势的根本好转。按照《婺城区工贸企业安全生产标准化建设实施方案》，完成全区94家新增规模以上企业及年销售收入2000万元以下500万元以上工贸企业安全标准化创建任务。同时，将101家诚信企业名单在《今日婺城》、区政府门户网站及区安监局网站公示，便于公众查询。

【隐患排查体系建设】建立健全隐患排查体系，深入开展"百日攻坚""六打六治""百日整治"等行业专项整治行动。

根据省、市统一部署，区安监、人力社保、住建、总工会、电力5部门联合下发通知，要求5月底起至9月上旬，在全区开展夏季安全生产"百日攻坚"专项行动，全年组织督查组108组次，参与人数436人次，检查企业465家次，共查处安全隐患325处，发放责令整改通知书115份，责令企业限期予以整改，并组织人员进行复查。

加强对矿山、危化、烟花爆竹等重点行业监管工作，加强对安监部门主管行业的日常监管工作。做到每季度对全区7家矿山企业、8家危化生产企业、120余家危化经营企业和135家烟花爆竹储存仓库、经营销售点进行一次全面监测，突出整治矿山企业违规作业、危化企业“二重点一重大”（重点化工工艺、重点危险化学品、重大危险源）安全监管、单位储罐区整治，烟花爆竹防雷防潮、违规储存等环节，对检查出的问题，做好跟踪督促整改，三大行业全年无事故发生。

强化重大事故隐患挂牌督办整治，市挂牌的1处工矿商贸企业重点事故隐患、2处重大火灾隐患、省级2处、市级17处道路交通事故多发点段及临水临涯高危路段隐患、2处用电及电力设施重大隐患均已整改完成。

集中开展“六打六治”（打击矿山企业无证开采、超越批准的矿区范围采矿行为，整治图纸造假、图实不符问题；打击破坏损害油气管道行为，整治管道周边乱建乱挖乱钻问题；打击危化品非法运输行为，整治无证经营、充装、运输，非法改装、认证，违法挂靠、外包，违规装载等问题；打击无资质施工行为，整治层层转包、违法分包问题；打击客车客船非法营运行为，整治无证经营、超范围经营、挂靠经营及超速、超员、疲劳驾驶和长途客车夜间违规行驶等问题；打击“三合一”“多合一”场所违法生产经营行为，整治违规住人、消防设施缺失损坏、安全出口疏散通道堵塞封闭等问题）打非治违和“百日整治”专项行动，全面部署涉及可燃爆粉尘企业、消防、矿山、道路交通、油气管道、危险化学品、建筑施工、无证无照生产经营单位等8个行业领域的隐患排查整治工作。至年底，区安监、住建、交通、消防、经商、环保、市场管理等职能部门组织执法检查448组次，1485人次、检查企事业单位和场所1073家，组织开展跨地区跨部门执法48次，采取“四不两直”方式进行暗查暗访120次，打击破坏损害油气管道行为5起，打击危化品非法运输、无证经营充装等行为18起，打击无资质施工行为12起，打击客车非法营运、超载超员、疲劳驾驶等行为64起，打击“三合一”场所违法生产经营行为92起，打击小微企业和作业场所无证照经营行为124起，整治违反《严防企业粉尘爆炸五条规定》的安全隐患106项。

【宣传教育】结合全国第13个安全生产月和婺城区安全生产监督管理局设立10周年回眸之际，制作一批宣传展板，在人民广场咨询日活动及机关大院中展示，会同区交通运输局制作虹戴公路旁LED显示屏宣传安全标语，弘扬安全文化，普及安全知识。加强对“三类人员”的培训。促使企业认真落实安全生产教育培训主体责任，提升职工的安全意识和安全生产事故防范能力。全年举办7期安全生产培训班，培训企业负责人和安管员1084人，培训其他从业人员逾两万人。区安监局领导到乡镇（街道）、企业讲授安全生产课9次，参与人员500余人。

开展新《中华人民共和国安全生产法》宣传，区安委会自新安法颁布后，运用网站、微博等平台，链接关于学习宣传贯彻举办新修订《中华人民共和国安全生产法》相关内容，在《今日婺城》上整版刊登新安法内容；利用深入企业一线检查督查的机会向企业管理人员、一线职工宣传新法，印制5000份新安法小册子和4000份《给企业的一封信》挂图分发给各乡镇（街道）、行业主管部门和企业。12月11日，区安委会召开新安法宣传贯彻工作暨年末安全生产工作部署会，进一步增强学习贯彻新安法的自觉性。

（华白璐）

国土资源

【**概述**】国土婺城分局属金华市国土资源局派出机构，下设9个科室、19个乡镇(街道)国土所。主要负责乡镇土地利用总体规划的编制(修编)和基本农田划区定界工作；负责农用地、征用，具体建设项目审核、报批工作；农民建房用地审核、报批，临时用地审核；国有地出让和土地市场管理工作；集体土地登记发证、土地变更登记、调处权属纠纷、土地利用现状变更调查工作；编制地矿规划，采矿权招投标、拍卖及转让，矿产资源开发利用与保护，储量管理，依法征收规费和矿山自然生态环境治理备用金工作；地质灾害防治的监督管理，地质勘查工作；违法案件查处、来信来访处理和土地罚没款收缴工作；土地开发整理、造地改田、建设用地复垦等职能。

【**土地利用现状**】婺城区土地总面积139123.92公顷，2014年年末，没有发生变化。根据2014年度土地变更调查成果，全区耕地面积29913.73公顷，园地7032.59公顷，林地74299.37公顷，草地529.09公顷，城镇村及工矿用地14884.59公顷，交通运输用地3490.39公顷，水域及水利设施用地7333.86公顷，其他土地1640.30公顷。

【**各地类变化情况**】至年末，全区耕地减少34.46公顷，园地减少87.48公顷，林地减少66.35公顷，草地减少32.28公顷，城镇村及工矿用地增加195.79公顷，交通运输用地增加31.32公顷，水域及水利设施用地减少15.98公顷，其他土地增加9.44公顷。

年末，全区国家所有土地17991.92公顷，集体所有土地121132公顷，与年初面积相比，国家所有土地增加143.89公顷，集体所有土地减少143.89公顷。

全区耕地面积中，坡度小于2°的面积20578.03公顷，坡度在2°～6°的面积5881.87公顷，坡度在6°～15°的面积2041.52公顷，坡度在15°～25°的面积1296.51公顷，坡度大于25°的面积115.8公顷。与年初面积相比，分别减少32.26公顷、减少5.41公顷、增加1.23公顷、增加5.98公顷、减少0公顷。

年末，全区可调整地类面积1052.18公顷，与年初面积相比，减少6.45公顷。其中，可调整果园减少2.89公顷，可调整茶园减少2.74公顷，可调整其他园地减少0.15公顷，可调整有林地减少0.65公顷，可调整其他林地减少0.02公顷。

全区农业结构调整设施农用地增加13.95公顷；基本农田面积27043.55公顷。

【**耕地保护**】2014年，市政府下达婺城区“812”土地整治工程任务：完成垦造耕地153.33公顷；实施农村土地综合整治项目2个10.67公顷；开展高标准基本农田建设2300公顷。全年立项垦造耕地项目18个，计划新增耕地163.27公顷，其中，垦造水田47.33公顷，立项面积占任务数106%，已完成并组织验收项目4个，新增耕地50.2公顷；已实施高标准基本农田认定类746.67公顷。新申报立项农村土地综合整治项目3个，规划拆旧面积10.2公顷，计划可新增耕地8.87公顷。

为规范土地整治工程管理，落实政策和资金。经区政府9月22日第31次常务会议讨论通过出台《婺城区土地整治项目管理暂行办法》《婺城区土地整治资金管理暂行办法》。明确婺城区土地整治项目建设各个环节的职责、程序，并提高补助标准(垦造耕地新标准为120万元/公顷)。

【节约集约用地】落实完成乡级总规修改，保障发展用地。按照省政府和省国土厅的要求，完成乡级土地利用总体规划修改和落实工作。修改涉及16个乡镇，规划修改落实项目35个、面积48.38公顷；做好用地项目预审，完成建设用地项目预审13宗、面积25.06公顷。

年初，市局下达任务，要求婺城区完成转而未供面积73.33公顷，盘活存量50公顷，开展城镇低效用地再开发33.33公顷。将清理出来的转而未供土地分乡镇进行清理，按项目名称、批准文号、已供地面积、未供地面积、未供原因以及下步整改措施等，分别登记造册，按各乡镇的实际情况制订土地利用管理目标任务分解表，该表由区政府办公室统一下发，要求各个乡镇加快政策处理，抓紧完成供地任务。全年共消化批而未供土地76.37公顷，盘活存量789亩，开展城镇低效用地再开发46.72公顷，完成年度目标任务。

推进“四破”专项整治工作。严格按照《市区工业企业亩产效益综合评价办法》，根据区经信、财政等相关部门在各乡镇组织开展的企业综合评价结果，依据企业综合评价得分，进行分类处置。关停“僵尸企业”，以协议收回为主，腾出空间发展优势产业；清理“围墙圈地”，以强制收回为主，有效清理闲置用地；处置“低效用地”，以促进流转为主，试行分割转让；鼓励“退二进三”，淘汰落后产能，倒逼企业转型升级。全年处置僵尸企业9家、面积36.01公顷，处置围墙圈地企业8家、面积25.54公顷，处置低效企业33家、面积61.78公顷，取缔低小散企业162家、面积11.69公顷，收回土地面积30.03公顷。

【土地出让】2014年，全区上报农转用征收用地总面积140.6公顷，其中，农用地43公顷(耕地67.67公顷)，建设用地52.73公顷，未利用地6.8公顷。其中，城市分批次6个，用地面积35.33公顷，其中农用地19.27公顷(耕地14.2公顷)，建设用地12.6公顷，未利用地3.47公顷；农房单列计划批次3个，用地面积2.2公顷，其中农用地2.13公顷(耕地2公顷)，建设用地667平方米；盘活批次2个，用地面积5.2公顷，其中农用地5.2公顷(耕地4.87公顷)；单独选址项目4个，用地面积97.87公顷，其中农用地54.47公顷(耕地46.53公顷)，主要用于杭州(红垦)至金华高速公路改扩建工程、金华站货场搬迁工程、330国道金东区岭下朱至兰溪沈村段改建工程、金丽温省级天然气管道金衢段配套管道工程金华燃机支线建设项目建设用地。

2014年，婺城区向省厅申请重大基础设施用地新增建设用地计划指标15.06公顷，其中农用地13.66公顷(耕地12.15公顷)。申请盘活批而未供土地转用指标6公顷，其中农用地90亩(耕地4.73公顷)。

抓好建设项目供地、出让工作。2014年，全区总供地81宗，面积98.35公顷，其中工业用地10宗，面积15.91公顷；商住用地1宗，面积1.17公顷；商服用地2宗，面积4.32公顷；住宅用地4宗，面积16.81公顷；公共管理与公共服务用地11宗，面积49.56公顷；公路用地1宗，面积0.78公顷；特殊用地3宗，面积6.06公顷；村民建房用地49宗，面积3.74公顷。全年出让土地16宗，面积30.43公顷，出让金总额20478.95万元。其中，工业用地11宗，面积17.43公顷，出让金额6316.84万元；商服用地1宗，面积4.08公顷，出让金额4287.470万元，住宅用地2宗，面积1.4公顷，出让金5433.35万元；公共管理与服务用地2宗，面积7.52公顷，出让金额4441.3万元。审批农房359宗，总面积3.46公顷；设施农用地审批9宗，面积1.96公顷。

【矿产资源开发利用】婺城区矿产资源种类有水泥用灰岩、建筑石料用凝灰岩、砖瓦用(泥)页岩、萤石等，目前开发利用的主要矿产仅有3种，水泥用灰岩、建筑石料用凝灰岩、砖瓦用(泥)页岩。至年末，水泥用灰岩矿山保有资源储量673.55万吨、建筑石料用凝灰岩矿山保有资源储量900. 52立方米、砖瓦用(泥)页岩矿山保有资源储量219.78万吨。

截至年底，全区有持证矿山18家，水泥用灰岩、建筑石料用凝灰岩、砖瓦用(泥)页岩等是全区的优势矿产。能源矿产十分贫乏，金属矿产零星分布，查明资源储量非常有限。

水泥用灰岩资源较丰富，主要分布于婺城区北部山区，2014年年底，有开采水泥用灰岩矿山企业1家，年采矿石量32万吨，产值19.2万元。

凝灰岩分布广泛，资源丰富，主要分布在雅畈镇竹园、铜山小窑村一带，2014年底开采建筑石料矿山企业有8家,年开采矿石量154.94万立方米,产值6213.77万元。

砖瓦用(泥)页岩资源丰富,主要分布于盆地内,为白垩系地层的"黄土丘陵",经风化、半风化的岩层和软土层,厚度由几米到几十米不等,2014年底砖瓦用(泥)页岩矿山企业有9家,年开采矿石量30.1万吨,产值4006万元。

【矿产资源管理】2014年,完成27家矿山企业、1家选矿企业年审年检和实地核查工作,4个矿产资源勘查项目2014年度年审年检工作,征收矿产资源补偿费173.11万元;完成挂牌出让的4宗、1宗工程性采矿权收取采矿权拍卖所得874.13万元。完成8家建筑用石料矿储量动态监测和储量年报审查工作;发放采矿许可证5宗,办理注销采矿许可证2宗。完成安地镇7个废弃矿井治理任务,完成雅畈镇7个废弃矿井工程治理招标工作;完成全区新设制砂场的公开出让工作。

【依法行政】定期研究依法行政事项,制订2014年度依法行政和普法工作计划,将依法行政事项列入年度岗位目标责任制。利用"4·22""6·25"等主题日开展普法活动,组织全区有地质灾害点的乡镇分管领导、村级主管和全局干部职工参加的地质灾害防治培训会,邀请市国土局业务处室领导和省地质三大队专家进行授课;结合"五水共治""四破"整治、"三改一拆"等活动进行普法宣传;组织村级干部国土资源法律法规培训,根据省厅和市局的要求,向区政府争取11万元教育培训经费。从4月16日起至26日结束,会同区委组织部组织实施教育培训活动,培训分三期,900余人参加培训。

围绕上级的部署和要求,做好初信初访和及时受理、及时登记、及时交办、及时报结的制度落实,重点抓好"全国两会"和"省、市两会"等时期的矛盾纠纷排查,做好国土资源信访与维稳工作。2014年,办理信访事项155件,已报结152件,报结率98.06%(另3件正在办理中)。其中,来信72件,来访39批次、65人次,来电44件。其中,省部级17件,报结17件,报结率100%;市级38件,报结35件,报结率92.11%;区级100件,报结100件,报结率100%。

7月28日,婺城区召开限期开展2013年度卫星遥感监测图斑违法用地集中攻坚的工作方案讨论会。2次下发《关于限期拆除遥感监测图斑违法用地的紧急通知》,做好2014年土地卫片执法整改工作,借助"三改一拆"有利时机,把土地卫片执法监督检查工作与当前"无违建"创建工作紧密结合起来,协调联动,推进土地卫片执法查处整改工作。9月,国土资源部下发婺城区卫片疑似违法用地图斑170个,面积65.21公顷,其中,耕地面积27.19公顷。通过区"三改一拆"办、各乡镇(街道)共同努力,已立案查处并下达行政处罚决定书101宗,违法占地面积5.81公顷,其中,耕地面积2.92公顷,101宗违法用地案件已全部申请人民法院强制执行;拆除卫片违法用地26个,面积12.3公顷,其中耕地面积2.97公顷;已拆除并复耕违法用地22个,面积12.71公顷,其中耕地面积2.72公顷;向纪检监察部门提出党政纪处分建议7人,无证开采矿产资源立案查处2件;避免了区政府被省政府约谈的风险。

严格落实巡查制度、坚持违法用地零报告制度。巡查发现土地资源违法案件127件,全年立案查处违法案件206宗,制止非法采砂、挖矿58起,扣留机械16台,立案查处26宗,收缴土地(矿产)资源罚没款191.51万元。向市国土局、区政府及"三改一拆"办公室报告重大违法案件5件,移交公安部门破坏耕地案件1起,完成省厅执法监察总队交办土地违法查处案件2宗,违法线索回复调查报告2件。

精心准备,堵疏结合,逐步规范砂石场管理工作。分局按照治砂清水的总要求,组织开展对非法制砂企业关停取缔拆除的专项行动,全区关停取缔拆除非法砂石场62家。按照"堵疏结合、分步清理"的原则,逐步规范制砂场有序布局。2014年,市政府分配给婺城区制砂点15个,在区砂管办的组织领导下,现通过各有关乡镇对制(洗)砂场选址申报,已完成婺城区单独制(洗)砂场选址批准并公开出让12家,收取经营场所出让金11885万元;对其余3家待出让的新设制砂场等条件成熟后适时推出,砂石场整治取得阶段性成果。

【基础建设】推进土地登记标准化建设,做好集体土地使用权登记发证工作。开展土地登记标准化建设,启用浙江省土地登记信息监管查询系统,实施土地登记信息监管,推进发证工作,并通过标准化考核。全年受理完成集体宅基地登记申请3705宗，其中，初始登记225宗，变更登记1925宗，遗失补证登记89宗，合并登记13宗，更正登记22宗，注销登记1431宗。

完成2013年度土地变更调查与省级对接核查工作。2013年度下发婺城区（不含开发区、金西三镇）土地变更调查遥感监测图斑260个，监测总面积2800.4亩186.69公顷，其中耕地面积69.09公顷，涉及15个乡镇（街道）。完成外业核实和现场照片拍摄工作，集中时间完成163个疑似图斑的省级实地核查，并2次参加省级内业对接，及时上报工作成果。

加强土地权属争议调处，确保社会稳定。土地权属争议一直以来都是影响农村社会稳定的重要因素之一，土地权属纠纷原因复杂，涉及面广，调查、取证、举证难，调处难度很大。至年末，在市政府、市局和区政府的领导、协调下，成功解决土地权属争议3起，切实防范了土地争议引发群体性事件发生，确保社会稳定。

【地质灾害防治】 编制《2014年婺城区地质灾害防治方案》，报区政府下发实施。与有地质灾害隐患分布的10个乡镇签订《地质灾害防治工作责任书》，明确工作任务，落实防治责任。开展汛期地质灾害隐患点巡查，加强24小时值班制度，做好值班记录。全年与有关乡镇、国土所人员对全区重点地质灾害隐患点开展定期、不定期巡查278人次，发送防灾预警信息482条，新增填写发放避险和防治工作明白卡53份，对新发生的地质灾害隐患点安装警示牌12块和明白墙2块。由于防范措施落实到位，虽有险情但未造成人员伤亡。开展全区地质灾害防灾知识培训会，120余人参会，发放相关书籍和宣传资料120余份。全年分别在塔石乡高田村与沙畈乡芝肚坑村开展突发性地质灾害应急演练，提高群众临灾避险与救灾能力，成效显著。组织开展婺城区农村山区地质灾害隐患调查评价工作，已完成项目的野外调查并通过专家验收。根据调查成果，全区新增重点地质灾害隐患点12处、不稳定斜坡8处，核销原有重点地质灾害隐患点9处；完成安地镇方麻车村崩塌、塔石乡高田村瓦铺滑坡、沙畈乡芝肚坑村下塔背十八曲泥石流等3处应急治理项目，完成罗店镇羊甲山村滑坡的工程治理。另外，安地镇上干口村削坡治理工程，正由安地镇政府组织开展前期政策处理工作。配合区农办与塔石乡开展高田村和鱼潭村的避让搬迁工作，已完成避让搬迁93户226人，其中高田村57户136人、鱼潭村36户90人，超额完成市局下达的180人的目标任务。

（沈　丹）

城乡规划

【概述】 金华市规划局婺城分局是金华市规划局派驻婺城区的城乡规划管理机构，内设办公室、规划编审科、规划审批科、政策法规科4个科室。下辖村镇规划管理站和婺新城乡规划设计所。分局贯彻执行国家和省有关城乡规划法律法规、方针政策和技术规范；负责婺城区范围内的城乡建设规划管理工作；负责各类城乡规划的审查与报批工作；参与和指导城市、镇、乡、村庄等各类规划的编制工作；负责建设用地规划管理和建设工程的规划管理工作；负责有关城乡规划方面的群众来信来访工作；配合规划监察部门做好对城乡规划违法案件的性质认定工作。

【规划编制】 做好白龙桥、蒋堂、雅畈、琅琊、安地5个镇及竹马片区控制性详细规划编制的相关工作：白龙桥中心镇控规方案于2013年通过评审，并进行深化完善；雅畈镇控规初步方案已形成，正与上位规划（历史街区）作进一步协调对接；蒋堂镇完成局部地形图补测，控规方案已形成；琅琊镇、安地镇及竹马片区控规编制工作全面展开。完成琅琊镇徐村、蒋堂镇直里村、安地镇雅干村、塔石乡中心村的规划和30个一般村的村庄规划编制调整；完成蒋堂镇阳山翠园移民新村和东郊村拆迁安置地块规划协调工作；完成罗店镇涉及尖峰山区块的村庄规划调整与相关控规衔接协调工作；配合区农办做好2014年度农房改造村规划修编及农房改造验收工作；完成勤俭村村庄整治基础调研工作；完成省级美丽宜居示范村安地镇西周村和新狮街道沙溪村的建设规划评审报批。

【规划审批】 完成规划许可245件，其中，办理建设项目选址意见书13件，用地面积18.07万平方米；建设用地规划许可证37件，计用地面积114.72万平方米；完成建设工程规划许可证68件，计建筑面积74.92万平方米；完成规划竣工核实23件，建筑面积16.52万平方米；完成农房审批104件，建筑面积2.99万平方米。

【行政审批制度改革】 按照省、市简政放权相关要求，根据上级机关清理成果，结合现行的法律法规，梳理行政许可事项、非行政许可事项及其他权力事项，取消2项非行政许可事项，对4个涉及历史文化保护区的审批事项进行分解和合并，对4个具体审批事项的子项进行完善，整理出清晰完整权力清单、行政许可事项10项，非行政许可2项，使部门职责更加清晰。分局根据《婺城区关于行政审批事项实行一审一核制暂行规定的通知》精神，推进行政许可项目“一审一核”制，对规划管理科工作进行充分授权，增加了临时工程规划许可、乡村建设规划许可（公建项目）、建设工程竣工规划专项验收3个事项为“一审一核”制的事项，明确具体职责及相关情况。根据浙江政务服务网和政务网金华分厅建设工作的进度，建立内部局域网，结合已整理的权力清单，梳理完善行政审批事项的流程、材料，建立权力库、证照库、人员库，光纤对接市规划局自建的规划管理系统，创建数字化办公新模式。

【规划服务】 在区行政服务中心牵头下，进一步健全建设工程规划许可并联审批制度，规划、消防、人防、气象、环保、水务、绿化、环卫等部门联合审查，完成建设项目联审29项，其中为工业企业开展现场办公完成审批17项，工业企业审批承诺期由原来的10个工作日压缩至7个工作日。分局领导多次带队前往双龙风景区、仙源湖管委会和婺城新城区走访，直面问题，做好规划服务工作。为市区重点工程金华市水上运动中心项目、婺城区下山脱贫整体搬迁安置工程蒋堂移民新村一期项目、婺城区安居工程城中村改造项目(西郊一期)、长湖区块及背街小巷的截污纳管工程、乾西移民新村(四期)、后畈田搬迁安置、45省道选址、婺州外国语学校等项目做好规划服务，开通绿色通道、启动容缺审批，推进项目进度，及时完成项目审批。协助仙源湖管委会完成《仙源湖省级旅游度假区扩建可行性研究报告》的编制与水上运动中心总体规划方案评审及规划审批前期工作；协调做好金竹、金罗公路及竹马货场征迁农房拆迁安置的规划工作；配合做好公交首末站、公共自行车站点选址有关工作。做好货车停放整治管理有关工作。配合做好土地出让审计涉及规划事宜的协调工作，为山区经济发展做好服务工作。

【重点项目对接落实】 分局配合做好长湖治理专项规划，多次组织召开长湖区块规划座谈会，征求基层组织与群众等各方意见，完成长湖区块概念性规划和长湖湿地公园概念性景观设计方案与规划评审，进入报批程序。配合做好婺城区农业面源污染治理，为畜禽养殖污染整治做好规划工作的对接落实，为农村生活污水治理提供有关规划服务。协助开展非法采砂制砂专项整治，配合做好区制(洗)砂场点联合踏勘，并提出规划意见。继续抽调业务骨干人员参与区“城中村”改造工作，做好婺城区“城中村”改造规划衔接与协调。着力推进西郊、田里等村的规划方案落实。配合区政府组织召开《金华市城中村布局专项规划》婺城区块村庄布局规划征求意见会，经进一步完善方案后报市政府审批。参加区“三改一拆”办组织的违法建筑的认定与拆除工作。协助开展 “一户多宅”和宗教场所的整治工作。组织人员参加区无违建创建法律、法规培训班，积极参与破解“三改一拆”中的疑点和难点的调研工作。对婺城区范围内涉及的28个变化图斑进行了逐一现场踏勘，对涉及违法建筑的图斑提出了整改意见。积极参与二七新村改造建设工作，抽调人员参加区块无证建筑认定、企事业单位征迁工作，配合做好相关规划服务。

【阳光规划】 分局将审批项目全部在市规划局网站、分局网站和阳光工程网上公布。受理政府信息依申请公开申请2件，按期作出回复。受理区“8890”便民服务平台交办事项12件，市局转办件3件，每件事项均主动与诉求人沟通联系，认真予以答复。全年受理群众来信3件，接待群众来访12批，及时予以处理及答复。较好地处理了市民杜某某、朱某某的信访事宜，妥善协调青春小区东四栋平改坡的信访事项。做好迪尔丽化妆品公司行政许可、朱洪樟信息公开4个案件的行政复议工作。完成迪尔丽化妆品公司建设工程规划许可和建设用地规划许可的婺城法院行政诉讼应诉及金华中院的上诉应诉工作，案件全部胜诉。办理人大建议7件，其中主办4件，政协提案3件，其中主办1件，满意度为100%。

【队伍建设】 2月以来，分局支部按照“照镜子、正衣冠、洗洗澡、治治病”的总要求，开展以“为民务实清廉”为主要内容的党的群众路线教育实践活动，先后组织“三思四问”学习讨论、“听意见、解民忧、走亲连心”“党员进社区、点亮微心愿”等活动。全体党员根据“体检清单”进行对照检查分析，召开专题民主生活会开展批评与自我批评。并在内部定期开展正风肃纪专项检查，坚决杜绝违反作风效能建设的行为发生，着力改进工作作风，党员干部队伍素质得到全面提升。完成办公用房清理，按照市国资委文件要求，将分局及村镇站名下所有房产全部移交。圆满完成公车改革工作，两辆涉改车辆全部移交，借用车辆及驾驶员已及时归还。

年初，分局内部进行人员岗位调整，进一步明确职责分工。继续加强乡镇(街道)规划管理员队伍建设，坚持每月一次工作例会与培训制度，强化业务培训指导监管，确保队伍既相对稳定，又具有良好的业务把关能力和为民服务能力。

(沈　洁)

环境保护

【概述】2014年,婺城区环境保护与生态建设工作围绕年度目标,突出“五水共治”“气尘合治”、生态区建设、行业整治提升和污染减排等工作,上下齐心、狠抓落实,生态区建设、污染减排和整治工作取得了显著成效

水环境检测结果显示,2014年1至12月份,婺城区列入省、市考核的交接断面,出境水质指标(Ⅳ类)优于入境水质,好于去年同期水平,总体评价结果为优秀。沙金兰饮用水源1至12月份水质类别为Ⅱ类,明显优于考核要求。

【生态创建】2014年,全区已命名区级生态村434个,占全区行政村的82%;已正式命名市级以上生态乡镇13个(金西三镇除外),其中,国家级3个,省级10个。市级生态村310个,占全区行政村的58%。婺城区安地镇在金华市区率先开展生态文明示范建设。

【环境整治】节能减排,控制总量。“十二五”期间,根据市下达婺城区减排目标任务,成立“气尘合治”领导工作小组,按照乡镇(街道)分5个小组,严格总量控制,推进污染减排。层层落实减排任务,强化目标责任考核,加大工程减排、结构减排、管理减排、农业减排工作力度。至年底,全区COD排放量削减任务完成“十二五”总目标的97.69%;NH_3-N排放量削减任务完成“十二五”总目标的114.98%;SO_2排放量削减任务完成“十二五”总目标的122.09%;NO_x排放量削减任务完成“十二五”总目标的70.26%。根据国家减排责任书要求,加强对重点工程的监督管理,完成佳乐九峰牧场、金华市兴盛奶牛养殖小区(李子园四牧场)2个国家目标责任书项目。同时,蒋堂污水处理厂投入正常运行,金圆、虎鹰两家水泥厂脱硝设施投入正常运行。浙江浙能金华燃机发电有限公司油改气工程已完工,停机待通气;金华市巨宏清洁能源有限公司集中供热工程已于2013年年中正式供热投入运行。完成电镀、造纸行业整治任务,化工、印染行业也已基本完成。全面完成区域内5家企业刷卡排污建设任务并开展排污许可证下发工作;开展环境统计工作和信用等级评价工作,包括完成区内79家工业企业和90家规模化畜禽养殖场的环保审核上报工作,评出3家绿色企业、10家蓝色企业和1家黄色企业。婺城区列入省市考核的沈村水质出境断面水质为Ⅳ类,总体评价结果为优秀。

【环境监测】金华四中监测点站PM2.5均值浓度为65ug/m3,比2013年同期(73ug/m3)下降11.63%。完成全区10条主要河流“一河一策”整治,摸排出排污口460个,其中工业17个,生活362个,畜禽养殖81个,根据调查摸底情况,编制了10条支流“一河一策”实施方案。

根据“五水共治、治污先行”的工作要求,区环保分局协同区治水办指导各相关乡镇(街道),对全区主要河流沿岸排水口进行细致排查;落实“河长制”和交接断面水质考核制度;制作安装河长公示牌28块,交接断面监控牌22块。对交接断面水质进行每月1至2次水质监测,并根据监测结果及水环境治理工作开展情况对各乡镇(街道)进行月评。

【项目审批】严格实行建设项目环境准入制度。全年审批项目63个,初审项目20个,否决碎石加工、蓄电池生产、多晶硅生产等项目19个,坚决制止高能耗、高污染项目进入区境,从源头控制污染物排放。加强项目全过程监管,杜绝建设项目出现

"未批先建""批小建大""批建不一"现象。加强项目竣工环保验收管理与试生产审核，全区"三同时"验收项目合格率100%。

【执法检查】 区环保分局切实加强枯水期、春节两会、国庆节、汛期及党的十八届四中全会期间的环境隐患排查及钱塘江流域环境安全隐患排查，铁腕行动等专项执法检查，加大对造纸、化工、医药、涉重金属等重点行业企业的日常巡查频次，督促排污单位提高环保设施运行达标率，对不正常使用污染治理设施、污染物超标排放、偷排漏排等环境违法行为严格依法查处，有效遏制当前环境违法高发频发的势头。区环保分局还加强与公安、工商等部门联动，对非法排污案件采取发现一家，严查一家的高压态势。通过不间断地进行回访、暗访，对在"铁腕1号""铁腕3号"等执法行动列入整改名单的企业，掌握整改落实情况，促进其各项整改工作落实到位。全年出动执法人员1080人次，检查企业530家，其中对19家企业进行立案查处；依法取缔16家低小散非法企业；对浙江三和印染有限公司等14家企业下发限期整改通知书；移送公安案件2件，刑事拘留13人。

【宣传教育】 利用召开各种会议及"六五"世界环境日、"12·4"法制宣传日等重大节日活动，开展环保法规知识宣传。结合区"五水共治"工作，开展"寻找最臭最脏河面摄影大赛"活动。

【提案与信访办理】 分局办理人大、政协议案、提案27件，代表和委员的满意率均为100%。全年受理日常环境污染投诉435件（水污染91件、气污染258件、声污染39件、其他47件），其中上级转办信访61件，调查处理率100%，满意率98%以上，确保全区社会稳定。开展环境矛盾纠纷排查工作4次，排查解决各类矛盾纠纷5件，其中重点污染矛盾纠纷1件，妥善处理群众反映较集中的热点、难点环保问题。

（张树云　吴　梦）

工商行政管理

【概述】2014年,全区新设企业1252户,同比增长6.83%,新增内资企业注册资本34.2亿元,注册资本总额343.6亿元,同比增长11.05%,企业总数8612家。新设个体工商户2859家,同比增长41.6%,新增资金18551.2万元,资金总额67104.3万元,同比增长38.21%,个体工商户累计15353家。5月,根据《金华市人民政府关于调整工商质监体制和改革完善食品药品监管体制的实施意见》,金华市工商行政管理局婺城分局更名为金华市婺城区工商行政管理局,与金华市婺城区食品药品监督管理局合并为金华市婺城区市场监督管理局,并划入质监部门的食品生产监管职责。5月27日,婺城区举行区市场监督管理局授牌仪式。区市场监督管理局荣获2014年度社会综合治理先进集体、安全生产先进单位、岗位目标责任制考核表扬单位,注册分局获金华市市场监管系统创新工作奖、区行政服务中心优胜服务窗口,城东工商所党支部(老周消费维权工作站)获金华市市直机关工委首届"星级知名党建品牌"。"全城通办"行政审批改革工作得到省、市、区领导的批示肯定。

【助推经济发展】围绕商事制度改革,整合审批职能,实现注册登记"全城通办""五证一照"联办1411件,个体户登记事项5839件、企业登记2853件,办理109户前置审批改为后置工商登记,执行住所登记申报制登记市场主体3002户,其中企业757户、个体户2245户。继续推行公司股权出资、股权出质、债转股出资等登记服务,办理股权出质登记21家,股权出质金额12115万元,融资金额4.75亿元。对电子商务、软件设计和动漫游戏等企业允许办理"一址多照",解决企业场所登记难问题。登记市本级首家电子商务秘书企业,为区电子商务企业提供住所托管,拓宽电商业发展空间。组织18家企业会员单位参加2014年民私企业就业联合专场招聘大会,提供648个工作岗位。通过职能归并、流程再造,为23家重点企业提供绿色通道服务,保障重点项目落地。

【"个转企"】扩大"个转企"覆盖面,建立"个转企"重点培育库,落实《浙江省个体工商户转企业及小微企业规范升级工作意见》文件精神,对照《婺城区关于进一步推进市场主体规范升级的行业指导目录》,有针对性地开展"个转企"工作。全年实现"个转企"135家,累计完成575家,完成率131%。其中,转型为有限公司的111家,占"个转企"总数的82.2%。

【商标品牌注册】指导、帮助企业、个体工商户申请注册商标,全区认定省著名商标3家,延续认定3家,认定市著名商标4家,延续认定9家。做好"守信用重合同"企业的推荐认定工作,新推荐申报AAA级企业1家、AA级企业2家、A级企业4家。推荐延续确认AAA级企业1家、AA级企业10家、A级企业7家。

【提高年报质量】根据《国务院关于印发注册资本登记制度改革方案的通知》以及《企业信息公示暂行条例》,10月1日起,个体工商户验换照制度、企业年度检验制度改为个体工商户、企业年度报告公示制度。全区需报送年报企业6274家,个体户13036户。至年底,已报送企业1792家,个体户61家。在无照经营监管中,出动执法人员5810人次,检查各类市场主体20209户,发现无照户数1487户,立案查处6件。向有关部门抄告24次,抄告无照经营户145户，责令整改764户，引导办照703户，取缔无照经营户29户。向辖区所有企业邮寄“企业告知书”，告知企业信用信息公示渠道、报送方式及时间等，并编印23000余份信息公示操作手册，供经营户取阅、学习，推进企业、个体信息公示工作开展。

【广告市场监管】加强广告市场监测，区工商局加强与药品、卫生、新闻出版、广电等部门配合协作，重点查处虚假违法医疗、药品、医疗器械、保健食品广告，加强网络医疗广告监管，办结违法广告案件5件。

【消费维权】开展“3·15”活动，广泛宣传新《中华人民共和国消费者权益保护法》，发放宣传资料20000份。在金华市第一百货公司举办国际知名品牌新《中华人民共和国消费者权益保护法》宣传贯彻学习会，80余名知名品牌在金华销售商参加学习。组织“消费教育大讲堂”开进浙江师范大学社区，对200余位中老年消费者开展消费教育活动。完善“12315”申诉举报快速处理机制，全年处理消费者申诉举报1279起，申诉959起，举报320起，解决率99%，为消费者挽回经济损失55万元。

【专项整治】开展洗车业、废品收购点、金兰中线长湖沿线、浙师大北门环境等专项整治和系列“亮剑”专项执法行动，全年查办各类案件72起，大要案28件，罚没款94万元，案值68.57万元。开展食品安全百日执法行动，集中查处一批有影响力的食品经营违法案件，全年查处各类食品案件28件。对食品安全违法行为及时介入调查，查获涂改食用油生产日期、违法宣传食品疗效、以鸭肉冒充牛羊肉等重大食品案件3起。联合公安、乡镇等部门开展2次打击传销专项行动，出动280余名执法人员，铲除非法传销窝点26个，查获涉嫌非法传销人员213人，其中刑事拘留8人，重点查办3起涉传网络案件，移送涉嫌传销犯罪案1起。

【食品安全监管】开展食品安全百日严打行动、河豚毒素烤鱼片清查、流通环节瓶(桶)装饮用水专项检查。运用食品经营户QQ工作站、信息平台，宣传食品安全知识，印制发放法律、法规汇编2000余册。出动执法人员2610人次，检查食品经营者3700户次，约谈食品经营主体532家，组织开展联合执法6次。组织开展联合执法6次。推进农产品快检室、超市“放心柜”“阳光厨房”、“百万学生放心饮食工程”、“品牌超市进校园”等重点民生实事项目建设，在全区各乡镇全面建成农产品安全快速检测室，定期对蔬菜、水果开展抽检。完成建设“阳光厨房”15家，对罗店小学、北山路小学等12所创建食堂B级学校开展提升改造指导，组织定性检测312批次，定量检测44批次；查处各类食品案件20起，罚没款10.2万余元。4家食品经营户创建为省级食品安全电子监管示范单位。

【提升工作效能】将“96311”“96317”与“12315”举报投诉热线进行整合，确保举报投诉处置全年不休、全天不休。开展创先争优活动，组织干部参加垃圾河整治、社区公益活动，强化组织的凝聚力和战斗力。开展农贸市场信息软件实务培训、外出参观取经、创建市场交叉检查、模拟检查验收等活动，稳步推进放心农贸市场创建。走亲连心560户次，收集党员学习心得体会67篇，征集民主意建议33条。组织中层干部参加全市系统业务知识培训和能力特训班，32名基层执法干部参加全国工商行政管理系统基层工商所公务员网络培训班，开展15期“夜学”活动，学习法律法规、政策文件、业务知识，受训1650余人次，进一步提升干部履职能力。

【市场概况】2014年，婺城区有有证市场33个，其中商品交易市场32个(含消费品市场29个，生产资料市场3个)，生产要素市场1个(金华市人才市场)。在29个消费品市场中，消费品综合市场5个，农副产品市场18个(含批发市场3个)；工业消费品市场6个。有市场摊位数5176个，市场经营户1976个。

全年商品交易市场成交额68.40亿元，同比增长8.01%。其中消费品市场成交额47.89亿元，同比增长8%。生产资料市场成交额20.50亿元。年成交额较高的市场有金华市粮食批发交易市场、金华新辰冻品市场、金华农业生产资料市场、浙中家居锦绣国际市场等。

婺城区五一农贸市场和金华市五一路农贸市场创建为省放心农贸市场。罗店农贸市场、琅琊综合市场、五一农贸市场、北苑沁园村农贸市场和湖头综合市场被认定为二星级文明规范市场。

【个私企业】 截至年底，全区有非私营企业748户，同比增长2.19%，注册资本金129.1亿元，同比增长5.09%；该期新设立16户，同比减少33.33%，注册资本金6.25亿元，同比减少49.61 %。

全区私营企业6877户，同比增长21.27%，注册资本金192.67亿元，同比增长16.76%；全年新设立1206户，同比增长18.24%，注册资本金27.66亿元，同比增长154.48%。

全区农民专业合作社828户，同比增长2.1%，注册资本金12.6亿元，同比增长2.6%；全年新设立17户，同比减少84.68%，注册资本金0.32亿元，同比减少86.87%。

全区个体工商户15176户，同比增长23.05%，注册资本金6.66亿元，同比增长38.43%；全年新设立2843户，同比增长41.8%，注册资本金1.85亿元，同比增长86.2%。 （英　应）

质量技术监督

【概述】2014年,金华市婺城区质量技术监督局(以下简称婺城区质监局),将履行职能与服务地方经济社会发展紧密结合,以实施品牌战略为着力点,提升全区产品质量;以打造“学习型、团结型、活力型、和谐型、有为型”的婺城质监为目标,提升班子解决自身问题和领导单位全面建设的能力,增强凝聚力和向心力,各项工作迈上新的台阶。

全局聚焦“四风”问题(形式主义、官僚主义、享乐主义和奢靡之风),严格执行中央和省委、区委以及总局、省局、市局改进作风的各项规定,召开“贯彻落实十八届中央政治局关于改进作风密切联系群众的八项规定”专题民主生活会,并对一些突出问题的整改落实面向社会作出公开承诺,推动局机关作风建设取得阶段性成效。

【创牌工作】鼓励企业争创各类名牌,尤其是推动有带动力的企业争创品牌,走访重点企业做好省市名牌申报的宣传发动工作,推进区域、农业、服务业名牌的培育。全年新增浙江名牌4家、金华名牌5家,新增市政府质量奖1家、区政府质量4家。

【标准化工作】以提升标准水平为重点,延伸标准化战略深度。2014年,婺城区主导制订国家标准化1个、行业标准化1个,参与制订国家标准化、行业标准化5个。荣获市级标准化示范项目3家,产品质量达到国际先进标准企业12家。产品采用国际标准比率63.86%。全年完成产品质量达到国际或国外先进标准验证企业申报18家;市级农业标准化项目申报7个,渔业养殖尾水处理地方标准制订1个,申报数量居全市三区首位;配合做好“五水共治”相关工作,收集五水共治标准体系一套70个标准,国内外标准明细10个;收集《美丽乡村建设规范》地方标准,指导长湖美丽乡村建设工作;区质监局从10月起每季度推出一期《婺城区产业信息报告》。为促进辖区汽摩配、新型建材(包括水泥)及五金工量具产业扎实稳健发展,实现信息共享。

【食品安全监管】8月,根据整合监管职能要求,食品安全监管工作正式移交区食品药品监管局。至7月底,全区有食品生产企业获证企业125家,141张证书。1～3季度,进行专项行动6次,累计出动执法人员225人次,监督抽检8个品种,21批次,合格率100%。开展对饮用水生产企业、牛血加工点、糕点生产企业、明胶使用单位、黄(白)酒生产企业5次专项整治,出动执法人员108人次,检查企业36家,责令整改企业9家,已整改9家,整改完成率100%。全年受理投诉举报31起,现场检查31家,处理调解完成31起,存在不规范问题企业10家,整改完毕10家。

【特种设备安全监察】全区有特种设备使用单位1736家,在用已登记特种设备共计8418台。全年完成特种设备安全检查104家,超额完成市局交办的100家目标任务,出动安全监察人员225人次,发现一般安全隐患84处,重大安全隐患20处,排除重大隐患18处,2处正在整改中,隐患整改到位102家;受理特种设备安装改造维修告知208家次,设备298台;发放特种设备使用登记证133张,设备133台;发放特种设备作业人员证书(新取证)518本。区质监局联合市特检中心省质检局、省教育厅、市质监局特检中心、区旅游局、消防大队、安监局开展对充装单位、游乐设施、液氨使用单位等一系列特种设备现场安全联合执法及安全排查工作,切实维护群众利益。联合区安监局、城西街道关停了张家良冷库整个系统5台液氨设备,排除了安全隐患。

【工业产品区域监管】 在全区扎实开展"质监利剑行动"、絮用纤维及儿童服装用品、车用汽(柴)油、农资、建材、液化气等产品专项检查和综合治理。全年出动执法人员120多人次,检查工业企业70多家,行政立案2起,结案2起;受理工业投诉举报18起、处理完毕18起,受理工业产品生产许可证新申证2家,换证5家、年审35家,完成定期巡查78家次。受理监督抽查后处理7起,整改到位并安排复查合格7起。

【民生服务】 2014年,继续开展集贸市场在用衡器"四统一"行动,新增示范点2个,累计8个,新增摊位50个,累计586个,推进"计量惠民"行动,出动人员20次,进2个社区,服务群众80人,发放宣传资料125份,免费宣传培训80人。全区办理组织机构代码证3271家,其中,新办1925家,变更701家,换证645家,迁出206家,废置152家,电子口岸66家,扫描3413家,其他业务3849家。

【质监形象】 区质监局成立领导小组,制订方案,先后召开3次专题会议,研究部署各环节工作。组织集中观看《天上的菊美》等教育片和学习习近平总书记一系列重要讲话等活动5次。以调研、走访、座谈、发放调查问卷等形式,走访20余家企业听取意见建议,发放调查问卷80余份,收集征求意见16条;深入贫困村、贫困户倾听民声,了解村民疾苦和存在的困难。6月,班子成员开展走心联亲活动,到沙畈乡东畈村召开"五水共治"座谈会,亲自为沙畈乡储水池选址,并给捐赠50吨水泥用于建造饮用水储水池;为箬阳乡贫困村捐助资金3万元;开展开展爱心捐款,为城北街道门卫困难户送去爱心款1000元。

(吴丽园)

城市管理

【概述】金华市城市管理行政执法局婺城分局(以下简称分局)在区委、区政府和市局的具体指导下,敢于攻坚克难,善于创新求变,稳步推进各项工作落实。2014年,分局承办各类案件27025件,办结案件27025件,其中办理一般程序案件155件,简易程序案件26870件,各类案件罚没款总额共计3364707.69元;受理信访120余件,办结率达98%。

【市容环境整治】分局严格按照区委区政府的要求,全力参与配合行动和保障性施工以及拆违任务,先后多次参与安地垃圾河治理大会战、雅畈集镇整治、东景小区保障性施工、百事达违建整治等。对新狮街道后垅村环保设备厂内违建问题进行整改。多次协调召开会议,加大夜间巡查力度,保证在建工地不扰民、不污染环境。强化对重点工程包括西气东输、杭长高铁建设等工程的保障整治,确保重大工程平稳施工。6月5日~19日,分局每天抽调40余名队员,配合新狮街道和白龙桥镇政府行动,顺利拆除远大物流公司违章建筑6000多平方米。330国道整治有序推进。分局坚持以婺城区创建文明示范城区为契机,开展了餐饮单位油烟排放污染整治、洗车行业专项整治动、高速公路沿线户外广告整治、高村环境卫生综合整治、骆家塘占道经营专项整治等行动。2月10日起,分局联合工商、公安等部门,对环城西路、金兰中线、二环西路、二环北路、迎宾大道等路段沿线环境进行了综合治理,对拒不整改的违法行为进行强制整改,拆除破损店招和广告牌174处、1231.23平方米,依法暂扣灯箱53只,劝导占道经营行为491处,清理店面及房屋前后乱堆放砖石、木材等杂物190余处、100余吨,拆除雨棚、钢棚47处,面积2157.56平方米。此次综合治理,树立了城乡管理按照“二净二新”(即:乱堆乱放清干净、乱搭乱建拆干净、广告牌匾设置一新、沿街门脸修饰一新)的管理新标杆。也为长湖综合治理现场会的顺利召开提供良好的市容环境保障。6月10日凌晨4时30分分局40名队员在高速路口集中,5时准时行动,拆除高速公路沿线30余处高炮广告内容,整治行动快速而到位。7月30日,派出80名队员参与巨龙管业等21家违章建筑的拆除任务。完成对八一北路立交桥边违章建筑的拆除,对古子城违建情况进行前期摸排,对东市街施工噪音进行督促整改,对杭长线噪音施工立案并给予处罚,

【精品城市建设】分局启动站前广场、八一北街、西市街和人民广场的精品街区创建工作,以配合精品城市创建工作,按照市委领导“改陋习、抓细节、克堡垒、标准化”的要求,把重心从“治脏、治乱、治差”转移到“做美、做靓、做优”的标准上来,形成辐射,带动全城。重点整治“门前三包”和不文明行为,给沿街商铺发放温馨告知书,加大巡查和处罚力度,加强“三化”整治。查处陋习逾4500余件,位居全市之首。对沿街主要市场进行规范整治,古子城古玩市场、芙峰街、道院塘、骆家塘、解放西路的早餐点,以及旌孝街、望府街、胜利街、酒坊巷、五一路等地占道经营,景云寺、西郊菜场、对山路马路市场等重点街道区域的长效整治,保持市容市貌严格按照卫生城市标准。尤其是夜市管理方面,分局针对兰溪门夜市、宾虹小吃摊、金茂大楼边夜市以及新疆摊贩等问题,按照疏堵结合管理要求,多次召开协调交流会,多次征求摊主和市民意见,全力协调相关部门和单位,在既保摊主利益的前提下,加

强市容环卫监管,金茂大楼边21家夜市摊位已成为金华一道靓丽的风景线,成为夜市管理的成功示范点。

【禁放孔明灯行动】 分局针对前些年很多市民在市区随意、随地燃放孔明灯导致消防火灾的实际情况,在区城管办的具体协调下,区市场监督局、公安、交警、消防、街道社区等部门和单位累计派出800余人次参与联合整治行动,分局举全局之力于七夕、中秋节两个传统节日派出240余人次,重点对人民广场、八咏桥、环北公园等可能的燃放区域开展教育劝导和非法销售孔明灯查处工作,通过媒体宣传引导和现场教育劝导,禁止燃放孔明灯已逐渐成为广大市民的自觉行为。2014年,市区二环以内禁放孔明灯成效非常明显,有力消除了消防安全隐患,维护了社会公共安全。

【二环内犬类管理】 7月底至8月初,分局每天派出20名队员,在三江六岸开展不文明遛狗行为教育劝导活动,规劝市民规范遛狗行为,维护美丽金华城。9月份,研究制订《犬类收容、捕杀实施方案》,并以教育劝导和小规模收容、捕杀为主。10至11月份,对无证犬进行强制收容,对市区主要道路、公共区域各类病犬、疑似狂犬、咬人伤人犬只、野犬开展小范围捕杀。12月份,犬类收容、捕杀转入长效机制。每天由机动大队派出队员实施教育劝导和收容捕杀。全年,分局教育劝导600余起、收容捕杀超过任务量。

【群众路线教育活动】 分局坚持以教育实践活动为牵引,讲究方法,务求实效,努力做到"三个活用"(活用方法、活用载体、活化作风)。坚持开门纳谏,广纳群言,2次征求意见,梳理归纳55条建议;编印《党的群众路线教育实践活动资料汇编》和每周理论20题;邀请市局市民监督团成员蒋士干组织了以"城管队伍怎样才能受群众欢迎"为主题的党课教育活动;扎实开展"四个扪心自问"讨论活动。通过开展认领微心愿、走亲连心活动,认领民工子弟微心愿100余件,走访乡镇街道社区群众50余名,务实亲民形象不断提升。8月13日,省委和区教督导组到分局党组专题民主生活会指导,得到了"炮火猛、辣味足、刺痛强"的高度评价,反映分局党组在问题面前不遮不掩、不规不避、不扯不推,敢于直面正视,敢于揭露矛盾,勇于坦诚相见,作风建设取得实实在在的成效。

(金慧琳)

2014年1月14日上午,市行政执法局双龙风景区执法大队到罗店镇敬老院开展"爱心暖冬"义工活动,为70位老人送上点心、冬衣等礼品

供电 移动 电信

供 电

【概述】国家电网金华供电公司客户服务中心(简称中心)贯彻落实省公司及金华公司的工作部署,围绕“强基固本创一流管理,赶超发展建一流电网”的工作主线,巩固和完善“三集五大”体系建设,深化营销管理体制改革,强化依法从严治企,优化运营机制和业务流程,提升供电保障能力和服务品牌,各项工作均取得有效的成绩,呈现出良好发展态势,2014年,婺城电网全社会用电量32.9131亿千瓦时,同比下降0.18%;全网最高负荷61.59万千瓦,同比增长0.72%,核抄工作完成率达100%。

【供电服务】城网供电可靠率RS3(%)指标为99.98,实绩为99.9845;农网供电可靠率RS3(%)指标为99.908,实绩为99.9084%。城网综合电压合格率全年累计为99.995%;农网综合电压合格率全年累计为99.761%。完成智能表推广72818只,计量监督管理规范率99.9%;完成微信公众服务平台绑定数12374户,充值卡销售额2641万元,列金华全网第一。中心加强营业窗口服务礼仪、流程、人员态度等标准化服务管理,实行A、B岗工作制度。关注收费窗口人员教育培训,端正窗口人员服务态度,杜绝各类舆情、投诉事件发生。全面推行业扩报装流程,开辟绿色通道为“五水共治”“腾笼换鸟”、金华市公共自行车站点用电等民生惠民工程提供优化便捷服务。全面加强营销稽查和行风巡查,规范对投诉工单考核机制,完善欠费停复电、表计轮换、低压业扩等工作标准,降低投诉风险。深化电力社区共建,完善台区经理制和精品台区建设,规范村级电力便民服务中心对接。以智能互动服务平台为依托,推广省公司微信平台和国网公司APP推广、电费充值卡销售。结合服务提升要求,深入开展进校园、社区、广场等便民服务活动和学雷锋、助农服务、“亮亮”服务等特色服务,提升客户满意水平。全面实施供电服务提升工程,规范营业厅标准化服务,切实做好首问负责制、营业窗口“一口对外”服务机制、统一营业厅电监办“12398”标识标牌、规范营业厅宣传资料、开展江北营业厅投诉预防模式试点。推行“一柜通”服务模式,在金华供电营业厅实现窗口多业务办理。开展第三方满意度测评,对婺城区范围内的企业、工商、居民用户客户样本已测评完毕。持续开展“三进”活动,与祝丰亭社区、南苑社区等共建社区开展“学雷锋献爱心”活动,提供家电维修、表后线服务及用电咨询等延伸服务,开展安全用电进校园活动,陆续到莘畈小学等5所小学送上安全用电小课堂,对接26个村级便民服务中心,定期开展结对帮扶活动,做好弱势群体电力客户的后续服务,架起供电服务的“连心桥”。重视应急服务,积极承担重要会议活动、中高考、重要节日及迎峰度夏等特殊情况下的电力服务工作。

【状态检修】实现市本级分支线统一调度全覆盖。纵向上,与主网调度“拉手”,实现对金华电网全电压等级的贯通;横向上,将配网分支线路的工作统一纳入分支线调度范畴,实现对金华市本级配网分支线业务的集成,提升配网整体管理水平。全年婺城电网完成13条10千伏线路、8座开闭所、10座环网站投产,罗店变和临江变2#主变及10千伏间隔扩建工程启动投产、110千伏梅溪变新建工程及10千伏配套线路启动投产，及时做好方式调整、继电保护整定、继保规程修改及操作安排，确保电网安全可靠运行。开展配网设备命名规范化工作，完成110kV变电所10kV出线间隔规范化调度命名，编制完成《金华市本级配网新设备投运调度管理规范》，加强规范新设备投产调度管理；开展城郊、农村线路热倒前期准备工作，部分城郊线路已开展热倒，顺利完成江南变全停情况下负荷热倒工作，并对江南变全停热倒进行专题分析。提前做好迎峰度夏运行方式安排，在迎峰度夏前完成10条10千伏线路运行方式调整；加强线路负荷预测，密切关注负荷变化，针对设备重载情况及时调整运行方式。其间电网运行总体平稳，未发生因设备超载造成的限负荷情况。全年累计完成带电作业4380次；电力抢修出勤3114次，其中，高压故障139次，低压故障705次，表后服务1601次，故障平均修复时间为80.7分钟，继续开展"配网抢修快速响应提升活动"，完善配网运行抢修制度，优化抢修流程，实现配网的标准化抢修及故障处理的全过程管控；配合完善配网运行抢修指挥平台功能，推进抢修指挥平台的实用化应用，加强从故障报修到抢修实施各相关环节的协同高效配合，提高配网抢修快速响应能力；编制保供电方案，加强设备和线路日常巡视，线路通道清理，隐患排查治理以及重要线路和开闭所的运行管理，完成春节、国庆等节日以及中高考、文化演出等重要活动期间的供电保障工作。

【电网建设】全年完成投资15423万元。其中，完成城网投资10733万元，完成大修费用4690万元，主动衔接城乡发展和土地利用总体规划，配合完成金华电网首个特高压工程"±800千伏特高压直流输电工程"及"500千伏配套工程"建设，基本完成"220千伏双龙—乾西—灵洞输电线路工程"和"110千伏金海线路工程"。加强规划和项目前期工作中，与政府搭建起"密切合作，互惠共赢"的电网建设平台。220千伏汤溪变和110千伏罗埠变前期工作取得突破性进展，完成"建设工程用地许可证""建设工程许可证"及土地证办理工作。推进配网建设与改造进度，解决梅溪变政策处理工作，做好梅溪变投产10千伏线路割接，确保雅畈区块10千伏网架优化提升。范小水电管理，主动化解沙畈线高电压难题。持续开展城网、大修项目建设，提高配网转供能力，完成罗店变、临江变、桃源变10KV出线间隔扩建，完成和信、摩南等6条线路的分流改造，提升了线路负荷转供能力；累计建设投产梅溪变出线、金御、紫城等10kV线路16回；完成西吴和安地2条线路的环网改造，婺城配网10KV公用线环网率达100%；新投产上城锦苑、御园东等8座开闭所，新建府上街、建材等15座环网站；完成柳湖、信华、工商城等三双接线改造，进一步完善网架结构。合理安排迎峰度夏和低电压改造项目，在迎峰度夏负荷高峰前全面完成16项迎峰度夏和低电压改造项目。加强与城中村、社区的协调对接，精心编排施工计划，实时掌控项目土建、物资供应、电气施工各环节进程，在迎峰度夏前及时完成陆村、五里亭等8个城中村改造，以及丰亭西路、老干部等重载台区的补点分流工作。完成公变补点增容37台，合计容量17810KVA；有效减少夏季用电高峰的故障抢修量和居民投诉。配合发策部、经研院开展市区配网网架梳理，率先完成江南区块的重点配网目标网架的规划，完成2015～2020年江南核心区块配网建设改造实施计划的制订，完成配电自动化建设规划和2015年项目实施可研，为今后配网重点建设和建成高可靠性供电区奠定坚实的基础。

（曾军左）

移　动

【概述】2014年，中国移动通信集团浙江有限公司婺城分公司（简称公司）坚持以党的十八大和十八届三中全会精神为指导，以科学发展观为指导，以客户感知价值的提升为导向，强化责任意识和务实精神，以居危思进的精神推进各项工作落地，以自我超越的精神激发企业活力，贯彻落实省、市公司战略部署和工作要求，紧紧围绕"狠抓市场大势"不动摇，坚定信心，脚踏实地，克难攻坚，持之以恒。

【运营规模】实现运营收入5.62亿元，净增市场份额40.56%，家庭宽带用户净增1.44万户，TD有效终端销售11万台。通话客户规模达到71万户。

【精品网络建设】 全年顺利开通16个LTE精品网络室分站点，有效提升城区范围内客户需求感知度，公司选择江南最繁华的核心价值区域，涵盖市政府、专业市场、商务写字楼、高层/多层住宅区、交通枢纽等多种场景，覆盖面积3.2平方千米，采用覆盖增强、波速赋形、负载均衡等新技术，做好MRO、Nanocell等新产品应用。

【员工关怀】 开展系列“送温暖”活动，关心员工生活，继续开展“六必访”工作，为员工办实事，增强员工的归属感，走访慰问结婚、生育、丧、病员工家庭，关爱互助缴费工作顺利开展，筹集善款总额8880元。

【结对扶贫】 公司总经理贾丽娟带队到塔石乡后畈村开展结对扶贫慰问活动，与后畈村陈书记进行交谈、沟通，承诺一如既往地关注和支持农村扶贫工作，并寻求多元化合作方式，利用自身优势积极响应乡村扶贫工作，为社会贡献自己的一份力量。

【党员进社区，点亮微心愿】 婺城综合办主任王华一行至城西街道双龙社区参加纪念建党93周年暨“党员进社区，点亮微心愿”集中认领活动。活动现场四周的墙面全部布置成爱心墙，墙上的每一条心愿都代表着群众的信任与真心，有些“心愿”很小，但却能感受到老百姓的真情实感；有些“心愿”很真，能从中体会到生活的艰辛。公司成功认领27条微心愿，在“点亮微心愿 共筑中国梦”的前进道路上争做“圆梦使者”，迎接党的93岁生日。

（张　乐）

电　信

【概述】 2014年，婺城区电信公司(简称公司)以党的十八大和十八届三中全会精神为指导，围绕省、市工作要求，全面开展工作，取得较好成效。

3月1日，以“千古风流金华城、美景乡愁万缕情”为主题的“‘百万游客进金华’暨‘金华旅游公众易信、微信平台’”开通，“金华旅游公众易信、微信平台”正式启用。

4月3日，市区37路公交车线路全面覆盖天翼4G信号。乘客可将4G信号转换为Wi-Fi信号免费使用，畅享极速百兆体验。

4月17日，市、区人大常委会组织市人大代表20余人到公司实地考察智慧金华城市体验馆，体验4G网络、云计算、智慧政务、智慧农业、智慧教育、智慧家庭等信息化应用，获得一致好评。

5月22日，由中国电信浙江公司、乐创会、金华市文化广电新闻出版局主办，中国电信金华分公司承办的“天翼飞Young·乐创100音乐梦想公益音乐会”在中国婺剧院圆满落幕。“乐创100音乐梦想”公益行动捐赠钢琴20架，金华获赠6架。

8月27日，公司召开浙师大附中(金华二中)教育云建设方案论证会，并签署《智能校园战略合作协议》，携手打造智能校园。

9月2日，公司与市农业局签订推进农业信息化工作合作协议，双方就开展推进农产品电子商务、推广农民信信箱(农技咨询)移动终端、共建基层信息服务站点、农技110即12316系统标准化改造和推广农业物联网应用等内容展开合作。双方还就“农技宝”项目合作推广进行布置，确定兰溪市和浦江县为试点，确保该项目及时落地、顺利推进。

9月3日，市长暨军民、副市长邵国强、副秘书长(市府办主任)傅关福、副秘书长潜高星到公司调研，暨市长参观了电信演示厅，与公司经营班子及相关部门负责人召开座谈会，对公司助推金华信息经济社会、助力金华两化深度融合给予高度评价。

9月5日，公司举行4G上市首发仪式，天翼4G正式发售。与金华市民共同分享中国电信开启4G时代的新气象，共同见证金华成为开展FDD-LTE与TDD-LTE的融合组网试验并提供4G服务的第二批24个重点城市之一。

12月31日，中国电信浙江公司云计算金华分中心项目一期工程启动开工。市长暨军民，省公司副总经理顾荣太，副市长邵国强，婺城区委书记、区长王健等领导共同见证这一重要时刻并奠基培土。

【通信基础设施建设】 加强光网城市建设，全年新建光宽带接入能力5万线，累计达25万线，城区光网覆盖率85%,光宽带总用户数5.2万户。农村区域开展基础网络提速工作,普及推广便民服务综合应用,给用户提供信息服务和生活上的便利,累计完成500多个村的便民服务平台建设,对100多个村宽带网络进行提速优化改造,农村区域6M覆盖能力达到90%以上。

推进浙江互联网第二出口金华节点及中国电信云中心建设,根据CHINANET的设计规划,金华与杭州并列为CHINANET浙江互联网出口连接点,负责汇接浙江48%互联网出口流量。2014年,金华节点建设出口2+5路由器集群,总出口达到3000G。12月31日,金华互联网中心基建工程正式培土奠基。

加快无线城市建设,建设4G基站及室分站点700多个,新建扩容3G基站180多个。4G城区覆盖率96%,3G全区覆盖率97%,3G/4G用户达25万户。2014年,公司大力推广"爱Wi-Fi""爱金华"免费Wi-Fi计划,实现600余台AP的接入,免费Wi-Fi受益用户3万人。

【智慧金华建设】 坚持以智慧城市统领,依托基础网络能力和行业应用,重点推进公安、交通、教育等行业信息化建设,助推智慧金华建设。

"8890"便民服务中心项目实现全市市域一张网,所有县市接入统一平台;协助金华"五水共治"办完成"五水共治"智慧治水信息化解决方案,并承建"五水共治"指挥中心和部分监控监测点位;做好教育云试点建设,金华二中智慧校园建设内容包含桌面云、朗朗课堂、大数据综合平台等多项云应用,项目获集团公司的创新项目。

(王　伟)

金融 保险

工商银行婺城支行

【概述】 工行婺城支行(以下简称支行)面对国内经济增长乏力,银行业经营环境变幻莫测,金融互联网跨界竞争等错综复杂的宏观经济环境和趋于白热化的市场竞争,统一思想,坚定信心,以年初省、市行长会议精神为指导,围绕市场领先、绩效提升的经营目标,围绕"存量客户提质+阵地营销挖掘+外拓营销深化"的新营销模式,通过拓市场、优结构、促转型、精管理、强服务、提效益,开展市场拓展,加快经营转型步伐,狠抓短板业务与指标提升,协调推进各项重点工作开展,不断提升竞争力,抢占市场新份额。全年各项工作取得新的进展和成效,总体保持良好的发展态势。

【经营效益】 全年支行本外币各项存款余额(不含同业)32.96亿元,本外币各项贷款余额38.18亿元。新增个人有效客户26499户。其中,中高端客户新增1590户。新增对公有效户313户,净增现金管理客户136户。累计清收转化不良贷款11548.5万元,不良贷款率0.5%。内部管理持续强化,全年实现零案件,无重大差错和责任事故。

加快国际业务发展。抓好大户的营销,明确营销责任人,为客户匹配合适的产品。强化重点产品的应用,针对客户实际和需求,做大国际贸易融资和外汇资金业务等重点产品的总量。全年支行实现国际结算量33868万美元,国际贸易融资发生额50326万元。做大金融资产,突出理财业务重点,顺势而为,抢抓时机,做好客户经理队伍理财业务产品销售的督导工作,集合优势资源,推动个人理财产品销售的大幅提升,重点推广结构性保本理财、私人银行理财等产品,促进客户、资产、收入的联动发展。全年私人银行理财26290.81万元,累计新增个人金融资产8.4亿元,增幅达30.49%。完成法人理财扩户17户,法人理财销售额达32463万元,实现法人理财收入23.21万元。提升信用卡业务市场份额,重点围绕畅通卡、工会卡和大昌联名贷记卡三大发卡项目,结合零售业务转型改革,开展中高端客户信用卡渗透及批量项目发卡工作,信用卡发卡工作成效明显。全年信用卡发卡净增7323张,其中工会卡发放5500张。

【网点建设】 支行在开展市场与客户调研的基础上,进一步优化网点布局,推进网点建设,持续扩大服务辐射范围,提升服务渗透能力。金西二级支行进行扩建装修,打造优质的业务办理环境。全年增设金龙路自助银行和金虹街自助银行,对婺州街自助银行进行搬迁改造,并更名为八一北街自助银行,为客户提供更为便捷的自助业务。全年新增为企业、商场、市场客户安装电话通及POS机等自助机器新增143户。

【安全经营】 支行为保障各项业务健康、快速发展,持之以恒,推进合规经营再上新台阶。强化安全教育。组织消防知识等培训,定期组织学习安全保卫文件,记录日期及学习时间,利用晨会、周会,交流学习心得,提升学习效果,安全意识有效提高。同时,组织安全保卫知识测试,达到以考促学的目的。加强保安管理,开展保安队伍整顿工作,狠抓保安的履职管理,优化管理措施,确保保安真正成为我行安全运营的保障。开展安全大检查活动,逢节假日必查,严格按照《安全风险排查要点》确定的检查内容和要求,对营业办公场所、重要部位和重要环节隐患认真开展节前消防安全大检查工作。同时,加强重要部位的监控和安全管理,特别是对离行式ATM、24小时自助银行进行重点巡查,确保安全达标率100%。创建平安金融。在强化行内安全保卫基础上,深入社区,建设"心防工程"。为提高居民识骗的意识和能力,组织宣传服务队深入社区,履行社会职责,普及金融安全知识,推进平安金融创建工作,为"平安婺城"的建设做贡献。走进时代花园小区开展防范电信诈骗宣传进社区活动,介绍电信防诈骗技巧、银行卡消费安全、电子银行安全使用技巧等热点知识;走进下官桥社区开展"爱护人民币"宣传活动,营造爱护人民币、正确使用人民币、杜绝假币的良好氛围;在金华市人民广场摆摊设点,开展金融安全"心防工程"宣传活动,介绍金融安全防范相关知识,增强市民自防意识。

【其他工作】 支行坚持人本管理和从严管理有机结合,统筹推进党建和员工队伍建设,形成"笃行不移,行爱不止"支行文化。同时,注重人才培养和成长,为发展提供源源不断的动力。推进个金零售业务转型,整合人力资源,按照六个"一"标准配置,压缩柜口,充实和优化客户经理结构。强化专业指导,通过老带新、一对一帮扶等有效手段与方式,较快提升客户经理、新员工的业务技能与营销技能。专业部门强化对网点工作的指导与序时推进,在深入网点开展调研分析的基础上,提出"一网点一策略,一网点一市场"的经营思路。强化精细化管理,建立各岗位员工的工作周报制度,跟踪各科室网点工作的开展和落实情况,加强过程监督管理,提升队伍工作效能。加强党风建设,提升队伍战斗力,继续巩固党的群众路线教育实践活动成果,解决"四风"问题,坚决摒弃浮夸风、腐败风,融入群众中去,发挥先锋模范作用,提升自身素质。深化支行文化建设,以"苦中见乐、小中见大、新中见强、我中见仁"的笃行文化为导向,发挥党、工、团、妇作用,组织开展各类活动,建立乡镇网点的职工小家、支行文化墙、宣传栏,增强员工凝聚力与向心力。

(吴建群)

农业银行婺城支行

【概述】 中国农业银行金华婺城支行(简称支行)贯彻落实党的十八届三中、四中全会及省、市分行全年工作会议精神,以科学发展观为指导,以提升市场竞争力为主线,以价值创造为目标,以风险控制为保障,狠抓各项措施落实,经过全员不懈努力,各项业务发展稳健。至年末,全行本外币各项存款余额34.87亿元,比年初增加2.71亿元,各项存款余额市场份额占比5.14%,比年初增加0.46个百分点;各项贷款余额30.07亿元,比年初增加4.65亿元,各项贷款余额四行份额占比4.26%,比年初上升0.09个百分点;不良贷款率2.19%,比年初上升1.71个百分点,到期贷款现金收回率96.7%。全年实现中间业务收入实绩3639万元,同比增加438万元,完成计划数的104.06%。内控管理持续加强,年度内无责任案件发生。支行获得2014年度农总行运营基础管理先进单位、运营基础管理"三铁"单位称号,省分行"平安农行"单位及市级治安安全示范单位。

【拓展客户】 持续巩固与财政、烟草、监狱、社保、城建等部门的合作优势,抢抓区域重点项目与个转企、小升规等优质小微客户群体。2014年,新增对公有效结算账户105户,完成全年任务的131%。新增现金管理账户18户,完成全年任务的100%。企业有效客户新增269户,完成全年任务的135%。大力发展保理、参融通等增加功能性存款的贸易融资业务,通过助业贷款、承兑汇票、小微信贷产品、上下游供应链结算等的铺入,逐步丰富服务品种,扩宽增收渠道。加强对个人高端客户、证券大户、专业市场经营户及优质中小企业中层以上人员的营销维护,通过定利盈、商惠通、三方存管、存贷通等业务的渗透,提升存款贡献率。2014年,新增个人贵宾客户1410户,完成全年任务的128%。电子银行个人有效客户新增40620户,完成全年任务的159%。新增信用卡有效客户5383户,完成全年任务的150%。第三方存管客户新增890户,完成全年任务的241%。

【网点转型】针对网点具体情况进行逐个分析，加强软转固化督导，提升网点软转成效。组织网点增设低柜、固定大堂经理人选，提升网点对目标客户的识别锁定能力。2014年，在金华市农行网点软转固化的2次巡检中，婺城支行由第3名上升至第1名，成效凸显。利用多类资源加大对农行PCRM、ATBS、麦克等专业系统的培训力度，确保员工的灵活运用，并对金卡以上客户全部指派到位，实现对客户的分层管理。2014年，支行贵宾客户产品覆盖率在全市有农村网点的农行支行中居首位，代发工资客户占全部法人客户比例、信用卡分期发放数均居全市农行支行首位。注重发挥特色产品的带动作用，借助农行电子银行、商惠通卡及“多利丰”等产品优势，加大保险、基金、贵金属等的推广营销力度，并实行产品责任人制度，将基金、保险、贵金属、理财产品等“分包到人”，由专人负责对某一产品进行深度研析、再培训与推广，减少学习成本，营销效率得到有效提升。2014年全行代理保险收入、代理基金业务收入、贵金属销售收入、营销福彩306定投户数等，均圆满完成上级行额定任务。

【风险管控】支持重点项目、民生工程和新型城镇化建设项目，拓展优质中小企业及优质个人客户。至年末，支行个人贷款金额为15.74亿元，比去年同期提升1.4%。通过常态化的风险排查、担保圈治理、落实大额客户分层监管等工作，持续监测辖内信用风险状况，做到及时发现、及时处置。主动加强与政府、法院的沟通协调，加大清收力度。将员工行为管理扩展到八小时之外，重点排查员工是否参与民间借贷、非法集资等“高危”活动，加大违规违纪行为的处罚力度，让员工自觉远离“治理高压区”。逐个落实辖属7家网点的创建目标和存在问题，对账户管理、挂账等12大类87个子项指标逐项打分，确保创建工作的常态化。2014年，支行所有网点在农总行“三化三铁”考核中均被评为良好及以上。其中，营业中心、汤溪支行更是获得“三铁”优秀。加强结算风险管理，推广支付密码器，全年完成日均余额在1万元以上的目标客户81.79%，1万元以下账户61.9%，完成率列全市农行第2。

【服务“三农”】主动与区、镇政府、村两委进行对接，发掘合作潜力，通过乡镇挂职协助当地落实企业贷款1050万元，个人贷款370万元。4名挂职干部共走访各级村镇、企业76家，组织各类送金融服务进乡镇活动49场，受益农户17000余人，深受群众欢迎。支行制订并出台《推进普惠金融实施细则》，精心选择了一批金融需求较旺盛、经济条件较好的乡村作为示范区域推进普惠金融。至年底，在62个乡村、社区、企业举办宣传活动62场，布设惠农通机具89台。在部分空白乡镇设立离行式自助银行，支行有附行式自助银行7家，离行式自助银行7家，为乡镇客户提供存取款、本行跨行转账及缴纳水电煤气电话费的全天候24小时服务。另外，通过代理失地农民补贴、粮食补贴、各类代收代付项目、领取养老金、新农保等为农村客户提供金融便利，打通服务群众的“最后一公里”。全年发放各类惠农补贴435万元。同时，参与国内首部“五水共治”题材电影的拍摄，将农行普惠金融搬上大荧幕。

【关怀员工】支行工会始终站在员工的角度，通过多种途径为员工办实事、办好事、解难事。通过自办食堂或安排送餐，为7家网点彻底解决中午用餐问题。先后为有需要的网点修缮屋顶、车棚、职工周转房，并配置必需的电器，经过因地制宜的改造之后，绝大多数网点相继有了“小休息室”“小阅览室”“小活动室”及“小浴室”，为员工工作、生活提供更多便利。邀请专家为员工开展各类讲座，倡导科学健康的生活方式。建立定期沟通机制，支行、部门、网点负责人定期与员工进行谈心谈话，了解掌握员工行为和思想动态。每年开展困难员工慰问活动。广泛开展文体活动。已先后组织了乒乓球比赛、登山比赛等活动，增强员工对农行的责任感和归属感。组织员工参加金华市“青春聚力、五水共治”志愿者活动、省分行青年价值观辩论赛、走进福利院、慰问环卫工人等，参与农行“小积分、大梦想”公益活动，全行79名员工捐出110.28万积分。

（王　斌）

中国银行婺城支行

【概述】2014年，中国银行金华市婺城支行（简称支行)面对复杂的区域经济金融形势和艰巨的资产质量管控压力,贯彻上级行工作会议精神,开展党的群众路线教育实践活动,围绕"四惟"方针,在激烈的市场竞争中同舟共济、攻坚克难,实现在逆市中主要业务指标的基本平稳。至年末,各项存款余额为28.99亿元,各项贷款余额为29.11亿元。

2014年,支行累计荣获省、市级以上荣誉的达9人次。金梦颖荣获省行"十佳明星柜员";郭少平在全省"百佳"客户经理评比中排名第一,并获市十大优秀客户经理称号。宋晚露、张文、金梦颖被评为全省一季度"十个一"活动优秀营销柜员,宋晚露、张文还代表金华分行参加省行先进经验介绍巡讲;张文、宋晚露荣获市本级十大优秀柜员称号;邵飞萍、陈秋媛荣获市本级十大优秀大堂经理称号;金文皇、王炜分别获得6月份和9月份"我是全能王"擂主。这既是员工自我价值的体现,也进一步推动了网点转型工作。

【化解不良资产】针对外部大环境复杂变化,银行资产质量面临严峻挑战。支行为了防止不良资产的不断冒升,反复向授信从业人员灌输"四个必须"、风险预警及前期问责等合规操作制度,提升客户经理识别、分析和应对风险的实战能力,做到对风险征兆的早识别、早报告、早管控,降低风险发生概率及损失程度,同时,成立由行领导亲自带队的不良资产清收小组,制订"一户一策""一户多策"清收策略,及时掌握不良资产的实际情况,灵活运用现金清收、批量转让、呆账核销等有效措施开展全面不良资产清收化解工作,超额完成市行下达考核任务。

【夯实存款基础】年初以来,各种"宝"类理财产品猛烈冲击国内金融市场,商业银行的揽存压力倍增。面对严峻形势,支行"坚持不懈抓存款,千方百计抓存款"的经营理念,内建机制,外拓渠道。以"五大工程"为重点,以信息流、资金流为导向,深挖业务潜力,持续扩大战果,2014年,行政事业存款余额和日均余额均位列全辖第一位;利用财运能、定存宝等重点产品稳定拓展中高端客户金融资产,实现个人核心存款稳健增长;加强公私联动,开展代发薪业务,扩大基础客户规模;加强对机构负责人、客户经理两支队伍的存款考核,激发了二支队伍争揽存款的积极性;充分用好信贷增量,强化授信客户综合效益管理,提高存款沉淀。年末本外币各项存款日均余额达超27亿元,比年初增加3亿元。

【扩大客户规模】为了加强基础客户群建设,改善业务结构,支行加大客户结构和业务结构的调整力度:抓住地方经济转型升级的有利时机,加大对大中型企业和重点项目的营销力度;拓展代发薪业务,抓住基础客户;结合信用卡全年刷卡优惠活动,走进企事业单位开展现场营销;充分运用新产品、高收益特供理财等优惠活动,依托移动终端进社区、入企业等上门服务;将沙龙活动作为常态化营销手段,主动寻找目标客户,推介新产品,持续提升基础有效客户。通过努力,成功营销江城投资、荣顺科技、日通汽车等7家大客户。

【内部管控】支行把内控工作作为一项重要的工作来抓,对风险环节进行及时、全面的检查纠正,促使部门、网点人员增强执行规章制度的自觉性。重新修订《婺城支行内部管理考核要求》,完善一线员工内控目标责任考核细则;多次组织相关培训,并利用晨会、例会等时间组织员工学习相关业务和政策,强化全行员工掌握金融政策和制度,规范员工业务操作程序;组织突击性检查,检查内容主要涉及"五个严禁""双十禁"的执行情况以及员工对制度的熟知情况;开展廉洁从业文化建设,把反腐倡廉工作摆在更加突出的位置,切实履行"一把手"一岗双责。

【培养员工综合能力】支行认真领会上级行关于网点建设工作转向质的提升这一政策导向,结合实际调整网点阶段性的经营定位和发展策略,把培养员工综合能力作为第一要务来抓。完善人事费用考核办法;实行员工营销业绩播报制度;大力推广营销话术;定期检查,定期通报;规范客户经理选聘资格条件。

【群众路线教育】支行党支部根据上级行党委的统一部署,开展以反对"四风"为主题的党的群众路线教育实践活动,并将贯彻中央"八项规定"和上级行实施细则作为贯穿全年的重要工作来抓,结合支行实际,深化作风建设,围绕"业绩、作风和党性"三提高的活动目标,以身作则,开展教育实践活动,通过强化整改落实,标本兼治,让全体党员、员工和客户切身感受到支行在教育实践活动中所取得的实际成效。弘扬新风正气，培育清新文化。在教育实践活动中，支行班子聚焦“四风”问题，开展专项整治，促进内部风气发生实质性转变。全行倡导简单清新文化，不搞内部公关、不搞所谓的“礼尚往来”，精简会议内容，精简发文数量，压缩“三公”经费，严禁超预算支出等等，2014年市场费用同比下降51%。把活动中形成的务实求真、勤俭办行、清正廉洁的好作风升华为我行的企业文化和干部员工的价值追求。（吕爱姣）

建设银行婺城支行

【概述】 中国建设银行股份有限公司金华婺城支行（以下简称支行）贯彻落实省、市分行工作会议精神，围绕“老三篇、最高音”工作要求，“五个满意”工作目标，全行员工坚定信心、咬定目标、奋勇拼搏，圆满完成年度各项工作任务。至年底，各项贷款余额,254459万元，比年初新增33517万元；一般性存款余额160099.33万元，比年初新增13774.96万元，日均存款新增7500万元，新增占比高于余额占比；中间业务收入2916.90万元，比年初提升0.81%，市区占比13.03%，同比增7.95%。其中，对公中间业务收入1496.50万元，个人中间业务收入1420.40万元。全年完成单位人民币结算业务收入269.84万元、新型结算业务收入77.51万元、现金管理系统收入136.52万元、资金结算中间业务收入282.57万元、单位人民币结算账户119户、基本存款结算账户66户、非基本存款账户53户、单位结算卡发卡25户、对公一户通新增签约25户、电子商业汇票9户，以上资金结算产品完成均在城区单点型支行内名列前茅。

【资金信贷】 重视资产业务的发展，加强对政府项目的营销和储备。成功获批婺城区新农村项目2.15亿元并全部实现有效投放；获批“鸿基·彼岸”项目8000万元，并有效投放3000万元。完成对公存量信贷客户评级、授信、支用等业务，做到无缝对接，银企关系进一步密切。全年办理对公信贷业务502笔，其中贷款金额143422万元，保函金额133445万元，承兑汇票金额102700.7万元，信贷证明39700万元。加大力度消除“双1”客户，通过“退出、部分退出、提高定价水平”等多种方式来提升客户的结算量，对没有现金流、没有贡献度、风险较大的“双1”客户（存贷比时点和日均低于1%的信贷客户）坚决予以退出，年底已经基本消除“双1”客户（风险客户除外），降低了潜在的风险隐患。个人条线客户维护取得成效，通过每日业绩通报、客户及时分配、保卫账户及开展“新苗宝贝”活动，存量客户忠诚度和贡献度大幅度提升，上半年存量客户贡献的存款达8000万元。

【客户拓展】 对公客户新增完成情况良好，成功营销婺城区国库集中支付账户48户。积极与区政府、财政、公积金、建设局、社保局等一批机构、事业单位营销，理顺并建立了良好合作关系，机构类存款稳步提升，2014年末，机构类存款比2013年新增9000万元。通过婺星新农村项目的投入进一步密切与婺城新区管委会的合作关系，为下一步对区财政和区重点单位的营销打下了基础。

单位结算账户1051户，新增67户；公司机构有效客户增长（折算后）168户，进度365.22%，增速5.65%；企业网银活跃客户新增273户，完成全年任务的91 %；善融商务客户有效户新增3户，完成率100%，交易金额累计新增1686.77万元，完成率230.12%；国际结算量9436.25万美元；代发工资完成2775户，完成率72.97%，取得新突破；养老金受托资产规模新增150万元，获得费用奖励5.5万元。

【安全运营】 推进“强化从严治行、力促合规经营”专项活动，通过举办合规经营讲座，提炼合规经营理念，剖析合规经营案例，开展违规违章案例宣传教育工作，增强员工合规意识。加强合规文化传导工作，参加金融机构2014年学法用法考试，成绩优良。开展内部审计项目整改工作，审计发现问题整改率100%。全年组织两次全面的员工行为排查，一次非法集资风险专项排查活动，均未发现员工有不良行为和异常表现。组织开展“学案例 知法纪 明禁令”员工管理主题年活动，参加“案防大讲堂”底线教育讲座暨“消费者权益保护”知识培训、“保密党课”。组织领导干部和员工报告个人有关事项并做好台账。先后3次组织员工观看警示教育宣传片,完成案防警示教育应知应会问卷测试,成绩均在合格以上。同时针对员工工作岗位变动情况,先后开展2次成长伙伴活动,及时调整成长伙伴联系人,并面对面开展交流活动,及时了解掌握伙伴工作生活情况。根据上级行有关工作作风建设要求,支行制订《2014年效能监察工作实施方案》,对执行力、违反相关规定、办理信贷业务时效要求、部门及岗位协作等方面工作进行监察,转变工作作风,员工精神面貌得到根本改观。全年对工作执行不力、违反相关规定、办理业务超过时效要求等方面的员工积分处罚15人次,扣罚积分29分。调整客户经理2人,柜面人员4人。全年未发生操作风险损失事件以及社会治安案件,实现安全经营目标。

【网点管理】 通过改进工作作风和效能监察,促进工作作风改变和服务提升。推进"正风肃纪 勤业守廉"主题教育活动,查纠作风方面存在的突出问题。提升文明创建工作水平。推进以"一堂""一队""一牌""一传播""一帮扶"为主要内容的"五个一"建设,配合分行规范文明单位申报和创建工作,完善服务设施,投入2万元对残疾人通道、贵宾室进行改造。落实"六个一"要求,以文明创建工作促进提升全行服务水平。开展业务技能竞赛和以优质服务为主题的员工"道德讲堂"活动,建立自查自纠机制,通过征集优质服务案例,提倡创新、服务精神,树立"以客户为中心,以服务求发展"的服务理念,增强服务客户公众责任感和使命感,为广大客户提供优质高效的金融服务。开展近三年入职员工能力提升培训竞赛活动,使新员工尽快掌握各类应知应会业务知识,快速提升综合素质和各项业务能力。通过持续提升员工业务素质,支行高柜区域日均叫号约300人,客户平均等待时间从年初的12.83分控制在6分钟以内,平均业务处理时间从6.17分降至4.83分钟。制订网点柜面服务录像监控检查表,对不同岗位不同时段的工作内容按相应标准进行定期或不定期的自查和抽查。及时响应95533客户中心转发的各类工单,各类投诉咨询做到首问负责,指定专人当天最晚不迟于次日进行回复。在建行金华分行检查评比结果中,支行网点服务等级由2013年的二级一跃升为一级,以97.13的服务等级总分名列全市58个网点第5名。

【其他工作】 加强企业文化建设,增强团队凝聚力,组织引导团员青年投身业务发展建功成材。配合市分行开展"青春正能量"青年主题团日和"青年展风采"主题系列活动,参与以"创新打造建行新优势"为主题,以"创新产品、优化流程、节约成本、增加效益"为主旨的第二届"青年创新建行强"创新创效金点子大赛。开展"学习雷锋 服务民生"主题活动,组织学雷锋日金融知识宣传活动、消费者权益保护知识宣传、普及金融知识产品宣传进社区、企业、农村活动、网络文明传播、道德经典诵读、文化体育传播、"绿化婺州"植树活动、公园护绿锄草、市区交通文明劝导、"五水共治"捐款、员工互助基金捐款、财贸系统趣味运动会、百里毅行献爱心、员工无偿献血、到福利院看望残障儿童、进敬老院慰问老人、图书捐赠、设立"爱心饮水点"等各项公益活动。引导青年员工承担更多的社会责任,提高员工社会责任意识。支行深入员工家庭开展家访活动,倾听员工及家属的意见和建议,为员工办实事,为员工排忧解难。支行先后分4次组织并邀请员工家属参加集体活动,行通过活动、家属联谊等形式及时了解员工家庭情况和本人行为,减轻员工工作压力,促进集体荣誉感和提升团队协作能力。

(洪　峰)

金华银行婺城支行

【概述】 2014年,由于宏观形势的变化,金融经营环境变得更为复杂,经营压力更趋加大。金华银行婺城(简称支行)贯彻年初全市行长扩大会议精神,围绕总行下达的各项经营目标,以加快发展为主线,经济利润为中心,强化内部控制为保障,加大存款组织力度,优化信贷结构,完善各项考核办法,在竞争中求发展,在发展中增实力,各项业务呈现良好的发展态势。各项业务发展稳健,结构调整落到实处,管理工作稳步推进,业务创新能力不断增强,经济效益比较明显。至年末,支行各项存款余额290419万元，比年初增加64400余万元。各项贷款余额133828万元，比年初上升11348万元，其中新增小微企业贷款7063万元，占新增贷款的62.24%。同时，根据总行条线管理的要求，优化组织架构，完善岗位职责，确保各项工作顺利衔接。支行率先对内设机构进行调整，调整后的内设机构为办公室、业务管理科、零售业务科、小微企业科、公司业务科、营业科。

【资产业务】2014年，支行加大小微企业营销拓展力度，提高市场占有率。围绕总行年初制订的信贷投向指导意见，顺势而为，始终贯彻“结合支行地处城郊接合部的特点，将信贷重心向支持农业及周边经营情况良好的小微企业倾斜”的工作思路；以总行“关于开展2014年公司业务产品营销推广竞赛活动的通知”为契机，加大各种信贷产品推广运用，特别是“年审制”“支小贷”“信保项下国际贸易融资”等新产品的使用，拓宽了支行营销范围；开展“深化改革，加快发展”激情红五月主题活动等，支行领导带队深入了解企业需求情况，倾听企业意见和建议，了解所辖各乡镇、街道，结合支行产品需求信息，明确拓展发展方向。同时，帮助企业有针对性地提出企业加快转型升级的合理化建议和切合企业实际的融资方案，筛选出一批有市场、有效益、有信用、有资金需求的成长型小微企业予以支持，至年末，支行拓展500万元以下小微企业23户。

【负债业务】以开展专项活动为载体，着力提升全行综合营销能力。全年开展各类专项活动12次，如“马年争锋”竞赛活动、“激活睡眠无贷对公结算账户”专项活动、金融知识进社区活动、激活沉睡硬币活动、POS机专项营销活动、“深化改革，加快发展”激情红五月主题活动、第三届小微企业金融服务宣传月、“正风肃纪促发展”主题活动、星火之行宣传活动、魔鬼9月专项营销活动、扫街式营销活动等。

【零售业务】2014年，支行继续围绕“四个转型”和“三项升级”这一主线，结合自身实际，转变经营理念，将整合零售产品资源，加快发展零售业务作为转型升级的切入点和突破口，推进业务转型升级。全行齐心协力，发挥每位员工积极性，早落实、早行动，信用卡拓展取得佳绩。支行提前完成信用卡全年发卡任务，结合总行“马年争先”竞赛活动，营造支行贷记卡营销氛围，推动贷记卡业务快速发展。支行开立有效贷记卡823张，基金销售1485万元，代理保险527万元，投放个人贷款24348万元。其次，结合总行针对公车改革专项营销活动，在思想上高度重视，加强与车改相关经营户的特约商户营销工作，并落实责任，按进度按目标超额完成营销任务，至年末，新增特约商户36户，完成全年任务240%。

【内控管理】2014年，支行开展各类合规检查30余次。其中，配合总行开展的离任审计、正风肃纪促发展、检辅等自查和检查10余次，并对检查中发现的问题及时通报及整改反馈。同时，健全制度建设，严防操作风险。支行根据总行下发的各项制度修订稿对支行涉及综合、存贷款、安全、财务四大类40个规章制度结合支行实际进行修订。根据支行经营状况，制订《婺城支行信贷流程规范化管理暂行办法（试行）》，规范支行信贷操作流程、KPI考核规则、新产品推广营销计划并制订相应考核措施；修订2013年经营目标考核办法等，开展各类风险排查活动。2014年，在支行开展银行员工涉非法融资“八个不得”行为排查活动，规范全行经营管理行为，增强风险合规意识，消除风险隐患。

支行员工看望共建社区困难老人

开展全行性学习培训，提高员工综合业务素质。2014年，支行开展各类培训38次，1132人次参加，内容涉及信贷、新产品业务操作规程（公积金委贷业务)、党群路线教育、反洗钱业务、审计问题分析及制度学习、存款及临柜业务整改要求、支行近期检查情况通报、消防及安全等内容。同时,营业科、二级支行利用班前、班后开展业务技能操练,提高全行员工综合业务素质。

开展党群路线教育实践活动,按阶段推进进度。2014年,婺城支行开展党群路线教育实践活动动员大会2次。胜利北街支行、支行营业科联合旌孝街社区、站前社区开展党群教育实践进社区宣传各1次。党员志愿者还到支行共建社区----城中街道明月楼社区,开展"点亮微心愿·共圆微梦想"活动,共同出资为生活动困难的一对老人圆了拥有一台微波炉的心愿。

支行加快网点建设步伐,重视公安、总行等部门的安全检查,对检查中提出的问题进行整改。以完善服务环境、提高服务质量、提升社会美誉度为目标,支行加大对营业场所投入,特别是加大对安全设施的改造及改进。支行所属营业部、二级支行ATM机全部加装防护舱,以消除客户在自助服务区内的安全顾虑。为提升对外竞争力,适应支行业务发展的需要,支行对白龙桥支行进行顺利搬迁,并完成雅畈支行新址装修工作。

【文明服务】 开展形式多样的主题宣传活动,将优质服务与柜台内外营销有机结合。如在春节来临前适时开展新春送"福"活动,邀请农民艺术家现场为村民写春联、赠福字,在展现支行贴心服务的同时,增进与客户的感情;开展送金融服务进社区活动,全年支行开展金融服务进社区专项活动8次,密切与街道、乡镇、社区关系,为支行稳存、增存工作打下基础;与二七新村拆迁指挥部合作开展零售贷款、银行卡等专项宣传活动、"星火之行"业务宣传活动等。2014年是"心防工程"活动年,根据"心防工程"实施方案要求,支行成立"心防工程"领导小组,深入社区、乡镇、市场、学校、车站开展宣传活动。

2014年,各科室、二级支行结合自身部门、区域特色,开展各项宣传活动,并多次在媒体上进行宣传报道。支行向总行、区级、市级刊物投稿34篇,被采用刊登22篇,其中市级报刊5篇,胜利北街支行在上浮桥小学开展的"激活沉睡硬币活动"在金华电视台新闻节节棒栏目进行了报道。

(徐艳莉)

金华成泰农村商业银行

【概述】 金华成泰农商银行(简称成泰农商银行)由金华成泰农村合作银行整体改制而成,于2014年7月18日正式挂牌开业。金华成泰农商银行有52家营业网点(其中1家营业部,18家支行,30家分理处,3个金融服务点),服务范围覆盖金华"一市四区",即市本级、开发区、金东区、婺城区、金义都市区。金华成泰农商银行启动流程银行建设工程,按照机构扁平化管理原则,对总部机关进行重新调整。总行机关内设10部2室,下设11个中心。金华成泰农商银行坚持支农、支小的市场定位,以倡导诚信合作、实现互惠共赢、坚持稳健发展、促进社会和谐为办行宗旨,致力于打造服务"三农"的主力银行、小微企业的伙伴银行、便民快捷的社区银行。成泰农商银行致力于推进普惠金融,开展"普惠快车"业务试点及金融自助服务村建设,推出农村青年创业小额贷款、"美丽家园"农村住房贷款、商标专用权质押贷款、"黄金成"系列信用贷款、"税银通"贷款、"1+N"农业产业链贷款、养老"安心贷"、"常清贷"水环境治理贷款等支农支小产品,拓宽服务渠道,开通网上银行、理财业务、国际业务等新型服务渠道。

【业务工作】 2014年,成泰农商银行在市委、市政府的正确领导,人行和银监部门的监管指导,以及社会各界的大力支持下,围绕省联社和金华办事处各项工作部署,围绕打造精细化管理目标,突出普惠金融工程和群众路线教育实践两项重点,以"扎实基础、精细管理、改进作风"为主线,开展"走千访万""基层走亲连心解忧""普惠金融"等系列活动,取得较好成效。至年末,各项存款余额117.67亿元,年内增加16.52亿元,增幅16.34%;各项贷款余额79.72亿元,年内增加10.13亿元,增幅14.55%;不良率1.88%;利润总额18450.90万元。

【普惠金融】 3月11日,组织召开普惠金融工程推进会，在总结推广普惠授信试点经验的基础上，全面部署未来2年五大具体工作目标，并对金融自助服务示范村进行授牌。主动对接政府涉农工作，通过多方努力，完成婺城区10个乡镇国库集中支付及公务卡业务开办工作；推进“金融自助服务示范村”试点创建工作。在5个金融服务示范村设立金融自助服务组织，截至12月底，通过金融自助服务组织授信224人，授信金额3706万元，发放信用贷款130户，金额2412万元，户均贷款额度为18.55万元，缴纳风险保证金137户、金额263.3万元，占比10.92%。同时，在风险可控的前提下，指导自报公议小组开展金融自助风险金增值服务，有2个金融自助组织5次购买了本行理财产品，累计金额325万元，理财收益12421.92元。开展“普惠快车”试点，9月份争取到省联社“普惠快车”业务模式试点，9月21日，召开增户扩面动员大会，要求用好用活“普惠快车”载体，开展进村入户活动；10月20日，在全行19家支行(营业部)上线试点，单户余额30万以下的个人贷款全部通过“普惠快车”业务模式办理，大大提高了小额贷款的办贷效率。至年末，已建立“普惠金融客户信息”档案19844户，通过“普惠快车”模式发放贷款3361笔、金额43509万元。

【支农支小】加大信贷支农力度，持续推进“美丽家园”农房贷款，至年末，发放1828户，金额27455万元；推广养老“安心贷”贷款，全年发放196户、597万元；加大新型农业主体支持力度，全年支持家庭农场136个、3198万元，专业合作社87个、8270万元；开办“美丽田园”农业产业链贷款，全年发放618户、15461万元；开办“1+N”农业产业链贷款，发放321户10200万元。强化小微支持力度。用好微贷中心载体，大力推广“黄金成”系列信用产品，发放“黄金成”系列贷款654户20590万元。其中，信用贷款419户8573万元；持续推进税银合作，建立税贷联动模式。授信52户19549万元，用信44户、18278万元；推出“银保通”贷款，发放6户、470万元。加大中间业务拓展力度，开办代理山金金控实物贵金属销售，累计代理销售黄金3732克，金额99.09万元。在推进代理省联社“丰收?信福”理财产品的同时，研发“丰收成泰”自营保本理财产品，年末止发行理财产品23期，累计发行金额35680万元。

【渠道建设】优化物理网络，推广有人值守自助银行。5月，正式启用城西和新农贸2个有人值守自助银行。年内新增ATM机36台，总量达到130台。完善电子网络。继续推行网上银行、电话银行、手机银行等3大电子平台，于6月底完成3G无线平台建设；推出电子银行业务专项营销活动。至年底，电子银行替代率已达49.91%，比年初提升9.94个百分点。深化便民服务，推出低田“家园卡”，开办全省首张以村冠名的银行卡；做好便农自助服务终端设点工作，全行453个助农取款点全部启用，除了实现存取款业务外，联通、电信充值、电费缴费等功能均得到良好运用；完成新增8台便农自助服务终端的开通。拓宽外汇渠道，推出远期结售汇业务，帮助客户提前锁定汇率，规避汇率风险；成功办理速汇金业务、出口托收业务、个人贸易结算业务、个人外汇贷款业务等。全年完成国际业务结算量8924万美元，结售汇量6213万美元。

【风险管控】开展以“蒲公英课堂”“案防大讲堂”等为主要载体，开展“学典型、促合规、控风险、强自律”风险主题教育活动，从思想层面强化员工风险防范责任意识。优化业务流程机制，以农商行改制为契机，对制度流程体系进行重新分类、清理、整合，修订完成434个内控制度体系。其中，包括311个基本制度和123个操作规程。同时，在业务内网建立内控管理平台，包括内、外部规章制度、操作规程、法律法规、操作风险信息库、客户风险信息库、风险信息提示等，全体员工可随时登录系统平台，实现查询、阅读、下载、打印、学习和运用的共享。完善信贷风险管理机制，建立客户分类评价机制，引入“限三禁五”等措施，按季开展客户分类识别；完善授信管理机制，完成审查中心队伍建设，执行分组包区域管理模式；严密信贷风险报告机制，落实专人按月监测，建立信息准确、反应灵敏、规范快速的重大信贷风险报告机制。加大对各类审计检查发现问题责任追究力度，全年实施审计项目41个，处罚相关责任人199人次，通报批评5人，行政处分5人，收缴审计罚款18.13万元；下发安全保卫检查通报5个，处罚违规员工13人次，处罚金额9600元。

【文化建设】开展路线教育活动，组织学习教育，查摆问题，整改落实、建章立制环节各项工作，确保规定动作做到位，自选动作出特色。持续深化廉政建设。开展“员工行为管理年”活动，争做“无案件、无违规、无投诉、无重大信贷风险”的“四无单位”及“四无员工”；开设“案防大讲堂”，全面构建员工交流网，让合规经营理念深入人心。推进文化振兴，7月18日，实现金华成泰农商银行挂牌开业，开启服务地方经济发展的新篇章；举办标杆网点建设录像点评会、“晨会PK”赛、临柜五步法演示赛等，提升临柜一线服务水平；启动品牌金字塔文化建设工程，通过内部品牌文化活动的开展，提炼核心企业文化，形成对本行品牌文化的内部宣传导向；信息宣传工作实现新突破，取得了省联社、人行、银监、市办信息新闻先进单位“满堂红”的好成绩。

（成　龙）

金华市婺城区
万通小额贷款有限公司

【概述】金华市婺城区万通小额贷款有限公司(简称公司)是一家以服务“三农、小企业”为宗旨，从事小额放款和金融活动的新型金融组织。作为银行等金融机构的有效补充，公司充分发挥金融毛细血管的作用，坚持贯彻“小额、分散”的服务宗旨，繁荣市场经济，拓宽市场融资渠道，扶持“三农”经济，携手中小微企业及个人创业者共谋发展。

公司于2009年成立，是由上市公司万里扬集团公司联合其他10余家企业和自然人发起，注册资本人民币三亿元。是浙江省小额贷款公司行业协会理事单位，金华市小额贷款公司行业协会副会长单位，是市本级首家小额贷款公司。公司依托股东强大的实业背景，拥有一支专业化的金融管理团队，秉承“责任、尊重、沟通”的企业理念，合法合规经营。在促进自身持续健康发展的过程中，承担起服务区域经济发展和社会和谐进步的重责，树立金华小贷企业的良好品牌形象，共同繁荣行业的发展。至年底，公司贷款余额4.45亿元，累计发放贷款76.7亿余元，发放贷款5597笔，累计发生客户2000多户。公司自成立以来，连年荣获浙江省A+级优秀小额贷款公司、省创新服务中小微企业先进单位、金华市纳税超千万元大户、小额贷款公司信用建设示范单位等荣誉称号。

【业务创新】公司作为金华金融多层次市场中一支富有锐气、敢于创新的生力军，根据金华经济发展需求和客户的不同特点，公司有针对性、前瞻性地开展各类产品和服务模式的创新。有针对农林牧副渔，乡村休闲旅游农庄等“三农”客户的“农家乐贷款”，有针对创业型客户提供的“创业源贷款”，有针对客户临时性、过桥性资金需求发放的“万通桥贷款”，有针对优质保证人推荐客户的“快速通贷款”；有针对金融机构支持客户的补缺性“配套宝贷款”；有针对优质客户按限额控制、一次签约、分笔办理、随贷随还、按月结息、专户管理的活期“活贷灵贷款”。公司创新研发的多种产品以其贴近实际、业务便捷、利率灵活的优势，赢得众多客户的青睐，为解决客户融资难题探索了多条可行路径。

【企业文化】为打造一支业务水平过硬、综合素质较高的团队，公司制订每年的培训计划，每月开展业务培训，每季开展素质培训，既有内训，也有外送的委培，交叉选送，提升员工的专业水平和综合素质。组织各项户外活动，如采摘杨梅、水蜜桃，金华山旅游，羽毛球比赛等，既丰富员工业余文化生活，又强健身体。7月，公司党支部组织全体党员开展厦门红色之旅，纪念党的生日。10月，组织全体员工健康体检，并为每一位员工购买中国人寿终身重大疾病保险，真正做到关心员工，关爱员工。

（单霄鹏）

金华市婺城区
丰银小额贷款有限公司

【概述】金华市婺城区丰银小额贷款有限公司(简称公司)面对复杂的宏观经济形势和严峻的同业竞争态势，以防风险为主线，稳中求进为发展思路，控制和化解金融风险。贯彻落实科学发展观，紧抓业务经营，因势而变，支持中小企业和“三农”发展。公司全年累计发放贷款314笔，金额32991万元，年末，贷款余额15404万元，业务经营收入2203万元，上缴税收665万元。

公司获得2014年浙江省A级优秀小额贷款公司荣誉称号。

【经营管理】公司在经营过程中，把企业文化建设和承担社会责任结合起来，以优惠的贷款利率累计发放助学贷款50笔。以倡导诚信合作、实现互惠共赢的办事宗旨，针对市本级不同类型的中小企业及个人客户，围绕其实际需求，推出信用、担保、抵押等多样的贷款类型，发挥了“方便、快捷、灵活”的特点，解决企业贷款没有抵押等难题，对贷款最高利率实行严格控制。支持小企业和“三农”贷款各季末占比均在70%以上，年末平均为76.3%；期限两个月以上贷款占比94.91%，不存在贷款拆分情况；发放助学贷款50笔，金额15万元。年化贷款利率为19.99%，在基准贷款利率的4倍以内。除收取贷款利息以外，没有收取手续费、咨询费等其他费用。

【风险防控】公司修订完善员工业务考核责任制，强化考核机制，夯实经营和管理基础，提高经营效益，加强员工对全面风险管理、合规经营理念的培养，全面展开风险排查，配合市、区两级金融办组织的检查考核，以及其他监管部门组织的常规性和临时性检查。将单户或单笔贷款控制在注册资本的5%以内，单笔金额最大的贷款是万紫千红的贷款，金额600万元，单户最大融资额为600万元，占注册资金的4.66%，前十户贷款余额4000万元，占资本净额的28.13%。严格控制国家限制性行业以及民间借贷市场准入，至今未有贷款介入。贷款投向建筑业、批发零售业、制造业、林业、交通等行业，单个行业贷款投放额不超过注册资本的30%，不良贷款605万元，不良贷款率3.93%，计提各项贷款损失准备金981万元，不良贷款拨备覆盖率162.13%，无股东借款或关联交易，无对外担保。

公司按照全省小贷协会会议要求，积极进行系统升级改造，将公司开业以来发生的全部业务数据移植到新系统，吸引了其他小贷公司前来交流、学习。

【合规经营】公司制订各项规章制度，完善公司内部管理，按规定设立董事会、股东会，每年两次召集股东开会，向股东通报公司经营情况，公司股东以及高管资格管理按照金融办的相关要求执行，严格执行贷款三查制度，即贷前双人调查，贷时根据贷款流程进行审查，贷后风控人员对贷款进行检查以及客户经理对客户进行贷后管理。贷款对象基本上是域内企业。公司全面接入省小额贷款公司信息系统平台，及时向小额贷款公司信息平台报送业务经营和融资数据信息，上报数据、报表、资料真实准确。按照规定及时向金融办报送数据，报表等资料，配合监管部门组织的常规性和临时性检查，全年无举报。按照要求参加监管部门召开的重要会议和培训。公司不存在非法吸收公众资金、发放高利贷、账外经营、暴力催贷等情况。

（周　蔷）

中国人民财产保险股份有限公司金华市婺城支公司

【概述】中国人民财产保险股份有限公司金华市婺城支公司（以下简称公司）坚持科学发展，在激烈的市场竞争中，以客户为中心，全力提升服务水平，争做“人民满意的保险公司”；创新发展思路，开辟新险种，充分发挥社会稳定器的作用；加强队伍建设，实现“人才强司”；积极参与公益活动，践行“分担与共享”的企业文化，展现公司良好的品牌形象。2014年，公司保费收入7400万元，同比增长30%，实现较好较快发展；累计支付直接赔款3858万元，发挥了社会保障和经济补偿功能。

【提升服务】为了提升客户服务水平，优化服务界面，公司开展服务效能奖惩激励机制，从柜员仪容仪表、大厅服务、理赔查勘、出单时效等多方面考核，并通过外部“神秘人”监督检查，将服务标准化工作制度化、职业化、常态化。同时，创新保险服务形式，开展各类保险服务进社区活动。1月19日，公司在江南明珠、康乐小区开展“迎新送福”，为住户提供保险产品咨询服务。8月8日，公司走进香格里花园小区进行家庭财产责任保险咨询,为住户发放保险知识手册。9月13日上午,公司在新世纪花园小区设立便民点提供保险咨询。通过这种形式,让更多的市民在家门口就能享受人保"专业贴心"的保险服务,拉近与客户之间的距离,让人保品牌真正成为老百姓的保险。

【风险保障】 发展责任险保险业务,发挥社会稳定器的作用。在市建设安全协会牵头下,公司试点开办起重机械综合保险项目。7月1日,签发全市第一单起重机械综合保险,为被保险人某机械设备公司提供180万元风险保障,在一定程度上防范和化解建筑施工起重机械设备的财产风险和责任风险,有效转移事故风险,建立较为完善的责任保险机制,具有一定的社会意义。9月6日,公司为金华某食品配送有限公司提供400万元食品安全风险责任保障,让市区内十多家定点采购粮油、蔬菜等食品的学校更放心、更安心。积极创新新险种,1月8日,公司成功签出全市个人信用贷款保证保险第一单,为投保人华某在光大银行获得的8万元个人消费贷款提供风险保障,该险种通过"保证保险"的方式,既解决个人融资难题,又为银行提供风险保障,是一项具有较大的发展潜力和拓展空间的新兴险种。

【公益活动】 公司积极组织和参加各类公益活动,传播社会正能量。年初,为贯彻落实全省"五水共治"会议精神,共同营造"水清岸绿、人水和谐"的美好家园,公司青年志愿者参加由金华团市委组织开展的"五水共治"公益行动,在燕尾洲公园与其他志愿者一同身体力行清理河道边垃圾,争做环境整治活动的倡导者、推动者和维护者。3月12日,为响应"拥抱春天、播种绿色"植树节主题,公司组织青年员工志愿者到琅琊镇上盛村,参与金华市总工会主办的义务植树活动,用自己的双手推进绿色家园建设,在劳动中得到锻炼,增强环境保护意识,树立"为社会奉献"的价值观。6月,高考期间,公司员工自发组织私家车参与"爱心送考",帮助有需要的考生顺利到达考点参加考试,并准备了应急文具和防暑药品。考试期间,志愿者们随时待命,为一些需要帮助的考生们提供一些便利。

【企业文化】 公司践行"分担与共享"的企业文化理念,坚持以人为本,发挥员工主体意识,提高员工幸福感指数。4月1日下午,公司开展"员工关爱基金"募集活动,募得款项4550元,用于帮扶公司困难员工,形成和谐互助的良好氛围。发挥工会的重要作用,完善工会的配套设施,购置羽毛球拍、乒乓球拍、跳绳、飞镖、扭腰盘、围棋、象棋、跳棋等文体用品,鼓励员工在工作之余,多参加体育锻炼和益智类活动,培养积极的心态、倡导健康的生活,以良好的精神面貌投入到工作中去。同时,关注员工健康,将员工体检作为每年一件大事来抓,10月10日,公司组织全体员工参加一年一度的健康体检,并邀请文荣医院内科专家为体检员工提供一对一的咨询服务,给予一些建议,帮助员工对自己的身体状况有个全面的了解,让员工感受到公司的关心和集体大家庭的温暖。

【队伍建设】 公司坚持人才可持续发展,注重员工队伍整体素质的提高,加强人才队伍建设。科学规范新进人员的入职培训。通过岗位技能考评、综合基础知识笔试、营销话术技能、面试等环节对新员工综合考评,根据员工的不同能力和专长进行岗位配置,将人员资源利用最大化。同时,淘汰多次考核不合格的人员,建立科学的选人、用人机制。加强员工培训,打造学习型团队。公司青年员工占全员总数近50%,公司通过考与学(培训)相结合、以老带新的方式,达到以考促学、学以致用的目的,激励员工学习的积极性和主动性,并将培训考试成绩作为个人职业发展和年终考评的参考项之一。

(卢珊珊)

中国人寿保险股份有限公司金华分公司

【概述】 中国人寿金华分公司(以下简称公司)是中国人寿集团旗下的一家地市级分支机构,位于金华市丹溪路633号,服务网点基本覆盖了金华城乡主要区域,是金华地区人身保险业务的引领者,是浙江国寿系统A类分公司,2014年实现总保费30.43亿元,占据金华地区人身保险业务市场份额的

41.61%。

公司非常注重品牌内涵的丰富与多元化，注重服务领域的品牌建设，在保险业率先推出“国寿1+N”服务品牌，落实以客户为导向的经营战略。公司秉承客户至上，以客为尊的服务理念，致力于提升客户服务的品质，除了做好客户的保险理财等本职服务之外，还不断的探索和寻求令客户满意的附加值服务。公司的客户服务工作和客户回馈活动丰富多彩、形式多样，有《国寿大讲堂》、钻卡客户体检、心理健康辅导讲座、健康深呼吸、财智沙龙等等，涉及财富规划、身心健康、孩子教育、考前辅导等各个方面。

公司两个文明建设取得一定成绩，是金华市的首批文明行业、市级文明单位、现代服务业十佳最具影响力企业、最受金华市民喜爱的保险品牌企业、消费者信得过单位。是保监会系统“五四红旗团组织”、保监会系统“科学监管/科学发展，攻坚克难”主题实践活动优秀基层党组织。公司连续多年荣获金华市“诚信经营企业”、“优秀企业”。

公司积极奉行“诚信为本，稳健经营”的企业宗旨，通过各县（市、区）营业单位、61个营销服务部、400多名员工和3000多名销售人员竭诚为广大客户提供专业、周到、贴心的保险咨询和服务，为进一步完善社会保障体系、积极服务金华社会经济发展与和谐社会建设做出贡献。

【服务客户】按照业务集中管理方案的部署，公司设立客户服务机构，配备专职的客户服务人员，建立一整套服务制度与规范，开通“95519”客户服务专用电话，方便了客户。强化文明优质的服务，建立自己专业服务品牌和形象，把公司的客户服务工作提高到一个新的水平，有效的改善业务发展环境。提供定点医院联网结报及网点受理结报服务，确保快速、准确、高效地为参保群体进行理赔。推出参保人满意度评价制度，出台参保人满意度考核管理办法，确保服务质量，提升参保人服务满意度。

【安全管理】规范管理遵循“分级管理，逐级授权、权岗对应、依权操作”的管理原则。制订操作权限管理制度，严格划分各个部门和人员的操作权限，确保办理同一笔经办业务的不同环节必须经由二人以上相互制约操作完成，前台操作和后台审核分开。强化安全管理，建立信息系统灾难安全防范机制，定期对数据安全管理情况进行检查。

【风险管控】公司遵循最为严格的监管规则，提升公司治理和风险防范水平。推进外树形象，内塑精神的企业文化，全面塑造厚重诚信、自强致远的企业品格，着力防范销售风险，在员工内部普及和推广风险管控意识，组织诚信合规的展业氛围，组织内控标准知识培训和考试，开展各项检查和自查。做好数据真实性自查工作，加强理赔、调查业务知识的学习培训，提高理赔管理的能力。

【企业文化】公司组织篮球、羽毛球、乒乓球等多个项目的比赛，丰富职工的业余生活，公司团委组织青年开展学习、拓展训练活动，开展慈善捐款、无偿献血、捐赠衣物等活动，坚持开展结对扶贫工作，营造关爱社会，关照社会、奉献爱心的良好氛围。

【队伍建设】公司党委结合业务发展，规范党组织建设，创新党建工作。把创先争优与业务发展紧密结合，在党员中设立党员先锋岗，强化教育管理，促进党员先锋模范作用的发挥，增强科学发展的能力，推进创新创先争优活动，有效调动干部员工的工作激情，组织员工培训班，提高员工和营销人员的职业技能和服务能力，为公司业务发展和服务优化提供保障。

（童金波）

街道　乡镇

城东街道

【概述】城东街道辖区面积2.99平方米，常住人口9938户、23603人，流动人口近万人。街道辖5个社区和2个经济合作社。辖区内有4家市级机构；有青春中学、青春小学等9所中、小学校；有73051部队(原122医院)等4家医疗单位；还有空军94922部队和金华军分区干休所，有风景优美的八咏公园，有古子城、侍王府、八咏楼等名胜古迹，历史悠久，共享资源丰富。2014年，街道全体上下克难攻坚，迎难而上，荣获区级表扬单位、工业竞赛优胜单位，基层党建、宣传、统战、党风廉政、综治、来料加工、武装、计生等工作荣获区委表彰。

【工业经济】工业经济稳步发展，全年工业总产值完成25600万元，完成年计划的100%；工业销售值完成27010万元；出口交货值完成852万元，引进内资2190万元，完成年计划的109.5%。通过第三次全国经济普查，街道有统计直报法人单位17家，社区上门统计的法人单位及产业活动单位530家，个体户1284家。有来料加工经纪人29人，新增2人，淘汰2人；有集中加工点11个；从事来料加工人数1363人。

【民生工作】坚持以人为本，着力改善民生，全年为512人申报4050社保补贴118.68万余元，发放自主创业场租补贴21456元；为3位自主创业人员申请办理小额担保贷款24万余元；完成城镇居民医保续保及新参保3135人，完成率98.3%；办理居保续保428人，完成率95%；还为9名死亡的居民办理丧葬补助金。为42位居民办理职工养老保险补缴手续;同时，为285名新增企业退休人员建立信息档案，并发放联系卡和便民手册；慰问死亡退休人员家属?66人，发放慰问金66100元；慰问重病住院的退休人员65人，慰问金额32800元,日常帮困9人，帮困慰问金额3428.5元。调处到街道投诉的3起劳资纠纷，调解金额为25000元。做好下岗失业人员失业金登记认证工作，至年底，有56人领取失业金，做到及时签证，按时上报。系民情解民忧，做好民政残联工作。街道有低保142户，全年发放低保金88.77万元、低保对象各类救助金12.24万元；新申报低保边缘23户，低保8户，做到“应保尽保”“应补尽补”“应退尽退”的动态管理。同时，开展“人情保”“错保”专项整治活动，取消低保13户。发放慈善救助10.5万元、自然灾害生活补助36人3万元、医疗救助16人次7.89万元。认真做好448名残疾人基本服务状况和需求专项调查，发放优抚金116.99万

城东街道旌孝街社区开展计生宣传及计生药具免费发放活动

元、优待金15万元。下岗志愿兵困难补助金7.5万元。发放残疾人春节慰问金2万元。

2014年，街道出生195人，其中，计划内出生190人，计生率为97.44%，出生婴儿男女性别比为1:99；社会抚养费应征561534元，已征500026元，征收率为89.05%；二孩长效节育率为33.33%，二孩生育全过程管理率达100%。

【文化宣传】街道大力弘扬先进文化，倡导文明风尚，立足上水平、上层次，彰显城东深厚文化底蕴，为辖区干部群众奉献出一道道精美的精神食粮。举办文化艺术节活动，先后举办2014年“龙腾盛世 骏马奔腾”迎龙灯闹元宵活动、“欢乐金华”百姓文化节“百姓才艺”大赛、“百姓舞蹈”大赛、“城东街道举办党的群众路线教育活动暨爱心胡公粥进社区施粥启动仪式并宣传文艺演出”、东郊村“庆重阳”婺剧演出、百姓大舞台“城东街道演出专场”、城东街道“倡导文明生活 共创美好金华”文艺会演、青春俱乐部组织禁毒宣传等12场演出活动。街道文化站继2013年省第七届排舞大赛获金奖后，再创辉煌，一举夺得浙江省第八届排舞大赛金奖和浙江省第二届全民体育节健身排舞大赛规定动作特等奖、自选动作一等奖、综合常青奖、市第六届排舞大赛金奖等多项成绩。积极培育文体队伍，继续聘请32名文体指导员，指导辖区居民开展各项文体活动。舞动组合舞蹈队和冰莲舞蹈队获得区级优秀文艺团队称号、金艺舞蹈队获得街道级优秀文艺团队称号、青春俱乐部评为社区级优秀文艺团队、李宝兰评为村级优秀文化管理员。精心创新载体，倡导文明新风，街道以学习贯彻党的群众路线教育实践活动为抓手，以创建浙江省示范文明城区活动为契机，以“学国学·反四风·亲民众”为主题，以“爱心胡公粥”施粥活动为载体，深化国学文化进社区活动，践行为民服务的群众路线教育实践活动的主旨。表彰优秀爱心义工，将爱心义工的精神发扬光大，弘扬社会正能量。让更多的居民、党员、干部用自己的实际行动为建设和谐社会出力。

【服务平台管理】街道按照上级精神，加强培训，形成合力，提升服务平台管理业务水平，取得了一定的成果。2014年，区信访局等部门批转街道阅办19件，街道调查了解相关信息，及时解决和书面反馈。办理完毕19件通过“8890”便民服务平台管理，让市民、市场、政府间良性互动，架起连心桥，不管市民诉求有多小、有多烦，街道都将交办的诉求认真办好，为市民提供更多便利和实惠。全年街道接收信访件207件、待办件1件，办结156件，退办50件。街道多次召集街道城管办、城东执法大队、各社区及相关责任单位召开数字城管专题会议，做好沟通与协调工作，至年底，落实整改问题2192件。

【重点工程】街道党工委、办事处倾尽街道之力精心组织、分解任务，发挥全体干部的积极性、主动性，发扬“白加黑、五加二”的连续作战精神，分阶段，较好地完成市区交办的重点项目工程。中国婺剧院连接工程，面积为800×30平方米，已于3月22日全面启动，完成燕尾洲桥梁、堤坝、公园建设；4月4日，七号地块置换工作进行清表及拆除临时违建并进行政策处理、圈定围墙，交付空军部队。按年度工作要求，东市街北延铁路下穿工程于3月28日无障碍施工，完成征地2.67公顷及土地丈量、地面青苗补偿工作，附属建筑物已签订补偿协议并交付拆除；全部完成东市街北延涉及东郊吴家村23户拆迁工作，拆迁安置工作，10月下旬进入启动阶段；顺利完成商会总部地块政策处理，7月4日，完成建筑物拆除工作；完成电大街改造拆迁安置工作，电大街改造涉及70户拆迁安置工作，进入启动阶段；完成通园小区提档改造工程的楼道粉刷、路灯庭院灯、楼道防盗门安装、道路（雨污分流）、绿化提档等各项工程；完成宏济桥拓宽改造的土地征用工作；开展下沿村500余人的城中村改造和整体搬迁调查摸底前期工作；金华市农产品批发市场建设涉及的东郊800穴公墓迁建工作前期准备已经完成，正在用地选址；顺利完成东市街小学扩建工程的相关征迁工作，为东市街小学的扩建打下良好的基础；配合市建设部门做好通园路改建、望府街改造、万佛塔公园建设工程的征地、征迁等政策处理工作。

【“三改一拆”】街道党工委、办事处针对城东实际，推进违章建筑拆除，街道联合行政执法、公安、社区干部进行7次违法建筑整治大活动。2014年，拆除违章建筑面积15706平方米，完成全年任务的262%，并已申报创建无违建街道。

【为民办实事】切实抓好上浮桥、东郊2个经济合作社社员住房改善工作，经过前期系列工作，上浮桥村经济合作社公寓房建设城中村改造规划方案在审批中。东郊村股份经济合作社社员联建房建设项目，已有368套分房入户。八咏楼、旌孝街社区办公、活动标准用房落实工作。经多方协调，八咏楼社区480平方米办公用房租用将军路227号，已装修完毕并投入使用。旌孝街社区300平方米的办公、活动用房已在“东市尚品”落实，正式办公。东上小区两证办理工作及东郊18户规划用地许可证、国有土地使用证办理工作。

【党建工作】 按照区委、区政府统一部署，围绕大局，把握主线，突出重点，抓住反对“四风”这个重点，做好上级要求的各项任务，确保规定动作做到位，自选动作有特色，开展广泛宣传、征集梳理意见建议、学习规定读本、专题讨论等活动。通过汇总梳理，街道收集党员干部作风问题清单13条、群众诉求清单23条，信访积案2个，今年群众工作具体任务7项。街道班子成员整理批评意见237条。着力抓好“五水共治”“环境整治”“三改一拆”“四破整治”等中心工作，使党员干部队伍素质有新提高、与群众感情有新增进、服务效能有新提升、整体形象有新转变。加强街道干部队伍建设，广泛开展“全科干部、全心服务”“走村不漏户，户户见干部”“走亲连心大走访”等活动。落实“夜学夜访”工作，通过走访把矛盾突出、意见集中、问题复杂的情况收集上来，全面了解和掌握社情民意，为做好下一步工作奠定基础。根据市、区委组织部有关文件精神，继续深化基层党组织“五星争创”和党员“五星管理”活动，夯实党建工作基础。街道下辖各社区为基层党支部及在册党员进行评星定级活动。通过实施党员五星管理制度，促使党员创先争优、争先晋位，提升党员素质，发挥党员先锋模范作用，推进全街道党员队伍先进性建设。开展以“征集认领‘微心愿’、为民服务‘微公益’、沟通交流‘微平台’”为主要内容的在职党员“微系列”服务活动。街道有报到的在职党员782人，征集微心愿333个，圆梦微心愿253个。参与公益劳动600余人次。

（吕金春）

城西街道

【概述】 城西街道位于市区婺江以北的西部，东至八一北街西侧与城中街道相连，南至婺江，西至乾西乡，北至解放西路南侧和长山路南侧与城北街道接壤。街道办事处驻双龙北街245号，面积1.66平方千米，下辖二七花园、双龙、河盘桥、中山路、西郊5个社区居委会，户籍人口7100户、17273人。辖区内有私营企业、个体工商户及新经济组织近千家。

2014年，街道突出“服务经济发展、服务城市建设、服务居民生活”主题，以党的群众路线教育、“全科干部、全心服务”活动为载体，以“二七区块改造”“三改一拆”“企业四破”“五水共治”等重点工作为抓手，科学谋划、攻坚克难，紧紧咬住目标，找准差距，精准发力，敢于担当、狠抓落实，确保街道经济实现持续、稳定、健康发展，基本实现了街道年度工作的目标。

【“三改一拆”】 自“三改一拆”行动开展以来，街道边排摸边宣传，边管理边疏导，开展“无违建街道”创建活动，全年拆除违建面积3.02万平方米，完成任务377%。涉及拆除违章搭建45处、养殖场7所、宗教场所1处、搬迁商户25家、关停废品收购站13家、清理路段1200余米。根据市、区两级政府的统一部署，在进行调查取证和前期工作的基础上，7月30日，街道联合相关部门对原巨龙管业地块内涉及的22家未搬迁生产企业的违法建筑进行彻底强制拆除。该区块是市区十大违建重点，占地13.07公顷，有外租企业64家，建筑面积5.6万平方米，已全部拆除完毕，为“二七区块”改造工程一期安置房建设提供了强有力的保障。

【“五水共治”】 开展“五水共治”“垃圾河大会战”、畜牧业专项整治等行动。城西街道是长湖的源头，由于地势较高，工业废水、生活污水、农业和养殖业污染“三水夹击”直排长湖。年初，街道开展以清理“垃圾河”为重点的环境卫生集中整治工作，租用挖掘机2台、车辆4辆，对红叶小区、西郊社区小坝巷旁直排长湖的暗沟进行全面清淤，清运淤泥

300余吨;长湖两侧(原铁路浙赣线)清理垃圾、污染土1200余吨。雇用劳力400人次,打捞水葫芦等污染漂浮物80余吨。环长湖区域水面基本无飘浮垃圾,水面卫生环境明显改善。4月,街道开展畜牧业污染源专项整治行动,取缔西郊社区3个养猪场、1个养牛场,搬迁母猪15头、生猪162头,拆除违章搭建构筑物1100平方米,全面完成畜牧业污染专项整治各项工作任务,做到农户签约、畜禽搬迁、场所拆除3个100%。

【重点工程】“二七区块”改造是婺城区的“一号工程”。自2014年9月1日正式启动以来,区委、区政府举全区之力,在1个月内完成首个征收区块迎宾巷区块房屋征收攻坚任务,搬迁承租户(住户)133户,彻底拆除迎宾巷区块全部75套房屋,历经13年之久的历史遗留问题得到全面解决,为“二七区块”改造开了好头。“二七区块”改造全面启动后,街道将干部化整为零编入16个区块工作组,街道班子成员担任联络员,协调做好授课培训、房屋认定、社会稳定风险评估等工作。组建100个小网格,以街道干部为骨干,会同全区600名机关干部、40名社区干部和177名楼道长,开展房屋征收工作。作为房屋征收工作的排头兵和主力军,街道干部把“二七区块”征迁工作作为恪守群众路线、践行“三严三实”的主战场,牢固树立严的纪律、严的规矩、严的标准,让勇于担当、主动作为的精气神成为党员干部的新活力,让艰苦奋斗、连续作战成为工作新常态,让一线工作、上门做群众工作成为践行“三严三实”新模式,担起二七征收的重担。通过广大干部群众“5+2”“白加黑”的合力推进,自9月1日开始的短短半个月时间,17个区块征询意愿完成率均在96.7%,涉及应征询意愿户6164户,比预期时间提前5天。11月中旬,进入评估阶段,至年底,已对17个区块90%以上的住户进行入户评估工作,工作进展顺利,创造了和谐高效征迁的“二七精神”。

【经济工作】2014年,全街道实现工业总产值9.99亿元,同比减少5.5 %,其中,规模以上企业工业总产值8.95亿元,比上年同期减少7.5%;实现新产品产值10351万元,同比增加373 %;实现工业营业收入8.7亿元,工业固定资产投资3800万元;完成自营进出口3401万美元,同比增加29.22%。街道培育来料加工经纪人43人,加工点43处,举办培训11期,培训人员达649余人,吸纳从业人员2885人,累计发放加工费3266.84万元,完成年度计划的115.06%。完成个人出租房屋税收代征339.8万余元。

【城市管理】街道联合行政执法、环卫、公安(交警)、环保、住建、工商、卫生等部门,成立城西街道城市管理委员会,落实城市管理和创建卫生城市的各项工作任务;依托“数字城管”平台运行,安排专人对发现的问题进行任务交办,全年经办1687件。推进省级示范文明城区创建工作,加大“五城四边三化”工作力度,进一步完善“路长制、街道长制”,全面开展“精品社区”“绿色楼道”创建工作,街道成立市容督导队,设立专项资金,实施流动红旗竞赛,安排街道和社区分管人员每月4次对辖区的环境卫生对照检查,全面加强对辖区14.9万平方米、75条小街小巷的保洁工作,城市环境明显改善,城市精细化管理水平不断提高。

【综治维稳】坚持“预防在先、排查在先、疏导在先、化解在先、应急处置在先”原则,加强平安宣传,建立健全长效机制,强化住宅小区治安综合治理各项措施,开展平安家庭、平安社区、平安学校系列平安创建活动。切实做好反邪教、禁毒、社区矫正等各项工作。在有效整合社区现有的义务巡逻队力量的基础上,街道还加强了专业巡逻队伍建设,配置巡防人员。街道组建服务团队28个,各类服务人员达220人。落实信访“五位一体”工作机制和群众来访接待制度,注重做好群体性苗头隐患和

城西街道双龙社区群策群力纠陋习

老信访户的思想工作。认真做好西郊居民因暂停农房审批引发上访事件的稳控工作，进村入户开展政策宣讲解释，引导业主合理表达诉求。高度重视企业生产、食品、消防和交通等安全生产工作。街道坚持安全大排查和集中清查相结合，联合公安、执法、安监、消防等职能部门，深入原爱斯曼老厂区、原市化肥厂、新辰、达利、双汇等重点区域进行地毯式排查，督促整改安全隐患问题20余个。开展安全生产培训3次，张贴安全生产标语牌100多处。

【社会救助】街道推进企业退休人员社会化管理服务，做好城镇居民医疗保险。全年净增就业岗位138人，失业人员实现就业111人，为351名来料加工人员及“4050”个体经营、灵活就业失业人员发放社保补贴102万元；慰问困难群众211户，发放各类慰问补助金14万元，医疗救助金9.7万元，发放低保金47.2万元。全年街道开展各类服务项目50多个，服务2万余人次，开展各类文化活动16余场，参加人数3000余人次，丰富了居民文化生活，展现了城西居民新风貌。

【人口计生】本着“自我教育、自我管理、自我服务”的宗旨观念，以“优生两免”为主题，开展计生协会活动，为外来流动人口提供生殖保健、宣传教育、就业、文化娱乐、法律援助等服务。全年街道发放各类宣传资料1300余份，计生率95.35%。出生婴儿性别比100:79.17；三查率99.7%；生育全过程管理率100%。社会抚养费征收6例，征收金额60.8万元。

【群众教育活动】街道党工委按照区委《党的群众路线教育实践活动方案》要求，围绕“为民务实清廉”主题，广泛征求意见建议，发放征求意见函125份，召开座谈会6次，汇总整理反映“四风”方面问题18条，反映工作层面问题11条、反映对教育实践活动意见建议20条。2次梳理出5个即知即改问题，列出525条群众反映强烈的问题和意见建议等“四风”条目式问题清单。年初，街道被确定为市党代会年会制的首个试点街道。8月1日，召开街道党政人大班子专题民主生活会。会后，街道党工委对照检查材料提出的整改思路和措施，以及民主生活会上的责任认领情况，明确整改方案，取得一定的成绩。开展“走亲连心”活动，要求街居干部做到“走村不漏户，户户见干部”，深入社区、居民、企业，面对面倾听群众呼声，搭建微平台，征集微心愿，践行微公益。据统计，全年到社区报到的在职党员420人，街道共征集微心愿1456个，兑现认领1400个；开展“义工广场”活动6场，邀请在职党员以及党团志愿者为社区残疾居民义务理发、维修小家电、健康体检、法律咨询等活动，践行“微公益”，便民服务居民2000余人。

（吴丽娜）

城中街道

【概述】城中街道地处金华市区江北老城区，东起胜利街，西至八一北街东侧，南临婺江，北靠浙赣铁路，面积6.21平方千米，下辖杨思岭、明月楼、西市街3个社区居委会，人口8931户、23862人，流动人口15000余人。辖区内有大小商户5000余家，有金华一百、恒大百货、江北银泰城、永盛购物广场、世贸大饭店、嘉恒澜庭大饭店等一批品牌商贸服务企业，还有国家级文物保护单位天宁寺、省级文物保护单位城隍庙、浙江婺剧院、金师附小、环城小学、金华市中心医院、金华市人民医院、浙中信息产业园等单位，是江北经济、文化中心。

【工业经济】街道有企业11家，其中，规模以上企业2家。2014年，完成工业产值3.13亿元，其中，规模以上企业完成产值2.74亿元，营业收入2.83亿元。全年引进内资2400万元，婺商回归1588万元，分别完成任务数的120%、158%。全面开展第三次全国经济普查工作，经普查，街道有个体户4605户，法人、产业单位1103户。有出租房1986户，税款征收539户，税金467.9万余元。

【重点工程】尖峰山高尚生活休闲区建设涉及城中街道环城村0.5公顷，需要搬迁坟墓998穴。街道主要领导亲自带队将办公场所前移一线搬迁现场，实行一线工作法，搬迁工作于12月份全面完成。回溪街燃气顶管出土口顺利接通。市中心医院东扩工程最后1户经营户顺利搬迁；胜利街改造工程如期实施；杭长客专签订协议1户；“三改一拆”

完成任务17处3128平方米，完成任务数的156.4%；完成市委领导重点交办的阿秀厨房违建拆除和“妈妈乐”餐馆违章搭建。组织11次、800余人次党员、志愿者参加的“五水共治、美化家园”整治行动；投资10余万元对31400米的地下管网和污水管道进行改造和埋设；开展明月京华全市节水型小区示范创建工作。举办“五水共治”“三改一拆”活动宣传16次，发放宣传资料500余份，得到居民的欢迎和好评。

【民生事业】全年共慰问困难群众186户，发放各类慰问补助金131250元，发放低保金399882元。完成明月楼、西市街居家养老照料中心建设。完成企业退休人员资格认证3288人，发放慰问金49000元；办理城镇居民医疗保险1894人，参保率98.4%。发放“4050”社保补贴291人71.7万元。3个社区均通过市级社保家园的验收。全年净增就业岗位260人，失业人员实现就业230人，完成率100%。新建4家单位劳动保障调解委员会，未发生因企业欠薪而引发的群体事件。优化社区计划生育管理与服务,全年出生201人，计生率94.03%，性别比99。计生“三查”应查4114人，已查4074人，透检率为99.02%。

【城市管理】街道以数字城管和“8890”服务平台为依托，以创精品社区为突破口，根据区政府三项制度建设的要求，完善城管工作考核办法，落实街道所属89条街巷的责任制，明确干部联点分片任务，开展不定期督查，及时督促整改。举办大型宣传活动59次，发放倡议书34600份，刊发城管宣传700余期。投入15余万元美化城管墙体宣传栏1100米。投入8.6余万元对路面、垃圾房等进行修缮和更换。开展95次专项整治行动。加强街道范围内住宅小区的物业管理工作，调解2起物业纠纷。开展健康教育101次。全面完成绿化示范社区创建工作，提档、新增绿化面积7050平方米，创建34个“绿色楼道”，96户“绿色庭院”。7月，数字城管正式列入月考核后，共受理派遣任务1185件，结案1185件，结案率100%，受理“8890”求助事项68件，完结率100%，市民满意率100%。

【廉政建设】街道党工委坚持精心谋划，科学制订方案，健全理论中心组、周三晚干部夜学夜读等学习制度，原原本本学习总书记一系列重要讲话精神。开展4次专题讨论，街道党员干部撰写心得体会文章2篇，举办街道轮值讲堂学习54次，干部培训4次，为全体党员、支委、支部书记上专题党课3次。依托“走村不漏户、户户见干部”走亲连心和“党群心贴心”党员联户制度，面对面倾听群众呼声，了解群众意愿，征集到民情民意426条，已解决417条。为居民办实事45件，解决居民反映问题127件。在抓好街道党工委专题民主生活会的同时，做好党工委专题组织生活会、社区党委党性分析会和基层党组织专题组织生活会。全街道971名党员，评出党性健康914名，党性亚健康56名，党性不健康1名。按照“抓整改、抓落实、见成效”的原则，逐项逐个抓落实抓整改，查摆出班子集体“四风”问题21个，已整改21个，“四张清单”44件，落实整改44件，需长期坚持3件。

开展“全科干部、全心服务”主题实践活动，健全干部联点责任网格构建，坚持服务重心下沉，及时了解民情民意。开展“在职党员进社区”微系列服务活动，全年向社区报到在职党员938名，征集微心愿643个，认领兑现微心愿628个，并形成“助力微心愿 服务大商圈”这一具有西市街社区特色的“微品牌”，免费举办2期电子商务、网络营销培训，实现了中小商户的微心愿。举办“党群心贴心”党员义工广场服务活动。深化“五星争创”活动，对全

2014年4月13日，城中街道明月楼社区与市机关事务管理局共同开展“党员进社区、点亮微心愿”服务活动

街道55个党组织、971名党员进行五星评比，评比出五星级党组织3个，四星级党组织23个，三星级党组织25个，二星级党组织4个；评定五星党员280名，四星党员319名，三星党员343名，二星党员28名，一星党员1名。严格发展党员工作程序，今年新发展党员5名。

明确重点，落实责任，层层签订党风廉政建设责任书。配合区纪委在明月楼社区开展"三多"整治试点，深入推进便民服务体系和"三务"公开栏建设。认真开展守规矩教育和干部"慵懒散"专项整治，使广大党员干部进一步增强党性、遵守规矩、树立正气。认真组织学习中纪委"八项规定"和区纪委全会精神，严格执行关于改进工作作风、密切联系群众的各项规定，进一步加强干部作风建设和机关效能建设，引导各级党员干部自觉做到警钟长鸣，筑牢反腐拒变防线，树立良好党员干部形象。

【文明创建】 做好省级文明示范城区创建迎检工作，依托市民大讲堂、市民学校开展各类学习讲座36次。创建市级文化礼堂1个。举办婺剧进社区、百姓才艺大赛等各类文化活动42场次。开展"六联六建"文明创建工作，收取共建经费40余万元，为居民办实事30余件；做好舆论引导，在各级媒体上宣传报道街道社区好经验好做法300余次，构建浓郁的精神文化家园。

【平安综治】 街道与社区、有关单位相继签订平安综治等责任书140余份，禁毒责任书100多份，制订工作计划及考核细则，建立和完善平安综治工作制度。完善"网格化管理，组团式服务"工作运行机制，开展"社会管理创新竞赛"和"创新社会管理百家示范单位"评选活动。开展平安综治双月、反邪教和普法教育，悬挂横幅37条，宣传橱窗19块，黑板报86块，单位电子屏15块。举办广场大型宣传活动3次，入户发放各种宣传资料16000余份，收缴"法轮功"邪教资料60余份。专题研究四轮矛盾纠纷排查调处活动，特别是对重点信访人员、重点稳控对象、特殊利益群体的稳控工作责任进行科学合理分解，确保各级"两会"、十八届四中全会、亚信峰会等重大会议顺利召开。全年成功调处各类矛盾纠纷56起。开展社区矫正监管对象帮教工作。坚持安全大排查和集中清查相结合，开展安全生产、消防安全检查4次，检查重点企业单位58家、娱乐场所22家、非星级宾馆16家，督促整改安全隐患问题23个，有效杜绝各类事故发生。

（祝素凤 王　伟）

城北街道

【概述】 城北街道位于金华城区西北部，是金华市公路、铁路的重要交通枢纽，东以八一北街为界，与城中街道相邻。南至解放西路、长山路北侧，与城西街道相接；西至洪源社区，与乾西乡接壤；北以环城北路、金(华)罗(店)公路及浙江师范大学、驻金部队驻地为界，与罗店镇、新狮街道相邻。是金华市重要窗口和工商业集散地。辖区面积4.3平方千米，下辖红湖路、祝丰亭、凤凰山、军民、郑岗山、站前、五星、洪源8个社区。人口15917户、39650人，流动人口近3万人。

2014年，街道在区级各部门的大力支持和关心下，围绕"辖区事业齐头并进、重点项目开花结果"的工作要求，贯彻党的十八大三中全会精神，开展"党的群众路线教育实践活动"，狠抓干部作风建设，突出重点，兼顾全面，以务实的工作作风，饱满的工作热情和勤奋的工作姿态真抓实干，各方面的工作进展顺利，目标任务有序实现。

【群教活动】 街道以专题民主生活会为契机，从严从实抓好作风建设。有序推进"学习教育、听取意见"" 查摆问题、开展批评"" 整改落实、建章立制"等三个环节，找出制约街道发展的问题，制订方案，认真整改，总结经验，及时转化为制度成果，建立健全常抓不懈的工作机制，促进工作的进步。以"走村不漏户 户户见干部"为抓手，了解社情民意。街道、社区党员干部走出办公室，进楼栋、进家门，面对面联系服务群众，并为辖区2.8万户居民建立了户情电子档案，搭建联系和服务群众的新平台。

【"三改一拆"】 街道采取强力措施，制止并拆除顶风违建72处，违法建筑拆除行动打开新局面，完成违法建筑信访件调查回复43宗，"三改一拆"工作任务超额完成，全年拆除违法建筑面积1.99万平方米，完成年度任务数的133%。

【“五水共治”】 开展“五水共治”“垃圾河大会战”、畜牧业专项整治等行动。全年累计投入机械15台，人员400余人次，清理各类杂物30余吨；拆除金华市华源牧业有限公司违法建筑面积6100平方米，转产生猪2428头。重点开展回溪污染源整治，严格落实河长制，配齐河道专业保洁人员，加大巡查力度，拆除铁路沿线违法建筑2600多平方米。针对“后垅渎”污水横流问题，协调市政有关部门对环城西路污水井沟进行疏通清理。

城北街道整治环境卫生

【重点工程】 完成尖峰山区块公墓搬迁工作，涉及五星、洪源2个社区的2150余穴坟墓。全部迁入江南陵园；完成杭长客专北广场土地征迁工作，确保北广场顺利建成投入使用；开展环城西路北移基础数据调查摸底工作；全面启动浙师大区块截污纳管和金罗公路拓宽工程的政策处理，项目涉及街道辖区内企事业单位5家，国有土地上住宅、商铺、办公用房46间(套)。街道全体工作人员利用3天时间完成5家企事业单位的签约，10天内完成住宅、商铺、办公用房的签约任务，15天内全部完成拆除工作。完成孙家里拆迁安置工作，为历史十年之久、涉及30余户居民的拆除安置画上了圆满的句号；完成BRT一号线涉及祝丰亭、红湖路社区的政策处理工作，保障BRT一号线顺利通车。

【经济工作】 经济指标平衡增长，全年完成工业总产值1.9亿元，完成出口交货值5545万元，完成新增投入570万元，引进区外资金5000万元；新增“小上规”“下升上”企业9家；完成来料加工收入2693万元；完成个人出租房屋税收代征413.7万余元。

【城市管理】 街道联合行政执法、环卫、公安(交警)、环保、住建、工商、卫生等部门，成立城北街道城市管理委员会，落实城市管理和创建卫生城市的各项工作任务。依托数字城管平台运行，按照“里外分工 多方协作”的工作思路，安排专人对“数字城管”发现的问题进行任务交办整改，全年办案总数达3428件；推进省级示范文明城区创建工作，投入资金20万余元，对辖区726个楼道、1922个单元的环境卫生进行彻底清理，完善改造各社区文明设施及宣传阵地。

【综治维稳】 围绕“构建和谐社会，打造平安城北”的工作主题，强化基层基础建设，及时稳妥地调处和化解企退职工、重点工程、涉军等各种矛盾纠纷，较好地防止和处置各类突发事件，努力维护社会安定。2014年，排查化解矛盾纠纷180起，及时处理群体上访11起，未发生一起民转刑事件。深入推进平安创建工作，先后开展安全小区、安全文明单位、安全文明校园等创建活动，拓展基层创安工作的深度和广度，提高创安实效。深入开展禁种铲毒和防邪反邪工作，严防死守，实现“三个零目标”。全街道在社区戒毒、康复的有6人，无制毒、贩毒行为。街道高度重视安全生产工作，开展安全生产大检查活动，组织各辖区对辖区内人员密集型场所、危化品销售经营门店等重点对象开展节前安全检查，督促辖区内丰元时尚宾馆、雅致皇廷酒店等2家安全隐患较为严重的单位按相关要求落实整改措施。

【社会救助】 把握就业再就业工作、企业退休人员社会化管理和社会保险服务三条主线，积极帮扶弱势群体，认真履行职责、强化服务水平，开展劳动保障各方面工作。全年发放失业人员、失业困难人员、特困企业退休人员社保补贴、慰问等资金240万余元；做好城乡居民医疗保险保费催缴工作，大额医疗补充保险缴费比例有所提升。

【人口计生】 街道夯实计生工作基础台账，重点抓好“三查四术”到位率，精准把握“单独二胎”政策实施，加强流动人口管理，发挥计生协会功能，促使人口与计划生育工作稳步发展。2014年，街道计生率为93.54%,出生婴儿性别比为126.72:100。社会抚养费征收14例,征收金额135.7万元。

(胡文英)

新狮街道

【概述】新狮街道地处金华城区北郊,是金华城市迎接四海宾客的"北大门"。新狮街道区位和交通优势明显,是主城区向农村辐射的过渡带。由于特殊的地理位置,街道成为全市重要的交通枢纽,杭金衢高速公路、二环北路、环城北路贯穿全境。辖区面积23.76平方千米,辖19个村(居),其中4个城市社区,9个村改居社区,6个行政村。人口12109户、32541人,流动人口4万余人。受金华主城区的辐射带动,街道校园经济、汽车售配件经济、房东经济、来料加工经济等特色经济发展势头强劲,极大地繁荣了社会事业,带动了群众致富。辖区内的城北综合园区精品楼盘众多,是江北高档住宅区的密集区。东方前城、上城华府、翠竹竹庭院小区都已入住,蓝湾·上林院、盛世珑城等楼盘即将交付使用。2014年,街道以党的"十八"届三中四中全会精神和科学发展观为指导,紧紧围绕区委、区政府提出的"工业强区、商旅兴区、生态立区、城乡统筹"的发展战略,以"抓队伍、促发展、重民生、保稳定"为工作主线,团结依靠广大干部群众,开拓创新,锐意进取,攻坚克难,抓好各项工作。还完成多项重点工程建设任务,经济社会各项事业取得较大的成绩。

【经济工作】2014年,全街道实现工业总产值16.42亿元,同比增长5.2%;限额以上工业投入完成3721万元,同比增长45.6%;完成精美制品、威达包装2个市级重点技改项目;完成财政税收收入2.64亿元,同比增长5.79%;完成区级财政收入8401.36万元,同比增长7.2%,总量列全区各乡镇第二;完成代征出租房税收448户、税费88.5万元。农业经济平稳发展,唐村、下裴等村的花卉盆景等特色农业得到有序发展。第三产业发展快速,校园经济、汽车售配件、房屋出租、来料加工等特色经济发展势头仍然强劲。

【"五水共治"】街道投入80余万元对通园溪和回溪全段进行清淤整治;开展畜牧业污染专项整治,全街道155家畜禽养殖场全部关停处理畜禽8701头,拆除栏舍34600平方米,完成率100%;沙溪等6个村生活污水治理工作全面展开,其中4个村已完成。7个村改居社区生活污水治理工程已进入设计阶段;高峰集团为唐村捐赠6万元物资用于村中池塘治理,为全区村企联建治水工程做出榜样,被市、区两级政府认定为"五水共治"联建示范点。

【"三改一拆"】在15个村(居)全面开展一户多宅调查和"无违建村"创建工作;6月11日起,完成高速公路沿线21块高炮广告牌拆除工作;拆除远大物流18000平方米的违章建筑;100%完成2处卫片图斑执法,拆除面积7297平方米;对骆家塘社区王某、宋某等农户的重点违章建筑进行部分依法拆除。2014年,街道拆除违章建筑204宗,面积66171平方米,完成任务数的165%。

【环境整治】街道地处城乡接合部,基础设施配套滞后,外来人员多,摊点多,管理难度大,给环境整治带来较大的压力。街道党工委、办事处多次召开班子会,研讨措施,组织机关干部和村(居)干部下基层宣传动员。开展城乡环境整治活动,投入60多万元每月对各村(居)进行考核,组织社区两委进行垃圾分类业务培训,并到各社区进行培训。多次对丹光东路、道院塘、车头、骆家塘等社区占道经营和乱搭建进行整治。成立数字城管处置中心,加强日常巡查力度,积极整改交办的事项,在同类街道考核评比中连续7次获得第一名。道院塘社区环境综合整治工作得到市、区各级领导的充分肯定。1月6日、27日,金华市精品城市建设调研会、市城市管理"三项制度"现场会分别在街道召开,街道城市管理"三项制度"工作经验在全市推广。

【重点工程】街道辖区内有近20项国家、省、市、区重点工程在建。为顺利推进各项重点工程建设,街道排出重点工程进度表,明确各工程负责人,街道干部坚持发扬"五加二""白加黑"工作精神,深入到工程一线破解难题,及时化解土地征用过程中产生的矛盾纠纷,为工程建设提供一个和谐稳定的环境。

"三管工程" 完成下裴高亚与南网连接线0.29公顷借地、政策处理和清表交地工作；完成了杨家相至沙溪三管、四管定向钻工程；配合南网施工方逐个村召开协调会，抓好遗留问题的落实，确保南网工程扫尾工作。

杭金衢高速公路拓宽改造工程 涉及勤俭等4个村的土地征用政策处理已完成，进入正常施工。高速匝道提升改造工程建设进展顺利，投资100余万元的高速公路匝道勤俭段绿化改造工程按时完成，勤俭社区出口提升改造工程土地征用、厂房拆除和苗木搬完等政策处理已完成，工程进展顺利。

城北园区重点工程建设 保障市特教中心、鸿基地块无障碍施工；婺州外国语学校政策处理、地面附着物清表工作按时完成，土石方工程顺利实施。

其他重点工程 后垅拆迁方井头安置地块56户屋基监督按规范施工，并协调办理"两证"；金罗公路拓宽改造完成调查摸底，确定征迁红线；杭长客专夹心地五一社区33户、0.81公顷土地征用政策处理已完成；丰亭东路改造工程进场施工；完成迎宾大道景观提升改造勤俭社区政策处理；完成高村警示教育基地二期及配套道路征地0.74公顷政策处理，已正常施工。配合市政部门完成环城北路芙峰街立交桥的修复工程，缓解交通拥堵的状态。

【基础设施建设】沙溪、杨家相、姚垅、唐村、下裴、高村6个村开展农村生活污水改造，其中姚垅、杨家相、沙溪、唐村已完成并验收；车头新区完成800米道路硬化；十里牌楼新区完成第三期道路硬化及污、雨水管网埋设；方井头新区完成部分电力线路架设；修复金罗公路高村段桥梁；勤俭社区完成迎宾大道至进村道路的硬化；加固唐村公路；完成康村、十里牌楼文化礼堂建设。

【劳动和社会保障】街道为有条件的居民申请社保补贴635人，金额137万元；办理城乡居民医疗保险278人、城乡居民养老保险218人，受理被征地农民转社保2261人。按时对企业退休人员进行登记录入，完成267人的认证工作。全年调解劳资纠纷15起，工伤纠纷2起，进一步规范企业用工行为，辖区内企业与工人签订劳动合同率100%，指导5家规模以上企业成立劳动仲裁组织。

2014年，发放救济、优待金140余万元。对生活保障线以下448户、746人次发放保障金、物价补贴60余万元，特困群众救助73户、127人。其中：生活救助12户，助学救助9户15人，住房救助119户。医疗救助14户、18人，发放医疗救助金7.6万元，为11名大中专学生申报慈祥助学救助。全年发放优抚补助款、军属优待金70余万元。做好残疾服务状况及需求调查工作，组织78人次参加"慈善光明工程"义诊，6人进行白内障复明手术。新建居家养老服务中心12家，惠及老人700余人。

【计划生育】街道已婚育龄妇女7347人，全年应征收社会抚养费175万元，已征收112万元。坚持一年2次"三查"工作，育龄妇女透检率均在99%以上，街道拨出专项资金对计生服务员进行量化考核。加强对计生困难户和独女户的慰问，发放慰问品和慰问金。开展人口计生宣传活动，在"5·29""7·11"等活动中，进行优生"两免"知识的培训和宣传，营造浓厚的人口计生宣传氛围。

【文教卫事业】全年组织各种文艺活动22场次，多次参加市、区表演比赛并荣获名次；组织村（居）文体骨干参加区文化局和老年体协举办的各类培训。十里牌楼村、康村村创建文化礼堂并通过验收；街道组织村（居）干部、学校（幼儿园）老师、企业安全员等100余人参加红十字救护员培训；全年组织灭螺2次，灭螺面积8800平方米。

【综合治理】全年排查调处矛盾纠纷182起，处理"8890"服务平台交办的事项200件。处理群众来信来访34件，对22起重点信访积案分别落实包案领导和责任人，做好各级"两会"及中央重大会议期间社会稳定工作。妥善处理金华名田服饰有限公司欠薪失联事件，为150名工人讨回40多万"辛苦钱"。做好常青花园小区、唐村与罗店镇鹿村重大不稳定因素的稳控工作。全年开展4次消防安全整治行动，对辖区内危房、出租房、学校、幼儿园及企业进行消防安全检查，查出事故隐患28起，当场整改10起，下发限期整改通知书18份，及时消除了消防隐患。

【党建工作】街道开展党的群众路线教育实践活动。组织党员干部剖析问题、对照检查活动，召开专题民主生活会，使街道、村（居）党员干部队伍素质有了新的提高，为民服务意识明显增强。对姚垅村软弱涣散党组织整顿和康村党支部帮教，增强了基层党组织的凝聚力、战斗力。开展学习及走访活动，“四张清单”的收集和教育整改，对社情民情动态有了更深的了解和掌握。街道还修订完善14项管理、考核奖惩、“五星”争创等制度。

街道下属2个党委、29个支部，有党员923名。街道严格按照“坚持标准、保证质量、改善结构、慎重发展”的十六字方针，规范工作程序，坚持层层把关，全年新发展党员13名，预备党员转正14名。将各支部“五星评比”中的后进党员组织关系转入街道党性党风教育党支部，接受三个月以上的教育。立案查处“三改一拆”、计划生育等工作中出现的违纪党员，对5名党员进行立案，开除党籍2名，警告处理2名。同时，对重点工程、重点工作中支部不团结，工作推动不力的党员进行约谈。

街道以“三公开”为平台，实现村(居)务管理民主化。推进惩防体系向村级组织延伸，完善村(居)主要干部廉政档案，与各村(居)签订党风廉政建设责任书。确保每月党务、村(居)务、财务及时公开，街道每季对“三公开”民主管理工作进行检查，及时通报检查情况。在村(居)实行重大问题由“三会”进行决策(村两委会、党员大会、村民代表会)。实行村级财务街道代理制度、重大事项报告制度和重大工程招投标制度。推进党风廉政建设，严控“三公”经费支出，“三公”经费比上年同期下降300%。

(杨笑眉)

江南街道

【概述】江南街道地处金华市城区婺江之南，东邻武义江，西接西关街道，南连三江街道，北靠婺江，辖区东西最大距离1.84千米，南北最大距离1.3千米，总面积4.18平方千米。常住人口47725人，流动人口18477人，户籍人口11129户、29248人。下辖下官桥、高畈、南苑、兴学、金龙湾、中村、金钱寺7个社区，6个城中村，共有封闭式居民小区29个、开放式住宅213幢，大部分住宅为20世纪90年代初建造。街道以“坚持科学发展观，构建和谐社会”重要思想为指导，紧扣“从严管理落实年”主线，发扬“攻坚克难、敢打能拼”的精神，围绕街道重点工作，统筹协调发展，辖区呈现出平稳有序、和谐发展的良好面貌。

【税收征管】至年底，街道对个人非住房信息采集1616户，房源清册累计登记1369户。其中，住房户数228次，非住房户数1141次，个人非住房已纳入管理比例的70.61%，已征收税费4395561.88元，同比增长120.93%。街道成立个人出租房屋税收工作领导小组，负责管理、督查工作，各社区成立相应组织，建立健全工作制度，充实税收征管队伍，并邀请税务部门对征管人员进行业务培训，提高业务能力。在各社区积极配合下，利用宣传窗、黑板报、宣传册、标语和横幅等方式，宣传公民的纳税常识。采取社区网格员网格包干的办法，进行拉网式摸底调查，对居住小区、市场和沿街店铺进行重点清查，逐户填写，为征收税款提供最真实可靠的第一手资料。街道每季度召开一次工作会议，对前段时间的工作进行总结和检验，查找不足，提出解决方案，确保工作正常开展。

【重点工程】高畈菜场提档改造工程是市、区两级重点关注的民心工程，为完成该项工程，街道克服资金短缺、群众阻挠等困难，推进高畈菜场提档改造项目建设。年底，主体工程已结顶，正在进行外部干挂石材施工及内部装潢前期准备工作。

【“五水共治”】为抓好“五水共治”工作，街道成立“五水共治”专项指挥部，制订《垃圾河整治实施方案》《江南街道臭水河治理作战图》《江南街道黑臭河治理进度表》《垃圾河治理长效保洁管理显示表》及《五水共治任务表》。利用横幅、板报、LED等媒介，宣传“五水共治”工作的重要性。组织各社区定期召开楼道长会议，增强干部群众净化水环境的责任感和使命感，激发全民参与的积极性和主动性。街道主要领导牵头开展垃圾河整治行动，每天到整治现场查看工作进展情况。治水办人员对沿江督查，做到每日两巡，发现问题立即通报，在第一时间组织人力整改，并与相关部门主动沟通协调。街道抓住开展垃圾河整治契机，多方筹集资金，加大资金投入，做好龙渎河清淤整治工作，得到周边居民的普遍肯定。经过集中整治，清理卫生死角98

处，投放垃圾桶65只，清运垃圾268车300余吨，绿化修剪、清理化粪池、污水溢出69处，修理窨井盖25块。基本做到垃圾收集不遗漏、存放不暴露、清运不延误。对辖区内污水管网进行全面排查，基本摸清底数，利用老旧小区改造契机，打响“背街小巷截污纳管”攻坚战。南苑社区宁苑路、七泉路、高畈路、广苑路、国贸街已全面动工。在业务部门指导下，制订完善下官桥社区截污纳管设计方案，为开工建设做好准备。

【“四破”整治】 为完成双龙南街西侧闲置地块整治工作，街道主要领导协调解决困难，与村集体达成整治协议。组织人员对地面附属物及建筑垃圾堆积物进行全面清理，并做好与施工方协调衔接及日常巡查工作。该项目于年末全面竣工，停车场也正式投入使用。

【“三改一拆”】 加大对城中村改造、旧住宅区改造和新建改建房屋的监督管理，严把审批手续，落实巡查制度，防止出现未批先建、顶风违建等情况。采取张贴宣传广告、悬挂横幅、制作板报等多种形式，开展宣传造势，为工作开展营造浓厚氛围，全年分发宣传册2000余份，悬挂横幅15条，出黑板报30期。率先进入“拆违”深水区，将金华市十大重点违建区块之一的南市小区房前屋后乱搭乱建的临时建筑全部拆除。配合有关部门加快老旧小区改造进度，将南苑小区西9～19幢作为老旧小区改造试点工程，加强与部门之间的联动，多方征求意见建议，协调解决矛盾困难，促进老旧小区改造工程顺利开展。开展“无违建”街道、社区创建工作，拆除各类违法建筑10085平方米，占全年任务目标的126.06%；申报无违建社区3个，完成年度创建任务目标的42.87%；老旧小区改造6万平方米，完成年度任务目标100%；拆后土地复绿率达100%。

【创卫整治】 根据市委、市府提出的“巩固创卫成果、建设文明城区”目标，街道坚持统一领导，统筹协调，自上而下，全民动员，从健康教育、灭四害、改造基础设施、清理卫生死角等方面开展全面整治工作。利用宣传标语、宣传栏、宣传车、黑板报等形式，宣传环境卫生整治工作。向各社区、居委会发放环境卫生整治通知、春节期间健康教育知识宣传单1400份，宣传横幅50条。对照创卫标准全面整改，组织民工、保洁员和社区干部，党员、志愿者等450人次对法隆寺周边环境进行整治，花巨资对位于老农贸市场的废弃龙渎河开展专项整治，组织社区党员、楼道长、志愿者清理绿化带内的垃圾、居民楼道堆积物。全年发动街道、社区、志愿者等1600余人次参与整治工作，雇用社会人员350人次，清理卫生死角360余处，清理绿化带白色垃圾和各类堆积物240余车。加强联合执法，全年开展各类专项整治32次，发放整改通知书700多份，教育劝导流动摊贩970余起、占道经营600余起，拆除违规设置、破损广告60余只，清理破旧广告横幅300余条及其他杂物30余车。对流动摊贩占道经营予以坚决取缔，并落实规范管理。督促主要道路沿街店家“门前三包”等市容环境卫生责任制度落实，签订“门前三包”100余份。

【网格化管理】 街道坚持服务群众，因地制宜，开拓便民利民服务渠道，优化服务流程，增强服务功能，推行服务措施。依托“组团式服务、网格化管理”工作体制，将辖区内7个社区划分为35个网格，对辖区内企退人员分120个自管小组、就业困难人员、高校毕业生等人员实行网格化服务。通过网格化服务，登记企业退休人员5147人，住院慰问116人，死亡慰问52人，日常帮困30人。南苑社区、兴学社区创建“创业俱乐部”，同辖区单位龙腾数码、小凤家政服务企业签订协议，帮扶515位失业人员实现就业，拓宽社区就业工作渠道，为失业人员提供创业就业平台。南苑社区根据企退人员困难需要，采取“一卡一带”联系制，开展居家养老服务。

【平安综治】 街道以开展深化“网格化管理、组团式服务”活动为契机，以深化基层基础工作为重点，以打造综治维稳平台为抓手，以化解信访疑难案件为突破口，以构建社会服务管理长效机制为主线，推进“平安街道”建设。开展平安街道建设，专门拨款安装平安综治电子显示屏，完善各项规章制度并做到“制度上墙”，保障中心的规范化运行。与综治成员单位签订综治维稳责任书48份、安全生产工作目标责任书1348份。在各社区网格内组建一支服务管理团队，按照“缺什么、补什么”的原则，补充缺失服务，做到社区服务项目在居民区的全覆盖，为社区居民提供“一网式”“一站式”综合服务。

依托网格QQ群、微信等载体搭建网络维稳工作平台，提升综治工作效能。2014年，兴学社区和下官桥社区被金华开发区评为“十佳社会服务管理站”，南苑社区第四网格被评为“十佳网格”，金龙湾被评为“十佳五水共治服务团队”。维护社会和谐稳定，建立健全重大事项社会稳定风险评估制度，超前掌握可能引发的各种不稳定因素。上半年分别对南市街拆迁安置和南苑、兴学小区改造项目进行了社会稳定风险评估并制订维稳预案，确保辖区安全稳定。抓好各类矛盾纠纷排查调处工作，超前防范和化解不和谐因素，从源头预防和减少矛盾纠纷，防止和减少居民上访。全年，街道未发生重特大群体性事件和进京赴省访现象。至年底，排查各类矛盾纠纷656起，调解654起，调处率100%，调解成功率99.7%。受理各类信访件8件，同比下降30%，受理“8890”400起。推进平安创建工作，开展“无邪教街道”“无邪教社区”创建活动，将中村社区一名顽固不化“法轮功”人员送到市反邪教组织进行教育转化。对已解脱的对象，实行定期走访、跟踪考察，做到防范控制和教育转化两不误。在重大节假日加大对“法轮功”重点人员的监控力度，在重点人员所在社区落实视频监控人员，实施24小时动态监控，实现“法轮功”人员“零进京、零滋事、零插播、零失控”的工作目标。开展“无毒社区”创建工作，对吸毒人员参加治疗过程中的信誉情况进行评估，实行计分制度和分级管理，提高美沙酮维持治疗的巩固率。街道有吸毒人员24名，其中，在册社区戒毒人员3名，康复人员3名。建立健全帮教组织网络，规范基层社区矫正工作质量，人性化推动安置帮教。在册的39名矫正对象全年无一人脱管、漏脱和严重刑事犯罪现象发生。营造“全民参与，共创平安”的良好氛围，发放平安江南建设倡议书1500份。开展“平安综治宣传月”“安全生产月”“国际禁毒日”和12.4法制宣传日等活动，投放宣传标语176条次，展出宣传展板42块，解答群众咨询200余人次。通过宣传，群众的参与率、知晓率显著提高。南苑社区被省评为“五星级民主法制社区”。

【安全生产】加强组织建设，落实工作责任，调整安全生产监督管理站、消防安全工作委员会的组成人员，完善组织建设。街道与社区签订安全生产、消防安全工作目标责任书14份，与辖区企业单位、个体工商户签订责任书1300份，全面落实单位主体责任。社区与各网格安全员签订安全生产管理责任书，使网格安全员明确工作职责，增强网格员的责任感和使命感。强化安全教育培训，提高全民安全素质。街道召集各社区安全员召开会议12次，学习相关法律法规和业务知识，部署任务，明确要求，提高全员安全监管能力。结合“安全生产宣传月”活动，举办消防安全知识讲座，开展安全生产、消防安全宣传教育，全年制作宣传栏36期，大、小黑板报55期，发放宣传资料1130份，上门宣传2068人次，悬挂横幅32条，张贴画报242幅，LED显示屏42期，开展知识讲座1期，宣传内容涉及出租房消防、烟花爆竹、防火逃生、事故案例、防汛、用电安全、电梯安全等。落实专项治理工作，排查整治安全隐患，街道把安全工作列入党工委议事日程，每月召开安全形势分析会。春节期间，街道主要领导带队对烟花爆竹临时销售单位进行全面检查。6月，对人员密集场所、危险化学品经营等8家单位进行检查，针对各单位的隐患情况提出整改意见，要求及时整改。全年组织2个检查组24人次，对建筑工地安全情况进行检查，并对辖区内的居民进行安全知识普及告知。配合公安消防部门，分7个社区、21个检查组，63人开展检查。开展人员密集场所、“三合一”场所、易燃易爆单位、出租房屋、高层和地下建筑、“城中村”、老旧民房等区域的隐患排查和专项治理，检查个体工商户934家，发现隐患296处，已整改279处，责令限期整改17处。结合上级要求，对辖区5家油漆经营店进行16次安全检查，未发现隐患。对辖区范围内的电梯、锅炉等特种设备进行全面检查，检查电梯70座，扶梯8组，均在检修期限内。

【计生工作】街道加强领导，明确责任，层层签订计划生育目标管理责任书1986份，明确分工，落实责任，严格执行计划生育“一票否决”制度。提高服务，夯实基础，开展计生“三查”、性别比综合治理、人口信息管理等工作。第一时间与新婚对象联系，发放《生育全过程管理告知书》和《免费孕前优生检测告知书》，坚持每季度一次的生育全过程管理制度。做好流动人口管理，每星期通报一次信息，做好基础人口信息的收集、比对和入录工作。全年参加“三查”5751人，“三查”率为99.21%。街道全年出生152人，其中女婴71人，出生性别比114:100。规范执法，创新管理，严把一孩、二孩生育审批关，加强对各社区违法生育处理指导和监督，加大对违法生育案件处理。推行计生政务公开，坚持依法行政，做到“七个不准”。2月初，成立计划生育专项整治行动领导小组，对历年来计划外生育对象征收社会抚养费进行清查，通过上门、电话以及申请法院强制执行等手段开展征收工作。至年底，应征收社会抚养费2152517元，已征收1245535元，当年征收率为57.86%，历年应征收社会抚养费1159626元，已征收社会抚养费288796元，历年征收率为24.90%。关注民生，发挥计生协会作用，春节期间发动和组织协会理事、会员和志愿者，深入城中村、社区和企业开展以独生子女夭亡家庭、新婚家庭、贫困母亲和计生困难家庭为重点的慰问活动，采取经济补助、结对帮扶和精神慰藉等形式进行关怀，使社区形成互帮互助的良好风尚。5月29日，围绕“生育关怀你我他 宣传服务进万家”主题，在广苑文化广场举办“关爱计生母亲、幸福你我分享”和“投身五水共治、我为家乡添彩”为主题的“5·29”会员活动日庆祝活动，发放宣传册、宣传单1000多册，展出宣传展板100余块，文艺演出2场，营造出良好的工作氛围。

【党建工作】街道以基层党组织规范化、制度化建设为中心，以“五星争创”活动为载体，以“全科干部、全心服务”活动为手段，落实党支部党员星级动态管理，建立健全党员长效管理机制，推进学习型、服务型、创新型党组织建设。抓好党的群众路线教育实践活动，把学习教育放在首位，制订活动方案、计划，定时开展夜学夜读、组织党员干部参观学习陈双田纪念馆、筹备演讲比赛、知识竞赛，邀请市委党校、开发区领导上专题党课、丰富教育形式、教育内容。结合“五星争创”活动，评比树立身边典型，组织在职党员进社区、点亮微心愿活动，收集微心愿352个，认领315个。开展走巷入户、走亲联心活动，广泛收集群众意见建议60条。组织社区开展“十个一”活动，收集意见、认真整改，提升服务。5月28日，南苑社区代表金华市迎接中央第七巡视组检查党的群众路线教育工作，受到省、市、开发区各级领导的好评。研究制订“五星争创”活动实施意见，细化评分标准、实施细则、争创计划和晋升目标，推进新一轮星级评定工作。“七一”前，组织全体党员召开“五星争创”活动推进会，并开展“五星管理”评比并公示结果，收集整改问题，推动“五星争创”活动向纵深发展。组织党员组织专人进行帮带教育。加强非公企业党支部和流动党员管理，将1个非公企业独立党支部移交开发区。抓好“全科干部、全心服务”活动，班子领导带头贯彻执行好“七个一”具体要求，细化联点干部联系群众的制度分工。发放民情日记，组织干部进行夜学、夜读、夜访、夜谈活动。在社区建立联点干部公示栏，明确工作职责、时间要求、联系方式，做好群众监督。抓好党员管理工作，修订党员发展三年工作规划，确定了严控总数、严把关口、改善结构、保证质量的工作思路，发展新党员15名，转正10名，组织22名入党积极分子参加开发区入党积极分子培训。贯彻落实在职党员进社区开展“公益日”活动，500多名在职党员进入社区登记管理，组织他们开展好志愿者服务活动和“微心愿”收集整理工作。

（李　春）

三江街道

【概述】三江街道位于金华市区江南板块的核心区域，东临武义江与金东区多湖街道隔江相望，西至双龙南街，北起宾虹路，南达330国道，地域面积960公顷7.65平方千米。下辖新园、江滨、雅苑、万达、阳光、东莱、何宅、姜家、洪坞、项宅、三路口、王下滩、寺前皇、天龙南国、婺江新村15个社区，托管定业新村社区，常住户2.38万户，户籍人口6.45万人，暂住人口6.12万人。三江街道是金华市领导机关所在地，是金华市的政治、金融、文化和商业中心，区域内机关、企事业单位较多，主要有市委、市政府机关、市文化中心、市人才市场、市人民检察院、市公安局江南分局、市水利局、婺城区人民法院、婺城区人民武装部，市第15中学、东苑小学、宾虹小学,金华商城、工商城、银泰百货、江南一百、福泰隆超市、联华超市、加贝超市、苏宁电器、国美电器、五星电器、农贸市场及工商银行、建设银行、金华银行的众多网点,交通方便、生活设施配套齐全、环境优美、经济繁荣。

2014年,寺前皇社区获民政部"国家级综合减灾示范社区";省级荣誉有:新园社区获"浙江省综合减灾示范社区",东莱社区获"省级防灾避灾安置点",天龙南国社区获"省级基层人防规范化建设达标单位",江滨社区获"省级体育先进社区复评达标单位",阳光社区获"浙江省群众体育先进单位"、"省级基层人防规范化建设达标单位",雅苑社区获"省级节水型社区";另外寺前皇、新园、何宅、天龙南国、万达、阳光、雅苑和江滨社区获多项市级荣誉。

【重点项目】 街道党工委办事处抽调群众工作经验丰富的班子成员成立攻坚小组,专门对拆迁对象1对1进行攻坚,做到"一个项目、一名领导、一支队伍、一抓到底",形成"盯人、盯事、盯项目"的全程服务机制,同时制订"以目标倒逼进度,以时间倒逼任务,以考核倒逼落实"的倒逼机制。自7月1日开展"百日攻坚"活动以来,经过努力工作,顺利完成和畅路以南0.87公顷开发区待出让地块清表工作并砌好围墙,完成悦府江南以西约5336平方米公顷绿化带待建设地块清表任务,完成东莱路东段断头路打通工程周边的清表和拆迁工作,基本完成金磐路三路口段农房拆迁工作,配合开发区建设局完成雅苑街、崇信街道路优化改造项目。

【"三改一拆"】 由于三江街道地处市区中心地带,人流量大,经济繁荣,房屋出租收益高,导致村、居民和单位超高超面积建房现象较多,违章搭建简易棚现象也较多,情况复杂、拆违难度大,自"三改一拆"行动开展以来,辖区内有190多户在建房迟迟不肯结顶,有的在等待观望,有的在找机会突击违建加层。为扼制新增违章建房,街道城管办、各经济合作社指定专人和城管执法大队一起,每天对三路口、项宅、洪坞、万达等重点社区进行巡查,全年查处突击加层事件12起,拆除违法加层面积1600多平方米,确保城中村及小区无新增违建情况发生。在拆除新农贸市场周边违法建筑中,针对违建面积大、涉及经营户多的特点,在经营户和市场管理单位都不配合的情况下,多次召开协调会,深入经营户中宣传市区"三改一拆"政策规定,在开发区"三改一拆"办的具体指导下,最终说服经营户同意拆迁。项宅社区全村24间简易房和3000平方米钢架大棚,是集体搭建的,其出租收益是经济合作社的主要经济来源,由于未办理过审批手续被上级列入"全市十大违章建筑"之一,经济合作社和村民都反对拆除,街道坚持原则,做好社区干部和村民工作,坚决进行予以拆除;万达对家畈义乌街口等4处涉及村集体经济的违建商铺共600多平方米是开发区"三改一拆"办通报的市区二环内9处历史遗留违章建筑之一,街道周密部署、强势推进,用4天的时间集中全部拆除。3月6日,街道牵头组织行政执法、公安、社区干部和施工人员130余人,4台大型挖机、2台推土机、4辆清运卡车,冒雨对梅园以西地块周边进行清理整治,拆除简易房600余平方,清理垃圾300余车,完成3.5公顷苗木搬迁工作,平整土地40020平方米。为东莱路东段打通工程扫清了障碍。街道按"增量为零,总量递减"的目标开展"三改一拆"工作。至年底,拆除违章建筑34160平方米,完成全年任务(24000平方米)的143%;同时,完成"城中村"改造85000余平方米,老旧小区改造128090余平方米。

【"五水共治"】 三江街道东临武义江,沿江有新园、万达、王下滩、洪坞和姜家社区,南有湖海塘江干渠,经项宅、三路口和姜家社区向东流入武义江。为防上游污水进入江中,街道组织力量定期对江边垃圾进行清理,自"五水共治"活动开展以来,街道先后4次组织街道、社区干部、保洁人员及共建单位人员共计800余人次集中护水行动,租用大型挖掘机16台次,清理垃圾350余吨;同时,建立干部巡查制度,安排1名街道干部每天对辖区湖海塘江干渠、武义江段进行巡查,发现问题以督办单的形式落实整改,每月通报一次。经过整治,江边环境明显好转,随后继续坚持常态化保洁。

【精品城区建设】 5月初,金华市召开"数字城管"推进会,街道将"数字城管"作为创新精品城区的突破口来抓,安排3名人员专门负责此项工作,要求将"数字城管"交办的每一件涉及城市管理的问题，都要保质保量按时完成整改。从7月1日至12月19日，街道收到“数字城管”交办案件3880件，完成3880件，完成率达100%。针对城中村占道经营、乱堆乱放、“五小”行业卫生差等突出问题，街道进行全面整治。取缔占道经营摊点300多处，整治规范“五小”店家158家。街道在加强力量的同时，增加投入，区分责任，明确时限。街道在9月、10月一类街区考核中连续名列第二名，在11月考核中名列第三名。

成立文明城区创建工作领导小组，落实责任，做到人员、职责、考核、奖惩四到位，保证创建工作顺利开展。开展宣传工作，营造创建氛围，发放问卷25000份，发放倡议书25000份，发放印有创建文明城市宣传内容的环保购物袋16000只，制订宣传画报240张，对辖区内23处空白围墙进行了美化，在主要路段制作20块大型公益宣传牌，在绿化带、公园草坪内安装400块小型的公益宣传牌，在各小区、城中村的楼道口安装3899块温馨提示牌，使创建文明城市工作的知晓率达到85%以上，居民的言行也更加文明规范，达到文明城区创建的预期要求。结合春节、“五水共治”、卫生城市复评、文明城区创建等活动，街道、社区先后6次集中组织街道和社区干部、党员代表、楼道长和社区志愿者3000余人次参与卫生清理整治，清理垃圾600余吨，清除卫生死角300多处。

【信访维稳】化解洪坞社区因(东莱路延伸段及梅花公园周边)开发区地块整理引起的集体上访，做好了三路口经济合作社村民资金分配利益群体、洪坞和万达选举矛盾人员以及涉军群体和企业退休人员等群体的稳控工作，督促和协助万达经济合作社做好对家畈菜市场综合楼建设及建房扫尾工作。做好金磐路规划红线内地表清理、项宅24间村集体简易房拆除、雅苑街和崇信街改造及江滨垃圾转运站提档改造、东莱路断头路建设等工程项目的矛盾排查化解工作。协助“香格里花园”小区选举产生新一届业主委员会，受到居民的肯定。实现信访维稳“三无”工作目标(无去京集体上访和非正常上访、无赴省集体上访、无中央和省挂牌交办的未办结信访积案)。全年处理各类信访案件22件，办结并出具答复(处理)意见书21件，处理8890便民服务平台交办事项685件。

【社会综合治理】完成三路口、王下滩、姜家、万达、项宅等城中村治安巡逻点的软硬件及人员队伍建设，改善村(居)的综治工作环境，坚持常态式群防群治巡逻活动，打击、震慑犯罪分子，全年未发生重大刑事案件和事故，社会治安形势趋于平稳。寺前皇、项宅2社区的流动人口管理工作受到省、市领导肯定，并作为示范单位在全市推广。9月24日，街道牵头组织公安、市场监管和社区开展“利剑一号”反传销专项行动，查处非法传销人员78名，有力地打击了市区非法传销网络势力，净化了社会环境，受到群众的欢迎和市领导的赞扬。围绕街道的重点工作按“三无”要求做好信访维稳工作，确保了社会稳定。12月10日，省反邪教暗访工作组对街道和2个社区及学校反邪教工作进行暗访，检查结果得到暗访组充分肯定。

【安全生产】加强安全生产宣传防范、重点整治、监督检查力度，定期开展安全生产大检查，全面落实安全生产责任制。制订下发《三江街道推行消防安全网格化管理的指导意见》，辖区15个社区全面实行网格化管理；街道与辖区3607家企业及个体工商户、72家工商城周边“三合一”场所经营户、2367户出租房户、40家经营烟花爆竹临时经销户签订了安全生产目标管理责任及消防安全责任书，签订率100%。为加强金华商城“三合一”场所安全隐患整治，街道聘请一名专职电工定期检查。同时，组织经营户对其经营场所进行自查和互查，以增强经营户的安全意识和发现、排除安全隐患的能力。做好洪坞大桥下临时市场火灾防范工作，街道于9月30日组织江南消防大队、洪坞社区、市场经营户进行消防安全演练，并取缔存在安全隐患的小百货摊位。为普及安全知识，提高专业技能，街道组织消防、食品药品安全教育培训6次，参训1200余人次。

【民生保障】做好民政救济工作，保障困难群众生产生活。2014年，街道发放各类困难救助金28.67万元，各类优抚对象的优抚补助金78.4894万元，发放低保金17.8949万元。

为10名下岗失业人员再就业申请自主创业场租费补贴3.2万元。完成城镇居民基本医疗保险参保资格认证和参保登记工作，9215人参加城乡居民医疗保险，已缴费人员8591人，完成缴费率93%。

发挥妇女组织桥梁和纽带的作用，开展“平安家庭”“文明家庭”创建活动，社区“平安家庭”创建率达90%。2014年，组织各级妇女接受文明礼仪、妇女保健等各类培训150人次，围绕三八妇女节、母亲节、儿童节组织各类活动20多次，组织社区免费为外来妇女、儿童检查身体380人次。组织失业妇女创业就业技能培训140人次，通过来料加工、服务行业培训等实现转移就业520人次，全年来料加工产值58万元；组织巾帼志愿者活动130次，参与达2000余人次。

2014年，街道出生529人，其中，计划内出生438人；男婴239人，女婴199人，出生婴儿性别比为120: 100。9月，街道成立攻坚组，开展计划生育“三查”活动。至年底，14903万名育龄妇女中，已有14651育龄妇女参加了“三查”活动，未“三查”人数252人，“三查”率达98%。

组织社区青年志愿者开展理发、医疗保健、用药咨询、家电维修等服务项目的便民活动。配合创建文明城区活动，工会和团工委多次组织社区团员青年参与清除楼道牛皮癣、小区绿化带垃圾及劝导不文明行为等活动，计560余人次结合“五四”青年节、雷锋日等节日，组织街道干部职工和青年志愿者深入社区慰问空巢老人、特困户、军属。组织工作开展文体活动，在开发区组织的气排球比赛中取得了优异成绩。

【出租房税收】街道和社区2级组建征税监管队伍，负责宣传动员和督促应税人员及时到街道交税，街道在365窗口落实2名专职工作人员办理具体业务；街道班子成员与辖区内50名纳税大户建立了联系，主动做好服务对接工作。8月份，针对税收增长慢的问题，又成立了经济工作推进组，增设18名协税员，加强税收征缴工作。2014年，街道实现财政总收入7.47亿元，同比增长6.35%，其中，出租屋税收859万元，同比增长133%，完成开发区下达的财政税收任务。

2014年，寺前皇社区获民政部“国家级综合减灾示范社区”；新园社区获“浙江省综合减灾示范社区”，东莱社区获“省级防灾避灾安置点”，天龙南国社区获“省级基层人防规范化建设达标单位”，江滨社区获“省级体育先进社区复评达标单位”，阳光社区获“浙江省群众体育先进单位”、“省级基层人防规范化建设达标单位”，雅苑社区获“省级节水型社区”；另外，寺前皇、新园、何宅、天龙南国、万达、阳光、雅苑和江滨社区获多项市级荣誉。

（吴来生）

西关街道

【概述】西关街道位于金华市经济技术开发区境内，是金华城市迎接四海宾客的“西大门”，北邻婺江，与城西街道隔江相望，南以新300国道与湖海塘接壤，西至环城西路，与秋滨街道为邻，东以双龙南街为分界线，与江南街道、三江街道相连。辖区面积6.3平方千米，下辖西关、五里亭、婺星、寺后皇、董宅、山嘴头、金艺7个社区和4个经济合作社，户籍人口8889户、22360人，流动人口24179人。

辖区内有金华经济开发区管委会、金华日报社、市人民法院、市国土资源局、市农科教大楼、市运输管理处、市公交总公司、严济慈图书馆、5173等机关和企事业单位。拥有丰富的教育资源，以开创基地、招生、教学、科研、就业“五位一体”育人模式的金华职业技术学院，以培养高技能人才为主，集学历教育、职业培训、技能鉴定、就业指导等为一体的金华市高级技工学校（金华市技师学院）。西南有占地23.33公顷以茶花文化为主题的中国茶花文化园，是一个融山水、园林、花卉、建筑、展览于一体的游览胜地。卫生医疗机构有金华市中医院和艾克医院。

街道党工委、办事处以关注群众民生为主旨，以贯彻“从严管理落实年”为抓手，以加强城市管理为主线，加大环境整治力度，推进民生工程建设，围绕“树立新形象、建立新社区、培育新产业、打造新西关”为工作目标，将西关街道真正打造成经济发展、生态良好、社会和谐、景观美丽的新型街区。

【工业经济】街道有企业100多家，其中规模以上企业4家。工业总产值完成1.8亿元，工业销售产值完成1.7元。全年固定资产投资完成14.2亿元，完成进度101%，同比增长71.5%。其中工业投资任务数为1.02亿，完成4.1亿元，完成进度401.96%；服务业投资任务数5.5亿元，完成10亿元，完成进度181.82%，同比增长137.2%，排名第一位。实现税收4.2503亿元，完成进度71.3%。完成出租房税收征收任务480万元。

【重点工程】“四破”专项整治有效推进，街道成立5个攻坚组对山嘴头社区集体土地的征收以及村办企业的处置，拆除建筑面积9.2万平方米，完成征而未用地块2万平方米的清理工作，清运垃圾1200吨，恢复绿地6000平方米。

“三改一拆”取得突破，街道坚持把“三改一拆”及无违建街道创建工作作为提升民生福祉的基础工程来抓。拆违122528平方米，完成任务的613%；改造旧住宅区21000平方米，完成任务的105%；旧厂区改造83739平方米，完成全年任务的418%；建成城中村改造公寓式安置房23750平方米，完成全年任务的118%，5个社区申报验收“无违建”社区创建工作。

“五水共治”成效显著，街道投入资金35万元，开展垃圾河集中整治，雇请保洁人员900多人，清运垃圾淤泥600多吨，悬挂宣传横幅200多条，彻底清理辖区内垃圾河。对水电渎沿线排放口彻底封堵或实行截污纳管，重点完成山嘴头社区江南中学排放口的封堵。

【综合治理】做好矛盾纠纷和初信初访工作，突出重点，集中力量开展信访老户化解工作。全年接待群众来信来访16批41人次，上级交办信访19件，信访事项报结率100%。及时稳妥地处理“欧景名城”促销矛盾。做好矛盾纠纷排查化解工作，排查各类矛盾纠纷480起，调处480起，调处成功480起，调处率和调处成功率均为100%。接到8890投诉224件，协调并回复222件，退办2件。

【消防安全整治】开展消防安全检查，下发消防检修卡200余张，整改安全隐患180处。加强安全消防宣传培训，组织协调金华六进消防安全教育中心的消防教员赴各企业、社区单位现场培训，共培训12家。开展食品安全检查2次，排查小餐饮、小食品、学校、幼儿园等经营户和单位20多家，下达整改意见书12份。

【环境整治】以创文明城区为契机，把工作任务进行细化量化，与社区密切配合，累计发动干部群众1500多人次，雇请保洁人员1200多人次，清运垃圾800多车，动用挖机等机械工具70多台次。原新华书店宿舍拆改结合，绿化500平方米，建成城市小品。做好环境卫生长效保洁工作，按照年度开发区考核办法，街道城管办定期巡查，按照检查结果出具检查通报，将通报运用到各社区年度创建考核中，做到集中整治和长效保洁有机结合，确保辖区环境卫生干净整洁。有序推进数字城管工作。7月，将数字城管正式纳入街道考核，街道城管办认真组织行政执法大队及各社区干部开展业务培训，在一类街道办案数量上排前三位，街道城管办安排专人负责发送任务派单，紧紧盯住数字城管平台，有情况立即派执法队员，及时整改，保证数字城管任务第一时间完成。

【平安创建】利用各种形式进行平安创建宣传活动，制作平安创建宣传横幅18条，宣传展板20块，发放张贴创平安、反邪教、禁毒和“五水共治”等宣传资料2500余份。开展平安创建宣传活动，参与开发区组织的“6·26”反邪禁毒文艺会演，街道有4个节目入选表演，为参演节目最多单位。11月4日，寺后皇社区举办以“共建文明社区、共享美好生活”为主题的文艺宣传晚会，其间进行禁毒、反邪和平安创建等知识问答。

【社会保障】做好失业和就业工作。办理失业人员确认696人次，新登记失业人员57名；为2名失业人员申办小额担保贷款；582名从事灵活就业、个体经营及来料加工的再就业人员申报支付2013年度第三季度社保补贴计167.68万元。发放低保金和特价补贴21.2万元，困难重度残疾人基本生活保障补助金5.1万元，全年新增低保边缘困难群众10户，新增低保对象1户，对在乡特困退伍军人、复员军人、残疾军人、下岗失业残疾军人、现役军人家属进行优抚对象“三难”人员临时补助，向37名优抚对象发放优抚金14.8万元。

【人口与计划生育】街道全年出生187人，其中，计划内166人，计划生育率88.77%；性别比为120:100；当年应征社会抚养费2992741元，已征

2242311元，未征750430元，征收率75%；历年应征社会抚养费913540元，已征453194元，未征460346元，征收率49.61%。加强计生阵地建设、规范计生工作管理、优化对育龄妇女和外来人口的计生服务。广泛开展"5·29"计生协会宣传日等寓教于乐的计生政策宣传活动，关心育龄妇女身心健康，强化"优生、优育、优教"教育培训。8月21日，召开动员会发起百日攻坚活动；11月、12月开展年终冲刺活动，由分管领导作形势分析工作部署，党工委书记亲自作动员，办事处主任具体交办，全力攻坚寻求突破口，完成社会抚养费征收。

【党建工作】街道党工委制订工作意见和实施方案，按照"逐个开展，稳步推进"的原则，1月20日前，全面完成社区换届选举工作。结合党的群众路线教育实践活动，合力打造街道、社区"狮子型"干部团队。重申劳动纪律，严格落实值班制度和首问责任制度，树立勤、公、廉的良好形象。2月下旬，在各级党组织和党员干部中深入开展党的群众路线教育实践活动，征求群众意见建议145条，对照检查材料查摆问题113条，专题民主生活会提出批评意见108条。建立社区在职党员档案，掌握在职党员的人数、特长和服务意向，建立在职党员信息库。组织在职党员利用业余时间参加社区公益活动，自愿认领群众微心愿，996名在职党员进社区，认领微心愿122个。

（*盛海君*）

秋滨街道

【概述】秋滨街道位于金华经济技术开发区西南部，东北连西关街道，西和西南接婺城区白龙桥镇、长山乡，东南靠苏孟乡，北邻金华江，隔江与乾西乡、金华市城区相望。辖区面积29.89平方千米，户籍人口14.46万，下辖17个社区居委会，4个行政村。秋滨街道是金华经济技术开发区工业主战场，聚集了青年汽车、今飞、马钢、博尚电子、绿源等一批国内领先的制造业排头兵企业。2014年成立的新能源汽车产业园也坐落于此，入园企业的快速集聚，带来大量外来人口，已达10余万。

2014年，街道按照年初确定的奋斗目标，围绕市委、市政府提出的"党的群众路线教育实践活动""五水共治""三改一拆""四破"整改等工作，转变观念、开拓创新、真抓实干，各项工作取得可喜成绩。

【工业经济】街道立足资源优势，形成特色产业，培育发展比较优势明显的特色产业，是实现强街富民的关键所在。街道党工委、办事处围绕"工业兴街"战略，把培育特色产业摆上区域竞争的重要位置，形成了以汽车及配件、电子新材料技术、轻工食品为代表的一大批企业，通过做好产业的延伸化、集群化、规模化这篇文章，使秋滨街道跃升为金华市百强乡街。全年街道完成工业总产值344.6亿元，同比增长15.7%；实现工业销售产值320亿元，同比增长12.8%；实行固定资产投资42.3亿元，同比增长8.4%，其中，工业投资34.6亿元，同比增长9.5%；服务业投资7.6亿元，同比增长3.4%。

【重点工程】新能源汽车产业园建设项目稳步推进，按照"前线办公、前线指挥、前线协调"的工作要求，完善各项规章制度，确立工作目标，制订工作计划，在工作中推行一线工作法，发扬"白+黑""5+2"的工作精神，攻坚克难，在推进青苗政策处理，加快园区基础设施建设、服务入园企业建设三大任务上稳扎稳打，进展顺利。根据新能源汽车产业园指挥部总体部署，金星街入园企业涉及的43.33公顷青苗，于9月底全部完成政策处理和清表工作；完成金星街以西及现代大道、14.27公顷康迪用地内青苗政策处理和清表；农房拆迁评估工作完成372户；蟠龙村17家简易厂房调查工作完成。蟠龙村和330国道拓宽拆迁480户，11个"两委"班子成员集体签约，自10月10日入村后，仅用5天时间，实现全村46个党员100%签约，截至10月31日24时，完成马鞍山社区征迁协议签订136户，完成任务数的95.1%；完成蟠龙征迁协议签订321户，完成任务数的95.3%。创造了开发区拆迁工作新速度，为新能源汽车产业园建设提供了有力保障。

【"五水共治"】"五水共治"项目有序实施，以社区为单位，全面进行整治。清理臭水河、垃圾河18条8100米，水塘9个（2.53公顷），清理垃圾260吨。完成对吕塘下石门溪重点渠段的清理工作并进入巩固阶段。街道结合"五水共治"，开展截污纳管工程建设，涉及朱基头、陆村、社路、秋高、邵姜、姜山头等社区，计1848户，已进入入户调查和图纸设计阶段。

【“三改一拆”】街道已完成拆除各类违法建筑19.82万平方米，其中，建筑面积16.62万平方米，清理建筑垃圾2000余吨，完成年度任务496%。在以往“三改一拆”工作基础上，街道开展创“无违建”街道活动，分别在年初和3月份召开街道干部大会和各村(居)书记、主任参加的创“无违建”村(居)工作推进会。根据《金华经济技术开发区关于开展无违建乡镇(街道)、村(社区)创建活动的实施办法》制订了《秋滨街道关于开展无违建村(社区)创建活动的实施办法》，并成立以街道书记为第一责任人，街道主任、分管领导具体负责的领导小组，各社区、村落实责任，做到成熟一个创建一个，制作作战图和创无违建进度表消化存量，严控新增违建，向开发区“三改一拆”办申报“无违建”社区验收18个，占街道全部村(居)的85.71%。通过“无违建”的创建，保护农户建房，保证消化违章存量，杜绝新的违建。街道专门成立了以街道班子成员为组长的工作小组，分7个小组进行处理，通过多次上门走访，宣讲政策，已基本完成养殖场的清理工作，完成养殖场拆迁102户，拆除31879.73平方米，发放补助1034万余元。

【环境整治】街道先后召开环境整治推进会、现场会、解剖会，组织了多次全面的环境卫生整治。元旦前，开展“干干净净迎新年”为主题的环境卫生集中整治行动，实施环境整治“四变”行动(变种菜为种树、变闲置地为公园、变粪桶为垃圾桶、变垃圾坑为垃圾房)。以点带面，要求每个村(居)先整治一条样板街，再以样板街的标准和要求全面开展整治。各村(居)推行环境卫生“红、绿、黄”旗竞赛活动，实行奖罚分明。3月，成立保洁服务中心，招聘卫生督查员3人，保洁员105人，保洁管理实行“四定”，即定人、定时、定岗、定酬，发现问题，责令限期整改。加大环卫投入，通过文明城市创建，街道投入近300万元，绿化社塘公园及村居闲置土地，新购垃圾清运车10辆，垃圾桶3000只，果壳箱300只，种植绿化苗木10万多株，较大地改善了环卫基础条件。通过努力，街道在开发区环境卫生综合考评中连续8个月名列前茅，极大地提高了秋滨在老百姓心中的认可度。

【基层党建】开展走村串户夜访夜谈活动，狠抓党员干部创业承诺落实，听民意、察民情、解民忧，多为群众做实事，做好事。推行“周一夜学、每周一晚的夜访”制度，开展党的群众路线教育实践活动，组织街道干部和社区干部到陈双田纪念馆参观，观看骆胜宾事迹片子，塑造服务型干部形象，积极工作。同时，进一步加强党风廉政建设，严格执行干部联系群众制度，建设亲民亲政的工作作风。推行微心愿活动，更多的了解、解决老百姓的问题。通过此次活动，使广大党员干部认识到党的工作在基层，只有基础牢固了，党才能长盛不衰。

【综合治理】开展维稳工作，在“两会”期间，街道信访办对辖区内有上访意向的群众，进行跟踪监督，同时，做好劝解、开导工作。全年回复信访件65件、“8890”服务平台回复100多件，及时解决邻里矛盾和一些民生问题。探索“平安秋滨”建设。年初街道与21个村(居)、80家企事业单位签订《秋滨街道2014年度社会治安综合治理和维护稳定工作目标责任书》，将综治工作目标、工作责任落实到了实处。完善社会治安防控体系，开展流动人口再组织化建设。健全舆论宣传机制，坚持集中宣传与经常性宣传、媒体宣传与社会宣传相结合，以深化平安建设为重点，广泛开展平安村(居)和平安学校、企业、单位、家庭等基层创建活动。深入开展社会矛盾“大排查”“大化解”，完善人民调解、行政调解、司法调解三位一体的“大调解”工作体系，把矛盾纠纷化解在基层，化解在萌芽状态，确保“小纠纷不出村(居)，疑难纠纷不出街道”。做好综治平台的日常维护和报表的上报，完善平台上的其他基础性信息的录入，更好地为建设网格化社区服务。街道的21个村居已经全部开通信息工作平台，基础信息正在逐步完善当中。做好退休人员工作，由各社区退休人员当中推选1名能力较强，有威望的退休人员，实现退休人员自我管理。经济普查工作开始以来，街道组织50余人对辖区内单位和个体户进行清查，通过清查，秋滨街道所辖21个村(居)有法人、产业数800多家，个体户2000多家。历时10个月左右，将秋滨街道辖区内的单位、产业、个体户都清查清楚。同时，对上报的经济数据进行审核、修改。组织各村(居)书记、主任、安全员进行安全培训，并同相关单位签订安全生产责任书。开展流动人口再组织化建设工作，成立相应的工作领导小组，有效维护地方稳定。（杜　涵）

罗店镇

【概述】罗店镇地处浙中名城金华市区北郊，历史上一直为金华北郊的政治、经济、文化、商贸中心。南与城北街道、乾西乡相接；东与新狮乡、金东区赤松乡相接；北与兰溪市马涧镇相邻；西与竹马乡、兰溪市灵洞乡相接。辖区面积66.58平方米，辖38个行政村和1个社区，人口6940户、17759人，耕地面积558.67公顷，山林面积3342.67公顷。交通便利，距金华铁路新客站4.5千米，市区公交车3路、5路、315路及大小中巴可直达。辖区内资源丰富，山地林木广布，主产花卉。水源充足，有鹿田、双龙、跃进、长岭、山下曹等中小型水库17座，蓄水总量750万立方米，形成独特的花卉苗木栽培小气候。境内有三旅部队、空军雷达、国家级双龙风景区、市区第一职高(罗店中学)及诸多企事业单位，文化氛围浓郁，小城镇气息较强。实现了“三通”(村村通公路、通市区程控电话、通有线电视)。1999年6月，被农业部命名为“中国花卉之乡”；同年底先后被评为省、市“教育强镇”及省级“绿色小城镇”。

2014年，罗店镇党委、政府以科学发展观为统领，以党的群众路线教育为契机，以统筹发展为主线，调动全镇干部群众的积极性和创造性，积适应宏观经济形势新变化，在转变发展方式、统筹城乡发展、保障民计民生等方面实现新突破，推进区域经济社会又好又快发展，将罗店真正打造成经济发展、生态良好、社会和谐、景观美丽、人气新旺的“浙中旅游名镇、生态宜居新镇、中国花卉之乡”。2014年，被省委、省政府评为浙江省爱国拥军、拥政爱民模范单位。

【经济发展】罗店镇现有企业80家，其中，规模以上企业5家。镇政府通过对产业平台的拓展和提升，做大做强工量具、五金铸造、机电设备、劳动防护等主导产业，改造提升茶叶加工、火腿食品、纸箱包装和矿产建材等传统行业，工业集聚优势基本形成。全镇工业总产值7.26亿元，完成年度目标的101.2%，其中，规模以上企业产值3.03亿元，完成年度目标的120 %；规模以上企业利税总额615万元；实现工业销售收入7.17亿元，产销率达99%；外贸出口交货值3.54亿元;完成工业增加值1.62亿元。新增企业4家，投入7300万元；招商引资进展顺利，新引进企业7家，引进资金6400万元；完成工业投入8900万元；扶持发展来料加工行业，全年发放来料加工费672.3万元，完成任务数的112.05%。

2014年，罗店镇农作物播种面积936.2公顷，其中，粮食作物349.47公顷。经过多年的培育发展，花卉苗木种植、甲鱼养殖、高山蔬菜种植已成为罗店镇的三大支柱产业，基本实现规模化、品牌化。

【花卉苗木产业】全镇花卉种植面积继续稳定在366.67公顷，花卉品种有茶花、白兰、树桩盆景、园林绿化苗木和南方花卉六大类600多个；2014年，全镇中转花卉4500多车、2800多万盆(株)，销售收入1.1亿元，效益同比增加37.5%。通过实施培育生产基地、引进花卉企业、打造专业村三大战略，“公司+基地+农户”产品格局初具规模。占地面积5.33公顷的西吴花卉苗木展示展销中心二期已正式投入运行。

【甲鱼养殖产业】甲鱼养殖着力改进养殖技术，不断破解环境污染难题，做到保量提质增效。全镇甲鱼养殖量在扩大规模的同时，通过推广低架大棚保温及高密度网片养殖技术，提高甲鱼品质。全年养殖规模达1000万只，总产值近2亿全元,无公害化发展趋势逐步呈现。

【高山蔬菜产业】按照双龙风景区提出的“山上保护，山下开发”战略，镇政府在大力抓好生态村建设同时，做好退耕还林工作。发挥罗店原有高山蔬菜知名度，大力提倡大棚种植，以盘前为龙头的高山蔬菜种植面积稳定在133.33公顷，销售收入800万元。进一步完善农技推广体系，强化农业公共服务，新增滴灌工程面积0.67公顷。高山蔬菜逐步走向以科技求效益的良性发展道路。

【林业工作】2014年，罗店镇继续深化开展集体林权制度改革，完善林权信息管理系统，林权流转程序规范，档案齐全。举办苗木管理、生态林管护、有害生物监测与防治、林业技术、相关法律法规等知识的培训、讲座，全年举办培训班2次，受训200余人次。全镇有生态公益林面积3205.13公顷(省级公益林)，有护林员18人，镇政府与护林员签订重点生态公益林管护合同，所有公益林都落实管护责任，面积落实到山头，档案规范齐全。

【第三产业】 罗店镇主动接轨双龙风景区“浙中凉都”建设，加强景区生态环境保护，培育壮大以洞前、鹿田、盘前等景区核心村的农家乐项目、以石墙脚村为中心的尖峰山观光休闲游、以山下曹村为代表的水果采摘游等旅游产业，抓好“五一”、暑期、“十一”黄金周等旅游旺季的安全服务工作，提升乡村旅游服务水平。加快培育壮大农家乐专业村。2014年，全镇农家乐经营点总数达到45家，同比增长4.7%；总投资规模4585万元，同比增长2.3%；全年累计接待游客72.65万人次，同比增长10%；直接营业收入4372.87余万元，同比增长6.67%

【工业功能区建设】 镇政府推进功能区整合提升，盘活土地资源，完善现有工业园区配套建设，实施张家工业园区道路修整及亮化、绿化工程；在整合原有张家工业园区资源的基础上，重点推进倪西店新型工业功能区的建设。2014年，依托西二环线的便利交通条件，实现市重点工程项目中国电信云计算项目工程无障碍落地。

【基础设施建设】 2014年，罗店镇高度重视村民饮用水安全，完成林田、鹿田、里宅村的村内管网改造工程及里宅村的蓄水池改造工程。乡村建设有较大提升，里宅村完成居家养老工程、老年室门口的操场硬化、自来水净化器及健身器材的安装等工作，后溪河、西吴村开展精品村建设，放生塘、山下曹等9个村开展秀美村建设着力打造金兰北线苗木长廊和鹿村至羊甲山二条秀美风景线。开展集镇污水处理及村庄污水处理工程，推进城镇截污纳管和农村污水处理、生活垃圾集中处理两覆盖，14个村完成污水处理工程设计；9个村完成污水处理工程招投标。其中，石墙脚、张家、里宅、放生塘4个村的污水治理已开始施工。保障农田灌溉需求，加强水毁工程的修复工作，投入60余万元完成双龙水库、万青塘水库渠道修复及后溪河、西吴等5个村的渠道堰坝修复工作。维护交通道路建设，完成辖区内40条、60余千米的道路养护工作；投入30余万元，完成玲珑岩、建新等15处道路修缮工作，构建通畅便捷的道路交通体系和优美舒适的人居环境。

【城乡绿化】 做好退耕还林和封山护林工作，开展全民义务植树活动。2014年，完成义务植树36000株，庭院绿化面积1公顷，道路绿化15000米，四旁绿化9340株，林网、河渠绿化11000米，山体绿化面积2公顷。全镇新增市级绿化村3个，区级绿化村5个，新造林面积66.67公顷，新增集镇绿化面积1万平方米，人均公共绿化面积达15平方米，同比增长30%。罗店镇开展争创浙江省森林城镇活动，上半年通过初验。

【农村文化】 2014年，罗店镇先后成立腰鼓队、秧歌队、锣鼓班，舞狮班、文艺宣传队、健美操队、健身球队，排舞队、门球队、气排球队等各类队伍。参加人数达80余人，相继组织参与农民运动会、庆“六·一”文艺晚会、庆“七一”暨建党90周年纪念活动、“八一”建军活动，暑期与浙师大暑期实践队举办夏日清凉活动，双龙之夏文艺活动，给百姓带去欢乐，送去吉祥。

2014年，开展“春泥计划”活动，新增九龙村、盘前村、推包井村、麻车村、白望山村、放生塘村、弹子下村、羊甲山8个村实施春泥计划村；后园村、前店村、前庄头村3个村申报“春泥计划”工作先进村；诸葛玉辉、詹素娟申报“春泥计划”优秀辅导员。全镇实现农家书屋全覆盖，罗店镇罗店村评为五星级农家书屋，洞前村、后溪河村评为四星级农家书屋，建新村、西吴村、十里铺村、前庄头村、罗大门村、后园村评为三星级农家书屋。罗店村文化礼堂通过考核验收并投入使用。

【民生工程】 2014年，罗店镇进一步完善最低生活保障制度，严格按照规定完成年审换证工作，截至年底，全镇有低保户149户，低保人数250人；五保户24户，五保供养人员25人；60岁以上退役士兵151人；各项民政保障资金80余万元，全部按时足额发放到位。开展系列助行、助学、助医活动，让更多群众共享社会发展成果。后溪河、罗店等8个村有序开展居家养老工作。后溪河等6个村顺利通过“创建小康型老年体育示范村”复评抽查考核工作。全镇城乡居民医疗保险参保12209人,45～60岁参保率为100%。开展企业退休人员登记管理工作,现有登记退休人员2366人,登记率100%,为退休人员创建“社保家园”,通过市区验收。做好失地农民参保工作,现有17个村6546名失地农民参保。其中,新增4个村422人,转社保率99%;利用罗店镇充分就业村平台建设发布企业用工信息13次,完成务工农民岗位技能培训246人,完成率为102%。

【计划生育】 2014年,全镇出生229人,其中计划内出生212人,计生率92.58%,出生婴儿性别比106。“三查”工作常抓不懈,全镇应透检4245人,已透检4212人,透检率达99.22%。在检查中发现避孕失败15人,都落实补救措施。查出子宫肌瘤、囊肿等妇科病405人。分别在3、6、9、12月的月初开展二孩对象孕前管理B超检查,应管理121人,已管理121人,管理率100%。依托“农民信箱”的现代化传媒作用,建立新农村计生服务信箱平台,计生服务信箱系统用户4020户,为育龄群众提供各类等服务信息400余条。开展了人口计生宣教阵地示范村创建、三优试点工作。全镇38个村开展人口计生宣教阵地查漏补缺工作,结合罗店镇2014年宣传工作重点,5月8日母亲节,举办“做一个《快乐妈妈》”为主题的知识讲座,5月28日,与区人口和计生局举办1场主题为“生育关怀你我他,宣传服务进万家”的“5.29”计生协会会员活动日文艺会演。5月中旬,在全镇范围开展生育政策、法律责任及《决定》《条例》等面对面的零距离宣传,对育龄群众进行集中辅导4次,发放墙图450余张,播放录像20次,广播宣传40余次,黑板报39期,举办咨询活动4次、计生服务信箱发放信息4条、组织收看“三优”教育片9次,举办“三优”知识讲座9次。7月11日,利用“人口日”面向群众有重点地开展一系列“三优”宣传,使“优生两免政策”家喻户晓、人人皆知。同时,在罗店卫生院开展“关爱妇女健康”为主题的“两癌”筛查活动,筛查了3900余名育龄妇女,其中包括全镇计生服务员、妇女主任50名,增强了干部群众的优生意识。

【平安综治】 结合“平安罗店”创建活动,推进“网格化管理、组团式服务”工作,全镇划分为68个网格,有68支服务团队。组织开展“两排查一促进”专项活动,全面排查掌握各行政村、各企事业单位的矛盾纠纷,对其中可能影响社会稳定的苗头性、倾向性重大不稳定因素,及时做好疏导、化解、稳控工作,确保矛盾纠纷不升级、不蔓延、不转移、不输出。2014年,镇、村人民调解委员会调处矛盾纠纷71件,调解成功率100%。至年底,有在册社区矫正对象23名,未出现脱管、漏管问题,未发现重新犯罪及其他严重违法行为。年初,与辖区村、企、单位签订反邪教工作责任书,建立反邪教阵地10个,及时掌握了解重点人口动态。重点解决一批反映时间长、信访矛盾深、处理难度大的信访积案。注重重点工程推进与各类遗留问题处理的有机结合,坚持“预防为主、教育疏导、依法处理、防止激化”的工作原则,最大限度地从源头上预防和减少社会矛盾,确保全镇社会政治和治安大局的持续稳定。加强对单位部门、工业企业及周边地区的安全隐患进行排查,发现安全隐患及时督促整改落实。

【重点工程】 2014年,罗店镇面临许多繁重的工程项目征迁建设任务,有尖峰山高尚休闲生活区等21个项目列为年度重点攻坚克难推进项目,涉及多个行政村的土地征(租)迁及政策处理等工作。镇党委、政府将各重点项目进行任务分解和责任落实,确保工作推进取得实效。至年底,顺利完成浙中粮油交易中心及其配套道路、市武警教导队、智者寺二期、浙师大高压专线等11项重点工程征迁任务;尖峰路I标段西侧已完成政策处理,道路东侧基本完成苗木搬迁,道路护栏开始施工;智者街、金罗公路、智者寺“西方极乐世界”等项目的征迁工作有序开展;“金品小区”项目是市重点工程,用于城市拆迁安置移民,征地31.41公顷,涉及2个行政村(张家20.51公顷、推包井13.23公顷、镇企办1.67公顷)476户。该地块涉及市经济适用房建设项目、区孙家里及双龙桥头拆迁安置房建设项目及杭长高铁拆迁安置房建设项目。金品小区25米配套道路施工队已进场施工;尖峰山高尚休闲生活区建设项目征地总面积60.11公顷,涉及童仙、石墙脚、长岭、鹿村、后园、对岳、麻车7个行政村,涉及农户900多户。项目内涉及房屋拆迁59户、13000余平方米;需搬迁坟墓5000余穴，涉及麻车、张家、前店、石墙脚、童村、长岭、后园、洪源、五星、环城1镇2街道10个村(社区)。罗店镇集中力量攻坚，狠抓清明、冬至等重要时间节点，集中精力，切实推进尖峰山区块坟墓搬迁工作。发挥市、区党代表、人大代表、政协委员及各村党支部等主职干部的作用，88名“两代表一委员”和村级主职干部参加认领张家、童村公墓搬迁对象96户，助推重点工程建设。至年底，涉及罗店镇的尖峰山高尚休闲生活区块总计4000穴坟墓已完成2000余穴的搬迁任务。该镇成立由镇党委书记任组长的“百日攻坚”领导小组，下设3个工作小组，并制订《罗店镇关于实施重大项目“百日攻坚”活动方案的通知》，明确分工和责任，逐项细化、分解到各党政班子成员。坚持以人为本，坚持依法依规，全力以赴推进“三改一拆”工作，在全区范围内率先拆除里宅别墅10栋，面积3480平方米，形成“短、平、快”的里宅经验，全市现场会在里宅召开，得到市、区领导的一致肯定。

【“五水共治”】 辖区内有盘溪等河道5条，总长近30千米，为推进“五水共治”工作，罗店镇制订“河长负责制”、督查通报制、考核奖惩制等各种规章制度，明确责任分工，强化责任落实。每条河道都有相应的河段长、河长及联系领导，由双龙管委会、镇班子成员以上领导担任。要求定期不定期对各村各河道明察暗访，对发现的问题下发督查通报，并限期整改。4月24日，全市开展垃圾河治理大会战，罗店镇出动1500人次参与垃圾河道清理，投入挖机等机械150台次，拖拉机500台次，清理河道14千米，投入资金130万元，清运淤泥垃圾8500多吨，顺利通过市、区垃圾河整治验收。

【环境整治】 开展畜牧业污染整治工作，经排查，全镇禁养区范围有畜牧养殖场(户)187余家，签订关停拆除协议187份，拆除畜舍建筑面积46386平方米，发放经费8665731.7元。启动温室甲鱼养殖场污染整治工作。先后组织220人次，拖拉机60辆次，挖机20台次，对部分养殖户从外地购进、用于燃烧加温的大量工业废塑料和生活垃圾进行清理，清运废料垃圾1000多吨。另外，开展甲鱼养殖场全面摸底调查及养殖户走访工作，全镇养殖户涉及行政村9个，养殖户76家，从业人员206人，占地面积47.73公顷，养殖面积30.73公顷，其中，温室面积18.33公顷，外塘面积12.4公顷，设施用房面积1.93公顷。

罗店镇开展环境大整治

【组织建设】 镇党委、政府制订《罗店镇干部“庸懒散”专项整治行动方案》《罗店镇机关干部月考核制度》《干部的首问责任制》《干部的学习制度》《关于开展村干部创业承诺“双述双评”活动的通知》，高度重视干部素质培养，强化周一夜学夜读、周三住村入户活动，开展7次集中培训，内容涉及规划建设、法律法规、产业发展等实用技能，丰富干部的理论知识储备。开展“走村不漏户，户户见干部”活动，走访农户6135户，完成率100%。对9名村干部进行诫勉谈话，对1名村党支部书记启动辞职承诺。做好党员发展工作，全年发展党员26名，转正22名。实施党员五星管理制度，对10名后进党员进行谈心谈话，1名党员的组织关系迁入镇后进党员整转支部。发放党员联邻帮扶卡8000余份，切实做好党员联邻帮扶工作。率先开展后备干部的推荐和选拔工作，有效优化干部结构，65名人才被选拔到后备干部队伍中。　　　　(何　琪)

雅畈镇

【概述】 雅畈镇位于婺城区南部，武义江南岸，距市中心4.5千米。东南界武义县，东北濒武义江，隔江与金东区江东镇、多湖街道相望；西南毗邻安地镇，西北接金华经济开发区苏孟乡。全镇总面积74.33平方千米，辖37个行政村，112个自然村，人口8671户、22402人。雅畈古镇村貌古朴秀丽，东有铜山古牧场，西有梅溪江侧流，南有磊牛山对峙，北有武义江环绕。古镇四周遍种李树、桃树、笋竹，李花桃花拥抱古镇，前溪后溪清流相映，环境清雅，物产丰美。

【历史人文】雅畈镇自古人文荟萃，商铺林立。宋绍定四年，松阳括苍山系卯山人叶敬甫在雅畈叶村蓬居住。后因每年河水泛滥，选择定居雅畈高台门，始建雅畈村，繁衍子孙，建厅堂，扩街道，发展族群。并根据水、陆两路的走向，建成雅畈古街，民间把雅畈古街拟为一条头朝东、尾向西的龙。由于过往商客颇多，叶姓、章姓、程姓等人士纷纷在此开设店铺，从东跨进石桥，形成上街、下街、后街、长街。到了明朝中叶，古镇商业十分兴旺，厅堂建筑风格突出，传说大规模的厅堂就有72处，如"鱼门厅""后龙厅""七家厅"等。现基本保存完好的宅院府第、祠堂、殿庙、古井等明清建筑有19处。故民间流传一句话："雅畈不算乡，安地不算山。"

雅畈自始祖由叶村蓬迁至雅畈高台门建房造村，由于周边村屋星棋罗布，加上芳田埠、孟宅埠、姚车埠船只往返歇宿，雅畈就成了商品集散的瓦市，开始人们称瓦畈，之后文人改称雅畈。近旁姚车本来是水陆交通方便的商埠，几经水旱灾害，市场凋落。西边的后陈村，南边的芦村同样受水旱灾害及瘟疫相侵，村庄调零破落，村民相继迁到雅畈居住，村居逐渐扩大形成集镇，民国初年，曾设为南华乡，靠南部分改设双善乡。后将金华出南门一带加上原南华乡合并建成南屏乡，日伪时期按其侵略势力所及变称雅畈乡，其他乡居雅畈区范围，1945年后，雅畈建镇。1949年，解放雅畈后，成立雅畈区人民政府，下设清湖、安地、外畈、箬阳、铜山、雅畈、东湄7个乡，后曾改为安地区，区政府设在安地，之后，区公所又迁回雅畈镇，铜山乡并入华南乡，后撤扩并时将清湖乡从雅畈区划出，改为苏孟乡，改由市开发区管辖，东湄乡从雅畈区划出并入金东区，1992年2月，华南乡并入雅畈镇。

【工业经济】2014年，全镇实现工业总产值10.59亿元，完成全年计划的100.8%；实现工业增加值2.31亿元，占全年计划的86%；工业投入9800万元，引进区外内资1000万元，规模以上企业完成产值3.69亿元，同比增加49.4%；规模以上企业实现利税总额2104.5万元，同比增加53%；规模以上工业新产品产值1.1亿元，同比增加20%；完成工业出口交货值1.57亿元；完成来料加工2759万元，区级财政收入650万元。开展"千名干部进企业，千方百计解难题"活动，做好小上规培育工作，推进工业企业"四破"专项整治，进一步强化服务意识，优化投资环境，增加技改投入，为企业良性发展打下坚实的基础。

雅畈镇来料加工

【农村建设】集镇整治拆除雨棚150多户、面积3750平方米，围墙15座，广告遗留物40余件，先后查处违法车辆30多台，车辆乱停、摊位乱摆、设施乱搭、垃圾乱丢等现象初步得到好转。投资5万余元改造垃圾中转站1个，拆除垃圾池22个，采购环保垃圾桶90只，发放整治宣传单1000余份。至年底，完成1个精品村、2个村秀美村、20个洁美村建设，4个村完成30000平方米农房改造。农村污水处理工程力度加大，37个村全部完成设计，18个村基本完成建设，25个村已开工建设。车坞村自来水工程按期竣工。编制完成镇文化旅游总规，历史文化古村落保护修缮一期工程基本完工，二期工程完成50%。小水库除险加固工程、二座水库溢洪道建设及洪水损毁设施修缮基本完成，芳雅渠治理工作稳步推进，排除影响防洪隐患5处。开展3次病死畜禽漂浮物的集中统一打捞行动，打捞畜禽漂浮物75

只。开展农产品包括生鲜奶13批次抽样检测，进行生猪瘦肉精检测监督检查18批，配合市、区动物防疫监督机构检查4次，合格率达100%。围绕“禁养区全面退出、限养区只减不增、宜养区生态养殖”的治理目标，先后出台农业面源污染整治实施方案和畜牧业污染治理专项行动工作方案，全面启动畜禽养殖污染整治行动，对禁养区内495个养殖户集中进行整治，协议签订率100%，处理畜禽31265头，完成率106%，拆除栏舍95521平方米，拆除率93.6%，发放补贴款2000多万元，提前3个多月完成区政府下达的495家畜禽养殖场关停、拆除、复垦任务。

【社会事业】开展中老年佳木斯快乐舞步培训和斗牛等文化活动，全镇有县(市)级文物保护单位七家厅、将军殿、石楠塘石牌坊、徐氏宗祠4处，文物保护点6处，完成徐氏宗祠修缮50%工程量。雅畈古街、金华斗牛娱乐场、七家厅、石楠塘宗祠、汉灶婺州窑、汪家垅水库水上娱乐场、庄缘谷、杜鹃花王国等44个旅游工程项目正在加速开发建设。非物质文化遗产金华斗牛，年接待游客1万余人次。发放各类救灾款和优抚金款项64余万元，走访慰问困难军烈属和低保户20余户，提供法律咨询及援助21件，接收社矫112人，发放各类法律政策宣传画册870余份。协调安排资金23000元走访慰问企业退休职工400余人，发放慰问品337件。建立充分就业平台30个，发放电脑、打印机40台件，社会养老保险待遇领取人员资格认证3578人。至年底，完成医保城乡居民医疗保险缴费14072人，完成率96.25%。全镇出生195人，计划生育率为92.31%，性别比为100:85.71。应征社会抚养费1073747元，已征794589元，征收率为74%。

持续推进“五水共治”“三改一拆”。建立河段长效保洁机制，制订雅畈镇水系图和“五水共治”责任图，制订《雅畈镇河道保洁考核办法》《雅畈镇河道保洁工作考核评分标准》，设立保洁人员队伍，并进行考核。对梓溪、寿溪等主要河道制订了一河一策，先后组织2000余人次，清理河道70千米，清理垃圾和淤泥5000余吨，在区级河道验收考核中全部达到阶段性目标。始终保持“三改一拆”高压态势，全年完成拆除点169个、面积71728余平方米，完成区政府下达年度任务数的141.46%。制止新增违建2处。土地卫片执法拆除点5个、面积7811平方米，全部复耕到位。

【平安创建】做好全国“两会”、亚信峰会和党的十八届四中全会、乌镇世界互联网大会等维稳工作，排查信访案件34件，矛盾纠纷36件，信访案件32件已化解办结，2件在办结中，矛盾纠纷全部调处结案。镇中层以上领导下访10次，办理信访案件32起，成功处理3起非正常死亡纠纷事件，2起阻碍重点工作违法事件得到有效处理，平安建设100%覆盖。开展消防检查，消除隐患5处。开展禁种毒品和反邪教警示教育宣传活动，制作流动宣传牌28块。利用500多份标语、8条横幅和电子屏幕、宣传栏等载体，发放3000余份平安建设知识问答卷，有效提高全镇群众的平安“三率”。

【“四张清单”】党的群众路线教育实践活动开展以来，雅畈镇党委列出作风问题、群众诉求、工作任务、矛盾纠纷和信访积案“四张清单”，涉及古街改造、美丽乡村建设、集镇改造提升、农房改造、完善镇、村便民服务中心(室)建设等在内的37项工作任务清单、19件矛盾纠纷和信访积案清单交办后，镇班子成员、分中心负责人、联村干部、村两委负责人通过项目管理、“工期”倒排、销号办结等配套制度，陆续攻克一批群众反映集中的重点难题。镇党委向全镇党员群众征集到30余件民生事项，通过分层分类落实，11件群众急需、办理难度不大的事项，分为3个批次立办立改，已在1个多月内全部解决到位；9件有一定难度，需要多方协调的事项，通过全镇集中交办，已在办结与答复中，群众满意率达到95%；其余暂不具备解决条件的事项，上门解释沟通，作出落实承诺。

为确保“四项清单”不流于形式，全力做好重点工程推进和社会稳定。雅畈镇领导亲力亲为，倒排工作计划，强化工作落实，每周两次听取重点工程汇报及现场督查，不遗余力攻坚克难。同时，领导包案，责任到人，规定期限，积极做好矛盾纠纷和信访积案清单化解工作。

【基层党建】结合党的群众路线教育实践活动，抓好党的基层组织建设，强化镇党委班子自身建设，抓学习、反“四风”、转作风、搞整改，高质量召开专题民主生活会；注重加强干部队伍建设，汇编了20条党委、政府和机关干部日常例行制度,对干部的纪律执行、工作作风、工作绩效进行定期不定期检查考核,促进了干部作风明显好转;加强廉政教育,先后开除党员3名,2名镇干部受到批评处理,严控“三公”经费支出,今年同比下降约60%;加强农村党组织建设,班子成员全部联系村并连带3-5个村,对二星以下村加大帮扶力度,2个软弱涣散村党组织按要求整改到位,注重把党员放在“五水共治”、“三改一拆”等重点工作一线教育锻炼,发挥好“两新”党组织推动企业发展的内在作用,关心大学生“村官”的成长,带动群团组织投身社会事业,有效促进全镇各项工作任务的落实。

(陈　晨)

安地镇

【概述】 安地镇位于婺城区南部,距离金华市区15千米,区域面积136.47平方千米,辖37个建制村,69个自然村,人口6279户16203人。东与雅畈镇接壤,东南与武义县交界,西南与箬阳乡相接,北与市开发区苏孟乡毗邻。

安地镇处金华南山核心区,水资源丰富,境内主要有梅溪、龙潭溪、外畈溪、上干溪、雅干溪等溪流,建有总库容6621万立方米的安地水库(即仙源湖)。2002年,经省政府批准设立全省第十二个省级旅游度假区——仙源湖旅游度假区,是省内唯一一个城郊湖山型旅游度假休闲区。经过10年开发,建有金华动物园、美地南山漂流、龙溪漂流、仙源谷漂流、十里桂花长廊游步道等游乐设施;开发建设仙源欧境、双溪源、香溪玫瑰园3个高档住宅区。2013年,安地镇获批国家级生态乡镇。

2014年,安地镇贯彻落实党的十八届四中全会精神,团结和带领全镇广大党员干部群众,坚持解放思想、党建引领,围绕“开发仙源湖,建设新安地”战略不动摇,坚持经济建设和廉政建设两手抓,坚定信心,凝心聚力,勤政廉政,自我加压,推进安地经济建设和党风廉政建设再上新台阶。

【农业经济】 2014年,全镇实现工农业总产值2.38亿元。完成财政收入2203万元,其中,国税收入96万元,地税收入2107万元;发放来料加工费1662万元。安地镇属高山丘陵地带,地貌以山地丘陵为主,平均海拔150米。山林面积12400公顷,耕地面积573.33公顷,人均占用耕地380平方米,经济作物以花卉苗木、毛竹、食用笋、水果为主。全镇花卉苗木种植面积500公顷,品种200多个,其中,桂花面积占80%以上。2001年11月,被浙江省林业局命名为“桂花之乡”,2002年8月,被中国特产之乡组委会命名为“中国桂花之乡”。

【重点工作】 扎实推进五水共治,出台《安地镇区域内溪流“河长”责任制实施方案》,实行“户集、村收、镇运”模式,建立健全长效保洁管理机制。深入开展畜牧业污染专项整治,全镇签订协议100家,拆除面积28561.87平方米,完成104.16%。逐步规范农村丧葬制度,打造上干口畈坞山生态公墓项目,项目总投资70余万元,已完成总体建设的70%。配合国土部门做地质灾害治理项目完成前期摸底调查工作。为加强集镇环境治理,完成集镇老菜市场改造为综合农贸市场前期项目审批工作;继续深化“三改一拆”工作,会同市、区有关部门多次开展拆违集中行动。全年拆除违章建筑35724.61平方米,完成任务数119.12%,有效遏制违法建房高发势头。加强集镇综合环境整治,在全镇范围内拆除违章搭棚和违章广告标牌,规范集镇经营并建立长效机制。至年底,拆除集镇违章2个批次,清理长达10年之久的集镇安置房后土地、苗木、独占等遗留问题。

【土地征用】 围绕“开发仙源湖,建设新安地”这一中心任务,“清旧账,立新功”,集全镇之力加快推进项目政策处理工作,完成金华动物园嘉年华项目征迁并建成投入使用;做好开源南山郡及香溪玫瑰园二期区块扫尾工作,保障仙福路、桂花街项目无障碍施工;推进三联区块、水上运动中心区块、第二水厂二号隧道、上干口畈坞山生态公墓等工程的建设。

【农业产业化】 安地苗木产业组织化水平高,至年底,有农民专业合作社49家,其中,33家苗木合作社。安地桂花销售连续6年都超过5000万元,2014年,实现销售产值7000万元。同时,建立绿丰植保专业合作社。2014年，区委、区政府、仙源湖管委会在安地镇郑二村成功举办第六届中国仙源湖桂花节，进一步延续仙源湖桂花节的人气、商气，直接带动桂花苗木销售，助推安地以桂花为主题的休闲旅游发展。

【农家乐旅游】依托仙源湖开发，安地农家乐旅游获得长足发展全镇有农家乐32家，从业人员360多人，累计投资4000余万元，主要集中在安地村-小同村-郑宅村一线。创建小九寨、仙源峡、铁皮山庄、龙溪漂流4个特色点，三星级农家乐16家，二星级农家乐6家。2014年，全镇接待游客64.3万人次，同比增长33.9%，其中过夜游客达6.84万人次，同比增长51.3%；实现旅游经营收入6985万元，同比增长31.5%。营业额6985余万元，同比增长31.5%。

【新农村建设】逐步完善了美丽乡村建设，有序推进雅干、喻斯、寺口3个精品村美丽乡村建设，同时，推进小同、郑一、郑二、东周、王大坑、山道、南郭、方麻车8个秀美村美丽乡村建设，推进西周村“省级美丽宜居示范村”建设。深入开展文明村创建工作，创建“区级春泥计划先进村”2家，“区级文明村”1家，“文化大礼堂”样板一类村1家、三类村2家，“市级农村社区”1家，“市级居家养老中心先进村”9家。全面启动农村生活垃圾太阳能分类减量化处理站建设，基本完成22个村农村污水提升改造工程，杜绝农村生活污水乱排的现象。

【综治平安】安地镇以“平安安地”创建为核心，开展“三改一拆”、土地征用等重大事项社会稳定风险评估，落实维稳举措，在重要时间节点加强重点信访人员稳控工作，共收到各类信访件55件，其中中央、省转20件、市转3件、区转32件，均进行及时办理。对部分重点信访案件，落实了领导包案制。切实抓好“排查整治、强基促稳”专项活动。深化“网格化管理、组团式服务”工作，推进各村网格长和网格员开展服务工作；做好33名社区矫正人员的矫正管理和53名刑释解教人员安置帮教工作；深入实施反邪教工作，做好底数大排摸和“一对一”帮教转化工作；落实企业安全生产源头管理，组织漂流、餐饮企业安全生产大检查5次，下发隐患整改通知30余份；组织消防、救生技能培训2次。

安地镇郑二村文化礼堂

【社会民生】全年发放低保款30余万元、农村退役士兵老年生活补助款4.77万元、军属款40.5万元、临时救助款10万余元、优抚金38万余元。实施跨库移民村后期扶持项目9个，扶持资金170余万元；跨库移民结余项目6个，扶持资金114万元。全年出生163人，性别比为129:87；计划外出生14人，计划生育率为92%。已征收社会抚养费55.6万元；全镇应透检育龄妇女2558人，完成透检2533人，透检率99.02%。

【群众路线教育】镇党委、政府开展党的群众路线教育实践活动，推进“联系不漏户、党群心贴心”“微系列”服务活动，向村民征求意见和建议131条，“微系列”服务活动征集“微心愿”107个，全部认领和完成。梳理出《群众诉求清单》39项，已有35项办理完成；《群众工作具体任务清单》8项，全部办理完成，实现了联系群众全覆盖。全镇干部走访农户5874户，理清问题清单，落实整改措施。开展村级办公场所规范化建设。全面整改村级机构，整合村办公场所，提高利用率。完成和村、黄桑园、回坑村活动场所建设并投入使用。加强软弱涣散基层党组织整转工作，东周、南郭村以党的群众路线教育实践活动为契机，结合“五水共治”“三改一拆”“秀美村建设”等工作，加强村级班子建设，提高村级班子的战斗力和凝聚力。至年底，东周村已列入秀美村建设计划，修缮村级办公场所并建立居家养老中心，完成污水处理工程、陈旧电线电网改造及配电房建设。南郭村“秀美村庄”项目已立项，完成2条3

千米机耕路建设，完成污水处理工程，正在实施自来水改造工程。两个村都按照整转要求，完成整改措施，摆脱软弱涣散状态，向"和谐有战斗力"村转变。

抓好党员发展、教育、服务和管理工作，严把党员发展质量关，严格党员发展公示、支部票决、党委审批制度。2014年，镇党委审批正式党员17名(包括4名迁入预备党员)，暂缓转正3名，取消预备资格2名；审批预备党员10名，取消预备资格3名。开展党风廉政建设，从严管理党员队伍。严格实施支部党员评星定级，开展落后党员教育管理。多措施抓好大学生"村官"管理，严格量化考核，积极引导农村创业。 (贾 芳)

白龙桥镇

【概述】白龙桥镇在金华城区西郊，东临秋滨街道，东北隔江与乾西乡相望，南靠长山乡，西接蒋堂镇，北毗兰溪市，是婺城区政府驻地。面积92.91平方千米，辖52个行政村、4个居委会，521个村民小组。人口21851户、60902人。其中，农村常住户22786户、62479人。辖区内另有华电新村社区6068人，华核社区3007人，玉龙社区30170人，金奥社区803人。

白龙桥镇党委、镇政府坚持以科学发展观统领全局，按照"百姓富裕、赶超崛起"总目标，突出打造特色发展平台、完善基础设施配套、推进生态建设整治，在狠抓落实上下功夫，在提质增效上见成果，在改善民生上出实招，推动经济持续健康发展及社会和谐稳定，加快建设"两富"现代化都市核心区的首善之镇。

【工业经济】持续开展"千名干部进企业，千方百计解难题"活动，深入企业一线开展调研了解企情，切实为企业解决实际难题。实施"四破攻坚"，采取技改提升、股权转让等多种形式，完成20家企业整治，盘活土地56.42公顷；加大扶持力度，新增规模以上企业7家，"小升规"和"个转企"分别完成7家。全年实现工业总产值156.9亿元，其中，规模以上企业产值71.1亿元，新产品产值44.1亿元，新增固定资产投入18.7亿元，引进内资12.7亿元。2014年，被评为全省小微企业先进单位、市工业十强乡。

【农业经济】全年实现农业总产值4.16亿元，完成粮食种植面积3191.27公顷，订单粮食任务3235吨，实际完成订单数量2403吨，完成74%，创建省级水稻高产创建千亩示范片1个，面积73.33公顷，全年推广实施水稻病虫害统防统治面积900公顷。全年共发放惠农补贴资金611.29万元。有市级农业龙头企业3家，区级8家。2014年，培育农业精品园1个，累计有农民专业合作社197家，新增13家，家庭农场33家，新增27家，被评为省级示范性家庭农场1家，申报市级示范性家庭农场3家，被区认定示范性家庭农场4家，流转土地1016公顷。投入资金588万元，建成郑岗山畈、下窑畈粮食生产功能区，面积207.14公顷。完成年度绿地造林7.34公顷；流转土地1000公顷，发放惠农资金711.29万元；12月5日，启动村经济合作社股份制改革和农村土地承包经营权确权赋登记工作。

【重点工程】全镇上下转变作风、振奋精神，建立机制、明确责任，发扬"5+2""白加黑"精神，齐心协力、攻坚克难，政策处理有序推进，促进21项重点工程项目的落地和开工建设。西二环跨沪昆铁路连接线半幅建成、宾虹西路拓宽基本完工并通车；330国道改扩建、金华江治理一期、区第二医院迁建、第五监狱污水管网、荣光国际学校等工程完成政策处理并进场施工；全面完成220千伏高压铁塔政策处理；莱恩农业装备、临江分区道路、金磐机电商服项目地块等项目政策处理工作基本完成。

【集镇建设】强势推进"三改一拆"和卫片执法整治工作，全年出动1000余人次，组织10多次集中拆除行动，拆除违法、违章建筑553处，面积207211.5平方米，拆除或处置完成卫片图斑30处。开展18个村"无违建村"创建；完成通江渠道改造、12家企业通路和长安街人行道硬铺砖等工程。330国道至怡村段两条联网公路、让长村段道路改造，雅绕通往井头村的路段施工、白龙桥村通往双牌村路段施工。完成老集镇区域5条道路的污水管网改造工程招投标，已开工建设。全年累计投入资金3000多万元，疏浚河道、沟渠37千米；对白沙溪、桐溪、石门溪和西溪等主要河流实施社会化保洁，基本消除垃圾河、黑臭河；关停畜禽养殖411户，拆除面积16万多平方米；封堵各类排污口17个，关停小加工作坊15处，清理非法制砂场28家。

白龙桥开展城乡环境整治

【新农村建设】 2014年，创建精品村2个、秀美村4个、示范中心村2个、洁美村33个。20个村的农村生活污水处理工程已开工建设，12个村已基本完成。41个村的太阳能垃圾房基本建成，农村生活垃圾分类收集和减量化处理工作正有序推进。组织实施白沙溪、桐溪及金华江城防工程等治水项目。按照“大处着眼抓整治、小处着手抓长效”的原则，建立“环卫擂台赛”“3+X”“五水共治”督查作战单元等工作制度，严格落实“河长制”“街道长制”，镇、村（社区）、环卫公司齐抓共管，全镇环境面貌得到改善。

【综合治理】 开展社会服务管理基层基础规范化建设，投入50多万元资金用于基础建设和巡防建设，将社会服务管理工作向基层延伸。全镇52个行政村、4个社区划分网格130个，服务团队共计57个，服务人员共计225人，志愿者队伍共计150人，56个行政村（社区）全部建立社会服务管理室，并对全镇规上企业逐步进行社会服务管理站创建，真正把党委和政府的工作触角延伸到社会末梢、覆盖到各个角落，使“每一片区域都有人精心管理，每一户人家都有人贴心服务”。完善重大决策社会稳定风险评估机制，认真做好党的十八届四中全会等敏感时期的信访维稳工作。通过“8890”等平台为广大人民群众传达政策，化解矛盾，解决困难。加强对社区矫正人员的管理，全年进行司法调解195件，调处成功率98%；接到上级交办来信来访以及镇自收信访件91件，已办理87件，4件正在处理中。健全社会治安防控体系，加大治安设施投入力度，新增监控探头13个。严厉打击各种违法犯罪行为，市场经济秩序、社会秩序、生活环境得到改善。加强重点行业、重点领域安全生产监管，组织了66名企业负责人和168名安全员的教育培训，安全形势总体稳定。

【社会保障】 完成失地转社保180人，办理失地保险299人；开展企退人员社会化管理工作，创建社保家园2个；抓好城乡医保，参保率达98%；创建充分就业村12个，充分就业社区2个；入户调查残疾人1248户；积极创建省示范文明城区，市级卫生强镇，新申报创建各级文明单位7家；开展城乡居民健康体检，建立家庭电子健康档案20563户；计生“三查”率达95%。

建成居家养老服务照料中心22家。组织开展矛盾纠纷集中排查调处活动四轮，排查各类矛盾纠纷185起，调处成功185起，调处率为100%。调处资金1856万余元，医药费65万余元，资金到位率100%。制订“三改一拆”“五水共治”“畜牧业污染整治”等重大活动应急预案和风险评估，确保全镇社会稳定和良好的社会环境。

【文体教育】 2014年，建成龙蟠、王路荡、清塘下、大德垅、东俞5个村文化礼堂，并通过考核验收，企业文化礼堂1个；春泥计划先进村5个，春泥计划实现全覆盖；创建省级文明单位7家、市级文明单位3家、区级文明单位1家、区级文明村3个，顺利通过省级文明镇、市级卫生强乡镇复评。举办白龙桥镇百姓好声音、百姓才艺大赛、百姓舞蹈大赛、百姓书画大赛选拔赛、村校社科文化走亲等大型文体活动12场，组织柔力球展示、太极拳比赛、健步走、扇子舞、老年文艺邀请赛等文体活动6场，开展社区（村）级文体活动56场，承办金华市百姓才艺大赛、区五水共治文艺巡演、“婺风美丽非遗百村文化礼堂行”“两美”文艺巡演共15场。免费送戏下乡（村）12场、送电影进村（居）12场。

【政府建设】 镇党委、政府自觉接受人大工作监督、法律监督和政协民主监督，听取各方面的意见。在镇第十六届人民代表大会第四次会议期间，收到代表意见建议30件，答复30件，答复率100%。镇政府按照区委和镇党委的部署，开展以为民务实清廉为主题的群众路线教育实践活动，聚焦“四风”问题，开门听取意见，开展批评和自我批评，立说立行、带头抓好12项问题的整改落实。开展“走村不漏户，户户见干部”活动，全镇机关干部走访农户1.8万户，实现联系群众全覆盖，将政府工作重心融入基层。完善和规范村级“三务”公开工作，全镇52个行政村、4个社区的“三务公开”信息平台全面建成。定期开展村集体“三资”管理专项检查，规范资金使用，有效地遏制现金坐收坐支和建房押金等款项不及时入账等问题。

（李　苗）

琅琊镇

【概述】琅琊镇位于金华市婺城区西南部，距金华城区18.5千米，坐落在琅峰山下，白沙溪畔。琅琊镇地处金沙兰水源涵养区，水源供金华70万人口饮用，有“金华水缸”美称。1985年9月经省政府批准设建制镇，1998年5月，撤区扩镇并乡后，原大岩乡和石道畈5个村并入琅琊镇，面积93.07平方千米，人口7034户19152人，辖3个分中心，30个行政村，有43个党支部。全镇以农业为主，特色产品有畜禽、西瓜、冷水茭白、葡萄、生态鳖。2014年，琅琊镇荣获区级先进集体、“五水共治”先进单位、人大工作先进单位、先进基层党委、宣传思想工作先进单位、基层统战工作先进集体、落实党风廉政建设责任制先进集体、安全生产工作先进单位、社会管理创新竞赛一等奖、美丽乡村建设二等奖、工业竞赛优胜奖、农业产业化工作先进集体三等奖等荣誉。

【工业经济】2014年，实现工业经济总产值6.12亿元，同比增长2%；自营进出口实现900万元，同比增长62%；固定资产投入4500万元，同比增长76%；引进区外内资300万元，完成12%；引进浙(婺)商回归内外资1500万元，完成100%；服务业投资580万元，完成116%；建安工程实现3100万元，完成103.3%。完成浙江金星纸业有限公司年产5.1万吨涂布白板纸技改提升项目，成为全镇第一个总产值超亿元企业。金华市希能折叠桌制造有限公司年产60万套新型可折叠便携多功能桌、正当红家具厂技改项目主体工程竣工。积极推进“四破”专项整治工作，完成婺城区下达任务处置3家低效用地企业，盘活土地3.47公顷。大力扶持来料加工，有48家来料加工点，从业人数1150人，全年发放加工费近3000万元，同比增加8.7%。开展“安全生产年”活动，签订安全生产责任书81份，全年排查企业隐患84起，发现9起，整改9起，营造安全文明的经济发展环境。

【农业经济】全年实现农业总产值1.89亿元。抓好农业种植基地建设，投资430万元完成上盛畈91.33公顷粮食功能区建设任务；建成优质大米基地100公顷，甘薯基地66.67公顷，葡萄基地37.33公顷，花卉基地33.33公顷，带动琅琊镇农业产业化发展。抓好惠农政策兑现，及时发放农作物良种补贴47.8万元，油菜种植大户补贴2.37万元，稻麦复种面积直补79.97万元，早稻直补38.74万元，科技示范户补贴2.19万元，高温干旱补助4.22万元。加强农产品质量安全监管，开展农产品质量安全大整治百日行动，举办种养殖大户、专业合作社负责人培训班2期、67人次参加；启用农业公共服务中心检测室，抽样检测蔬菜、水果等农产品68个，确保蔬菜、水果安全。加强农业基础设施建设，完成黄波兰水库除险加固工程；白沙溪最美河流治理工程后金至高田塍段已完工；泉口村铁店山塘、坞头塘除险加固工程已竣工；南山村东塘完成设计。开展重大动物疫病防疫工作，完成猪5.4万头、牛6965头，家禽10.9万羽的免疫接种工作。做好防汛抗旱防火工作，完善度汛方案和应急转移预案，强化值班巡防，确保安全度汛。琅琊镇积极推进以封山育林为重点的山区绿化，抓好天然林、保护林建设，以及退耕还林和水源保护区土地复垦工作。全镇封山育林面积4624公顷，森林覆盖率达75%，配备专职护林员加强对4.5万亩省级生态公益林的管理，完成了水源保护区内的土地复垦13.33公顷。

【“五水共治”】建立“河段长”制度，对辖区7条主要河道建立河段长制，落实责任分工；组织万人对境内22.18千米河流及水域开展垃圾河治理大会战，清除各类垃圾3万多吨，种植苗木2万多株。开展养殖场整治，对白沙溪沿岸100米范围内的养殖场实行关停。对畜牧养殖限养、宜养区域内养殖场进行集中整治，要求达标排放，防止污水流入白沙溪。完成畜牧养禁养区内协议签订53家，完成率212%，处理畜禽2969头，完成率150%，拆除栏舍面积17582平方米。全面推进集镇环境保洁市场化，筹集100余万元对集镇范围内51344余平方米道路、花坛、树池实施全方位保洁，做到集镇环卫城市化。同时，对镇域内白沙溪、湾后坑和山周溪3条10.7千米河道实施全天候保洁。市区饮用水源涵养生态功能区建设和保护工作得到进一步的巩固。

【“三改一拆”】 全镇干部发扬“白加黑”“5+2”工作精神，利用晚上农户休息时间，进村入户宣传政策，动员违章户自拆。对东畈养殖场、山后金茭白基地仓库、白沙溪旁别墅以及琅峰梅花鹿养殖场2454平方米全区最大单体的违法建筑进行强拆和助拆。2014年，琅琊镇完成拆违面积37501.65平方米，完成率达107%。加强无违建村创建工作，7个村通过验收。

【美丽乡村建设】 2014年，琅琊镇有2个精品村，1个秀美村，2个洁美村通过验收。拆除危旧房1万平方米，赤膊墙粉刷1.1万平方米，种植苗木11.2万株，新建垃圾房3个。泉口、琅新、琅沙、高田塍、琅琊徐、上盛、岳村7个农村生活污水治理提升村工程正在施工；开展农村生活垃圾分类工作，建成妙康村、岳村村、下陈村3个太阳能垃圾处理站；改造山后金村和东畈村2个农村旧会堂。大力开展农村环境整治工作，落实农村卫生长效管理机制，制订考核制度，每个村确定专职保洁员，由村监委会主任分管落实。琅琊镇财政按12元/人/年经费补助到村，实行环境卫生月考核。

琅琊镇棠坑源村民清理建筑垃圾

【集镇建设】 推进生态镇建设，全镇有26个行政村被分别命名为市级和区级生态村，创建率分别达86%。9月，通过国家环保部验收，被授予“国家级生态乡镇”称号。投入16万元重新对集镇规划电子图测绘，为总规划修编打好基础。规范集镇交通秩序，投入4万元设立集镇交通标识，整治占道停放、占道经营；优化集镇道路交通，白门线优化提升工程集镇段正在紧张施工。建设完成总投资1803万元的白沙溪第三堰的文台堰工程，以及文卫路大中修工程；集镇卫生保洁纳入市场化运作，试行公司化管理；“琅峰水岸”房产项目一期开发建设80%以上。

琅琊镇加强生态文化研究，注重挖掘和传承村落文化、山水文化、农耕文化、水文化、茶文化以及花文化中丰富的生态内涵。本着“开发和保护并举”的原则，依托琅峰山—白沙堰自然山水风光、金兰水库自然风光以及铁店古窑群、滕氏宗祠、白沙古庙、石岩寺洞天、琅琊徐古村落等人文资源，发展农家乐等乡村休闲旅游，丰富生态文明。

【平安综治】 加强“五水共治”“三改一拆”、畜禽养殖场整治、环境污染等领域重大矛盾纠纷排查化解。全年梳理各类矛盾纠纷及不稳定因素148件，调处成功145起，调处成功率97.9%。信访件交办9件，回复9件，“8890”便民服务平台结合矛盾纠纷排查，共处理交办事项107件，已回复104件。同时，加强重点人员稳控，切实做好“法轮功”“全能神”等邪教人员的教育转化和巩固工作。11月20日，平安建设信息系统“平安通”首次在琅琊镇开展试点，即时反映和协调利益诉求，提高处置办理信息的效率，实现全面覆盖、实时动态的社会管控格局。人民群众平安创建知晓率、参与率、满意度明显提高。

【文教卫】 文化建设逐步推进，组建文体骨干队伍118支，经常性地开展文化下乡，举办“琅琊好声音”评选活动。琅琊滕村、杨塘下村通过文化礼堂建设验收,30个村全部实施“春泥计划”,实现全覆盖,惠及3000多未成年人。琅琊初中操场改造,基础设施建设进一步提升。镇文体中心建设有序开展。抓好计划生育工作,开展3月、9月计生三查工作。全年出生160人,计划内151人,计生率94.38%,性别比107:79,社会抚养费依法征收。

【社会保障事业】 完成村级居家养老服务照料中心项目建设8个,市级社区创建项目1个。有低保户205户319人,发放低保金66.5万元,抚恤金75.2万元,春节、“三难”补助款1.7万元。完成申报2014年跨库村项目3个,完成报批2013年结余资金项目村9个,棠坑源公墓墙项目已完成90%。完成城镇医疗保险参保率98.5%,基本达到医保全覆盖。企业劳动合同签订率达98%,完成社保家园创建工作,全面建立村级劳动保障服务平台。

【群团活动】 镇妇联组织开展电子商务培训,以妇女为主要对象,教授利用电脑如何进行销售产品为内容,增加琅琊镇个体户、来料加工经济人的销售渠道,提高销售技能,参加人数55人。组织120余名妇女开展“千万珍贵树种进千村”植树活动;老年体协举办老年人参加健身球、佳木斯舞步、健身走等活动;通过广泛宣传,动员55名适龄青年报名参军,输送15名合格青年应征入伍,圆满完成夏秋季征兵任务;发放春蕾助学款2.5万元。同时,儿童、工会、商会、老龄、民族宗教、侨务、统计、保密等工作都有序开展。

【群众路线教育活动】 自2月份开始,琅琊镇以开展党的群众路线教育实践活动为契机,学习践行科学发展观,围绕创建“生态琅琊、休闲琅琊、两美琅琊”目标,转变干部思想作风,强化工作落实力度,在加快经济转型升级,落实保障惠民实事,优化城乡发展环境上实现新突破,促进全镇经济和社会事业的健康发展。镇党委和41个村、企党支部1136名党员参加党的群众路线教育实践活动。制订《琅琊镇干部日常管理、重点工作月考核办法》,围绕“照镜子、正衣冠、洗洗澡、治治病”的总要求,以“为民务实清廉”为主要内容,以“正风提效抓执行、干事创业惠民生”为载体,严格按照上级要求,扎实抓好规定动作。发放党员宣传手册1130本,在交通要道、镇政府驻地、各行政村进村口悬挂宣传横幅40多条,张贴标语3000多张。开展村级党员“联系不漏户,党群心贴心”活动。全年走访6151户群众,抓好琅沙、南山2个软弱涣散村党支部整改,召开专题民主生活会和组织生活会等环节。强化党员管理,发挥党员模范带头作用。全年琅琊镇确定建党对象18人,预备党员17人,转为正式党员15人。在党员“五星”评定工作中,评出“五星”党员321名,“四星”党员429名,“三星”党员380名,“二星”党员8名,“一星”党员1名,对“二星”“一星”党员进行教育整转,对2名教育整转后仍不符合要求的党员予以除名。通过开展党员干部“五星评定”“双述双评”、创业项目“回头看”等活动增强党员干部的责任感和使命感,推动村级各项创业项目。

(范雯思)

蒋堂镇

【概述】 蒋堂镇位于婺城区西北部,东邻白龙桥镇,南接琅琊镇,西界汤溪镇和罗埠镇,北毗兰溪市,总面积54.29平方千米。浙赣铁路、白汤下公路横贯境内,另有蒋罗、蒋新、蒋琅等公路交织成网,交通便捷。下辖35个行政村,人口7359户、19033人。蒋堂镇狠抓工业经济发展,着力美丽乡村建设,切实保障改善民生,确保社会和谐稳定。本级财政税收收入1940.3万元,同比增长84.47%。??

【重点工作】 “三改一拆”工作,累计拆除违建104处,面积6.5万平方米,完成年度任务的130.6%;卫片拆除图斑2个,卫片违法占用耕地比降至8%以下。开展畜禽养殖专项整治,处理畜禽8130头,完成任务的143%。“五水共治”成效明显,重启镇污水处理厂,二期管网全线纳管,已进入试运行阶段,日均处理量达3500吨。拆除栏舍面积3.6万平方米,完成任务的149%,清浚溪流渠沟70多千米,“两溪三渠”水质指标明显好转。下尹村下山脱贫安置点征地一期5.93公顷已完成,线杆迁移基本完成,排水渠道开工建设,二期征地7.4公顷进入扫尾阶段。市开发区低丘缓坡杨梅山区块20.33公顷已完成征地并交付市开发区。完成胡家、莲塘、直里村等4个造地改田项目，新增耕地49.27公顷；完成年坑、石坑等3个土地综合整治项目，新增耕地6.33公顷；开展环境卫生综合整治，白汤下线蒋罗路口完成绿化改造提升9000平方米；生活垃圾实行统一清运18个村，垃圾分类全面铺开，22个太阳能垃圾房已进入招标阶段；投入资金230余万元，启动5个移民村生活污水接管纳户。

【工业经济】琅琊镇围绕工业强镇，突出重点，优化服务，推动工业提速发展。2014年，全镇实现工业总产值21.27亿元，规模以上工业实现产值6.55亿元，规模以上工业新产品产值3.13亿元，工业投入1.71亿元；引进内资7500万元，完成年度任务的125%；浙商回归资金1486万元；完成自营进出口额792万美元，实现税收总收入7418万元，同比增长42.93%。

加快界首工业功能区基础设施建设，界首工业功能区一期32.6公顷基本完成土地平整89万平方米，完成雨水、污水管道各1.51千米，园区道路完成1.5千米路基回填。集中开展"四破"行动，整合挖掘白汤下公路沿线老工业功能区开发潜力，推进包装、食品等传统产业转型升级。开展消防安全大排查，组织安全知识培训，与各村、企签订责任书，排查单位场所10家、企业84家、锯板厂300家，排查整改消防安全问题5个。开展"双千"活动，镇班子、机关干部包干入企，走访企业70多家，排解矛盾15起，化解率达98%；配合劳动监察和区法院，妥善处理争鸣门业、红树林服饰有限公司欠薪事件，涉及420人，工资440万元。

【农业经济】以产业化、规模化为重点，千方百计推进现代农业发展。早稻播种面积600公顷，粮食播种面积3133.33公顷亩，完成粮食总量1.2万吨，实施区级粮食功能区164.67公顷；建立市级早稻高产示范方100公顷，建设无公害富硒米基地200公顷，建设粮食功能区烘干中心3个；机耕、机插分别超万亩。抓好防汛抗旱。完成投资200万元的小(二)型湖草塘水库与投资89万元的三樟垄水库工程；完成14座山塘水库安全检查，对特大暴雨汛情积极开展技术服务指导，争取把农户损失降到最低。加强森林防火，落实山林值班巡查，完成防护林20公顷、森林抚育66.67公顷，开展松材线虫病普查，对患病树木进行整治。

【社会管理】切实保障改善民生，多办实事好事，让群众安居乐业。深化"平安蒋堂"建设，健全完善调解网格，强化矛盾纠纷领导包案制度;开展社区矫正监管试点;开展矛盾集中排查及平安综治双月宣传，排查矛盾纠纷16起，化解率达100%。繁荣发展农村文化，开展乡音宣讲团试点工作，乡音宣讲得到市、区宣传部充分肯定;创建沙畈、泽口、直里、清水塘4个村农村文化礼堂；举办"蒋堂百姓好声音"，开化村吕兵获金华市"百姓歌星"称号；举办女性才艺大比拼，直里村柔力球获区展演优秀奖。排演快板剧《五朵金花说平安》《五水共治在蒋堂》深爱群众好评。开展民兵整组，走访慰问困难群众和退伍军人，发放各类救助款20多万元，做好低保与边缘救助工作；实现村级劳动力平台全覆盖。城乡医疗保险参保1.12万人，参保率达96.4%。完成下汪村、下尹村等8个村的居家养老照料中心建设，完成清水塘村市级农村社区建设，五保、三无对象集中供养率达90%。

【蒋堂奶牛精品园通过省级验收】7月，蒋堂奶牛精品园顺利通过由省农业厅组织的省农业精品园考核验收。精品园位于婺城区蒋堂镇下汪村，占地面积152.6公顷，有存栏奶牛1945头，年产鲜奶7000吨。2011年列入第二批省级特色农业精品园创建点，是一家"股份合作制"形式组建的奶牛养殖企业，是国家级奶牛标准化示范场、金华市四星级奶牛场、浙江省现代畜牧生态养殖示范区、省级无公害农产品生产基地。通过精品园创建，蒋堂奶牛精品园基础设施进一步完善，科技应用、产业化水平、综合效益均取得明显成效。

【群众路线教育实践活动】开展党的群众路线教育实践活动，纠"四风"、治"两局"，深入开展"双全"活动，强化典型宣传，在各基层党支部挖掘一批群众公认的先进模范，3名党员分别被评为区级"狮子型"领导干部、"全科实干型"乡镇干部、"双强型"村主职干部，形成有利于活动开展的正能量。推进村企"五星联创"和党员"五星管理"，落实发展党员制度，严把党员发展入口关和党员发展程序。加强和改进党员教育管理，完善党内激励、关怀、帮扶机制。创新实践新入职干部“3+X”培养模式，为每名新入职干部结对3名工作导师，其中1名镇班子成员担任综合培养导师、1名中层骨干担任业务助力导师、1名村书记担任民情指引导师，通过倾力传帮带，帮助新入职干部尽快适应工作。推动村监委会工作规范与常态化，狠抓村级“三公开”、村干部“双述双评”，切实营造敢担当、严执行、抓落实的干事创业氛围。（王　桢）

蒋堂镇组织干部参与环境卫生整治

汤溪镇

【概述】 汤溪镇地处金华市区以西28千米，东邻蒋堂镇、南邻塔石乡、西邻衢州市龙游县、北邻兰溪市，2007年被省委、省政府列入省级中心镇，2003年省级经济开发区——金西开发区成立后，与周边罗埠镇、洋埠镇一起托管金西开发区，镇域面积106.36平方千米。有72个行政村，1个居委会，人口16606户、45953人。汤溪镇属春秋时期姑蔑国所在地，明成化七年（1471年）设立汤溪县，1958年撤销县制。境内有中国历史文化保护名村——寺平村，省级风景名胜区——九峰山风景区，拥有省级非物质文化遗产1项（抢头杵），市级非物质文化遗产4项。

2013年10月，汤溪镇与金西经济开发区成建制整合到市经济技术开发区。

【工业经济】 全年实现规模以上工业总产值25.37亿元，新培育规模以上工业企业7家；实现全社会固定资产投资23.91亿元，增长17.1%。其中，实现工业投资19.22亿元，增长36.6%；实现服务业投资4.69亿元；完成税收收入1.21亿元。2014年，完成“小升规”企业培育1家，金华领翔机电有限公司已上报审批。

【开发建设】 推进现代生物医药产业园征迁工作：试点征迁范围386.67公顷，已100%完成征迁协议签订并完成全部评估及征迁工作，并清表交地，涉及13个村302公顷，其中，蒋堂镇20.33公顷。里朱垄村搬迁安置地块已签约4户，腾空2户。完成蒋堂镇杨梅山村28户苗木补偿政策处理，92穴坟墓搬迁；完成金华监狱92.07公顷土地征收，15户苗木大户和10余户散户、4个养殖户协议签订和补偿款发放。

【美丽乡村建设】 5个精品村已完成工程60%以上，9个秀美村已完成整个工程65%以上，下村、石羊2个村已完成建设；13个洁美村建成完工，另外12个洁美村年底基本完工；初步建成太阳能垃圾房的村50个，陶寺村污水处理提升工程基本竣工，22个村在施工中。

【集镇建设】 “最美一条街”城河路道路及管网改造工程，已完成总工程量的75%，电力、污水管道埋设完成，进入路面路基工程施工。该路段全长1625米，道路红线宽25米，其中，机动车路10米，工程总投资2166.14万元。分两期实施：一期工程已完成设计、投标，总长558米，工程量500万元，外加沿线电力下埋经费400万元，总投资900万元；二期工程长1067米，预算工程造价1500万元。护城街北段污水管网建设工程已竣工，并通过初步验收。

【“五水共治”】 年初，关停非法采砂场5家，通过经营权公开拍卖，新设2家制砂点。开展禁养区畜禽养殖场专项整治，关停养殖场132家，拆除面积83118.55平方米，全部完成拆后复垦，拨付补偿资金2400余万元。开展垃圾河整治大会战，投入大小机械140余台、人力2200余人次，对452条沟渠、180余千米河（沟、渠）段、82个大小山塘进行清淤整治，清运垃圾8272吨，生态环境和水质量明显改善。同时，落实保洁队伍，实行经费包干，落实长效管理机制。建设“最美河流”——莘畈溪鸽坞塔至金星堰段，工程中标价320万元，9月11日进场施工，年底完成主体工程。

【重点工程】 汤九、汤莘公路涉及24个行政村、53.33公顷土地的征迁，涉及440户苗木和构筑物、100余穴坟墓的搬迁，该项目从8月份正式启动，经过镇、村两级共同努力，至年底，已完成征迁工作涉及的土地勘界、土地类别确定、面积核定、附属物和构筑物的评估、涉及坟墓的清点及信息摸查等工作，已完成苗木政策处理240户，完成率54.5%。

【"三改一拆"】 全年拆除违建12万平方米，其中养殖场8.1万平方米。

【信访维稳】 上半年，镇主要领导接访20批次，50人；到金西开发区信访室上访4个批次，90人；到市、开发区上访20批次，48人。8890信件126封，已办结119封；8890督办件19封，办结18封；市长信箱11封，全部办结；省长信箱3封，已办结2封；转开发区社会管理办信件11封，已办结10封。主要诉求是畜禽养殖户要求及时拨付拆迁款，已征未利用地失地农民要求交纳失地保险，享受失地农民保险政策中60周岁退伍军人不再享受此政策等。

【平安综治】 上半年，共排查矛盾纠纷30起，调处28起，调处成功26起，调处率为100%，成功率为98%；排查安全隐患11起，消除9起；发生刑事案件37件，破案28件，治安案件25件，查处25件；解答法律咨询15人次，法律援助5人次，妥善处理了华盈电子、万里扬、陈村等3起意外死亡伤害重大事故的纠纷。特别是妥善解决了3月份黄土丘陵非农开发高畈村少部分群众阻工和5月份养殖场拆迁户讨要补偿款事件，妥善处理了6月份西门商品房一房多户事件。

（朱　正）

罗埠镇

【概述】 罗埠镇地处婺城区西北部，东接蒋堂镇与兰溪市，南连汤溪镇，西邻洋埠镇，北隔衢江与兰溪市毗邻，是浙江金华经济技术开发区所辖4个乡镇之一，距婺城区政府28.4千米，面积44.33平方千米。设3个分中心，辖61个建制村、1个居民委员会、13175户、34936人。其中，农业人口33599人。集镇用地面积2449.4公顷，耕地2259.93公顷。杭金衢高速公路、浙赣铁路、46省道、白汤下公路、虹戴公路、罗蒋公路贯穿境内，衢江防洪大堤全程可通汽车，交通十分便利。

【工业经济】 全镇有工业企业140家，完成工业总产值27.6亿元，同比增长7.32%；其中19家规模以上企业完成总产值10.63亿元，同比下降5.9%；完成新增工业投入7.06亿元，同比增长19.3%；完成限额以上工业投入7.06亿元，同比增长20.3%；完成规模以上新产品产值3.52亿元，同比增长3.9%；全年规模以上工业实现利税总额5803万元，同比下降8.2%。其中，规模以上企业实交税金4016万元，比去年4064万元下降1.2%。财政税收3938万元，同比下降42.44%。

2014年，工业总产值、规上新产品产值、新增工业投入和工业销售产值指标上升，但规模以上企业完成总产值、销售产值和实现利税总额指标下降。主要是受经济大环境的影响，总体经济形势欠佳，半数以上的企业生产销售均不容乐观；企业资金链周转困难较多，如格莱特、好易超等规模以上企业均因资金链断裂造成停产；在建项目中，除宁电热能项目正常开工建设外，其余项目都处于停工状态，如蒙牛因产品未明确，设备一直未安装，直接影响经济指标的完成。

【农业经济】 2014年，农业总产值2亿元。全镇有各类专业合作社77家。其中，粮食类31家、苗木类9家、水产类9家、畜禽类10家、蔬果类10家、农产品类2家。全年种粮面积3094.2公顷，棉花种植面积315.8公顷，油料作物623.93公顷，果蔬种植面积133.33公顷，发放各类惠农资金481.81万元。

提高粮食综合生产能力，保障粮食安全，有效推广先进生产技术和优质良种，培育专业粮食生产服务组织。开展农业技术培训，培训人员600人次。加强重大动物疫病防控和畜产品安全监管，投入30余万元新建300立方米的病死猪无害化处理池1个，完成沼气池建设40个。加大农业基础设施建设。开展粮食生产功能区建设，抓好获得市财政支持的总面积为86.67公顷的塘利畈基础建设项目，总投资800万元的金垅水库除险加固工程全面竣工。浙赣铁路沿线复垦3.33公顷、青阳郑改田造地6.67公顷工程均完成50%。

【重点工作】 推进"三改一拆"及"无违建"创建工作，全镇拆除违法建筑面积58431.308平方米，完成全年任务的146%。无违建创建任务62个村，已上报创建36个村，创建率为58.06%。此外，排查危房534户、面积34841平方米，拆除危旧房2800余平方米，排摸存量违法建筑面积165995.72平方米。

抓好"五水共治"工作，主要对16条河实行河长负责制管理，重点完成上坑溪、孟古塘溪、白马溪的黑臭河治理。前期投入近280万元，整治"最差一条溪"罗埠溪，已完成9.5万立方米淤泥清理，种植2万株苗木，硬化堤坝路面2200平方米，亮化堤坝道路1.5千米；白马溪治理工程投资284万元，工程一标在清单审核阶段，二标已进入工程后期。落实河道长效化保洁巡查机制，签订保洁协议，河道保洁工作趋于常态化。

2014年，开发区交办我镇的征迁重点工作共5项，其中新交办的征迁动迁项目3项，遗留问题2项。金西污水处理三期项目已全面完成孙家、金店村2.63公顷、91户协议签订及政策处理；白汤下公路、虹戴公路与金西大道连接线绿化带土地租用项目涉及6个村、2.89公顷土地租用问题，已完成刘家桥、罗大路、联群、龙口、祝边5个村的土地租用协议签订；杭长高铁配套征地8个4G通信基站基本完成建设；陈家沿村0.33公顷土地征收遗留问题，涉及杨雪玲户的养猪场，已拆除；山下周户拆迁遗留问题，因差价补偿等原因，尚无实质性进展。

全年镇政府投资项目16个。美丽一条街建设项目，总投资115万元的小南路延伸工程，土路基完成检测，雨污水管完成安装；总投资530万元的府前路提档改造工程项目，正在进行沥青粗粒层铺设；总投资321万元的罗埠文化休闲广场建设项目，公厕主体完工，管理用房基础已完成。浙赣线罗埠段废弃铁路3.5公顷农村土地综合整治项目，总投资约131万元，完成老浙赣铁路复垦，已完成工程量的50%。青阳郑村青阳洲造地改田项目，总投资约149万元，完成青阳郑4.65公顷改田造地，已完成工程量的50%。其他项目有投资2700万元的集镇雨污水管网提档改造工程、投资110万元的陶家火车站污水治理工程和投资400万元的罗埠垃圾中转站建设3个项目，已完成设计方案的评审和立项，进入清单编制阶段；金垅水库除险加固主体工程全面竣工、镇域小流域治理和邵家村引水渠建设工程均完成整治和施工。

【新农村建设】 2014年美丽乡村建设项目18个，污水提升工程村20个，农房改造建设村13个。其中，美丽乡村建设中的3个精品村，莲湖杨村已进入施工阶段，后张村、花园村已进入预算编审阶段；15个秀美村中3个已进入招标程序，其余12个村处于预算编审阶段，6个洁美村已开展整治。农村生活污水提升改造工程，13个村已完成主体工程，处于扫尾阶段。2个村农房改造建设通过验收，邵家、青阳郑、下章、罗埠、后张5个村已基本完成，累计拆除314户、面积28271.83平方米。开展垃圾分类减量化工作，全面启动59个太阳能垃圾分类处理池的建设。各村制订垃圾保洁长效管理制度，按规定逐户安放垃圾桶，并逐步宣传引导开展卫生费的收取工作。

【集镇建设】 集镇办联合工商、行政执法、交警、路政、保洁公司等部门，多次开展集镇综合整治，对集镇现有违章搭建的钢棚、布棚等占道经营的店铺进行引导、劝阻，并对部分违章临时摊位予以拆除。开展劝阻流动摊贩、规范占道经营整治百余次，拆除集镇违法违建钢棚6123平方米，清理堆积物24450立方米，并对集镇上的违章停车进行视频抓拍。投入320万元对菜市场进行改造，完成集镇沿街商户立面改造107户，清理商户60户，收缴太阳伞30余顶，投入14万元完成路面铺设1430平方米。经过整治，有效提升了集镇整体风貌。另外，全年投资4170万元，启动建设美丽一条街建设项目、小南路延伸工程、府前路提档改造工程、罗埠文化休闲广场、集镇雨污水管网提档改造和陶家火车站污水治理工程。

【综合治理】 开展综治平安宣传月活动，深化"网格化管理，组团式服务"工作，做到平安创建工作家喻户晓，人人皆知，提升平安建设的"知晓率、参与率和群众满意率"。在平安创建工作的基础上，深入开展矛盾纠纷排查活动，全年排查各类矛盾纠纷71起，调处71起，调处率100%；成功化解矛盾纠纷66起，成功率92.95%。信访办办理来信来访件94件，其中省长信箱8件，省委督导组12件，中央巡视组2件，市委书记、市长信箱12件，国家有关部门2件，市信访局33件，开发区信访局22件。已调处12件，回复82件。“8890”平台受理投诉180件次，完成回复180件，回复率100%。

【计划生育】2014年，全镇育龄妇女9200人，女性初婚人数148人，期末已婚育龄妇女人数6872人，年底，在孕待生育人数32人，死亡人数86人。出生人数263人，其中计划内出生239人，计划外出生24人，计生率90.87%；应征社会抚养费1942589元，已征713517元，征收率36.73%；出生男婴145人，出生女婴118人，性别比122.88；二孩生育全过程应管理160人，已管理160人，管理率100%

【社会保障】全镇低保对象374户578人。其中，新批低保34户43人，核减30户58人；实施农村特困户安居工程12户，补助资金9万元；确定湖田和沙溪村为市级社区建设村。无障碍设施家庭72户，其中重残26户，一般残疾42户，残疾人无固定收入149户，贫困残疾人安居工程15户。做好残疾人子女就学助学81人，资助款62000元；走访慰问残疾人88户，发放慰问金20000元；上报居家养老服务中心7个，服务站10个，年底前全部完成。

全年累计完成净增就业岗位任务100人，完成率达200%，失业人员实现就业累计完成50人，完成率125%，新增农村劳动力转移210人，完成率达125%，引进培养人才130人，完成率107%，全年完成农村劳动力培训100人。全镇参保人员达20198人，参保率91.42%。同时面对用工荒、招工难问题，通过内招外联为企业招工达200多人。

（王 静）

洋埠镇

【概述】洋埠镇地处金华西部，东邻罗埠镇，南毗汤溪镇，西界龙游县，西北濒衢江，与兰溪市游埠镇隔江相望，是金华连接四省九地市的桥梁纽带。距金华31.5公里，镇域面积18.11平方千米。本镇地理位置优越，交通便利，白汤下公路在下潘村起点，46省道、315国道、杭金衢高速公路、浙赣铁路杭长高铁贯穿境内。下辖24个行政村，1个居委会，全镇5856户、15453人。其中，农业人口14867人。耕地面积766.67公顷，其中，粮食作物播种面积1290.53公顷，粮食生产功能区面积326.67公顷，其中，省级146.67公顷。2014年荣获党委政府全面先进、“五水共治”“三改一拆”、计划生育、党风廉政5项先进荣誉称号。

【工业经济】2014年，镇规模以上工业企业完成工业产值16.1亿元，固定资产投资4.98亿元，其中工业投资4.2亿元，完成年度计划10.76亿元的46.3%,其中豪迪染整、生阳纺织、新强力木工机械等6家企业完成厂房设备实际投资近2亿元，江天电机、毓秀针织等5家企业实施技改项目投资近2.9亿元。引进内资0.45亿元，浙商回归资金0.38亿元，新产品产值4.8亿元。实现税收0.45亿元，其中地税收入1808万元，同比增长37.5%，国税收入2658万元，同比下降12.4%，总税收完成年度计划0.53亿元的85%。

【新农村建设】年末，洋埠镇美丽新农村建设如火如荼，湖前村古村落建设施工进度80%，投入资金170万元；洪堪头、东田洁美村建设基本完工；让宅精品村和下潘、章家、邵家、下肖、大坟头5个秀美村的绿化完成50%以上，景观工程进入招标程序。东十村、湖前村、五一村、五四村4个居家养老照料中心，与五三村、五四村2个居家养老服务站均正式投入使用。9个村农村生活污水提升工程全部完工。

【“三改一拆”】根据上级“无违建”创建“三无一稳一率”中无非法“一户多宅”的要求，拆除违法建筑13.65万平方米，完成全年拆违任务数的273%。拆除违法建筑中已复垦11.67万平方米、复绿1.2万平方米、开发利用0.5万平方米，24个村全面完成“无违建”创建，并顺利通过开发区“无违建”创建领导小组的考核验收。为确保拆违行动的平稳和谐，在拆违行动中采取“三通知、三入户、三步走”的办法。首先，确定违法事实，发出书面通知，同时成立专门小组上门入户做细致工作，动员自拆。其次，对于搬迁有困难、危险性高、拆除难度大的，再次书面通知，并且入户助搬助拆。最后，少数抵触情绪大，不配合拆违的，再发书面通知，停电停水，再次上门入户动员攻关，在确保安全稳定的前提下，组织强拆。通过“三通知、三入户、三步走”，向供水、供电部门送达断水、断电的工作函件10余件，违法建筑自拆率达到85%以上。在年初的砂场整治行动中，位于衢江边的7处砂场违建数十间管理用房，巨大的经济利益导致砂场业主对违法建筑的拆除存在着较大的抵触情绪。早在2013年“三改一拆”行动开展之初试图将其拆除，但因阻力很大，最后不了了之。“治砂清水”零点行动开展以来，镇政府成立攻坚指挥部，组织镇干部、执法队员分成3个工作组开展非法采沙专项整治工作，进行政策宣传，并组织工作人员进村入户逐个做透工作。张贴《关于开展非法采沙专项整治的通告》、悬挂横幅，下发各类整改通知书、停电通知书、限拆通知书30余份。同时，多次召集沙场业主召开设备自拆动员大会，鼓励各沙场自拆；每天安排工作人员主动上门沟通，做各沙场业主思想工作，缓解业主的对立情绪，避免工作矛盾和信访纠纷的产生。

【“五水共治”】 2014年，全镇拆除养殖场112家、面积66070.5平方米，复耕积53131.714平方米，拆除及复耕总补偿金额1806.35万元。养殖量较大的6家剩余养殖场申报实施2014年度市本级禽畜养殖场污染治理项目。其中，5家完成建设，1家在建设中。此外，完成莘畈溪厚大溪清淤疏浚工作。镇政府投入16.5万元对群众反映强烈的黑臭河集镇车门里小溪开展整治工作，完成全流域1.6千米清淤疏浚，将靠近集镇段的100米河沟实施抛石护坡工程，对溪流两侧的闲置地块内的垃圾进行清理平整，并实施绿化种植。经过综合治理，全镇所有水源均达到Ⅱ类水质标准。

洋埠镇拆除违章建筑

【垃圾分类试点工作】 至年底，全镇24个村全面完成卫生设施配置，农村垃圾收费率达96%；垃圾房和太阳能垃圾处理池全面完成施工并正式投入使用。在试点过程中，探索出一套“可学、可用、可推”的成熟做法，并在全区推广。此外，洋埠镇针对试点垃圾分类过程中出现垃圾分类不彻底、环境卫生状况有反弹回潮现象问题，推行“三个一”工作法(即一周至少下村三次，一周至少发现三个问题，一周至少解决三个问题)，实行保洁经费与村干部、保洁员的工资和考核结果挂钩，提升太阳能垃圾处理站和农村环卫设施，深化领导联片、干部联村、党员联户责任机制，确保垃圾分类实现长效常态。发现问题及时整改，并要求拍照取证，注明时间、地点上传至“洋埠镇环境卫生整治工作微信群”。实行以来，发现问题72个，整改落实问题70个，整改率97.2%。通过实际摸索不断成熟垃圾分类试点工作，将垃圾分类科学优化更具可推广性、易推广性、长效影响性。

【计生工作】 镇政府投入近6万元建立计划生育宣传一条街，在24个村建立固定计生宣传橱窗。狠抓计生“三查”率，确保计生工作底子清、情况明。2014年，全镇出生114人，其中计划外10人，计划生育率为91.23%；社会抚养费应征559225元，已征466239元，征收率为83.37%；性别比为100:147.83，下半年应透检2267人，已透检2245人，透检率为99.03%。

【重点工作】 衢江(金华段)航运开发项目，涉及洋埠镇辖区内金华生阳纺织有限公司整体搬迁及让宅、西上陈、坝头3个村的土地征用工作。至年底，土地征收工作基本完成，工程进场施工。

按照“建设精致化、管理精细化、环境生态化”的要求，结合集镇环境集中整治活动，深入实施“美丽一条街”建设改造工程。洋埠集镇建设步伐不断加快，道路管网、污水管网、给排水、供电、通信以及农贸市场、停车场、公共绿地等基础设施不断配套，公共服务设施不断完善。引进专业保洁公司负责集镇的日常环境卫生，实行分区管理，动态保洁，集镇面貌焕然一新。同时，完成路面标志线设定、停车点设定及沿街摊位治理工作，将龙游县与发区交界处进行绿化委托设计。小花园工程已竣工，美丽一条街项目的雨棚和店招已完工。

（金亚峥）

乾西乡

【概述】乾西乡位于金华城区西郊，距金华铁路新客站、汽车西站仅2公里，南临婺江，西接兰溪市灵洞乡，北与竹马乡、罗店镇相邻，东与城西、城北街道相连，环城西路、二环线南北贯穿，总面积24.35平方千米。人口8257户、22189人。辖坛里郑、杨石、王店、马于、后畈田、栅川、幸福、湖头、雅宅、下天师、黄桥头11个行政村，及上陈、联合、上天师、鲍杨、西苑5个居委会，38个自然村。乾西乡地处婺江之畔，又系平原。境内渠网纵横交错，水塘、湖面众多，土地肥沃，盛产粮食，渔产丰富，素有“鱼米之乡”的美誉。根据金华城市总体规划要求，乾西乡将建成市区西郊商贸住宅副中心，“十里长湖”将成为长湖公园，成为中心城区的一部分。2014年，乡党委、乡政府以经济建设为中心，以富民强乡为目标，以统筹城乡发展为主线，围绕“融入主城区、发展新城区、建设强乡村”的发展主线，抓住机遇，团结拼搏，开拓创新，经济建设和社会各项事业蓬勃发展，全乡社会治安良好，各项社会事业健康、有序发展。

【工业经济】在经济发展困难的情况下，全力实施稳增长、促转型，完成工业总产值36亿元，同比增长10.97%，实现规模以上产值26亿元，同比增长8.3%，完成限额以上工业投资3900万元，实现规上工业企业利税6400万元。工业经济稳中有升，全乡22家规模以上企业，有10家产值实现增长，主要出口企业八达运动服饰、金祥板业等均保持较好的发展势头。推进“四破”整治，搬迁弘大容器厂，关停红英喷塑厂，拆除老染化厂。特别是搁置11年之久的华峰稀土热镀锌项目，通过多方协调，7月9日，华峰公司挽回损失、盘活资金，获新城区6公顷农转用土地指标，解决2家企业用地难题。收回栅川工业园区土地9.33公顷，盘活1.61公顷。完成“小上规”1家。来料加工健康发展，从业人员达1437人，年发放加工费1809.5万元。

【农业经济】全年实现农业总产值1.37亿元，同比增长6.5%。“两区建设”扎实推进，新建粮食生产功能区60公顷，粮食播种面积264.47公顷，总产量1667吨，完成金泉畈土地提升面积44公顷，改善灌溉面积53.33公顷。基础设施不断夯实，维修改造渠道2000米，清障、清淤30千米，投资25万元对金华江蚕种场段堤坝进行抢险加固，投资243万元实施大房垅水库除险加固工程。农业产业化纵深发展，乾西香葱基地建设完成金华市金桥工程“蔬粮轮作示范”项目，新增金华市林业龙头企业1家，新增家庭农场2家。

【“五水共治”】实施长湖综合治理，清除水面垃圾和水葫芦1.3万余吨；投入1200万元资金，生态清淤20余万立方米；投入150余万元，实施长湖疏浚工程，清淤4.6万立方米；建立长效机制，投入专项经费委托专业保洁公司统一保洁，定人定岗。推进养殖业污染治理，全乡关停178家畜禽养殖场，拆除复耕10万平方米，处理家畜11.68万头，规划筹建宜养区禽类养殖小区。金兰中线截污纳管顺利开展，完成雨、污管道铺设500米及路面沥青铺设，金兰中线西端1.5千米路段正在施工；实施栅川、雅宅等6个村生活污水处理扩面提升工程。

【“三改一拆”】乾西乡党委政府在“三改一拆”和“无违建村”创建工作中，达到“促发展、拓空间、优环境、保稳定、惠民生”的要求。一年来，拆除了位于环城西路东侧的3471平方米违法建筑群；拆除占地4000平方米的长湖容器厂，其中还湖2700平方米；关停拆除长湖沿线上陈社区和雅宅村养殖场地2864.8平方米；拆除染化厂建筑累计16000平方米。全年拆除违章、违建面积11.5万平方米，高炮广告12处，卫星遥感监测图斑6处，复垦1.39公顷，完成14个村的“一户一宅”“一图一表一档”调查摸底和台账登记工作。做好环境卫生综合整治，完善村居环境长效管理机制，全年清理垃圾7000余吨，恢复绿化4公顷，农村垃圾集中清运覆盖率达

100%。推进11个村垃圾分类工作，开展9个村洁美村创建。做好数字城管工作，联合行政、交警、卫生、市场管理等多部门，对天师东路、工贸街、长湖路等主干道实施联合整治，数字城管处理各类督办1669件。

【重点工程】 有序推进4.33公顷601铁路改造项目专用线征地和24户农户征迁工作，至11月底，完成青苗补偿款发放100%，完成土地补偿款发放99%，完成红线内农户签约100%。投入900余万元落实杭长线雅宅安置地块基础工程及整个面上的基础设施恢复、“三改”(改水、改电、改路)工作，涉及7条水渠、4条道路建设，4个区块电气安装，6个区块红线外高压线路安装，完成湖头、雅宅、下天师、上天师、鲍杨7个通讯机塔的征地和建设工作。后畈田搬迁工作完成二期可行性研究报告，开展老村旧房拆除工作；全面完成220KV“双龙—乾西”输电线路工程。

【党建工作】 乡党委以丰富的活动为载体，开展党的群众路线教育实践活动，助推党员党性提升、党组织队伍进一步凝心聚力、正风提效。乡党委及下属31个基层党组织开展专题民主生活会和“党性体检、民主评议”工作，查摆问题并制订整改清单；乡村干部结合乡重点工作，开展“走村不漏户、户户见干部”活动，走访居民群众6963户，解决各类难题31件；强化干部队伍建设，严格考核管理，以中心工作和重点工作的推进来检验党员干部群众路线教育成果。深化“全科干部、全心服务”活动，继续执行周三夜学、干部值班住夜制度，并完善干部月度考核办法。严格执行中央“八项规定”和省委“28条办法”“六个严禁”，强化正风肃纪，严格考核督查，自查梳理并整改落实一批问题清单。开展重大项目克难攻坚活动和“千名干部进千企、千方百计解难题”活动，加大帮扶解困力度，为企业解决困难问题89件。开展区人大联民工作站试点工作，办理落实乡人代会上代表建议意见27件，对一时难以办理的与代表进行解释，并取得代表的理解。

【文化宣传】 乡理论中心组年初即制订学习计划，党政主要领导带头学、带头讲、带头做学习笔记、带头写心得体会，切实起先锋、模范作用。组织全年集中学习8次，要求每位班子到所联系村至少上1次党课。全年在各级报纸杂志上发表调研文章5篇。以开展党的群众路线教育为契机，全体干部利用周三晚夜学、夜读时间，认真学习习近平总书记在河南省兰考县调研指导党的群众路线教育实践活动时讲话、关于在教育实践活动中学习弘扬焦裕禄精神践行“三严三实”要求的通知、杭兰英等先进典型事迹等。利用各级网络学习平台、微博、微信，开展党教知识及党的十八届三中、四中全会精神学习，重点在全乡党员中开展党员不守规矩行为专题学习讨论。2月、8月2次组织村两委干部封闭式教育培训，邀请专家、领导进行授课，学习党风廉政、村级财务、三改一拆等政策法律。

乡党委、政府围绕新农村建设、“五水共治”“三改一拆”、垃圾分类、“四破”专项整治等重点工作，打好宣传战役，充分运用广播、有线电视、墙报、板报等载体和图片展、悬挂标语等形式，宣传有关政策内容，营造促进各项工作顺利开展的良好舆论环境。尤其是在长湖治理工作上，做好相关宣传报道工作，通过报纸、广播、电视、网络等媒体进行广泛宣传，沿线沿途制作大型广告宣传牌，粉刷公益宣传墙，向村民发放各类倡议书1万余份，提高长湖区块范围内各企业、居民的保护环境责任意识，并动员所有党员干部为长湖治理捐款捐资。雅宅村80岁村民葛德成得知长湖治理的民心工程启动之初，即创作道情曲目《“五水共治”是方向》，以文艺形式宣传治水工作，得到省委书记夏宝龙的高度称赞和与会领导代表的津津乐道。浙江电视台、《金华日报》《浙江日报》、凤凰网、浙江在线、浙江环保新闻网等多家网站对此进行了报道。湖头村的音乐快板《五水共治是乡图》在区第三届民俗文化艺术节上表演，得到社会各界的好评。

【文化事业】 10月底，投资100余万元的幸福村文化礼堂建设顺利完工，配备专职管理人员负责文化礼堂活动开展。并落实包含村书记、主任、专职管理员、乡宣传委员、宣传干事为主的5名政策宣讲员。成立一支10人的文化志愿者队伍，协助开展各项活动。已建成的湖头村文化礼堂做到月月有计划，周周有安排，日日有活动。成功承办乾西乡首届才艺大赛、舞蹈大赛等，5月，举办成人礼仪活动；

全年开展宣讲12次，开展各类活动80余次，接待各级单位和个人参观1000余人次。湖头村文化礼堂选送的文艺队伍和节目，获得婺城区首届健身排舞大赛获二等奖、市文化礼堂杯金华市第六届排舞大赛获金奖、“美丽浙江、幸福乡村”浙江省文化礼堂乡村排舞大赛银奖、2014年浙江省农村文化礼堂成果展示民间手工艺视觉艺术类（现场展示）金奖。10月15日～19日，乾西乡举办以“荟萃民俗精华、弘扬传统文化”为主题的婺城区第三届民俗文化艺术节，通过精彩的民俗文化表演、宠物狗狗才艺秀、婺剧展演等，重续已有600多年历史的“九月廿二”这个传统节日的辉煌。

【社会事业】乡党委、政府坚持“文化兴乡”，成功举办婺城区第三届“民俗文化艺术节”、乾西乡首届百姓才艺大赛、排舞大赛。湖头村获评浙江省文明村，新建幸福村农村文化礼堂，湖头村文化礼堂选送的节目获省级奖项2个，雅宅村道情节目《五水共治是方向》获省委书记夏宝龙的好评。继续实施贫困助学，乡干部捐资31800元资助学生25人次。卫生事业有序推进，公共卫生服务水平不断提高，成功创建市级卫生强乡，开展城乡居民健康体检2270人次。人口与计生工作走在全区前列，人民武装、文化保护、青工妇、老龄、人武等各项工作成绩喜人。城乡居民养老保险稳步推进，启动全民参保登记工作，城乡居民基本医疗保险参保11023人，政策性农村住房保险参保率达100%。社会救助体系进一步完善，全年发放各类救助款205.7万元。社会福利事业蓬勃发展，新建居家养老服务照料中心6家，五保对象集中供养率达95%。移民安置小区加快推进，完成乾西移民新村三期安置241户637人。

【计生工作】2014年，全乡共出生220人，其中计划内210人，计划外10人，计划生育率95.45%；其中计划内一孩154人，计划内二孩55人；出生男婴113人，女婴107人，出生婴儿性别比100:105.61。二孩全过程管理率100%。乡党委、政府根据年初制订的工作思路和任务，结合本乡的工作实际，对计生工作召开专题会议，3月3日与各村（社区）党支部、村（居）委会签订2014年人口与计划生育目标管理责任书。2014年，计划生育“三查”工作，在召开党政班子成员会议的基础上，专门召开村书记、主任、农村工作指导员会议，部署工作计划，明确人员分工，制订严格的考核措施。联村干部全程跟进，并要求在每周三晚上干部例会上就本村“三查”工作进展情况进行汇报，乡党委、乡政府在财政困难的情况下拿出计生专项考核资金进行考核。全乡应透检5846人次，已透检5811人次，透检率达99.4%以上。乡服务站与卫生院为已婚育龄妇女生殖健康检查2978余人次，受到广大群众的普遍欢迎。

【治安综治】贯彻落实党中央关于“保增长、保民生、保稳定”的一系列重大决策部署，做好维护稳定工作。2014年，全乡调处矛盾纠纷99起，调解成功率100%，调处信访件77件，全年无重大安全事故和刑事案件，较好地维护了全乡经济社会稳定。创新社会管理，重点推进“网格化管理、组团式服务”工作，开展社会治安突出问题整治活动。加强法治建设，建立完善乡司法机构。加强重点行业、重点领域安全生产监管，加大对各类安全隐患的排查力度，完善安全隐患排查整改制度，安全形势总体稳定。

【城管工作】投入资金，完善基础设施。考虑到工贸区大型货车乱停乱放及交通安全的问题，与多个部门沟通协调。1月，党委、政府多次组织执法、交通等部门对沿街商户等发放通告，广为宣传，最终取得各商户的理解和支持。投入资金24万余元在碧春路及工贸街天师东路至易通路段安装护栏，改善了工贸区大货车乱停乱放现象，使交通秩序更为安全有序。投入资金16万余元，在事故多发地段的金兰中线工贸街交叉口安装红绿灯，改善了路口交通秩序，提高了居民出行安全系数。对金兰中线及环城西路沿线进行垃圾房改造，投入资金20.4万元，新建垃圾房12个；投入资金10万余元，对金兰中线及环城西路沿线两侧围墙进行修护及粉刷6000平方米；投入资金约15万元，对金兰中线湖头段后角自然村人行道进行路面硬化，面积3000平方米。

为落实市政府创建“精品城市”和区政府推进“城乡环境综合整治”的工作部署，7月10日，乾西乡政府牵头市道路运输管理局、市交警支队直属四大队、区行政执法局、区城北工商所、区卫生监管所等多部门对天师东路区域进行综合整治。整治活动提前4天发放告知,当天重点对天师东路沿街各单位、店家、个人店外经营、乱搭设广告牌、违法搭建建筑物、简易棚等现象进行集中整治,将天师东路沿线各种乱搭乱建及占道广告牌、乱挂横幅等进行全面拆除清理;对各店家、商铺"门前三包"、环境脏乱差等现象进行劝说、整改,并对工贸街沿线车辆乱停放现象进行治理。（俞小蕾）

竹马乡

【概述】 竹马乡位于婺城西北部,东与罗店镇相邻,南连乾西乡,西北与兰溪市灵洞乡接壤,总面积19.58平方千米,辖16个行政村、38个自然村,人口4335户、11546人,耕地面积693公顷。铁路金千线、杭金衢高速公路及市区二环线穿境而过。

竹马乡地处金华北山山麓,地势南低北高,黄土丘陵占全乡面积的70%。主要山涧小溪有4条,有4个较大水库:上陈垅水库、水角垅水库、王包地水库和横垅水库,蓄水面积247万立方米,全乡抗旱能力在2个月以上。区域内有包括以水泥行业为主导产业的工业经济和以茶花等花卉苗木为特色产业的农业经济。其中,工业经济走在全区(除园区外)各乡镇前列。但工业结构不尽合理,水泥产业一枝独大,受宏观经济影响颇大。全乡有花卉种植面积533.33公顷,其中,茶花生产基地连片面积186.67公顷。1999年,获"中国茶花之乡"美誉,世界原始物种最丰富的国际山茶花花物种园位于竹马乡下张家村,2012年,被评为世界杰出公园。2014年,竹马乡党委、政府以科学发展观为指导,国境线"工业强乡、花卉富农、生态立乡、文化聚人"的发展战略,凝心聚力,开拓创新,促进全乡经济和社会各项事业协调发展。在年度考核中,获得了区级先进集体、先进基层党委、基层统战工作先进单位、信访工作先进单位、反邪教工作先进单位、人口和计划生育先进集体等荣誉。

【工业经济】 全乡工业总产值25.09亿元,同比增长8.45%,完成年计划的102%。其中:规模以上工业企业产值17.96亿元,同比增长11.21%,完成年计划的102.37%;规模以上企业新产品产值13257万元,同比增长24.39%,完成年计划的66.29%;完成限额以上工业投入1.28亿元,完成年计划的62.45%;浙商回归3000万元,完成年计划的100%;引进区外内资4000万元,完成年计划的100%。完成招商引资2160万元。财政收入2780.32万元,同比增长26.36%。新项目市国盛包装有限公司、市汇港玩具有限公司正式投入生产,市恒大电子软件开发有限公司正在土建施工中。

【农业经济】 全乡农业产值1.12亿元,同期增长11%。竹马杜鹃花精品园列入省级现代林业园区创建点。成功承办区2014年"山花烂漫·美丽婺城"系列活动暨第五届茶花节。新建立家庭农场1家,为种养殖户争取低息贷款3家、45万元。建成竹马乡农产品安全快速检测室,免费为公众提供蔬菜、水果等产品的农药残留快速检测。5月15日,竹马乡农产品安全快速检测工作获得金华市场监督管理局领导的肯定。

【"四破"专项整治】 开展对辖区企业的专项整治,坚决淘汰关停"僵尸"企业,对经营困难、名存实亡的一,实施关停淘汰。通过"收回一批、转让一批、退二进三、推进一批",加快破解围墙圈地。全乡破除圈墙圈地企业2家(金华市开兴炉料有限公司和浙江南方尖峰水泥有限公司)、既得利益企业1家(金华市华怡包装有限公司)、低效用地企业6家(金华立强新型建材厂、金华市金泽火腿厂、金华市

竹马花农忙嫁接

双源新型建材有限公司、金华市国盛包装有限公司、金华市汇港玩具有限公司、金华益迪医疗设备有限公司)，拆除旧厂房33333平方米，收回土地1.2公顷，盘活闲置用地18.2公顷，推进竣工企业2家，土地面积2.38公顷。

【基础设施建设】完成麦地畈粮食功能区建设27.35公顷，新增土地流转面积36.33公顷。投资914万元，对九龙水库、横垅水库进行除险加固；投资20万元，对联民村、李经堂村进行灌溉机埠及渠道改造；投资10万元，总投资78万元，完成对郭店村东银塘进行护砌。同时，对向家源溪、古塘里盘溪、里梅姓应自然村盘溪支流、姜扬头村盘溪支流、白竹村王包地水库灌溉水渠、姜衙村灌溉渠道、汪山头村盘溪护岸等7处进行水毁修复；投入53万元，对向家源饮用水进行改造。

【"五水共治"】建立河道长效管理机制，与各村签订了竹马乡"五水共治"工作目标责任书16份，发放清洁河流、美化家园倡议书3000余份，开展黑臭河、垃圾河集中整治活动20次；对全乡6300米河道、32万平方米水库、31.4万平方米水塘进行了全面清理整治，党员干部参与6000人次，投入大型机械(如挖机、运输车、船)等300余次，清理垃圾240吨，投入资金550万元。开展长湖清淤治理工程，对长湖3.61千米进行清淤治理，工程总投入229万元。完成汪山头、方下店、下张家村的农村生活污水治理工程，投入资金510万元。

【无违建乡(镇)创建】乡党委、乡政府以"拆出发展空间，拆出群众安全，拆出美丽家园，拆出公平公正"的工作标准，采取试点先行，以点带面推进"无违建乡(镇)"创建工作，方下店、古塘里、向家源3个村分别列为"一户多宅"专项整治、危旧房专项整治、畜牧业污染专项整治试点村。2014年，全乡拆除违章违建面积54995.04平方米，完成区下达任务的183.3%，其中一户多宅及危旧房整治拆除10659平方米，畜禽养殖整治拆除违建22257.15平方米，公路环境整治拆除违建3512平方米，其他违建拆除18566.89平方米。高速公路边拆除小高炮大型广告牌1处，搬迁高速路边废品收购站1处，整治非法广告横幅、占道经营等83处，开展全乡集中整治行动16次。4月23日，在竹马乡召开婺城区"无违建乡镇(街道)"创建工作现场会，竹马乡获得2014年度金华市无违建创建先进乡荣誉表彰。

【美丽乡村建设】在全乡开展精品村、秀美村和洁美村创建工作，对绿化进行补种，提档升级。开展城乡环境卫生整治工作，发动干部、党员、群众每月开展卫生整治工作。完善农村生活垃圾管理处理机制，加强长效保洁。清理村内卫生死角，加强长效卫生保洁。作为市区农村生活垃圾减量化试点乡，采取"宣传发动、典型示范、奖惩并举"的办法，5月底，全乡推行生活垃圾减量化处理工作。分村建设17座太阳能垃圾沤肥处理房，实现"有机垃圾不出村"，有效减少垃圾产生量和外运量；为村民发放编码垃圾袋和垃圾桶，规定分类垃圾保洁员定时上门收集，农户定时投放制度，基本实现"垃圾规定时间不出户"；建立"分类入村规、管理网格化、村户常竞赛、奖罚促养成"的长效管理制度。

【征迁工作】基本完成竹马货场及配套工程项目用地征迁工作，涉及5个行政村46.72公顷土地、32户农房、14家企业及35穴坟墓。其中东宅村28.53公顷、西宅村4.75公顷、汪山头村2.58公顷、方下店村8.13公顷、邵湖头村0.13公顷，金竹路沿线企业和集镇2.59公顷。完成云计算金华分中心项目14亩征地及围墙建造、人民西路延伸工程下张家雨污水官网以及灵洞-乾西220KV高压输电线共21座塔基和架线工作。

【粉尘治理】停产整顿金华市婺城区富源碎石厂、金华市婺城区鑫威碎石厂、金华市婺城区智富碎石厂和金华市婺城区建超碎石厂4家碎石加工厂；建造金圆水泥堆料厂挡墙；由浙江金圆水泥有限公司、浙江金华南方尖峰水泥有限公司、浙江虎鹰水泥有限公司和浙江高峰建材实业建材有限公司4家水泥厂和金华市城建混凝土有限公司自备洒水车对乡域主干道每天5次洒水降尘；联合交通、交警等部门对超限超载车辆联合执法，道路扬尘情况得到明显改善。

【文化宣传】组建乡音宣讲团，围绕货场征迁和五水共治、环境整治、垃圾分类处理等工作开展宣传。在全市首创征迁政策宣传节目化形式，量身定制《货场征迁三句半》，把征迁政策编成节目通过广播进行宣传。编排垃圾分类处理节目进行广泛宣传,取得了较好的效果。突出“仁爱”主题,完成向家源、金店、郭店村文化礼堂建设;突出“忠义”主题,完成郭店村郭氏祠堂建设。开展丰富多彩的群众文化活动。3月,在下张家村开展竹马好声音选拔赛。6月18日,在姜衙村开展“五水共治”进文化礼堂文艺表演。

【社会事业】 2014年,全乡出生120人,计划生育率96.67%,性别比100:130.77,征收社会抚养费26.7306万元,征收率76.61%。社会保障体系不断健全。全乡有农村低保户130户,218人,年发放金额47.0436万元。发放复退军人、参战人员、精减老职工的定补金、残疾军人的抚恤金25.4296万元。城乡养老保险和医疗保险参保率不断提升,确定6名“安居工程”救助对象,救助金额4.5万元。向家源村通过市级农村示范社区验收。建成李经堂、东宅、西宅和汪山头村老年食堂并投入使用。

【平安建设】 开展社会管理创新活动,全乡16个行政村全部建成规范化社会服务管理室。结合第二批党的群众路线教育实践活动和当前中心工作,以“联邻帮户重实效,攻坚克难解难题”为抓手,进一步完善和深化“网格化管理,组团式服务”,将全乡以行政村为单位的16个大网格细化为117个小片区,每个片区由村三委成员任片区长,本片区内的党员、村民代表及各级“两代表一委员”为成员,明确联邻帮户责任,开展“联系不漏户、党群心贴心”活动。治安巡防体系网格化,新安装的21只治安监控(其中在金华铁路竹马货场征迁地块与公安联网5只,姜衙村自行组网16只),开展经常性维护,确保在用率和完好率。努力化解矛盾,确保社会稳定。全年共排查出各类矛盾纠纷7起,已化解7起(其中非正常死亡事件4起);各类信访件13件已全部按规定处理报结,促进了社会和谐。受理“8890”便民服务平台交办单53件,办结53件,做到“受理、反馈、回访、满意”100%。

【基层党建】 乡党委从载体创新和制度创新入手,开展“党的群众路线教育实践”活动,设置比学赶超红黑榜,推进乡、村两级创业服务竞赛活动,倒逼干部增强责任心,转变干部工作作风。

农村党员联邻帮户 以联民心为目标,建立农村党员“联邻帮户”责任制。按照农村党员干部居住状况就近联系左邻右舍普通农户。将全乡507名在村党员干部划分到118个责任区、536个责任小组,每个责任小组党员联系普通农户5~15户,做到“联系不漏户”。就近政策服务送上门,把民意了解到,把纠纷摸清底,把工作监督管理好,使“民需有人问、民事有人管、民困有人帮、民忧有人解”,搭建党群“零距离”沟通桥梁。通过责任区管理,收集社情民意200条,排查化解矛盾纠纷100起。

“三访四步”工作法 以转作风为方向,推行乡干部“三访四步”(乡党政人大班子成员联系乡党代表、人大代表每月必访,中层干部、管理处领导联系重点户、致富带头人每周家访,联村干部联系村每天就地查访,把“走村不漏户,户户见干部”落到实处;收集民意、分析梳理、研究解决、反馈落实“四步法”)工作制度,把收集的民意按性质和难易情况分不同层面研究落实,群众投诉、上访少了,满意度升了。通过“三访四步”工作法,全乡机关干部共走访农户4091户,建立户情档案率达96.28%,征求各方面意见200条。在货场征迁、垃圾分类等工作中,也以此来征询最真实的声音,探寻最优化的方法与最有效的措施。

党员亮身份管理 以强责任为目的,创新农村党员“亮身份”管理模式。在“党员五星”管理的基础上,创设农村党员“亮身份”管理制度,明确挂牌亮身份党员户条件,把“共产党员户”的牌子挂到经公开评议的本村党员户门楣上。对有不符合挂牌亮身份条件要求的党员户实施摘牌,并将组织关系转入乡临时党支部,集中教育整顿。通过农村党员“亮身份”管理,“一名党员、一面旗帜”的作用初步显现,货场征地涉及563户中的72户党员户,在一个月内率先将苗木搬迁地块全部腾空。

(朱　雯)

长山乡

【概述】 长山乡位于婺城区西南部,与市工业园区相邻。东邻苏孟乡,南交安地镇、沙畈乡,北连白龙桥镇、秋滨街道,西与琅琊镇相接壤,面积60.35

平方千米。下辖21个行政村，146个村民小组，人口4985户、13086人。森林面积6047.47公顷，山塘水库109座。境内田园秀美，空气清新，有着悠久的历史文化底蕴，较著名的有北宋时期的玉兰亭、东村桥及30余口古井，2处明清时期的牌坊，还有朱大典读书处破浪轩等文物。其中，东村桥是省级重点保护文物。

长山乡党委、政府以党的十八届三中、四中全会精神为指导，坚持“农业兴乡、生态立乡、旅游富乡”发展战略，抓好农村环境综合整治、“三改一拆”“五水共治”等中心工作，促进长山经济社会和谐发展。2014年，荣获区农业产业化工作先进集体二等奖、美丽乡村建设竞赛三等奖、社会管理创新竞赛三等奖；被评为2014年度区级表扬单位、“三改一拆”工作先进单位、人口和计划生育先进集体、维护社会稳定先进集体、信访工作先进单位、反邪教工作先进单位，东屏村被评为区级“五水共治”先进单位。

【工业经济】 全年实现工业总产值2.96亿元，其中，规模以上企业增加值5900万元；产品产销率达95%；出口交货值1600万元，同比增长15%；乡财政总收入520万元，其中，区级财政收入231.4万元，同比增长19%。全年来料加工户941户，加工人数1149人，累计发放加工费848万元，同比增长6%，完成年度计划的106%。2014年新引进1家企业——金华市强身园乳品厂。

【农业经济】2014年，早稻种植面积65.67公顷，完成粮食订单签订任务360吨，发放各种粮食补贴款31.56万元。完成长山三村58.67公顷粮食生产功能区的建设任务。盛珂家庭农场被评为市级示范性家庭农场。现存栏生猪3.88万头、奶牛0.33万头、畜禽10.03万羽，按国家规定注射动物防疫其中生猪免疫率达99.6%，奶牛免疫率达到100%，禽类免疫率达到99.2%，病死畜禽无害化处理达到100%，全乡未发生过重大动物疫情事故。全年新建造养殖场排泄物处理沼气池98座，极大地改善了养殖业对农村生态环境的污染。

【基础设施建设】 投入资金100多万元，完成古塘水库涵管改造工程和陶流塘水库除险加固工程，被列为2013年度克难攻坚项目的小湾坞山塘和双面垅山塘的除险加固工程基本完工。4座山塘水库除险加固工程已完成招投标程序。

【美丽乡村建设】 全乡21个行政村完成垃圾房选址工作，建成太阳能垃圾房1座，并投入使用，9处正在工程建设中。乡垃圾中转站运行良好，基本做到日清日运。5个重点实施村已完成污水处理排污工程，总投资369万元；东屏村作为全乡试点开展垃圾分类；长山一村、三村、东屏3个秀美村建设通过区级验收，下溪、石门2个洁美村建设通过验收。完成长山一村、二村、三村8000平方米农村危旧房改造项目。投入3万元对全乡村庄内主干道和公共场所的路灯进行全面修缮，扎坑村新办公楼和休闲广场竣工并投入使用，安足村和石道畈村被评为市级卫生村，农村公路养护管理成效显著，乡公路养护站被评为区级先进单位。

【重点工程】 按照“三改一拆”工作具体要求，乡党委、政府高度重视，集中精力，因地制宜，抓重点，攻难点，有效控制增违建，加大违章建筑查处力度，及时拆除被《今日聚焦》《正风问效》栏目曝光的违法违章建筑，全年拆除违法建筑173处，面积64742平方米，完成拆违任务的185%。完成7个无违村创建任务，为长山乡2015年争创无违建乡奠定良好基础。顺利完成220kv双太双南线迁改工程中石门村界内11座塔基的政策处理工作，打通石门至二环线的断头路，使道路全线贯通。完成“百念亩”造地改田项目和卢家井冈山造地改田项目。2014年，依托“五水共治”的强大动力，开展畜禽养殖综合污染治理工作，全乡拆除禁养区内养殖场166家，

长山二村村两委清理河道沿岸的垃圾

发放补偿资金1100万元。对247户畜禽规模养殖场开展“一场一策一干部”建档走访工作。实现河道保洁市场化运作,在主要河道配备8名保洁员,实行每日八小时全日制清理。投资85万元,重点整治桐溪、青塘淌溪内动物粪便倾倒的问题,主要河道清淤2.4万立方米,清理建筑垃圾800余吨,河道两岸植树2000余棵。

【平安长山】2014年,长山乡围绕创建“平安长山”的目标,按照年初制订的工作计划,开展综合整治,依法加大整治力度,稳妥地开展社会综合治理工作,社会和谐稳定得到有效保障。加大维稳力度,张贴平安综治宣传标语280张,悬挂宣传横幅5条,分发“平安婺城”倡议书4000余份;开展矛盾纠纷排查,排查出各类矛盾纠纷21起,调处20起,做到矛盾纠纷化解在基层、处理在萌芽,促进长山乡的社会和谐稳定。

【民生保障】2014年,全乡医保应保8455人,参保8160人,参保率96.51%;全乡有2279人领取养老金,年满60周岁一次补缴人员200人,新增参保人员18人;全年发放低保款42万元。2014年,有6个村建成居家养老服务中心。其中,石门村居家养老服务照料中心创建区级示范点,受到市委书记徐加爱的肯定,全乡居家养老照料服务中心为全乡70%的老年人提供服务。全年完成计划生育率91.85%,二孩生育全过程管理率为100 %,征收社会抚养费73万元。至年底,全乡基本实现农村土地承包经营权登记制度全覆盖,农村宅基地登记发证覆盖率达60%。8个行政村完成村经济合作社股份制改革工作。

【安全生产】2014年,安全生产工作坚持“安全第一,预防为主,综合治理”的指导方针,贯彻落实上级安全生产工作一系列指示精神,加强组织领导,落实安全生产责任制,开展安全生产“六打六治”打非治违专项行动,消除安全隐患,一年来无重大事故、无严重伤亡事件发生,维护了社会的安全稳定。

(严丹燕)

沙畈乡

【概述】沙畈乡地处金华西南山区,东靠箬阳乡,南与武义县交界,西邻塔石乡,北接琅琊镇。行政区域范围184.94平方千米,是金华市行政区域最大的纯山区乡,也是省级贫困乡。下辖30个行政村、70个自然村,全乡人口4716户、12650人。耕地面积428.13公顷,山林面积15510.33公顷,其中,省级重点生态保护公益林11866.67公顷。主要特产是毛竹和茶叶,其中,毛竹面积2000公顷,茶园面积666.66公顷。境内气候温和湿润,无霜期在210天以上,特别适宜林业发展。境内有金华市海拔最高的小龙葱尖,水竹蓬尖,竹蓬尖3座山峰。白沙溪从遂昌县云峰镇门阵村北入境,是境内的主干溪流,入境后接纳银坑溪、大埔水、左别源诸水后流入沙畈水库,经沙畈水库后流至金兰水库,向城区居民提供优质水源。

2014年,沙畈乡围绕“生态保护、绿色发展”主线,紧盯既定目标任务,狠抓各项工作落实,开创了沙畈经济社会各项事业发展新局面。全乡工农业总产值超19558万元,其中,工业生产总值13704万元,农业生产总值5854万元,全年完成税收总收入364.5万元。

【农业经济】由于沙畈乡是金华100万市民饮用水源重点保护区域,境内禁止发展工业企业,限制服务业,增收渠道少,山区养殖、种植、木材加工等传统产业发展受到了严格的限制,农民增收致富相比以前难度更大,增收步子明显放缓。为此,乡党委、政府不等不靠,牢牢抓住经济发展为中心不动摇,加强研究,探索发展山区经济新的增长点,为特色产业发展打开新局面。初步形成了笋竹两用林、有机茶、无公害土蜂养殖、红豆杉种植、银坑中草药、沙畈野生石斑鱼、石蛙保护、灰树花产业、黑木耳、高山猕猴桃、高产油茶示范、高山野生粽叶、高山香榧和马家柚种植等特色农业产业基地。优化农业种植结构,引导农民依托沙畈优势资源,继续发展以毛竹、茶叶、油茶、红豆杉、土蜂蜜等具有山区特色的农业、林业经济,推动农村经济的发展;

引进和培育3.33公顷灰树花食用菌、2公顷黑木耳、10公顷马家柚示范基地；帮助各村申报财政支农专项资金项目13个、一事一议项目9个，投入资金942万元。加快发展林业步伐，全年新增毛竹低产林改造面积33.33公顷、扩大猕猴桃种植面积13.33公顷、红豆杉基地面积13.33公顷，乡红豆杉协会还承担起制订金华市南方红豆杉培育技术规范任务，林业产业发展步伐加快，生态建设势头强劲；完成2013年度毛竹低改、人工造林等功能区项目，并成功申报2014年度功能区项目46个。大力发展民营经济。浙江石宫农业开发有限公司增加投资1000万元，种植猕猴桃66.67公顷；投资1900万元的双溪口电站年底投产；新增来料加工点4处，新增来料加工人员160人，发放来料加工费1470万元；投入300余万元申报扶贫项目6个，争取扶贫资金100万元。

【"五水共治"】沙畈乡把"五水共治"作为重点工作，采取有效措施抓紧抓实，努力打开水环境整治工作新局面。从4月份起，就开展垃圾河治理大会战活动，对白沙溪沙畈段的建筑垃圾和生活垃圾进行全面清理。全年动用挖掘机和拖拉机710台次，动员3557人次，对白沙溪沙畈段15.3千米的河道进行全面清理，清理垃圾1450余吨，白沙溪沙畈段通过市、区"垃圾河"验收，取得优秀成绩。抓村庄保洁。修订完善《沙畈乡新农村建设长效管理机制》，细化20条具体标准，采取每季明察和每月暗访相结合的方式，对全乡环境卫生情况进行检查督促，发现问题及时通报督办，引导全乡开展城乡环境整治活动，持续有效推进村庄保洁工作。在全面完成水环境整治后，为防止养殖反弹，乡政府加强巡查，建立长效管理机制，制止已关停又回建的3处，确保整治效果。同时，根据新要求，对原未列入关停对象的养殖菜黄牛、养羊的4家养殖场，在要求的时间节点前全部关停，建筑物已拆除完毕，拆除面积520平方米。

沙畈乡六苟村清理环境卫生

【"三改一拆"】沙畈乡根据区创建"无违建乡"要求，推进"三改一拆"各项工作，全年拆除卫片图斑点3个，整改涉宗场所4处，拆除1处，关停并拆除畜禽养殖4家、整治完成六荀村段张六线县道，拆除违法建筑8284平方米，超额完成区计划任务数。整治涉宗场所，周村教堂列入宗教标志物整治以来，乡党委、政府组织专门力量对教会神职管理人员进行政策疏导，了解掌握信徒思想和舆情动态，掌握时机，果断决策对标志物进行助拆，稳控情况良好。整治公路环境，辖区有县道2条，乡道7条、村道11条，全区公路环境整治工作会议之后，乡组织力量对所辖道路进行排查摸底，对采伐待运木材、毛竹堆放、绿化苗木种植区块沿路植土堆放影响道路交通、通村道路两侧部分区段堆有建筑施工材料等问题，协调公路部门实施整治，确保整治效果。整治卫片图斑，5月8日，采取有力措施，对全乡3个卫片点依法进行拆除，相关业主对产生的建筑废料进行拆整回收，建筑垃圾于6月底前全面完成清理。整治违法建筑，年初根据区统一部署，对全乡违法建筑和一户多宅情况进行摸底调查，在工作中坚持以整治违法建筑和一户多宅为创建工作抓手，调动乡村两级干部工作积极性，落实助拆经费保障，确保"无违建乡"创建任务圆满完成。

【旅游资源开发】沙畈乡有潜在的巨大旅游资源，有银坑村、芝肚坑一带的"红色旅游"，粟裕将军最早在银坑一带建立中共地下党支部，并留有粟裕指挥站所、粟裕练兵场、白沙溪"三十六堰"、银坑木偶戏、黄坛艺人道情、芝肚坑少数民族风情村。其中，7个村能够精通遂昌话、闽南话、南京话、永康话、义乌话、汤溪话、武义话、衢州话等奇特语系的村庄，有半溪垅自然生态村落景观、山脚福民殿、乌云石拱桥、周村"虞氏宗祠""高儒古厅""高儒原始次森林"、亭久"白沙庙"、包氏后裔祠堂、梧桐垅"万亩绿色竹海景观”、店边“古窑址”、狮岩坞“古厅堂”、石宫岩景、沙畈30座解放初期建造的人民大会堂及红军标语等等。

【社会事业】 抓好计生工作，宣传“两免政策”，组织春秋两季“三查”，全乡透、检对象2595名，已透、检2581名，透检率达99.7%。贯彻落实“单独二孩”新政策，至年底，审批“单独二孩”14例。加强社会保障工作，落实低保户、贫困户的年审工作，新增低保户、边缘户23户，核减34户，全乡有低保户、边缘户399户、577人。有残疾人392人，其中新办残疾证42人，组织全乡残疾人免费体检和白内障患者免费筛查治疗，群众反映较好。开展城乡居民医疗保险缴费工作，全乡参保8725人，参保率达到96.8%。重视山区教育工作，多渠道吸引社会各界关心关爱乡中心小学建设，筹集各界捐助资金近10万元，用于奖励优秀的师生和改善教学环境。

【重点工程】 组织实施辽头、青草、山脚、店边4个村水源补给、管道修复和蓄水池改造等饮用水改造提升工程；完成山脚、青草两条白沙溪堰坝建设项目；基本完成高儒畈农田水利设施修复工程；投资450万元的石坞、芝肚坑、山脚、大角坞4个村的水保项目建设完工；完成农村土地综合整治收尾工作，增加有效耕地面积2.02公顷；做好下山移民异地搬迁工作，完成水碓基村32户、111人下山移民。配合相关部门搞好26个村污水处理提升工程方案设计，先后分5批组织22个村进行方案对接会审，已经有21个村完成招投标，有20个村开工建设，其中16个村被区列为年度计划治理村，乡组织力量全力以赴抓好工程建设。

【平安沙畈】 沙畈乡在安全生产工作中，重点抓冬春两季护林防火和汛期防洪防汛工作，防火工作做到早发现早处置，投资购置防火器具1000余件，每季度组织护林员培训，并根据季节性特点，在春节、清明等关键时段出动宣传车进村入户进行防火宣传，多项防火措施的出台，确保全年全乡无一起重大火情发生，保护了人民群众生命财产的绝对安全。在防汛期间，抓好防汛保安全工作，加强对境内2座水库、2座山塘、5处地质灾害隐患监测点、338户危旧房及白沙溪和各支流的巡查维护，做到防患于未然。以创建“平安乡镇”为契机，明确目标任务，落实相关责任，落实“矛盾调解室”的建、管、用，基本完成创建“平安乡镇”各项工作任务，周村、赛畈、亭久、潭背4个村获市级民主法治村称号。全乡社会秩序平安稳定，辖区内无重大治安刑事案件发生，无治安混乱部位存在，无非法传销和变相传销现象，无安全责任事故，人民安居乐业，公众满意度高。

【党建工作】 乡党委结合教育实践活动，不断加强领导班子和干部队伍的思想、能力和作风建设。结合群众路线教育实践活动，乡组织班子成员系统学习了党的十八大报告、《党的群众路线教育实践活动学习文件选编》《厉行节约、反对浪费—重要论述摘编》等内容，开展“三思四问”“四个扪心自问”等大讨论活动，班子的政治理论水平进一步提升，增强班子成员的思想和政治自觉性，也营造互信、互助、互补的好风气。年初，按照人岗相适、人尽其才的原则，根据干部年龄结构、学历情况、各自专长等情况，对干部职工分管工作进行了调整，有效调动干部工作积极性，提高了工作效率；同时，为加强全科干部队伍建设，以大集训与专题培训相结合、“走出去”与“请进来”相结合等形式，对班子成员、干部队伍和农村党员进行分类培训，提升服务发展的能力。全年举办各类培训班6期，培训党员干部800人次；选派科级领导干部、中层干部等11人次参加上级举办的培训班。加强工作作风建设。年初开始，重新制订《机关干部目标管理考核办法》，严格落实乡机关干部绩效考核工作制度，对优秀干部进行表彰奖励，对基本称职、不称职干部进行诫勉谈话。针对每名乡干部的考核结果进行公示，改变乡干部“怕字当头，懒、散、靠、等、要”的思想和到村仅当“传话筒”“通讯员”的做法，使各级干部主动投身到工作中。2014年，全乡开展各种廉政教育4期(次)，培训(教育)党员干部247人次。加大对违纪党员的处分力度，处理违规违纪党员5名(开除党籍3人，党纪立案2人)，严肃查处区交办的半溪村党支部原书记刘某某案件，维护了党员队伍的纯洁性。

【群众路线教育】 乡党委严格按照上级要求，抓好党的群众路线教育实践活动各个环节落实，成效明显。按照区、乡实施方案要求，坚持做到集中学习和自学相结合，突出学原著、学精典、注重方法，把学习作为主线，把活动贯通衔接起来，贯穿于教育实践活动全过程。通过发放征求意见表、开展“走村不漏户，户户见干部”、征集“微心愿”等活动及上门拜访老同志、召开民主生活会等多种方式，广泛征求意见和建议，乡党委收集到18类、116条意见建议，党政班子成员查摆出问题107条，征集困难群众微心愿79个。根据查摆出来的问题，制订措施进行整改。解决区交办的半溪村信访案件、农村卫生存在较多死角、乡召开会议下发文件过多等10个方面、20多个问题，化解群众积怨，解决群众诉求，树立干部形象，让群众看到教育实践活动带来的新变化。 （江志云）

塔石乡

【概述】塔石乡地处婺城区西南部山区，东与沙畈乡交界、南于遂昌县交界、西于龙游县交界、北与岭上乡交界。辖区面积约99.63平方千米，下辖39个行政村。全乡人口4201户、10740人。山林总面积10533公顷、耕地面积370.73公顷。全年完成税收881万元，其中，地税862万元，国税19万元。

2014年，塔石乡以科学发展观为指导，坚持“农业稳乡、生态立乡、旅游强乡”的发展战略，求真务实，凝心聚力，较好地完成了年初确定的各项目标任务。人大作用发挥明显，政协工作不断加强，各项提案均得到落实。党管武装工作卓有成效，圆满完成夏季征兵、应急基干民兵集训等工作。妇联、共青团、残联、民政、统战等工作扎实有效。乡便民服务中心、财务代理中心、招投标中心等运转良好。

2014年，先后荣获先进基层党（工）委、党风廉政建设工作创新奖、武装工作先进单位、落实党风廉政建设责任制先进集体、纪检监察工作先进集体、防范处理邪教工作先进集体、宣传思想工作先进单位、维护稳定先进单位、信访工作先进单位等荣誉。

【工业经济】全年实现工业总产值5800万元，新增工业投入1000万元。新增企业1家。做好来料加工工作，培育经纪人23人，其中，新增2人，从事来料加工从业人员1050人，全年实现加工费900余万元，同比增长6%。

【农业经济】全年农业总产值10550万元。加强农业龙头企业的培育，新引进有机米种植大户1个，水果种植示范大户2个，建立有机米示范基地13.33公顷。塔石农业开发有限公司、天宇茶业有限公司顺利通过区级农业龙头企业复评。加强农民专业合作社的培育，新增农民专业合作社6家，新增家庭农场1家。加强特色专业村的培育，形成以东岭、鱼潭、下淤、大茗等村的笋竹生产，岱上、银岭村的高山蔬菜，塔石、井上村的有机茶，余仓村的翠冠梨，岭边村的山茶油等各类专业村14个。抓好农业园区和粮食功能区建设，新建桃连、东店等村8公顷红心猕猴桃基地和岱上村0.67公顷蔬菜钢架大棚等现代农业园区；投入61.2万元，完成石塘、后坞等村28公顷粮食生产功能区建设任务。推广种植甬优15号、甬优9号、中浙优1号，完成粮食复种面积1172.53公顷，总产量5209吨。加强农业信息服务和技术培训，全年举办蔬菜、油茶种植等农技培训4期，培训总人数600余人。全年实现农业总产值10550万元，同比增长6.3%；农民人均纯收入7012元，同比增长7%。

【山区旅游】依托本乡生态景观资源，加强旅游项目策划，编制乡村旅游发展规划，推进山区乡村旅游发展。投资350万元，完成余仓村旅游开发综合项目，建成4公顷浙中玫瑰园，完善了塘头厚大溪沿岸休憩带、岱上高山蔬菜采摘、余仓峡谷瀑布观赏一日游、交椅山红军亭、岭边高山梯田等特色景观带，举办塔石乡村旅游系列推介活动，成功举办塘头美食节。全年接待区内外游客9.21万人次，直接营业收入达156.3万元，带动特色农产品销售收入近50万元。

【生态建设】全乡有省级生态公益林6137.47公顷。全年完成人工造林50公顷，林木抚育373.33公顷，四旁植树及义务植树2.9万株；封山育林6133.33公顷；完成毛竹覆盖示范基地二块，面积0.4公顷；油茶、毛竹低产林改造133.33公顷。公路补植增绿1700株，其中县乡道1.4千米，村道0.5千米。加强饮用水源保护，拆除各类畜禽养殖场

16940平方米,处理畜禽4859头。

【基础设施建设】投资256万元完成两条县道大中修,修复水毁、塌方地段7处。加强23条乡村道路的养护,完成大坑等3个村的安保设施安装;完成桥梁路基加固改造2处。新建塔石集镇公交车站。并投入使用。新建高田、岱后、郑家塔等村3条8000米林区道路。完成银岭和下淤环村道路硬化、石塘和岭边村自来水改造、井上和金牛山防洪坝建设等一批惠民利民工程。新建和改造11个村生态公厕,新建垃圾房41个,新增垃圾桶900个。

【重点工作】塔石乡以"无违建乡"创建为目标,推进"三改一拆"工作,全年拆除违法建筑19452.53平方米,超额完成工作任务。"五水共治"工作扎实推进,组建巡查员队伍,落实河道保洁长效管护机制,加强日常监管。完成井上、桃连、岭边、大坑等村供水项目和壁下村防洪坝等治水项目。实施23个村的农村生活污水治理提升工程。扶贫项目扎实推进,全年申报实施省级扶贫项目6个、市级扶贫项目5个、"一事一议"项目5个,其他扶贫项目40多个,完成五年富村计划项目2个,完成10个经济薄弱村转化任务,争取上级补助资金343万元,到位100多万元。完成高田、鱼潭2个地质灾害村114户、225人下山移民工作。开展农村生活垃圾分类和减量化处理工作,至年底,完成全乡37个村太阳能垃圾房建设。

【文化事业】完成山坑村和上塔石村的文化礼堂建设,乡文化活动中心建成开放。成功举办"三月三"传统民俗文化节、"三花节"、庆"七一"文艺会演、塔石书画、摄影、耕雕作品展和重阳敬老等活动。全面启动39个村"春泥计划"行动,大茗、余坞里、桃连村等被评为"春泥计划"实施先进村,完成省级体育强乡创建。

2014年4月4日,塔石乡举办"三月三"畲族文化风情活动

【社会管理】全面加强"网格化管理,组团式服务"工作,加强矛盾纠纷、信访问题排查,把矛盾纠纷解决在基层。全年共受理调处民事纠纷23起,调处成功22起,调解成功率95.6%;"8890"便民服务平台受理群众诉求26件,接访10件,全部在规定的时限内得到回复和处理。开展"无邪教乡"创建活动。加强舆论宣传,严厉打击非法宗教和邪教组织的破坏活动,全乡未发生非法宗教和邪教破坏活动。加强普法教育,强化流动人口服务管理,抓好特殊群体管控工作,全年无群体事件的发生。加强社会治安防控体系建设,建立领导联系到户和责任分管负责制,健全重点区域和重点群体长效管控机制,加强日常管控。加强对社区矫正人员及归正人员的管控及教育工作,实现无脱管、漏管和重新犯罪事件发生。

【服务保障】扶贫工作扎实有效。全年发放小额扶贫贷款25户、210万元。新增低收入农户集中村资金互助社1家,发放借款57户、115万元。社会保险率不断提升,城乡居民基本养老保险实现全覆盖,医疗保险率达97.98%,企业退休人员全部实现社会化管理。对低收入群众的社会救助力度不断加大,新建4家居家养老服务中心、3处避灾场所。落实助医142人、助学134人、助困32人,核定低保259户406人,五保入院58人(其中新入院12人),户院挂钩31人;落实82名优抚对象定补,全年发放定补款72.32万元;为32名困难大学生发放助学金6.4万元。对6名单亲家庭学生申报慈善捐助,落实2名孤儿大学生每月600元生活补助的发放。9名家境贫寒、品学兼优的大学新生在"爱心助跑·圆梦大学"活动的帮助下圆了大学梦。对3名新增重度残疾人落实了托安养,98名残疾人落实低保、助困,完成残疾人安居工程5户、白内障免费手术31例;创办市级残障人"爱心家园",落实无固定收入残疾人每月100元补助发放,为全乡所有残疾人办理了公交"爱心卡"。加强劳动力培训,提高劳动就业率。依托九峰职校等教学机构,开展农村实用技术培训,加快农村劳动力的转移。全年举办高山蔬菜、油茶等劳动技能培训6期、受训农民1200多人次，同时还组织农技人员、种养殖大户到武义、杭州等地参观学习2次。全年累计输出劳动力5667人，劳务输出总收入8500万元，占全乡农民总收入的70%以上。做好访贫问苦等工作，全年走访慰问各类残困家庭460余户，发放慰问金10万余元，各类实物价值20余万元，并组织有关单位开展了免费体检、送医送药下乡等活动。做好计生人口查漏补缺工作，加大遗留对象的社会抚养费征收力度，做实做细"三查"工作，完成2次集中孕情普查，全年出生151人，计划生育率为94.7%，新增计生奖扶对象2人。

【党建工作】 乡党委全面落实党委理论中心组学习制度。把学习贯彻党的十八大精神作为当前和今后一个时期的重要政治任务，开展群众路线教育实践活动，进一步密切党群干群关系。继续深化服务型基层党组织和"五星"创建活动。注重规范化建设、长效机制建设和党员服务平台建设。推行"代买、代售、代领、代办"四项代理等制度，提升服务水平。加强软弱涣散党支部整转，采取乡主要领导联系包干，乡干部下派任村支部负责人等措施，解决大坑、南坑2个村软弱涣散支部存在的突出问题，切实改变支部软弱涣散状态，理清理顺村级财务，为民办实事项目有序推进，各项工作步入正轨。强化乡镇干部队伍建设，以"全科干部"建设为目标，采取"传帮带1+1"干部培养模式，结成帮带师徒11对，通过帮带，年轻干部能力素质大幅提升。3名大学生"村官"中，2名当选为村两委。开展"全科干部、全心服务"和"走村不漏户，户户见干部"活动，走访农户，建立民情档案等第一手资料。

坚持从严管理干部，健全干部考评机制，加强年轻干部、女干部、党外干部培养等工作，坚持党管人才，不断创新人才引进、培养、激励、使用机制。78名村级主职干部参加任职培训，有效提升服务水平。加强党员管理。通过建立党员服务中心支部QQ群、定期电话回访、约谈等形式，加强对在外党员的联系，密切他们与党组织的联系。开展党员公益日等活动，落实"五必访"制度。严把新党员"入门"关，对不合格党员做到及时清理。全年处理违纪违规党员5人，确保党员队伍的纯洁可靠。

加强党风廉政建设，贯彻关于改进工作作风、密切联系群众的八项规定和省委"六个严禁"，严格执行党风廉政责任制。注重源头预防和制度建设，加强对关键岗位人员等重点环节的制约和监督。重点加强对重点工作、重点任务、重点项目贯彻落实情况的监督检查，全面提升执行力；深化村务监督委员会规范化建设，规范农村集体"三资"管理。切实加强党员干部作风建设，深入开展重点岗位"三治三问"活动，严肃查处违法违纪案件，坚持纠正损害群众利益的不正之风。

加强民主法治和机关效能建设，严格落实上下班纪律、周三夜学、下村驻乡、值班等制度，狠抓机关效建设，乡干部工作水平、服务态度、办事效率全面提升。公务接待经费明显下降。基层民主建设明显加强，"村务联席会议""五议三公开"等制度得到落实，村级重大事项坚持"一事一议"、民主决策。乡村两级"三资"管理全面加强，村级财务代理中心和乡招投标中心建设进一步规范。全年完成各项招投标业务交易42批次，交易总额达2076.58万元。

（严光远）

岭上乡

【概述】 岭上乡位于区境内西南部，东邻琅琊镇、沙畈乡，南接塔石乡，西界莘畈乡，北毗汤溪镇，面积60.66平方千米。原辖9个村委会，2013年底，经合并设村后改为2个村委会，分别是毗邻汤溪镇的九峰村和靠近白龙桥镇的桃源村，现有人口3632户、8722人。乡政府驻地为汤溪移民安置区。

2014年，岭上乡坚持以科学发展观为统领，全面贯彻落实党的十八届四中全会精神和中央、省、市、区的重大决策及工作部署，紧扣党的群众路线教育实践活动主线，狠抓"两富"建设，团结和带领全乡干部群众解放思想、团结拼搏，全乡经济社会事业平稳有序健康发展。

【基础设施建设】 农业基础设施不断优化。完成长6千米总投资186余万元的原东会村至邵家源村林间道路建设，该项目的建成，将盘活库区13033

公顷生产用地和66.67公顷经济适用林，惠及2000多移民增产增收；来料加工业及第三产业蓬勃发展。全年新增来料加工点4个，总数增至28个，实现加工费789.4万元；为提高移民收入，2个新村分别投资200余万元的来料加工基地项目已在审价中；全乡从事旅游、餐饮、住宿等第三产业达200余家，从业人口达500余人。

【规范管理】 健全完善制度建设，针对原有体制带来的发展弊端，克服时间紧、人手少、维稳压力大等困难，于2013年12月20日起，启动合并设村工作，并于12月底全面启动合并后新村的基层组织选举工作，在短短1个月的时间里平稳有序地完成了合并设村和新村村级组织换届选举工作，3月底前基本完成了配套组织建设。同时，抓好2个新村的财务制度、出勤值班制度、误工补贴发放、村规民约以及重大事项议事制度等规章制度，结合实际制订工程项目建设相关规定和建设流程。6月，实行村财乡管，走上了规范的轨道。

【提升效率】 结合2个移民新村地处2个区(婺城区、市开发区)2个镇(汤溪镇、白龙桥镇)，人口众多，且刚刚合并后的村民思想不统一、村干部之间的整合还需要一定过程的实际情况，为了加快整合速度，激发村干部干事创业的热情，乡党委、政府在理顺体制上下功夫。明确总支、村委会与支部及配套组织的工作职责和工作任务及范围，健全村级议事制度，加大村干部业务培训，进一步加强与周边乡镇、村及相关部门重点是经济开发区的协调联系，争取项目、资金。通过一系列的举措，干部群众的思想日渐统一，体制渐渐理顺，党员干部的创业热情不停高涨，并在新村基础设施建设、重点工作任务的完成、日常行政管理等方面取得了很好的成效。

【美丽乡村建设】 抓好2个安置区的宅间道路建设。2011年，2个安置区的宅间道路建设工程由九峰水库移民办统一发包建设，由于移民诉求很多、矛盾重重，导致工程进展一直不顺。直至2013年底，尚有10000多平方米(其中九峰村2000多平方米，桃源村8000多平方米)未能建设完工，群众意见很大。新村组建后，将此工作任务下放到新村两委。通过2个多月的努力，移民办、乡政府和村两委通力合作，做好每个农户的思想工作，工程基本完工，等待验收。完成绿化工程建设。为改变村容村貌，改善新村脏、乱、差现象，2个新村开展了环境卫生综合整治及公用区块绿化美化工作。桃源村白汤下沿线8000余平方米的景观带雏形已形成；村综合广场的绿化硬化已基本完工；11月，集中1个星期时间清理整顿近万平方米的村内公用绿化带，已完成黄土回填；九峰村已完成绿化面积1.2万平方米左右。抓好村民活动广场建设，2个村的村综合楼前广场的硬化工作已完成，硬化面积达3800余平方米，总投资达80余万元。文体设施建设进一步完善，桃源村在村办公楼安装了户外大型LED屏，广场上安装了篮球架，极大地丰富了群众的文化娱乐活动，每天晚上都有近500名村民在广场上开展娱乐活动。九峰村则在村广场周边绿化带安装了护栏，提升了广场形象。环境卫生保洁工作常抓不。3月，2个新村的卫生保洁由原移民办管理转为由村负责自行管理，2个村根据村庄实际，采取总体发包和分块发包的模式进行公开招标，建立环境卫生保洁工作管理长效机制。同时，不定期组织集中保洁行动，九峰村在七一期间组织党员干部集中清理了近半个月，桃源村也多次组织集中清障，2个新村的环境卫生状况与之前相比有了很大的改观。

岭上乡桃源村新貌

【中心工作】 围绕区委、区政府下达的各项中心工作，克服困难、突出重点、狠抓落实，完成了上级下达的各项任务。抓好“三改一拆”工作，至年底，拆除违章18处、6509.89平方米，完成区下达拆违任务数的330%；开展“无违建乡”和“无违建村”创建工作，通过持续几个星期的集中行动，彻底拆除违章搭建的临时建筑物。抓好“五水共治”工作，连续3次组织400余人次，对“一河两渠”垃圾进行集中清理，清除垃圾200多吨，并建立专人保洁、日常巡查、集中整治的长效管理机制。抓好畜牧业整治工作，全乡有畜禽养殖户16户（禁养区12户，限养区4户），截至5月31日，全部签订拆除协议，处理畜禽9632头，拆除栏舍6410平方米。抓好“三化”整治工作，对桃源村白汤下沿线40余户木材加工户进行整顿，规范加工户门前木材堆放，拆除乱搭乱建10处；清除20个1120平方米的违章墙体广告和广告高炮一个。

【基层党建】 乡党委按照“抓规范强基础、提能力上水平、强党建促发展”的思路，通过合并设村架构党建新格局，通过全科干部、全心服务活动，抓好乡干部队伍作风转变，通过基层党组织五星创建和党员五星管理抓好村级党员干部教育管理和作用发挥，通过重点难点工作推进锻炼队伍，服务群众所需。全乡各级党组织活力明显增强，党员干部创业激情明显提增，为民服务水平明显提升，创新社会管理机制明显收效，各项社会事业发展明显提速。

（郑燕俊）

莘畈乡

【概述】 莘畈乡位于金华市南山山麓，东邻岭上乡，南连塔石乡，西毗龙游县，北与汤溪镇接壤，距金华城区35公里。全乡行政区域面积73.04平方千米，下辖11个行政村，2014年底，户籍人口2172户、6079人。

辖区内莘畈水库是市开发区金西3镇和蒋堂镇的饮用水源，另有山塘水库7座，总库容19万立方米，主要河流3条（段），总长度22千米；森林覆盖率达88%，优越的自然环境使莘畈乡2007年被评为省级生态乡，2010年被评为全国环境优美乡镇，是首批国家级生态乡。

莘畈乡文化底蕴深厚，乡内明清古居、祠堂、高墙大宅至今保存完好；原中共地下党秘密革命活动场所林氏宗祠，已成为青少年爱国主义教育基地；抗战时期粟裕将军曾率领工农红军在境内进行革命斗争，存有遗址。

莘畈乡盛产有机茶、板栗、笋竹、香榧、野生猕猴桃、高山大米、水库有机鱼、红心番薯等特产；莘畈土鸡、生态蔬菜、溪鱼、土蜂蜜、山茶油、菜黄牛、娃娃鱼及其制品享有盛誉。

2014年，完成财政收入1204万元。

【工业经济】 2014年，全乡完成工业总值9640万元，同比增长27%；完成销售产值9453万元，产销率为98%；实现工业增加值1760万元；引入内资1500万元；发放来料加工费1000.2万元。

【农业经济】 2014年，完成农业生产总值3926万元。方家农业产业园项目招商引资工作取得初步成效，建成6公顷竹柳基地；栽种高山蔬菜、水果33.33公顷；新建粮食生产功能区14.67公顷。

【乡村旅游】 4月11日，承办“十万上海人游婺城启动仪式暨莘畈乡村旅游推介会”，金华莘畈生态农业旅游发展有限公司与上海“畅游天下”旅游联盟等50多家旅行社达成长期合作意向。全乡有近300床位，可容纳1000人同时就餐，全年接待上海团队游客10余万人，营业额3700万元，同比增长23%。赏绿色林海，游碧波荡漾，品田园野趣已成为莘畈旅游的金名片。

【重点工程】 新建、加固防洪堤坝1000余米，新（修）建堰坝6座，修复6个村的水毁工程，完成3个村饮用水改造工程。完成2个重点村的污水治理工程，新建太阳能垃圾房8座。完成联网道路建设5.2千米，重建桥梁1处。

【文化宣传】 全面完成乡文创基地一期建设，引进文创企业20余家。完成3个村的文化大礼堂建设，组建乡级、村级优秀特色文艺团队各1个，更新3个村的农家书屋出版物。

【民生事业】 结合“美丽乡村”建设，全乡各村展开新一轮的村庄治理、美化活动。完成方家、大立元2个村“秀美”村庄建设，祝村列入“洁美”村庄建设。完成井下村组道路修建和吴村建造防洪堤坝工程；完成井下至大坞头公路提升改造项目。通过一系列的项目建设，全乡群众生产生活环境得到明显改善。

莘畈乡开展环境整治

【社会保障】 最低生活保障、社会救助、救济救灾得到进一步完善，残疾人就业和扶贫力度不断加大。2014年，完成省级扶贫项目2个、市级扶贫项目3个，投资额120余万元。做好扶贫小额扶贫贷款工作，全年送批小额贷款户35户，正常贷款回收率100%。关注弱势群体，做好重要节日的走贫访苦工作，及时发放低保、救助、救济、救灾款。完成一年一度的民政低保、低保边缘户年检工作；落实外东坑、大坞头、井下、学岭头、上范5个村的居家养老工程；做好新农合、新农保工作，居民医保参保3780人，参保率达96.8%。

【平安综治】 开展“排查整治，强基促稳”专项活动和矛盾纠纷排查调处，深化“网格化管理、组团式服务”工作，维护辖区社会稳定。同时，加大平安创建工作宣传力度，以提高安全感“三率”为抓手，通过多种宣传方式、多措并举的工作措施，将各项工作要求落到实处。严格实行安全生产责任制，与企业、行政村签订安全生产责任书；加大夏季森林防火宣传力度，落实护林员责任制；按照山洪防范预案要求，调整充实乡防汛防旱指挥部领导班子，组织各村抓好汛期山塘水库、水利设施的全面排查和防洪防汛工作；做好社区矫正人员的各项管理工作；做好“六五”普法宣传活动，送法进乡村、送法进校园。认真做好动物疫情防控工作。

【计生工作】 做好做实一年2次计生“四查”工作，计划生育率92.59%。加强社会抚养费征收力度，全面落实部分计划生育家庭户奖励政策。注重计划生育宣传教育氛围建设，乡党委、政府出资为所有行政村重新制作计划生育宣传栏，增加计划生育电线杆标语牌20余块，打造计划生育宣传一条街，创建1个计划生育宣传示范村。

【异地搬迁】 根据区委、区政府文件精神，乡党委、政府成立下山脱贫异地搬迁工作领导小组，做好山区群众异地搬迁工作。列入下山移民计划的里东坑村已完成12户45人搬迁到乾西安置区的任务。

【组织建设】 乡党委深入开展党的群众路线教育活动，新建制度7项。征集并完成微心愿96个，收集意见建议45条，解决问题36个；查摆并制订整改事项80项，已基本完成整改。开展新一轮基层组织“五星争创”工作，通过公开评定评出五星级村支部1个，四星级2个，三星级4个，二星级3个，一星级1个，针对不同级别制订晋位升级方案。至年底，三星及以上党组织占比达到70%以上。在农村党员中开展“党员五星管理”，结合评星参考内容制订本乡评定细则，评定过程公开透明，评定结果进行公示，切实加强党员队伍建设，引导广大党员立足本职岗位，奋发有为。

【队伍建设】 开展“正风肃纪抓执行、攻坚破难促发展”系列活动和“全科干部、全心服务”主题活动，结合莘畈实际制订切实可行的活动实施方案。在全乡开展“集体经济发展竞赛、重点项目建设竞赛、社会管理创新竞赛、美丽乡村建设竞赛”等四项竞赛活动，制订“周三服务日制度”，明确联村干部工作职责，确定干部“驻夜值班、夜学夜读、夜访夜谈”工作纪律，扎实推进干部作风建设。多措并举加强村级干部管理，制订多项管理制度，严格考核，严肃问责。每月开展工作督查2次以上，对17个村(次)进行书面通报批评，并对8名村干部诫勉谈话。

【社会事业】 乡招投标中心工作逐步走入正轨，招投标工作有序进行，无违规现象发生；全乡的国防教育、人民武装工作继续得到加强；围绕和谐主题，人才引进和劳动保障、统战、工会、共青团、妇女、老龄、残疾人、关工委等各项事业取得新进展。

【党风廉政建设】根据乡人员变动情况，及时调整领导组织，与各村、乡属各部门主要负责人签订责任书，强化责任落实。实行"无过错预警"制度，在重点工作尤其是涉农工作开展之际对相关办事人员进行预警，严格防控廉政风险；开展专项效能督查活动，重点加强对重点工作、重点任务、重点项目贯彻落实情况的监督检查，全面提升执行力；建立"集体访、越级访、重复访"的乡党委纪委、乡驻村干部、村级组织三级联动预警机制，认真做好纪检信访举报和案件查办工作；抓好乡365便民服务中心、各行政村365便民服务室提档升级，使村民办事更方便、更快捷。严格执行中央"八项规定"，加强对党员干部的针对性廉政教育；开展案件查办工作，给予党内严重警告处分1人，开除党籍1人。

（胡荣伟）

箬阳乡

【概述】箬阳乡位于金华市婺城区南部山区，东南与武义县相界，西靠沙畈乡，北临安地镇，区域面积60.38平方千米，辖14个建制村，人口1470户、4027人。距金华城区50千米，由于其地势较高，山峰险峻，常年云雾缭绕，素有金华的"小西藏"之称。全乡海拔在600~1100米之间，其中竹蓬尖海拔1271米，为境内最高峰。全乡有山林面积5334公顷，耕地面积126.6公顷，其中水田111.07公顷。境内盛产竹、松、杉等用材林和茶叶、红豆杉、榧树等经济林，自然资源丰富，是省级生态乡。

2014年，乡党委、政府贯彻落实党的十八大和十八届三中、四中全会和习近平总书记重要讲话精神，按照"创业富民、生态立乡"的战略要求，围绕"抓基础、优环境、促发展、保稳定"的工作思路，牢记为民务实宗旨，转变作风优服务，凝心聚力促发展，团结带领全乡人民，艰苦奋斗、顽强拼搏，各项社会事业齐头并进，经济社会呈现良性发展。

2014年，实现农民人均纯收入7800元。

【工业经济】箬阳乡乡镇工业以竹木加工、茶叶制作、小水电为主。2014年，工业总产值指标3300万元，完成3352万元，同比增长0.6%，工业新增投入107万元，完成财政收入497万元，超额完成全年任务。全年新增来料加工点2个，培育来料加工经纪人11人，从事加工人数201人，全年累计发放加工费271万元。

【农业经济】箬阳乡围绕"创业富民、生态立乡"的要求，不断扩大特色农业优势，制订《箬阳乡2014年度关于夯实农业发展基础、促进农民增收的若干意见》，继续培育以茶叶、红豆杉、高山蔬菜为主的特色产业，在巩固茶叶产业主导地位的同时，推进香菇基地、猕猴桃观光基地等其他项目建设，鼓励做强做大茶叶、红豆杉等特色农业。2014年，全乡有1015台炒茶机，其中新增50台，发放购机补贴9.22万元。建成反季节高山蔬菜9.47公顷，成为全区名副其实的高山反季节蔬菜之乡。根据2014年1号文件精神，发放种植大户、农产品品牌创建等奖励资金10万元。

挖掘林业资源，实施基地建设，开展生态环境保护，做到保护与发展并重，推进生态村建设，做强做大省级生态乡品牌。2014年，完成一般造林42公顷，林木抚育320公顷，建成箬阳村林道4千米，补助造林4.33公顷，重新明确生态公益林范围，区域面积扩充至946.13公顷。

【新农村建设】根据美丽乡村建设要求，开展村庄环境整治和美化行动，完成秀美村创建1个，洁美村创建12个，新增绿化面积3250平方米。建成石井坑、南坑、茶园、琴坛4个行政村污水处理工程；全面落实"五水共治"工作，对罗坪至石井坑、茶园至琴坛、瀛头片3条计15千米溪流河道进行垃圾清理，清理垃圾150余吨，并建立健全日常保洁、督查、考核等长效管理机制。全面铺开"垃圾分类"工作，投入70余万元建成太阳能垃圾减量房6座，按照"两桶、四分、定点放，户集、村收、片处理"的垃圾分类模式，统一配套分类垃圾桶、垃圾分类清运车等硬件设施，采购垃圾车10辆，配套大型垃圾分类宣传牌18组，村收集点100升装垃圾桶200组，入户30升装分类垃圾桶1380套，实现了分类设施全覆盖。实现了垃圾减量化连点联片全乡覆盖，投入30余万元完善了垃圾分类设施配套，规范保洁员队伍，强化农户垃圾分类意识，突出乡村二级管理。按计划开展全乡畜牧业整治工作,至年底,已基本完成70户养殖场生猪清栏工作,全年拆除畜禽养殖建筑物8361平方米,处理生猪2000余头;继续推进"三改一拆"工作,以无违建乡创建为目标,开展"无违建村"创建工作,全年拆除违章建筑60户,面积5524平方米,实现了新增违法建设"零"增长的目标。下山移民工作顺利推进,自2013年横坑行政村第一批任务和箬阳村茶山头自然村整村人员实行搬迁至乾西小康移民示范村以后,2014年,横坑村第二期48户、102人顺利实现下山搬迁。不断推进后续移民安置工作,完成毛岭脚、葛山、狮毛坪3个自然村的下山移民会议动员、制订计划和农户调查摸底工作。

箬阳乡南坑村已拆除并复垦的养殖户

【生态休闲旅游】 乡党委、乡政府依照《箬阳乡旅游整体规划》,加快建设步伐。以点到线,以线扩面,全面打造生态休闲旅游特色乡。以琴坛村为试点,投资200余万元,发展旅游基础设施建设,打造"华东客家第一村"品牌。2014年,建成客家民宿3栋51个床位,7月中旬正式投入运营,累计接待游客1.2万人次,实现经济效益18万余元。

【社会民生】 以创建"平安箬阳、生态箬阳、秀美箬阳"为目标,时刻把握"实事为民"的宗旨,强化服务,箬阳乡各项社会事业统筹推进。

做好扶贫结对工作,2014年,申请省级扶贫项目1个(黄阳村一村礼堂、停车场及绿化建设),总投资45万元,申请补助资金30万元;市级扶贫项目2个,总投资60万元,申请补助资金40万元。推进信贷帮扶服务,促使创业发展。全年审批低收入农户小额贴息贷款8户,金额35万元;专业合作社3家,审批资金65万元;种养大户2家,金额10万元,琴坛村贷款20万元。

做好计划生育"三查"工作,坚持"上门B超服务、医院设点普查、外出寻人补漏"的三级工作模式,全面落实农村计生家庭奖励扶助,举办女性健康保健知识讲座。至年底,全乡出生人口50人,实现计划生育率90%,"三查"率达99%。

做好民政工作,完成农村低保核查提标工作,开办箬阳、琴坛、石井坑、瀛头、大应5个村的居家养老中心,做好对全乡123个残疾人的爱心卡入户调查和发放工作。全乡五保对象13人100%实现敬老院集中供养;对低保对象69户、116人和60岁以上退役军人,及时足额享受补助。全年共发放低保救助金8.5万元,发放重度残疾救助金6.12万元。落实残疾人安居工程5户,补助资金3.5万余元,实现农村政策性住房保险参保率达99.9%。

做好劳动力就业和社会保障工作,实现新型农村社会养老参保人数2033人,同比增加17.04%,其中,新参保人数为296人;城镇居民医疗保险参保人数3261人,比上年增加150人,参保到账率达99.54%,收到医疗保险基金94.59万元。办理企业退休人员社会化管理36人。

推进农村文化建设,投入10万元建成应急广播村村通;建成茶园村文化礼堂、黄阳村文化广场、琴坛和南坑村健身小广场等文化场所。开展宣传文化活动,举办箬阳乡"党的群众路线教育""五水共治"暨百姓才艺大赛、"浓情中秋.情系琴坛"金哈中秋晚会,落实"送戏下乡"6场、"送电影下乡"64场。

推进生态公墓建设,完成瀛头、沙坑、戴村3个村合建的生态公墓,启动琴坛、茶园、南坑等村的生态公墓建设项目。

【平安箬阳建设】 箬阳乡以建设"平安箬阳""法治箬阳"和维护"社会和谐稳定"为目标,加强和创新社会管理,努力营造和谐稳定的社会环境和政治环境。推进"六五"普法宣传,开展"平安综治双月宣传""反邪教宣传""国际禁毒日"等宣传教育活动,在箬阳小学举行消防应急预案演练,各村新配套平安宣传广告牌50余块,发放平安箬阳倡议书1600余份,反邪教宣传单近6000张。

深化组团式服务，推进群防群治，加强矛盾排查调处工作，累计排查矛盾纠纷48起，调处率100%，化解成功47起，成功率97.9%。其中，33起实现矛盾不出村。

结合群众路线教育实践活动，前移信访工作阵地，坚持"把群众所想的事摸清、把群众关注的事办好、把群众期盼的事做实"的原则，延伸服务触角，强化"五水共治"、畜牧业整治、"三改一拆"等重点工作中的矛盾源头治理，实现了信访苗头"发现得早、化解得了、控制得住、处理得好"的工作目标。

【群众路线教育】 乡党委以党的群众路线教育实践活动为契机，围绕"为民务实清廉"主题，开展"走村不漏户、户户见干部"、"走亲连心"、"微心愿"等系列活动，帮助实现微心愿103件。抓好大应村软弱涣散支部整转和壮大琴坛村集体经济等工作，推进周坞村和罗坪村2个无活动场所村的综合楼建设工程。抓好换届后村级配套组织建设，6月，回头看增补2个村支委2名，转正2名主持工作的书记，11月推荐培养后备干部50名。加强对新的党员发展流程的培训学习，严把党员"入口"关。全年9名党员转正，吸收预备党员4名，培养发展积极分子14名。深化农村基层组织建设"三级联创"，全面落实述职评议，引导基层党组织和党员在评星定级中明定位、找差距、强基础。全乡17个党支部中，评出五星级支部3个，四星级支部6个，三星级支部6个，二星级支部2个。

【中国计量学院开展新农村建设调研】 6月23日，中国计量学院马克思主义学院的研究生志愿者团队，到箬阳乡开展暑期社会实践活动，并在箬阳乡小学支教。

11月13日，中国计量学院领导由校党委书记胡建成带领到乡考察指导农村工作。详细了解箬阳乡近年来的经济发展状况和扶贫帮扶工作，重点考察黄阳、岩溪沿、南坑、周坞、大应、横坑6个帮扶村的生态建设、"五水共治"基础设施建设及旅游项目建设情况。

2014年，中国计量学院走访贫困户40余户，实施帮扶项目2个，提供和引进帮扶资金31万元，有力支持箬阳乡新农村建设。 （周针立）

苏孟乡

【概述】 苏孟乡位于婺城区南部，东与雅畈镇为邻，西接长山乡，南和东南毗邻安地镇，西北靠秋滨街道，北与三江街道相接，东北濒武义江，隔江与多湖街道相望。南和西南部属低山丘陵，中部和东北部属冲积平原。玉泉溪、梅溪与安地水库西、东干渠穿越境域，辖区面积44.6平方千米。全乡辖34个行政村，66个自然村，共有6973户、17702人（包括石门农场）。

乡政府驻地苏孟村，距金华城市中心6千米。市区二环南路西自合山头向东横贯乡域北部，经江家村跨梅溪桥入雅畈镇境。市区至安地的金安公路，自湖海塘入境，经桥儿头、苏孟、溪口下、汤店到双枧头大溪滩自然村出境入安地镇。八一南街北自后山村入境，南至江家与二环路相交。乡域境内有市区至安地，市区至石门农场，市区至雅畈镇的公交车通过。各村道路水泥路面均已硬化，与公路相通，交通条件极为便利。苏孟乡有初中1所、小学1所，图书室1所，敬老院1所，乡卫生院1所、卫生分院2所，开通程控电话240门。有省重点工程500千伏双龙变电所和石门农场、加华种猪场、万象花卉等市直企事业单位。不断汇聚八方英才的金华市体育中心成为市区名副其实的标志性建筑。

【工业经济】 苏孟乡工业以机械、五金、针织、服装、建材、食品加工为主。乡政府高度重视工业园区基础设施建设，完善路面硬化和电缆、光缆、给排水管网等基础配套设施建设，较大改善工业园区投资环境；做好企业投融资帮扶，有效调解村企矛盾，为企业发展营造良好发展环境。苏孟乡工业总体相对薄弱，规模以上企业仅1家，年产值6010万元。

【农业经济】 苏孟乡是以种养殖为主的农业乡，全乡耕地面积1213.4公顷（包括市石门农场耕地235.6公顷），山林800公顷。随着土地流转和农业产业结构调整，经济作物得到快速发展，并逐渐以效益农业为主，粮食种植面积逐年减少。经济作物主要有苗木、花卉、茶叶、毛芋、茭白、草莓、蔬菜、瓜果和油料作物等。苏孟乡苗木种植历史悠久，已成为全乡农民增收的重要来源。2014年，全乡有苗木种植面积1897.33公顷，成为远近闻名的苗木之乡。在保持传统销售模式的基础上，拓展互联网等销售渠道，农民年人均增收4000多元，花卉苗木收入占农民收入的60%以上，苗木产业已成为苏孟经济发展的支柱产业。随着“五水共治”行动深入开展，畜禽养殖污染列入重点整治范围，全乡禁养区和限养区的畜禽养殖基地已逐渐复耕还田。苏孟乡对农业产业结构进一步调整，全力打造苗木花卉品牌优势，依托花卉苗木之乡资源，发展现代农业观光旅游产业，逐步实现“金华城市后花园”目标。

【征迁工作】为配合市区整体规划，全力打造精品城市，围绕湖海塘区块征地拆迁任务艰巨，班子成员团结心齐，全乡干部思想统一、行动一致，发扬“6+1”“白+黑”精神，凝心聚力，攻坚克难，重点工作取得明显成效。

全面完成寺南村土地征用和农房拆迁工作。寺南村112户，完成土地征用100%，青苗处理100%，坟墓搬迁100%，农房拆迁签约100%，农房拆除实现100%的可喜成绩。完成110KV苏孟送变电线路无障碍施工保障，解决2年多来的阻工和历史遗留问题，完成后徐、茶堰2村8座塔基和线路建设；完成35KV苏安线苏孟境内9只塔基及通道政策处理；完成35KV苏黄线苏孟境内14只塔基及通道政策处理；完成220KV双太双南3只塔基及通道政策处理。完成湖海塘学校区块政策处理7.07公顷青苗及附属物处理，解决用地纠纷，完成用地围墙和31号路施工便道建设，学校建设无障碍施工。加快湖海塘区块土地政策处理，完成清江桥13.87公顷地块后期政策处理和交地工作；完成后山安置区块18公顷青苗处理；完成330国道以北悦府江南区块绿化带约4.67公顷青苗处理；完成31号路后山段、安置B区块后山地块约3.33公顷青苗处理。开展新能源汽车产业园建设用地部分政策处理，产业园区块内涉及合山头、新楼、淳昌3个村60.33公顷土地235户，完成土地征用协议、青苗评估，青苗政策处理签定协议111户26.47公顷，集中清表5.67公顷。抓好湖海塘区块征迁扫尾工作，针对桥儿头、后山、山背、清江塘、塘上5个行政村、103户未签约村民的征迁扫尾工作，成立专门工作组，制订工作方案，明确责任人和完成时间，年内新增签约8户；认真做好山背、清江塘、塘上村土地统征的前期准备工作，较好完成第二水厂暨配套管网工程征地工作。根据市委、市政府工作安排，协调市自来水公司和石门农场，做好水厂暨配套管网工程选址和环评，完成下田村涉及的1.02公顷土地征用和青苗处理工作，完成石门农垦场18.72公顷土地征用工作。持续推进安置房建设和分配工作。精心做好公寓式安置小区建设施工筹备，3月15日，苏桂院顺利开工，3月24日，金桂院南区二期完成分房工作。

【“五水共治”】围绕“一年灭黑臭”总体目标，全面打响治水攻坚战。争取专项资金开展农村生活污水治理项目，完成生活污水治理工程12个，截污纳管28.6千米。实施畜禽养殖污染整治，全乡养殖户517户，拆除513户，面积14.9万平方米，拆除率99.2 %，全部完成复耕。全面打赢垃圾河治理大会战，紧扣“水岸同治、标本兼治”目标要求，集中清理乡境内12条河流26300米，其中垃圾河18000米，组织乡村两级3600余人次，机械420余台次，清理垃圾230余吨，淤泥2100余吨，较好完成垃圾河治理工作任务，并建立河道保洁长效机制。在开发区验收考核中，得分96分，名列全区第一。拆除无证砂石场7家，规划审批后经招投标整合设立3家，实现以治水促转型，城乡环境得以明显改善。2014年，苏孟乡荣获市“五水共治”先进单位，在全市“五水共治”大会上受表彰。

【违建整治】按照开发区“三改一拆”工作部署，乡政府紧抓重点、强势推进，开展声势浩大的“三改一拆”行动。全年拆除违法建筑27.8万平方米，完成全年拆违任务数479.3%。其中，针对二环以北东阳街两侧违法建筑量大、面广的特点，制订详细工作方案，通过前期摸底调查、宣传发动、动员自拆、断电助拆等一系列措施，分二批稳步推进，拆除沿线三个村的违章面积达10.1万平方米。东阳街拆违赢得市委、市政府的高度评价。推进无违建创建工作，按照无存量违法建筑、无新增违法建筑、无非法“一户多宅”的创建要求，开展对辖区内34个行政村的创建工作，经调查摸底，分村公示、分阶段拆除，完成全乡非法“一户多宅”清理和初步验收。

【新农村建设】苏孟乡加大对“三农”的投入力度，农村面貌明显改善，农业效益持续提升，农民收入大幅提高。加大基础设施建设，争取资金，对山下村金加坞山塘、后岗村800米渠道、下田村500米渠道、三瑞堂村500米渠道、溪口下村段农场溪进行整治；完成楼司、朱项店、溪口下、山下村12000米渠道建设，3月份通过相关部门验收；完成竹园、下田两座危塘整治并通过验收；启动上堰村办公楼建设，新楼、竹园2个村办公楼建设全面完工；加大惠农政策落实，发放乡农资综合直补和农作物良种补贴210户、11万余元。举办绿化养护、苗木种植等培训1期，参训人数120余人，印发各种科技宣传资料3500份。加大农业旅游开发，启动“苏孟水乡”项目，项目建设涉及溪口下、朱项店、上堰3个村，计划投资4000余万元，已完成图审、立项和前期环境整治等工作。

以“美丽乡村建设”为抓手，健全环境卫生长效管理机制，开展重点区域环境卫生整治，加强农村卫生、秩序日常巡查，实施农村生活垃圾分类减量化工作，完成18个太阳能沤肥房建设并全部投入使用。山下、楼司2个秀美村，官堰下、南塘、三瑞堂3个洁美村的项目建设基本完成。在开发区2014年美丽乡村建设竞赛活动中，苏孟乡被评为美丽乡村建设先进乡镇，山下村、官堰下村分别获评“秀美村”创建、“洁美村”创建先进村。完成苏孟乡苏延路“美丽一条街”建设调查摸底、方案设计，并通过方案评审，11月底完成招投标。中干渠“美丽一条河”改造项目经设计、招投标，按期开工建设，年底基本完成主体景观工程。

【社会事业】严格执行计划生育“一票否决制”。全年出生人口225人，计划外出生26人，计划生育率为88.44%，其中出生女婴115人，出生婴儿性别比为100:95.65。计划生育政策兑现，当年应征收金额316.57万元，已征收278.14万元，兑现率87.86%；历年应征收金额24.03万元，已征收12.82万元，兑现率53.36%。完成计划生育示范村后岗村的创建工作及各村计划生育宣传栏的设计、安装。继续做好民政救济和劳动保障工作。发放低保金47.36万元，发放60周岁以上农村籍退役士兵生活补助金6.16万元，发放优抚对象及精减职工等定期补助33.25万元。为207位城乡居民养老保险到龄享受人员办理补缴业务，为57位村民办理居保新参保业务，为86位农保到龄享受人员办理居保待遇终止业务，为64位村民办理居保待遇终止业务，为55名新生儿办理新增医疗保险业务；对全乡407位企退人员进行资格认证；为清江桥、叶村、后山927名失地农民实施被征地农民基本生活保障，为已参加职工基本养老保险的参保人员办理转职工基本养老保险业务。启动居家养老照料服务中心建设，完成19个村居家养老照料服务中心配套设施建设，并全部投入使用。抓好卫生防疫工作，全乡完成查螺面积35.2万平方米，实际灭螺面积10.8万平方米，反复灭螺面积36.5万平方米。注重抓好H7N9禽流感疾病的预防，关闭所有活禽交易点，做好源头管理、免疫消毒、市场流通等工作，坚决打赢禽流感防控这场硬仗。

【平安综治】开展社会“网格化管理、组团式服务”和矛盾纠纷大排查大化解，并实施值班制度和每周一报制度。全年接待群众来信来访32件，办结28件，8890件210份，全部回复，满意率96.8%。无去京集体上访和非正常上访、无赴省集体上访、无中央和省挂牌交办未办结信访积案。调解矛盾纠纷215件，调解成功208件，成功率96.7%。推进平安苏孟、品牌苏孟建设，推进企业安全生产标准化建设，定期开展安全生产大排查，强化安全生产网格化监管，安全生产形势明显好转。组织检查企业50余家，排查各类安全生产隐患4起，签订安全生产责任书58份。4月份，结合“三改一拆”工作，对西埠头、对家地等村东阳街沿线生产经营单位违法建筑进行强制拆除，清除安全隐患。9月底，结合国庆节安全隐患大排查，对全乡企业安全生产进行全面排查，报请开发区关停1家。开展食品安全百日严打行动，进一步摸清辖区食品生产经营单位，查处无证无照生产经营点隐患6起，报市场监管局开发区分局处置1家。

【基层组织建设】年初，党委班子调整后，加大基层组织建设和干部队伍管理力度。加强制度建设。进一步完善党委议事、学习、考评等制度。围绕岗位考核目标任务，制订《苏孟乡干部绩效量化考核实施办法》《苏孟乡机关干部联村住夜(值班)制度》，并在工作实践中认真贯彻执行。加强组织建设。以“五星争创”为载体，抓好党员管理和基层组织建设，整顿软弱涣散村级组织，加大对群众反映强烈问题的查处力度。下派乡干部到清湖、茶堰2村担任支部第一书记，和村干部一起，拓展思路，想方设法解决遗留问题。加强党风廉政建设。严格落实中央“八项规定”和省委“28条办法”“六个严禁”，市委“25条意见”、开发区“20条办法”的要求，弘扬艰苦奋斗工作作风，严肃财经纪律，防止铺张浪费，对所有超标准办公室进行改建合并。加大了对党员干部违纪案件的查处力度，全年查处违纪5起，诫勉谈话3人，开除党籍处分2人，营造风清气正的良好环境。

开展群众路线教育实践活动，在开发区党工委的正确领导和第五督导组的具体指导下，精心组织党的群众路线教育实践活动。结合苏孟乡工作实际，制订详细的学习计划，张贴活动宣传标语300余幅，悬挂横幅120余条，制作活动宣传栏4期。4月26日，组织全乡党员干部100余人参观陈双田纪念馆，营造浓厚学习氛围。在全乡开展以“树形象、比实绩、促提升”为主要内容的“全科干部、全心服务”活动。开展夜学夜读、轮值讲学、师徒结对等活动，提高综合服务能力。组织“走村不漏户、户户见干部”走村联心活动，累计走访村民13756户次，走访率99.2%。8月8日，乡党委召开领导班子民主生活会，各村也相继召开党组织生活会，全乡党员干部进行深入剖析，开展批评与自我批评，做到查摆问题直接深入、纠正“四风”不讲情面、学习教育不流形式，增进团结，凝聚力量，为全乡上下有序推进各项工作夯实基础。

（叶振阳）

附 录

2014年金华市婺城区国民经济和社会发展统计公报

2014年是全面贯彻落实党的十八届三中全会精神、深化改革之年，是实施“十二五”规划的关键之年。全区上下在区委、区政府的正确领导下，紧紧围绕“工业强区、商旅兴区、生态立区、城乡统筹”发展战略，按照“抓转型、重投入、优环境、兴实体、惠民生、促和谐”的工作思路，聚精会神抓发展，全力以赴促转型，克服了各种困难，实现了经济企稳向好的态势，人民生活不断改善，社会保持和谐稳定。

一、综合

全区主要经济指标(含金华市经济技术开发区) 全区实现生产总值(GDP)456.47亿元，比上年增长7.4%。其中：第一产业增加值19.11亿元，增长2.5%；第二产业增加值182.19亿元，增长7.4%；第三产业增加值255.17亿元，增长7.8%。在第三产业中，交通运输、仓储和邮政业增长11.2%，批发零售业增长11.9%，住宿餐饮业增长8.1%，金融业增长7.5%，房地产业下降11.4%，其他服务业增长10.6%。土地总面积1391.24平方公里，年末总人口63万人，人均生产总值72612元，比上年增长6.9%。第一、二、三产业增加值占地区生产总值的比重由上年的4.4:40.3:55.3调整为4.2:39.9:55.9。

区属主要经济指标 实现区属生产总值(GDP)232.1亿元，比上年增长7%。其中：第一产业增加值13.09亿元，增长2.6%；第二产业增加值69.5亿元，增长6.1%；第三产业增加值149.51亿元，增长7.8%。在第三产业中，交通运输、仓储和邮政业增长11.9%，批发零售业增长13.5%，住宿餐饮业增长9.3%，金融业增长7.6%，房地产业下降10.4%，其他服务业增长7.9%，人均生产总值60844元，比上年增长6.9%。第一、二、三产业增加值占地区生产总值的比重由上年的5.9:30.7:63.4调整为5.6:29.9:64.4。

二、农业

全年预计完成农业总产值22.5亿元，同比增长2.8%，完成农业增加值13.1亿元，同比增长2.6%。全年粮食作物播种面积20.2万亩，同比下降5.4%，粮食总产量7.5万吨，同比下降7.4%。花卉苗木种植面积6.04万亩，同比增长2.5%。全区油菜籽产量3896吨，同比增长8.4%；蔬菜产量6.8万吨，同比增长4.4%；水果产量3.3万吨，同比增长2.5%。全年生猪出栏38.2万头，同比下降4.6%；奶牛存栏数13979头，同比下降12.3%；牛奶产量40454吨，同比增长5.2%；水产品产量8114吨，同比增长43%。

全年完成造林面积12241亩，迹地更新面积5087亩，完成成林抚育面积33970亩，低产林改造面积7703亩，封山育林面积533270亩。

三、工业和建筑业

全区完成工业增加值56.22亿元，同比增长5%，工业增加值占GDP的比重24.2%。其中规模以上工业企业完成总产值153.7亿元，同比下降1.5%；完成销售产值146.1亿元，同比下降2.8%，工业品产销率为95.1%。规模以上工业企业完成出口交货值26.7亿元，同比下降14.4%，占销售产值比重为18.3%。全年规模以上工业企业实现主营业务收入

144.5亿元,同比下降3.1%;实现利税总额11.6亿元,同比增长2.3%,其中利润总额7.4亿元,同比增长3.6%。

全年完成建筑业总产值159亿元。全区48个三级及三级以上建筑施工企业全年房屋建筑施工面积达1905.1万平方米,竣工房屋面积达701.6万平方米。

四、固定资产投资

全年完成固定资产投资89.3亿元,同比增长15%。其中,投资项目投资40.8亿元,同比增长15.9%,房地产开发投资48.5亿元,同比增长14.2%。投资项目中工业投资20.2亿元,同比下降9.2%。按投资的产业分:第一产业完成投资6697万元,同比增长29.8%;第二产业完成投资20.2亿元,同比下降9.2%;第三产业完成投资68.5亿元,同比增长24.5%。

五、国内贸易和对外经济

全年完成社会消费品零售总额266.6亿元,同比增长10.1%。其中:批发零售业254.6亿元,同比增长9.5%,住宿餐饮业12亿元,同比增长24.3%。

全年实现外贸进出口总额8.7亿美元,同比增长13.7%,其中自营出口额8.4亿美元,同比增长15.6%;合同利用外资2827万美元,同比增长32.6%;实际利用外资1043万美元,同比下降15%。

六、财政

全区财政预算总收入33.3亿元,同比增长9.3%,区级收入7.7亿元,同比增长9.3%;全区财政支出18.2亿元,同比增长14%。

七、科学技术

2014年,科技项目立项数量增长明显。全年累计获国家、省、市各类科技立项61项,其中国家火炬计划2项、国家星火计划项目4项;省级新产品试制计划4项、省级创新基金3项、省科技特派员项目7项、省农业成果转化项目2项、省团队科技特派员2家;市科技项目17项(工业8项、农业9项)、市科技特派员项目10项、市农业科技成果转化项目5项、市科学技术奖5项。培育创新主体能力加强。全年累计认定高新技术企业8家(省级3家、市级5家)、省科技型中小企业13家、省级农业科技企业2家、省创新型示范企业1家、高新技术研发中心7家(省级2家、市级5家)、农业科技研发中心1家(市级1家)。2014年,全区专利申请量达2131件,其中发明专利申请量504件,分别比上年同期增长17.3和16.9%。

八、教育、文化和体育

通过了“全国义务教育均衡区”国家级评估,学校办学条件得到较大提升,实现教育资源的优化配置,使教育教学质量稳步持续发展。启动第二轮“学前教育三年行动计划”,努力发展小学“特色教育”,切实推广初中“高效课堂”,积极推进职业教育精品化。全区小学入学率、小学毕业升初中比例均为100%。年末全区有职业高中1所,专任教师227人,在校学生5066人;普通初中17所,专任教师1124人,在校学生12836人;小学31所,专任教师1819人,在校学生28637人;幼儿园136所,专任教师1143人,入园儿童17680人。

文化体育事业持续繁荣,深入实施重点文化惠民工程,大力推进公共文化服务新体系,积极探索公共文化标准化、均衡化路径。全区15个乡镇街道完成综合文化站建设;开展“送戏下乡”、“送书下乡”以及“激情婺城”系列大型文艺活动;12个乡镇被评为浙江体育强乡镇,1个社区被评为浙江省城市体育先进社区。

九、卫生事业

全区有政府办医疗卫生机构?24个,卫生技术人员689人,民营医疗机构26家,个体诊所、村卫生室232家,核定医疗床位481张。2014年参加城乡居民医保21.4万人,参合率达到97%。全区19家卫生院(社区卫生服务中心)、39家具备运行条件的社区卫生服务站以及125家村卫生室实施了基本药物制度,实施率为93.29%,达到了浙江省卫生厅的实施要求。2014年度开展城乡居民健康体检,参保城乡居民健康体检113604人,共体检成人51541人次,其中老人31665人次,学生儿童62063人次,体检结果异常20076人次,建立了规范化电子健康档案358518份,户籍人口电子建档率达93.97%,提前完成省定目标。

十、人口、人民生活和社会保障

据公安人口年报统计,年末全区户籍管理人口为38.14万人(非农业人口15.41万人)。全区人口出生率为10.55‰，与上年同期相比上升0.78个千分点；死亡率为8.37‰，与上年同期相比上升2.65个千分点；自然增长率为2.18‰，与上年同期相比下降1.86个千分点。

据抽样调查，城镇居民人均可支配收入38318.5元，同比增长9%；人均消费性支出23711.9元，同比增长4.3%，其中食品烟酒消费支出6677.6元，同比增长1.7%。据农村住户调查资料显示，2014年农村居民人均可支配收入16366.2元，同比增长10.8%；人均生活消费支出11489.1元，同比增长13%，其中食品烟酒消费支出4349.6元，同比增长12.6%。

2014年，城镇低保标准每人每月588元，农村低保标准每人每月425元，符合低保条件的城乡居民已全部纳入低保。截至目前，全区共有3454户4993名城乡低保对象、2837户4292名低保边缘困难群众、538名重度残疾人享受相应救助，累计发放低保、低保边缘、重残、医疗等各类救助款2800余万元；发放冬春荒生活补助100万元，主要用于6600余户因灾受困群众的生产自救。新增130家城乡社区居家养老服务照料中心，全区3800多名老人享受到居家养老政府购买服务政策。开展“2014年慈善温暖行动”、慈善助学系列活动，发放慈善救助金200多万元；做好慈善总会筹备前期基础工作，宣传发动并开展募捐，2014年共收到善款45万余元。按政策落实全区90名符合条件的孤儿（或困境儿童）基本生活费的发放，发放孤儿基本生活费95万元。做好水库移民后期扶持工作，发放直补资金1011.42万元，全区共有16857名直补移民受益。加强区划地名管理，统一制作路门牌1936块，完成婺城、兰溪行政区划界线勘界的联合检查。

劳动部门积极做好就业服务工作。今年共完成农村劳动力素质提升培训3100人，其中转移就业培训536人，农村实用人才培训2564人。新增就业岗位4500个，失业人员实现再就业2252人，其中就业困难人员再就业188人，城镇登记失业率2.72%，远低于4%的控制目标。

注：1）本公报所列各项数据为年度初步统计数据

2）公报中生产总值和各产业增加值绝对数按现价计算，增长速度按可比价计算

金华市婺城区统计局

主要社会经济指标

表9

指 标 名 称	单位	全区	与2013同比(+%)	区属	与2013同比(+%)
人口、土地面积					
人口	万人	63.00	0.42	38.14	-0.03
年平均人口	万人	62.86	0.5	38.15	
人口自然增长率	‰	3.46		2.18	
土地总面积	平方公里	1391.24		1139.59	
地区生产总值(当年价)	**亿元**	**456.90**	**7.5**	**230.10**	**7.0**
第一产业	亿元	18.36	4.0	12.50	3.6
第二产业	亿元	167.43	7.4	62.94	6.1
工业	亿元	140.87	7.4	49.11	5.8

续表9

指 标 名 称	单位	全区	与2013同比(+%)	区属	与2013同比(+%)
建筑业	亿元	26.61	7.7	13.85	7.2
第三产业	亿元	271.11	7.8	154.65	7.7
人均国内生产总值(按常住人口计算)	元	59836		53536	
工农业总产值(当年价)	亿元				
工业总产值	亿元			301.67	-1.9
农业总产值	亿元				
固定资产投资					
固定资产投资额	亿元	231.79		89.28	15
其中:房地产开发投资	亿元	86.79	16.9	48.5	14.2
批零贸易和外贸业					
社会消费品零售总额		359.98	11.0	266.6	10.1
自营出口总额	万美元			83581	15.6
实际利用外资金额	万美元			1043	-15.0
财政、金融					
财政总收入	万元			332825	9.3
区级财政收入	万元			77333	9.3
财政支出	万元			181704	14.0
金融系统存款余额	万元			2874666	11.6
#金融系统储蓄存款余额	万元			1758363	9.0
金额系统贷款余额	万元			2182048	14.4
城乡居民生活水平					
职工年平均工资	元				
城镇居民人均可支配收入	元			38319	9.0
农村居民人均纯收入	元			16366	10.8
农村居民人均住房面积	平方米			70.7	-4.9

国民经济产业结构

表10

项 目	绝对值(亿元)		构成(%)	
	全区	区属	全区	区属
地区生产总值	456.90	230.10	100.00	100.00
第一产业	18.36	12.50	4.02	5.43
第二产业	167.43	62.94	36.65	27.35
第三产业	271.11	154.65	59.34	67.21

人口情况(公安年报)

表11

乡镇街道	年末数			
	总户数(户数)	总人口(人)	其中:男(人)	总人口中非农业人口
全区合计	240077	629954	316303	291733
城东街道	9938	23603	11701	23603
城中街道	8931	23862	11791	23862
城西街道	7100	17273	8925	17273
城北街道	15917	39650	19833	39650
新狮街道	12109	32541	15856	24898
罗店镇	6940	17759	8878	1085
雅畈镇	8671	22402	11445	550
安地镇	6279	16203	8374	268
琅琊镇	7034	19152	9846	612
蒋堂镇	7359	19033	9751	2160
竹马乡	4335	11546	5870	364
长山乡	4985	13086	6560	368
箬阳乡	1470	4027	2113	63
沙畈乡	4716	12650	6587	167
塔石乡	4201	10740	5754	203
岭上乡	3632	8722	4361	126
莘畈乡	2172	6079	3233	98
婺城新城区小计	30108	83091	41477	18780

续表11

乡镇街道	年末数			
	总户数(户数)	总人口(人)	其中:男(人)	总人口中非农业人口
白龙桥镇	21851	60902	30436	10233
乾西乡	8257	22189	11041	8547
金西开发区小计	35637	96342	48700	5106
汤溪镇	16606	45953	23305	3143
罗埠镇	13175	34936	17578	1377
洋埠镇	5856	15453	7817	586
金华市开发区小计	58543	152193	75248	132497
江南街道	11309	29561	14570	29561
三江街道	25194	66859	33133	66859
西关街道	8889	22360	11211	22360
秋滨街道	6178	15708	7724	11398
苏孟乡	6973	17705	8610	2319

全区农村基本情况

表12

指标	计量单位	全区		区属	
		2014年	2013年	2014年	2013年
一、农村人口与从业人员					
1.农村户数	万户	13.11	13.03	9.02	8.74
2.农村人口数	万人	35.55	34.97	24.37	23.41
二、农村劳动力资源总数	万人	23.12	22.23	15.7	14.95
三、农村从业人员数	万人	21.15	20.75	14.58	13.96
其中:从事农业人员	万人	7.81	9.48	6.18	6.39
四、农村用电量	万千瓦小时	30148	28114	21399	19444
五、农用化肥施用量		0			
1.按实物量计算合计	吨	67084	67518	36244	35978
2.按折纯法计算合计	吨	15125	15066	7859	7874
六、农用塑料薄膜使用量	吨	1212	1202	995	981
七、农用柴油	吨	6498	6440	2901	2722
八、农药使用量	吨	1829	1865	987	989

续表12

指　　标	计量单位	全区		区属	
		2014年	2013年	2014年	2013年
九、农作物播种面积总计	公顷	32247	39214	19121	25369
(一)粮食作物合计	公顷	16802	23341	7742	14245
1.谷 物	公顷	15357	19580	6979	11206
(1)稻 谷	公顷	14003	17281	6196	9515
(2)小 麦	公顷	156	301	45	230
(3)玉 米	公顷	1134	1879	685	1359
2.豆 类	公顷	939	2028	475	1595
(1)大 豆	公顷	773	1609	404	1276
3.薯 类	公顷	506	1731.2	288	1443
(1)蕃 薯	公顷	307	1315.1	151	1096
(二)油 料	公顷	4138	4181	2403	2416
#油 菜 籽	公顷	3844	3879	2251	2258
(三)棉花(皮棉)	公顷	699	795	167	210
(四)甘 蔗	公顷	174	212	85	89
(五)药 材 类	公顷	8	10	8	10
(六)蔬菜(含菜用瓜)	公顷	3734	3951	3171	3197
(七)果 用 瓜	公顷	1014	1060.4	894	905
(八)花卉园艺		0			
#花卉苗木	公顷	5051	5068	4028	3929
(九)其他作物	公顷	625	412	623	368
十、茶叶生产		0			
(一)茶园总面积	公顷	1836	1892	1490	1518
(二)茶叶总产量	吨	2885	3323	1303	1404
十一、水果生产		0			
(一)果园面积合计	公顷	1430	1192	1120	849
1.柑桔园	公顷	717	682	493	458
2.梨 园	公顷	91	83	79	67
3.桃 园	公顷	44	44	41	39
4.葡萄园	公顷	111	192	98	118
(二)水果总产量	吨	41757	40720	32579	31767

续表12

指　　标	计量单位	全区		区属	
		2014年	2013年	2014年	2013年
1.柑橘	吨	10006	9031	4826	5055
2.梨	吨	1873	1042	1673	799
3.桃	吨	390	499	375	491
4.葡萄	吨	2029	2545	1824	1985
十二、生 猪		0			
1.生猪年末存栏头数(含未断奶小猪)	万头	36.58	46.67	20.69	28.2
#能繁殖的母猪	万头	3.55	4.86	2.06	2.76
2.年内生猪出栏头数	万头	63.07	65.62	38.15	39.97
十三、牛		0			
1.牛年末存栏头数	头	17600	22140	16445	19525
其中:良种及改良种乳牛	头	14598	17595	13979	15943
2.年内牛出栏头数	头	9165	7045	7667	6363
十四、羊		0			
1.羊年末存栏只数	万只	0.75	0.8	0.48	0.54
2.年内羊出栏只数	万只	0.77	0.8	0.53	0.58
十五、家 禽		0			
1.家禽年末存栏只数	万只	111.15	190.69	80.58	120.05
2.家禽年内出栏只数	万只	230.13	227.17	141.91	184.81
十六、兔		0			
兔年末存栏只数	万只	0.27	0.27	0.24	0.24
十七、养蜂年末箱数	箱	14456	13769	10343	9718
十八、畜禽产品产量		0			
1.肉类产量	吨	53423	58995	30217	32568
(1)猪 肉	吨	48328	51920	26703	28883
(2)牛 肉	吨	1053	839	843	754
(3)羊 肉	吨	131	122	79	94
(4)禽 肉	吨	3896	4398	2579	2829
2.鸡鸭鹅蛋产量	吨	7831	8483	6852	6775
3.牛奶产量	吨	41413	41993	40454	38463
十九、淡水产品	吨	11481	9892	8114	5672

续表12

指　　标	计量单位	全区		区属	
		2014年	2013年	2014年	2013年
1.鱼类	吨	8570	6763	5392	3535
#淡水珍珠(公斤)	公斤	4545	4355	3400	3510
二十、农林牧渔业总产值(当年价)	万元	329365	311613	224300	222895
1.农业产值	万元	144825	137851	99671	98466
2.林业产值	万元	11758	9680	9342	8950
3.牧业产值	万元	138402	130915	88601	89279
4.渔业产值	万元	19676	19276	15169	15035
5.农林牧渔服务业	万元	14704	13891	11517	11165

农林牧渔业总产值、增加值

表13　　单位:万元

指标名称	合计	1.农业	2.林业	3.牧业	4.渔业	5.农林牧渔服务业
一、总 产 值	224300	99671	9342	88601	15169	11517
二、中间消耗	93559	29702	4501	47499	6048	5809
㈠物质消耗	70525	18210	4346	38687	5683	3599
1.用种量	1164	1081	83			
2.饲料	26390	270		24640	1480	
3.肥料	8664	6169	2495			
4.燃料	3430	557	165	2400	308	
5.农药	988	758	230			
6.电	17145	4641	500	8575	3429	
7.农用塑料薄膜	1152	1152				
8.小 农 具	762	382	35	120	225	
9.其他	7231	3200	838	2952	241	
㈡劳务支出	23034	11492	155	8812	365	2210
三、增加值	130741	69969	4841	41102	9121	5708
㈠固定资产折旧	14544	7279	933	4384	1316	632
㈡劳动者报酬	125212	68502	5954	37467	8213	5076
㈢生产税						
㈣生产补贴㈠	9015	5812	2046	749	408	
四、按可比价格计算的增加值	133713	69155	4950	44334	9732	5542

农村基本情况

表14

单位名称	一、农村人口与从业人员												二、农村基础设施		
	农村户数(户)	农村人口(人)			农村劳动力资源数(人)			农村从业人员(人)					自来水受益村数	通有线电视村数	通宽带村数
								合计	1.男		2.女				
			1.男	2.女		1.男	2.女			其中：从事农业人员		其中：从事农业人员			
婺城区	90166	243663	123783	119880	157000	82392	74608	145838	76641	37335	69197	24426	376	376	376
婺城区罗店镇	7805	20580	10265	10315	13372	6952	6420	12601	6526	3404	6075	3220	38	38	38
婺城区雅畈镇	7391	20497	10311	10186	14254	7280	6974	13149	6718	3941	6431	3489	37	37	37
婺城区安地镇	5915	15716	8098	7618	10308	5698	4610	9448	5338	3464	4110	2610	37	37	37
婺城区琅琊镇	6623	18748	9726	9022	12909	6835	6074	12756	6754	3501	6002	2998	30	30	30
婺城区蒋堂镇	5823	16572	8449	8123	10742	5640	5102	10201	5349	2962	4852	2631	35	35	35
婺城区竹马乡	4179	11305	5850	5455	7229	3877	3352	6595	3460	1681	3135	1366	16	16	16
婺城区新狮街道	2550	7201	3660	3541	4855	2498	2357	4617	2406	518	2211	241	6	6	6
婺城区长山乡	4692	12685	6480	6205	8128	4270	3858	7698	4049	2258	3649	1833	21	21	21
婺城区箬阳乡	1512	1958	1045	913	1368	725	643	1167	626	453	541	409	14	14	14
婺城区沙畈乡	4600	12565	6666	5899	8424	4621	3803	7839	4371	2078	3468	1268	30	30	30
婺城区塔石乡	2916	7165	3941	3224	4937	2849	2088	4477	2459	2212	2018	146	39	39	39
婺城区岭上乡	2056	5033	2445	2588	2990	1554	1436	2870	1628	735	1242	597	2	2	2
婺城区莘畈乡	2052	5960	3131	2829	3953	2077	1876	3806	1941	560	1865	549	11	11	11
婺城新城区小计	32052	87678	43716	43962	53531	27516	26015	48614	25016	9568	23598	3069	60	60	60
婺城区白龙桥镇	22786	62479	31013	31466	39991	20492	19499	36263	18663	6927	17600	495	49	49	49
婺城区乾西乡	9266	25199	12703	12496	13540	7024	6516	12351	6353	2641	5998	2574	11	11	11

能源购进、消费与库存全区汇总数据

表15

能源名称	计量单位	代码	年初库存量	1-本月购进量		1-本月消费量					期末库存量	参考折标系数
				实物量	金额（千元）	合计	1.工业生产消费	用于原材料	2.非工业生产消费	合计中：运输工具消费		
甲	乙	丙	1	2	3	4	5	6	7	8	9	丁
原煤	吨	01	65227.07	469197.22	323897.83	470933.34	469650.50	7668.40	1282.84	0.00	63545.37	-
其中：1.无烟煤	吨	02	80.00	4197.21	3623.56	4253.96	4253.96	1324.41	0.00	0.00	84.92	0.9428
2.炼焦烟煤	吨	03	0.00	0.00	0.00	0.00	0.00	0.00	0.00	0.00	0.00	0.9
3.一般烟煤	吨	04	65147.07	465000.01	320274.27	466679.38	465396.54	6343.99	1282.84	0.00	63460.45	0.7143
洗精煤	吨	05	0.00	3856.00	3405.00	3856.00	3856.00	0.00	0.00	0.00	0.00	0.9
焦炭	吨	06	2.00	698.40	1106.74	698.40	698.40	10.00	0.00	0.00	0.00	0.9714
天然气	万立方米	07	0.00	934.21	39696.80	934.21	934.21	0.00	0.00	0.00	0.00	13.3
液化天然气	吨	08	0.00	153.36	1102.86	153.36	153.36	0.00	0.00	0.00	0.00	1.7572
汽油	吨	09	6.70	704.88	6139.69	713.28	267.72	3.44	445.56	317.12	0.00	1.4714
煤油	吨	10	0.00	3.40	27.60	3.40	3.40	0.00	0.00	0.00	0.00	1.4714
柴油	吨	11	845.25	2628.30	19009.97	3072.62	2131.69	10.03	940.90	1629.39	400.93	1.4571
燃料油	吨	12	189.25	558.02	2007.00	700.21	700.21	0.00	0.00	0.00	47.06	1.4286
液化石油气	吨	13	0.00	383.15	2360.11	383.15	383.15	0.00	0.00	0.00	0.00	1.7143
润滑油	吨	14	5.10	33.83	404.00	38.93	38.93	0.00	0.00	0.00	0.00	1.4143
其他石油制品	吨	15	0.00	68.25	718.56	68.25	68.25	0.00	0.00	0.00	0.00	1.4
热力	百万千焦	16	0.00	171696.23	13740.24	171696.23	163633.99	0.00	8062.24	0.00	0.00	0.0341
电力	万千瓦时	17	0.00	53124.43	385473.12	62815.94	62084.50	0.00	731.43	1.68	0.00	1.229
余热余压	百万千焦	18	0.00	0.00	0.00	642238.50	642238.50	0.00	0.00	0.00	0.00	0.0341
其他燃料	吨标准煤	19	0.00	1099.00	1714.00	11158.00	11158.00	0.00	0.00	0.00	0.00	1
能源合计	吨标准煤	20	0	0	0	478556.31	474402.21	0	4154.03	0	0	-

工业部门能源节约量

表16

名称	计量单位	本年	去年同期	同比增减(%)
等价能源消费量	吨标准煤	480942.17	498748.46	-3.6
电力消费量	万千瓦时	62815.9	64662.4	-2.9
工业总产值	万元	1536657.33	1559906.75	-1.5
万元产值综合能源消费量	吨标准煤	0.2571	0.2741	-6.2
万元产值等价能源消费量	吨标准煤	0.3130	0.3197	-2.1
节能量	吨标准煤	17806.29	-3163.61	

固定资产投资项目完成情况

表17

指 标 名 称	完 成 投
资 额"	
一、投资额(万元)	
1.计划总投资	3550870
其中:本年新开工项目	515332
2.自开始建设累计完成投资	2036850
3.自年初累计完成投资	892827
其中:国有投资	114243
其中:非国有投资	778584
其中:民间投资	776666
其中:房地产开发投资	484958
其中:投资项目	407869
其中:基础设施投资	171506
1. 水利、环境和公共设施管理	32691
2.电力、燃气及水的生产供应业	17202
3.交通运输、仓储和邮政业	76560
4.电信和其他信息传输服务业	23746

续表 17

指标名称	完成投
5.教育设施	4325
6.广播、电视、电影和音像业	
7.文化艺术业	300
8.体育设施	
9.卫生设施	16682
其中:农村投资	
其中:工业投资	201560
其中:工业技术改造投资	130790
按三次产业分:	
第一产业	6697
第二产业	201560
第三产业	684570
按登记注册类型分:	
内资企业	890909
国有企业	96738
集体企业	24714
股份合作企业	
联营企业	12500
国有联营企业	3700
集体联营企业	8800
国有与集体联营企业	
其他联营企业	
有限责任公司	92988
国有独资公司	13805
其他有限责任公司	79183
股份有限公司	104176

续表17

指标名称	完成投
私营企业	558193
其他企业	1600
港、澳、台商投资企业	0
外商投资企业	1918
个体经营	
按建设性质分	
(1)新建	133469
(2)扩建	105795
(3)改建	141777
(4)单纯建造生活设施	
(5)迁建	
(6)恢复	
(7)单纯购置	
(8)内涵技术改造	26828
3.按构成分	
建筑工程	505313
安装工程	73526
设备工器具购置	101947
其中:购置旧设备	25
其中:用于更新的设备	54828
其他费用	212041
其中:旧建筑物购置费	0
其中:土地购置费	166631
按国民经济行业分2012	
(一)农、林、牧、渔业	6697
农业	
林业	
畜牧业	1247
渔业	
农、林、牧、渔服务业	5450

续表17

指标名称	完成投
(二)采矿业	0
煤炭开采和洗选业	
石油和天然气开采业	
黑色金属矿采选业	
有色金属矿采选业	
非金属矿采选业	
开采辅助活动	
其他开采业	
(三)制造业	184358
农副食品加工业	3800
食品制造业	830
酒、饮料和精制茶制造业	1000
烟草制品业	
纺织业	4958
纺织服装和服饰业	5135
皮革、毛皮、羽毛(绒)及其制品业	
木材加工及木、竹、藤、棕、草制品业	1797
家具制造业	1394
造纸及纸制品业	5706
印刷业和记录媒介的复制业	2788
文教体育用品制造业	6816
石油加工、炼焦及核燃料加工业	778
化学原料及化学制品制造业	7445
医药制造业	8400
化学纤维制造业	
橡胶和塑料制品业	14816
非金属矿制品业	14593
黑色金属冶炼和压延加工业	10312
有色金属冶炼和压延加工业	4546
金属制品业	22566
通用设备制造业	10690
专用设备制造业	23396

续表 17

指标名称	完成投
汽车制造业	4634
铁路、船舶、航空航天等制造业	4276
电气机械及器材制造业	17936
计算机、通信和其他电子设备制造业	
仪器仪表制造业	
其他制造业	
废弃资源综合利用业	5000
金属制品、机械和设备修理业	746
(四)电力、热力、燃气及水的生产和供应业	17202
电力、热力的生产和供应业	14552
燃气生产和供应业	2650
水的生产和供应业	0
(五)建筑业	0
房屋建筑业	
土木工程建筑业	
建筑安装业	
建筑装饰和其他建筑业	
(六)批发和零售业	0
批发业	
零售业	
(七)交通运输、仓储和邮政业	76560
铁路运输业	15670
道路运输业	46657
水上运输业	
航空运输业	
管道运输业	2233
装卸搬运和运输代理业	
仓储业	12000
邮政业	
(八)住宿和餐饮业	0

续表17

指标名称	完成投
住宿业	
餐饮业	
(九)信息传输、软件和信息技术服务业	36506
电信、广播电视和卫星传输服务业	23746
互联网和相关服务业	3700
软件和信息技术服务业	9060
(十)金融业	1920
货币金融业	1920
资本市场业	
保险业	
其他金融业	
(十一)房地产业	484958
房地产业	484958
(十二)租赁和商务服务业	23238
租赁业	
商务服务业	23238
(十三)科学研究和技术服务业	0
研究与试验发展	
专业技术服务业	
科技交流和推广服务业	
(十四)水利、环境和公共设施管理业	32691
水利管理业	21537
生态保护和环境治理业	
公共设施管理业	11154
(十五)居民服务和其他服务业	0
居民服务业	
机动车、电子产品和日用产品修理业	
其他服务业	
(十六)教育	4325
教育	4325

续表17

指标名称	完成投
(十七)卫生和社会工作	16682
卫生	16682
社会工作	
(十八)文化、体育和娱乐业	300
新闻和出版业	
广播、电视、电影和影视录音制作业	
文化艺术业	300
体育	
娱乐业	
(十九)公共管理和社会组织	7390
中国共产党机关	
国家机构	5600
人民政协和民主党派	
社会保障	
群众团体、社会团体和其他成员组织	
基层群众自治组织	1790
(二十)国际组织	
国际组织	
三、本年新增固定资产(万元)	391502
四、项目个数(个)	
1.施工项目个数	183
其中:本年新开工	114
2.本年投产项目个数	74
五、房屋建筑面积(平方米)	
1.房屋施工面积	3847991
其中:住宅	2047765
2.房屋竣工面积	293314
其中:住宅	191407
3.房屋竣工价值	167166

续表 17

指标名称	完成投
其中:住宅	135816
六、本年资金来源合计(万元)	1175655
1.上年末结余资金	215272
2.本年资金来源小计	960383
(1)国家预算内资金	14500
其中:中央预算资金	0
(2)国内贷款	96910
(3)债券	0
(4)利用外资	0
其中:外商直接投资	0
(5)自筹资金	593930
其中:企、事业单位自有资金	34000
其中:股东投入资金	23811
其中:借入资金	46527
(6)其他资金来源	255043
七、各项应付款合计(万元)	230784
其中:工程款	105390
八、投资项目土地征用和购置土地情况	
1.投资项目规划用地面积(平方米)	0
2.投资项目本年实际征用和购置土地面积(平方米)	0
3.投资项目本年实际征用和购置土地成交价款(万元)	0

社会消费品零售总额

表18　　　　单位:万元

指标名称	代码	2014	2013	累计增幅(+-%)
社会消费品零售总额	01	2666016.6	2421020.7	10.1
1.批发业	05	1141886.2	1055869.0	8.1
限额以上企业(单位)	06	1100161.7	1023773.2	7.5
限额以下企业(单位)及个体户	08	41724.5	32095.8	30.0
2.零售业	09	1404130.3	1268634.3	10.7
限额以上企业(单位)	10	610212.8	619467.0	-1.5
限额以下企业(单位)及个体户	12	793917.5	649167.3	22.3
3.住宿业		10711.0	10688.8	0.2
限额以上企业(单位)	14	8368.8	8887.1	-5.8
限额以下企业(单位)及个体户	16	2342.2	1801.7	30.0
4.餐饮业	17	109289.1	85828.6	27.3
限额以上企业(单位)	18	10190.6	9598.6	6.2
限额以下企业(单位)及个体户	20	99098.5	76230.0	30.0

限额以上批发零售法人企业商品购进、销售和库存

表19

单位:万元

指标名称	代码	批发和零售业										
		法人企业数(个)	从业人员期末人数(人)	商品购进额	进口	商品销售额	其中:通过公共网络实现的商品销售额	批发额	出口	零售额	其中:通过公共网络实现的商品零售额	期末商品库存额
甲	乙	1	2	3	4	5	6	8	9	10	11	12
总计	101	104	4671	3052258.1	21071.9	3361094.0	842184.8	1687703.2	52426.6	1673390.8	6718.9	106104.7
一、批发业	51	60	2233	2464762.9	6264.8	2731870.7	834782.9	1620559.9	52426.6	1111310.8		71604.9
1.按批发行业小类分	–											
农、林、牧产品批发	511	1	15	8553.6		8614.7		8614.7				
牲畜批发	5116	1	15	8553.6		8614.7		8614.7				
其他农牧产品批发	5119											
食品、饮料及烟草制品批发	512	7	556	687175.7		932138.1	834782.9	932135.3		2.8		37783.4
米、面制品及食用油批发	5121	2	69	11282.9		11977.9		11977.9				1293.7
糕点、糖果及糖批发	5122											
果品、蔬菜批发	5123	1	16	4283.2		4652.9		4652.9				11.2
肉、禽、蛋、奶及水产品批发	5124											
盐及调味品批发	5125	1	26	7086.7		8514.0		8511.2		2.8		490.9
营养和保健品批发	5126											

续表19

指标名称	代码	批发和零售业										
		法人企业数（个）	从业人员期末人数（人）	商品购进额	进口	商品销售额	其中：通过公共网络实现的商品销售额	批发额	出口	零售额	其中：通过公共网络实现的商品零售额	期末商品库存额
酒、饮料及茶叶批发	5127	1	68	9856.1		12830.8		12830.8				825.3
烟草制品批发	5128	1	332	651348.9		890028.8	834782.9	890028.8				34733.3
其他食品批发	5129	1	45	3317.9		4133.7		4133.7				429.0
纺织、服装及家庭用品批发	513	6	226	24663.8	6264.8	28585.5		28585.5	7663.5			3874.0
纺织品、针织品及原料批发	5131	2	13	10119.2	6264.8	10189.1		10189.1	1902.1			156.5
服装批发	5132	3	194	10010.0		13546.1		13546.1	5761.4			2446.9
鞋帽批发	5133											
化妆品及卫生用品批发	5134	1	19	4534.6		4850.3		4850.3				1270.6
文化、体育用品及器材批发	514	1	16	3355.8		3726.4		3726.4				95.0
文具用品批发	5141	1	16	3355.8		3726.4		3726.4				95.0
医药及医疗器材批发	515	2	136	18165.4		20037.6		20037.6				671.1
西药批发	5151	1	79	14502.4		15192.4		15192.4				649.1
中药批发	5152											
医疗用品及器材批发	5153	1	57	3663.0		4845.2		4845.2				22.0
矿产品、建材及化工产品批发	516	26	1037	1644379.4		1654966.8		546757.9	14058.8	1108208.9		24146.6

续表19

指标名称	代码	批发和零售业										
		法人企业数（个）	从业人员期末人数（人）	商品购进额	进口	商品销售额	其中:通过公共网络实现的商品销售额	批发额	出口	零售额	其中：通过公共网络实现的商品零售额	期末商品库存额
煤炭及制品批发	5161	5	42	11482.7		14274.5		14274.5				1535.4
石油及制品批发	5162	3	712	1326046.0		1327204.4		219001.6		1108202.8		904.5
非金属矿及制品批发	5163											
金属及金属矿批发	5164	6	77	121540.8		122755.0		122755.0				4140.4
建材批发	5165	1	8	2569.2		2582.4		2582.4				311.0
化肥批发	5166	2	49	12668.4		12961.8		12961.8				1414.3
农药批发	5167											
农用薄膜批发	5168											
其他化工产品批发	5169	9	149	170072.3		175188.7		175182.6	14058.8	6.1		15841.0
机械设备、五金产品及电子产品批发	517	15	214	64708.0		69621.2		66522.1	30704.3	3099.1		4694.0
汽车零配件批发	5173	2	29	8131.9		8579.6		8579.6	4250.1			306.2
摩托车及零配件批发	5174											
五金产品批发	5175	4	59	15974.9		20198.4		20198.4	17464.2			253.6
电气设备批发	5176	4	48	16917.4		17189.2		14986.5	8990.0	2202.7		398.4

续表19

指标名称	代码	批发和零售业										
		法人企业数（个）	从业人员期末人数（人）	商品购进额	进口	商品销售额	其中：通过公共网络实现的商品销售额	批发额	出口	零售额	其中：通过公共网络实现的商品零售额	期末商品库存额
计算机、软件及辅助设备批发	5177											
通讯及广播电视设备批发	5178	1	14	3497.0		3542.1		3514.9		27.2		27.6
其他机械设备及电子产品批发	5179	4	64	20186.8		20111.9		19242.7		869.2		3708.2
其他批发业	519	2	33	13761.2		14180.4		14180.4				340.8
再生物资回收与批发	5191	2	33	13761.2		14180.4		14180.4				340.8
其他未列明批发业	5199											
2.按登记注册类型分	-											
内资企业	100	60	2233	2464762.9	6264.8	2731870.7	834782.9	1620559.9	52426.6	1111310.8		71604.9
国有企业	110	1	332	651348.9		890028.8	834782.9	890028.8				34733.3
有限责任公司	150	8	146	69226.2		76466.9		76464.1	9111.0	2.8		2807.6
国有独资公司	151											
其他有限责任公司	159	8	146	69226.2		76466.9		76464.1	9111.0	2.8		2807.6
股份有限公司	160	1	640	1296260.8		1296260.7		201272.2		1094988.5		0.1
私营企业	170	50	1115	447927.0	6264.8	469114.3		452794.8	43315.6	16319.5		34063.9
私营独资企业	171	1	12	4105.7		4200.4		4200.4				250.8

续表19

指标名称	代码	批发和零售业										
		法人企业数（个）	从业人员期末人数（人）	商品购进额	进口	商品销售额	其中:通过公共网络实现的商品销售额	批发额	出口	零售额	其中：通过公共网络实现的商品零售额	期末商品库存额
私营合伙企业	172											
私营有限责任公司	173	48	1035	433965.2	6264.8	452083.1		435763.6	43315.6	16319.5		32987.8
私营股份有限公司	174	1	68	9856.1		12830.8		12830.8				825.3
3.按控股情况分	–											
国有控股	301	4	1013	1963250.0		2203418.2	834782.9	1108426.9		1094991.3		35224.3
集体控股	302	1	3	14846.1		15099.6		15099.6				
私人控股	303	54	1202	479630.7	6264.8	506313.1		489993.6	52426.6	16319.5		36103.1
港澳台商控股	304											
外商控股	305											
其他	306	1	15	7036.1		7039.8		7039.8				277.5
4.按经营形式分	–											
独立门店	401	51	2054	2382142.7	6264.8	2645204.8	834782.9	1533902.9	46501.9	1111301.9		65556.9
连锁总店	402											
连锁门店	403											
其他	404	9	179	82620.2		86665.9		86657.0	5924.7	8.9		6048.0
5.按单位规模分	–											

续表19

指标名称	代码	批发和零售业										
		法人企业数（个）	从业人员期末人数（人）	商品购进额	进口	商品销售额	其中:通过公共网络实现的商品销售额	批发额	出口	零售额	其中：通过公共网络实现的商品零售额	期末商品库存额
大型	501	2	972	1947609.7		2186289.5	834782.9	1091301.0		1094988.5		34733.4
中型	502	11	468	193699.1		208312.3		195095.2	23169.8	13217.1		18242.4
小型	503	40	768	293522.3		306551.9		303446.7	29256.8	3105.2		18241.7
微型	504	7	25	29931.8	6264.8	30717.0		30717.0				387.4
二、零售业	52	44	2438	587495.2	14807.1	629223.3	7401.9	67143.3		562080.0	6718.9	34499.8
1.按零售行业小类分	–											
综合零售	521	3	718	103965.3		133065.8				133065.8		2499.6
百货零售	5211	2	492	97417.4		124273.8				124273.8		1924.8
超级市场零售	5212	1	226	6547.9		8792.0				8792.0		574.8
其他综合零售	5219											
食品、饮料及烟草制品专门零售	522	5	130	16057.7		18034.1	725.2	2717.4		15316.7	725.2	1140.1
粮油零售	5221	3	94	6640.9		6790.8	725.2	2178.9		4611.9	725.2	444.4
糕点、面包零售	5222											
果品、蔬菜零售	5223											
肉、禽、蛋、奶及水产品零售	5224	1	11	583.8		632.2		538.5		93.7		209.6

续表19

指标名称	代码	批发和零售业										
		法人企业数（个）	从业人员期末人数（人）	商品购进额	进口	商品销售额	其中:通过公共网络实现的商品销售额	批发额	出口	零售额	其中：通过公共网络实现的商品零售额	期末商品库存额
营养和保健品零售	5225											
酒、饮料及茶叶零售	5226											
烟草制品零售	5227	1	25	8833.0		10611.1				10611.1		486.1
其他食品零售	5229											
纺织、服装及日用品专门零售	523	8	344	48295.7		58637.3	3778.7			58637.3	3778.7	4433.8
纺织品及针织品零售	5231	1	10	674.0		726.0	726.0			726.0	726.0	52.0
服装零售	5232	4	253	43669.4		53589.6	1905.0			53589.6	1905.0	2633.0
鞋帽零售	5233	1	5	538.0		579.0	579.0			579.0	579.0	41.0
化妆品及卫生用品零售	5234	1	8	522.8		568.7	568.7			568.7	568.7	45.8
钟表、眼镜零售	5235	1	68	2891.5		3174.0				3174.0		1662.0
文化、体育用品及器材专门零售	524	4	63	6174.4		6398.8	1452.5			6398.8	1452.5	252.4
文具用品零售	5241											
体育用品及器材零售	5242	2	17	1355.8		1452.5	1452.5			1452.5	1452.5	96.7
图书、报刊零售	5243	1	15	2175.3		2353.3				2353.3		57.1
音像制品及电子出版物零售	5244											

续表19

指标名称	代码	批发和零售业										
		法人企业数（个）	从业人员期末人数（人）	商品购进额	进口	商品销售额	其中:通过公共网络实现的商品销售额	批发额	出口	零售额	其中：通过公共网络实现的商品零售额	期末商品库存额
珠宝首饰零售	5245	1	31	2643.3		2593.0				2593.0		98.6
医药及医疗器材专门零售	525	5	462	28805.2		33336.8		2123.4		31213.4		4627.6
药品零售	5251	5	462	28805.2		33336.8		2123.4		31213.4		4627.6
医疗用品及器材零售	5252											
汽车、摩托车、燃料及零配件专门零售	526	14	481	171242.3	14807.1	166517.9		11293.6		155224.3		19122.1
汽车零售	5261	8	339	151075.9	14807.1	143549.1		8254.0		135295.1		17215.8
汽车零配件零售	5262	1	88	8174.3		9770.7		2447.2		7323.5		1660.3
摩托车及零配件零售	5263	1	8	455.6		521.4				521.4		44.8
机动车燃料零售	5264	4	46	11536.5		12676.7		592.4		12084.3		201.2
家用电器及电子产品专门零售	527	3	35	3084.7		3310.5	1445.5			3310.5	762.5	1029.8
家用视听设备零售	5271											
日用家电设备零售	5272	2	16	1361.6		1445.5	1445.5			1445.5	762.5	83.9
计算机、软件及辅助设备零售	5273											
通信设备零售	5274	1	19	1723.1		1865.0				1865.0		945.9

续表19

指标名称	代码	批发和零售业										
		法人企业数（个）	从业人员期末人数（人）	商品购进额	进口	商品销售额	其中:通过公共网络实现的商品销售额	批发额	出口	零售额	其中：通过公共网络实现的商品零售额	期末商品库存额
其他电子产品零售	5279											
五金、家具及室内装饰材料专门零售	528	1	2	1184.3		1221.3		1221.3				269.3
五金零售	5281	1	2	1184.3		1221.3		1221.3				269.3
货摊、无店铺及其他零售业	529	1	203	208685.6		208700.8		49787.6		158913.2		1125.1
生活用燃料零售	5297	1	203	208685.6		208700.8		49787.6		158913.2		1125.1
其他未列明零售业	5299											
2.按登记注册类型分	–											
内资企业	100	44	2438	587495.2	14807.1	629223.3	7401.9	67143.3		562080.0	6718.9	34499.8
国有企业	110											
集体企业	120	3	86	47206.6		45060.5				45060.5		5375.4
有限责任公司	150	22	1537	247274.6	14807.1	273754.4	3475.7	8961.2		264793.2	2792.7	17721.6
国有独资公司	151											
其他有限责任公司	159	22	1537	247274.6	14807.1	273754.4	3475.7	8961.2		264793.2	2792.7	17721.6
股份有限公司	160	2	291	216859.9		218471.5		52234.8		166236.7		2785.4
私营企业	170	17	524	76154.1		91936.9	3926.2	5947.3		85989.6	3926.2	8617.4

续表19

指标名称	代码	批发和零售业										
		法人企业数（个）	从业人员期末人数（人）	商品购进额	进口	商品销售额	其中:通过公共网络实现的商品销售额	批发额	出口	零售额	其中：通过公共网络实现的商品零售额	期末商品库存额
私营独资企业	171											
私营合伙企业	172											
私营有限责任公司	173	16	241	28519.7		29891.8	3926.2	5947.3		23944.5	3926.2	6818.6
私营股份有限公司	174	1	283	47634.4		62045.1				62045.1		1798.8
3.按控股情况分	–											
国有控股	301	4	542	232240.8		237874.6		52234.8		185639.8		3846.3
集体控股	302	3	86	47206.6		45060.5				45060.5		5375.4
私人控股	303	35	1548	255776.9	14807.1	284016.5	7401.9	12785.1		271231.4	6718.9	24051.6
港澳台商控股	304											
外商控股	305											
其他	306	2	262	52270.9		62271.7		2123.4		60148.3		1226.5
4.按经营形式分												
独立门店	401	34	1873	561692.6	14807.1	599061.7	6097.7	64964.4		534097.3	5414.7	28933.6
连锁总店	402	6	516	21533.3		25742.2				25742.2		3779.9
连锁门店	403											
其他	404	4	49	4269.3		4419.4	1304.2	2178.9		2240.5	1304.2	1786.3

续表19

指标名称	代码	批发和零售业										
		法人企业数（个）	从业人员期末人数（人）	商品购进额	进口	商品销售额	其中:通过公共网络实现的商品销售额	批发额	出口	零售额	其中：通过公共网络实现的商品零售额	期末商品库存额
5.按单位规模分	–											
大型	501											
中型	502	14	1950	479249.7	14807.1	516125.6		52234.8		463890.8		19817.1
小型	503	21	431	98494.0		102534.7	2220.7	13687.2		88847.5	2220.7	14005.7
微型	504	9	57	9751.5		10563.0	5181.2	1221.3		9341.7	4498.2	677.0
6.按零售业态分	–											
有店铺零售	1000	35	2365	580552.4	14807.1	621821.4		67143.3		554678.1		34016.7
超市	1040	1	72	3797.8		3886.7				3886.7		214.0
大型超市	1050	1	226	6547.9		8792.0				8792.0		574.8
仓储会员店	1060											
百货店	1070	3	705	135975.3		172471.2				172471.2		1991.0
专业店	1080	16	882	256248.9		263961.6		55464.7		208496.9		11226.1
专卖店	1090	13	470	175806.4	14807.1	170531.0		9499.7		161031.3		19838.6
家居建材商店	1100											
购物中心	1110											
厂家直销中心	1120	1	10	2176.1		2178.9		2178.9				172.2

续表19

指标名称	代码	批发和零售业										
		法人企业数（个）	从业人员期末人数（人）	商品购进额	进口	商品销售额	其中:通过公共网络实现的商品销售额	批发额	出口	零售额	其中：通过公共网络实现的商品零售额	期末商品库存额
无店铺零售	2000	9	73	6942.8		7401.9	7401.9			7401.9	6718.9	483.1
电视购物	2010											
邮购	2020											
网上商店	2030	9	73	6942.8		7401.9	7401.9			7401.9	6718.9	483.1
自动售货亭	2040											
电话购物	2050											
三、批发业按地区分组	51	60	2233	2464762.9	6264.8	2731870.7	834782.9	1620559.9	52426.6	1111310.8		71604.9
按全国地区分组												
城东街道	330702001000	3	74	6858.1		7902.9		7902.9				798.6
城中街道	330702002000	13	737	746346.4		993330.5	834782.9	993300.5	5924.7	30.0		42538.3
城西街道	330702003000	9	159	54893.3		57175.4		57175.4	24150.8			15129.2
城北街道	330702004000	19	1071	1399701.9		1411083.5		301030.9	9111.0	1110052.6		9152.5
江南街道	330702005000	1	17	4026.2		4379.2		4379.2	4250.1			55.4
新狮街道	330702009000	4	45	19307.4	6264.8	20592.8		20586.7		6.1		1741.3
雅畈镇	330702101000	1	5	3183.8		3184.8		3184.8				16.3
白龙桥镇	330702103000	4	43	33966.9		34156.2		32934.1	8990.0	1222.1		694.7

续表19

指标名称	代码	批发和零售业										
		法人企业数(个)	从业人员期末人数(人)	商品购进额	进口	商品销售额	其中:通过公共网络实现的商品销售额	批发额	出口	零售额	其中:通过公共网络实现的商品零售额	期末商品库存额
乾西乡	330702201000	5	71	194532.1		197906.1		197906.1				1369.0
竹马乡	330702202000	1	11	1946.8		2159.3		2159.3				109.6
四、零售业按地区分组	52	44	2438	587495.2	14807.1	629223.3	7401.9	67143.3		562080.0	6718.9	34499.8
按全国地区分组												
城东街道	330702001000	1	15	4330.2		4938.7				4938.7		13.8
城中街道	330702002000	10	919	328459.9		357903.6	1905.0	49787.6		308116.0	1905.0	8924.7
城西街道	330702003000	3	371	45692.6		57103.1				57103.1		1248.8
城北街道	330702004000	10	681	48079.9		54947.8		7746.6		47201.2		6635.3
新狮街道	330702009000	18	431	154334.1	14807.1	147184.5	5496.9	9609.1		137575.4	4813.9	17573.8
白龙桥镇	330702103000	2	21	6598.5		7145.6				7145.6		103.4

十强企业

婺城区2014年度工业综合实力十强企业

万里扬集团有限公司
浙江金圆水泥有限公司
浙江金华南方尖峰水泥有限公司
浙江金华双汇食品有限公司
浙江采云间茶业有限公司
浙江高峰控股集团有限公司
浙江虎鹰水泥有限公司
浙江巨龙管业股份有限公司
浙江尖峰集团股份有限公司
浙江八达电子仪表有限公司

婺城区2014年度区级工业财政贡献十强企业

浙江万里扬变速器股份有限公司
浙江金圆水泥有限公司
浙江浙能金华燃机发电有限责任公司
浙江巨龙管业股份有限公司
浙江虎鹰水泥有限公司
浙江金华南方尖峰水泥有限公司
浙江时通电气制造有限公司
浙江今飞亚达轮毂有限公司
浙江金华双汇食品有限公司
浙江八达电子仪表有限公司

婺城区2014年度工业企业亩产税收十强企业

浙江尖峰集团股份有限公司
金华三为电力实业有限公司
浙江八达电子仪表有限公司
金华中燃爱思开汇能城市燃气发展有限公司
浙江浙能金华燃机发电有限责任公司
金华市捷达商品混凝土有限公司
金华市巨龙商品混凝土有限公司
浙江润华机电有限公司
浙江时通电气制造有限公司
浙江金华双汇食品有限公司

婺城区2014年度工业特色产业十强企业

汽摩配
万里扬集团有限公司
莱恩(中国)动力有限公司
五金工量具
浙江金磐机电实业有限公司
医药化工
优胜美特制药有限公司
食品加工
浙江金华双汇食品有限公司
浙江采云间茶业有限公司
纺织服装
浙江八达运动服饰有限公司
新型建材
浙江金圆水泥有限公司
浙江高峰控股集团有限公司
包装彩印
浙江晟丰包装有限公司

婺城区2014年度工业企业纳税大户

浙江万里扬变速器股份有限公司
浙江东兴实业有限责任公司
浙江金圆水泥有限公司
浙江浙能金华燃机发电有限责任公司
浙江虎鹰水泥有限公司
浙江巨龙管业股份有限公司
浙江金华南方尖峰水泥有限公司
浙江今飞亚达轮毂有限公司
浙江时通电气制造有限公司
浙江八达电子仪表有限公司

浙江金华双汇食品有限公司
金华送变电工程有限公司三为电力分公司
金华市星球机械铸钢有限公司
优胜美特制药有限公司
金华市城建混凝土有限公司
金华市精工工具制造有限公司
金华市巨龙商品混凝土有限公司
浙江尖峰集团股份有限公司
金华市捷达商品混凝土有限公司
金华兴华皮件有限公司
金华中燃爱思开汇能城市燃气发展有限公司
浙江米兰诺皮革有限公司
浙江高峰控股集团有限公司
浙江金磐机电实业有限公司
金华双宏化工有限公司
金华三为电力实业有限公司
金华市高端不锈钢复合材料有限公司
浙江新辰食品股份有限公司
浙江丁丁包装彩印有限公司
浙江天丰生物科学有限公司
恒昌集团金华印染有限公司
金华市九峰莹石加工厂
金华天图特阔织物整理有限公司
浙江润华机电有限公司
金华市沙畈电厂

婺城区2014年度自营出口超千万美元企业

金华市捷顺贸易有限公司
浙江金祥板业有限公司
浙江嘉格进出口贸易有限公司
浙江八达运动服饰有限公司
浙江孚泰科技有限公司
金华市精工工具制造有限公司
金华豪庭家具有限公司
浙江精深实业有限公司
金华中动电器有限公司
金华乐嘉厨具有限公司
浙江润华机电有限公司
浙江天地经贸有限公司
金华市润华对外贸易有限公司
浙江金华欧利美工贸有限公司
浙江金磐机电实业有限公司
金华市凡扬进出口有限公司

婺城区2014年度纳税千万元以上企业

浙江国贸集团金信资产经营有限公司
浙江万里扬变速器股份有限公司
新世纪建设集团有限公司
金华银泰购物中心有限公司
金华市婺城房地产有限公司
浙江东兴实业有限责任公司
浙江金圆水泥有限公司
浙江浙能金华燃机发电有限责任公司
浙江金发大厦有限公司
金华市房地产交易服务中心
金华市婺城区万通小额贷款有限公司
晟元集团有限公司
金华市第一百货集团股份有限公司
浙江虎鹰水泥有限公司
浙江银泰百货(金华)有限公司
浙江巨龙管业股份有限公司
浙江茂新房地产开发有限公司
浙江欧瑞房地产开发有限公司
金华泰龙置业有限公司
杭金衢分公司金华管理处
浙江金华南方尖峰水泥有限公司
浙江今飞亚达轮毂有限公司
浙江时通电气制造有限公司
浙江尚格置业有限公司婺城新区分公司
金华恒瑞房地产开发有限公司
金华市中心医院
华融金融租赁股份有限公司金华分公司
金华市嘉恒房地产开发有限公司
浙江八达电子仪表有限公司
浙江金华双汇食品有限公司
金华市金丰置业有限公司

金华鸿基置业投资有限公司
金华送变电工程有限公司三为电力分公司
浙江师范大学
浙江正方置业有限公司
金华新宇置业有限公司

婺城区2014年度 工业产值超亿元企业

万里扬集团有限公司
金华市今飞轻合金材料有限公司
浙江金华双汇食品有限公司
浙江金圆水泥有限公司
浙江远大铝业有限公司
浙江高峰控股集团有限公司
浙江采云间茶业有限公司
莱恩(中国)动力有限公司
浙江巨龙管业股份有限公司
浙江金华南方尖峰水泥有限公司
浙江虎鹰水泥有限公司
金华豪庭家具有限公司
浙江时通电气制造有限公司
莱恩农业装备有限公司
浙江晟丰包装有限公司
浙江金祥板业有限公司
浙江金宇铝业制造有限公司
金华康力博润滑油有限公司
浙江八达电子仪表有限公司
浙江八达运动服饰有限公司
浙江金磐机电实业有限公司
浙江浙能金华燃机发电有限责任公司
金华市高端不锈钢复合材料有限公司
金华市精工工具制造有限公司
浙江尖峰集团股份有限公司
优胜美特制药有限公司
金华市城建混凝土有限公司
浙江天丰生物科学有限公司
金华市星球机械铸钢有限公司
金华市金杰铝业有限公司
浙江诚德金属制品有限公司
金华市程凯合金材料有限公司
浙江精深实业有限公司
中萤集团有限公司
浙江润华机电有限公司
金华双宏化工有限公司
浙江信阳实业有限公司
金华市巨龙商品混凝土有限公司
金华中燃爱思开汇能城市燃气发展有限公司
浙江创大实业有限公司
金华兴华皮件有限公司
浙江金华高峰建材实业有限公司

婺城区2014年度网络经济先进企业

网络经济先进示范企业
浙江电商信息科技有限公司
合丰信息科技(金华)有限公司
金华天下谱局信息发展有限公司
金华美晨商贸有限公司
金华市海川电子商务有限公司
网络经济纳税前八名企业
金华市计算机技术研究所有限公司
浙江中科正方电子技术有限公司
金华天下互联科技有限公司
浙江云安阁科技有限公司
浙江金开电子科技有限公司
浙江电商信息科技有限公司
浙江九峰软件有限公司
金华市金腾网络科技有限公司
网络经济成长先进企业
浙江给力游网络科技有限公司
金华朗盈计算机信息科技有限公司
金华中饰网络科技有限公司
金华嗨乐科技有限公司

婺城区2014年强优、 重点骨干工业企业

区强优工业企业(20家)
万里扬集团有限公司

浙江金圆水泥有限公司
浙江金华南方尖峰水泥有限公司
浙江高峰控股集团有限公司
浙江巨龙管业股份有限公司
浙江采云间茶业有限公司
浙江虎鹰水泥有限公司
莱恩(中国)动力有限公司
浙江时通电气制造有限公司
浙江八达电子仪表有限公司
浙江金华双汇食品有限公司
浙江尖峰集团股份有限公司
浙江浙能金华燃机发电有限责任公司
金华豪庭家具有限公司
浙江远大铝业有限公司
浙江金磐机电实业有限公司
金华中燃爱思开汇能城市燃气发展有限公司
金华市城建混凝土有限公司
优胜美特制药有限公司
浙江晟丰包装有限公司

区重点骨干工业企业(20家)

浙江天丰生物科学有限公司
金华市星球机械铸钢有限公司
浙江泰祥机械有限公司
金华市今飞轻合金材料有限公司
金华市精工工具制造有限公司
金华市巨龙商品混凝土有限公司
莱恩农业装备有限公司
浙江润华机电有限公司
金华市高端不锈钢复合材料有限公司
金华双宏化工有限公司
浙江诚德金属制品有限公司
浙江金宇铝业制造有限公司
浙江信阳实业有限公司
浙江创大实业有限公司
浙江金华高峰新型塑业有限公司
金华市金杰铝业有限公司
浙江八达运动服饰有限公司
浙江精深实业有限公司
中萤集团有限公司
浙江金德新型管业有限公司

“2014年婺城区政府质量奖”获奖企业

浙江金华南方尖峰水泥有限公司
浙江金圆水泥有限公司
浙江八达电子仪表有限公司
金华市精工工具制造有限公司

著名商标

2014年婺城区获省著名商标

表20

企业名称	商标	
金华市仙源山铁皮石斛种植基地有限公司	仙源山	仙源山
浙江晟丰包装有限公司	晟丰 Shengfeng	晟丰
金华明月楼食品有限公司	明月楼	明月楼

2014年婺城区获市著名商标

表21

企业名称	商标	
金华市元盛粮油有限公司		金鹤松
浙江巨龙管业股份有限公司	巨龍	巨龙
金华市炭花香酥饼有限公司	炭花香	炭花香
金华市婺城区兰香雨家庭农场	蘭香雨	兰香雨

2014年婺城区浙江省名牌企业

表22

序号	名牌企业	名牌产品
1	浙江鼋生农业发展有限公司	中华鳖
2	浙江高峰控股集团有限公司	聚乙烯PE管材、管件
3	浙江巨龙管业股份有限公司	预应力钢筒混凝土管
4	浙江尖峰集团股份有限公司	水泥
5	浙江金圆水泥有限公司	水泥
6	浙江万里扬变速器股份有限公司	汽车变速器
7	莱恩动力科技有限公司	发动机
8	浙江金磐机电实业有限公司	电圆锯
9	浙江晟丰包装有限公司	纸箱
10	金华市捷达包装有限公司	木制包装箱
11	金华一拭支秀米业有限公司	大米
12	金华市婺城区竹马乡花卉协会	茶花
13	金华市伟鹏土鸡产业开发有限公司	土鸡
14	金华双龙旅游发展总公司	旅游服务

2014年婺城区获金华市名牌企业、名牌产品

表23

序号	名牌企业	名牌产品
1	金华双宏化工有限公司	染料
2	金华市三联变速箱制造有限公司	变速箱总成及齿轮箱
3	金华市华洲连锁超市有限公司	连锁超市
4	浙江盛武肥牛餐饮服务有限公司	餐饮服务
5	金华市盛博奥休闲用品有限公司	木质家具

重要文件目录

区委文件目录

中共金华市婺城区委关于印发《婺城区调整不适宜担任现职领导干部实施细则(试行)》的通知

中共金华市婺城区委金华市婺城区人民政府关于表彰2013年度先进单位和先进个人的决定

中共金华市婺城区委金华市婺城区人民政府关于申报第五批浙江省示范文明城区的请示

中共金华市婺城区委金华市婺城区人民政府关于成立婺城区"五水共治"工作领导小组的通知

中共金华市婺城区委关于调整区委党的群众路线教育实践活动领导小组的通知

中共金华市婺城区委关于印发《婺城区委常委会带头深入开展党的群众路线教育实践活动的实施方案》的通知

中共金华市婺城区委关于扎实开展党的群众路线教育实践活动的实施意见

2013年度婺城区委履行党风廉政建设主体责任情况报告

中共金华市婺城区委关于印发《婺城区委常委会带头深入开展党的群众路线教育实践活动的工作计划书》的通知

中共金华市婺城区委 金华市婺城区人民政府关于成立婺城区农村生活污水治理工作领导小组的通知

中共金华市婺城区委 金华市婺城区人民政府关于成立婺城区山区经济发展工作领导小组的通知

中共金华市婺城区委 金华市婺城区人民政府关于进一步完善区"五水共治"工作领导小组组成机构的通知

关于成立区委全面深化改革领导小组的通知

中共金华市婺城区委关于调整退出领导岗位干部分类管理和组团服务人员名单的通知

中共金华市婺城区委关于印发《金华市婺城区建立健全惩治和预防腐败体系2013-2017实施方案》的通知

中共金华市婺城区委关于建设美丽婺城创造美好生活的决定

中共金华市婺城区委金华市婺城区人民政府关于进一步加强西南山区发展的实施意见

中共金华市婺城区委金华市婺城区人民政府关于表彰婺城区第四批拔尖人才和公布通过考核的现有批次区拔尖人才名单的决定

中共金华市婺城区委金华市婺城区人民政府关于二七区块旧城改造房屋征收补偿方案征求意见有关问题的报告

中共金华市婺城区委金华市婺城区人民政府关于二七区块旧城改造房屋征收工作的实施意见

中共金华市婺城区委金华市婺城区人民政府关于成立市委市政府涉及婺城区二七区块旧城改造房屋征收有关事项协调工作组的报告

中共金华市婺城区委金华市婺城区人民政府关于命名表彰2013年度文明单位文明村的决定

中共金华市婺城区委关于印发《关于进一步加强人民政协民主监督工作的实施意见》的通知

中共金华市婺城区委金华市婺城区人民政府关于加强安全生产促进安全发展的实施意见

中共金华市婺城区委印发《关于深入实施"党群连心桥"工程加强基层服务型党组织建设的意见》的通知

中共金华市婺城区委关于乡镇(街道)纪检监察组织回归主业工作的实施意见

中共金华市婺城区委落实中央巡视组反馈意见集中整改十大行动实施方案

中共金华市婺城区委转发《中共金华市婺城区人大常委会党组关于进一步加强乡镇街道人大规范化建设的意见》的通知

区府文件目录

关于印发金华市婺城区国有企业重大事项报告制度(试行)的通知

转发金华市人民政府关于加快发展养老服务业的实施意见的通知

关于印发婺城区推进消防安全网格化管理实施意见的通知

关于印发婺城区畜禽养殖污染防治长效管理意见的通知

关于印发婺城区死亡动物无害化处理实施方案的通知

关于印发《婺城区普通建筑用石料采矿权设置管理实施意见》的通知

关于印发《关于实施两网化管理推进无违建创建的工作方案》的通知

关于印发婺城区处置企业欠薪事件应急预案的通知

关于公开征集2015年重点惠民实事的通知

关于进一步规范乡镇(街道)招投标工作的通知

关于公布婺城区湿地保护名录(第一批)的通知

关于印发《婺城区土地整治项目管理暂行办法》的通知

关于开展婺城区第十三届"优秀企业科技人才""人才开发先进企业"评选的通知

关于推进工业经济平稳增长的若干意见

关于印发《婺城区个人出租房屋税收征管工作考核办法》的通知

关于开展婺城区"十三五"规划编制工作的通知

关于婺城区和兰溪市行政区域界线联合检查的报告

关于开展行政规范性文化清理工作的通知

关于印发《金华市婺城区城中村改造实施细则(试行)》的通知

关于印发《婺城区大气污染防治行动实施方案(2014-2017年)》的通知

关于印发《婺城区环境空气质量提升攻坚行动方案(2014年度工作任务)》和报送攻坚行动进展情况的通知

关于申报浙江省示范性农业生产业链的请示

关于印发婺城区创建无传销乡镇(街道)、无传销村(社区)工作实施方案的通知

关于印发金华市婺城区全民参保登记工作实施方案的通知

关于印发2014年婺城区整治违法排污企业保障群众健康环保专项行动实施方案的通知

转发浙江省人民政府关于清理非行政许可审批事项的通知

关于印发2014年婺城区预防道路交通事故工作方案的通知

关于要求审查《金华仙源湖省级旅游度假区扩建可行性研究报告》的请示

转发金华市婺城区人民政府办公室关于进一步加强特种设备安全监管工作的通知

转发关于做好"四破"专项整治信息报送工作的通知

转发金华市人民政府关于印发金华市深化行政审批制度综合配套改革方案的通知

关于同意婺城区长湖疏浚工程实施方案的批复

关于印发婺城区2014年主要污染物总量减排计划的通知

关于推进部门预算信息公开的通知

关于印发《婺城区长湖综合治理一河一策工作方案》的通知

转发金华市人民政府办公室关于优化金融服务促进实体经济发展的指导意见的通知

关于立即开展全区既有住宅房屋建筑安全隐患排查整治工作的紧急通知

关于印发婺城区招标投标项目具体范围和规模标准规定的通知

关于全面开展政府职权清理推行权力清单制度的通知

关于做好第二批全省行政权力事项梳理工作的通知

关于同意婺城区农村生活污水三年治理规划(2014-2016)的批复

关于成立婺城区公务用车制度改革工作领导小组的通知

关于进一步推进政治政府建设的实施意见

关于印发2014年婺城区地质灾害防治方案的通知

关于调整工商质监体制和改革完善食品药品监管体制的实施意见

《婺城区网上政务分厅建设工作方案》征求意见函

关于印发婺城区加快市区建设与发展第四期克难攻坚活动实施方案的通知

关于下达2014年度全区粮食生产工作任务的通知

关于下达2014年度城乡社区居家养老服务照料中心建设任务的通知

转发关于进一步加强公文和敏感信息网络传输安全防范工作的意见的通知

关于印发婺城区政府党组关于深入开展党的群众路线教育实践活动的实施方案的通知

关于深入开展全民义务植树活动的通知

关于下达2014年度“三改一拆”行动工作任务的通知

关于建立婺城区防控人感染H7N9禽流感疫情联防联控机制的通知

关于开展2014年“集中招商月”活动的通知

关于成立金华市婺城区长湖综合治理指挥部的通知

关于印发行政审批事项实行一审一核制暂行规定的通知

关于印发婺城区行政审批事项目录管理办法(试行)的通知

关于公布婺城区2014年度强优重点骨干工业企业的通知

关于要求上报“五水共治”实施项目的通知

关于印发婺城区进一步完善无证无照经营行为查处工作机制的实施意见的通知

索　引

一　画

二　画

三　画

四 画

五 画

六　画

七　画

八　画

九　画

十　画

十一画

十二画

十 三 画

十四画

十五画以上

撰稿人名单

（按编稿循序排列）

朱艳萍	朱德勤	王　静(水务)	施永红	洪志生	叶巨擘	周江海
徐　胜	傅继跃	王俊男	蒋　涛	胡怡雯	何文斌	孙　苗
章丽华	李英昌	李静华	傅玲儿	方银强	杨金凤	林　伟
徐　刚	申洪广	邵蓓蕾	郑俊杰	蒋　程	欧阳靖宇	单华杰
沈林华	邵旭萌	施岳良	方远伟	吴耀峰	孔爱华	周国忠
郑艳球	郑池爱	季美珍	张建红	马益君	陈　波	苏冰婵
徐美珍	张　敏	陈　彤	章国新	叶爱莲	倪庚耀	戴建东
章晓华	杜时通	程明芝	池　清	李艳丹	孔江宁	金　婷
邱苗涵	何金峡	郑建林	戴增贵	王一鸥	徐　慧	钱　康
佟晓云	王杭亮	邓先辉	钱卫兵	陈　晓	章　进	陈　程
包大进	项丽贞	刘　啸	陈雪惟	叶家元	任德新	胡志军
杜德洪	竺啸恒	吴　果	牟方赟	凌立闻	胡崇禄	张根友
傅宾忠	叶一平	孙傲雪	盛华君	陈佳丽	朱明升	徐　毅
徐　斌	覃亚萍	蒋晓怡	余　静	徐晓捷	宗亚青	藏超艳
杨秀清	张伟清	陈妙君	刘慧君	王涵哲	贾玉珍	项移娟
李　宽	郑能文	蒋敏华	王伟平	朱丽娜	张志军	方桂清
苏洪生	鲁建斌	戴爱红	王　艳	徐旱增	吴天昊	胡必祥
戴美艳	杨则宜	陈秀玲	朱剑锋	胡树良	刘国强	章扬倩
沈志华	应金考	应堂亮	杨福清	熊永忠	方伟华	徐国君
方建设	宗顺荣	洪友君	余　丽	龚亚敏	赵一帆	鲁杭燕
华白璐	沈　丹	沈　洁	张树云	吴　梦	英　应	吴丽园
金慧琳	曾军左	张　乐	王　伟(电信)	吴建群	王　斌	吕爱姣
洪　峰	徐艳莉	成　龙	单霄鹏	周　蕾	卢珊珊	童金波
吕金春	吴丽娜	祝素凤	胡文英	王伟(城中)	杨笑眉	李　春
吴来生	盛海君	杜　涵	何　琪	陈　晨	费　芳	李　苗
范雯思	王　祯	朱　正	金亚峥	俞小蕾	王　静(罗埠)	朱　雯
严丹燕	江志云	严光远	郑燕俊	胡荣伟	周针立	叶振阳

金华城区图

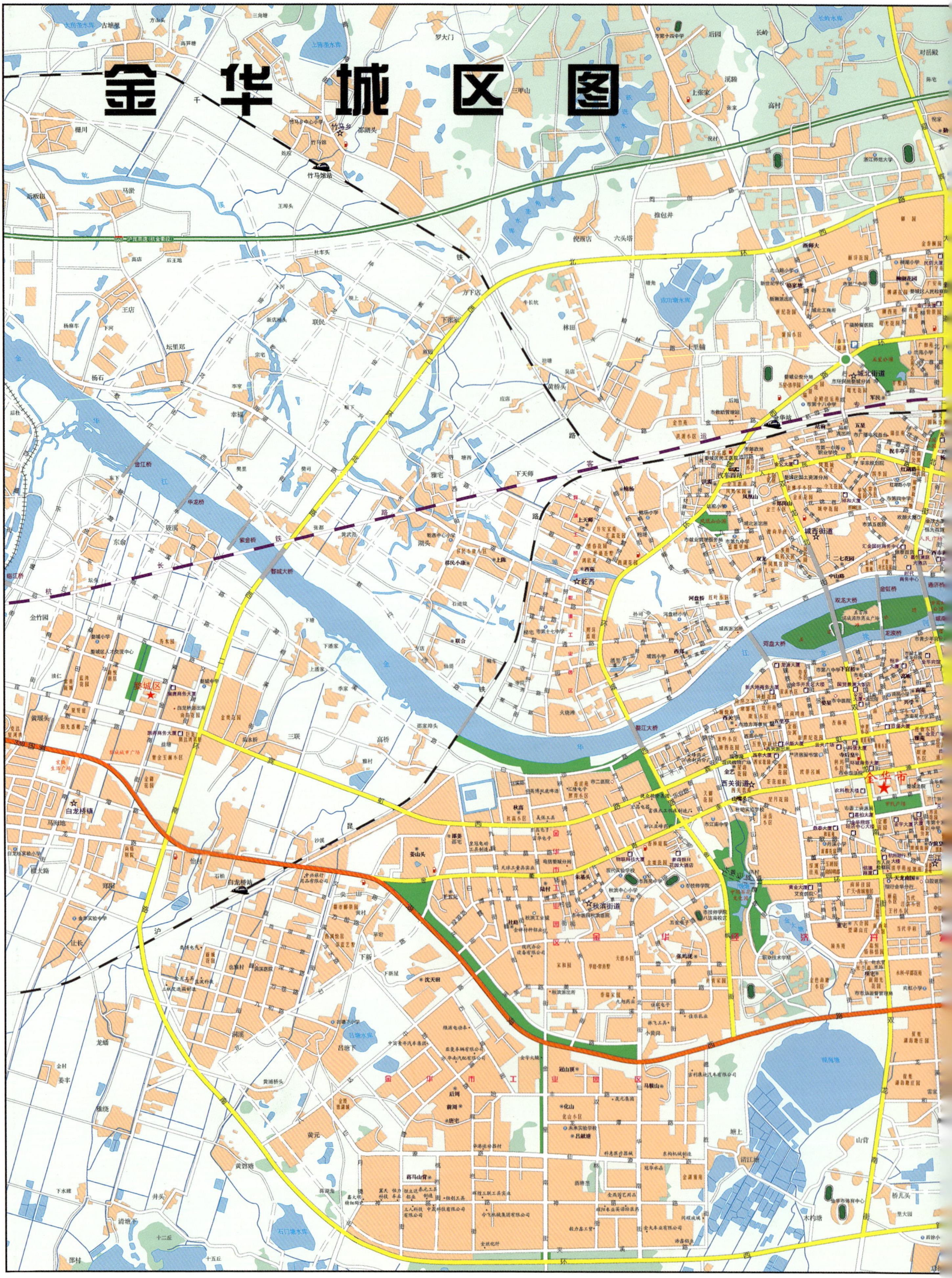
金华市
婺城区
竹马乡
竹马馆站
城北街道
城西街道
西关街道
秋滨街道
白龙桥镇
金江桥
华龙桥
婺城大桥
婺江大桥
通济桥
金华市工业园区